2017

广西调查年鉴

GUANGXI SURVEY YEARBOOK

国家统计局广西调查总队 编
Compiled by Survey Office of the National Bureau of Statistics in Guangxi

中国统计出版社
China Statistics Press

图书在版编目（CIP）数据

广西调查年鉴. 2017 : 汉英对照 / 国家统计局广西调查总队编. — 北京 : 中国统计出版社，2017.10

ISBN 978-7-5037-8174-2

Ⅰ. ①广… Ⅱ. ①国… Ⅲ. ①统计资料—广西—2017—年鉴—汉、英 Ⅳ. ①C832.67-54

中国版本图书馆CIP数据核字（2017）第158555号

广西调查年鉴—2017

GUANGXI DIAOCHA NIANJIAN

作　　者	国家统计局广西调查总队		
责任编辑	李　冲　施先文		
封面设计	蔡　英		
出版发行	中国统计出版社		
通信地址	北京市西城区月坛南街57号	邮政编码	100826
办公地址	北京市丰台区西三环南路甲6号	邮政编码	100073
电　　话	邮购（010）63376909	书　　店	（010）68783171
网　　址	http://www.zgtjcbs.com		
印　　刷	广西民族印刷包装集团有限公司		
经　　销	新华书店		
开　　本	890mm × 1240mm　1/16		
字　　数	950千字		
印　　张	35		
版　　别	2017年10月第1版		
版　　次	2017年10月第1次印刷		
定　　价	300.00元		

本书附同版本CD-ROM一张，光盘内容以书面文字为准。

如有印装差错，同本社发行部调换。

《广西调查年鉴—2017》

编委会和编辑工作人员

GUANGXI SURVEY YEARBOOK-2017

EDITORIAL BOARD AND STAFF

编者说明

一、《广西调查年鉴—2017》是国家统计局广西调查总队编辑出版的大型资料性年刊。本年鉴收录了2012—2016年全自治区农村、城市和企业等方面的各项统计调查数据，各市县（区）的主要统计数据，以及全国重要年份的主要社会经济指标、中国与东盟国家及世界主要国家和地区的主要社会经济指标。

二、全书内容分为5个篇章，即：1.综合；2.人民生活；3.价格调查；4.农业农村；附录一.全国及各省市区主要统计调查指标；附录二. 中国与东盟国家及世界主要国家和地区的主要社会经济指标。为方便读者使用，主要篇章末附有《主要统计指标解释》。

三、资料中所使用的度量衡单位均采用国际统一标准计量单位。

四、本年鉴总量指标计算所采用的价格均为现行价格。

五、本年鉴部分数据合计数或相对数由于单位取舍不同产生的计算误差均未作机械调整。

六、本年鉴中中国与东盟国家及世界主要国家和地区的相关统计资料由国家统计局国际统计信息中心提供，广西调查总队进行编辑。（注：中国数据除国土面积外，均未包括中国台湾省、香港特别行政区和澳门特别行政区。）

七、资料中部分药品、化学、矿产品名称采用中文汉语拼音拼写。

八、符号使用说明：

“…”表示数据不足本表最小计量单位数；

“#”表示其中的主要项；

“—”表示没有、不详或未掌握该项数据；

“①”表示本表下有注解。

九、在本年鉴的编辑过程中，得到了许多单位和同志的大力支持，在此我们深表谢意。限于我们的水平，年鉴中的错误和不足之处在所难免，恳请广大读者给予批评指正。

Editor's Explanatory Notes

Ⅰ. Guangxi Survey Yearbook-2017 is an annual statistics survey publication Survey Office of the National Bureau of Statistics in Guangxi was founded. The Yearbook has various statistical survey data about agriculture, city and enterprises, the main statistical data of city and county(district), and the Main Social and Economic Indicators of China & ASEAN Countries and the World's Major Countries and Regions.

Ⅱ. The yearbook contains the following five chapters: 1.General Survey; 2. People's Livelihood; 3. Price Survey; 4. Agriculture and Rural Areas; Appendix I. Main Statistical Survey Indicators by Province, Municipality and Autonomous Region; Appendix II. Main Social and Economic Indicators of China & ASEAN and the World's Major Countries and Regions. Main Chapters are Equipped with Explanatory Notes of Main Statistical Indicators at the end.

Ⅲ. The units of measurement used in this yearbook are internationally standard measurement units.

Ⅳ. The computation of all the gross indicators in the Yearbook is equipped with current prices.

Ⅴ. The data about Ili Kazak Autonomous Prefecture in the present Xinjiang Survey Yearbook covers counties (cities) direct under Ili Prefecture, Tacheng Prefecture and Altay Prefecture.

Ⅵ. The Yearbook in China & ASEAN Countries and the World's Major Countries and Regions statistics from the National Bureau of Statistics International Statistical Information Center, Guangxi Survey Organization for editing. (Note: All data of China do not cover Taiwan Province, Hong Kong SAR and Macao SAR except data for the surface area.)

Ⅶ. Some of the materia medica, chemistry, mining product is adopted by Chinese spelling translation.

Ⅷ. Description of signs or symbols in the yearbook:

"…" for data with insufficient decimal place;

"#"stands for interim item;

"—" for absence of data indicators or ignorance of them;

"①"indicates footnotes at the end of the table.

Ⅸ. During the editions of this yearbook, we have won wide support from many departments and comrades, and we deeply thanks for this all. Based on our limited level, perhaps there are some mistakes in the book, we welcome all candid comments and criticism from our readers.

2016年9月9日，广西调查总队总队长邹伟忠陪同国家统计局副局长郑京平（左三）到柳州调研

2016年11月1日，自治区党委常委、自治区人民政府常务副主席蓝天立听取广西调查总队工作汇报

2016年11月3日，自治区人民政府常务副主席蓝天立（前排左二）到华南数据中心调研

2016年11月4日，国家统计局副局长郑京平（中）出席华南数据中心机房配套工程启动现场会

国家统计局广西调查总队

2016年，在国家统计局的正确领导下，广西调查队系统以中央领导重要指示批示精神为指导，扎实开展“两学一做”学习教育，全面开展“规范化建设强化年”主题活动，求真务实、脚踏实地、苦干实干，各项工作取得良好成绩。

一、讲政治，全面从严治党不断深入

（一）落实中央领导指示批示精神坚决有力

各级领导班子带头学习领会、带头撰写心得体会、带头上党课、带头贯彻落实，带动干部职工深入学习领会和贯彻落实。采取措施，从思想认识、制度建设、考核办法、执法人才库建设、执法检查等方面推进落实，筑起制度防线。先后开展“抵制以数谋私，杜绝以数敛财”大讨论、“数据造假、买数卖数、以数谋私”专项治理，就住户调查工作集体约谈部分市县队，狠抓统计执法检查，对1个县队统计违法行为“一案双查”,并在全系统开展警示教育活动，推动中央领导重要批示指示精神落到实处。

（二）“两学一做”学习教育成效良好

总队牢牢把握“基础在学，关键在做”的要求，成立领导小组，建立分片联系制度，制发实施方案，进行动员部署，先后举办两期“两学一做”学习教育培训班，开展“一抄两写一承诺”、专题理论学习、“两优一先”和“双十佳”评选、领导班子成员人人上党课、“党章党规在我心中”答题等系列活动，推动思想政治建设迈上新的台阶。基层队在完成规定动作的同时，开展的一系列自选动作务实有效、富有成效。

（三）巡视“回头看”整改落实到位

全力配合巡视“回头看”，认真履行巡视整改主体责任，将巡视反馈意见细化为3类33个具体问题，制定106项整改措施。经过以上率下，上下联动，层层传递压力，巡视“回头看”整改任务全部圆满完成。在落实巡视整改任务中，基层队讲大局、讲政治，积极主动，出色完成各项巡视整改任务。

（四）党的基层基础全面加强

制定全面从严治党实施意见、加强系统党建指导意见、机关党建述职评议考核办法，党建工作制度不断完善；10个调查队新建立独立党支部，全面完成基层队独立党支部建设任务，并将基层党支部工作列入规范化建设考评范围；开展党务工作培训，完成党员信息核查、党费标准核算和补缴，基层党建工作进一步规范。基层队高度重视党建工作，干部职工全部纳入当地同级党校培训范围，玉林队开展党费收缴、发展党员、党员教育、党内组织生活等“四个规范月”活动。

2016年1月19—20日，广西调查总队总队长邹伟忠、副巡视员邱洪刚到靖西市扶贫联系点新甲乡弄那村和武平镇多纳村开展精准扶贫调研，并慰问部分困难党员和群众

2016年1月19—20日，广西调查总队总队长邹伟忠（右三）、副巡视员邱洪刚（左二）到靖西市扶贫联系点新甲乡弄那村和武平镇多纳村开展精准扶贫调研，并慰问部分困难党员和群众

（三）“三农普”遥感测量顺利推进

总队精心组织，推动“三农普”遥感测量顺利开展。采取“PDA+无人机”的模式，圆满完成32个市县、293个村、1465个样方野外实地调查任务，完成邕宁、全州、田阳、浦北4县（区）事后质量抽查工作。基层队以“农业普查福到万家”为主题，开展丰富多彩的统计开放日活动。南宁队、百色队遥感测量实现零事故，扶绥队巧用卫星地图破解样方地块寻找难的问题。

（四）信息技术应用稳步推广

南宁住户调查实现电子记账100%全覆盖，桂林、防城港等地电子记账试点工作相继开展。联网直报工作稳步推进，农产品中间消耗调查联网直报全面启动，规下工业企业联网直报率逐季提高，规下服务业和采购经理网上直报率保持高位，投资环境调查联网直报平台不断改进。劳动力调查和农民工市民化调查积极运用PDA采集数据，CPI手持数据采集器的使用和管理进一步规范，PDA数据采集和手机采价工作实现常态化运行。

二、抓质量，国家调查任务圆满完成

（一）业务改革深入推进

居民收支调查、县级粮食产量调查、贫困监测调查基础工作不断规范、数据逐步衔接，运行趋于成熟稳定；利用“五证合一”登记制度改革成果，规下企业目录信息逐步完善；全国月度劳动力、新设立小微企业和个体经营户跟踪监测、农民工监测、贫困监测、建筑业小微企业、小微企业固定资产投资、网购用户等调查工作规范相继出台，年度调查任务顺利完成。

（二）常规调查工作圆满完成

坚持独立调查、直接调查、独立上报，严格执行统计业务流程和行为规范，高质量完成29项国家常规调查任务和3项专项调查任务，以及服务地方的重要调查任务，内容涉及农业、居民收支、贫困监测、工业、服务业、畜禽、工价、消价、小微企业、采购经理等领域。特别是住户专项调查处被国务院农民工工作领导小组授予“全国农民工工作先进集体”荣誉称号，是全国统计系统唯一获此殊荣的单位。各专业坚持以数据质量为导向，严把调查数据质量关，报表数据质量不断提高。

三、优规范，主题年活动顺利收官

（一）考评制度进一步完善

修定出台6项调查业务工作规范，人事、财务

2016年3月8—10日，广西调查总队副总队长杨锡虹（左二）到桂林、平乐、阳朔、全州等队指导专题民主生活会。期间，深入桂林惠德包装有限公司车间调研企业生产经营状况

2016年3月8日，广西调查总队总队长邹伟忠（前排左二）到上林队检查指导“两个责任“落实工作，并开展城乡居民收入调研

修订考评办法，纪检、信息制定新的考评办法，规范化考评标准不断完善。编印行政管理操作手册、梳理整合会议记录本、督查督办单等36种记录本（薄）；编制财务制度汇编、报账规范指南，规范化流程不断优化。南宁、桂林、梧州、河池、扶绥、全州、平乐、灵山等队完善辅助调查员考评管理办法，规范化建设考评制度不断丰富。

（二）规范要求进一步落实

立足规范合法，重点抓好源头数据采集，调查数据更正“双签字确认”、联网直报“书面委托”填报、消费价格调查“三定一直”、工业调查“即报即审即反馈”、主要畜禽调查统计台账等要求全面落实；修订、完善10项行政类工作制度，行政决策实现“三有”齐全。基层队深入落实规范化要求，钦州队加强调查工作记录，百色队严格落实季访、月访制度，平南队强化调查过程和痕迹管理，规范要求全面落实。

（三）监督检查进一步加强

围绕行政管理制度执行、财务报账、公务接待等方面，开展行政规范化建设执行情况专项检查；围绕源头数据采集、审核、评估，开展业务规范化建设专项检查，增加检查内容，延伸检查范围到调查对象。居民收支调查开展集中交叉检查和交叉实地检查，消费价格调查开展“突击检查”，规下工业调查开展市县队自查、总队抽查、上下联动，工业生产者价格调查、规下服务业、采购经理、农民工监测、主要畜禽调查开展现场核查，促进规范化建设不断深入。基层队狠抓数据质量监督检查，柳州队开展CPI基础数据检查“质量月”活动，防城港、贵港、百色、河池、大新、兴安县、田东、南丹、合浦等队相继开展多方式、多业务的数据质量大检查，监督检查针对性和指导性不断提高。

四、勤作为，统计服务水平不断提高

（一）咨询服务进一步加强

狠抓进度分析、专题调研、热点分析、课题研究，累计编发调查信息491篇，调查报告226篇，完成经济类课题4个，获国家局《每日调查》采编13篇次，国家局领导批示8篇次，获国办采用并得到国务院领导批示5篇次；被自治区党委采用54篇次、自治区政府采用111篇次，获得自治区党政领导批示4篇次，信息采用连续名列区直、中直单位前茅。特别是投资环境调查报告连续十一年、中国—东盟参会人士满意度调查报告连续三年获得自治区党政领导批示。

（二）地方委托调查扎实开展

圆满完成自治区文明城市测评、党风廉政民意调查、投资环境、中国—东盟博览会参会人士满意度等调查任务；积极服务地方落实精准扶贫国

2016年6月1日，南宁市常务副市长张文军（右一）、时任广西调查总队副总队长梁开光（左一）走访住户调查电子记账户

2016年6月30日—7月1日，广西调查总队与定点帮扶贫困村（靖西市武平镇多纳村、新甲乡弄那村）党支部开展结对共建，通过系列活动，共庆建党95周年，共商脱贫大计

策，参与自治区层面顶层制度设计，协助开展业务培训、指导和检查；大新、岑溪、田阳、灵山等队分别实施重要的地方委托调查项目，为地方党委政府重点工作提供高质量的咨询服务，取得良好的社会影响。

（三）资料服务进一步拓展

加大统计调查资料编辑力度，完成2015年度调查信息、调查报告、经济类课题汇编；编印出版调查信息精选、调查报告、季度资料、年鉴和主要畜禽监测、农村贫困监测等调查分析资料。开展总队成立十周年资料汇编，编辑出版《2006—2015广西经济社会课题研究汇编》《十年民生数据新篇—广西调查资料汇编（2006—2015）》。积极整理东盟国家统计资料，合作编辑、首次出版《中国东盟国家统计年鉴2016》。基层队统计调查资料编辑能力进一步提高，南宁、贵港、百色、崇左等队完成2016年调查年鉴编辑发行工作。

（四）数据管理进一步深化

制定调查数据综合管理工作规范，推进数据管理规范化水平不断提高，南宁队研发数据综合管理系统，梧州队完成1999—2015年度数据资料整理和多重备份。总队创新数据服务方式，在内网首页增加“调查年鉴”专栏，充实2008—2015年调查年鉴数据资料，调查年鉴实现数字化查阅；基层队主动拓宽数据发布渠道，柳州、来宾、忻城等队开通官方微信平台，贵港、玉林、崇左等队与地方主流媒体建立稳定的数据发布渠道。

五、重执法，统计法治工作力度加大

（一）统计法治理念深入人心

建立执法检查工作小组，制定执法检查随机抽查实施方案，建立统计执法与纪检监察联动机制，统计调查工作全部纳入法治框架、法治轨道。加大统计法治培训力度，完成统计法治全员培训和闭卷考试；开展统计执法人才库骨干培训，总队、市、县三级统计执法骨干人才库初步建成。

2016年7月10—15日，广西调查总队在来宾市举办广西“三农普”遥感测量无人机操控及影像数据处理培训班，全面启动“三农普”遥感测量无人机采集数据的相关工作

2016年7月12日，广西调查总队召开2016年年中工作暨专题经济形势分析会议

（二）统计法治宣传教育形式多样

以纪念统计法颁布33周年为主线，以统计调查对象依法独立、真实报送统计资料为重点，开展统计法、农业普查条例知识竞赛，举办座谈会、现场宣传、文艺表演等系列活动。基层队加强统计法治宣传教育，南宁、梧州等队举办文艺晚会，送统计下乡、送法治下乡、送文艺下乡；百色队借用微电影、微考试、微平台、无人机提高统计法治宣传效果；其他市县队分别通过设立摊点、发送短信、发放资料等方式，统计法治宣传教育覆盖面不断扩大。

2016年7月13—15日，广西调查总队副巡视员邱洪刚（右一）到田林县定安镇农业科普示范园红灵芝种植基地调研

（三）统计执法检查作用显现

采取“双随机”的方式，随机抽取9个市县队开展住户调查工作统计执法检查和单独约谈；完成6个市县队规下工业企业和居民收支调查工作的执法检查，统计法治意识进一步增强。基层队统计执法检查成为常态，梧州、玉林、河池、扶绥、平乐、田东、南丹、合浦等队分别对居民收支、规下工业、主要畜禽、“三小微”等多个专业开展统计执法检查。一年来，全系统共执法检查334个单位，发现统计违法行为41起，立案查处迟报、拒报、提供不真实和不完整统计资料案件共38起，结案41起。

2016年9月，广西调查总队副总队长杨锡虹（左三）到百色调研指导工作（文是生　摄）

六、强后劲，业务保障能力明显增强

（一）信息化建设有新成效

以项目为抓手，加快推进信息化建设，新版通达OA建成使用，23个市县队交换机和路由器更新升级，信息网络专线实现“光纤到队”，市级队高清硬件视频会议系统、县级队软件版高清视频会议系统建成，显示设备

2016年9月20—21日，广西调查总队副总队长杨锡虹（右三）到百色队和田阳队检查指导消费价格调查工作

2016年10月，广西调查总队副巡视员邱洪刚（左二）到百色调研指导住户调查工作（文是生　摄）

2016年4月25—26日，广西调查总队在南宁召开广西调查队系统纪检监察工作暨业务培训会议。总队党组纪检组组长吴多明出席会议并讲话

全部配备高清电视机；投资环境调查联网直报平台完成服务器采购。基层队高度重视信息化建设，南宁、贵港、百色、河池等队加大资金投入，采购软硬件设备、建设新机房，信息网络管理和运行条件不断改善。

（二）财务管理有新提升

强化财务会计基础工作，通过自治区级预算会计和工会会计基础工作规范化达标验收；委托会计师事务所开展内部财务审计，完成15个基层队现场审计；拓展“县账市管”试点成果，新增梧州、岑溪、藤县、钦州、灵山、浦北等6个试点单位；系统公车改革迅速启动，总队方案获得国家统计局批复；筹措经费支持梧州、防城港、来宾等队修缮业务用房，柳州、田阳等队搬迁业务用房。基层队财务管理能力不断提高，桂林队编制《“县账市管”工作手册》，管理流程不断规范。

（三）队伍建设有新加强

加大干部培养力度，安排12名处级、科级干部挂职锻炼，组织12名干部轮岗交流；加强干部教育培训，启动在线学习系统，成功举办公务员初任培训班、市队岗位知识师资培训班，外派83人次参加政治理论和业务培训；市县队整合迈出关键步伐，邕宁队纳入南宁队统一管理。基层队狠抓队伍建设成效良好，南宁、桂林、梧州、贵港、崇左等队外派干部挂职锻炼；柳州、百色等队开展轮岗交流；平南队争取“三支一扶”名额和借助高校资源，有效缓解人员紧张压力。

（四）行政服务有新举措

加快推进基建项目建设，遥感技术统计调查监测基地二次装修基本完工，华南数据中心建设取得较大进展；修订总队督促检查办法，灵活运用重点督办、随文督办、随会督办的方式，督促20项重点任务落实；完成固定资产清查，建立办公用房台账和平面图。政务信息采编取得新突破，编发政务信息2916篇，获国家统计局内网首页采用116篇，同比增长73.1%。其中，百色、桂林等队获国家局采用超过10篇。

2017年5月16日，广西调查总队总队长邹伟忠（中）、副总队长王洪琛（左一）在南宁街头和爱国主义教育基地实地督导自治区级文明城市测评工作

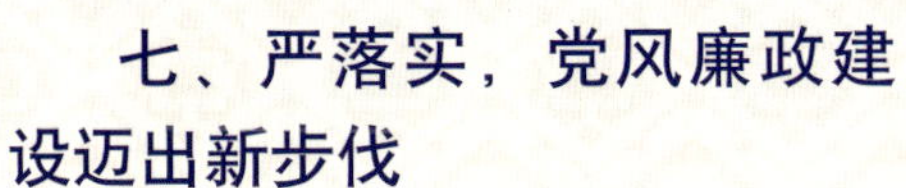

七、严落实，党风廉政建设迈出新步伐

（一）党风廉政制度进一步完善

修定落实主体责任和监督责任实施意见、落实“三重一大”决策制度实施办法、市县级调查队贯彻落实“三重一大”决策制度实施意见，党风廉政建设制度进一步健全。基层队党风廉政制度越织越密，柳州、桂林、梧州、北海、防城港、贵港、百色、贺州等市级队及时修定“三重一大”决策制度实施办法，崇左队制定辖区市县队纪检监察工作管理规范。

（二）第一批巡察工作顺利完成

组织精干力量，启动第一批巡察工作，完成梧州、上林、马山、忻城、岑溪、藤县等6个队巡察工作，督促被巡察单位全面履行整改主体责任，完成党的领导弱化、全面从严治党不力、工作作风不实、廉政风险防控制度不健全等问题的整改落实。

2017年6月1日，广西调查总队总队长邹伟忠（左二）、副总队长杨锡虹（左一）在南宁市督导ICP居民消费价格调查摸底工作

（三）“两个责任”深入落实

切实履行主体责任和监督责任，坚持贯彻落实“三重一大”民主决策制度，定期听取纪检监察工作汇报；强化执纪问责，完成3件线索核查处理和责令整改工作；加强干部监督管理，低职高配整改任务全部完成，出国出境审批规范管理，对1名瞒报个人有关事项的同志进行诫勉谈话。深入推进党风廉政建设“市管县”改革，市辖区内调查队系统纪检监察力量有效整合，推动“两个责任”落实到位。

城镇居民家庭人均可支配收入（元）

Per Capita Disposal Income of Urban Households (RMB)

城镇居民家庭人均消费支出（元）

Per Capita Consumer Expenditure of Urban Households (RMB)

说明：2014—2016年收支数据为新口径数据，收入数据为常住居民人均可支配收入数据，消费数据为常住居民人均消费支出数据，与2013年及以前的数据不可比。

Note: 2014 revenue and expenditure data for the new caliber data, income data for the resident population per capita disposable income data, consumer data for the resident population per capita consumption expenditure data, Compared with 2013 and previous data.

农村居民家庭人均纯收入（元）

Per Capita Net Incom of Rural Households (RMB)

农村居民家庭人均生活消费支出（元）

Per Capita Living Expenditure of Rural Households (RMB)

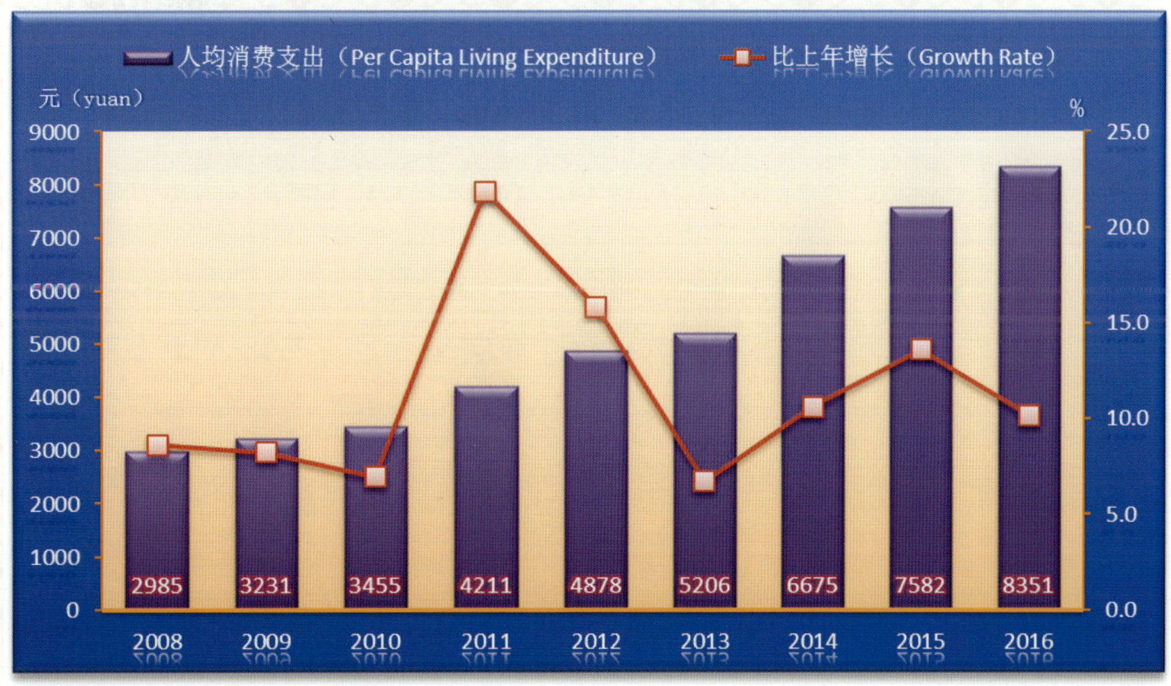

说明：2014—2016年农民收支数据为新口径数据，收入为农村常住居民人均可支配收入，支出为农村常住居民人均消费支出，与2013年及以前的数据不可比。

Note: 2014 farmers' income and expenditure data for the new caliber data, income for rural residents per capita disposable income, expenditure for rural residents per capita consumption, Compared with 2013 and previous data.

物价指数（上年=100）

Price Indices (Preceding Year=100)

居民消费价格指数（上年=100）

Consumer Price Indices (Preceding Year=100)

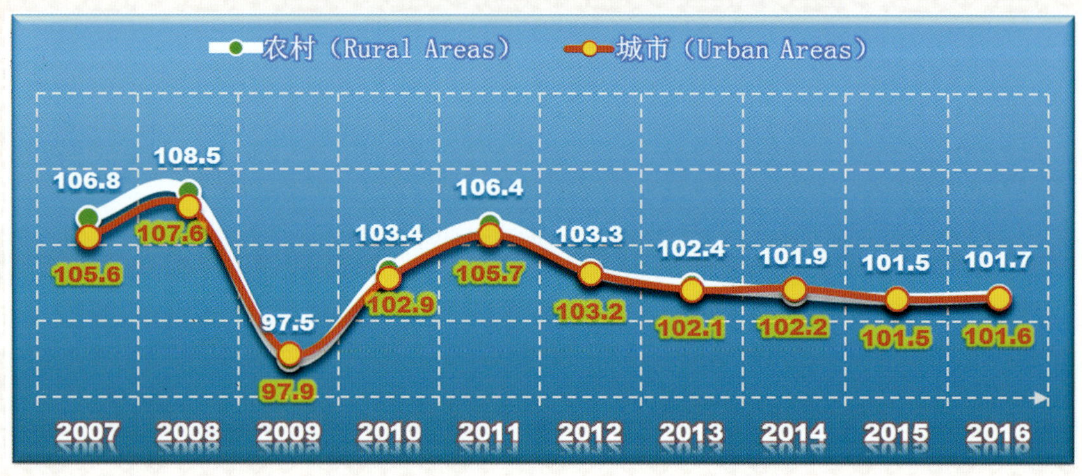

商品零售价格指数（上年=100）

Retail Price Indices (Preceding Year=100)

工业生产者出厂价格指数（上年=100）

Producer Price Indices for Industrial Products (Preceding Year=100)

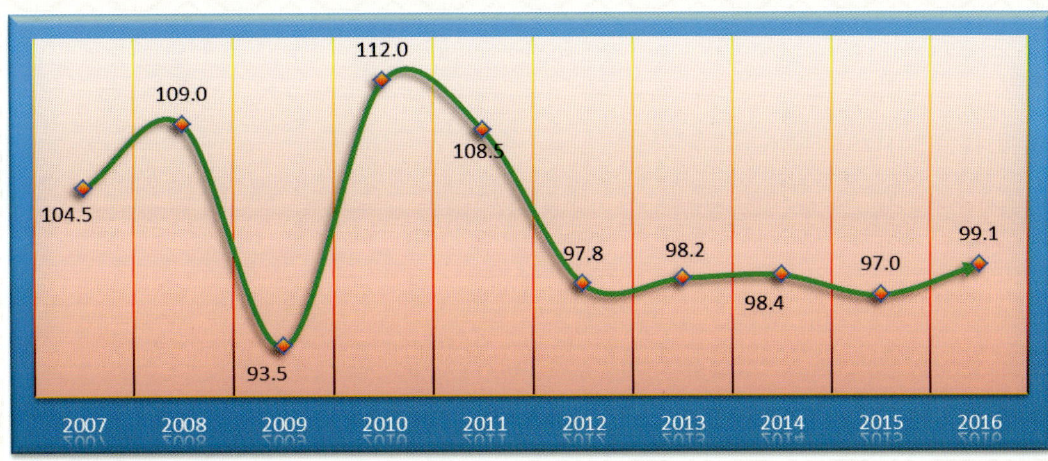

工业生产者购进价格指数（上年=100）

Purchasing Price Indices for Industrial Producers (Preceding Year=100)

固定资产投资价格指数（上年=100）

Price Indices of Investment in Fixed Asset (Preceding Year=100)

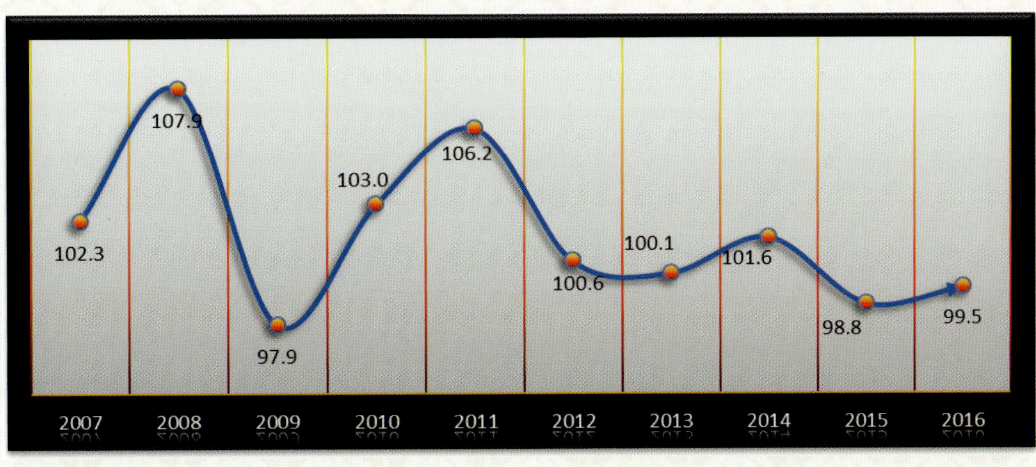

农业生产资料价格指数（上年=100）

Price Indices of Farming Production Material (Preceding Year=100)

农产品生产价格指数（上年=100）

Indices of Producers' Prices for Farm Products (Preceding Year=100)

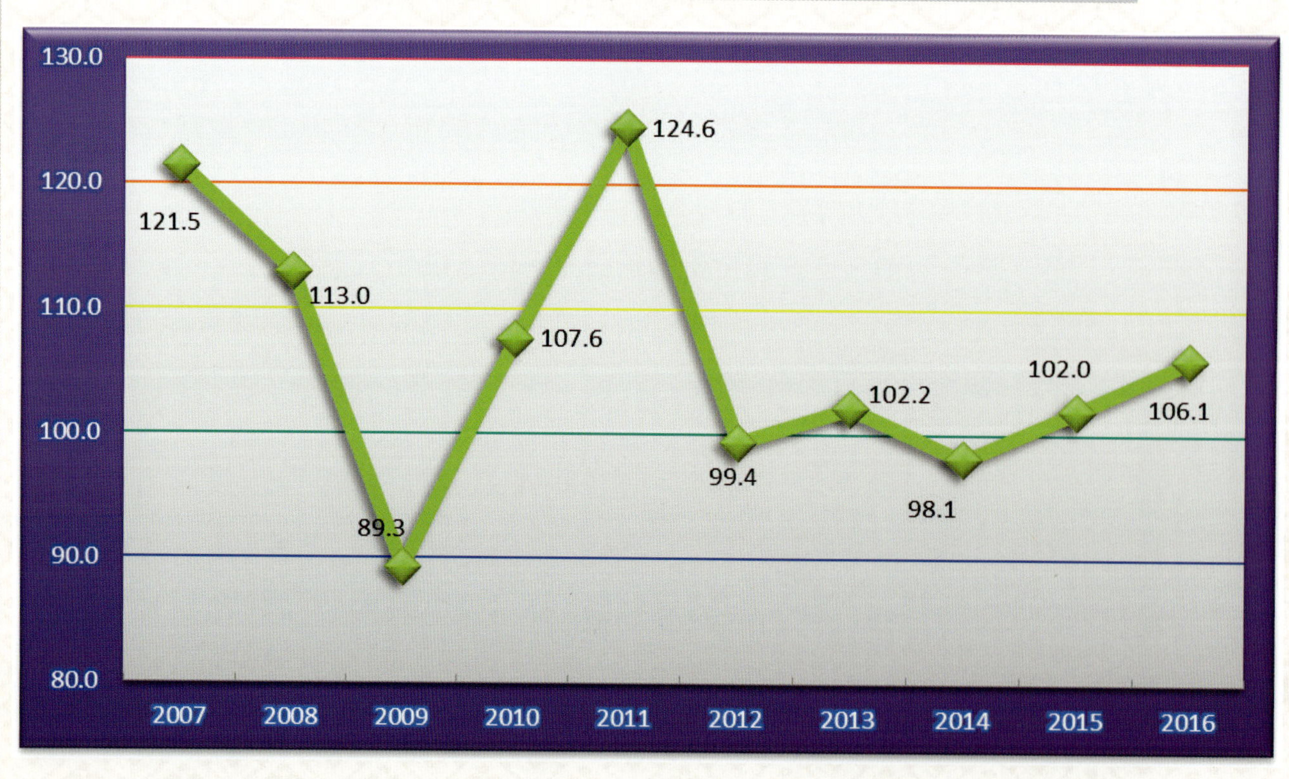

2016年广西居民消费价格指数（上年同期=100）

Consumer Price Indices by Each Month (2016) (Preceding Year=100)

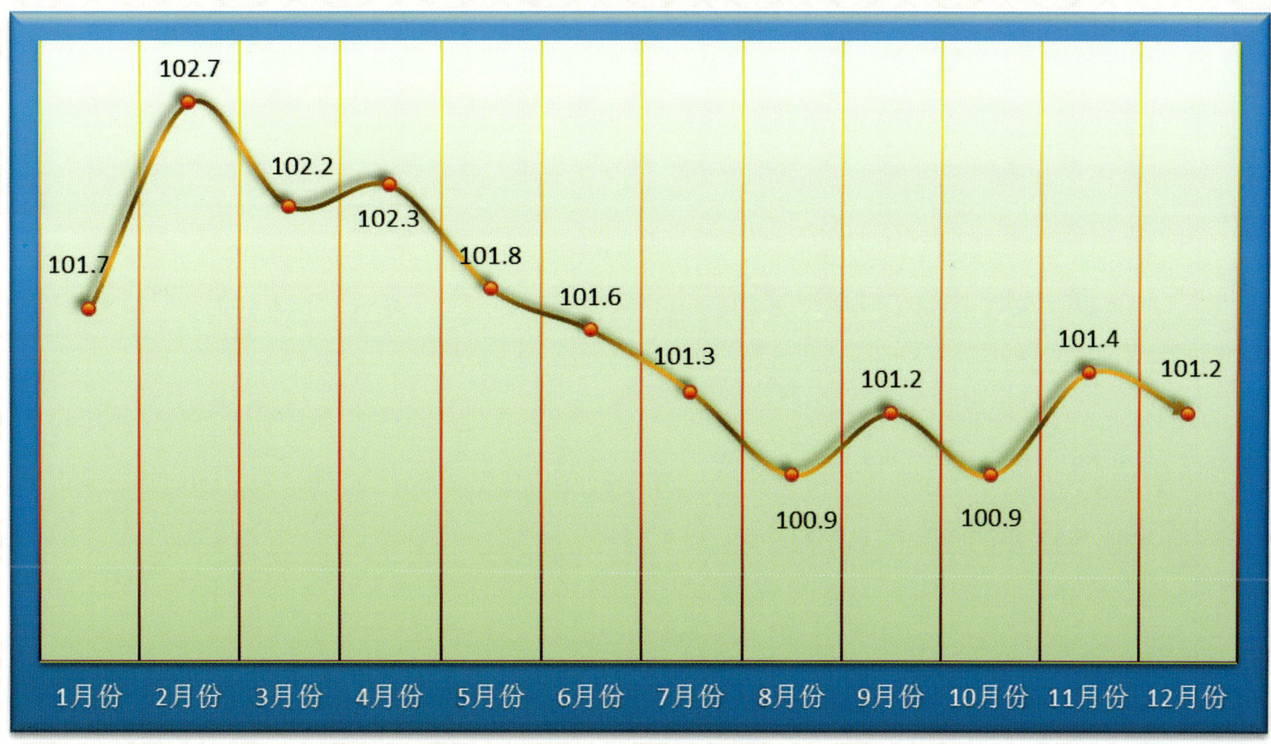

2016年广西工业生产者出厂价格指数（上年同期=100）

Producer Price Indices for Industrial Products by Each Month (2016) (Preceding Year=100)

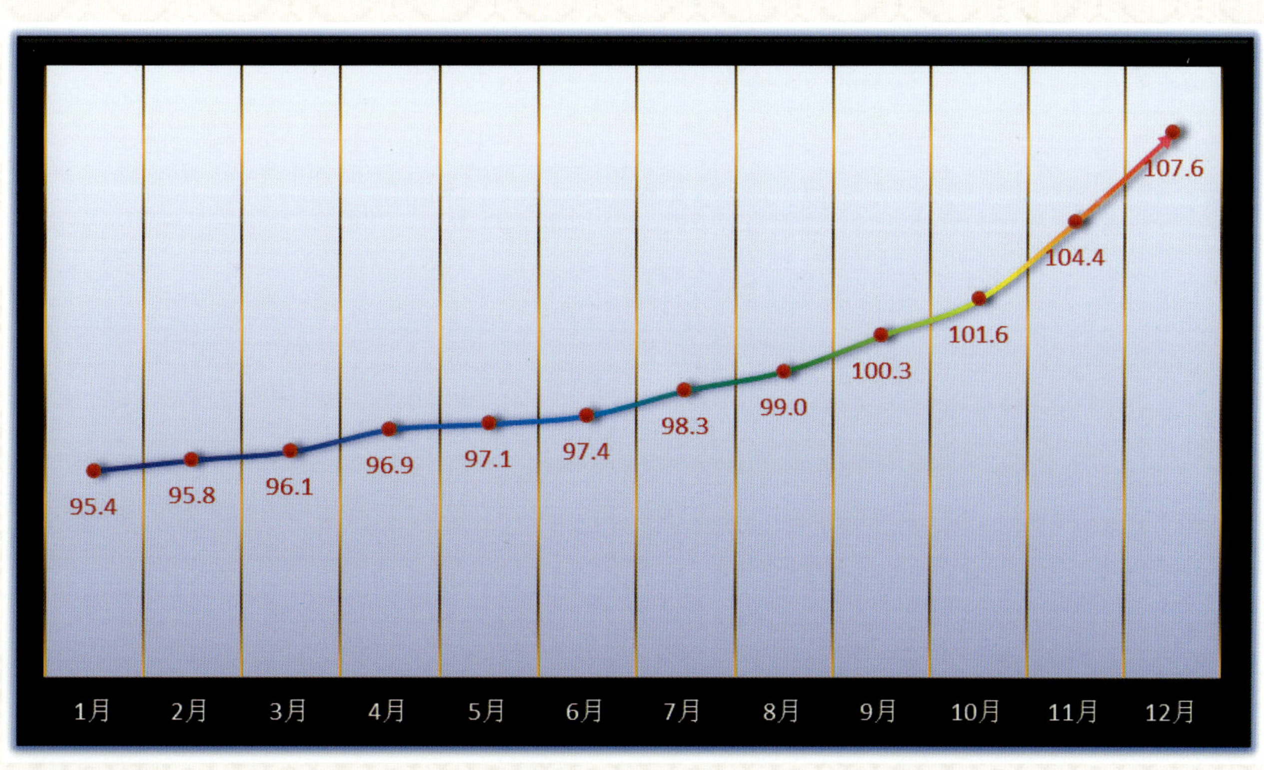

目 录

CONTENTS

第一篇 综 合
Chapter 1 General Survey

第二篇 人民生活
Chapter 2 People's Livelihood

第三篇 价格调查
Chapter 3 Price Survey

第四篇　农村农业
Chapter 4 Agriculture and Rural Areas

附录一 全国及各省市区主要统计调查指标

APPENDIX I Main Statistical Survey Indicators by Province, Municipality and Autonomous Region

附录二 中国与东盟国家及世界主要国家和地区经济、社会统计指标
APPENDIX II Main Social and Economic Indicators of China - ASEAN Countries and World Major Countries and Regions

第一篇　综　合

Chapter 1　General Survey

1-1 2016年广西城镇居民生活调查报告

Urban Residents Living Investigation Report in 2016

2016年广西城镇居民收支保持平稳增长

2016年是实施“十三五”规划的开局之年，是全面建成小康社会决胜阶段的第一年，广西积极应对宏观经济下行压力，坚持稳中求进发展理念，有效促进城镇居民就业稳定，经营改善，收入增加。根据国家统计局广西调查总队开展的居民收入调查结果显示，2016年广西城镇居民人均可支配收入为28324元，扣除物价因素后实际增长5.5%，人均消费支出为17268元，扣除物价因素后实际增长4.1%，城镇居民收入和消费均保持平稳增长态势。

一、城镇居民四大项收入“二升二降”，收入增速持续放缓

根据国家统计局广西调查总队抽样调查数据显示，2016年，广西城镇居民人均可支配收入28324元，比上年增加1908元，名义增长7.2%，比上年增加0.1个百分点。广西城镇居民收入增速基本延续“十二五”以来持续放缓、不断下降的态势。

从季度走势看，城镇居民人均可支配收入名义增速分别比一季度（7.5%）、上半年（7.9%）回落0.3个、0.7个百分点，与前三季度（7.2%）持平，增收形势较为严峻。

从收入构成看，四大项收入“二升二降”，经营净收入增幅居首，工资性收入平稳增长，财产净收入小幅降低，转移净收入下降较多（详见表1）。

表1 2016年广西城镇居民收入增长情况

指标名称	单位	2016年	2015年	2016年比2015年增/减	增幅（%）	构成（%）	拉动收入增长百分点（个）
可支配收入	元	28324	26416	1908	7.2	100.0	
一、工资性收入	元	16493	15163	1330	8.8	58.2	5.0
二、经营净收入	元	4805	3665	1140	31.1	17.0	4.3
三、财产净收入	元	2229	2308	-79	-3.4	7.9	-0.3
四、转移净收入	元	4798	5280	-482	-9.1	16.9	-1.8

（一）工资性收入是构成城镇居民可支配收入的主体

2016年，广西城镇居民人均工资性收入16493元，比上年增加1330元，增长8.8%，绝对值占可支配收入比重为58.2%，占据可支配收入的主体地位，拉动可支配收入增长5.0个百分点，对于城镇居民收入走势起到了主导作用。

影响工资性收入增长的主要因素：

一是政策性增资是促进工资性收入稳步增长的主要因素。2016年以来，政府政策支持保障了工资性收入的稳定增长，首先是完成机关事业单位工作人员基本工资标准调整。调整之后的规范津补贴标准从2016年7月1日起执行，至2016年11月已发放到位，人均实际增资约300

元左右。其次是兑现机关事业单位2015年度绩效考评奖金，奖金发放标准比上年同期大幅提高。同时兑现落实自治区本级机关公务用车制度改革交通补贴。第三是增加乡镇工作生活补贴、调整提升警察警衔津贴标准、艰苦边远地区津贴标准等。

二是积极推进企业减负改革，最低工资标准提高。效益好转的大型企业提高年终奖金，发放节假日过节费，实行稳岗补贴政策，增加企业职工工资收入。同时各种科技产业园区争相发展，本地务工机会不断增多，工资待遇和工作时间都有不同程度的增加，尤其是在建筑、电子生产、服装加工等行业，企业务工人员的工资稳定增长。

三是投资、贸易等领域均保持了较快增长，有力地促进就业增加，拉动了城镇居民工资性收入的稳定增长。据人社厅统计，1—11月，广西累计实现城镇新增就业40.69万人，城镇失业人员实现再就业8.73万人，就业困难人员实现就业3.25万人。11月末广西城镇登记失业率2.9%，保持较低水平。稳定就业及工资的刚性增长奠定了城镇居民工资性收入平稳增长的基础。

（二）经营净收入增长最快，是收入的第二大主体

2016年，广西城镇居民人均经营净收入4805元，比上年增加1140元，增长31.1%，增幅居四大项收入之首，拉动可支配收入增长4.3个百分点。其中第一、三产业经营净收入分别增长52.0%和29.1%，成为经营净收入增长的主要因素。

经营净收入快速增长得益于：

一是居民创业投资意识的提高。近年来，由于人们就业观念的转变和投资意识的增强，越来越多的城镇居民加入到自主创业的大潮中，个体私营经济规模不断壮大，市场经营主体增多。1—11月，广西新设立市场主体达32万户。同时美团外卖、百度外卖、饿了么等互联网多种经营模式的出现，从事微商、网店等等新型经营业态户数增加，推动经营收入增长。

二是市场经济发展，经营环境改善，促进非公经济发展的政策效果明显。近年来，政府高度重视和大力实施“双创工程”，积极推进各类创业孵化基地建设，对入孵企业提供水电和场地补贴及贷款贴息等优惠扶持。重点强化创业培训，大力营造创业创新氛围。加上“营改增”全面推开，小微企业享受增值税优惠，减税效应明显。这些措施有力地促进了城镇居民经营净收入的增长。

三是基础设施的投入运营促进经营性收入增长。高铁的开通，出行方式更加便捷，为广西旅游业发展带来大量的需求，各县区纷纷发挥特色区域优势吸引大批游客，2016年广西接待旅游总人数超4亿人次。客流量的增加，为城镇经营环境带来更多的活力，与旅游相关的批发零售、住宿、餐饮、娱乐等行业收入增长对居民经营收入的带动作用明显。

（三）财产净收入占比较小，增收仍有空间

2016年，广西城镇居民人均财产净收入2229元，比上年减少79元，下降3.4%，在城镇居民收入中仅占7.9%，为四项收入占比最小。

城镇居民财产净收入主要来源于居民集体分配的红利收入、出租房屋及土地获得的租金、存款利息等方面。财产性净收入变动的主要原因：一方面，出租房屋及土地的租金收入受近年来房地产行业低迷、部分实业经济不景气影响，房屋租金不再是前几年的高涨态势，房屋出租收入较上年下降4.6%，导致整体财产性收入增长放缓；另一方面，银行利率下调，股票、有价证券等价格波动，居民投资更为慎

重保守，投资渠道收紧，也使得居民的财产净收入缩紧。

（四）转移净收入下降，增长动力不足

2016年，广西城镇居民人均转移净收入4798元，比上年减少482元，下降9.1%，拉动可支配收入下降1.8个百分点，是城镇居民增收的一大“短板”。

转移净收入负增长的主要原因是转移性支出增速快于收入增速。一是受养老保险制度改革影响，同时平均工资的增加使交纳的社会保障等费用“水涨船高”，2016年广西城镇居民个人缴纳的所得税支出增长31.4%，社会保障支出增长21.8%。二是人口老龄化增加了居民赡养等转移性支出，转移性支出成为居民转移性收入的“减项”，导致转移净收入下降。

（五）收入增速低于全国和西部地区

据国家统计局发布，2016年全国城镇居民人均可支配收入为33616元，比上年增加2421元，增长7.8%。从增长速度看：2016年广西城镇居民人均可支配收入增幅比全国平均水平低0.6个百分点，位居全国31省（区、市）中的第26位；位居西部12省（区、市）中的末位。与上年相比，增速排名在全国上升了3位。从绝对值看：2016广西城镇居民人均可支配收入比全国平均水平低5292元，低15.7%，位居全国第21位，西部第7位。

二、八大类消费支出“七升一降”，消费日趋理性

2016年，广西城镇居民人均消费支出17268元，比上年增加947元，名义增长5.8%，增幅比上年同期（8.5%）下降2.7个百分点，八大类消费支出呈现“七升一降”的态势（详见表2）。

表2　2016年广西城镇居民消费支出增长情况

指标名称	2016年（元）	2015年（元）	增幅（%）	构成（%）	拉动消费性支出增减（百分点）
人均消费支出	17268	16321	5.8		
1. 食品烟酒	5937	5610	5.8	34.4	2.0
2. 衣着	886	846	4.8	5.1	0.2
3. 居住	3784	3629	4.3	21.9	0.9
4. 生活用品及服务	1033	952	8.5	6.0	0.5
5. 交通通信	2260	2249	0.5	13.1	0.1
6. 教育文化娱乐	2003	1845	8.6	11.6	1.0
7. 医疗保健	1066	866	23.1	6.2	1.2
8. 其它用品和服务	299	323	-7.4	1.7	-0.1

从支出占比来看，食品烟酒、居住和交通通信支出占城镇居民人均消费支出的比重分别为34.4%、21.9%和13.1%，是构成城镇居民消费支出的重要组成部分。从支出增速来看，医疗保健、教育文化娱乐和生活用品及服务支出增速较快，分别为23.1%、8.6%和8.5%，而仅有医疗保健支出增速保持两位数增长。

（一）食品烟酒消费刚性增长，在外饮食增长较快

2016年，广西城镇居民人均食品烟酒消费支出5937元，比上年增长5.8%。食品是居民的刚性支出项目，猪肉、蔬菜价格大幅上涨是推

动食品支出增长的重要原因。恩格尔系数（食品支出占消费支出的比重）为34.4%，与2015年持平。食品支出中，在外用餐支出增多，2016年，广西城镇居民人均其他在外饮食支出793元，比上年增长6.5%。调查还显示，食品烟酒支出拉动城镇居民人均消费支出增长2.0个百分点，对消费增长的贡献率34.5%，是消费增长的首要因素。

（二）医疗保健、教育文化娱乐、生活用品及服务支出快速增长

一是随着健康保健意识的增强和医疗保障制度的深入实施，有病及时就医，无病定期检查身体的居民增多，居民医疗服务费用支出明显增加，家庭中常备有血压计、体温枪、血糖仪、按摩仪等医疗器具，医疗器具及药品支出增多，2016年，广西城镇居民人均医疗保健支出1066元，比上年增长23.1%，医疗保健支出增速位居八大类支出之首；二是随着学文化、学技术意识的增强，居民对子女和自身教育培训也更加舍得投资，也越来越讲究精神文化生活，外出旅游等文化娱乐活动不断增多，近到区内、国内游，远到出国游，旅游支出不断增长，2016年，广西城镇居民人均教育文化娱乐支出2003元，比上年增长8.6%；三是居民对生活质量要求逐渐提高，加快耐用消费品更新换代的步伐，除了温馨舒适的居住环境，对家用纺织品、室内装饰品、个人护理用品也要求品牌、美观、时尚，2016年，广西城镇居民人均生活用品及服务支出1033元，比上年增长8.5%。上述三项支出均高于广西城镇居民人均消费支出增长水平。

（三）平均消费倾向下滑

自2015年以来城镇居民可支配收入增速持续放缓，使得城镇居民对未来预期收入的不确定性增加。2016年，广西城镇居民家庭平均消费倾向（消费支出占可支配收入的比重）为61.0%，和2015年（61.8%）相比下降了0.8个百分点，消费能量仍有进一步释放的空间。如何拉动中等和较高等收入人群的消费潜能，成为今后扩大内需，刺激居民消费的重点。

三、制约城镇居民收入增长的不利因素

（一）宏观经济增速持续回落，城镇居民增收形势严峻

面对错综复杂的国内外经济形势，广西能够取得城镇居民收入增长7.2%的成绩，确实不易。与发达省市相比较，广西城镇居民绝对收入水平仍然较低，且收入增速在全国排位逐季下滑，可支配收入差距已呈扩大趋势。受供给侧结构性改革和市场需求不足的影响，部分企业经济运行仍很艰难，企业工资增长缓慢甚至负增长，影响了广西城镇居民工资性收入的有效增长。

（二）收入四项构成不尽合理，对工资性收入依赖较大

从城镇居民可支配收入构成来看，四大项收入占比差距较大，收入增资因素较为单一，过分依赖工资性收入增长，收入多元化还有待进一步发展。随着行政事业单位工资改革和公车改革等政策翘尾影响逐步消失，城镇居民工资性收入持续增长的压力将加大。转移净收入占比虽有扩大之势，但过分依赖政策性增收因素，增收动力依然不足。经营净收入应当是除了工资性收入外在城镇居民收入增长中最具潜力的，仍有待进一步挖掘。

四、增加城镇居民收入、促进消费的建议

2016年，在保持经济平稳较快发展的同时，城镇居民收入实现了稳步增长，生活质量

也得到了显著改善。但是，政策性增收翘尾因素基本消化，财政收支矛盾突出，收入增势减弱及增收短板的问题依然存在。为此，提出以下建议：

（一）扩大增资政策享受范围，建立居民增收长效机制

首先要提高已出台的各项增收政策的兑现效率，适时出台增资政策，扩大覆盖范围，行政事业单位从业人员的工资性收入逐年要有实质性的增加，保持企业最低工资指导标准的年度适时调整。其次大力培育优势产业集群，抓好资源的开发及深加工，将丰富的资源转化为经济效益，提高市场竞争能力，带动企业职工收入增加。三是要引导企业加大科技创新和技改力度，加大企业从业人员的培训力度，让更多的企业从业人员掌握新知识新技术，从而获得更高的薪酬待遇。

（二）加大就业帮扶力度，拓宽居民创收途径

一方面要更加重视中小企业发展，稳定增加就业岗位。对残疾人员、下岗职工、大中专毕业生等就业困难人员，特别是零就业家庭实行优先扶持和重点帮助。另一方面，政府要营造全民创业氛围，继续改善经营环境，优化自主创业环境，鼓励民间创业，降低创业门槛，对创业者给予资金扶持，积极培育经济效益高、吸纳劳动力强的企业及个体增加居民经营性收入，提高经营者的整体盈利水平。

（三）转变理财观念，引导居民收入多元化

完善财产经营机制，尽早出台可指导性意见，合理引导和促进居民搞好财产的投资增值。一是鼓励有能力的城镇居民投资理财，入股创业，拓宽投资理财渠道，增加居民对财产营运的红利收入、财产增值收益。二是加强对租赁行为的服务指导和规范管理，维持良好市场运行秩序，保护居民各类合法收入，提高财产性收入在居民收入中的比重，培育发掘城镇居民收入新的增长点。

（四）健全完善社会保障体系，加大财政转移支付力度

目前中国社会保障体系的框架已经基本构建，低保、医疗、养老、失业保险等社保已基本实现全覆盖，但在执行过程中更要抓好这些政策的贯彻落实，解决保障水平较低的问题。要降低有关社保缴费标准，确保离退休人员基本养老金按时足额发放，增加财政的社保投入特别是对困难群体参保要予以资金扶持。同时充分利用好精准扶贫的大好契机，全面解决城镇居民中低收入贫困家庭的问题，制定精准扶贫战略规划，定期调整补贴对象和标准，帮助低收入群体尽快脱贫致富，共享经济发展成果。

（五）发挥消费拉动经济引擎作用，释放消费潜力

消费是提振经济发展的主要动力，随着消费观念的转变，城镇居民对服务消费的需求增加，服务业市场发展潜力巨大。要拓宽家用汽车、旅游、文化休闲等消费市场，促进消费结构升级转换，全面提升居民消费水平和质量。增加住房、医疗、教育等基本公共服务供给并适当降低价格，提高物价补贴发放标准和覆盖范围，促进居民消费。以传统实物消费升级为重点，充分利用新的科技载体，努力探索有效拉动消费的新方法、新手段、新平台，培育新的消费热点。

1–2 2016年广西农村居民生活调查报告

Urban Residents Living Investigation Report in 2016

2016年广西农村居民人均可支配收入稳中有进

据国家统计局广西调查总队抽样调查数据显示，2016年广西农村居民人均可支配收入为10359元，比上年增加892元，名义增长9.4%，增幅比全国平均水平高1.2个百分点，在全国排第5位；扣除价格因素实际增长7.6%。

一、2016年广西农村居民收入特点

2016年广西农村居民可支配收入稳中有进，取得“十三五”开门红。各项收入继续保持全面增长的态势（详见下表），收入结构进一步优化。

2016年广西农村居民可支配收入情况表

指标名称	2016年（元）	2015年（元）	增幅（%）	占比（%）	贡献率（%）
可支配收入	10359	9467	9.4	—	—
一、工资性收入	2848	2549	11.7	27.5	33.5
二、经营净收入	4759	4360	9.2	45.9	44.8
（一）第一产业经营净收入	3788	3510	8.0	—	—
1. 农业	2416	2300	5.1	—	—
2. 林业	367	326	12.4	—	—
3. 牧业	851	754	12.9	—	—
4. 渔业	154	130	18.3	—	—
（二）第二产业经营净收入	119	135	-12.3	—	—
（三）第三产业经营净收入	852	715	19.2		
三、财产净收入	149	116	28.6	1.5	3.7
四、转移净收入	2603	2442	6.6	25.1	18.0

（一）“家门口”就业人数增加，工资收入增幅达两位数

2016年是“十三五”开局之年，各地通过发展龙头企业、农村合作社等方式，增加就业岗位吸引。据调查，2016年广西农村居民常住人口在非国有企业的从业人员较上年同期增长31.4%，随着龙头企业的发展和本地务工工资水平的提高，越来越多的农村劳动力选择在“家门口”就业。2016年广西农村居民人均工资性收入2848元，同比增长11.7%，增速比上年同期多2.5个百分点，工资收入占可支配收入的比重从上年的27.1%升到27.5%，提高0.4个百分点。

（二）产业扶持显成效，工资和经营净收入贡献率增加

随着农村地区产业扶持政策的不断优化，特别是精准扶贫政策的贯彻落实，对农村居民的扶持以“授人以渔”的方式开展，扶持政策取得良好成效。据调查，2016年广西农村居民的工资收入和经营净收入对可支配收入的贡献

率同比增加11.2个百分点。广西农村居民人均转移净收入同比增长6.6%，对可支配收入的贡献率从上年的27.7%下降到18%，减少9.7个百分点。以上数据显示，广西农村扶持政策取得较好成效，农村居民收入结构进一步优化，从单纯的“等靠要”转移收入向“自力更生”的工资和经营转变。

（三）家庭经营结构不断优化，第三产业净收入较快增长

广西农村居民家庭经营结构不断优化，各地大力发展农家乐等农村旅游，促进第三产业净收入增长较快，所占比重不断提高。2016年广西农民从事第三产业人数比上年同期增加9.8%，人均第三产业净收入同比增19.2%，第三产业净收入占可支配收入比重比上年增加0.6个百分点。

二、促进广西农村居民增收的主要因素

（一）人均工资性收入2848元，同比增长11.7%

1.广西精准扶贫政策取得成效，新增贫困地区就业岗位。政府大力推行“春风行动”，为贫困地区劳动力送政策、送岗位、送培训，积极引导劳动者在“家门口”就业，同时各贫困县政府大力进行产业扶贫和整体搬迁，贫困地区本地非农务工人数增加明显，“贫困户收入短板”的改善带动广西农村居民工资性收入大幅提高，扶贫政策取得较好成效。据农民工调查结果，2016年广西本地农民工333.6万人，同比增长11.0%，农民工月均收入3071元，同比增长5.4%。

2.土地流转等政策显成效，农村劳动力本地务工人数增加。土地流转政策实施后，流转市场不断规范，合作社和龙头企业不断增加，为农村劳动力提供了新的就业岗位，不少农村劳动力从业类型从农业自营变为企业雇员，增加了广西农村居民工资性收入。

3.农村地区产业结构优化，本地农村务工需求增加。广西农业产业结构转型，特别是农村种植结构转型需要大量的本地劳动力，增加了务工岗位，促进了本地务工收入的增长。如部分地区农村居民“蔗改果”、“桑改果”等，增加了较大的雇工需求。

（二）人均家庭经营净收入4759元，同比增长7.7%

1.广西大宗农产品价格上涨，带动农村居民第一产业净收入增长8.0%。据农产品生产价格调查显示， 2015—2016榨季的甘蔗收购联动价格较上个榨季增加了20%，蔬菜价格较同比增1.72%，蚕茧价格同比增16.7%，生猪价格同比增23.0%。这些大宗农产品的价格上涨带动一产净收入较快增长。

2.年底气候条件较好，柑橘和柿子等水果价量双增。今年年底没有出现上年的低温阴雨天气，柑橘和柿子产量和价格较上年同期有较大增幅，四季度柑橘类水果价格同比增11.0%，柿子价格同比增50.4%。在全国广西柿子和柑橘产量在全国排名第一和第二，在大宗水果价量齐升的带动下，2016年广西农村居民人均出售水果产量达151公斤，同比增15.5%，人均出售水果现金收入499元，同比增18.4%。

3.制度建设和平台搭建促进第一产业发展。一是广西大力推行农业保险制度，为农民种养提供保障，增加了广西农村居民种养的积极性；二是广西加快建设农产品电商平台，支持农产品加工销售营造良好的环境，今年在广西的百色田东、崇左大新等地农民积极参与网络销售，农产品销售和价格较上年同期有较大提升。

（三）人均财产净收入149元，同比增长28.6%

1.红利收入增长迅速。据调查，2016年广西农村居民人均红利收入47元，比上年同期增118.5%。促进广西农村居民红利收入猛增的原因是：一是广西实施精准扶贫政策，为建档立卡贫困户提供小额信贷入股分红，获得较多红利收入。如百色今年参与该项目的贫困户每户平均有4000元的分红；二是广西农村居民积极参与投资各类型农业合作社、以及休闲农家乐等集体产业，取得了较好的经济收益。红利收入成为促进2016年广西农村居民增收一大亮点。

2.土地租金收入较快增长。随着广西土地确权工作的不断深化，农村居民出租土地方式不断规范，土地流转面积不断增加，促进农村居民租金收入不断提高。据调查，2016年广西农村居民转让承包土地经营权租金人均净收入为69元，较上年增长16.4%。比较典型的地区，如桂林、来宾和崇左等地，随着水果等农产品的增长，普通耕地租金从上年的1000元/亩提高到2016年的1200元/亩，土地租金价格屡创新高。

（四）人均转移净收入2603元，同比增长6.6%

1.政策性因素是推动广西农村居民转移净收入的主要原因。一是贯彻落实扶贫政策，对贫困地区农民继续发放国家危房改造补贴，提高了农村居民政策性生活补贴收入。据统计，2016广西人均政策性生活补贴收入145元，同比增24.8%；二是广西提高城乡低保补助水平，从2016年7月起，由原来的每月125元提高到140元，增幅达12.0%。

2.寄带回和赡养收入增加促进转移净收入增长。危房改造的政策提高了农村居民建房热情，促使外出务工人员加大寄带回金额和分家亲友增加提供赡养收入。2016年广西农村居民外出从业人员寄带回收入1412元，同比增1.1%，赡养收入217元，同比增14.2%。

三、制约广西农村居民收入增长的不利因素

（一）甘蔗种植面积下降

甘蔗种植面积和出售量减少。部分蔗农因前几年糖价下跌，调整种植结构，转型种植水果或流转土地后务工，导致农村散户甘蔗种植面积下降。据自治区有关部门调查显示，2015/2016榨季广西甘蔗种植面积比上榨季下降约13%至20%，这已是广西连续第三年甘蔗种植面积减少。2016广西农村居民人均出售甘蔗数量仅为2252公斤，同比减少12.1%，出售数量的下降抵消了价格上涨带来的增收，导致广西农村居民人均出售甘蔗收入仅为1034元，较上年同期减少19元，降幅为1.8%。

（二）来自第二产业的收入增速放缓

受宏观经济下行压力的影响，农村居民小作坊式的二产经营模式受到较大冲击，来自第二产业的收入增速有所放缓。据调查，2015年广西农村居民来自第二产业人均净收入119元，同比降12.9%。其中人均制造业净收入同比降45.2%。

（三）农业用工的成本较高

据农业生产资料价格指数调查显示，2016年广西农用种子、化肥和农药均较上年有所下降，但农业用工价格仍持续上涨，2016年广西农业用工同比上涨3.3%，造成农村居民从事农业生产的经营成本持续提高，获利空间持续受到挤压。

（四）第一产业结构转型

因种植甘蔗和养蚕等收益的下降，以及养

殖卫生条件的提高，广西农村居民纷纷进行第一产业种养结构转型。广西处于蔗改果、桑改果和生猪散养户向“公司+农户”的产业结构转型时期，收益周期较长，影响了广西农村居民第一产业净收入的增长。

四、几点建议

（一）继续加强劳动力市场监管，确保农民工工资稳步提高

主要做好以下三点：一是进一步加大对农民工的就业指导和培训，结合当前劳务市场的用工需求，有针对性地加强农民工的职业技能培训，提高农民工的劳动技能，引导农民工到正规企业就业；二是加强劳动力市场监管，严肃查处拖欠农民工工资的现象，并确保农民工就业的各项权益，如购买五险一金等等，确保农民工工资稳步提高；三是规范农村龙头企业用工制度，盘活农村留守中老年及妇女劳动力，将其作为农村居民工资收入的“新来源”。

（二）合理规划水果产业，提高果农抵御风险能力

从调查结果来看，水果收入对广西农村居民第一产业净收入的影响非常大，要确保农民收入稳定增长就必须要保障广西水果产业健康发展，建议做好以下几点：一是要合理规划水果产业，防止果农盲目跟风种植，特别是对柑橘类水果如砂糖橘等品种，其推广要加强政府引导和技术支持，避免区域种植品种雷同导致价格恶性竞争；二是继续完善农业基础设施，大力引进水果产销、水果加工龙头企业，进一步推动农企、农超结合，提高果农抵御自然灾害和市场风险能力；三是加强对“蔗改果”、“桑改果”农户的技术扶持，为其生产和种植结构调整创造良好的金融环境，缩短其种植结构转变的周期，尽快实现种植收益。

（三）做好生猪产销预警，确保牧业收入稳定

2016年广西农村居民牧业收入增长是促进第一产业净收入增加的主要原因。据调查，2016年9月份广西猪肉价格同比仅上涨5.6%，涨幅较上月收窄11.5个百分点，较5月份最高点大幅回落了30个百分点，同比涨幅为2016年以来最低水平。为稳定农村居民牧业收入，建议做好以下三点：一是进一步完善生猪价格预警机制，政府要及时掌控生猪存栏数量和市场行情，有效把控散养户种植意向，要尽量避免跟风养殖造成供过于求，损害养殖户的利益；二是做生猪防疫和保险工作，确保生猪养殖平稳发展；三是加强对边境地区生猪走私的打击力度，进一步规范生猪销售、屠宰流程，维护广西农村生猪养殖的利益不受外来走私猪肉的冲击。

（四）加快第三产业发展，增加农民第三产业就近就业

第三产业既能增加农村居民三产收入，改善农民收入结构，也能吸纳农村剩余劳动力，增加农村居民务工工资收入。为保障广西农村居民第三产业的良好发展势头，建议做好以下几点：一是政府和有关职能部门要发挥规划和引领作用，在结合当地自然资源和人文资源优势的基础上，做出特色农村旅游产业，引进企业、资金深入开发，避免旅游项目雷同；二是加大力度推进金融制度改革，降低农村小额信贷门槛，改善农村金融投资环境，帮助和扶持有能力的农村居民就地创业，大力发展农村本地的第三产业，增加农村居民“家门口”就业的机会；三是做好水电、交通等基础配套设施，制定规范的行业制度，确保农村旅游等第三产业良性发展。

（五）规范网络电商平台，促进农村居民增收

为提高广西农村居民收入，增加广西农村农产品的销售渠道和价格，需要各级政府在大力发展网络电商平台的同时，出台相关规章制度，对网售农产品等制定严格的检验检疫程序，确保产品质量。建议做到以下几点：一是做好政策扶持和引导，大力引进阿里巴巴淘宝、京东和乐村淘等电商平台，根据当地特色农产品打造网络平台，对加盟平台的商家给予政策和金融扶持，不断扩大网络电商平台的覆盖面；二是加强市场监管，出台网络电商行业规范和指导细则，规范网络电商平台的经营模式、供货渠道和产品质量，保障网络电商的健康发展；三是加强宣传，引导更多的农户参与网络销售，增加网络电商平台的销售品种和货源，切实提高农村居民的收入。

1-3 2016年广西居民消费价格调查报告
Consumer Prices Investigation Report in 2016

2016年广西居民消费价格继续保持温和上涨态势

据国家统计局广西调查总队调查统计，2016年广西居民消费价格（CPI）同比上涨1.6%，低于全国平均水平0.4个百分点，涨幅居全国31个省、自治区、直辖市的第19位，比2015年高0.1个百分点。总体而言，2016年广西居民消费价格继续保持温和上涨的态势。

一、广西居民消费价格运行情况

（一）八大类商品和服务价格“六升二降”

调查的八大类商品和服务价格呈“六升二降”的态势。其中：食品烟酒类、衣着类、居住类、教育文化和娱乐类、医疗保健类、其他用品和服务类价格分别上涨3.4%、1.3%、0.3%、1.6%、3.7%和1.9%；生活用品及服务类、交通和通信类价格分别下降0.1%和1.2%。

（二）各月同比涨幅呈现前高后低

从各月CPI同比来看，涨幅均在3%以下运行，其中最高的月份是2月，涨幅为2.7%，最低月份是8月和10月，涨幅均为0.9%。3月和4月涨幅均维持在2.2%以上，5月开始，同比涨幅逐月回落，8月和10月涨幅仅为0.9%，落入“0”时代，11月和12月同比涨幅分别为1.4%和1.2%，重回“1”时代。

2016年1—12月广西CPI各月同比

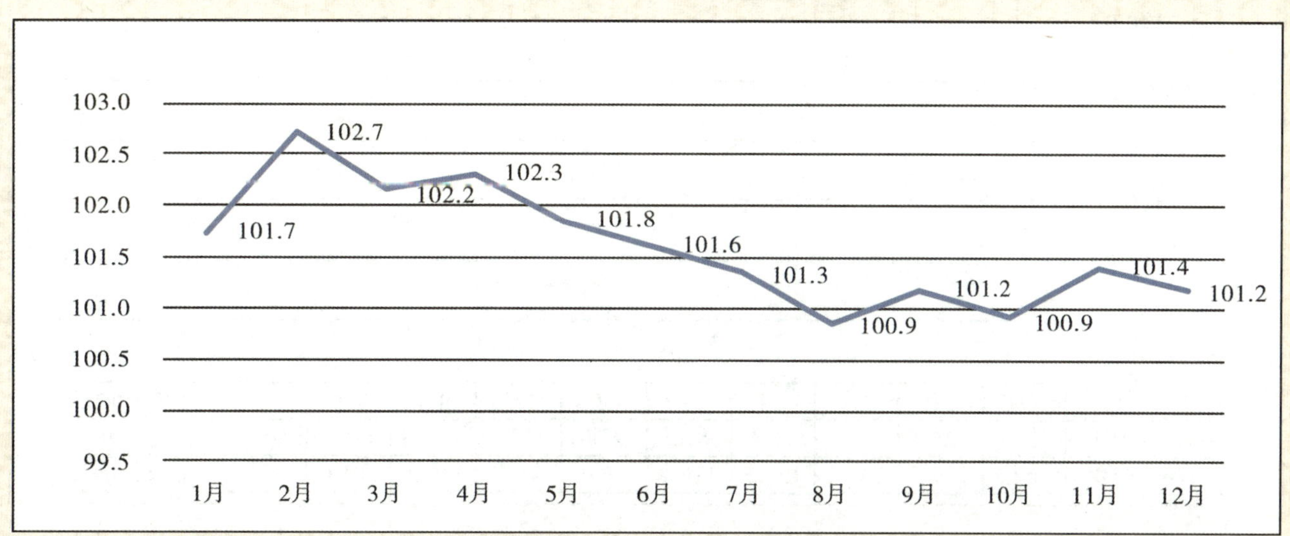

（三）各月环比涨幅有升有降

分月来看，各月居民消费价格环比涨幅有升有降。其中，环比呈现上涨的有6个月，2月份环比涨幅最大，达1.4%；环比呈现下降的有5个月，3月份环比降幅最大，为0.5%；7月环比持平。

（四）广西CPI低于全国平均水平

2016年广西居民消费价格同比上涨1.6%，低于全国平均水平0.4个百分点，按涨幅由高到低排序，在全国31个省（自治区、直辖市）中排第19位。

（五）食品烟酒类价格上涨幅度最大，成为推动居民消费价格上涨的主要因素

2016年广西食品烟酒类价格上涨3.4%，拉动居民消费价格总水平上涨约1.1个百分点，约占CPI涨幅的68.8%，是推动居民消费价格上涨的主要因素。其中食品价格上涨4.3%，所调查的14个小类食品价格中，除蛋类、奶类、干鲜瓜果类价格下降和禽肉类持平外，其余10类食品类价格全部上涨。鲜活食品价格涨幅明显。受猪肉价格长时间高位运行及一季度鲜菜受寒流影响价格大幅上涨的影响，鲜活食品价格上涨6.2%，比2015年高2.9个百分点。

（六）服务项目价格涨幅大于消费品价格

2016年广西服务价格同比上涨2.2%，消费品价格同比上涨1.3%，服务价格涨幅较消费品价格涨幅高0.9个百分点。

二、价格变动主要影响因素分析

（一）季节性因素和气候因素对价格变动的影响尤为突出

2016年鲜菜价格上涨10.0%，影响居民消费价格总水平上涨约0.24个百分点，约占CPI涨幅的15.0%。鲜菜价格上涨主要受2016年的灾害天气影响，1—2月份由于全国大范围的寒潮天气造成蔬菜产量明显下降，加上春节集中消费的影响，2月鲜菜价格环比上涨25.5%；二季度随着供应正常，鲜菜价格恢复常态，4—6月环比连续下降，6月鲜菜同比涨幅由正转负；7—9月受暴雨和台风天气及蔬菜换季影响，环比价格连续三个月上涨。11月受秋冬交替等因素的影响，市场供应主要靠大棚菜和外地调进，蔬菜价格呈现季节性上涨，环比上涨8.7%，12月份广西广西呈现暖冬气候，本地应季蔬菜生长较快，市场供应量充足，鲜菜价格大幅下降，环比下降7.3%。

2016年1—12月鲜菜价格同比和环比走势图

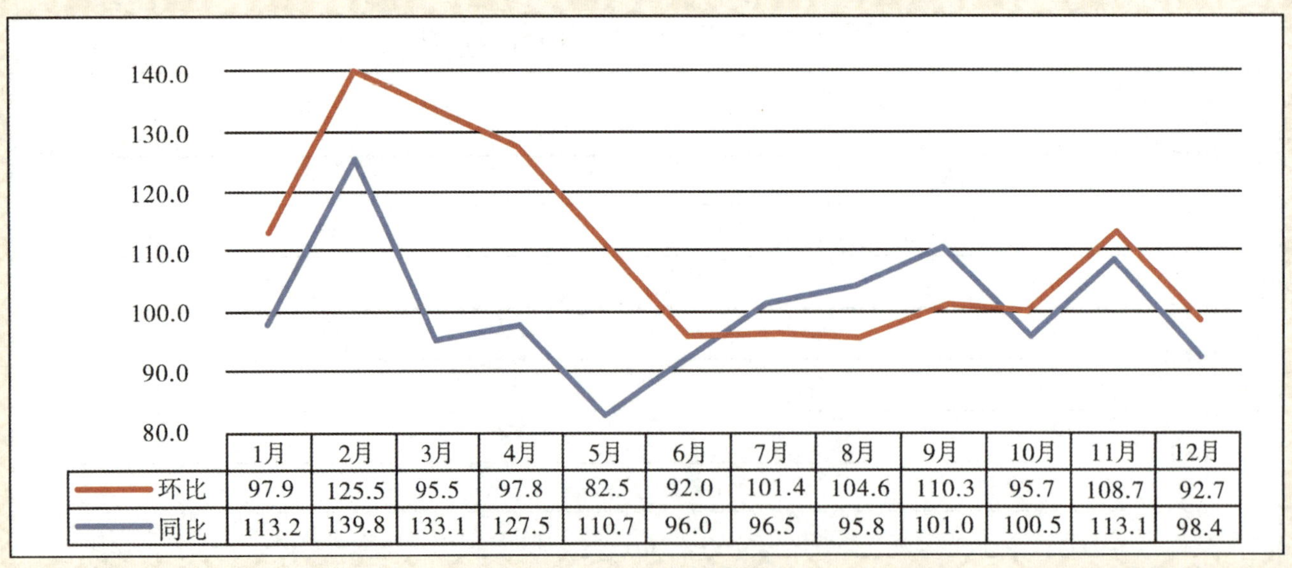

	1月	2月	3月	4月	5月	6月	7月	8月	9月	10月	11月	12月
环比	97.9	125.5	95.5	97.8	82.5	92.0	101.4	104.6	110.3	95.7	108.7	92.7
同比	113.2	139.8	133.1	127.5	110.7	96.0	96.5	95.8	101.0	100.5	113.1	98.4

（二）市场供求关系和生产周期影响CPI结构分化

受供过于求、市场竞争激烈等因素影响，工业消费品市场需求不旺，汽车、空调器、电冰箱等家电消费品价格持续走低，导致工业消费品价格指数持续低迷。2016年广西工业品价格同比下降0.6%，影响居民消费价格总水平下降约0.2个百分点。国际原油价格低位波动影响油脂品价格下降，广西汽油、柴油、管道燃气、液化石油气价格同比分别下降4.5%、

5.0%、10.6%和10.9%，合计影响居民消费价格总水平同比下降约0.3个百分点。在技术进步及市场供过于求格局的推动下，部分工业消费品价格持续下跌，其中家用器具价格下降1.6%，小型汽车价格下降1.3%，通信工具价格下降5.3%，文娱耐用消费品价格下降1.8%。一直处于消费强势的衣着类仅上涨1.3%，涨幅比上年同期低3.7个百分点。

猪肉价格受生猪生产周期影响，呈现近五年来最大涨幅。2012—2014三年间，猪价持续低迷，生猪和能繁母猪存栏量连创新低，供给显著减少。2015年初受市场供应偏紧等因素影响，广西生猪价格持续上涨，拉动猪肉价格进入新一轮上涨周期。据统计，广西猪肉价格自2015年2月开始上涨，到2016年12月已连续23个月同比上涨。2016年7月开始供求关系缓解，超高肉价抑制消费，压栏生猪大量出栏，猪价冲高震荡回落。由于前期上涨较多，2016年猪肉价格上涨15.6%，涨幅高于2015年5.9个百分点，拉动居民消费价格总水平上涨约0.5个百分点，约占CPI涨幅的31.3%。

2016年1—12月猪肉价格同比和环比走势图

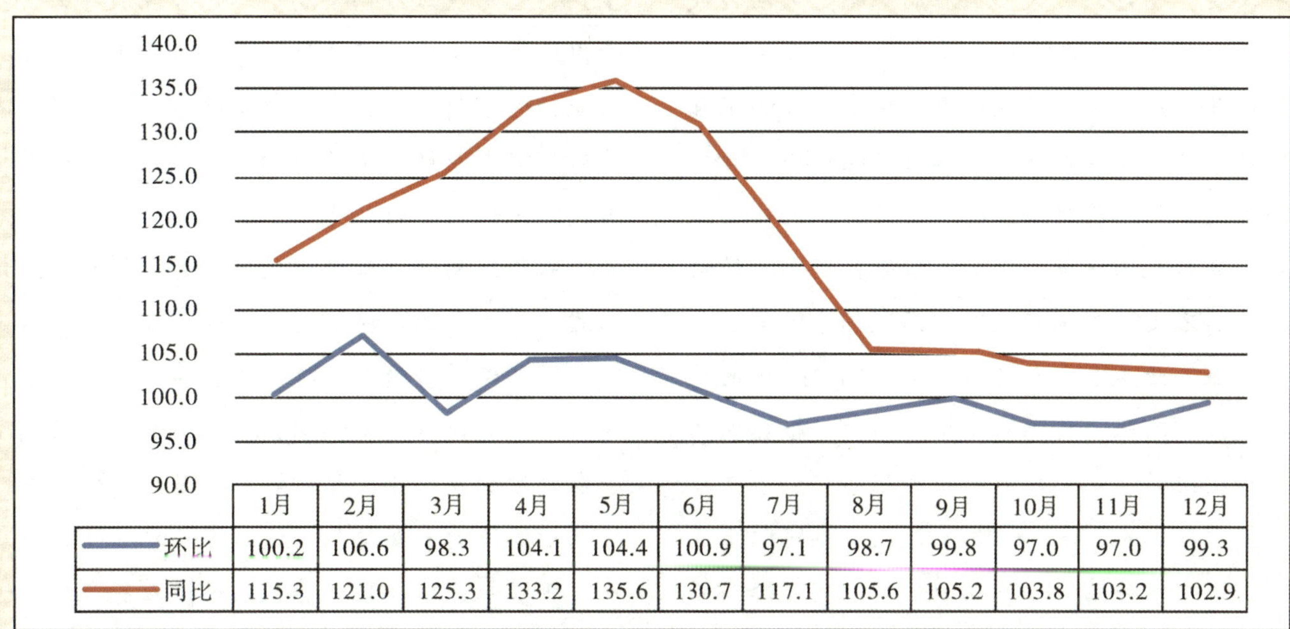

	1月	2月	3月	4月	5月	6月	7月	8月	9月	10月	11月	12月
环比	100.2	106.6	98.3	104.1	104.4	100.9	97.1	98.7	99.8	97.0	97.0	99.3
同比	115.3	121.0	125.3	133.2	135.6	130.7	117.1	105.6	105.2	103.8	103.2	102.9

（三）成本推动价格上涨日趋显现

受人工成本不断上涨，以及需求增加的影响，服务项目价格节节攀升，呈现普涨局面。2016年服务价格上涨2.2%，拉升广西居民消费价格总水平上涨约0.8个百分点，约占CPI涨幅的50.0%。由于人工成本、经营成本的不断上涨导致服务价格不断攀升，涨幅较高的有旅游、衣着加工服务费、鞋类加工服务、装潢维修费、家政服务、车辆修理与保养、邮递服务、其他服务类，分别上涨6.3%、4.2%、3.5%、2.6%、3.8%、3.0%、3.3%和2.5%。

（四）政策性价格改革也是影响CPI价格变动的主要因素

2015年开始，广西实行医药价格改革，作为市级第一批试点城市柳州、玉林及部分县级的医疗保健价格上涨，2016年陆续有部分市县医改试点，受此影响，2016年医疗保健上涨3.7%，涨幅为八大类首位，影响总指数上升0.3个百分点，影响程度18.8%。其中药品及医疗器具上涨3.1%，医疗服务上涨4.1%。受国家放开药品价格定价影响，一些低价药品价格涨幅较高，药品中中药上涨4.3%、西药上涨2.8%；医疗服务六个项目除其他医疗服务持平外，其他全部上涨，其中综合医疗类上涨8.5%、中医医疗服务类上涨7.0%等。另外部分市县水价实行阶梯收费，2016年水价上涨2.0%；部分市公交车全改为空调车，影响市内公共交通费上涨6.3%等。

三、2017年居民消费价格变动趋势预测

2017年社会总供给大于总需求的状况没有改变，物价缺乏大幅上涨的基础。劳动力成本上涨将进一步推动服务价格上涨，蔬菜、鲜果等食品价格受天气等因素影响有较大的不确定性。从工业品价格看，工业产品价格回升，国际大宗商品价格尽管有所反弹，但总体需求不足的状况依然没有改变，价格持续上涨的动力仍然不足，中国产能过剩问题仍比较突出，再加上工业生产者价格指数（PPI）对CPI的传导效果较有限，价格难以持续回升。根据农业部数据统计，11月能繁母猪存栏为3852万头，较上月下降8万头，环比下降0.2%，同比下降3.2%；生猪存栏量37596万头，较上月下降38万头，环比下降0.1%，同比下降2.4%，已经降到农业部4800万头母猪的红色预警线以下。猪肉价格在2017年也许会将迎来上行周期。受供需因素和投机行为的影响，目前部分地区猪肉价格已经出现上涨。此外，随着医疗服务改革的进一步深化，相关产品价格有上涨的趋势。

综上所述，在当前国内经济运行总体平稳、上游价格持续低位的背景下，预计2017年广西CPI将继续保持稳中趋涨、总体温和的态势。

四、稳定物价的政策建议

1.政府相关部门应密切关注老百姓“菜篮子”价格变化，确保农产品稳定生产供应，进一步优化供给侧。一是确保关系民生的农副产品供应量充足。鲜活食品等“菜篮子”商品是居民生活的必需品，对CPI的影响程度大。2016年以来多地发生自然灾害天气，部分鲜活食品价格出现大幅波动，对居民生活带来一定的压力。相关部门应加大对农田基础设施和水利建设的投入力度，改善农业生产条件，增强防御自然灾害能力，为农作物稳定生产提供有力保障，同时优化蔬菜流通和产销衔接，形成蔬菜生产、交易良好保供格局。二是合理引导，优化供给侧。生猪养殖业过山车的价格走势让养猪业怕透了猪周期，生猪价格的每一轮变动都是对当前农业供给侧改革的反射，必须通过改革供给侧让生猪行业走出周期怪圈。生猪产业的供给侧结构性改革不仅仅是对存栏量简单地增减，更重要的是对生猪产业的产业结构、种猪选育、饲料营养、疫病防控、养殖场管理水平等环节的优化整合。国内外价差调控、收储补贴制度改革、生产结构矫正，是猪业供给侧结构性改革的重要举措，推进农业产业化，引入市场资本、整合散户养殖，通过入股合伙等方式向规模化发展，不仅可以稳定地区生猪的存栏量，而且也能增强企业的抗风险能力。

2.准确把握价格改革的节奏和力度。政府在进行关乎民生的公共事业类项目的价格改革时，把握力度和节奏，应当按照调价方案的成熟和稳妥程度，分期推进，以避免政策性新涨价影响集中爆发，从而给稳定物价总水平带来不确定性影响。

1-4 2016年广西农业生产资料价格调查报告

Agricultural Production Investigation Report in 2016

2016年广西农业生产资料价格涨幅缩小

根据国家统计局广西调查总队开展的农业生产资料价格调查显示，2016年，受国内经济增速放缓，物价涨幅平稳等因素影响，广西农业生产资料价格同比上涨0.7%，涨幅较2015年缩小0.2个百分点。

一、农业生产资料价格运行情况

（一）月同比均“十涨两平”

2016年广西农业生产资料价格仅10月和11月同比价格持平，其他月份同比均为上涨，如图1所示。

图1 2016年1月—12月广西农业生产资料价格同比指数走势图

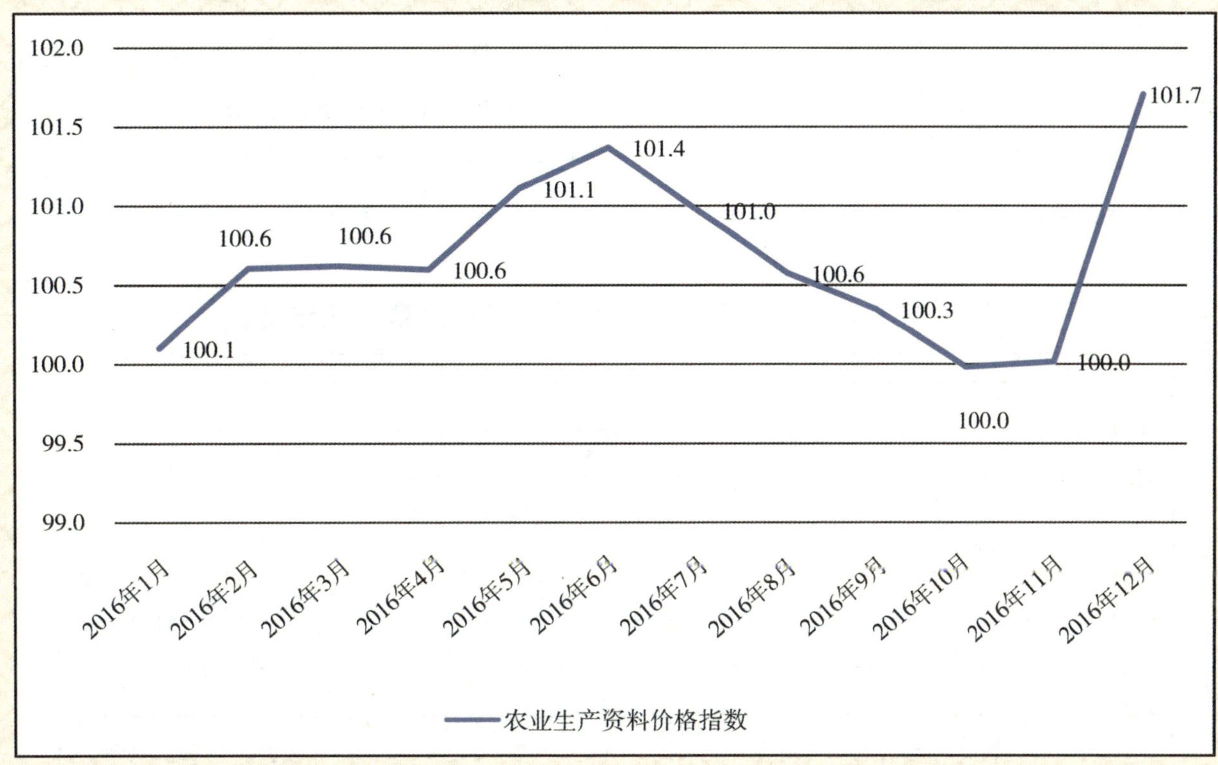

（二）各月价格环比波动频繁

2016年广西农业生产资料各月环比价格呈“六涨六跌”的波动趋势。其中12月涨幅最高，上涨1.3%；11月降幅最大，下降0.8%。各月环比指数如图2所示。

图2　2016年1月—12月广西农业生产资料价格环比指数走势图

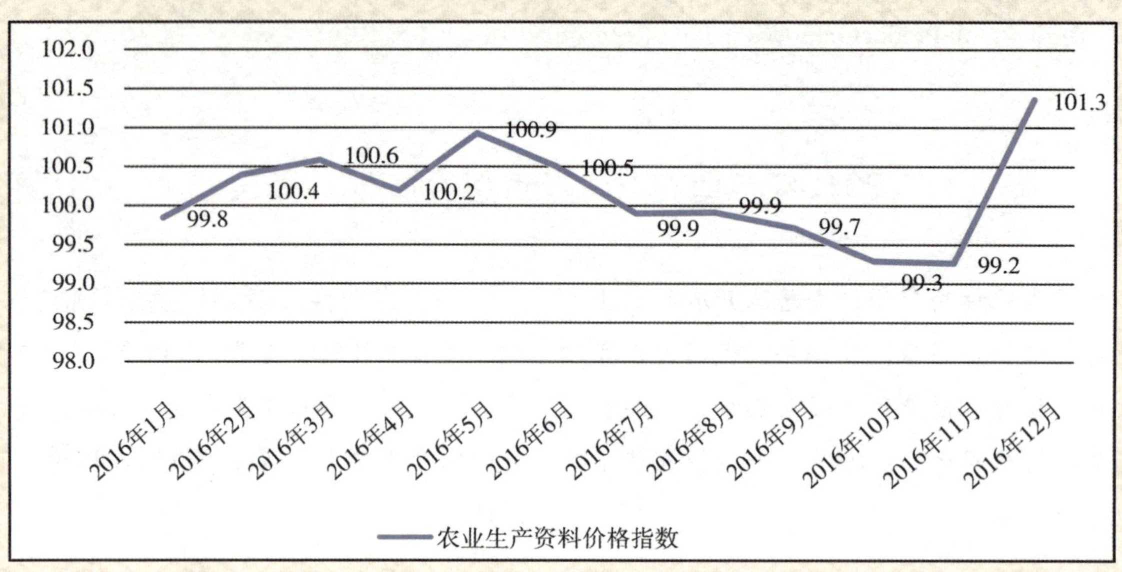

（三）十大类农业生产资料价格“三升六降一平”

1.仔畜幼禽及产品畜等三类农资价格上涨：

一是仔畜幼禽及产品畜价格大幅上涨。2016年广西仔畜幼禽及产品畜价格上涨38.7%，涨幅比上年同期扩大28.2个百分点，拉动农业生产资料价格总指数上涨2.7个百分点。为十大类农业生产资料价格最高涨幅。各月同比均呈上涨趋势，其中6月涨幅最高，上涨66.8%，11月涨幅最低，上涨19.9%。具体如图3所示。

图3　2016年1—12月广西仔畜幼禽及产品畜同比走势图

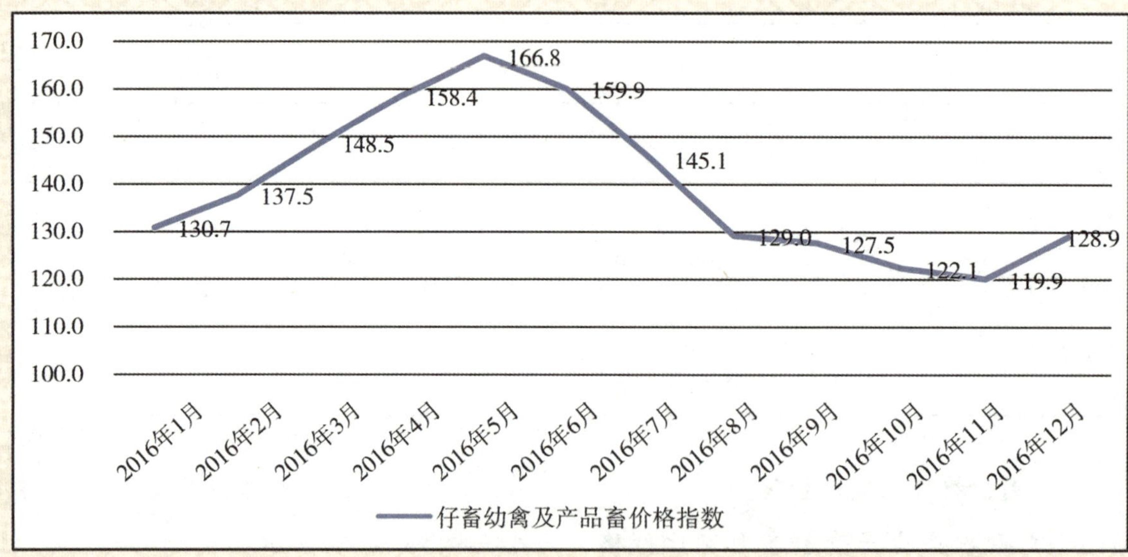

二是农业生产服务价格继续上涨。2016年广西农业生产服务价格上涨2.0%，涨幅比2015年缩小2.0个百分点，拉动农业生产资料价格上涨0.3个百分点。其中农业用工价格上涨3.3%，是拉动农业生产服务价格上涨的主要因素。

三是农用手工工具价格涨幅缩小。2016年广西农用手工工具价格上涨0.4%，涨幅比2015年缩小1.1个百分点。

2.饲料等六类农资价格下降

一是饲料价格再创新低。2016年广西饲料价格下降5.9%，降幅较上年同期扩大2.3个百分点，降幅为近三年最大值。拉动农业生产资料价格总指数下降1.6个百分点。

二是半机械化农具价格小幅下降。2016年广西半机械化农具价格下降0.1%，降幅较上年同期缩小0.3个百分点。

三是化学肥料价格开始下降。2016年广西化肥价格下降1.8%，价格由升转降，拉动农业生产资料价格总指数下降0.4个百分点。其中氮肥、磷肥、钾肥分别下降5.4%、0.3%、3.2%，是拉动化肥价格下降的主要因素。

四是农药及农药器械价格首次下降。2016年广西农药及农药器械价格下降0.5%，近五年来价格首次下降。其中化学农药价格下降0.3%，是拉动农药及农药器械价格下降的主要因素。

五是农用机油价格继续下降。2016年广西农用机油价格下降4.3%，连续4年价格下降，降幅较上年缩小6.4个百分点，拉动农业生产资料价格总指数下降0.2个百分点。

六是其他农业生产资料价格首次下降。2016年广西其他农业生产资料价格下降1%，近五年来价格首次下降，拉动农业生产资料价格总指数下降0.1个百分点。其中农用种子价格下降0.6%，近五年来首次价格下降。是拉动其他农业生产资料价格下降的主要原因。

3.机械化农具价格与上年持平。2016年广西机械化农具价格与上年持平，止住去年的下降趋势。

表1　2015年与2016年各类农业生产资料价格指数表

调查类别	2015年	2016年	变动幅度（±%）
农资价格指数	100.9	100.7	-0.2
农用手工工具	101.4	100.4	-1.1
饲料	96.3	94.1	-2.3
产品畜	110.4	138.7	28.2
半机械化农具	99.6	99.9	0.3
机械化农具	99.7	100.0	0.2
化学肥料	102.2	98.2	-4.0
农药及农药器械	100.3	99.5	-0.8
农用机油	89.3	95.7	6.4
其他农业生产资料	100.6	99.0	-1.6
农业生产服务	104.1	102.0	-2.0

二、影响农资价格变动的因素

（一）生猪价格井喷式上涨

2016年广西生猪出栏年均价18.81元，与2015年的15.74元相比，每公斤涨3.07元，上涨19.5%。2016年生猪出栏月均价分别为（单位：公斤、下同）17.51元、18.20元、19.15元、19.96元、21.29元、21.15元、19.46元、19.14元、18.91元、17.17元、16.69元、17.03元，各月均价除10月外均比2015年要高。具体如图4所示：

图4　2015年与2016年各月生猪出栏价对比图

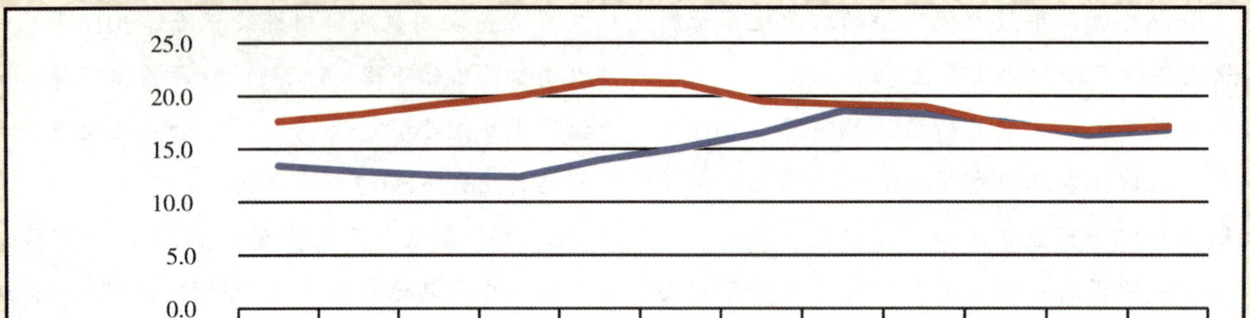

	1月	2月	3月	4月	5月	6月	7月	8月	9月	10月	11月	12月
2015年	13.3	12.8	12.4	12.3	13.9	15.0	16.4	18.5	18.2	17.4	16.2	16.7
2016年	17.51	18.2	19.15	19.96	21.29	21.15	19.46	19.14	18.91	17.17	16.69	17.03

受生猪价格大幅上涨影响，加上饲料价格一路走低，2016年广西各月猪粮比价在7.19：1至9.14：1之间，全年平均的猪粮比价7.97：1，远超过6：1的盈亏平衡点，说明今年的生猪养殖业盈利丰厚，是2012年以来所没有过的盈利程度，给生猪养殖业增加了信心，大大刺激了养殖户饲养生猪的需求。受此影响，广西仔畜价格大幅上涨，2016年各月同比价格涨幅均高于25%，其中5月仔畜价格同比上涨98.2%，为2016年以来涨幅最高值，全年上涨55.6%；同时，生猪价格大幅上涨刺激养殖户对能繁母猪的需求，从而拉动产品畜（以能繁母猪为主）价格随之上涨，2016年各月产品畜价格涨幅均高于15%，全年价格上涨28%。仔畜和产品畜价格大幅上涨共同影响仔畜幼禽及产品畜价格大幅上涨。

（二）劳动力成本提高

随着习近平总书记提出全面建成小康社会的目标，我国物价的上涨以及城乡居民可支配收入逐年提高，劳动力成本进一步提高，农业用工价格也随之增加，从2011年至2016年，农业用工价格已连续6年上涨，最低上涨3.3%，最高上涨16.1%，年均上涨8.5%。进一步拉动农业生产服务价格提高。

（三）原材料价格走低

2015年7月，农业部公布的《十二届全国人大三次会议第1480号建议答复摘要》中的关于放开主要农作物农产品价格中表示，对于玉米、大豆、棉花、油菜籽等品种，要注重发挥市场形成价格的决定性作用，通过市场价格信号引导生产，调节供求。2015年9月中旬，国家公布了玉米收储指导价格为2000元/吨，相比2014年下调了10%。且2016年取消临时收储。大量玉米进入市场，促使玉米价格下降，而玉米价格的下跌，进而引豆粕价格下降，受此影响，饲料价格一路走低，降幅为3年来最大值。

（四）化肥市场供大于求

2016年化肥价格走势疲软。其中氮肥、磷肥，钾肥等行业产能过剩依然存在，虽然2016年氮肥、磷肥、钾肥等行业已开始产量下降，但由于出口量下降，国内需求又趋于饱和，使得市场供大于求，价格走势疲软，企业亏损严重。

（五）政策性调价

2016年中国实行油价涨跌与国际接轨的成品油价格机制，农用机油价格受我国政策性调价影响明显，而2016年我国政策性调价降多升少，影响农用机油价格继续下降。

三、2017年农业生产资料价格走势判断

2016年农业生产资料价格走势有所回升，已连续两年价格上涨，部分农资价格呈快速上涨趋势。但由于经济呈低速增长趋势，而且经济增长仍面临诸多不利因素的影响，如供需矛盾明显，原材料价格低迷等，短期内市场需求难以出现较快增长，预计2017年广西农业生产资料价格将有保持小幅上涨。

四、保持农业生产资料价格平稳运行的政策建议

1.认真落实国家关于稳定农业生产资料价格秩序的各项政策措施，积极发挥价格杠杆和价格管理的作用，采取有效措施，努力抑制部分农业生产资料价格过快上涨的势头。确保农业生产资料价格保持平稳。

2.建立农业生产资料价格大幅波动的预警机制和应急处理的工作预案，力争把农业生产资料价格大幅波动的矛盾和问题解决在“萌芽”中。一是建立市场价格监测预警机制和应急处理的工作预案制度，及时采取应急措施，稳定农业生产资料价格。二是要强化农业生产资料价格的信息导向，及时做好农业生产资料市场行情信息发布，积极组织农资等原材料价格信息下乡活动，及时引导农民对农资的科学消费，抓好生产，促进农民增收致富。三是要密切关注农资市场价格的动向和走势，一旦发现仔畜、化肥、农药等农资价格的突发性大幅波动的苗头性问题，要及时启动农资价格大幅波动监测预警机制，并向各级党委和政府以及上级价格主管部门及时报告并提出解决的建议，采取有效措施进行调控，保持农业生产资料价格平稳。力争把农资价格大幅波动的矛盾和问题解决在“萌芽”之中，切实维护好农民的利益，使党的富民政策真正落到实处。

3.加速转型力度，确保供求平衡。部分农业生产资料行业已经到了转型发展的关键时期，只有通过转型升级才能够推动行业化解过剩产能、调整产业结构、推动产品结构和质量升级。农资行业要紧扣《中国制造2025》，贯彻“十三五”规划，推动化肥工业的转型发展。借助“一带一路”政策，可重点在越南、印尼、孟加拉等兼具资源和市场优势的东南亚和南亚地区推进产能合作，扩宽销路。同时进一步降低生产成本，提高竞争力。

1-5 2016年广西工业生产者出厂价格调查报告

Industrial Producer Prices Investigation Report in 2016

2016年广西工业生产者价格降幅持续收窄

2016年，国际大宗商品价格上升，国内经济初显企稳复苏之势，使得2016年广西工业生产者价格降幅持续，尤其是下半年，降幅收窄速度加快。据国家统计局广西调查总队调查数据显示，2016年广西工业生产者出厂价格（PPI）比上年下降0.9%，降幅比上年收窄2.1个百分点，购进价格（IPI）比上年下降1.7%。

一、广西工业生产者价格全年走势

（一）工业生产者价格降幅持续收窄，月同比回正

2016年1—8月，广西工业生产者价格降幅持续收窄，9月出厂价格结束月同比连降55个月后，涨幅不断扩大（见图1）。1—8月，广西工业生产者出厂价格同比分别下降4.6%、4.2%、3.9%、3.1%、2.9%、2.6%、1.7%、1.0%，9—12月，同比分别上涨0.3%、1.6%、4.4%、7.6%；1—9月，广西工业生产者购进价格同比分别下降5.0%、4.9%、4.1%、3.6%、3.4%、2.9%、2.2%、1.4%、0.4%，10—12月，同比分别上涨0.9%、2.7%、4.5%。

图1　2016年1—12月广西工业生产者价格指数走势图

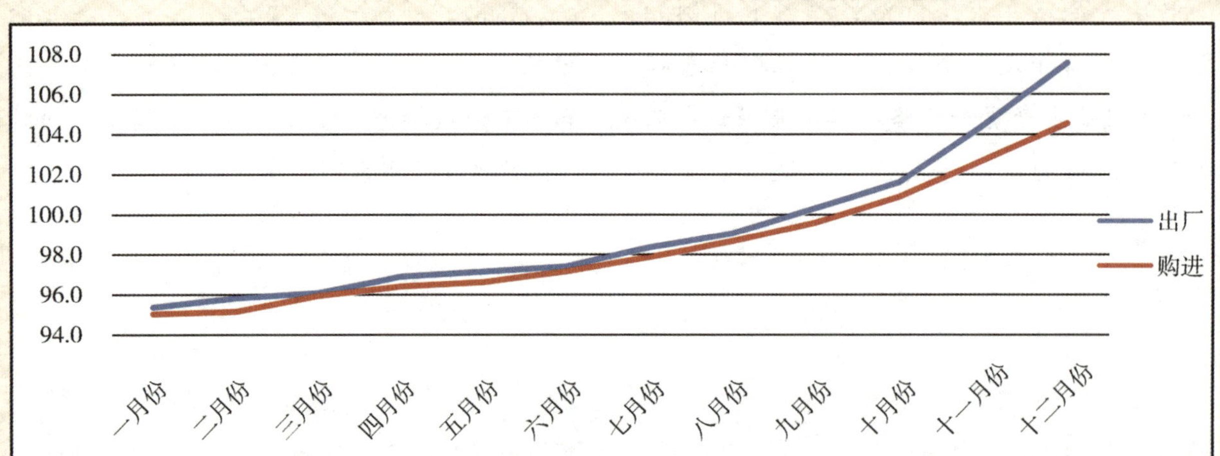

（二）广西工业生产者价格降幅小于全国

2016年，广西工业生产者出厂价格降幅为0.9%，小于全国降幅0.5个百分点，广西工业生产者购进价格降幅为1.7%，小于全国降幅0.3个百分点。

（三）工业生产者出厂价格变动结构特点

1.轻工业月同比均在上涨，重工业月同比降幅不断收窄终回正。2016年，广西轻工业出厂价格同比上涨1.8%，月同比均处于上涨态势，下半年涨幅不断扩大。重工业出厂价格同比下降1.8%，月同比1—9月处于下降区间，但降幅不断收窄，10月同比转正，月同比涨幅不断扩大（见图2）。

图2 2016年1—12月广西轻、重工业PPI同比走势图

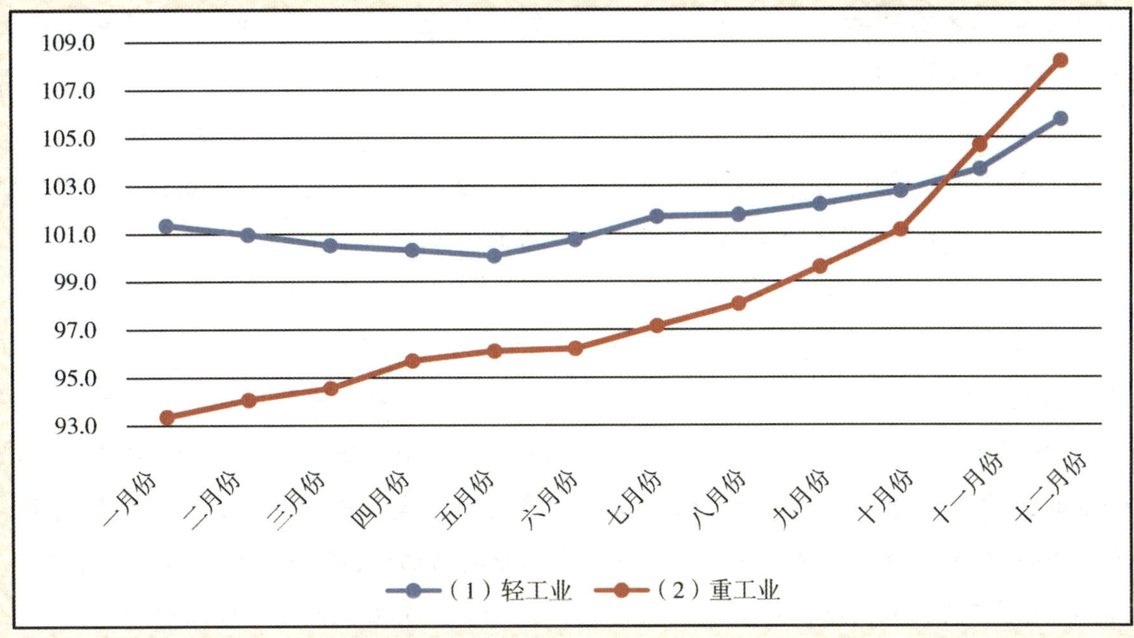

2.最终产品出厂价格降幅略小于初级产品和中级产品。2016年，广西初级产品出厂价格下降1.1%，中间产品出厂价格下降1.0%，最终产品出厂价格下降0.4%。最终产品出厂价格降幅比初级产品的出厂价格降幅小0.7个百分点，比中间产品的价格降幅小0.6个百分点。

3.近五成行业大类出厂价格上涨。2016年，广西工业生产者出厂价格调查的37个行业大类中，有19个行业价格下降，1个行业价格与上年持平，17个行业上涨，上涨面为46%。上涨幅度较大的行业有：铁路、船舶、航空航天和其他运输设备制造业上涨4.7%，农副食品加工业上涨3.8%，非金属矿采选业上涨3.5%，医药制造业上涨3.4%，有色金属矿采选业上涨3.2%。下降幅度较大的行业有：石油和天然气开采业下降15.1%，燃气生产和供应业下降9.1%，废弃资源综合利用业下降7.9%，非金属矿物制品业下降6.2%，石油加工、炼焦和核燃料加工业下降6.0%。

（四）九大类原材料购进价格呈现“七降两升”态势

2016年九大类原材料购进价格呈现“七降二升”态势。其中，燃料动力类、黑色金属材料类、有色金属材料及电线类、化工原料类、建筑材料及非金属类、其它工业原材料及半成品类和纺织原料类分别下降5.2%、3.6%、0.2%、2.4%、2.0%、0.5%和1.8%，木材及纸浆类和农副产品类分别上涨0.6%和2.9%。

二、广西重要工业品出厂价格走势

（一）食糖价格上涨幅度较大

2016年，广西食糖出厂价格上涨10.5%，涨幅较大。一是因为2015年之前甘蔗价格连续三年下降，蔗农收入减少，种植积极性降低，导致甘蔗减产，引致2015/2016榨季广西食糖减产，市场供应量由宽松转偏紧，价格上扬。二是因为2015/2016和2016/2017榨季糖的原料甘蔗收购价上涨。2015/2016榨季广西政府制定的甘蔗收购首付价为440元/吨，比上榨季的价格涨了40元/吨，而2016/2017榨季广西政府制定的甘蔗收购首付价为480元/吨，比上榨季的价格又涨了40元/吨，原料价格的上涨推动了食糖价格的上涨。

（二）黑色金属价格快速回升

2016年，广西黑色金属价格微涨0.1%。其中，铁合金冶炼产品价格上涨5.5%，钢材价格略降0.3%。2016年初，黑色金属的价格开始回升，尤其是钢材，价格不断攀升。1月份时钢材价格同比降幅为20.3%，9月份时同比开始由负转正，上涨了4.1%，12月份时，同比涨幅高达39.6%。虽然全年的价格仍是比上年略降了0.3%，但降幅已比上年的降幅收窄了14.1个百分点。

（三）有色金属价格缓慢回升

2016年，广西有色金属价格同比下降4.4%，降幅较上年收窄2个百分点。其中，铝冶炼产品价格同比下降8.3%，铝压延加工产品价格同比下降0.7%。去产能政策及价格下降因素使有色金属的产量增速放缓，市场上供过于求的状况有所改善，价格逐步缓慢回升。1月份，铝冶炼产品价格同比下降25.4%，之后降幅逐步收窄，10月份降幅已降为3%，但到了11、12月份，因市场需求较强，但供应已趋于偏紧，价格快速回升。而铝压延加工产品价格同比变化趋势与铝冶炼产品基本相同。

（四）水泥价格同比持续下降

2016年，广西水泥出厂价格同比下降16.4%，降幅比上年扩大5.9个百分点。1月份水泥价格同比下降30.3%，其后降幅逐步收窄，价格变动呈现月同比降幅逐渐缩小的趋势，但前期降幅过大，导致全年降幅较大。2016年广西南宁房地产市场销售比较火爆，量价齐升，但桂林北海等地的房地产市场价格平稳，销量变动不大，因此水泥的需求也并不旺盛，只在传统旺季的11月和12月同比上涨，其余月份价格同比均为下降。

三、广西PPI降幅收窄主要原因

（一）工业经济发展平稳

2016年，中国工业经济发展平稳。1—11月，全国工业增加值同比增速为6.0%，下半年同比增速较快。广西的工业经济发展也较为平稳，1—11月，广西工业增加值同比增速为7.6%。工业经济平稳发展，稳定了工业品市场，为工业生产者价格平稳缓慢回升提供了有力的保障。

（二）去产能政策效应初现

2015年底，中央经济工作会议提出了五大任务，去产能居于首位。2016年，煤炭、钢铁、有色金属等产能过剩行业去产能，致使增速逐步放缓，市场供应由宽松偏向趋紧，因此价格有所回升，降幅收窄。

（三）工业产业结构调整

中国目前工业经济正处于产业结构调整期，尤其是近年来中国空气污染严重，PM2.5指数高企，产能低污染严重的工业企业纷纷停产整顿或关闭，尤其是下半年，中央环保督查组屡次到各地进行环保督查，污染严重的小型纸厂、小型采石场等纷纷停产整顿或关闭，市场供应减少，导致纸品纸箱及混凝土等建材价格纷纷上涨。

（四）中国制造业采购经理指数（PMI）初现经济复苏迹象

2016年上半年，中国制造业采购经理指数（PMI）时常低于荣枯线50以下，但下半年逐步回升，8月重返50以上，10、11、12月均高于51，表明中国经济正在企稳，显现出复苏的迹象，中国制造业的前景也已趋向稳定。经济企稳复苏的预期增强，制造业的前景向好，有力的推动了工业生产者价格的平稳回升。

四、下期广西工业生产者价格走势预计

2016年四季度工业生产者价格上涨幅度较大，经济初现企稳复苏之势，但当前仍存在较多不利因素。

一是中国经济经济彻底企稳回暖还需较长时间。中国制造业采购经理指数（PMI）在四季度才初现强势回升之势，工业生产者价格也是在四季度才强势回升，因此中国经济目前只初现复苏迹象，经济彻底企稳回暖还需较长时间的发展，不能支撑工业生产者价格持续快速回升。

二是广西主要工业品再上涨空间较小。广西食糖价格已经持续上涨2年，价格处于高位，上涨空间小，随着2017年一季度新糖大量上市价格将有可能会有所回落，广西工业生产者价格将缺乏一个有力的拉动者。而支柱产品如钢材、铝等价格上升过快，部分涨幅是期货市场预期推动的，缺乏有利的市场支持，后劲不足，因此价格涨幅将可能会回落，不会再快速上涨。

三是企业经历了工业生产者价格月同比持续55个月的下降，受到的打击较大，企业的生产、销售、利润、持续发展情况等都受到了影响，只能支撑价格短期迅速回升，但彻底的恢复还需时间。

四是初级产品和中级产品的降幅与最终产品差距并不大，下游企业从此次价格上涨中获取的利润空间有限，持续发展的积极性不会特别高，因此广西工业生产者价格的持续回升仍有阻碍。

综合上述各因素，2017年一季度广西工业生产者价格虽会继续上涨，但涨幅会回落，价格快速上升时间结束，将进入平稳缓慢回升阶段。

1-6 2016年广西固定资产投资价格调查报告
Fixed Assets Investment Price Investigation Report in 2016

2016年广西固定资产投资价格小幅下降

2016年，由于国内经济平稳发展逐渐回暖的态势进一步加强，广西固定资产投资价格下行的势头也得到一定遏制，总体走势比较平稳、下降幅度逐季收窄。据调查数据显示，2016年广西固定资产投资价格比上年下降0.5%。其中，建筑安装、装饰工程价格比上年下降0.6%，设备、工器具购置价格比上年下降0.6%，其他费用价格同比持平。

一、2016年广西固定资产投资价格总体运行情况

（一）固定资产投资价格指数降幅收窄

2016年，广西固定资产投资价格指数比上年下降0.5%，降幅比上年收窄0.7个百分点。分季度看，自2015年二季度开始，广西固定资产投资价格指数进入下降区间，2016年一季度开始，降幅逐季收窄，四季度回归上涨区间，固定资产投资价格指数达到101.5%。（见图1）

图1 2015—2016年各季度广西固定资产投资价格指数

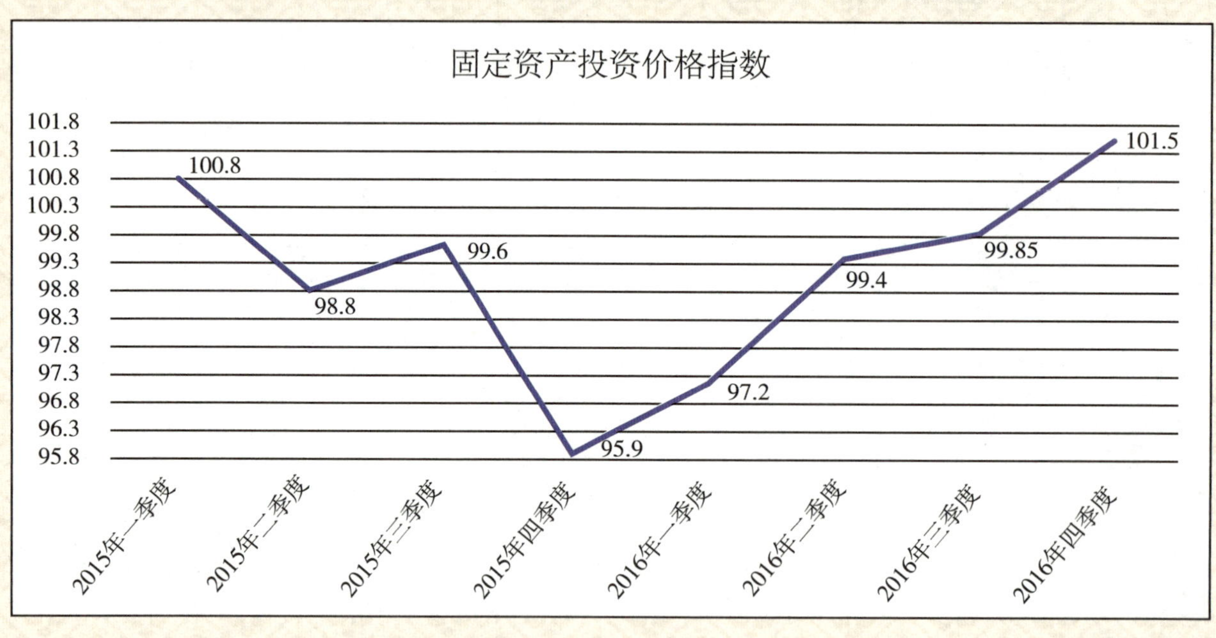

（二）广西固定资产投资价格指数略高于全国平均水平

2016年，广西固定资产投资价格指数略高于全国（99.4%）0.1个百分点。在全国30个省（区、市）中，按照降序排列，广西居于第17位。

二、2016年广西固定资产价格指数运行特点

2016年，广西建筑安装、装饰工程，设备、工器具购置，其他费用三大类投资价格呈“两降一平”特点。

（一）建筑安装、装饰工程价格仍下降

2016年广西建筑安装、装饰工程价格比上年下降0.6%，降幅比2015年收窄1.4个百分点，分季度看，一二三季度分别同比下降3.8%、0.9%和0.1%，四季度同比上涨2.6%，价格指数逐季回升。

1.人工费价格仍是上涨态势，但涨幅有所放缓。2016年广西人工费价格比上年上涨3.9%，较上年涨幅收窄了3.7个百分点。分类型看，工程管理人员、工程技术人员和普通工人的人工费价格涨幅分别为6.5%、6.7%和3.1%。人工费涨幅放缓的原因，主要是经过几年的快速上涨后累计涨幅较大，人工成本增高，企业压力较大，因此涨幅放缓。

2.材料费价格继续下降。2016年材料费价格比上年下降2.0%，较上年降幅收窄了3个百分点。分季度看，一至三季度同比分别下跌7.0%、2.3%、1.4%，四季度同比上涨2.8%。按照类别看，七大类主要建筑材料价格呈“三升四降”态势。

（1）钢材价格下降。2016年建筑用钢材价格比上年下降2.8%，较上年降幅收窄了6.3个百分点，四季度建筑用钢材价格终于结束下降走势，重回上涨轨道，钢材价格同比上涨5.4%，由于钢材用量在整个材料费的占的比重较大，钢材价格变动成为材料价格变动的主要因素，并影响着固定资产投资价格总水平。从分季度指数看，走势表现为降幅明显收窄。一季度同比下降11.5%，二季度下降1.6%，三季度下降3.5%，四季度上涨5.4%。

（2）木材价格上涨。2016年建筑用木材价格上涨1.5%，其中用量最大的普通锯材价格上涨0.9%，原木价格上涨3.5%，胶合板价格上涨1.6%，特种锯材价格下降5.8%。

（3）水泥价格下降。2016年水泥价格下降4.3%，降幅比2015年扩大了1.9个百分点，其中用量较大的通用水泥价格下降3.7%，专用水泥价格下降7.7%，水泥砖价格上涨4.9%。

（4）地方建筑材料价格上涨。2016年地方建筑材料价格上涨0.5%。分品种看，砖价格下降1.5%，石灰价格下降3.1%，混凝土价格下降0.2%，砂子价格上涨1.3%，石子价格上涨1.9%。

（5）化工材料价格继续下降。化工材料种类繁多，但用量大。2016年化工材料价格下降4.9%。分品种看，用量最大的柴油价格下降8.8%，汽油价格下降2.8%，混凝土外加剂价格下降0.5%，塑料管价格下降1.6%，沥青价格下降6.6%，炸药价格上涨2.0%，涂料价格上涨6.2%。

（6）电料价格回升。2016年电料价格回升，上涨2.5%。其中绝缘线价格上涨3.2%，护套线价格上涨0.4%，开关价格上涨0.6%，电缆价格下降1.0%。

（7）其它材料价格下降。2016年其它材料价格下降0.4%。

3.机械使用费价格小幅上涨。2016年，机械费价格比上年上涨1.1%，涨幅比上年回落0.9个百分点。分类别看，八大类机械费价格“七涨一降”：土石方及筑路机械、起重机械、运输机械、混凝土及砂浆机械、加工机械、泵类机械和其他机械使用价格分别上涨1.3%、2.5%、0.6%、1.2%、3.0%、1.2%和1.9%，打桩机械价格同比下降2.2%。

（二）设备、工器具购置价格低位运行

受工业生产者出厂、原材料购进价格总水平下降的影响，2016年广西固定资产投资设备、工器具购置价格比2015年下降0.6%。其中一季度下降0.8%，二季度下降0.6%，三季度下降0.5%，四季度下降0.5%，降幅收窄。

（三）其他费用价格同比持平

2016年广西固定资产投资其他费用价格与上年持平。其他费用主要包括土地取得费、前期工程费、施工工作费和建设单位其他费用。其中，土地取得费上涨2.7%，前期工程费上涨2.9%，施工工作费下降0.6%，建设单位其他费用下降4.8%。

三、影响固定资产投资价格的主要因素

（一）固定资产投资规模增速回落的影响

据自治区统计局数据显示，2016年广西固定资产投资（不含农户）17652.95亿元，比上年增长12.8%，增速较上年的增速回落了5个百分点，但比全国增速高4.7个百分点。全年广西施工项目50604个，比上年增长7.8%，其中新开工项目37521个，增长11.0%。亿元以上项目2439个，增长23.7%。

同时，广西的房地产市场运行平稳，南宁房地产市场销售比较火爆，价格持续升温，桂林、北海等地则变化不大，销量平稳，价格略有回升，但幅度并不大。2016年广西房地产开发投资2397.99亿元，比上年增长25.6%，增速较上年扩大了21.8个百分点。

固定资产投资的增长和房地产开发投资的增长，对广西固定资产投资价格总指数的回升有较大的拉动，但固定资产投资增速回落，表明拉动的后劲不足，固定资产投资价格指数仍有波动。

（二）钢材、水泥等主要建筑材料价格变动的影响

钢材、水泥、地方建筑材料等主要建筑材料的价格变动对固定资产投资价格总水平走势的影响显著。2015年因为产能过剩、市场供过于求等原因，钢材、水泥价格降幅较大，但2016年国家积极推进“三去、一降、一补”的宏观调控措施，去产能政策效果显现，钢铁、水泥产能严重过剩、价格持续走低的局面得到初步遏制，但是全面化解多年来形成的全行业大量的过剩产能、恢复正常生产秩序和价格水平尚需时日。尽管2016年国内钢材、水泥市场价格出现回升，但由于缺乏市场需求的强大支撑，价格上涨动力势头乏力，钢材、水泥等建筑材料的价格较往年仍处在低位运行区间。据PPI数据显示，2016年广西钢压延加工行业价格、水泥制造行业价格分别下降0.3%和16.4%，价格同比仍处于下降空间，钢材、水泥等主要建筑材料价格的持续走低对进一步拉低广西固定资产投资价格指数作用明显。

（三）人工费和机械使用费价格波动的影响

2016年广西经济发展缓中趋稳、稳中向好，固定资产投资增速虽有所回落但仍高于全国平均水平，建筑业对从业人员及建筑机械的需求有所增加。同时，由于新增固定资产投资项目的施工要求和建设标准不断提高，市场对建筑领域技术人员和新型机械装备的需求增加等因素都促使人工费用和机械租赁使用费用价格水平出现上升。人工费和机械使用费价格的上升对抑制广西固定资产投资价格总水平的进一步回落产生了积极的影响。

四、2017年广西固定资产投资价格走势预期

2017年国内经济将继续保持平稳向好的运行态势，但是下行压力依然存在。广西经济运行缓中趋稳、稳中向好，主要经济指标增长平稳，固定资产投资增速还在增长中。广西的高铁、高速公路、南宁地铁、南宁BRT、城市快速路等项目仍在持续建设中，这些基础设施建设项目对于拉动广西固定资产投资价格回升有

较大的影响。广西房地产市场发展平稳，南宁房价持续升温，但其他城市房价回升并不多，甚至仍处于下降区间，这对广西固定资产投资价格的回升有抑制作用。

综合以上因素，2017年广西固定资产投资价格总水平将继续保持平稳运行、小幅波动的态势，出现快速反弹、大幅上涨的机率不大。

1-7 2016年广西农产品生产者价格调查报告

Farm Products Prices Investigation Report in 2016

2016年广西农产品生产者价格大幅度上涨

2016年受天气、“猪周期”、政策调整等因素的综合影响，广西农产品生产者价格大幅度上涨，其中大宗农产品糖料蔗、生猪、水果等价格大幅度上涨，谷物、木材等产品价格下跌，四大类农产品生产者价格呈“三涨一跌”的态势。

一、2016年广西农产品生产者价格变动特点

（一）涨幅在全国31个省（市、自治区）中排名第9位

根据国家统计局广西调查总队调查，经国家统计局核定，2016年广西农产品生产者价格比上年上涨6.1%，比全国平均水平高2.7个百分点，涨幅在全国31个省（市、自治区）中排名第9位，比排名第一的重庆低3.7个百分点，比排名最后的吉林高13.0个百分点。全国各省（市、自治区）总体价格指数情况详见下表1（注：西藏自治区缺相关调查数据，不参与排名）。

表1 2016年全国各地农产品生产者价格指数

排序	省（市、自治区）	生产者价格总指数（上年同期=100）
1	重 庆	109.8
2	贵 州	108.7
3	福 建	108.3
4	新 疆	107.6
5	海 南	106.7
6	上 海	106.6
7	广 东	106.5
8	湖 北	106.2
9	广 西	106.1
10	四 川	105.6
11	湖 南	104.7
12	青 海	104.5
13	浙 江	104.5
14	江 西	104.1
15	江 苏	104.0
16	云 南	103.9
17	河 南	103.2

续表

排序	省（市、自治区）	生产者价格总指数（上年同期=100）
18	天 津	103.0
19	山 东	102.8
20	安 徽	101.0
21	辽 宁	100.7
22	北 京	99.7
23	甘 肃	99.2
24	宁 夏	98.7
25	陕 西	98.0
26	河 北	96.8
27	山 西	95.2
28	内蒙古	95.1
29	黑龙江	93.6
30	吉 林	93.1
	全国平均	103.4

（二）总体价格涨幅为近五年来的最高

2012—2016年广西农产品生产者价格指数分别为99.4、102.5、98.1、102.0、106.1，涨跌幅度分别为-0.6%、+2.5%、-1.9%、2.0%和6.1%。2016年生猪、糖料蔗、水果等价格继续大幅上涨，拉动全年农产品总体价格上涨了6.1%，其涨幅是近5年来的最高。近五年来广西农产品生产者价格总体指数详见图1。

图1 2012—2016年广西农产品生产者价格总体指数（上年同期=100）

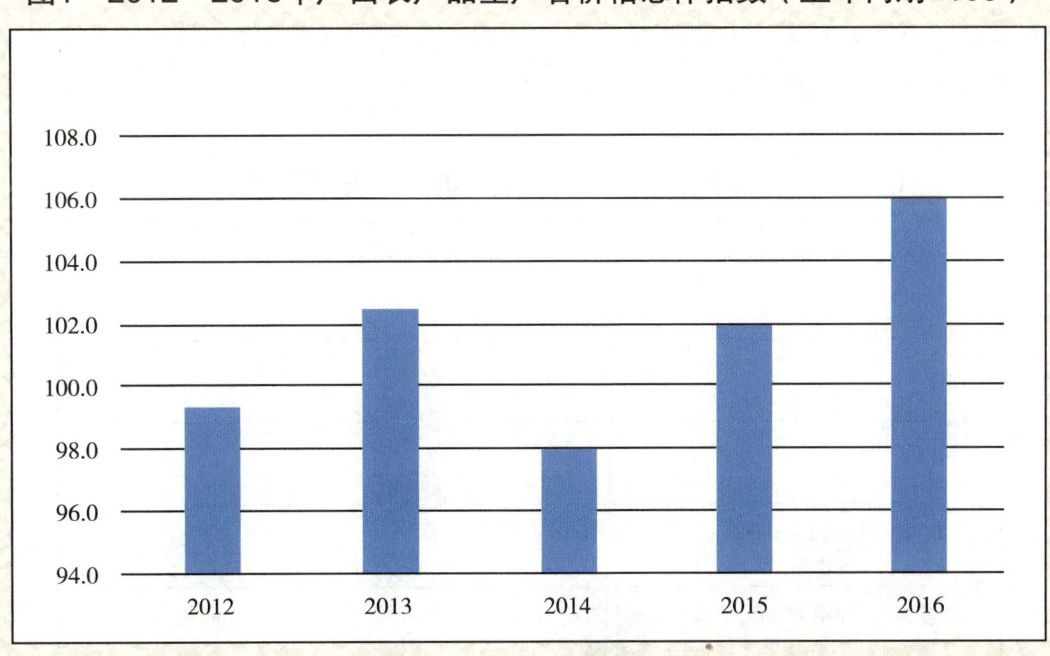

（三）总体价格前高后缓，下半年涨幅收窄

分季度看，2016年1—4季度农产品生产者价格同比分别上涨7.6%、13.9%、4.5%和1.4%。1季度，受严重寒潮和“猪周期”的影响，蔬

菜、生猪价格大幅上涨，农产品生产总体价格上涨了7.6%；2季度广西猪价继续快速大幅上涨，拉动了农产品总体价格大幅度上涨，同比上涨了13.9%，3、4季度猪价冲高回落，谷物因国家玉米收储政策出现调整导致价格下跌，蔬菜因天气较好蔬菜产量增加致使价格回落，3、4季度农产品总体价格涨幅逐渐收窄，全年总体价格呈现前高后缓的态势。2016年1—4季度农产品生产者价格上涨情况详见图2。

图2　2016年1—4季度广西农产品生产者价格上涨幅度（%）

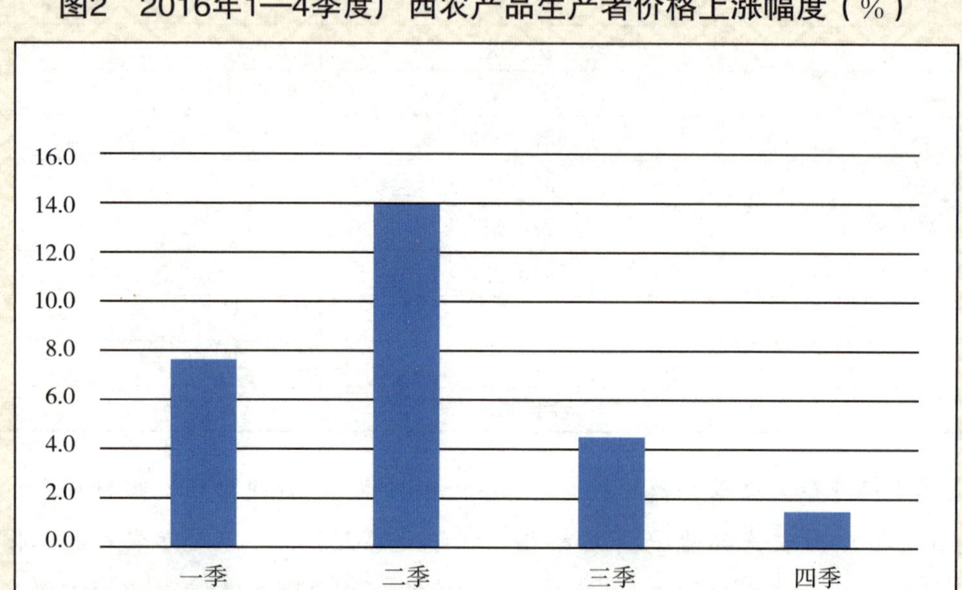

（四）四大类农产品价格呈“三涨一跌”的态势

分类别看，2016年广西种植业、畜牧业和渔业产品生产价格比上年分别上涨3.2%、15.7%和3.6%，林业产品价格比上年下跌4.9%，四大类农产品价格呈“三涨一跌”的态势。2016年四大类农产品价格涨跌幅度详见下图3。

图3　2016年四大类农产品生产者价格涨跌幅度（%）

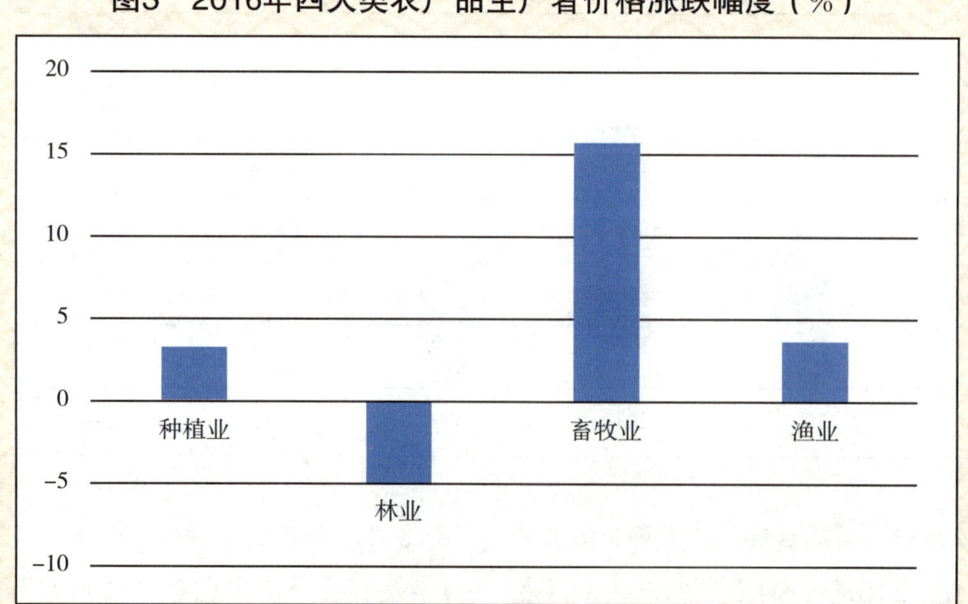

1.种植业产品价格上涨3.2%。2016年广西种植业产品生产者价格比上年同期上涨3.2%，分季度看，1—4季度价格同比分别上涨0.8%、5.3%、3.5%和3.2%。分类别看，薯类、油料、生麻、糖料、未加工烟草、蔬菜及食用菌、水果及坚果价格分别比上年上涨9.6%、2.0%、6.0%、6.9%、3.6%、1.9%和3.9%，谷物、茶及饮料原料、中草药材价格价格分别比上年下跌4.8%、1.3%和29.5%，豆类价格与上年持平，种植业产品价格呈“七涨三跌一平”的态势。

2.畜牧业产品价格上涨15.7%。2016年广西畜牧业产品价格比上年上涨15.7%，分季度看，1—4季度价格同比分别上涨24.7%、35.3%、7.9%和0.9%，涨幅呈逐渐收小的态势。分类别看，活牲畜、畜禽产品价格同比分别上涨20.1%和7.3%，活家禽价格同比下跌1.4%，其中：种猪、仔猪、能繁母猪、其他活猪价格同比分别上涨18.7%、59.0%、6.3%和21.5%，蚕茧上涨16.7%，活鸡和活鸭价格都下跌1.4%。

3.渔业产品价格上涨3.6%。2016年广西渔业产品价格比上年上涨3.6%，分季度看，1—4季度价格同比分别上涨4.5%、4.3%、3.1%和2.4%。分类别看，海水养殖产品和海水捕捞产品价格同比分别上涨8.2%和5.5%，淡水养殖产品价格同比下跌3.3%。

4.林业产品价格下跌4.9%。2016年广西林业产品生产者比上年下跌4.9%，分季度看，1—4季度价格同比分别下跌7.7%、3.8%、2.4%和2.3%，呈持续下跌的趋势，但跌幅逐渐收窄。分类别看，育种和育苗木、木材采伐产品、竹材采伐林产品、林产品价格比上年分别下跌0.6%、4.8%、4.1%和3.6%，所有林业产品类别全面下跌。

二、影响农产品价格变动的因素分析

（一）糖料蔗、水果、蔬菜价格上涨拉动了种植业产品价格的上涨

糖料蔗方面：由于市场食糖价格上涨，广西提高了糖料蔗收购价格。据广西工业生产者价格调查，2016年广西食糖出厂价格比上年上涨了10.5%，因此，广西连续两个榨季上调了糖料蔗收购价格，2015/2016和2016/2017年榨季普通糖料蔗价格分别达到440元/吨和480元/吨，均比上一榨季上调了40元/吨，上调幅达9%～10%，同时，优良品种加价30元/吨。

水果方面：一是产量下降，2016年属于沙田柚、柑橘等水果生产的“小年”，柿子在6—7月份生理落果期遭受多雨和高温天气影响，部分地区水果产量有所下降，致使沙田柚、柑橘、柿子等水果价格居高不下。二是价格恢复性上涨，因2015年4季度广西低温多雨，柑橘、橙、柿子因雨水太多影响质量，且无法采摘加工，前来收购的客商减少，柑橘、柿子等价格大幅度下跌，而2016年4季度广西干旱少雨，生产销售正常，水果价格恢复性上涨；三是网络销售增长，随着网店和物流的快速发展，广西特色水果销售量价齐增，不仅网络销售量快速增长，也拉动水果价格的上涨。

蔬菜方面：一是部分蔬菜种植面积下降，如南宁、贺州等市，由于2015年莴笋、淮山、芹菜等价格偏低，农户减少了种植面积；二是天气影响蔬菜产量，2016年1季度持续寒潮雨雪低温，以及4季度干旱少雨的天气，影响了蔬菜产量，拉动了菜价上涨。

（二）房地产市场不景气是林业产品价格下跌的主要原因

一是当前房地产市场依然低迷，木材、竹材等需求依然减少。平南、象州等县，不论是建筑模板还是其他胶合板、细木工板和杉拼板

等产品都不好卖，相关行业利润严重下滑甚至亏本，建材、家具市场惨淡经营，价格下滑。

二是供应量有所增加。大新某林场林木统计员反映，2016年砍伐证发放比上年多，加上2016年3、4季度天气较上年好，部分林场抓紧砍伐，木材供给充足，价格下跌。

（三）生猪、蚕茧价格大幅度上涨拉动畜牧业产品价格的上涨

一是猪价上涨了23.0%，是拉动畜牧业产品价格上涨的主因。据广西主要畜禽监测调查，2016年广西生猪存、出栏量比上年分别减少了3.8%和4.0%，供给量减少，致使猪价持续快速上涨。全州、马山等县，由于2015年上半年以前养猪严重亏损，养殖户资金周转困难，部分散养户和规模猪场纷纷退出市场，部分规模户被迫减少饲养量，与此同时，因年初因持续寒潮影响，刚出生的仔猪因寒冷冻死、病死现象增多，仔猪供应量减少，价格持续走高。另外，虽然玉米等饲料价格有所下跌，但人工、运输、环保等其他成本费用逐年提升，均在一定程度上增加了生猪的养殖成本。

二是蚕茧价格上涨了16.7%。忻城、环江、宜州等县，随着农村年轻人外出务工，劳动力缺乏，养蚕户和蚕茧产量均比以前有所减少，加上2016年蚕茧质量较好，加上茧丝绸企业整体行情向好，拉动了蚕茧价格的上涨。

（四）产量下降导致海水产品价格持续上涨

一是海水产品产量有所下降。养殖方面，钦州一些养殖户反映，2016年本地南美白对虾养殖基地11月就开始清塘，虾农存塘量有限，加上死亡率偏高等原因，对虾、文蛤、牡蛎也因产量减少，供应偏紧，海水养殖产品价格上涨。海洋捕捞方面，国家实行伏季休渔制度以来，北部湾渔业资源得到较好的保护，但由于违法捕捞、非法采砂、侵占滩涂、电鱼、炸鱼现象时有发生，渔业资源总体上仍处于减少的趋势，价格出现上涨。

二是海洋捕捞成本增加。截止2016年12月21日，2016年国内成品油价格已经历4次下调，9次上调，柴油累计上调1235元/吨，海洋捕捞的成本上涨，拉到了海水产品价格的上涨。

三是受广东收购价格高的影响。因广东海鲜收购价格普遍高于广西，造成广西北海、防城港等地的出海渔船大多到广东卸货，广西本地海鲜到岸量减少，拉动价格上涨。

四是需求量增加。近年来，牡蛎等市场需求较高，饭店、烧烤摊的需求量非常大，广西牡蛎销往全国各地，供不应求，价格连年上涨。

三、一些应引起重视的问题

（一）粮食价格持续下滑，稳定粮食生产难度大

据广西农产品生产者价格调查，2016年1—4季度广西谷物生产者价格同比分别下跌3.1%、6.1%、1.9%和2.7%，全年谷物累计下跌4.8%。其中：稻谷、玉米价格分别下跌1.8%和13.5%。2016年广西甘蔗、蔬菜、水果、蚕茧等农产品价格大幅度上涨，但谷物价格却下跌，种粮比较效益下降。受粮食生产效益下滑、劳动力不足、农业基础设施差以及工业化进程加快等因素的综合影响，当前农民种粮积极不高，“谁来种田”问题日益突出，部分田块出现撂荒，广西粮食播种面积呈现逐年减少的趋势，稳定粮食生产难度大。

（二）大宗农产品价格暴涨暴跌，影响了人们的正常生产生活

近年来，广西生猪、甘蔗、蔬菜、水果等大宗农产品价格波动幅度很大，导致部分地区出现“跟风”种养，对农产品总体价格带来较大影响，同时也严重影响了人们的正常生产生活。如2014—2016年广西生猪价格出现了一波暴跌暴涨的“过山车”行情，特别是在2014年生猪产能严重过剩时，猪价暴跌，养猪业严重亏损，许多养殖户资金链断裂，纷纷减少饲养量或者退出市场，导致2016年生猪饲养量减少，供应紧张，价格暴涨，养猪户赚得盆满钵满的同时，也使消费者付出了昂贵的代价，严重地影响了人们正常的生产生活。

四、几点建议

（一）继续抓好农业供给侧结构改革，推进改革目标的实现

2017年中央一号文件强调，推进农业供给侧结构性改革，要在确保国家粮食安全的基础上，紧紧围绕市场需求变化，以增加农民收入、保障有效供给为主要目标。广西应加大力度调整优化农业产品、产业和经营结构，提高农业综合效益和竞争力，培育地方特色农产品品牌和多种新产业新业态，大力发展安全、优质、特色农产品，满足绿色生态消费需求。在抓好生猪、糖料蔗、蚕茧、水果、蔬菜、食用菌、茶叶等大宗农产品生产的同时，调动农民种粮食的积极性，稳定粮食播种面积，努力提高粮食单产，确保粮食安全。

（二）优化农业经营结构，谨防“高价农业”陷阱

随着中国人口红利的逐步消失，劳动力优势成本不在，未来年轻劳动力的短缺将是一个中长期现象，使得我国农业面临是成本不断攀升的突出问题，尤其是劳动力成本不断上升，因此，应不断提高农业机械化生产和规模经营水平，大力发展专业化、合作型的社会化服务，优化农业经营结构，实现节本增效，提高农业综合效益和竞争力，防止陷入“高价农业”的陷阱。

（三）做好农产品价格监测与预警，有效防范市场风险

随着农产品价格形成机制改革进一步深化，中国农产品价格由供求决定的特征更加明显，外部因素对农业的影响进一步增强，国内外农产品市场融合程度进一步加深，农产品价格波动风险进一步加大。因此，应加强市场信息分析预警工作，整合社会信息资源，加快建立信息资源共享机制，完善农产品市场信息采集、发布和监测，形成一体化的信息发布平台，及时发布农作物种植、加工、销售、价格、出口等信息，同时也提醒农业生产经营者密切关注市场价格变化，引导农民进行种养结构调整，合理发展农业生产，有效防范市场风险。

1-8 2016年广西规模以下工业调查报告

Industry Below Designated Size Investigation Report in 2016

2016年广西规模以下工业基本企稳

2016年，面对复杂多变的宏观经济形势，广西规模以下工业主动适应经济发展新常态，不断提高自身生产经营能力，全年增长呈逐步企稳态势。但受市场总体需求不足、经营成本上升、融资困难和政策环境等诸多因素制约，广西规模以下工业回升趋势还不是很明朗。

一、广西规模以下工业运行情况

（一）规模以下工业增加值全年增长4.1%

据国家统计局广西调查总队规模以下工业抽样调查结果显示，2016年广西规模以下工业实现现价增加值321.9亿元，按可比价格计算同比增长4.1%，增速较上年回落1.9个百分点。其中规模以下工业企业实现主营业务收入345.5亿元，工业个体户实现主营业务收入493.1亿元。从各季度数据看，1季度规模以下工业增加值同比增长4.0%，1—2季度增长4.2%，1—3季增长5.1%。表明广西规模以下工业在应对经济下行压力下，已逐步企稳。

（二）全年企业生产经营状况企稳

1.企业总体经营平稳运行，景气指数触底回升。据2016年4季度对625家规模以下工业企业的问卷调查显示，有69.9%的在营企业综合经营状况平稳或者良好，同比增加3.9个百分点，比2016年1、2、3季度分别增加2.2、4.0、1.9个百分点。这表明2016年各季度均有超过六成五的在营企业，综合经营状况比较平稳或良好。2016年四季度广西规模以下工业企业景气指数为87.36，比上年同期提高8.56个百分点，指数运行区间从“较为不景气”区间上行至“相对不景气”区间。

2.企业订单略有好转，三成企业有新招工需求。2016年4季度64.0%的企业的产品订货量高于或处于正常水平，同比提高7.4个百分点，比2016年1、2、3季度分别提高4.4、4.9、2.6个百分点，表明企业2016年度的订单情况有一定程度的好转，特别是受人民币汇率大幅度贬值影响，下半年服装鞋帽服饰、茶叶、电子零件等外向型企业订单出现明显增长。企业全年招工需求保持比较旺盛水平，2016年4季度30.8%的企业表示有新招工需求，和前三季度基本持平。

3.企业用电量保持稳定，约六成企业生产能力（设备）利用率处于正常水平。2016年广西规模以下工业企业工业生产电力消费同比增长1.8%，说明企业用电量基本保持稳定；2016年4季度，有63.8%的企业生产能力（设备）利用率处于正常水平，比1、2、3季度分别提高5.2、4.2、3.6个百分点，表明企业生产相序转好。

二、规模以下工业发展的新特点

（一）规模以下工业积极应对经济放缓新常态

1.夹缝中主动求生存。一些企业自身规模小，企业老板大多“既是供销员，又是运货司机”，实行原始的扁平化管理，几乎没有管理成本，没有财务包袱，在经济不景气大环境下，“轻装上阵”反而可以找到生存发展空间。据一些加工制造小微企业反映，由于经济不景气，订单普遍小，广东大企业运营成本高接不了，相继停产或倒闭，订单就流入广西这些小微企业。

2.追求在产品上做精做强。一些企业产品定位精准，利用自有资金滚动发展，积极做精做强，但不求盲目做大，也能在市场上立于不败之地。比如桂林某制造企业原为手表厂配套生产表壳这一单一产品，按市场需求经过多年不断改造，现在脱胎换骨成能加工各种高精密复杂零部件数控机械厂，不求扩大生产，只专门为大厂和美国客商生产配套特殊零部件，企业效益和员工收入可观。2016年通过改制成有限公司，增加投资购买了两台数控机床，下半年投入使用。

3.积极投资转型升级。部分企业为提高产品价值或应对用工成本上升，积极实现技术和设备升级，增加在生产附加价值高的产品上的投入，提高了竞争力。调查发现，民间资本看好“一带一路”建设和政府对农村贫困户危房改造带来的采石、粉体行业商机，通过承包、重组原有采石企业，增加先进生产线投入，产能效率和品质得到大幅提升。如贺州某企业在2016年新增一条1百多万元的腻子粉生产线基础上，计划2017年再增加一条400目改性超细粉生产线，新产品出厂价格350元/吨，比原来非改性超细粉价格要高出一倍多。不少服装服饰、五金配件加工小微企业，为了降低用工成本和招工难，开始投资添置智能缝纫机和智能数控机床，实现无人或少用人操作，提高了生产效率和质量。

（二）规模以下工业出现新增长点

1.回乡创业的外出务工人员增多。“大众创新、万众创业”的深入开展、广西与广东高速铁路高速公路的贯通和物流体系等软硬件环境不断完善，为广西务工人员去广东开阔视野、寻找经营门道和掌握生产技术之后，回乡创业提供了条件。调研中发现各行业都有外出务工人员回乡创办企业。平南某鞋材纤维制造企业就是由两位“80后”俩兄弟去广东“学成之后”回乡创办的，随着销量增加，知名度扩大，开始有外商直接到厂订货。

2.广西桂东南地区劳动力富裕，吸引外省企业来广西投资设厂。据调研，部分外省劳动密集型企业看中广西的劳动力资源优势，到广西投资设厂，当问及一位安徽籍老板为什么千里迢迢来，来广西开办手机充电器部件厂？回答说在安徽劳动密集型的小厂基本都招不到人，广西的劳动力还是很富裕的。不仅他在广西开厂，还推荐不少安徽籍老乡来广西办厂，发展都很不错。

二、企业面临的主要问题和困难

目前广西规模以下工业企业运行仍然存在一些需要关注制约企业发展的因素，主要有生产经营成本上升、市场需求不足、融资困难和政策因素。

（一）生产经营成本上升，企业负担加重

1.部分原材料价格上升。2016年4季度有46.7%的企业表示“原材料成本高”是企业目前面临的一项突出问题。国际大宗商品价格上涨较多，国内煤炭、钢铁、食糖、有色金属、建材、纸浆等原材料产品的价格均出现一定程度的回升，给下游相关工业企业带来了较大的压力。都安县某企业生产用的两种主要原材料是灰砂和黑砂，2016年底灰砂价格是350元/车，同比上涨了25.0%；黑砂价格是400元/车，同比上涨了11.1%。某工艺品制造企业反映，由于上山采集竹、藤、草、芒的工人人工费上涨，

企业制作工艺品的竹、藤、草、芒等原材料的价格也不断攀升，增加了企业成本。南丹县某木业企业反映，生产用的原材料拼板价格原来为80元/m^2，2016年10月涨至108元/m^2，涨幅达35.0%，极大影响了企业生产经营，压缩企业利润空间。

2.企业用工成本上升。在2016年各个季度的企业调查中，有43.7%～49.5%的企业反映，用工成本上升是当前面临突出问题。导致用工成本上升的因素：一是职工工资提高。2016年广西各地虽然没有调整最低工资标准，但在全社会薪酬水平不断提高的大背景下，企业普遍不得不采取提高工人工资和改善工人福利的措施来吸引人、留住人。崇左市某制药企业为保持公司人员稳定，2016年给财务人员上调了10%的工资，达到3300元/月；二是社会保障部门加大对“五险一金”社保政策的落实力度，缴费比例的调整以及对用人单位保费征缴工作的逐步规范，增加了企业的用工成本支出。

（二）市场需求不足大格局没有改观，企业订单不理想

当前宏观经济不确定性较多，国际国内市场需求扩张的动力仍显不足，导致规模以下工业企业的产品订货情况不理想。据调查显示，“市场需求不足”已经上升到企业面临的第二大突出问题，2016年各个季度反映这方面问题的企业均维持在45%左右，到4季度订单旺季，仍有36.0%的企业认为本季度企业产品订货量低于正常水平。走访调研也发现，部分企业订单明显不足。柳州市某汽车配件公司2016年1季度配套农用车厂的订单量大幅下降，影响了企业正常出货，到9月下旬止，企业收入不到上年的40%；北海某生物企业主要业务是生产微生物添加剂，近年来因水产养殖业不景气，本地市场需求量明显下降，订单量锐减，企业2016年收入锐减3/4。合浦县某印刷厂因客户减少，而对那些赊账订单因风险大不敢接，造成2016年8月至今没有订单一直停产，全年收入下降超五成。

（三）流动资金紧张，企业融资困难

2016年4季度，有41.0%的企业流动资金紧张，存在缺口，与上年同期和2016年1、2、3季度基本持平，说明企业资金紧张的情况没有出现明显好转。四季度，有27.7%的企业有贷款需求，在这些有贷款需求的企业中，68.8%的企业有贷款需求但没有贷到款，13.9%的企业有贷款需求少部分贷到。结果表明当前超四成企业资金紧张，近三成企业有贷款需求，且有贷款需求的企业中近八成融资相对困难。据调研，小微企业融资受限的主要原因是大部分有融资需求的企业都是没有土地、厂房的小微企业，因为没有抵押物难以在银行等官方金融部门贷到款，部分有需求的企业只好转向民间融资获取借款，一定程度造成企业融资成本增加。武宣县某制茶企业反映，企业自己有500亩的茶园还与农户签订有茶叶收购协议，2016年扩建了生产基地，资金使用较大，使企业现金紧张，由于企业的固定资产厂房没有申请相关的产权证明，在融资方面没办法贷到银行款项，企业因没有现金支付茶农的鲜茶，夏茶被迫停止生产，2016年只生产了春茶。

（四）抗政策风险能力弱

规模以下工业企业多数分布在以资源开发型、产品初加工型、服务低层次型为主的传统行业，因自身规模小，对政府部门制定政策无话语权，导致其抗政策风险能力弱。调研中发现政府部门对涉及环保、安全生产问题时的“一刀切”行为，给企业带来不利影响。南宁某卫生纸厂反映，随公路治理“三超”企业物流成本大幅度上升，企业运输成本增加

20%～30%；卷筒纸本来就轻，运输车箱不加宽高，根本达不到车辆载重负荷，希望公路部门“治超”以超重为主，否则下半年才打开销往贵州省销路又因为运输成本增加断掉了。环江县某采石场反映，2016年2季度由于某一采石场出现了严重的生产事故，造成全县所有采石场全部停产整顿，企业多次申请复工无果，只能看着订单流失，继续停产自担损失。浦北烟花炮竹行业也常有类是情况。

三、2017年一季度形势预判

考虑到即将进入春节长假因素，有8.8%的企业预计2017年1季度生产增速与本季度相比会加快，较上季度减少3.8个百分点；55.8%的企业预计增速会持平，较上季度减少1.9个百分点；而预计增速会减缓的企业占35.4%，较上季度增加5.7个百分点。表明企业对2017年1季度生产形势的预期比较谨慎。

四、几点建议

当前广西宏观经济形势不确定性较多，经济结构性矛盾还比较突出，市场需求扩张的动力仍显不足，制约规模以下工业企业发展的不利因素仍然较多。建议采用如下措施，促进广西规模以下工业平稳健康发展。

1.进一步做好简政放权工作。小微企业普遍反映，各类从业人员资格证书“养证”成本过高，增加了小微企业进入门槛和经营负担。各有关部门要继续做好简政放权工作，进一步取消、下放和调整行政审批事项，要坚决落实国务院取消和减少职业资格认证的部署，着手解决目前各类人员资格认证再培训和证书审核间隔时间过短现象，切实减轻小微企业办证“养证”负担。

2.进一步降低企业税费负担。部分小微企业反映对政府的税费减免政策不太熟悉，各有关部门要加大力度继续做好宣传告知工作，进一步全面清理减免一批涉企行政事业性收费项目以及涉企经营服务性收费、中介服务收费项目，停免征部分政府性基金，全面规范涉企收费，让企业税费优惠政策落到实处。

3.进一步打造好产业集群，成立小微企业行业协会，为小微企业提供政策话语权。通过政策导向和政府行为，组织小微企业成立协会，协同小微企业努力打造区域性产业品牌，不断壮大具有行业规模优势和地域优势的产业集群，通过集群优势扩大产品的市场竞争力，降低小微企业独立开发市场的成本和风险，提高企业的运营水平。企业反映广东行业协会作用发挥很好，经常代表企业就发展遇到问题与政府部门沟通协商，保护企业利益，减少影响小微企业发展政策风险。

4.进一步解决小微企业融资难题。一是引导金融机构加大对小微企业的融资支持，要制定一定的任务计划并确保计划完成；二是鼓励金融机构创新小微企业贷款担保方式，创新金融产品和金融服务；三是各级政府部门要积极搭建银企合作平台，向金融机构大力推介小微企业中的重点项目、重点企业，积极推进银企合作；四是不断增设小微企业发展专项资金，重点对小微企业进行贷款贴息、补助或奖励。

5.进一步推动大众创业，鼓励农民工本地就业。利用现有的工业园区资源，出台更加优惠政策，吸引更多的社会力量入驻创业，解决小微企业生产场地不足。进一步加大向返乡创业的农民工提供策划咨询、人员培训、技术应用等方面的创业指导和服务的力度，特别是产、供、销等市场信息服务，帮助小微企业解决初创阶段的困难，提高小微企业创办成功率。

考虑到生活成本因素，目前区内家乡务工的薪酬水平与珠三角地区的差距正在逐步缩小，掌握电脑缝纫和程控机床的青年工人，月收入都达到5千元上下。广西相关部门应利用这一点加大宣传力度，吸引外出的农民工特别是熟练技术工返乡务工，减少本地企业因为招工不稳定或招不到技术工而造成发展瓶颈。不少企业认为政府每年在春节期间举办的“春风行动招聘会”很好，除解决企业招工难外，还起到宣传本地企业的效果，迫切希望在年中七月份再举办一次，以吸引学校毕业生留在本地工作。

1-9 2016年广西粮食生产调查报告

Grain Crops Investigation Report in 2016

2016年广西粮食总产量下降0.2%

根据国家统计局广西调查总队调查，经国家统计局核定，2016年受粮食播种面积减少因素影响，广西粮食总产量比上年下降0.2%。

一、粮食生产基本情况

经国家统计局核定，2016年广西全年粮食播种面积4535.4万亩，比2015年减少53.6万亩，减1.2%；粮食亩产为335.4公斤，比2015年增加3.2公斤，增长1.0%；粮食总产量1521.3万吨，比2015年减少3.5万吨，减0.2%。其中谷物播种面积3891.5万亩，比2015年减少57.3万亩，减1.5%；亩产为365.0公斤，比2015年增加4.8公斤，增长1.3%；谷物总产量1420.6万吨，比2015年减少1.9万吨，减0.1%。

（一）夏收粮食产量减7.3%

2016年广西夏收粮食（国家口径，下同）播种面积164.7万亩，比2015年减少1.2万亩，减幅0.7%；亩产208.0公斤，比2015年减少14.9公斤，减6.7%；总产量34.3万吨，比2015年减少2.7万吨，减少7.3%。夏收粮食主要以秋冬播马铃薯为主，其产量占全年粮食产量的比重较低，去冬今春的寒潮天气对马铃薯生长极为不利，单产减幅较大，致使夏收粮食减产。

（二）早稻产量增0.2%

2016年广西早稻播种面积1325.6万亩，比上年减少6.8万亩，下降0.5%；亩产399.6公斤，比上年增加2.7公斤，增0.7%；总产量为529.7万吨，比上年增加0.9万吨，增长0.2%。在全国6个早稻产量100万吨以上的省（区）中，广西早稻单产列第2位，面积列第4位，产量列第4位。

（三）秋粮产量减0.2%

2016年广西秋粮（国家口径，下同）播种面积3045.2万亩，比2015年减少45.5万亩，减1.5%，亩产314.4公斤，比上年增加4.1公斤，增长1.3%，总产量957.4万吨，比上年减少1.6万吨，减0.2%。其中晚稻播种面积1395.3万亩，比2015年减少26.5万亩，减1.9%，亩产366.3公斤，比上年增加5.4公斤，增长1.5%，总产量511.0万吨，比上年减2.1万吨，减少0.4%；玉米播种面积914.0万亩，比上年减少19.9万亩，减2.1%，亩产305.9公斤，比上年增加5.3公斤，增长1.8%，总产量为279.6万吨，比上年减1.1万吨，减0.2%。

二、影响粮食生产的因素分析

（一）粮食生产的有利条件

1.农业气象总体上对粮食生产有利。早稻播种、生长期间，广西没有遭受大范围倒春寒、冰雹、洪涝、干旱等灾害性天气过程；晚稻产区以气温20℃以上，光温适宜的晴朗天气为主，没出现寒露风天气过程，“银河”、“妮妲”、“电母”、“莎莉嘉”等台风带来降雨，但未引发大范围较重的灾害，光温条件配合总体较好，降雨时间分布比较均匀。农业气象条件对早稻、秋粮生产总体有利。据国家统计局广西调查总队早晚稻产量调查村灾情统计，早稻受灾面积比重为6.9%，比上年下降9.7个百分点，成灾面积比重为0.9%，比上年下降

3.5个百分点，其中绝收面积比重为0.1%，比上年下降0.1个百分点。晚稻受灾面积占晚稻播种面积的比重分别为5.7%，是2000年以来的最低年份。

2.地方财政政策继续支持粮食生产。2016年广西用于农业支持保护补贴即“三补合一”资金为29.67亿元，这些资金主要用于种良补贴、农资补贴、粮食直补等，稳定农民的种粮积极性，利于发展粮食生产。

3.科技发力促进单产提高。一是深入推进“十大主推技术”应用。围绕“稳粮增收调结构、提质增效转方式”目标，促进广西粮食增产提质增效，结合粮食高产创建和绿色增产模式攻关示范样板建设，继续抓好增产提质增效“十大主推技术”的应用，以点带面，促进面上平衡增产。据农业部门统计，全年水稻集中育秧技术示范适插大田面积900多万亩，其中晚稻390多万亩；全年水稻合理密植技术示范面积1100万亩，其中晚稻450多万亩；全年玉米“一增三改”技术示范面积400万亩，其中夏播玉米100万亩左右。全年实施耕地保护与质量提升技术2800万亩，其中晚稻、玉米面积1350多万亩；水稻重大病虫综合治理技术全年推广应用面积4000万亩次以上；农区鼠害综合防治技术全年推广应用面积1000万亩次以上。二是大力推广优良良种。广西大力推行“看禾选种定种活动”，把大面积推广高产优质良种，作为促进粮食增产增效的一个重要举措。据农业部门统计，2016年广西推广晚稻超级稻面积663万亩，同比增加31万亩；大力推广正大、迪卡、桂单等系列抗旱、抗逆的优良玉米品种，良种覆盖率达95%。水稻、玉米良种的推广有效的促进了单产逐年提高。

4.田间管理到位，主要粮食作物长势好。据农业部门进度统计，2016年广西早稻一、二类禾苗比重为90.54%，早稻病虫发生886万亩，防治1071万亩。据广西调查总队调查村早稻灾情情况统计，早稻受灾面积中受病虫害面积占早稻播种面积的比重仅为3.16%，是2000年以来的次低年份。另据农业部门统计，截至8月12日，广西已插晚稻97.79%；截至9月中旬，广西晚稻露晒田1288.45万亩，攻三类苗138.33万亩，施攻胎肥447.55万亩。病虫发生面积749.58万亩，病虫防治面积931.87万亩。晚稻一、二类禾苗比重达89.92%，夏播玉米一、二类苗比重达87.29%。广西各地加强监测预警预报，加强病虫害的防控防治，取得较好成效。

5.大力推进粮食核心示范区建设。一是自治区财政下拨支粮资金1.18亿元，支持粮食高产创建、培育新型粮食经营主体、马铃薯产业、现代粮食产业核心示范基地建设等；二是农业、财政、水利等部门配合协调，整合高标准农田建设、小农水建设等涉农相关项目资金，在广西14个市每市启动创建1个自治区级粮食提质增效核心示范区。如桂林市灌阳县的“神农稻博园”核心示范区、河池市南丹县巴平粮食提质增效核心示范区等。示范区建设呈现稳定粮食产能与助农增收结合，稳定粮食产能与美化生态结合，稳定粮食产能与新型主体培育结合的“三结合”特点。

（二）粮食生产的不利因素

2016年广西中稻播种面积减少2.8万亩，减少1.3%，晚稻播种面积减少26.5万亩，减少1.9%，玉米播种面积减少19.9万亩，减少2.1%。粮食播种面积仍持续下滑，主要受三方面因素影响：

1.粮食价格下滑，比较效益下降。据广西农产品生产者价格调查，上半年广西农产品生产者价格上涨11.9%，但谷物价格下跌4.7%，二季度谷物价格下跌6.1%，其中：稻谷、玉米价格分别下跌2.1%和23.6%。粮食价格下跌与其它农产品价格上涨形成的剪刀差，导致粮食生产比较效益明显下降。据各地调研情况综合测算，一亩粮食作物的生产收益大约在400元左右，而水果、蔬菜等高效益的种植业生产的每亩收益一般在3000元左右，经济作物生产收益比粮食生产收益高出近10倍。

2.耕地流转，经济作物顶替粮食。调查发现，近两年有不少土地流转后主要改种水果、药材、蔬菜等农作物。如来宾市兴宾区某调查村反映，某农业科技公司承包了该调查点大片耕地准备种植果树，造成水稻面积大幅度减少。

3.农民种粮积极性不高，不种植作物的耕地面积增加。据224个农作物播种面积调查村的样本地块统计，2016年夏播，没有种植作物的调查样本地块面积4513.42亩，比上年同期增加319.66亩，增长7.62%，占耕地面积的比重为14.12%，比上年同期多1个百分点。不少地方农户不愿多种粮食，把双季稻种植改为单季生产，耕地利用率下降，粮食面积减少。

4.高单产粮食作物播种面积下降。广西中稻、晚稻是秋粮作物中单产较高的品种，2016年中稻、晚稻、玉米播种面积比上年分别减1.27%、1.86%和2.34%，这些既是主要品种又是高产品种的作物播种面积下降，制约了秋粮总产量的提高。

三、对粮食生产工作的建议

一是完善农业种植布局规划，加快调整农业种植结构步伐，因地制宜适度引导农民发展高产高效经济作物，促进农民收入增长。2013年，中国粮食总产量达到6.02亿吨，首次登上6亿吨台阶，至今已连续稳定在6亿吨以上，从总量上看国家粮食是安全的，供需都可保障。在全国粮食总量安全的有利条件下，广西宜抓住机遇完善农业种植布局规划，加快调整农业种植结构步伐，因地制宜引导农民大力发展高产高效优质的粮食和经济作物，宜稻则稻、宜果则果，宜菜则菜，宜茶则茶，宜烟则烟，宜药则药，只要有市场，效益好都可以发展。出台优惠政策，放开手脚，鼓励农民发展多种经营，种植高产高效优质作物品种，增加收入，劳动致富，实现翻番。加快市场建设，搭建农产品信息交流平台，做好农产品产供需服务。

二是做好耕地的保护。耕地是国家粮食安全的根本保障，要千方百计保护现有耕地总量和质量，藏粮于地。严禁耕地流转后对耕地进行略夺性、破坏性、不可逆转的开发和使用。加强耕地基础建设，特别是土地平整和水利、道路建设，为保护耕地数量、质量提供保障。加快耕地确权步伐，鼓励农民爱惜耕地、保护耕地。

1-10 2016年广西畜禽生产调查报告

Liestock Production Investigation Report in 2016

2016年广西畜禽生产总体保持平稳发展

据国家统计局广西调查总队监测调查结果，2016年末广西猪、牛、羊、禽存栏量分别为2216.1万头、418.7万头、203.7万只和30860.5万只，同比分别增长-3.8%、-6.1%、0.5%和-1.5%，其中能繁母猪存栏257万头、同比减少5.5%；全年猪、牛、羊、禽累计出栏量分别为3280.1万头、149.8万头、207.2万头和82237.3万只，同比分别增长-4%、0.3%、0.9%和1.7%。广西生猪价升量跌、活牛存栏有所下滑，畜禽生产总体保持平稳发展态势。

一、畜禽生产情况

（一）生猪供给偏紧、养殖收益高

1.活猪存栏、能繁母猪存栏均创2009年来新低。

从2014年开始，广西活猪和能繁母猪存栏连续三年同比减少，2014—2016年广西活猪存栏同比增幅分别为-4.5%、-2.4%、-3.8%，能繁母猪存栏同比增幅分别为-3.5%、-5%、-5.5%。据统计，2016年末，广西活猪存栏和能繁母猪存栏量已经降为2009年以来最低。（2009—2016年活猪存栏和能繁母猪存栏如下图）

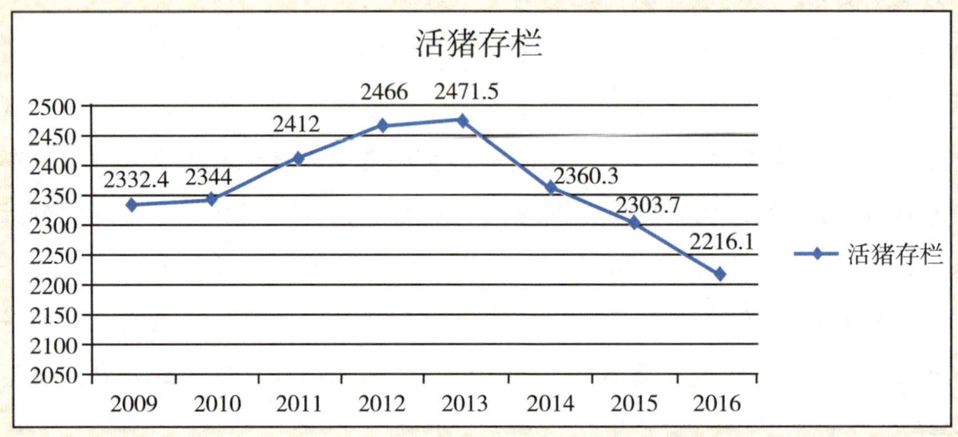

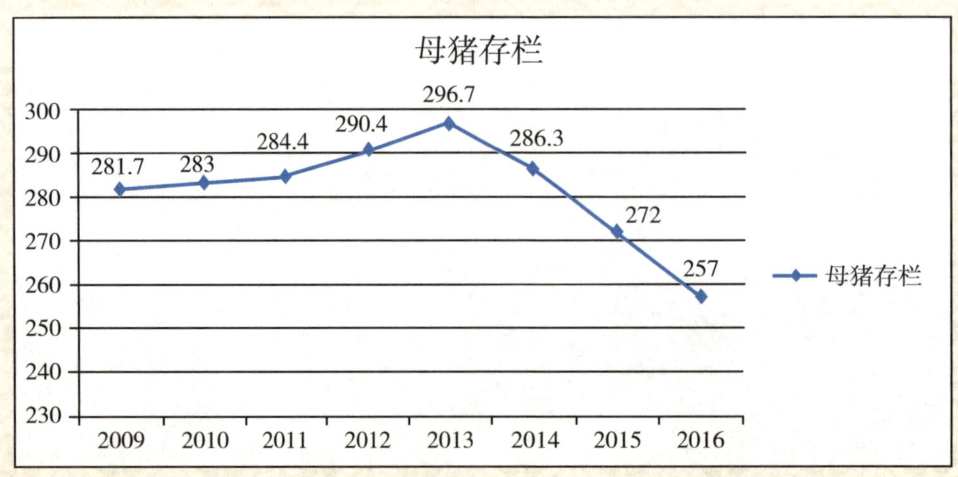

本轮猪周期生猪产能大幅减少，主要有以下几个方面原因：一是由于2013、2014年生猪产能严重过剩，导致猪价长期低迷，出现了将近三年的深度亏损期。许多养殖户资金链断裂，纷纷减少饲养量或者退出市场；二是环保整治等非市场化因素导致饲养量下降。新环保法实施后，环保执法力度不断加强，大量不合环保规定的养殖场被迫停养、禁养、搬迁，生猪供应更加紧张。如广西生猪大县武鸣县，在2016年由县改区的过程中，由于城镇区域禁养、限养政策的限制，大量的养猪场被迫关停、搬迁，对当地生猪产业发展有很大影响；全国生猪饲养量第一的博白县，在当地九洲江的环境治理过程中，也有近300多家养殖场被关停，迁移和改造。三是生产周期迫使产业结构大变动，大量在价格低迷期退出生猪养殖的散户和中小型养殖户在价格回涨后并没有重回养猪行业，而大型企业和规模养殖户扩张速度有限，尚无法弥补退出后的中小型养殖户的产能空缺。四是能繁母猪数量不足，严重影响生产增长。本轮猪周期，能繁母猪下降程度为历史之最，由于母猪存栏过低，导致在猪价回涨后，市场存栏无法快速回升，供需平衡短时间内难以回复。

2.生猪养殖户和企业效益显著。

2016年玉米价格整体平稳，全年基本保持在2100左右，属于历史地位；豆粕价格虽然在下半年出现上涨态势，但是仍然处于相对较低的价格水平。特别是在12月份，广西各地豆粕均有明显上涨。据调研，广西部分地区12月份豆粕价格已经上涨到了3600元/吨左右，而11月底的价格仅为3300元/吨，豆粕价格月环比上升了9%。在雇工成本方面：这几年生猪雇工费用保持平稳，一般猪场普通工人工资为2300～2600元/月，技术工种的工资为3500～4500元/月，雇工费用仅比上年有小幅增长。

由于猪价高涨，饲料价格较低，人工成本平稳，养猪利润丰厚。据调研，目前规模户饲养一头三元杂肉猪的成本约为6.3元/斤左右，在上半年猪价最高时每出栏一头250斤的生猪，养殖户能获利1175元左右，利润率将近42.7%；如果按照12月末平均8.3元/斤的出栏价格计算，也能赚500元左右；即使养殖户只卖小猪，在价格最高时，每头15公斤左右的仔猪也能赚大约700元。虽然四季度后价格有所回落，但仍属较高盈利区间，2016年的火热行情让广大生猪养殖户和企业赚得盆满钵满。

3.猪价跌宕起伏，但仍处较高位。

2016年既是养猪的黄金年也是生猪市场动荡最为剧烈的一年。上半年，生猪价格稳步上涨， 至6月份创历史新高。据调研，5月末、6月初，广西三元杂活猪平均价格为11元/斤，比上年同期上涨了约60%；20公斤三元杂仔猪的价格也一路从年初的700～800元/头快速攀升到1100元/头的水平。2016年上半年的猪价已经超过2009年的最高位，创历史新高。中秋节过后，由于季节性市场需求减弱，猪价先是缓慢下滑，进入10月后价格跌速加快，猪价最低回落到7.8元/斤左右的平。临近年末，随着元旦、春节的到来，价格又止跌回升。据平乐县源头兴旺畜牧业有限公司、阳朔三优养殖场等多家养殖场户普遍反映，12月末生猪价格已涨到达到8.4元/斤左右。年末猪价止跌回升主要有以下几个方面因素：一是冬至已过、春节临近，南方制腊肉、北方杀年猪等传统习俗接连上阵，猪肉消费将逐渐进入全年最旺季，市场需求增大，带动价格回涨；二是生猪走私猖獗的势头有所遏制。11月底，央视和多家媒体对广西、越南边境的生猪走私情况进行了报道后，广西边境加强了对生猪走私的打击力度，一度猖獗的活猪走私得到整治，原来严重影响广西生猪市场的越南走私猪大量减少，猪价开始正常回升。

4.仔猪和母猪价格高企，养殖户补栏谨慎。

伴随着生猪价格高位运行，后备母猪、仔猪价格也水涨船高，养殖成本快速上升，养殖户补栏比较谨慎。据调研了解，2016年能繁母猪价格最高涨到了2600元/头的水平，比上年同期增长了73.3%。仔猪最高时能卖1100元/头，价格比去年同期翻了一番，虽然四季度后母猪、仔猪价格有了一定幅度的回落，但仍处于较高水平。母猪和仔猪价格的快速上涨使得养殖成本大幅增加，养殖户担心如果现在高价补栏，很可能在未来5、6个月出栏时遭遇猪价回调，补栏风险很大，所以大部分养殖户补栏相对谨慎。

（二）家禽生产基本平稳，价格保持合理盈利空间

1.家禽存栏有所下降、出栏平稳增长。

2016年一至四季度，广西家禽存栏量分别为18375.7万只、24977万只、26851万只、30860.5万只，同比分别增长2.8%、2%、−5.2%、−1.5%；一至四季度单季出栏量分别为20916.2万只、17691.3万只、23011.4万只、20618.4万只，同比分别增长2%、3.1%、1.2%、1%。

2.家禽价格合理，行业稳步发展。

通过对多家家禽养殖生产企业调查了解，2016年家禽价格平稳，整体价格保持在合理利润水平。据了解12月底，广西三黄项鸡出栏价格为6.3～7.3元/斤，土二项鸡5.4～6元/斤。预计随着元旦、春节的来临，市场需求再次向好，广西家禽价格应该还会有所上涨。

（三）牛存栏有所下降、羊产业基本平稳

近年来，广西牛、羊产业整体基本平稳，波动不大，虽然2016年广西活牛存栏有一定下降，但调整幅度也在可控范围。2013—2016年广西活牛、活羊存、出栏数如下表：

表1　2013—2016年广西活牛、活养存出栏表

	年度	2013年	2014年	2015年	2016年
牛	存栏（万头）	457	448.6	445.9	418.7
	同比增幅（%）	0.7	-1.84	-0.6	-6.1
	出栏（万头）	148.2	149.7	149.3	149.8
	同比增幅（%）	0.36	0.96	-0.25	0.33
羊	存栏（万头）	202.2	201.6	202.6	203.7
	同比增幅（%）	-0.7	-0.26	0.5	0.5
	出栏（万头）	205.6	205	205.3	207.2
	同比增幅（%）	-0.2	-0.29	0.16	0.91

由于广西牛、羊产量较小，而且受客观地理环境影响，产业发展受限较大，整体态势基本处于平稳波动走势。

二、2017年畜禽产业发展预测

（一）活猪和母猪存栏过少，产能恢复需要较长时间

由于当前广西活猪、母猪存栏量不足，特别是能繁母猪存栏量过低，严重阻碍了整体产能的恢复，预计2017年上半年广西生猪存、出栏不会出现明显增长，要达到全面性的产业增长仍需要较长时间。

（二）“猪周期”可能会打破，生猪生产进入健康发展轨道

“猪周期”是一种经济现象，简单来说就

是当猪肉价格上涨刺激养殖户积极性，造成供给增加，供给增加造成肉价下跌，肉价下跌打击了养殖户积极性造成供给短缺，供给短缺又使得肉价上涨，周而复始，形成了所谓的“猪周期”。循环轨迹如下图：

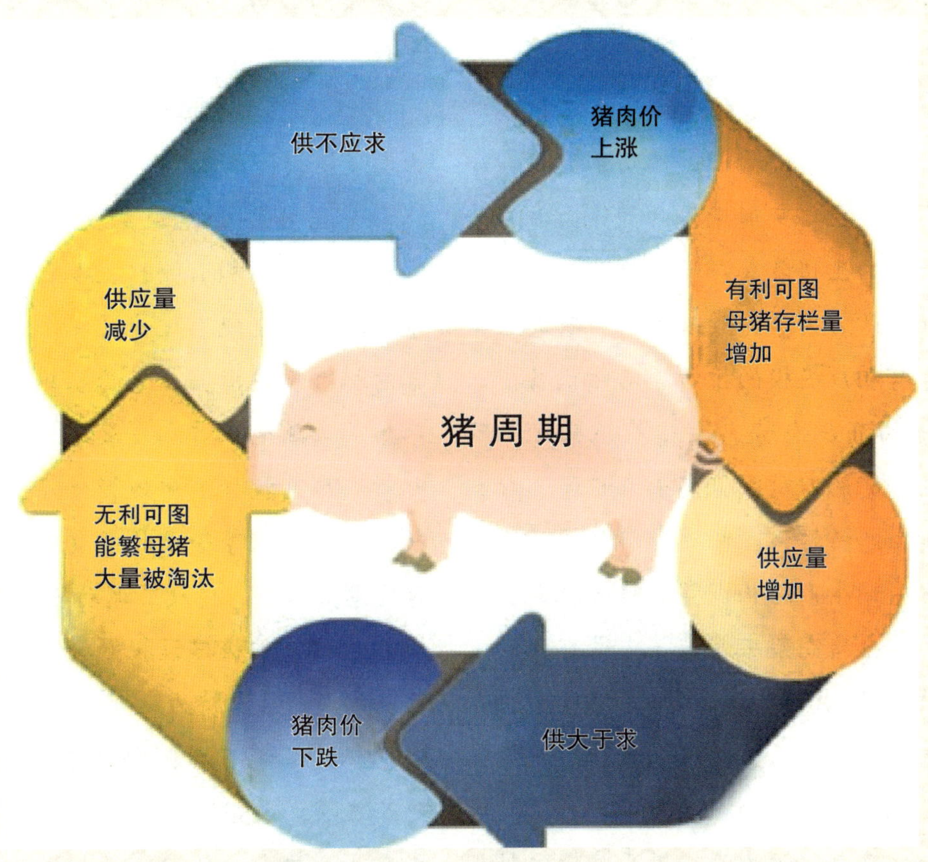

但由于在本轮“猪周期”中，猪价低迷时大量退出养猪业的散养户和中小型养殖户，在猪价上涨后并没有重新回到行业生产中，大型规模户和企业逐步占据了散养户退出后留下的市场空间。这些大型规模户和生产单位不仅具有丰富的养殖经验、有雄厚的资金和技术优势，而且对市场信息掌握更加准确，它们生产计划更加严谨、科学，抗风险能力更强、生产波动也更小。如今，大型养殖户正逐渐代替散养户成为生猪产业的重要支柱，将会对旧的“猪周期”产生巨大影响，生猪产业也会进入更加健康、科学、稳定的发展轨道。

（三）家禽产业供给偏松，疫情潜在威胁性逐年上涨。

这几年，广西家禽疫情很少，价格和产量出现同步增长的喜人态势。但是由于长时间的高增长使得全社会家禽产能大增，产品供给充裕，逐渐形成买方市场，禽价出现显著上涨的可能性很小；另外，由于疫情防治措施得力，广西已经多年没有严重的禽类流感疫情发生，但是在2016年由H5N6高致病性禽流感病毒引发的韩国“史上最惨烈的禽流感灾难”事件和以往禽类疫情发生周期性规律深刻提醒我们，家禽流感疫情的危害性仍非常严重，疫情爆发的可能性在逐年增大。

（四）牛、羊基本保持平稳

由于牛、羊养殖对饲养场地要求较高，广西属于山多地少、草地更少的丘陵地带，牛、羊产业发展受地域制约明显，预计2017年广西牛、羊产业整体产业发展应该仍会保持平稳态势，不会有较大变动。

三、建议和措施

（一）要大力推广生猪高架床养殖等先进环保的养殖技术

这几年，国家环保政策日趋严格，根据政策要求，沿河沿江流域附近、饮用水源保护区、城镇居民区和主要交通干线两侧等大片区域都实行了严格的生猪禁养、限养措施，加上当前养猪实行的是污染零排放政策，所有养殖场都必须配备有相应规模的排污、治污设备。面对当前环保的高压态势，生猪养殖必须从以前的脏、乱、臭的旧局面，向未来科学、环保、健康的新生态所转化。相关部门，应该紧紧抓住本次猪周期生产结构调整的难得机遇，大力推广和发展生猪高架床养殖等先进环保的养殖技术，对技术先进、环保水平高的养殖企业进行重点扶持，为未来生猪产业可持续、健康发展打下坚实基础。

（二）强化疫病防治力度，提高疫情防控能力

疾病疫情作为始终高悬在畜禽产业发展上空的达摩克斯之剑，永远不能掉以轻心。虽然这几年广西生猪、家禽疫情较为平稳，尚未发生任何大规模疾病疫情的情况，但是几年前疫情灾害的深刻教训，告诫我们，应该要始终牢记疫情防疫的重要性，继续做好防疫监测和服务工作，进一步建立健全疫情防疫防治机制加强培养专业技术人才，帮助养殖户提高应对突发疫情的能力，同时做好疫情疾病的监测预警工作，最大限度地减少疫情对养殖业的影响。

（三）主动推动畜牧业产业结构调整，大力发展规模化养殖

一是各级党政应加大相应的优惠扶持政策，加强规划和引导，主动引导带动养殖户从事畜牧标准化规模化产业化经营。二是以现有畜禽标准化规模养殖场为基础，建设一批规模养殖培训基地，重点发展规模养殖户。三是加大对从事畜牧标准化规模化产业化的单位、个人、经济组织等给予物质奖励，资金扶持，税收优惠支持等，用政策调动各主体积极性。

（四）积极建设投融资平台，降低信贷门槛，加大信贷支持力度

融资渠道不畅、贷款难，目前仍是困扰养殖业发展的关键。一是要大力支持有实力的龙头企业，建立养殖户贷款担保机制，并在资本金和贴息方面给予支持；二是积极引导普通中小型养殖户创建专业合作社，开展信用合作、联户联保，探索小额贷款、投融资、信用担保、保险等平台建设；三是推进养殖业小额信贷工作，着力拓宽投融资渠道，为现代畜牧业发展提供更多的资金支持。

1-11 2016年广西农民工监测调查报告

Migrant Workers Monitoring Investigation Report in 2016

2016年广西农民工监测调查报告

2016年广西农民工人数继续呈现增长的趋势，农民工返乡务工人数增多，本地自营农民工人数增幅明显。特别是扶贫工作的深入推进，吸纳了农村大批劳动力，在一定程度上缓解了农村就业压力，改善了农村劳动力的就业结构。

一、农民工调查基本情况

（一）农民工数量增长保持增长

据国家统计局广西调查总队对广西14个市62个县（市、区）抽样调查推算结果，2016年广西农民工人数总量达到1231.8万人，比上年增加6.6万人，增长0.5%。

1.本地农民工数量大幅增加。2016年本地农民工（本乡镇内）数量为333.6万人，比上年增加33万人，增长11.0%。

2.外出农民工数量呈现持续下降趋势。2016年广西外出农民工（离开本乡镇）人数898.2万人，比上年减少26.4万人，减少2.7%，连续两年下降。

3.一、二产业农民工比例下降，第三产业比例上升。2016年从事第一产业的农民工占农民工总人数的0.8%，比上年下降0.2个百分点；从事第二产业的农民工占55.1%，比上年下降3.1个百分点；从事第三产业的农民工占44.1%，比上年提高3.3个百分点。

4.35岁以上农民工就业比例明显增加。2016年35岁以上农民工数量占比45.9%，比上年提高4.3个百分点。其中41～50岁农民工数量占比20.4%，比上年提高2.5个百分点；51～60岁农民工数量占比10.3%，比上年提高1.2个百分点。30～34岁农民工所占比重与上年持平；30岁以下农民工数量占37.4%，比上年减少4.3个百分点。具体情况如下表：

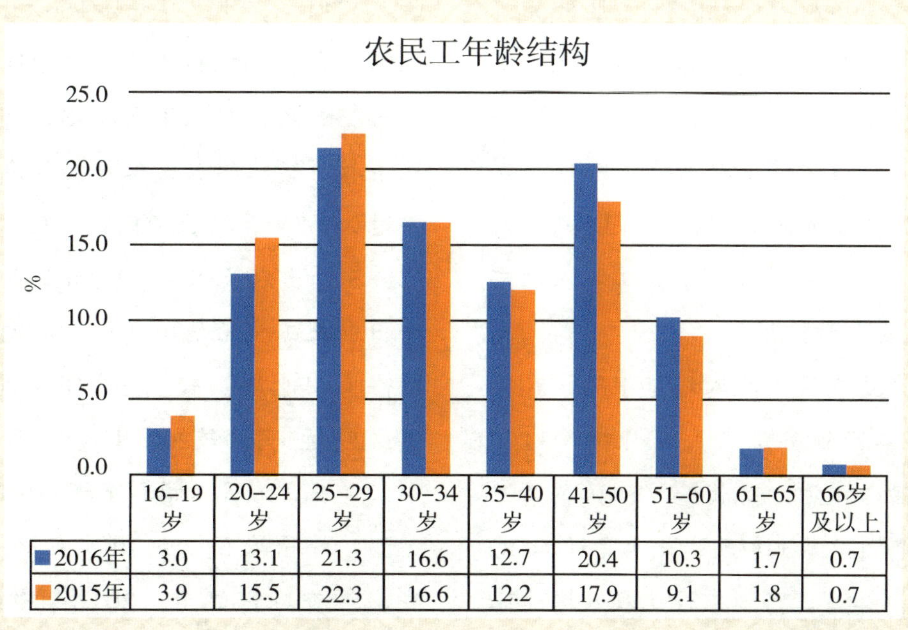

	16-19岁	20-24岁	25-29岁	30-34岁	35-40岁	41-50岁	51-60岁	61-65岁	66岁及以上
2016年	3.0	13.1	21.3	16.6	12.7	20.4	10.3	1.7	0.7
2015年	3.9	15.5	22.3	16.6	12.2	17.9	9.1	1.8	0.7

（二）农民工收入稳步增长，但增速小幅下滑

2016年广西外出农民工月均收入为3087元，比上年增加167元，增长5.7%，增速比上年降低1.9个百分点。本地非农务工人员月均收入2598元，比上年增加141元，增长5.7%，增速比上年降低0.9个百分点。

1.外出农民工高收入人员比例明显提升。2016年月均收入3000元以上的外出农民工占比59.0%，比上年提高11.2个百分点，高收入人群呈现快速增加趋势。月均收入3000元以下的农民工占比41.0%，已达不到总人数的一半，其中月均收入在2000～3000元的农民工比例下降明显，比上年下降10.0个百分点。具体如下图所示：

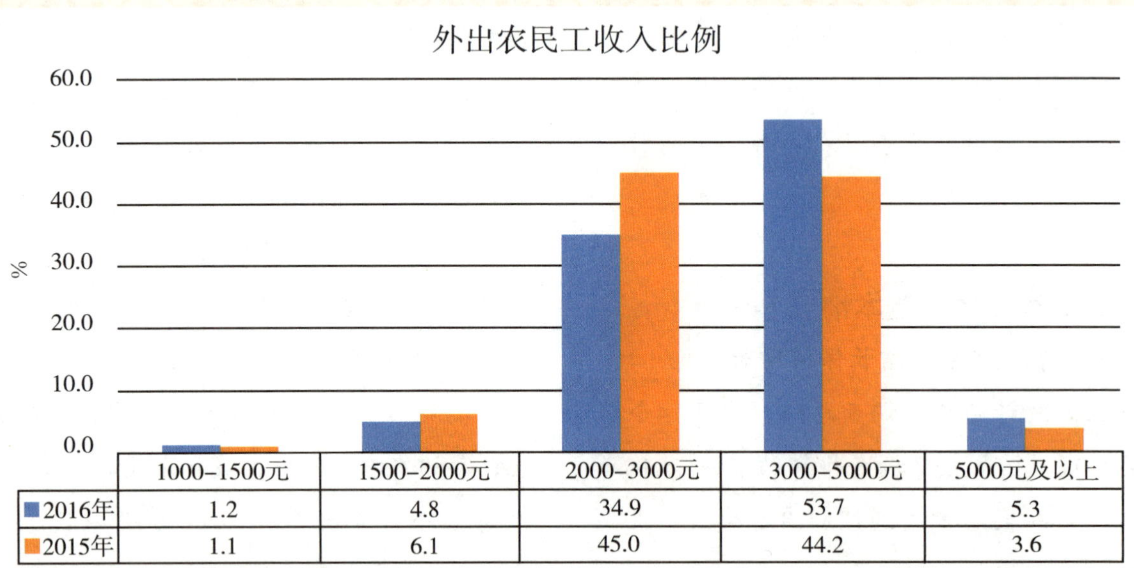

	1000-1500元	1500-2000元	2000-3000元	3000-5000元	5000元及以上
2016年	1.2	4.8	34.9	53.7	5.3
2015年	1.1	6.1	45.0	44.2	3.6

2.区内农民工收入增长不及区外，区内外务工收入差距加大。2016年外出农民工中，区内农民工每月务工收入2779元，比上年增加102元，增长3.8%；区外务工农民工每月收入3237元，比上年增加206元，增长6.8%。区外务工农民工月收入增速比区内高出3.0个百分点，收入差距由2015年的354元，扩大至2016年的458元。从广西农民工主要务工地来看，2016年在广东务工的农民工收入为3157元，比上年高171元，增长5.7%。在广东务工的农民工收入比广西高379元，差距有所扩大。

3.二、三产业农民工收入增速下降。2016年外出从事第二产业务工农民工月收入3127元，比上年增加160元，增长5.4%；从事第三产业务工农民工月收入3011元，比上年增加182元，增幅6.4%。二、三产业农民工收入增速比上年分别下降2.4和0.4个百分点。

4.部分行业收入增长较快。2016年，从事采矿业的农民工每月收入8475元，比上年增加1475元，增长21.1%；从事房地产业的农民工月收入3411元，比上年增加566元，增长19.9%；从事水利、环境和公共设施管理业的农民工月收入2502元，比上年增加434元，增长21.0%；从事教育行业的农民工月收入为2679元，比上年增加463元，增长20.9%。

5.外出农民工生活支出基本与上年持平。外出农民工生活消费支出1048元/月，占实际所得收入32.3%，较2015年减少11元，其中居住支出290元/月，较2015年减少6元。

（三）农民工福利下降，保障水平降低

1.外出农民工缴纳“五险一金”水平下降。调查数据显示，2016年缴纳养老保险农民工比例为12.7%，比上年下降2.5个百分点；缴纳工伤保险农民工比例为27.4%，比上年下降5.3个百分点；缴纳医疗保险农民工比例为17.0%，比上年下降3.3个百分点。具体情况如下图所示：

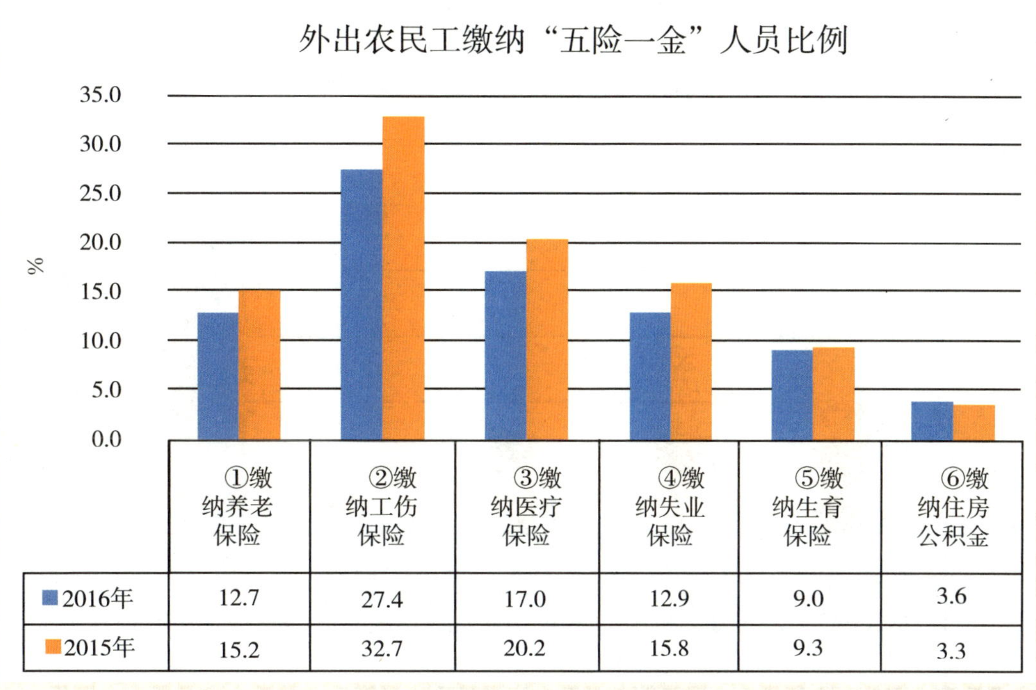

	①缴纳养老保险	②缴纳工伤保险	③缴纳医疗保险	④缴纳失业保险	⑤缴纳生育保险	⑥缴纳住房公积金
■2016年	12.7	27.4	17.0	12.9	9.0	3.6
■2015年	15.2	32.7	20.2	15.8	9.3	3.3

2.农民工劳务合同签订率下降。2016年农民工没有签订劳务合同的人员比例为60.8%，比上年提高2.7个百分点。无固定期限劳动合同农民工比例为11.6%，比上年下降2.0个百分点；一年及以上劳动合同工比例为21.2%，比上年下降2.1个百分点。具体如下图所示：

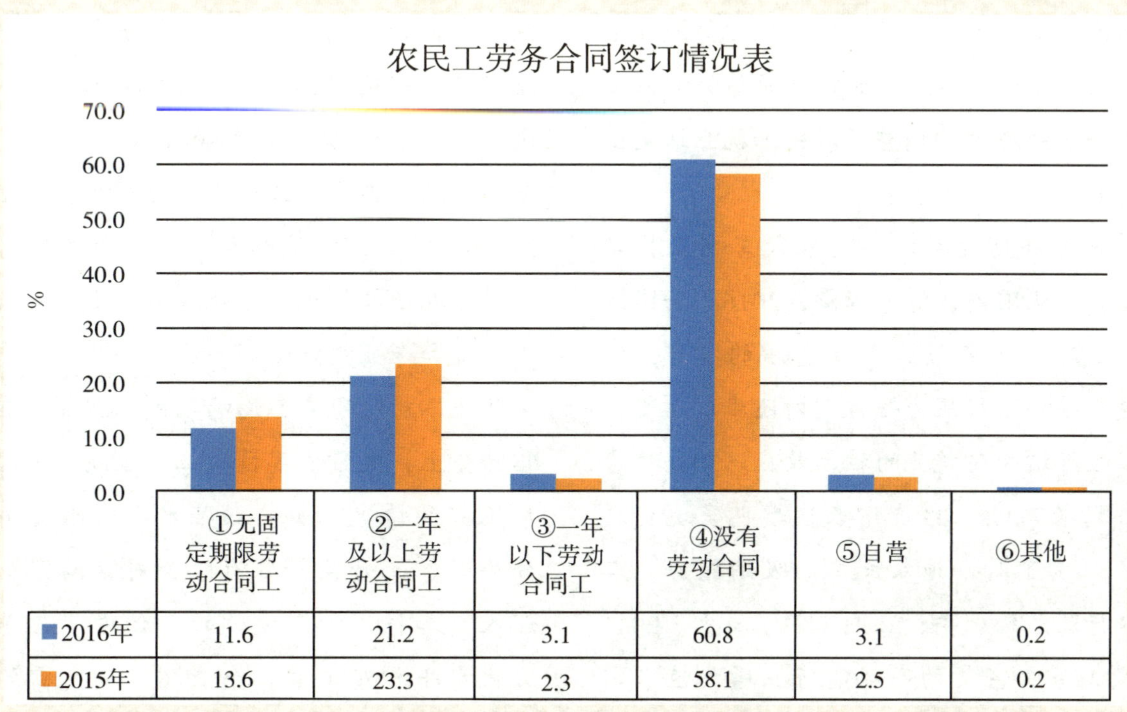

	①无固定期限劳动合同工	②一年及以上劳动合同工	③一年以下劳动合同工	④没有劳动合同	⑤自营	⑥其他
■2016年	11.6	21.2	3.1	60.8	3.1	0.2
■2015年	13.6	23.3	2.3	58.1	2.5	0.2

3.农民工饮食住宿保障水平下降。调查数据显示，2016年外出务工人员中，由单位或雇主提供伙食或伙食补助的人数下降比例明显，不提供伙食或伙食补助的比例为55.9%，比上年提高9.7个百分点。提供住宿或住宿补贴的农民工比例为50.3%，比上年降低1.1个百分点。具体如下图所示：

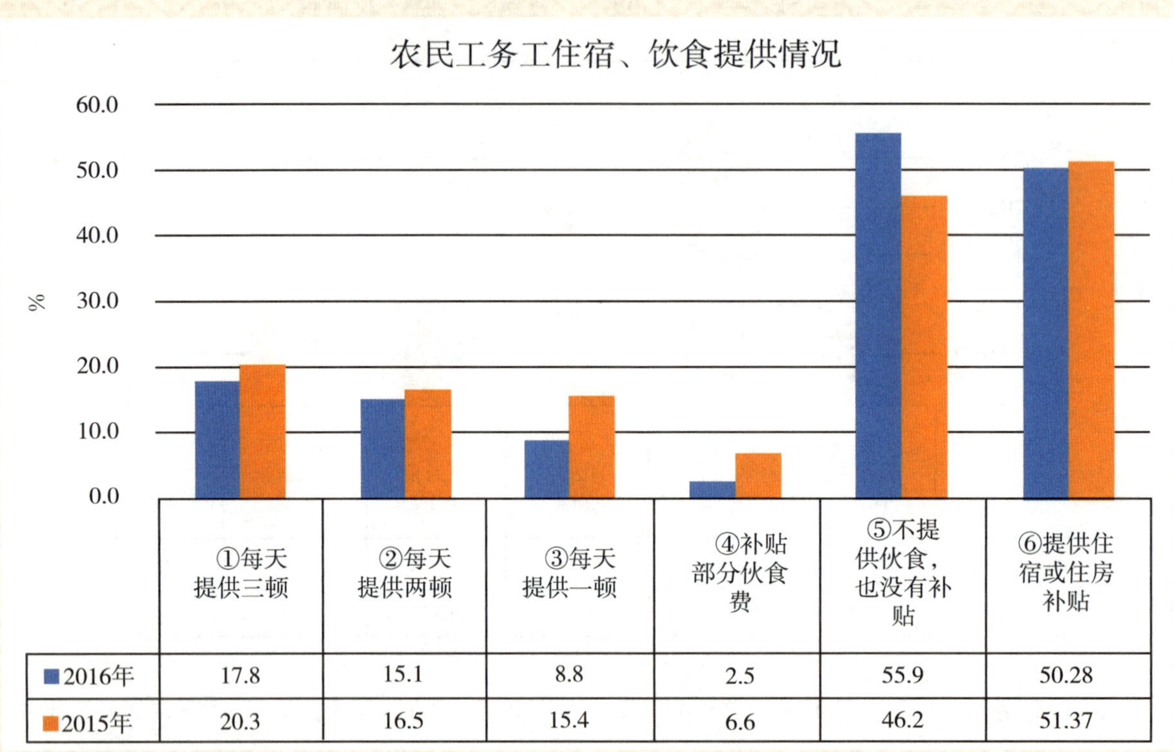

	①每天提供三顿	②每天提供两顿	③每天提供一顿	④补贴部分伙食费	⑤不提供伙食，也没有补贴	⑥提供住宿或住房补贴
2016年	17.8	15.1	8.8	2.5	55.9	50.28
2015年	20.3	16.5	15.4	6.6	46.2	51.37

二、农民工就业形态呈现四大趋势

2016年广西农民工就业形势总体情况良好，农民工就业行业分布变化明显，受经济下行的影响，农民工返乡就业、创业趋势增强。

（一）经济结构调整，农民工就业结构出现新变化

一是经济增速放缓，对农民工就业拉动效应减弱。从国内经济形势看，2016年全国经济增长6.7%，已连续三年低于8%的水平，发展速度变缓，下行压力短时期内还难以改变，影响了经济增长对就业的拉动效应。2016年广西经济增长7.3%，经济增长速度也呈现变缓趋势，影响了对本地农民工的吸纳能力。二是部分行业结构调整，农民工需求减少。2016年农民工务工密集的高耗能行业增加值占广西规模以上工业增加值比重37.9%，比上年下降0.4个百分点。随着产能调整，企业用工谨慎，制造业企业按订单调整用工计划，农民工就业岗位相应减少。三是高新技术产业兴起，技术工人短缺。2016年广西高技术产业增加值比上年增长8.9%，高于规模以上工业增速1.4个百分点，占广西工业比重为8.4%，比上年提高0.3个百分点。高新企业招录员工时对文化程度、职业技能要求越来越高。由于农民工文化程度和专业技能限制，出现企业用工与农民工就业不对称现象，影响农民工就业。在用工招聘会上，经常出现技术工人短缺，一般工人用不完的情况。如广西某水泥有限公司南丹分公司、南丹某商贸有限公司这两家企业管理人员和技术型人才急缺，但由于应聘人员文化水平相对偏低，企业招不到所需的技术人才。

（二）扶贫攻坚力度加大，农民工就业矛盾有所缓解。

一是扶贫工程项目增多，创造了大量的务工岗位。2016年广西围绕120万贫困人口脱贫摘帽目标，在基础设施建设、产业扶持、易地扶贫搬迁和农村集体经济扶持等方面下功夫，广西共筹措安排扶贫资金187.77亿元，在39个贫困县开展统筹整合使用财政涉农资金试点，涉及资金148.5亿元。项目资金的投入使用，创造了大量的就业岗位，农民工可以就地就近从事异地安置和农村危房改造，水、电、路等扶贫项目建设。二是结对帮扶效果明显，缓解了农村劳动力就业压力。广西现代农业和特色产业发展较快，广西各地都产生了一批规模不等的现代农业种植基地和特色产业生产基地。基地在扶贫政策的支持下，普遍以“公司+基地+农户”的生产方式，结对帮扶贫困户，对当地农村劳动力就业产生了较强的辐射带动作用，吸纳了大量无法外出务工、年龄偏大的农村中老人和农村妇女劳动力，缓解了年中老年就业矛盾。如陆川县某投资有限工作联合马坡镇新山村213户贫困户成立绿丰农业专业合作社，租用3400亩土地，种植特色经济作物，合作社每天需务工人员100人左右，每个务工人员收入在60元以上，对年龄、性别、文化程度无特别要求，基本吸纳了周边所有的剩余劳动力，解决了群众就业问题。

（三）务工收入差别较小，农民工返乡务工趋势明显

2016年到广西区外务工农民工人数为640万，比上年减少38万人，下降5.5%。广东作为外出农民工务工的主要集散地，吸纳了全国大量农民工就业，也是广西农民工主要务工的地方。但近年来，随着经济结构调整和产业升级，农民工返乡务工趋势十分明显。2016年广西到广东农民工务工人数为591万，比上年减少49万人，下降7.7%。广西区内外出农民工（本乡镇外）务工人数为258万，比上年增加11万，增加4.5%。外出农民工返乡务工趋势加强主要原因有两个，一是在收入差距能够接受的情况下，农民工更愿意在广西区内务工，方便回乡照顾家庭。如大新县蓝先生在广东从事勾机司机工作，拥有专业技能从业证书，月薪在10000元左右，近期想回本地就业，期望本地工资5000元以上，如果要在广东务工工资最低期望8000元。二是东部沿海地区经济结构调整影响农民工就业。受社会经济大环境影响，沿海地区经济进入结构调整阶段，不少企业正在转型升级，加之“机器换人计划”等多项因素叠加，农民工在外就业规模、行业分布及工资收入等多方面受到影响。调查数据表明，返乡务工人员中，有10%左右人员是由于找不到工作而返回家乡务工。

（四）本地自营人员增加，农民工创业发展规模扩大

本地农民工中，约有三分之一人员从事非农自营工作，非农自营人员增加较多。非农自营人员增加，主要有三个方面的原因。一是经过多年的资金技术积累，部分农民工具备了自营发展的条件。有一技之长的农民工在家乡周边从事加工、维修、美容美发等行业。如贵港市港北区大圩镇新建村的李某，开办了手套加工厂，请村里的手工好手专职进行手套加工，扣除成本，月收入有3800元左右。马山县古零镇古零村，一个村就有18人从事服装经营、豆腐加工等。二是扶贫资金拉动农民工开展自营创收。扶贫资金的投入使用，活跃了农村经济，进入批发零售、交通运输等行业的自营农民工增加。三是各地出台政策支持农民工创新创业。广西14个市都成立了不同规模的农民工就业创业孵化基地，在资金支持、政策扶持等方面制定了具体的帮扶措施，推进农民工创业发展。

三、农民工队伍发展存在问题

（一）就业保障水平较低，农民工权益受到制约。基于自身文化程度低、维权意识淡薄和企业使用农民工时的差别化对待等因素的制约，农民工的基本合法权益往往无法得到有效保护。劳务合同签订、“五险一金”购买等权益事项落实有待继续改进。

（二）技能培训不够扎实，农民工培训仍需加强。从调查数据来看，2016年参加过非农技术培训的劳动力比例约为14%，仍处于较低水平。培训率较低主要是因为外出农民工长期在外务工、流动性大，没有时间返乡参加培训。同时，培训工作还存在针对性不强、覆盖面较低等问题。

（三）自营发展较为缓慢，特色产业发展需要引导。一是农民工自营创业需要资金支持。调查显示，四分之一的非农自营农民工需要政府给予贷款支持。二是特色产业发展壮大需要规划引导。当前广西农村特色优势产业主要集中在种养行业，也是农民工创业比较密集的行业。由于种养行业本身存在周期性长、疫情多、风险大等特性，需要政府有关部门强化管理，统一规划，开展区域化引导和做好全程跟踪服务。

四、相关工作建议

（一）紧抓扶贫开发契机，发展就业扶贫网络

一是发展就业扶贫基地。积极推进“公司+基地+农户”产业模式，因地制宜发展生产加工、种植种养等特色产业，加快形成覆盖面广、吸纳就业能力强的产业就业基地。助力扶贫模式从传统帮扶模式转变成“授人以渔”的就业扶贫模式，将“输血”扶贫变为“造血”扶贫，提高本地农民工的就业质量，实现“产业+就业”的可持续扶贫发展模式。二是实施定点定向扶持政策。对直接到乡、村新建精准扶贫就业点的企业，按照就业点吸纳就业人数，由财政给予建点补助。在乡、村设立精准扶贫就业点的企业为农业产业化龙头企业，除享受财政扶持政策外，优先享受产业扶贫贷款贴息政策。三是开发公益性就业岗位。通过增加公益性岗位的方式，对贫困户劳动力就业实行优先扶持和重点援助。

（二）强化职业技能培训，打造诚信务工品牌

一是继续加强务工品牌建设。根据各地农民工务工特点，结合劳务市场的用工需求，有针对性地加强农民工的职业技能培训，优化农民工就业技能，打造区域性农民工务工品牌。二是推进现场定点培训。充分利用现有的各种职教体系，以就业为导向，采取进村入户实地培训模式。针对企业用工量大、技能要求高的工种，采取企业和政府相结合的培训模式，丰富培训内容，提高培训质量。

（三）完善创业就业服务，规范发展劳务市场

一是完善创业就业服务工作平台，结合农民工就业创业情况，为农民工提供创业培训、融资服务、创业孵化、跟踪扶持等“一条龙”服务。二是提高劳动合同签订水平。由劳动部门统一制定简易劳动合同版本，在广西进行推广普及，逐步提高劳动合同签订率，规范劳务市场关系，保障劳务人员权利。三是加大执法追责力度。以维护劳动者合法权益和社会稳定为目标，由劳动部门牵头，加强与住建、工商、公安等有关部门的联系，形成多方联动、齐抓共管的联合执法机制，定期开展联合专项检查，共同维护农民工的合法权益。

1-12 地区生产总值（1978—2016年）

Gross Domestic Product（1978—2016）

本表按当年价格计算
Data in this table are calculated by current prices.
单位：亿元 (100 million yuan)

年 份 Year	地区生产总值 Gross Domestic Product	第一产业 Primary Industry	第二产业 Secondary Industry	工业 Industry	建筑业 Construction	第三产业 Tertiary Industry	人均地区生产总值（元/人） Per Capita GDP (yuan/person)
1978	75.85	31.01	25.81	23.29	2.52	19.03	225
1979	84.59	37.57	27.98	25.12	2.86	19.04	246
1980	97.33	44.07	30.79	27.78	3.01	22.47	278
1981	113.46	52.58	33.01	29.71	3.30	27.87	317
1982	129.15	63.15	34.72	30.98	3.74	31.28	354
1983	134.60	63.59	37.09	32.39	4.70	33.92	363
1984	150.27	66.26	43.26	36.97	6.29	40.75	399
1985	180.97	77.49	54.69	45.92	8.77	48.79	471
1986	205.46	85.62	69.03	58.41	10.62	50.81	525
1987	241.56	99.94	81.79	70.96	10.83	59.83	607
1988	313.28	118.25	100.69	86.38	14.31	94.34	770
1989	383.44	149.98	109.97	97.11	12.86	123.49	927
1990	449.06	176.77	118.45	104.79	13.66	153.84	1066
1991	518.59	195.17	141.02	123.66	17.36	182.40	1211
1992	646.60	233.03	187.48	161.44	26.04	226.09	1490
1993	871.70	250.11	321.10	273.03	48.07	300.49	1982
1994	1198.29	333.79	469.81	404.59	65.22	394.69	2675
1995	1497.56	453.15	535.86	461.25	74.61	508.55	3304
1996	1697.90	534.88	587.37	503.32	84.05	575.65	3706
1997	1817.25	582.74	614.07	524.49	89.58	620.44	3928
1998	1911.30	586.70	667.29	561.34	105.95	657.31	4346
1999	1971.41	567.72	682.34	570.76	111.58	721.35	4444
2000	2080.04	557.38	732.70	612.33	120.43	789.90	4652
2001	2279.34	576.34	771.18	639.55	131.64	931.82	5058
2002	2523.73	601.99	846.89	699.15	147.74	1074.85	5558
2003	2821.11	658.78	984.08	813.79	170.29	1178.25	6169
2004	3433.50	817.88	1253.70	1044.80	208.90	1361.92	7461
2005	3984.10	912.50	1510.68	1264.84	245.84	1560.92	8590
2006	4746.16	1032.47	1878.56	1592.33	286.23	1835.12	10121
2007	5835.33	1241.35	2434.00	2098.73	335.27	2159.98	12302
2008	7038.88	1453.75	3050.82	2640.34	410.48	2534.31	14689
2009	7784.98	1458.49	3400.42	2882.54	517.88	2926.07	16098
2010	9604.01	1675.06	4536.66	3885.20	651.46	3392.29	20292
2011	11764.97	2047.22	5707.57	4883.31	824.26	4010.18	25424
2012	13090.04	2172.37	6287.19	5318.97	968.22	4630.48	28069
2013	14511.70	2290.64	6778.48	5647.39	1134.51	5442.58	30873
2014	15742.62	2413.44	7378.14	6118.23	1264.16	5951.04	33237
2015	16870.04	2565.45	7766.34	6408.64	1358.56	6538.25	35330
2016	18317.64	2796.80	8273.66	6816.64	1458.41	7247.18	38027

1-13 财政、金融（1978—2016年）

Government Finance & Financial Intermediation（1978—2016）

单位：亿元 (100 million yuan)

年份 Year	财政 Finance			金融 Banking		
	总收入 Total Revenue	总支出 Total Expenditure	收支差额 Income & Expenditure Balance	各项存款年底余额 Total Saving Deposit Balance	各项贷款年底余额 Total Loan Balance	城乡居民储蓄存款年底余额 Urban and Rural Savings Deposits
1978	14.32	20.78	-6.46			
1979	12.05	20.60	-8.54			
1980	12.58	17.44	-4.86			
1981	12.73	16.04	-3.32			
1982	13.03	17.44	-4.41			
1983	13.58	18.84	-5.26			
1984	13.47	23.06	-9.59			
1985	20.18	29.75	-9.57	94.96	118.38	34.23
1986	25.23	42.22	-16.99	124.85	152.47	48.40
1987	30.54	47.70	-17.16	160.54	186.26	67.64
1988	33.89	53.27	-19.39	165.67	210.61	81.73
1989	41.41	57.74	-16.33	211.22	277.75	107.35
1990	46.83	65.00	-18.17	271.17	326.29	152.29
1991	55.92	71.61	-15.69	351.85	389.76	201.39
1992	61.20	78.48	-17.28	501.66	499.20	277.02
1993	95.93	107.49	-11.56	662.74	664.72	406.04
1994	62.26	124.93	-62.67	915.24	835.52	572.34
1995	79.44	140.59	-61.15	1152.32	1055.67	735.50
1996	90.51	157.01	-66.50	1361.17	1203.41	884.55
1997	99.16	170.83	-71.68	1568.83	1423.48	1013.14
1998	119.67	198.36	-78.69	1792.10	1516.49	1150.08
1999	133.56	224.98	-91.41	2010.14	1719.19	1257.26
2000	147.05	258.49	-111.43	2269.06	1613.25	1374.42
2001	178.67	351.65	-172.98	2518.94	1764.05	1538.95
2002	186.73	419.86	-233.13	2784.14	1941.07	1736.60
2003	203.66	443.60	-239.94	3175.34	2320.66	1971.66
2004	237.77	507.47	-269.70	3673.19	2759.65	2240.11
2005	283.04	611.48	-328.44	4202.84	3056.86	2561.34
2006	342.58	729.52	-386.94	4971.86	3595.25	2946.22
2007	418.83	985.94	-567.12	5749.94	4287.79	3185.28
2008	518.42	1297.11	-778.69	7024.10	5066.68	3851.95
2009	620.99	1621.82	-1000.83	9583.13	7268.41	4686.20
2010	771.99	2007.59	-1235.60	11746.77	8867.52	5702.43
2011	947.72	2545.28	-1597.56	13527.97	10646.43	6682.21
2012	1166.06	2985.23	-1819.16	15966.65	12355.52	8042.23
2013	1317.60	3208.67	-1891.06	18400.48	14081.01	9532.48
2014	1422.28	3479.79	-2057.51	20298.54	16070.95	10532.76
2015	1515.16	4065.51	-2550.36	22793.54	18119.30	11434.29
2016	1556.27	4441.70	-2885.44	25477.80	20640.54	12606.56

注：根据中国人民银行报表调整，2015年起城乡居民储蓄存款改为住户存款。
Note:According to the people's Bank of China to adjust the report, from urban and rural residents in 2015 to household savings deposits.

1-14 人口（1978—2016年）

Population（1978—2016）

单位：万人 （10 000 persons）

年份 Year	总户数（万户） Total Households（10 000 households）	总人口（年末） Total Population（year-end）	按性别分 By Sex 男性 Male	按性别分 By Sex 女性 Female	按城乡分 By Residence 城镇人口 Urban Population	按城乡分 By Residence 乡村人口 Rural Population	人口密度（人/平方公里） Population Density（person/sq.km）
1978	661	3402	1753	1649			144
1979	666	3470	1786	1684			
1980	676	3538	1822	1716			149
1981	694	3613	1862	1751			
1982	706	3684	1902	1782			
1983	718	3733	1930	1803			
1984	734	3806	1970	1836			
1985	757	3873	2005	1868			164
1986	783	3946	2044	1902			
1987	808	4016	2082	1934			
1988	831	4088	2119	1969			
1989	867	4150	2152	1998			
1990	896	4242	2205	2037	641	3601	179
1991	918	4324	2250	2074			183
1992	950	4380	2285	2095			185
1993	973	4438	2317	2121			187
1994	997	4493	2346	2147			190
1995	1020	4543	2377	2166	838	3705	192
1996	1040	4589	2398	2191			194
1997	1069	4633	2421	2212			196
1998	1092	4675	2442	2233			198
1999	1110	4713	2463	2250			199
2000	1140	4751	2484	2267	1337	3414	201
2001	1178	4788	2506	2282	1350	3438	202
2002	1197	4822	2521	2301	1365	3457	204
2003	1235	4857	2542	2315	1411	3446	205
2004	1285	4889	2559	2330	1550	3339	206
2005	1329	4925	2587	2338	1567	3093	208
2006	1374	4961	2612	2349	1635	3084	209
2007	1416	5002	2634	2368	1728	3040	201
2008	1459	5049	2659	2390	1838	2978	203
2009	1499	5092	2681	2411	1904	2952	205
2010	1347	5159	2708	2451	1849	2761	195
2011	1359	5199	2730	2469	1942	2703	196
2012	1361	5240	2759	2481	2038	2644	197
2013	1383	5282	2772	2510	2115	2604	199
2014	1567	5475	2891	2584	2187	2567	201
2015	1575	5518	2913	2605	2257	2539	202
2016	1586	5579	2943	2636	2326	2512	204

1-15 就业和劳动报酬基本情况

Basic Statistics on Employment and Labor Remuneration

指　标	Item	2012	2013	2014	2015	2016
劳动力资源总数（万人）	**Total Resource of Labor Force（10 000 persons）**	**3349**	**3373**	**3399**	**3438**	**3465**
占人口总数比重（%）	Proportion in Total Population（%）	71.53	71.48	71.49	71.69	71.62
劳动力资源利用率（%）	Utilization Ratio of Resource of Labor Force（%）	82.65	82.49	82.30	82.03	81.99
就业人员合计（万人）	**Total Number of Employed Persons（10 000 persons）**	**2768**	**2782**	**2795**	**2820**	**2841**
第一产业	Primary Industry	1481	1478	1450	1427	1423
第二产业	Secondary Industry	520	529	540	513	500
第三产业	Tertiary Industry	767	775	805	880	918
就业人员构成（%）	**Composition of Employed Persons（%）**					
第一产业	Primary Industry	53.50	53.14	51.90	50.60	50.10
第二产业	Secondary Industry	18.80	19.01	19.30	18.20	17.60
第三产业	Tertiary Industry	27.70	27.85	28.80	31.20	32.30
按城乡分就业人员（万人）	**Number of Employed Persons by Urban and Rural Areas（10 000 persons）**					
城镇从业人员	Urban Employed Persons	1113	1120	1145	1198	1236
国有单位	State-owned Units	214.03	210.93	206.48	202.37	201.82
城镇集体单位	Urban Collective-owned Units	16.25	14.39	15.09	13.27	13.21
股份合作单位	Cooperative Units	3.29	2.18	2.04	2.06	1.88
联营单位	Joint Ownership Units	0.99	0.21	0.15	0.14	0.11
有限责任公司	Limited Liability Corporations	68.55	108.38	113.59	125.21	123.25
股份有限公司	Share-holding Corporations Ltd.	19.81	27.73	27.66	27.55	27.41
港澳台投资单位	Units with Funds from Hong Kong, Macao & Taiwan	11.18	17.41	17.20	16.36	16.17
外商投资单位	Foreign Funded Units	10.53	14.42	13.43	12.92	12.98
私营企业	Private Enterprises	137.00	130.00		168.00	247.00
个体	Self-employed Individuals	139.00	168.00		212.00	252.00
在岗职工人数	Number of Staff & Workers at Post	303.45	330.23	326.50	329.60	325.50
国有单位	State-owned Units	190.45	186.35	184.15	178.80	178.36
城镇集体单位	Urban Collective-owned Units	12.12	11.15	10.82	10.08	9.62
其他类型单位	Others	100.88	132.73	131.54	140.72	137.50
乡村就业人员	Rural Employed Persons	1655	1662	1635	1622	1605
城镇单位就业劳动报酬（元）	**Remu ner ation of Staff & Workers in Urban Units（yuan）**					
单位就业人员平均劳动报酬	Average Remuneration of Staff & Workers	36386	41391	45424	52982	57878
国有单位	State-owned Units	37706	42552	46065	57247	63751
城镇集体单位	Urban Collective-owned Units	28819	32197	36874	40510	43064
城镇登记失业人数（万人）	**Number of Registered Unemployed Persons in Urban Areas（10 000 persons）**	**18.94**	**18.09**	**18.66**	**18.13**	**18.13**
城镇登记失业率（%）	**Registered Unemployment Rate in Urban Areas（%）**	**3.41**	**3.30**	**3.15**	**2.92**	**2.93**

主要统计指标解释

地区生产总值（原国内生产总值） 是指一个地区所有常住单位在一定时期内生产活动的最终成果。地区生产总值有三种表现形态,即价值形态、收入形态和产品形态。从价值形态看,它是所有常住单位在一定时期内所生产的全部货物和服务价值超过同期投入的全部非固定资产货物和服务价值的差额,即所有常住单位的增加值之和；从收入形态看,它是所有常住单位在一定时期内所创造并分配给常住单位和非常住单位的初次分配收入之和；从产品形态看,它是最终使用的货物和服务减去进口货物和服务。在核算中, 地区生产总值的三种表现形态表现为三种计算方法,即生产法、收入法和支出法。三种方法分别从不同的方面反映地区生产总值及其构成。根据国家统计局有关我国GDP核算和数据发布制度的规定，广西国内生产总值自2004年起更名为“广西生产总值”，简称“广西GDP”。

三次产业 是根据社会生产活动历史发展的顺序对产业结构的划分,产品直接取自然界的部门称为第一产业,对初级产品进行再加工的部门称为第二产业,为生产和消费提供各种服务的部门称为第三产业。

我国的三次产业划分是:

第一产业:农业（包括种植业、林业、牧业和渔业）。

第二产业:工业（包括采掘业,制造业,电力、煤气及水的生产和供应业）和建筑业。

第三产业:除第一、第二产业以外的其他各业。由于第三产业包括的行业多,范围广,根据我国的实际情况,第三产业又分为两大部分:一是流通部门,二是服务部门。

财政收入 是指国家财政参与社会产品分配所取得的收入，是实现国家职能的财力保证。财政收入所包括的内容几经变化，目前主要包括：（1）各项税收，包括增值税、营业税、消费税、土地增值税、城市维护建设税、资源税、城市土地使用税、印花税、房产税、车船使用税、屠宰税、个人所得税、企业所得税、关税、契税、农牧业税和耕地占用税等。（2）专项收入：包括征收排污费收入、城市水资源费收入、教育费附加收入、矿产资源补偿费收入。（3）其他收入，包括国有资产经营收益、国有企业计划亏损补贴、基本建设贷款归还收入、基本建设收入、罚没收入、行政性收费收入、其他收入等。

财政支出 是指国家为行使其职能，对筹集的财政资金进行有计划的分配使用的总称。国家财政支出，体现政府的活动范围和方向，反映财政资金的分配关系。财政支出主要包括：（1）基本建设支出；（2）企业挖潜改造资金；（3）地质勘探费；（4）科技三项费用；（5）流动资金；（6）支援农村生产支出；（7）农林水利气象等部门的事业费；（8）工业交通等部门事业费；（9）商业部门事业费；（10）城市维护费；（11）文教卫生事业费；（12）科学事业费；（13）其他部门事业费；（14）抚恤和社会福利救济费；（15）国防支出类；（16）行政管理费；（17）公检法支出；（18）价格补贴支出；（19）支援不发达地区支出；（20）专项支出；（21）农业综合开发支出；（22）行政事业单位离退休经费；（23）其他支出等。

存款 指企业、机关、团体或居民根据资金必须收回的原则，把货币资金存入银行或其他信用机构保管并取得一定利息的一种信用活动形式。根据存款对象的不同可划分为企业存款、财政存款、机关团体存款、基本建设存款、城镇储蓄存款、农村存款等科目。它是银行信贷资金的主要来源。

贷款 指银行或其他信用机构根据资金必须归还的原则，按一定利率，为企业、个人等提供资金的一种信用活动形式。我国银行贷款分为流动资金贷款、固定资产贷款、城乡个体工商户贷款以及农业贷款等科目。

户数 包括家庭户（含单身独居）和集体户。

人口数 指一定时点、一定地区范围内有生命的个人的总和。

市镇人口 指市人口和县辖镇人口。

乡村人口 指县辖乡的全部人口。

Explanatory Notes on Main Statistical Indicators

Gross Domestic Product（GDP） refers to the final products of all resident units in a region during a certain period of time. Gross domestic product is expressed in three different forms, i.e. value added, income, and products respectively. The form of value added refers to the total value of all products and services produced by all resident units during a certain period of time minus total value of input of materials and services of the nature of non-fixed assets of the summation of the value added of all resident units; the form of income includes all the income created by all resident units and distributed primarily to all resident and non-resident units; the form of products refers to all final goods and services minus imports of goods and services. In the practice of national accounting, gross domestic product is calculated with three approaches, i.e. product approach, income approach, and expenditure approach respectively to reflect gross domestic product and its composition from different aspects.

Three Industries Industry structure has been classified according to the historical sequence of development. Primary industry refers to extraction of natural resources; secondary industry involves processing of primary products; and tertiary industry provides services of various kinds for production and consumption. Industry in China comprises:

Primary industry: agriculture（including farming, forestry, animal husbandry and fishery）.

Secondary industry: industry（including mining and quarrying, manufacturing, and electricity, gas and water production and supply）.

Tertiary industry: all other industries not included in primary or secondary industry. Since tertiary industry includes various trades and is with extensive coverage, it is divided into 2 parts according to our country's actual situation: circulation department and service department.

Government Revenue refers to the revenue of the government finance by means of participating in the distribution of the social products, which are the financial resources for ensuring the government to function. The contents of government revenue have been changed several times. Now it includes the following main items:（1）Various tax revenues, including value added taxes, business tax, consumption tax, land value added tax, tax on city maintenance and construction, resources tax, tax on use of urban land, stamp tax, tax on real estate, tax on the use of vehicles and ships, slaughter tax, personal income tax, enterprise income tax, tariff, contract tax, tax on agriculture and animal husbandry and tax on occupancy of cultivated land, etc.（2）Special income: including revenue collected from imposing fee on sewage treatment, revenue collected from imposing fee on urban water resources, extra-charges for education, and revenue collected from imposing fee on mine resources.（3）Other revenues, including profits from management of state-owned assets, subsidies to loss-making state-owned enterprise, revenue from the repayment of capital construction loan, revenue from capital construction, penalty, administration income and other incomes.

Government Expenditure refers to the（1）Expenditure for capital construction;（2）Innovation funds of the enterprises;（3）Geological prospecting expenses;（4）Expenditures for science and technology promotion;（5）Circulating funds;（6）Expenditure for supporting rural production;（7）Operating expenses of the departments of farming, forestry, water conservancy and meteorology etc;（8）Operating expenses of the departments of industry, transport;（9）Operating expenses of the department of commerce;（10）Expenditure for city maintenance;（11）Operating expenses of the departments of culture, education and public health;（12）Operating expenses of the department of science;（13）Operating expenses of the other departments;（14）Pension for the disabled or for the families of the bereaved and relief funds for social welfare;（15）Expenditures for national defense;（16）Administrative expenses（17）Expenditure for public security agency, procurator agency and court of justice;（18）Expenditure for price subsidies;（19）Expenditure for supporting under-developed areas;（20）Special expenditure;（21）Expenditure for comprehensive development of agriculture;（22）Expenditure for retired persons in administrative department;（23）Other expenditures.

Deposit is a form of credit by which enterprises, institutions, organizations or residents can put money into banks and other credit institutions for safekeeping and interest earning under the principle of free withdrawal. According to different depositors, deposits are divided into enterprise deposits, treasury deposits, deposits of government agencies and organizations, capital construction deposits, urban savings deposits, rural deposits and other deposits. Deposits are major sources of the credit funds of banks.

Loan is a form of credit by which banks and other credit institutions provide funds at certain interest rate to enterprises and individuals in the light of the principle of unconditional repayment. Loans from Chinese banks include circulating capital loans, fixed assets loans, loans to urban and rural individuals engaged in industrial and commercial business and agricultural loans.

Households include family household（including single household）and collective households.

Total Population refers to the total number of people alive at a certain point of time within a given area.

Urban Population refers to city population and town population.

Country Population refers to the total population under the jurisdiction of country.

第二篇　人民生活

Chapter 2　People's Livelihood

2-1　城镇居民人均收支及恩格尔系数（1980—2016年）

Per Capita Income and Expenditure & Engle's Coefficient of Urban Households（1980—2016）

年　份 Year	城镇居民人均可支配收入 Per Capita Disposable Income of Urban Households		城镇居民人均消费支出 Per Capita Consumption Expenditure of Urban Households		城镇居民恩格尔系数（%） Engel's Coefficient of Urban Households（%）
	绝对数（元） Value（yuan）	比上年±% Growth Rate Over Preceding Year（%）	绝对数（元） Value（yuan）	比上年±% Growth Rate Over Preceding Year（%）	
1980	114		103		57.4
1981	429		423		58.7
1982	427	-0.6	442	4.5	60.4
1983	444	4.1	466	5.3	61.4
1984	563	26.8	542	16.4	57.9
1985	683	21.4	664	22.5	56.6
1986	784	14.7	740	11.4	58.0
1987	899	14.7	861	16.4	59.1
1988	1159	28.9	1198	39.2	54.6
1989	1304	12.5	1296	8.2	59.3
1990	1448	11.0	1338	3.2	58.6
1991	1614	11.4	1584	18.4	55.3
1992	2104	30.4	1740	9.9	55.9
1993	2895	37.6	2303	32.4	53.7
1994	3981	37.5	3327	44.5	50.4
1995	4792	20.4	4046	21.6	51.0
1996	5033	5.0	4339	7.3	50.4
1997	5110	1.5	4453	2.6	47.5
1998	5412	5.9	4381	-1.6	46.3
1999	5620	3.8	4587	4.7	44.3
2000	5834	3.8	4852	5.8	39.9
2001	6666	14.3	5225	7.7	37.7
2002	7315	9.8	5413	3.6	40.7
2003	7785	6.4	5763	6.5	40.0
2004	8177	5.0	5862	1.7	44.0
2005	8917	9.0	6424	9.6	42.5
2006	9899	11.0	6792	5.7	42.1
2007	12200	23.2	8151	20.0	41.7
2008	14146	16.0	9627	18.1	42.4
2009	15451	9.2	10352	7.5	39.9
2010	17064	10.4	11490	11.0	38.1
2011	18854	10.5	12848	11.8	39.5
2012	21243	12.7	14244	10.9	39.0
2013	23305	9.7	15418	8.2	37.9
2014	24669	8.7	15046	4.0	35.2
2015	26416	7.1	16321	8.5	34.4
2016	28324	7.2	17268	5.8	34.4

注：1. 1980年度数据仅为第四季度；2. 1992年前可支配收入为生活费收入；3. 自2014年起为一体化城乡住户收支调查后新口径数据，与2013年及以前数据不可比（以下相关表同）。

Note:1.The fourth quarter of the year 1980 only a few degrees; 2.1992 disposable income beforeDisposable Income for Living Expenses Income.3.Since 2014, the data is based on the new statistical range of the intergation survey of urban and rural residents' income and expenses, and it is not comparable with the data in and before 2013. The same applies to the relevant tables following.

2-2 城镇居民家庭基本情况

Basic Conditions of Urban Households

单位：人 (person)

指 标	Item	2015	2016
年末住户常住成员数（人）	**Number of Permanent Residents Per Households（person）**	**9217.7**	**9530.5**
调查样本住户数（户）	**Number of Households Surveyed Sample（household）**	**2700.8**	**2746.2**
年末人均自有现住房面积（平方米）	**Per Capita Floor Space of Houses（sq.m）**	**38.6**	**39.2**
常住成员从业人数	**Number of Employed by Permanent Residents**	**5036.3**	**5128.8**
户主文化程度	**Degree of Education of Householder**		
未上过学	Not in School	31.0	23.0
小学	Primary School	318.8	320.3
初中	Junior Secondary Schools	1001.3	1013.5
高中	Senior Secondary School	695.6	735.6
大学专科	Junior College	386.1	387.8
大学本科	Undergraduate College	241.3	243.8
研究生	Graduate Student	26.8	22.3
常住从业人员就业类型	**Employed Types of Permanent Residents**		
雇主	Employer	85.8	63.8
公职人员	Public Officers	256.3	273.3
事业单位人员	Business Unit Personnel	500.7	479.2
国有企业雇员	State-owned Enterprises Employee	244.2	234.7
其他雇员	Other Employees	2181.8	2348.2
农业自营	Agricultural Own Business	903.3	813.6
非农自营	Non Agricultural Own Business	864.1	915.3
常住从业人员从事主要行业	**Engaged in Major Industries of Permanent Residents**		
第一产业	Primary Industry	968.8	869.5
第二产业	Secondary Industry	953.7	947.6
第三产业	Tertiary Industry	3113.8	3311.8

2-3 城镇居民人均收入与支出

Per Capita Disposable Income and Consumption Expenditure of Urban Households

单位：元 （yuan）

指 标	Item	2015	2016
可支配收入	**Disposable Income**	**26415.9**	**28324.4**
工资性收入	Income from Wages and Salaries	15163.1	16492.8
工资	Wages	14050.6	15357.4
实物福利	Benefit in Kind	62.8	56.2
其他	Other	1049.7	1079.3
经营净收入	Net Business Income	3665.1	4804.8
第一产业经营净收入	Net Business Income of Primary Industry	563.0	855.9
农业	Agriculture	397.3	498.4
林业	Forestry	19.3	46.5
牧业	Animal Husbandry	82.2	136.7
渔业	Fishery	64.2	174.2
第二产业经营净收入	Net Business Income of Secondary Industry	370.6	421.7
第三产业经营净收入	Net Business Income of Tertiary Industry	2731.5	3527.2
财产净收入	Property Net Income	2307.9	2229.2
转移净收入	Transfer Net Income	5279.9	4797.7
转移性收入	Income form Transfer	6630.5	6432.4
# 养老金或离退休金	# Pensions and Retirement Pay	5490.2	5281.7
转移性支出	Transfer Expenditure	1350.6	1634.7
# 社会保障支出	# Social Secuity Expenditure	1005.7	1245.5
按收入五等份分组的城镇居民人均可支配收入	**Per Capita Disposable Income of Urban Households by Income Quintile**		
低收入户（20%）	Low Income Households	10400.0	11283.1
中等偏下户（20%）	Lower Middle Income Households	18488.7	19330.6
中等收入户（20%）	Middle Income Households	25791.8	27005.9
中等偏上户（20%）	Upper Middle Income Households	33950.5	35972.6
高收入户（20%）	High Income Households	54482.9	60880.6
消费支出	**Consumption Expenditure**	**16321.2**	**17268.5**
食品烟酒	Food, Tobacco and Liquor	5610.2	5937.2
衣着	Clothing	845.8	886.3
居住	Residence	3629.3	3784.3
生活用品及服务	Household Facilities, Articles and Services	952.0	1032.8
交通通信	Transport and Communications	2249.5	2259.8
教育文化娱乐	Education, Cultural and Recreation	1845.0	2003.0
医疗保健	Health Care and Medical Services	866.2	1065.9
其他用品和服务	Other Goods and Services	323.1	299.3

2-4　城镇居民人均现金收入与支出

Per Capita Cash Income and Expenditure of Urban Households

单位：元　　　　　　　　　　　　　　　　　　　　　　(yuan)

指　标	Item	2015	2016
现金可支配收入	**Cash Disposable Income**	**25146.2**	**27120.4**
现金工资性收入	Cash Income from Wages and Salaries	15100.3	16436.7
工资	Wages	14050.6	15357.4
其他	Other	1049.7	1079.3
现金经营净收入	Cash Net Business Income	3894.5	5114.7
第一产业现金经营净收入	Cash Net Business Income of Primary Industry	469.4	764.2
农业	Agriculture	262.9	391.2
林业	Forestry	1.1	43.4
牧业	Animal Husbandry	73.7	118.0
渔业	Fishery	131.7	211.6
第二产业现金经营净收入	Cash Net Business Income of Secondary Industry	451.1	496.4
第三产业现金经营净收入	Cash Net Business Income of Tertiary Industry	2974.1	3854.2
现金财产净收入	Cash Property Net Income	1097.9	1005.3
现金转移净收入	Cash Transfer Net Income	5053.4	4563.7
现金转移性收入	Cash Income form Transfer	6417.3	6198.4
# 养老金或离退休金	# Pensions and Retirement Pay	5490.2	5281.7
现金转移性支出	Cash Transfer Expenditure	1363.9	1634.6
# 社会保障支出	# Social Secuity Expenditure	1005.7	1245.5
现金消费支出	**Cash Consumption Expenditure**	**13807.8**	**14654.2**
食品烟酒	Food, Tobacco and Liquor	5461.4	5785.3
衣着	Clothing	845.7	885.6
居住	Residence	1485.1	1554.7
生活用品及服务	Household Facilities, Articles and Services	942.3	1023.4
交通通信	Transport and Communications	2243.4	2250.4
教育文化娱乐	Education, Cultural and Recreation	1843.3	2002.4
医疗保健	Health Care and Medical Services	668.1	860.4
其他用品和服务	Other Goods and Services	318.6	292.0

2-5　城镇居民人均消费支出

Per Capita Consumption Expenditure of Urban Households

单位：元　　　　　　　　　　　　　　　　　　　　　　　　　　　　（yuan）

指　标	Item	2015	2016
消费支出	**Consumption Expenditure**	**16321.2**	**17268.5**
食品烟酒	Food, Tobacco and Liquor	5610.2	5937.2
食品	Food	4470.2	4738.8
烟酒	Tobacco and Liquor	271.9	279.9
饮料	Beverages	83.8	80.1
饮食服务	Catering Services	784.3	838.3
衣着	Clothing	845.8	886.3
衣类	Clothes	666.4	700.2
鞋类	Footwear	179.4	186.1
居住	Residence	3629.3	3784.3
租赁房房租	Rental Housing Accommodation	138.6	124.7
住房维修及管理	Housing Maintenance and Management	489.3	559.6
水电燃料及其他	Water, Electricity and Other Fuels	883.9	876.7
自有住房折算租金	Owned Housing of Convert Rent	2117.5	2223.3
生活用品及服务	Household Facilities, Articles and Services	952.0	1032.8
家具及室内装饰品	Furniture and Interior Decorations	162.4	168.7
家用器具	Household Appliances	278.9	277.5
家用纺织品	Home Textiles	71.9	87.8
家庭日用杂品	The Family Daily Sundry Goods	262.7	272.6
个人用品	Personal Products	130.7	164.8
家庭服务	Household Service	45.4	61.4
交通通信	Transport and Communications	2249.5	2259.8
交通	Transport	1512.7	1498.4
通信	Communications	736.8	761.4
教育文化娱乐	Education, Cultural and Recreation	1845.0	2003.0
教育	Education	1008.9	1202.3
文化娱乐	Cultural and Recreation	836.1	800.6
医疗保健	Health Care and Medical Services	866.2	1065.9
医疗器具及药品	Medical Apparatus and Drugs	307.9	376.7
医疗服务	Medical Services	558.4	689.3
其他用品和服务	Other Goods and Services	323.1	299.3
其他用品	Other Goods	172.0	152.4
其他服务	Other Services	151.1	146.9

2-6 城镇居民人均现金消费支出

Per Capita Cash Consumption Expenditure of Urban Households

单位：元 （yuan）

指　标	Item	2015	2016
现金消费支出	**Cash Consumption Expenditure**	**13807.8**	**14654.2**
食品烟酒	Food, Tobacco and Liquor	5461.4	5785.3
食品	Food	4345.2	4611.7
烟酒	Tobacco and Liquor	271.9	279.9
饮料	Beverages	83.8	80.1
饮食服务	Catering Services	760.5	813.6
衣着	Clothing	845.7	885.6
衣类	Clothes	666.3	699.5
鞋类	Footwear	179.4	186.1
居住	Residence	1485.1	1554.7
租赁房房租	Rental Housing Accommodation	138.6	124.7
住房维修及管理	Housing Maintenance and Management	489.3	559.6
水电燃料及其他	Water, Electricity and Other Fuels	857.2	870.4
生活用品及服务	Household Facilities, Articles and Services	942.3	1023.4
家具及室内装饰品	Furniture and Interior Decorations	162.2	168.6
家用器具	Household Appliances	278.9	277.5
家用纺织品	Home Textiles	71.9	87.8
家庭日用杂品	The Family Daily Sundry Goods	253.0	263.3
个人用品	Personal Products	130.7	164.8
家庭服务	Household Service	45.4	61.4
交通通信	Transport and Communications	2243.4	2250.4
交通	Transport	1506.6	1489.0
通信	Communications	736.8	761.4
教育文化娱乐	Education, Cultural and Recreation	1843.3	2002.4
教育	Education	1008.9	1202.3
文化娱乐	Cultural and Recreation	834.4	800.1
医疗保健	Health Care and Medical Services	668.1	860.4
医疗器具及药品	Medical Apparatus and Drugs	307.7	376.4
医疗服务	Medical Services	360.4	484.0
其他用品和服务	Other Goods and Services	318.6	292.0
其他用品	Other Goods	171.4	151.0
其他服务	Other Services	147.2	140.9

2-7 城镇居民人均主要食品消费量

Per Capita Consumption of Major Foods of Urban Households

指 标	Item	单位	Unit	2015	2016
粮食	Grain	千克	kg	106.3	102.2
谷物	Cereal	千克	kg	97.8	93.3
薯类	Tuber	千克	kg	1.2	1.3
豆类	Beans and the Products	千克	kg	7.2	7.6
大豆	Soybean	千克	kg	0.6	0.6
油脂类	Grease	千克	kg	9.3	8.5
植物油	Vegetable Oil	千克	kg	8.7	7.9
蔬菜及菜制品	Vegetable and Vegetable Products	千克	kg	100.1	100.1
鲜菜	Fresh Vegetables	千克	kg	95.3	94.8
肉类	Meat	千克	kg	36.7	36.3
猪肉	Pork	千克	kg	30.3	29.0
牛肉	Beef	千克	kg	2.6	3.0
羊肉	Mutton	千克	kg	0.8	1.2
禽类	Poultry	千克	kg	20.0	20.8
水产品	Aquatic Products	千克	kg	14.2	14.1
蛋类及蛋制品	Eggs and Egg Products	千克	kg	6.5	6.4
奶和奶制品	Milk and Milk Products	千克	kg	10.4	9.8
干鲜瓜果类	Dried and Fresh Melons and Fruits	千克	kg	49.4	50.7
鲜瓜果	Fresh Melons and Fruits	千克	kg	45.8	47.0
坚果类	Nuts and Processed Products	千克	kg	2.7	2.9
糖果糕点类	Sweets and Cakes	千克	kg	5.9	5.4
# 食糖	# Suger	千克	kg	1.7	1.7

2-8 城镇居民平均每百户年末主要耐用消费品拥有量

Ownerhip of Major Durable Consumer Goods Per 100 Urban Households at Year-end

指 标	Item	单位	Unit	2015	2016
家用汽车	Automobile	辆	unit	30.9	36.1
摩托车	Motorcycle	辆	unit	46.3	43.8
助力车	Electric Bicycle	辆	unit	70.5	81.0
洗衣机	Washing Machine	台	set	92.6	96.5
电冰箱（柜）	Refrigerator	台	set	94.7	98.0
微波炉	Microwave Oven	台	set	64.9	65.4
彩色电视机	Color Television Set	台	set	115.9	112.9
空调	Air Conditioner	台	set	121.1	128.6
热水器	Water Heater	台	set	95.5	100.4
排油烟机	Vacuum Cleaner	台	set	61.2	62.3
固定电话	Telephone	部	set	38.9	31.9
移动电话	Mobile Telephone	部	set	249.9	260.1
计算机	Computer	台	set	88.1	88.7
照相机	Camera	架	set	33.4	25.0

2–9 农村居民人均收支及恩格尔系数（1980—2016年）

Per Capita Income and Expenditure & Engle's Coefficient of Rural Households（1980—2016）

年份 Year	农村居民人均纯收入（元） Per Capita Net Income of Rural Households (yuan)	比上年±% Growth Rate Over Preceding Year (%)	农村居民人均消费支出（元） Per Capita Consumption Expenditure of Rural Households (yuan)	比上年±% Growth Rate Over Preceding Year (%)	# 食品消费支出（元） # Food Expenditure (yuan)	比上年±% Growth Rate Over Preceding Year (%)	农村居民恩格尔系数（%） Engel's Coefficient of Rural Households (%)
1980	173		151		96		63.52
1981	204	17.56	171	13.60	116	20.92	67.62
1982	235	15.40	210	22.57	139	19.97	66.18
1983	262	11.22	224	6.61	148	6.64	66.20
1984	267	2.10	238	6.06	154	3.56	64.64
1985	303	13.39	268	12.92	167	8.63	62.19
1986	316	4.34	284	5.80	176	5.29	61.89
1987	354	11.97	309	8.95	192	9.24	62.05
1988	424	19.86	362	17.01	216	12.36	59.58
1989	483	13.86	419	15.79	244	13.24	58.28
1990	639	32.38	537	28.14	346	41.63	64.41
1991	658	2.86	581	8.15	360	4.11	62.00
1992	732	11.24	616	6.13	381	5.83	61.83
1993	885	20.95	705	14.38	448	17.60	63.56
1994	1107	25.09	926	31.37	552	23.18	59.60
1995	1446	30.63	1143	23.42	700	26.89	61.28
1996	1703	17.77	1399	22.40	795	14.63	56.84
1997	1875	10.11	1376	-1.67	800	0.58	58.15
1998	1972	5.15	1415	2.84	809	1.12	57.17
1999	2048	3.88	1457	3.02	849	5.01	58.28
2000	1865	-8.97	1488	2.09	825	-2.87	55.44
2001	1944	4.28	1551	4.21	811	-1.70	52.30
2002	2013	3.51	1686	8.74	875	7.91	51.90
2003	2095	4.07	1751	3.86	899	2.74	51.34
2004	2305	10.06	1929	10.13	1048	16.52	54.32
2005	2495	8.22	2350	21.83	1187	13.28	50.51
2006	2771	11.06	2414	2.74	1196	0.79	49.55
2007	3224	16.37	2747	13.82	1379	15.28	50.18
2008	3690	14.46	2985	8.65	1595	15.66	53.42
2009	3980	7.86	3231	8.24	1573	-1.37	48.68
2010	4543	14.14	3455	6.94	1675	6.52	48.49
2011	5231	15.14	4211	21.87	1845	10.12	43.81
2012	6008	14.84	4878	15.83	2086	13.05	42.76
2013	6791	13.04	5206	6.72	2085	-0.05	40.05
2014	8683	11.42	6675	10.60	2463	11.19	36.90
2015	9467	9.00	7582	13.59	2681	8.84	35.40
2016	10359	9.43	8351	10.15	2880	7.45	34.49

注：2014年农民收支数据为新口径数据，收入为农村常住居民人均可支配收入，支出为农村常住居民人均消费支出，与2013年及以前的数据不可比。

Note:2014 farmers' income and expenditure data for the new caliber data, income for rural residents per capita disposable income, expenditure for rural residents per capita consumption, Compared with 2013 and previous data.

2-10　农村居民家庭基本情况

Basic Conditions of Rural Households

单位：人　　　　(person)

指　标	Item	2015	2016
年末住户常住成员数（人）	**Number of Permanent Residents Per Households（person）**	**8361.0**	**8685.3**
调查样本住户数（户）	**Number of Households Surveyed Sample（household）**	**2345.0**	**2364.5**
年末人均自有现住房面积（平方米）	**Per Capita Floor Space of Houses（sq.m）**	**45.2**	**46.3**
常住成员从业人数	**Number of Employed by Permanent Residents**	**4907.0**	**4965.2**
户主文化程度	**Degree of Education of Householder**		
未上过学	Not in School	29.0	25.0
小学	Primary School	712.0	748.8
初中	Junior Secondary Schools	1246.3	1287.7
高中	Senior Secondary School	342.5	281.0
大学专科	Junior College	15.0	21.0
大学本科	Undergraduate College		1.0
研究生	Graduate Student		
常住从业人员就业类型	**Employed Types of Permanent Residents**		
雇主	Employer	32.0	20.0
公职人员	Public Officers	8.0	12.0
事业单位人员	Business Unit Personnel	31.0	42.0
国有企业雇员	State-owned Enterprises Employee	5.0	9.0
其他雇员	Other Employees	910.0	1178.8
农业自营	Agricultural Own Business	3565.5	3320.4
非农自营	Non Agricultural Own Business	355.0	382.9
常住从业人员从事主要行业	**Engaged in Major Industries of Permanent Residents**		
第一产业	Primary Industry	3577.5	3391.4
第二产业	Secondary Industry	604.0	762.9
第三产业	Tertiary Industry	725.0	810.8

2-11 农村居民人均收入与支出

Per Capita Disposable Income and Consumption Expenditure of Rural Households

单位：元　　(yuan)

指　标	Item	2015	2016
可支配收入	**Disposable Income**	**9466.6**	**10359.5**
工资性收入	Income from Wages and Salaries	2549.1	2848.1
工资	Wages	2057.4	2481.7
实物福利	Benefit in Kind	10.3	14.0
其他	Other	481.4	352.4
经营净收入	Net Business Income	4359.4	4759.2
第一产业经营净收入	Net Business Income of Primary Industry	3509.2	3788.3
农业	Agriculture	2299.1	2416.5
林业	Forestry	326.2	366.6
牧业	Animal Husbandry	753.6	851.0
渔业	Fishery	130.3	154.2
第二产业经营净收入	Net Business Income of Secondary Industry	135.0	118.5
第三产业经营净收入	Net Business Income of Tertiary Industry	715.1	852.4
财产净收入	Property Net Income	116.0	149.2
转移净收入	Transfer Net Income	2442.1	2603.0
转移性收入	Income form Transfer	2593.8	2804.7
# 养老金或离退休金	# Pensions and Retirement Pay	424.3	517.3
转移性支出	Transfer Expenditure	151.7	201.7
# 社会保障支出	# Social Secuity Expenditure	125.2	160.8
按收入五等份分组的城镇居民人均可支配收入	**Per Capita Disposable Income of Urban Households by Income Quintile**		
低收入户（20%）	Low Income Households	4016.3	5001.3
中等偏下户（20%）	Lower Middle Income Households	6566.0	6990.0
中等收入户（20%）	Middle Income Households	8921.7	9547.2
中等偏上户（20%）	Upper Middle Income Households	12183.5	13420.5
高收入户（20%）	High Income Households	21395.6	24606.2
消费支出	**Consumption Expenditure**	**7582.0**	**8351.2**
食品烟酒	Food, Tobacco and Liquor	2680.6	2880.4
衣着	Clothing	237.1	252.0
居住	Residence	1729.9	1903.8
生活用品及服务	Household Facilities, Articles and Services	455.5	455.8
交通通信	Transport and Communications	821.8	972.0
教育文化娱乐	Education, Cultural and Recreation	841.7	1000.8
医疗保健	Health Care and Medical Services	553.5	781.8
其他用品和服务	Other Goods and Services	112.4	104.7

2-12　农村居民人均现金收入与支出

Per Capita Cash Income and Expenditure of Rural Households

单位：元　　　　(yuan)

指　标	Item	2015	2016
现金可支配收入	**Cash Disposable Income**	**8329.7**	**9378.4**
现金工资性收入	Cash Income from Wages and Salaries	2538.8	2834.1
工资	Wages	2057.4	2481.7
其他	Other	481.4	352.4
现金经营净收入	Cash Net Business Income	3438.6	4015.4
第一产业现金经营净收入	Cash Net Business Income of Primary Industry	2498.4	2946.1
农业	Agriculture	1446.7	1691.6
林业	Forestry	250.5	333.3
牧业	Animal Husbandry	677.6	774.6
渔业	Fishery	123.7	146.7
第二产业现金经营净收入	Cash Net Business Income of Secondary Industry	149.1	130.7
第三产业现金经营净收入	Cash Net Business Income of Tertiary Industry	791.0	938.5
现金财产净收入	Cash Property Net Income	116.0	149.2
现金转移净收入	Cash Transfer Net Income	2236.3	2379.8
现金转移性收入	Cash Income form Transfer	2388.0	2581.4
# 养老金或离退休金	# Pensions and Retirement Pay	424.3	517.3
现金转移性支出	Cash Transfer Expenditure	151.7	201.7
# 社会保障支出	# Social Secuity Expenditure	125.2	160.8
现金消费支出	**Cash Consumption Expenditure**	**5577.4**	**6277.2**
食品烟酒	Food, Tobacco and Liquor	1931.5	2150.5
衣着	Clothing	236.9	251.9
居住	Residence	634.5	737.7
生活用品及服务	Household Facilities, Articles and Services	445.9	448.6
交通通信	Transport and Communications	819.0	964.8
教育文化娱乐	Education, Cultural and Recreation	841.7	1000.5
医疗保健	Health Care and Medical Services	563.4	622.5
其他用品和服务	Other Goods and Services	104.5	100.7

2-13 农村居民人均消费支出

Per Capita Consumption Expenditure of Rural Households

单位：元 (yuan)

指　标	Item	2015	2016
消费支出	**Consumption Expenditure**	**7582.0**	**8351.2**
食品烟酒	Food, Tobacco and Liquor	2680.6	2880.4
食品	Food	2326.6	2502.4
烟酒	Tobacco and Liquor	210.6	212.2
饮料	Beverages	43.8	45.3
饮食服务	Catering Services	99.6	120.5
衣着	Clothing	237.1	252.0
衣类	Clothes	180.4	193.3
鞋类	Footwear	56.7	58.8
居住	Residence	1729.9	1903.8
租赁房房租	Rental Housing Accommodation	12.1	16.8
住房维修及管理	Housing Maintenance and Management	321.1	397.7
水电燃料及其他	Water, Electricity and Other Fuels	375.2	362.1
自有住房折算租金	Owned Housing of Convert Rent	1021.5	1127.1
生活用品及服务	Household Facilities, Articles and Services	455.5	455.8
家具及室内装饰品	Furniture and Interior Decorations	83.8	71.6
家用器具	Household Appliances	131.3	130.2
家用纺织品	Home Textiles	35.8	31.0
家庭日用杂品	The Family Daily Sundry Goods	140.1	142.7
个人用品	Personal Products	55.7	70.1
家庭服务	Household Service	8.9	10.2
交通通信	Transport and Communications	821.8	972.0
交通	Transport	560.2	666.9
通信	Communications	261.6	305.1
教育文化娱乐	Education, Cultural and Recreation	841.7	1000.8
教育	Education	693.1	843.7
文化娱乐	Cultural and Recreation	148.5	157.1
医疗保健	Health Care and Medical Services	709.7	781.8
医疗器具及药品	Medical Apparatus and Drugs	133.9	150.0
医疗服务	Medical Services	575.7	631.7
其他用品和服务	Other Goods and Services	105.7	104.7
其他用品	Other Goods	72.4	67.1
其他服务	Other Services	33.3	37.6

2-14 农村居民人均现金消费支出

Per Capita Cash Consumption Expenditure of Rural Households

单位：元 （yuan）

指 标	Item	2015	2016
现金消费支出	**Cash Consumption Expenditure**	**5577.4**	**6277.2**
食品烟酒	Food, Tobacco and Liquor	1931.5	2150.5
食品	Food	1585.5	1783.6
烟酒	Tobacco and Liquor	210.3	211.8
饮料	Beverages	43.6	45.2
饮食服务	Catering Services	92.1	110.0
衣着	Clothing	236.9	251.9
衣类	Clothes	180.2	193.2
鞋类	Footwear	56.7	58.8
居住	Residence	634.5	737.7
租赁房房租	Rental Housing Accommodation	12.1	16.8
住房维修及管理	Housing Maintenance and Management	321.1	397.7
水电燃料及其他	Water, Electricity and Other Fuels	301.3	323.1
生活用品及服务	Household Facilities, Articles and Services	445.9	448.6
家具及室内装饰品	Furniture and Interior Decorations	81.9	69.4
家用器具	Household Appliances	131.3	130.2
家用纺织品	Home Textiles	35.8	31.0
家庭日用杂品	The Family Daily Sundry Goods	132.3	137.7
个人用品	Personal Products	55.7	70.1
家庭服务	Household Service	8.9	10.2
交通通信	Transport and Communications	819.0	964.8
交通	Transport	557.4	659.8
通信	Communications	261.6	305.1
教育文化娱乐	Education, Cultural and Recreation	841.7	1000.5
教育	Education	693.1	843.7
文化娱乐	Cultural and Recreation	148.5	156.8
医疗保健	Health Care and Medical Services	563.4	622.5
医疗器具及药品	Medical Apparatus and Drugs	133.9	150.0
医疗服务	Medical Services	429.5	472.5
其他用品和服务	Other Goods and Services	104.5	100.7
其他用品	Other Goods	71.5	65.1
其他服务	Other Services	33.0	35.6

2-15 农村居民人均主要食品消费量

Per Capita Consumption of Major Foods of Rural Households

指　标	Item	单位	Unit	2015	2016
粮食	Grain	千克	kg	172.2	168.3
谷物	Cereal	千克	kg	167.0	162.6
薯类	Tuber	千克	kg	0.6	0.8
豆类	Beans and the Products	千克	kg	4.5	4.9
大豆	Soybean	千克	kg	0.7	0.9
油脂类	Grease	千克	kg	7.4	6.8
植物油	Vegetable Oil	千克	kg	5.3	4.9
蔬菜及菜制品	Vegetable and Vegetable Products	千克	kg	87.4	80.0
鲜菜	Fresh Vegetables	千克	kg	86.4	78.9
肉类	Meat	千克	kg	27.7	27.4
猪肉	Pork	千克	kg	26.1	25.5
牛肉	Beef	千克	kg	0.4	0.5
羊肉	Mutton	千克	kg	0.2	0.4
禽类	Poultry	千克	kg	17.6	18.4
水产品	Aquatic Products	千克	kg	7.0	7.6
蛋类及蛋制品	Eggs and Egg Products	千克	kg	5.2	4.5
奶和奶制品	Milk and Milk Products	千克	kg	2.0	2.2
干鲜瓜果类	Dried and Fresh Melons and Fruits	千克	kg	27.9	31.0
鲜瓜果	Fresh Melons and Fruits	千克	kg	26.8	29.4
坚果类	Nuts and Processed Products	千克	kg	0.9	1.3
糖果糕点类	Sweets and Cakes	千克	kg	3.4	3.5
# 食糖	# Suger	千克	kg	1.2	1.1

2-16 农村居民平均每百户年末主要耐用消费品拥有量

Ownerhip of Major Durable Consumer Goods Per 100 Rural Households at Year-end

指　标	Item	单位	Unit	2015	2016
家用汽车	Automobile	辆	unit	6.8	10.0
摩托车	Motorcycle	辆	unit	100.5	101.8
助力车	Electric Bicycle	辆	unit	31.3	39.9
洗衣机	Washing Machine	台	set	54.5	65.4
电冰箱（柜）	Refrigerator	台	set	79.6	86.2
微波炉	Microwave Oven	台	set	14.9	16.6
彩色电视机	Color Television Set	台	set	110.7	112.3
空调	Air Conditioner	台	set	16.9	24.4
热水器	Water Heater	台	set	50.3	62.3
排油烟机	Vacuum Cleaner	台	set	6.3	8.6
固定电话	Telephone	部	set	18.6	15.2
移动电话	Mobile Telephone	部	set	262.0	274.1
计算机	Computer	台	set	17.1	20.2
照相机	Camera	架	set	1.8	1.2

2-17 农村居民家庭固定资产投资情况

Fixed Assets Investment of Rural Households

单位：亿元 (100 million yuan)

项 目	Item	2013	2014	2015	2016
新增固定资产原值	**New Original Value of Fixed Assets**	**510.12**	**541.24**	**558.02**	**568.73**
固定资产投资完成额	**Finished Value of Investment of the Fixed Assets**	**523.74**	**555.61**	**572.83**	**583.83**
按投资来源分	Investment by Source				
国内贷款	Domestic Loans	14.01	15.05	15.66	15.43
自筹资金	Self-raising Funds	497.85	532.06	548.93	559.84
其他资金	Others	11.88	8.50	8.24	8.56
按投资构成分	According to Constitute Sub-investment				
建筑工程	Construction	387.30	403.33	417.12	445.49
设备工、器具购置	For Equipment, the Purchase of Equipment	81.12	88.84	81.66	85.26
其他	Others	55.32	63.44	74.05	53.09
按投资方向分	According to the Investment Direction Pm				
农业	Agriculture	101.03	110.69	112.83	116.17
采矿业	Mining	1.38	1.50	…	…
制造业	Manufacturing	2.89	3.17	3.18	2.74
建筑业	Construction	0.59	0.50	0.59	0.72
交通运输、仓储和邮政业	Transport, Storage and Post	23.39	25.92	23.82	25.86
批发和零售业	Wholesale and Retail Trades	1.99	2.43	3.00	2.85
住宿和餐饮业	Hotels and Catering Services	0.44	0.32	0.34	0.26
房地产业	Real Estate	371.32	388.18	399.48	416.29
租赁和商务服务业	Leasing and Business Services	0.37	0.43	0.42	0.43
居民服务和其他服务业	Serices to Households and Other Services	20.33	22.45	29.18	18.52
按具体投资项目分	Based on specific investment projects pm				
房屋	Housing	370.75	391.11	401.05	425.92
设备	Equipment	81.12	88.84	81.66	85.26
水利	Water	0.52	0.45	0.57	0.72
其他	Others	71.35	75.21	89.55	71.94
施工房屋面积（万平方米）	**Acreage of House Construction（10 000 sq.m）**	**5668.59**	**5995.10**	**6164.16**	**6552.51**
竣工房屋面积（万平方米）	**Acreage of House Completion（10 000 sq.m）**	**5160.12**	**5460.80**	**5631.18**	**5977.49**
竣工房屋投资完成额	**Completion Amount of Investment in House**	**317.78**	**329.99**	**339.03**	**359.88**

2-18 各市城镇居民人均可支配收入（1980—2016年）

单位：元

年 份 Year	南宁市 Nanning	柳州市 Liuzhou	桂林市 Guilin	梧州市 Wuzhou	北海市 Beihai	防城港市 Fangchenggang	钦州市 Qinzhou
1980	123.7	97.0	111.3	115.4	119.9		
1981	445.2	385.3	442.0	437.6	432.5		
1982	477.7	419.6	498.5	458.5	485.5		
1983	512.6	447.2	505.1	436.2	490.9		
1984	623.6	540.0	621.2	545.0	701.0		
1985	715.6	668.3	757.4	708.1	751.4		
1986	850.6	760.9	884.3	849.1	895.0		
1987	949.1	871.2	1033.0	990.6	990.2		
1988	1165.9	1225.6	1228.2	1188.6	1296.3		
1989	1273.6	1307.5	1334.6	1327.3	1376.5		
1990	1454.3	1515.4	1500.7	1545.5	1591.5		
1991	1658.4	1794.3	1828.9	1789.6	1910.3		
1992	2105.5	2305.8	2452.7	2314.8	2726.8		
1993	3081.2	3544.3	3167.6	3246.3	4515.6		
1994	4543.6	4242.7	4672.0	4309.4	5649.2		
1995	5544.1	4884.1	5506.0	4909.0	6365.1		
1996	5973.4	5242.7	5976.9	4945.3	6395.5		
1997	5930.8	5457.1	6025.0	4933.9	6558.2		
1998	6570.0	5552.4	6230.0	4838.2	6306.0		
1999	6946.5	5327.6	6493.7	5414.8	6483.3		
2000	7447.8	5740.1	6996.9	5221.1	6167.3		
2001	7906.4	7546.5	7547.5	5837.5	7013.1		
2002	8796.2	7927.7	7852.3	6282.1	7692.4		
2003	9162.0	8369.3	8246.2	7062.1	8007.5		
2004	9531.4	9154.7	8802.8	7325.2	8773.4		
2005	10078.2	9986.2	9501.9	8190.3	9520.3		
2006	10905.4	10592.4	10243.9	8854.6	11070.9		
2007	12955.2	11919.1	11514.1	10123.3	13090.1		
2008	14983.5	14536.1	13664.5	13350.8	14624.8		
2009	16530.6	15395.2	15001.0	14617.4	15535.6		
2010	17740.7	17531.7	16565.8	16578.2	16611.6		
2011	19971.9	18630.6	17914.8	18531.2	18347.3		
2012	22024.5	22260.7	19449.6	21416.1	20296.1		
2013	24817.1	24355.0	24552.0	22537.1	23407.4	24423.2	23695.0
2014	27075.0	26693.0	26811.0	24272.0	25818.0	26523.0	25424.7
2015	29106.0	28722.0	28768.0	25898.0	27729.0	28433.0	27281.0
2016	30728.0	30270.0	30124.0	27260.0	29412.0	29758.0	29359.8

注：1. 1980年度数据仅为第四季度，1992年前可支配收入为生活费收入；2. 各市2016年收入为新口径数据，2015年以前为老口径数据。

Per Capita Disposable Income of Urban Households by City（1980—2016）

（yuan）

贵港市 Guigang	玉林市 Yulin	百色市 Baise	贺州市 Hezhou	河池市 Hechi	来宾市 Laibin	崇左市 Chongzuo
416.0		442.2	400.7			
525.2		548.9	519.7			
694.9		663.5	653.2			
787.2		784.2	776.3			
981.1		947.2	926.2			
1178.6		1162.7	1251.4			
1304.3		1288.4	1521.4			
1410.3		1421.5	1589.9			
1522.9		1426.7	1615.4			
1876.1		2002.3	2059.6			
2417.4		2703.2	2535.8			
4240.6		4017.1	3493.8			
5258.1		5035.2	4354.8			
4986.7		5180.1	4542.3			
4927.2		5048.8	4520.3			
5234.8		5495.1	4939.9			
5590.3		5607.1	5199.5			
5468.4		5747.2	5549.4			
6117.6		6807.4	5996.6			
6926.9		7215.4	7029.6			
7607.0		7361.6	7868.6			
7906.2		8532.4	10530.0			
8252.8		9510.0	10105.0			
8964.5		10116.4	10612.3			
9880.0		11684.6	12019.7			
11413.9		12984.1	13642.9			
12455.1		14219.4	15013.2			
14447.5		15553.7	16760.8			
16276.4		16928.6	18611.8			
18594.7		19241.8	21442.1			
21361.4	24365.7	21458.1	21681.6	19653.0	23563.0	21288.2
23262.1	26681.0	23282.0	23590.0	21363.0	25401.0	23184.4
24890.0	28842.0	24958.0	25194.0	22752.0	27077.0	24668.0
26771.0	30083.3	26919.2	26883.0	23660.0	28962.0	26605.0

Note:1.The fourth quarter of the year 1980 only a few degrees,1992 disposable income before income for living expenses; 2.Municipalities in 2016 revenue for new caliber data, 2015 years ago for the old caliber data.

2-19 各市城镇居民人均消费支出（1980—2016年）

单位：元

年份 Year	南宁市 Nanning	柳州市 Liuzhou	桂林市 Guilin	梧州市 Wuzhou	北海市 Beihai	防城港市 Fangchenggang	钦州市 Qinzhou
1980	110.7	91.2	102.0	104.4	106.4		
1981	440.3	397.8	423.5	413.8	428.2		
1982	455.6	394.3	458.3	461.2	447.0		
1983	499.0	435.3	479.9	440.1	449.6		
1984	565.6	503.0	568.3	512.3	507.8		
1985	723.5	645.4	813.5	691.1	712.6		
1986	824.8	718.3	883.4	793.8	855.2		
1987	943.8	861.9	1031.2	955.7	932.6		
1988	1229.1	1367.2	1366.0	1223.6	1257.3		
1989	1293.4	1357.1	1320.0	1332.8	1326.5		
1990	1360.0	1462.0	1444.9	1417.9	1448.6		
1991	1667.1	1755.0	1806.6	1780.3	1859.7		
1992	1852.5	1936.4	2178.6	1915.6	2091.4		
1993	2624.2	2915.8	2594.9	2509.9	3482.7		
1994	4287.7	3707.6	3935.0	3794.3	4481.9		
1995	5055.3	4385.1	4531.4	4404.6	5014.4		
1996	5424.6	4577.0	5081.8	4580.4	5302.3		
1997	5456.2	4732.4	5221.5	4454.7	5393.8		
1998	5800.0	4273.4	5358.0	4423.7	5213.8		
1999	6320.6	4351.3	5786.1	4474.8	5692.8		
2000	6705.3	4457.6	5893.5	4604.4	5092.2		
2001	7107.4	6010.0	6111.3	5116.2	5406.7		
2002	6969.7	5992.0	6123.5	5128.6	5898.2		
2003	7216.9	6033.5	6326.0	6136.2	5865.0		
2004	7329.4	7116.9	6754.7	6417.2	6680.5		
2005	7881.8	7850.2	7186.5	6669.8	7127.9		
2006	8160.4	7244.9	7915.1	7099.7	8446.7		
2007	9459.1	8722.5	8252.0	7914.4	9289.0		
2008	10268.0	11350.8	8991.9	9551.6	9916.6		
2009	11120.1	11276.0	9880.4	9964.9	12414.0		
2010	12866.7	11978.3	10934.4	11125.9	11745.5		
2011	14834.0	13720.3	11890.2	12994.9	13176.1		
2012	15291.6	14115.2	14470.0	13629.9	14224.0		
2013	17127.5	15398.0	15555.0	14747.5	15191.0	14792.3	14361.1
2014	19032.0	16970.0	16930.0	15899.0	16461.0	16057.7	15315.6
2015	20897.0	18314.0	17998.0	17007.6	17959.0	17452.0	16445.9
2016	15885.8	19360.0	17649.3	17969.0	18861.0	19005.2	17172.6

注：各市2016年消费支出为新口径数据，2015年以前为老口径数据。

Per Capita Consumption Expenditure of Urban Households by City（1980—2016）

（yuan）

贵港市 Guigang	玉林市 Yulin	百色市 Baise	贺州市 Hezhou	河池市 Hechi	来宾市 Laibin	崇左市 Chongzuo
374.9		431.5	377.3			
416.7		485.3	447.0			
607.9		632.2	634.3			
667.5		775.5	762.0			
839.9		885.9	903.9			
1215.4		1152.6	1258.4			
1337.1		1259.5	1671.6			
1344.3		1333.7	1335.7			
1478.9		1354.6	1557.9			
1470.3		1622.2	1632.9			
1844.5		2093.5	1879.0			
3256.5		3212.7	2785.9			
4091.6		4396.2	3562.3			
3922.8		4647.1	3515.0			
4198.3		4638.6	3902.5			
4119.7		4661.0	3813.1			
4739.0		4785.1	3791.2			
4133.5		5408.9	4075.7			
4676.9		5700.8	4610.2			
4503.1		5636.1	5075.1			
5660.6		5765.9	5286.6			
5143.5		6404.7	6229.7			
5996.8		7245.4	6791.7			
6312.9		7614.6	7545.3			
6691.8		8176.4	8528.6			
8188.9		9079.5	8062.7			
7979.0		10268.3	9129.0			
9686.2		11528.1	11084.4			
11505.0		12344.2	11492.9			
13123.5		12327.3	11705.9			
14645.8	14938.0	13448.0	12634.8	12020.8	14676.0	12377.5
15778.9	15996.0	14474.0	13493.3	14203.0	15654.0	13219.4
16649.9	17299.0	15531.2	14322.4	14866.9	16757.0	14025.8
15995.0	17207.1	16487.9	15206.0	15708.0	17389.1	15953.0

Note: consumption expenditure in various cities in 2016 is new caliber data, which was used as old caliber data before 2015.

2-20 各市城镇居民恩格尔系数（1980—2016年）

单位：%

年 份 Year	南宁市 Nanning	柳州市 Liuzhou	桂林市 Guilin	梧州市 Wuzhou	北海市 Beihai	防城港市 Fangchenggang	钦州市 Qinzhou
1980	57.09	58.60	56.09	57.59	57.36		
1981	57.70	57.35	58.20	62.38	60.48		
1982	59.63	60.44	61.40	60.29	60.67		
1983	58.34	60.86	62.23	63.23	64.70		
1984	56.57	57.99	55.38	62.52	64.04		
1985	54.52	59.26	54.41	63.76	59.40		
1986	58.55	61.12	57.58	67.74	59.07		
1987	59.25	63.81	57.70	65.72	64.13		
1988	58.91	51.14	55.75	56.43	58.86		
1989	63.65	64.06	60.54	64.38	65.83		
1990	62.05	61.01	57.50	61.96	60.41		
1991	56.09	57.86	56.62	53.87	56.83		
1992	56.98	54.83	52.73	56.88	58.75		
1993	52.88	48.26	53.96	56.59	50.07		
1994	49.18	48.39	48.82	50.43	51.83		
1995	49.86	53.26	52.29	54.57	55.93		
1996	49.71	51.04	49.81	53.72	57.02		
1997	46.49	46.42	48.01	53.22	55.16		
1998	42.36	48.54	43.46	50.18	51.97		
1999	37.50	45.90	41.63	49.47	48.94		
2000	36.50	43.76	38.66	44.44	47.12		
2001	34.67	35.30	37.24	43.33	46.91		
2002	37.46	38.84	40.25	47.62	45.33		
2003	37.52	40.76	40.35	46.53	46.31		
2004	40.09	43.96	42.06	45.51	48.00		
2005	40.49	39.08	39.08	48.01	42.73		
2006	38.95	39.27	39.73	46.77	41.32		
2007	39.55	40.27	45.16	50.44	44.13		
2008	41.03	39.66	50.80	51.86	44.94		
2009	38.82	37.41	49.38	47.51	37.52		
2010	35.07	37.55	46.00	48.44	43.25		
2011	36.02	37.86	43.25	47.18	45.07		
2012	39.20	41.45	41.02	45.09	46.86		
2013	39.03	40.80	41.13	43.84	46.25	40.41	45.80
2014	38.81	40.46	40.58	42.78	46.08	40.85	45.72
2015	37.90	40.60	40.20	42.30	44.90	40.90	45.60
2016	35.93	40.42	36.73	42.33	44.80	41.02	35.40

注：自2016年起，各市城镇居民恩格尔系数采用新口径数据进行计算，2015年之前为老口径数据计算。

Engle's Coefficient of Urban Households by City（1980—2016）

（%）

贵港市 Guigang	玉林市 Yulin	百色市 Baise	贺州市 Hezhou	河池市 Hechi	来宾市 Laibin	崇左市 Chongzuo
61.86		56.14	56.65			
58.61		55.47	55.73			
49.93		57.79	59.22			
53.95		55.49	55.95			
53.42		59.51	57.05			
49.29		52.91	49.84			
53.17		59.72	46.42			
57.05		59.43	59.11			
53.43		59.49	54.12			
55.28		57.92	57.39			
58.01		56.99	58.58			
48.30		49.92	51.10			
48.34		47.52	50.89			
50.22		45.78	55.09			
47.17		45.81	49.33			
48.00		45.83	47.89			
41.05		44.90	49.86			
41.98		36.44	46.78			
36.50		35.79	39.58			
40.84		39.24	41.26			
35.88		39.02	41.95			
42.29		38.99	40.14			
40.29		40.25	42.10			
40.43		38.07	39.88			
47.94		42.17	38.71			
43.82		42.37	46.29			
46.05		37.26	41.85			
39.86		35.03	36.18			
38.75		40.63	40.23			
42.33		40.02	39.84			
41.84	39.50	39.60	39.45	40.01	37.79	41.07
41.69	40.00	39.12	38.90	33.82	37.58	39.21
41.60	40.00	38.40	38.70	33.30	37.10	40.30
41.31	40.53	31.13	38.65	33.49	36.45	41.42

Note: Since 2016, the Engel coefficient of urban residents in various cities has been calculated with the new caliber data, and calculated for the old caliber data before 2015.

2-21 各市城镇居民人均收支情况（2016年）

单位：元

项　目	Item	南宁市 Nanning	柳州市 Liuzhou	桂林市 Guilin	梧州市 Wuzhou
城镇居民人均收入	**Per Capita Income of Urban Households**				
可支配收入	Disposable Income	30728.0	30270.0	30124.0	27260.0
工资性收入	Income from Wages and Salaries	17204.0	18925.0	16244.0	15257.0
经营净收入	Net Business Income	5027.0	3380.0	4458.0	4484.0
财产性收入	Income from Properties	3996.0	1132.0	2092.0	1754.0
转移性收入	Income from Transfers	4501.3	6833.0	7330.0	5765.0
城镇居民人均支出	**Per Capita Expenditure of Urban Households**				
消费性支出	Consumption Expenditure	15885.8	19360.0	17649.3	17969.0
食品烟酒	Food, Tobacco and Liquor	5707.7	7826.0	6483.3	7607.0
衣着	Clothing	743.1	1375.0	1035.0	1293.8
居住	Residence	3701.0	2054.0	3576.0	2010.0
生活用品及服务	Household Facilities, Articles and Services	937.1	1325.0	964.0	978.0
交通和通信	Transport and Communications	1874.0	2823.0	1903.0	2306.0
教育文化娱乐	Education, Culture and Recreation	1729.5	2291.0	1935.0	2137.0
医疗保健	Health Care and Medical Services	949.3	1113.0	1447.0	1328.0
其他用品和服务	Other Goods and Services	244.1	553.0	306.0	309.0

Per Capita Income and Consumption Expenditure of Urban Households by City（2016）

（yuan）

北海市 Beihai	防城港市 Fangchenggang	钦州市 Qinzhou	贵港市 Guigang	玉林市 Yulin	百色市 Baise	贺州市 Hezhou	河池市 Hechi	来宾市 Laibin	崇左市 Chongzuo
29412.0	29758.0	29359.8	26771.0	30083.3	26919.2	26883.0	23660.0	28962.0	26605.0
17566.0	13776.0	15118.8	18964.0	17210.0	16360.3	16600.0	13444.0	19112.9	13980.0
4835.0	10385.0	6173.2	3093.0	5304.2	3904.2	2785.1	3882.0	5410.2	7389.0
1412.0	1680.1	2115.1	970.0	1912.6	1806.3	2500.0	1624.0	1219.6	1454.0
5599.0	3917.4	5952.7	3744.0	5656.3	4848.4	4998.2	4710.0	3219.3	3782.0
18861.0	19005.2	17172.6	15995.0	17207.1	16487.9	15206.0	15708.0	17389.1	15953.0
8450.0	7795.2	6079.2	6607.0	6973.2	5132.3	5876.8	5261.0	6338.3	6608.0
881.0	939.6	716.1	1232.7	1148.2	981.2	1054.1	751.0	1409.1	876.0
2241.0	4412.5	4360.0	1458.8	1750.3	3154.2	1585.0	3573.0	2580.3	2353.0
995.0	1221.3	836.5	962.5	1288.8	926.0	873.0	1088.0	933.0	1165.0
3543.0	657.5	2315.0	2780.6	2300.1	3030.1	3009.8	1697.0	2462.0	2083.0
1557.0	2339.3	1541.4	1847.1	2403.1	1964.1	1781.0	1852.0	2086.2	1735.0
795.0	1161.9	1010.5	760.8	934.1	997.3	786.9	1236.0	1204.4	682.0
399.0	477.9	314.0	345.5	409.3	302.8	239.4	250.0	375.8	451.0

2-22 各市农村居民人均收支情况（2016年）

单位：元

项　目	Item	南宁市 Nanning	柳州市 Liuzhou	桂林市 Guilin	梧州市 Wuzhou
农村居民人均收入	**Per Capita Income of Rural Households**				
可支配收入	Disposable Income	11398.3	11107.0	12175.7	10142.0
工资性收入	Income from Wages and Salaries	4423.0	3265.0	4069.7	4333.0
经营净收入	Net Business Income	4852.0	6145.0	6295.0	3568.0
第一产业	Primary Industry	4165.0	5443.0	4697.0	2242.0
第二产业	Secondary Industry	39.0	80.0	333.0	237.0
第三产业	Tertiary Industry	648.0	622.0	1265.0	1089.0
财产性收入	Income from Properties	588.3	83.0	242.0	122.0
转移性收入	Income from Transfers	1535.0	1614.0	1569.0	2119.0
农村居民人均支出	**Per Capita Expenditure of Rural Households**				
消费支出	Consumption Expenditure	9359.0	7855.0	7964.0	6822.7
食品烟酒	Food, Tobacco and Liquor	3243.2	3362.0	3187.0	2761.0
衣着	Clothing	277.4	352.0	276.0	175.0
居住	Residence	2289.9	1729.0	1668.0	1694.0
生活用品及服务	Household Facilities, Articles and Services	553.6	457.0	497.0	345.0
交通和通信	Transport and Communications	1204.2	425.0	951.0	650.0
教育文化娱乐	Education, Culture and Recreation	1038.2	521.0	665.0	477.6
医疗保健	Health Care and Medical Services	622.0	869.0	608.0	614.0
其他用品和服务	Other Goods and Services	130.6	140.0	112.0	106.0

Per Capita Income and Consumption Expenditure of Rural Households by City（2016）

（yuan）

北海市 Beihai	防城港市 Fangchenggang	钦州市 Qinzhou	贵港市 Guigang	玉林市 Yulin	百色市 Baise	贺州市 Hezhou	河池市 Hechi	来宾市 Laibin	崇左市 Chongzuo
11622.0	12113.1	10947.0	11572.5	12590.0	9347.9	9552.3	7509.0	9820.0	9801.0
3268.0	3451.0	4219.9	5088.9	3136.0	2471.0	4251.0	2667.0	2722.0	2469.9
7256.0	7751.0	4114.8	5527.8	6541.2	4748.4	4442.8	3131.0	5833.0	6194.2
5625.0	6399.5	2457.8	4319.0	4840.0	3908.5	3370.2	2263.0	4744.0	5314.7
211.0	57.5	420.1	465.7	162.0	133.2	223.0	215.0	85.0	105.3
1420.0	1294.4	1236.9	743.1	1539.0	706.8	849.5	653.0	1004.0	774.3
298.0	202.1	142.1	251.7	141.4	68.2	148.2	78.0	71.0	107.8
800.0	709.0	2470.1	704.1	2772.0	2060.3	710.2	1633.0	1194.0	1029.1
8166.0	7560.8	6870.5	7306.3	8750.8	7100.7	7025.1	6209.0	8346.0	6429.5
2987.0	3850.0	2737.8	3280.4	2581.7	2430.0	2803.5	2112.0	2935.0	2346.8
282.0	275.2	212.7	221.8	388.9	292.1	245.5	223.0	211.0	189.7
2182.0	1206.6	1632.6	1370.0	2532.4	1462.5	1803.4	1315.0	2014.0	1408.1
458.0	396.5	413.8	441.7	714.4	431.1	410.9	407.0	467.0	429.5
741.0	658.8	663.9	831.9	906.6	916.4	570.8	624.0	1026.0	790.8
802.0	442.9	645.1	455.7	734.4	994.0	528.9	822.0	986.0	778.0
585.0	478.9	455.8	535.4	685.2	464.4	542.0	611.0	601.0	419.2
129.0	251.9	108.8	169.3	207.3	101.6	120.1	95.0	106.0	67.5

2-23 各市城镇居民家庭基本情况（2016年）

Basic Statistics of Urban Households by City（2016）

地 区	Region	平均每户家庭人口（人）Average Households Size（person）	平均每户就业人口（人）Average Number of Employed Persons per Households（person）	平均每一就业者负担人数（人）Average Number of Persons Supported by a Laborer（person）	平均每人年末拥有房屋面积（平方米）Per Capita Have House Space at Year-end（sq.m）	平均每百户拥有家用汽车（辆）Average per 100 Households of Ownership of Automobile（unit）
南宁市	Nanning	3.30	1.91	1.73	37.29	29.35
柳州市	Liuzhou	3.10	1.69	1.83	36.61	36.32
桂林市	Guilin	3.00	1.58	1.90	41.18	25.75
梧州市	Wuzhou	3.92	2.04	1.92	42.17	21.95
北海市	Beihai	3.42	1.66	2.06	46.51	34.44
防城港市	Fangchenggang	4.27	2.31	1.85	51.76	46.01
钦州市	Qinzhou	4.07	2.12	1.92	49.62	39.02
贵港市	Guigang	3.54	2.01	1.76	46.86	17.77
玉林市	Yulin	3.79	2.23	1.70	57.53	27.08
百色市	Baise	3.35	2.02	1.66	43.23	43.38
贺州市	Hezhou	3.87	1.92	2.02	51.89	35.49
河池市	Hechi	3.37	1.83	1.84	45.40	26.36
来宾市	Laibin	3.65	2.12	1.72	45.12	25.05
崇左市	Chongzuo	3.51	2.07	1.70	43.41	32.02

2-24　各市农村居民家庭基本情况（2016年）

Basic Statistics of Rural Households by City（2016）

地　区	Region	平均每户家庭人口（人）Average Households Size（person）	平均每户整半劳动力（人）Average Number of Full/Semi Labour Force Per Household（person）	平均每一劳动力负担人数（人）Average Number of Dependents per Labour Force（person）	平均每人年末拥有房屋面积（平方米）Per Capita Have House Space at Year-end（sq.m）	平均每百户拥有生活用汽车（辆）Average per 100 Households of Life for Automobile（unit）	恩格尔系数（%）Engel's Coefficient（%）
南宁市	Nanning	3.56	2.48	1.44	47.93	13.85	34.7
柳州市	Liuzhou	3.39	2.33	1.45	41.16	15.97	42.8
桂林市	Guilin	3.39	2.38	1.42	47.34	11.37	40.0
梧州市	Wuzhou	4.03	2.08	1.94	37.65	7.95	40.5
北海市	Beihai	3.89	2.49	1.56	40.68	9.28	36.6
防城港市	Fangchenggang	4.03	2.87	1.40	40.81	19.28	50.9
钦州市	Qinzhou	4.16	2.41	1.73	40.49	3.91	39.8
贵港市	Guigang	3.51	2.12	1.66	50.96	7.38	44.9
玉林市	Yulin	3.69	2.19	1.69	39.05	13.08	29.5
百色市	Baise	3.88	2.42	1.60	38.82	11.40	34.3
贺州市	Hezhou	4.10	2.45	1.68	47.92	16.13	39.9
河池市	Hechi	3.47	2.17	1.60	46.21	8.29	34.0
来宾市	Laibin	3.60	2.26	1.59	46.61	15.79	35.2
崇左市	Chongzuo	3.57	2.43	1.47	44.23	10.50	36.5

2-25 城乡居民人均收支

Per Capita Income and Expenditure of Urban and Rural Households

单位：元 （yuan）

年 份 Year	城乡居民人均收入 Per Capita Income of Urban and Rural Households	城镇居民人均可支配收入 Per Capita Disposable Income of Urban Households	农村居民人均纯收入 Per Capita Net Income of Rural Households	城乡居民人均支出 Per Capita Expenditure of Urban and Rural Households	城镇居民人均消费支出 Per Capita Consumption Expenditure of Urban Households	农村居民人均消费支出 Per Capita Consumption Expenditure of Rural Households
1980		455	173		103	151
1981		429	204		423	171
1982		427	235		442	210
1983		444	262		466	224
1984		563	267		542	238
1985		683	303		664	268
1986		784	316		740	284
1987		899	354		861	309
1988		1159	424		1198	362
1989		1304	483		1296	419
1990		1448	639		1338	537
1991		1614	658		1584	581
1992		2104	732		1740	616
1993		2895	885		2303	705
1994		3981	1107		3327	926
1995		4792	1446		4046	1143
1996		5033	1703		4339	1399
1997		5110	1875		4453	1376
1998		5412	1972		4381	1415
1999		5620	2048		4587	1457
2000		5834	1865		4852	1488
2001		6666	1944		5225	1551
2002		7315	2013		5413	1686
2003		7785	2095		5763	1751
2004		8177	2305		5862	1929
2005		8917	2495		6424	2350
2006		9899	2771		6792	2414
2007		12200	3224		8151	2747
2008		14146	3690		9627	2985
2009		15451	3980		10352	3231
2010		17064	4543		11490	3455
2011		18854	5231		12848	4211
2012		21243	6008		14244	4878
2013	14082	23305	6791	9597	15418	5206
2014	15557	24669	8683	10274	15046	6675
2015	16873	26416	9467	11401	16321	7582
2016	18305	28324	10359	12295	17268	8351

注：1. 1992年前可支配收入为生活费收入；2. 从2014年开始城乡居民收入为常住居民可支配收入；3. 自2014年起为一体化城乡住户收支调查后新口径数据，与2013年及以前数据不可比（以下相关表同）。

Note:1.1992 disposable income beforeDisposable Income for Living Expenses Income;2.Beginning in 2014, urban and rural residents' income is the disposable income of permanent residents;3.Since 2014, the data is based on the new statistical range of the intergation survey of urban and rural residents' income and expenses, and it is not comparable with the data in and before 2013. The same applies to the relevant tables following.

2-26 各市县（区）城乡居民人均收入

Per Capita Income of Urban and Rural Households by City & County（District）

地 区	Region	城镇居民人均可支配收入（元） Per Capita Disposable Income of Urban Households（yuan）		农村居民人均可支配收入（元） Per Capita Disposable Income of Rural Households（yuan）	
		2015	2016	2015	2016
南宁市	**Nanning**	**28531**	**30728**	**10409**	**11398**
兴宁区	Xingning District	31431	33725	11350	12406
青秀区	Qingxiu District	36060	38873	11556	12712
江南区	Jiangnan District	27519	29610	11610	12655
西乡塘区	Xixiangtang District	26665	28905	10565	11537
良庆区	Liangqing District	24825	26885	11059	12065
邕宁区	Yongning District	26001	28133	10446	11459
武鸣区	Wuming District	27475	29398	12161	13304
隆安县	Long'an	22360	23970	8892	9799
马山县	Mashan	22278	24016	8187	8973
上林县	Shanglin	21527	23249	8514	9289
宾阳县	Binyang	27022	29103	10605	11644
横 县	Hengxian	27511	29574	10480	11538
柳州市	**Liuzhou**	**28184**	**30270**	**10125**	**11107**
城中区	Chengzhong District	34335	36841	17450	19073
鱼峰区	Yufeng District	31422	33747	17803	19512
柳南区	Liunan District	32402	34865	16343	17912
柳北区	Liubei District	31464	33792	13116	14349
柳江县	Liujiang	27995	30235	10104	11084
柳城县	Liucheng	26650	28729	10298	11410
鹿寨县	Luzhai	28199	30483	10594	11653
融安县	Rong'an	23448	25113	9683	10622
融水苗族自治县	Rongshui	23136	24779	9330	10310
三江侗族自治县	Sanjiang	23340	25044	9177	10086
桂林市	**Guilin**	**28101**	**30124**	**11089**	**12176**
秀峰区	Xiufeng District	28539	30565	12854	14088
叠彩区	Diecai District	28392	30521	11285	12436
象山区	Xiangshan District	28957	30839	11259	12351
七星区	Qixing District	30385	32238	13694	14926
雁山区	Yanshan District	26417	28478	10497	11463
临桂区	Lingui District	31242	33491	13230	14487
阳朔县	Yangshuo	30197	32492	12422	13677

2-26 续表 1 continued

地 区	Region	城镇居民人均可支配收入（元）Per Capita Disposable Income of Urban Households（yuan）		农村居民人均可支配收入（元）Per Capita Disposable Income of Rural Households（yuan）	
		2015	2016	2015	2016
灵川县	Lingchuan	29144	31359	11577	12769
全州县	Quanzhou	26569	28615	11211	12399
兴安县	Xing'an	28638	30671	13258	14584
永福县	Yongfu	28883	31020	10643	11750
灌阳县	Guanyang	26354	28172	8207	8995
龙胜各族自治县	Longsheng	26504	28598	8666	9576
资源县	Ziyuan	26200	28139	8238	9037
平乐县	Pingle	26851	28892	10487	11546
荔浦县	Lipu	28115	30167	11345	12480
恭城瑶族自治县	Gongcheng	26463	28210	9890	10800
梧州市	**Wuzhou**	**25548**	**27260**	**9322**	**10142**
万秀区	Wanxiu District	26439	28448	11914	13082
长洲区	Changzhou District	26855	28654	11392	12429
龙圩区	Longxu District	23674	25355	8989	9780
苍梧县	Cangwu	18979	20232	6749	7397
藤 县	Tengxian	23477	25003	9250	10036
蒙山县	Mengshan	23050	24525	7922	8611
岑溪市	Cenxi	26673	28620	11249	12250
北海市	**Beihai**	**27514**	**29412**	**10623**	**11622**
海城区	Haicheng District	28024	29986	11506	12565
银海区	Yinhai District	27477	29318	11737	12864
铁山港区	Tieshangang District	26819	28777	11088	12141
合浦县	Hepu	26964	28798	10416	11395
防城港市	**Fangchengang**	**27579**	**29758**	**10992**	**12113**
港口区	Gangkou District	29267	31608	11667	12962
防城区	Fangcheng District	28795	31185	11537	12621
上思县	Shangsi	18906	20362	8943	9855
东兴市	Dongxing	32552	34993	13600	14960
钦州市	**Qinzhou**	**27363**	**29360**	**10016**	**10947**
钦南区	Qinnan District	27970	29984	10278	11275
钦北区	Qinbei District	27250	29103	10024	10966
灵山县	Lingshan	27280	29326	10069	10955
浦北县	Pubei	26910	29036	9822	10716

2-26 续表 2 continued

地 区	Region	城镇居民人均可支配收入（元） Per Capita Disposable Income of Urban Households（yuan）		农村居民人均可支配收入（元） Per Capita Disposable Income of Rural Households（yuan）	
		2015	2016	2015	2016
贵港市	**Guigang**	**24880**	**26771**	**10558**	**11572**
港北区	Gangei District	26397	28535	11165	12192
港南区	Gangnan District	25826	27685	10866	11844
覃塘区	Qintang District	25112	26995	11143	12257
平南县	Pingnan	24709	26513	10408	11459
桂平市	Guiping	24487	26421	10488	11526
玉林市	**Yulin**	**28089**	**30083**	**11404**	**12590**
玉州区	Yuzhou District	31802	34155	12976	14274
福绵区	Fumian District	30011	32052	11078	12274
容 县	Rongxian	25932	27721	10747	11940
陆川县	Luchuan	25358	27158	10871	11980
博白县	Bobai	23890	25467	10835	11984
兴业县	Xingye	24027	25877	10161	11167
北流市	Beiliu	29870	32021	12204	13461
玉东新区	Yudongxin District	28605	30779	12366	13763
百色市	**Baise**	**25041**	**26919**	**8452**	**9348**
右江区	Youjiang District	27297	29126	11112	12445
田阳县	Tianyang	25746	27986	10109	11181
田东县	Tiandong	27321	29233	11163	12469
平果县	Pingguo	27270	29315	9555	10606
德保县	Debao	26639	28557	7833	8616
靖西县	Jingxi	23168	24743	7666	8471
那坡县	Napo	20122	21611	6242	6891
凌云县	Lingyun	23083	24676	6669	7443
乐业县	Leye	23511	25439	6756	7533
田林县	Tianlin	23055	25084	8425	9394
西林县	Xilin	20932	22502	7836	8604
隆林各族自治县	Longlin	25016	27092	6987	7707

2-26 续表 3 continued

地 区	Region	城镇居民人均可支配收入（元） Per Capita Disposable Income of Urban Households（yuan）		农村居民人均可支配收入（元） Per Capita Disposable Income of Rural Households（yuan）	
		2015	2016	2015	2016
贺州市	**Hezhou**	**25219**	**26883**	**8820**	**9552**
八步区	Babu District	26844	28562	9313	10123
平桂管理区	Pinggui District	24064	25676	8887	9589
昭平县	Zhaoping	24408	26043	8459	9119
钟山县	Zhongshan	23925	25600	8484	9180
富川瑶族自治县	Fuchuan	23781	25279	8390	9179
河池市	**Hechi**	**22237**	**23660**	**6927**	**7509**
金城江区	Jinchengjiang District	28212	29989	8203	8925
南丹县	Nandan	27012	28687	8231	8881
天峨县	Tian'e	20868	22245	6690	7232
凤山县	Fengshan	18805	20103	5992	6507
东兰县	Donglan	19185	20547	6074	6590
罗城仫佬族自治县	Luocheng	18911	20046	6135	6638
环江毛南族自治县	Huanjiang	21597	23066	7493	8122
巴马瑶族自治县	Bama	20857	22317	6141	6675
都安瑶族自治县	Du'an	19155	20323	6025	6561
大化瑶族自治县	Dahua	19207	20436	6228	6745
宜州市	Yizhou	27863	29758	8962	9679
来宾市	**Laibin**	**27067**	**28962**	**8993**	**9820**
兴宾区	Xingbin District	27486	29492	9491	10374
忻城县	Xincheng	26511	28632	8367	9204
象州县	Xiangzhou	27260	29059	9413	10194
武宣县	Wuxuan	27096	28803	9399	10245
金秀瑶族自治县	Jinxiu	27116	29068	7847	8490
合山市	Heshan	26554	28360	9315	10265
崇左市	**Chongzuo**	**24634**	**26605**	**8918**	**9801**
江州区	Jiangzhou District	26064	28384	9930	10933
扶绥县	Fusui	25719	27879	10053	11179
宁明县	Ningming	22234	23946	8751	9609
龙州县	Longzhou	22789	24726	8011	8844
大新县	Daxin	25716	27722	9327	10222
天等县	Tiandeng	21479	23197	7908	8691
凭祥市	Pingxiang	27541	29772	8974	9889

主要统计指标解释

从2012年四季度起，国家统计局对分别进行的城乡住户调查实施了一体化改革，统一了城乡居民收入指标名称、分类和统计标准，建立了城乡统一的一体化住户调查《住户收支与生活状况调查》。广西从2014年开始，正式发布此项改革后的一体化城乡住户收支与生活状况调查数据。

住户　指居住在一个住宅内，共同分享生活开支或收入的一群人。居住在同一房间内、不共同分享生活开支的人群，每个人都视为一个住户。住家保姆、住家家庭工视为单独的住户。

常住居民　指住户成员中，经常在家居住、或者调查期内居住时间超过一半的人员，以及本住户供养的学生。常住居民是住户收支的调查对象。

居民可支配收入　指居民可用于最终消费支出和储蓄的总和，即居民可用于自由支配的收入，既包括现金收入，也包括实物收入。按照收入的来源，可支配收入包含四项，分别为：工资性收入、经营净收入、财产净收入、转移净收入。

工资性收入　指就业人员通过各种途径得到的全部劳动报酬和各种福利，包括受雇于单位或个人、从事各种自由职业、兼职和零星劳动得到的全部劳动报酬和福利。

经营净收入　指住户或住户成员从事生产经营活动所获得的净收入，是全部经营收入中扣除经营费用、生产性固定资产折旧和生产税净额（生产税减去生产补贴）之后得到的净收入。计算公式具体为：

经营净收入=经营收入-经营费用-生产性固定资产折旧-生产税净额（生产税-生产补贴）

财产净收入　指住户或住户成员将其所拥有的金融资产和自然资源交由其他机构单位、住户或个人支配而获得的回报并扣除相关的费用之后得到的净收入。计算公式为：

财产净收入=财产性收入-财产性支出

转移净收入　指国家、单位、社会团体对住户的各种经常性转移支付和住户之间的经常性收入转移。包括政府、非行政事业单位、社会团体对居民转移的养老金或退休金、社会救济和补助、政策性生活补贴、救灾款、经常性捐赠和赔偿以及报销医疗费等；住户之间的赡养收入、经常性捐赠和赔偿以及农村地区（村委会）在外（含国外）工作的本住户非常住成员寄回的收入等。计算公式为：

转移净收入=转移性收入-转移性支出

居民收入五等份分组　指将所有调查户按人均收入水平从低到高顺序排列，平均分为五个等份，处于最高20%的收入群体为高收入组，依此类推依次为中高收入组、中等收入组、中低收入组、低收入组。

居民消费支出　指居民用于满足家庭日常生活消费需要的全部支出，既包括现金消费支出，也包括实物消费支出。根据用途不同，消费支出可划食品烟酒、衣着、居住、生活用品及服务、交通通信、教育文化娱乐、医疗保健、其他用品及服务八大类。

Explanatory Notes on Main Statistical Indicators

In the fourth quarter of 2012, the NBS launched its reform on the household survey programme in order to produce aggregates with the same concepts and definitions for the urban and rural population. This new survey porgramme is an integrated one whereas there had existed two separate household surveys ofr the urban and rural households. The reform took a number of measures, including the integration of concepts, classifications and standards, which provided a basis for producing data covering all households. Guangxi from 2014, officially announced the integration of urban and rural household income and expenditure survey data after the reform.

Households A group of people who live in a house and share their living expenses or incomes. Living in the same room, not to share the living expenses of the crowd, everyone is considered as a household. Nanny, home family work as a separate household.

Permanent Resident Of the members of the household, who often live at home, or have more than half the residence time of the survey period, and the students who are supporting the residents. Residents are residents of household income and expenditure survey.

Disposable Income of Households Has a national coverage comparable between urban and rural households, and refers to the kind of income that households can have at their disposal. It includes income both in cash and in kind from four categories: income from wages and salaries, cash income from household operations, income from properties and income from transfers.

Income from Household Operations Refers to all the labor remuneration and various benefits obtained by the employed persons through various means, including all the labor remuneration and benefits obtained from the employment of the unit or individual, in various kinds of free occupations, part - time, and sporadic work.

Net Business Income Refers to the net income received by the household or household members engaged in the production and operation activities, and the net income after deducting operating expenses, depreciation of productive fixed assets, and net production tax (net income of production tax). Calculation formula is concrete:

Net Business Income = Operating Income – Operating Expenses – Depreciation of Productive Fixed Assets – Net Production Tax（Production Tax – Production Subsidies）

Property Net Income Refers to the net income of the household or household members of the financial assets and natural resources owned by the financial assets and natural resources by other institutional units, households or individuals to obtain the return and deduct the relevant expenses. Calculation formula:

Property Net Income = Property Income – Property Expenses

Transfer Net Income Refers to the country, the unit, the social group to the resident's each kinds of regular transfer payment and the inhabitant's regular income transfer. Including the government, non administrative institutions, social groups on the transfer of pension or pension, social relief and subsidies, policy of living subsidies, relief funds, regular donations and compensation and reimbursement of medical expenses, etc.. Calculation formula:

Transfer Net Income = Transfer Income – Transfer Expenditure

Per Capita Disposable Income of Households by Income Quintile Refers to all households surveyed by per capita income level from high to low order arrangement, the average score for five equal parts, 20% of the highest income groups in the high income group, by analogy in order to high income group, medium income group and low income group and low income group.

Consumption Expenditure of Households Has a national coverage comparable between urban and rural households, and refers to the all the expenditures of households for consumption in daily life. It includes expenditure in cash and in kind on eight categories: food; clothing; housing; household appliances and services; transport and communications; education, cultural and recreational activities; and medical care. The expenditure on housing also includes rents, water, electrictity, fuels and imuted rents of owner-occupied dwellings.

第三篇 价格调查

Chapter 3 Price Survey

3-1　居民消费、商品零售、农业生产资料价格总指数（1984—2016年）

Consumer Goods Retail, Agricultural Production Materials Price Index（1984—2016）

（上年＝100）　　(preceding year=100)

年　份 Year	居民消费价格指数 Consumer Price Index			商品零售价格指数 Retail Price Index			农业生产资料价格指数 Price Indices of Farming Production Material
	全　区 Province	城　市 Urban Areas	农　村 Rural Areas	全　区 Province	城　市 Urban Areas	农　村 Rural Areas	
1984	103.3	104.6	102.4	104.2	104.5	104.1	110.4
1985	113.0	114.7	111.8	111.2	114.5	109.3	104.6
1986	106.2	106.2	106.2	105.1	106.0	104.4	101.1
1987	108.2	110.2	105.8	108.0	110.5	105.5	105.5
1988	120.8	123.3	118.4	121.0	123.2	119.4	126.7
1989	121.1	119.7	123.3	121.3	119.1	123.5	125.8
1990	101.1	98.3	104.4	100.1	97.4	102.4	99.2
1991	102.8	102.7	103.0	102.5	102.5	102.5	101.3
1992	105.9	107.0	105.4	104.6	106.2	103.9	104.0
1993	122.0	123.3	119.1	118.9	121.9	114.8	110.6
1994	126.0	125.4	126.5	124.4	122.7	125.6	118.1
1995	118.4	118.0	118.6	116.4	115.0	117.7	130.1
1996	106.5	105.5	107.4	104.5	104.1	104.9	103.8
1997	100.8	100.7	100.8	99.6	99.9	99.4	100.3
1998	97.0	97.1	96.8	96.3	96.7	95.9	92.1
1999	97.7	97.2	98.2	97.2	96.8	97.6	96.4
2000	99.7	100.0	99.5	98.6	98.4	98.8	99.9
2001	100.6	101.3	99.6	97.8	97.3	99.0	97.7
2002	99.1	98.9	99.3	98.1	98.2	98.0	98.2
2003	101.1	100.9	101.3	100.2	99.6	100.8	102.4
2004	104.4	104.1	104.9	103.9	103.4	104.4	115.3
2005	102.4	103.0	101.6	101.1	101.3	101.0	110.5
2006	101.3	101.6	100.9	100.3	100.8	99.8	101.0
2007	106.1	105.6	106.8	104.8	104.2	105.3	114.4
2008	107.8	107.6	108.5	107.6	107.6	108.3	124.0
2009	97.9	97.9	97.5	98.0	98.1	96.9	94.2
2010	103.0	102.9	103.4	103.0	103.0	103.2	101.9
2011	105.9	105.7	106.4	106.0	105.7	106.6	112.2
2012	103.2	103.2	103.3	102.3	102.2	102.4	103.9
2013	102.2	102.1	102.4	101.2	101.1	101.3	99.9
2014	102.1	102.2	101.9	101.4	101.5	101.1	98.9
2015	101.5	101.5	101.5	100.1	100.1	100.1	100.9
2016	101.6	101.6	101.7	100.4	100.4	100.3	100.7

3-2 居民消费价格分类指数（2016年）

Consumer Price Indices by Category（2016）

（上年＝100） （preceding year=100）

指 标	Item	全 区 Province	城 市 Urban Areas	农 村 Rural Areas
居民消费价格总指数	**Consumer Price Index**	**101.6**	**101.6**	**101.7**
服务价格指数	**Service Price Index**	**102.2**	**102.0**	**102.5**
工业品价格指数	**Industrial Product Price Index**	**99.4**	**99.7**	**98.9**
消费品价格指数	**Consumer Price Index**	**101.3**	**101.3**	**101.2**
非食品价格指数	**Non-food Price Index**	**100.9**	**100.9**	**100.9**
扣除食品和能源价格指数	**Excluding Food and Energy Price Index**	**101.4**	**101.4**	**101.3**
扣除鲜菜鲜果价格指数	**Excluding Fresh Vegetables Fresh Fruit Price Index**	**101.4**	**101.4**	**101.5**
食品烟酒	**Food, Tobacco and Liquor**	**103.4**	**103.3**	**103.7**
食品	Food	104.3	104.2	104.5
粮食	Grain	101.0	100.6	101.6
大米	Rice	100.6	100.3	100.9
面粉	Flour	100.5	100.3	100.8
其他粮食	Other Grain	98.9	99.8	97.6
粮食制品	Grain Products	103.2	101.9	105.0
薯类	Tubers	111.6	114.7	108.5
豆类	Beans	102.2	102.3	102.1
干豆	Dried Beans	98.7	98.5	99.0
豆制品	Beans Products	103.2	103.3	103.0
食用油	Edible Oil	101.4	101.0	101.9
食用植物油	Oil of Plant	100.5	100.3	100.7
食用动物油	Edible Animal Oil	108.9	109.1	108.8
菜	Vegetables	109.1	109.1	109.2
鲜菜	Fresh Vegetables	110.0	109.9	110.2
干菜及菜制品	Dried Vegetables and Vegetable Products	101.5	102.0	100.6
畜肉类	Neat of Animal	111.4	111.0	112.0
猪肉	Pork	115.6	115.5	115.7
牛肉	Beef	100.2	100.5	99.4
羊肉	Mutton	92.9	93.1	92.3
畜肉副产品	Edible Meat and By-products	109.0	111.0	106.2
其他畜肉及制品	Other Meat and Products	103.7	104.0	103.0
禽肉类	Meat of Poultris	100.0	100.2	99.6
鸡	Chicken	99.8	100.1	99.2
鸭	Duck	99.3	99.5	98.8
其他禽肉及制品	Other Poultry and Products	102.0	101.8	102.4
水产品	Aquatic Product	102.8	103.3	101.9
淡水鱼	Freshwater Fish	100.8	101.7	98.8
海水鱼	Saltwater Fish	105.3	105.4	105.2
虾蟹类	Shrimps and Crabs	107.0	108.0	105.0
其他水产品及制品	Other Aquatic Products and Products	102.5	101.8	104.7

3-2 续表 1 continued

（上年＝100）　　　　(preceding year=100)

指　标	Item	全　区 Province	城　市 Urban Areas	农　村 Rural Areas
蛋类	Eggs	98.6	98.5	99.0
鸡蛋	Egg	98.7	98.5	99.1
其他蛋及制品	Other Eggs and Products	98.4	98.5	98.4
奶类	Dairy & Soy Milk	99.6	99.5	99.9
鲜奶	Fresh Milk	99.7	99.3	100.6
酸奶	Yogurt	99.0	99.7	97.8
奶粉	Milk Powder	99.7	99.3	100.4
其他奶制品	Other Dairy Products	99.9	100.4	99.0
干鲜瓜果类	Dried Fresh Melon and Fruit	99.3	99.6	98.8
鲜瓜果	Melons and Fruits	99.4	99.6	99.0
坚果	Nut	98.8	99.4	97.4
瓜果制品	Melon and Fruit Products	99.2	100.0	96.7
糖果糕点类	Confectionery	100.2	100.4	100.0
食糖	Sugar	101.6	100.2	103.6
糖果	Candy	99.7	100.7	98.1
糕点	Cakes and Pastries	100.2	100.3	99.9
其他糖果糕点	Other Sweets and Pastries	100.5	100.2	100.8
调味品	Condiment	100.3	100.3	100.4
食用盐	Edible Salt	99.9	99.9	100.0
酱油	Soy Sauce	100.1	100.5	99.7
食醋	Vinegar	101.2	101.1	101.3
调味酱	Sauces	99.7	99.3	100.3
味精	Monosodium Glutamate	101.5	101.7	101.2
其他调味品	Other Condiments	100.2	99.6	100.7
其他食品类	Other Food Categories	100.7	100.5	101.1
方便食品	Convenience Food	101.5	101.2	102.0
淀粉及制品	Starch and Products	98.0	97.9	98.2
膨化食品	Puffed Food	101.0	101.0	100.8
茶及饮料	Tea and Drinks	100.5	100.3	100.9
茶叶	Tea	99.3	98.4	101.5
固体咖啡	Solid Coffee	99.9	100.0	99.6
其他固体饮料	Other Solid Drinks	103.0	102.6	103.6
饮用水	Drinking Water	102.5	102.0	103.7
果汁饮料	Fruit Juice Beverage	100.0	100.1	99.6
其他液体饮料	Other Liquid Beverages	99.3	99.7	98.4

3-2 续表 2 continued

（上年＝100） (preceding year=100)

指　标	Item	全　区 Province	城　市 Urban Areas	农　村 Rural Areas
烟酒	Alcohol and Tobacco	100.9	101.2	100.6
烟草	Tobacco	101.4	101.6	101.1
酒类	Liquor	100.2	100.5	99.9
白酒	Liquor	99.5	99.9	99.0
葡萄酒	Wine	102.1	102.4	101.6
啤酒	Beer	100.8	100.6	101.0
其他酒类	Other Wines	100.7	100.9	100.5
在外餐饮	Outside Catering	102.2	102.0	102.8
正餐	Dinner	102.0	101.8	102.5
快餐	Fast Food	101.5	101.2	102.5
地方小吃	Local Snack	104.0	104.0	104.1
其他在外餐饮	Other Outside Catering	101.5	101.2	102.3
衣着	**Clothing**	**101.3**	**102.4**	**98.7**
服装	Apparel	101.4	102.4	98.7
男式服装	Men's Clothing	101.5	102.5	99.0
男式西服	Men's Suits	105.3	107.5	95.9
男式冬衣	Men's Clothes	97.9	99.6	94.7
男式夹克衫	Men's Jacket	101.2	103.3	96.9
男式毛线衣	Men's Sweater	100.3	101.8	97.2
男式运动装	Men's sportswear	100.4	101.2	98.0
男式衬衫T恤	Men's Shirt T-shirt	104.0	104.5	102.8
男式裤子	Men's Dress Pants	99.6	99.9	98.8
男式内衣	Men's Underwear	99.8	100.3	98.6
女式服装	Women's Clothing	101.2	102.4	98.2
女式外套	Women's Coat	101.4	102.2	98.4
女式冬衣	Women's Clothes	100.3	102.8	93.9
女式毛线衣	Women's Sweater	102.5	105.4	94.8
女式运动装	Women's Sportswear	99.5	99.7	99.0
女式衬衫T恤	Women's Shirt T-shirt	103.1	104.0	101.3
女式裤子	Women's Pants	102.6	103.1	101.4
女式裙子	Women's Ladies Skirt	100.2	102.1	95.4
女式内衣	Women's Lingerie	99.8	99.6	100.3
儿童服装	Children's Wear	101.7	102.4	99.8
婴幼服装	Infant & Toddlers Clothing	102.0	103.0	99.2
儿童上衣	Children's Coat	100.9	101.2	100.2
儿童裤子	Children's Trousers	103.1	104.4	99.0
儿童裙子	Children's Skirt	100.6	100.4	100.9

3-2　续表 3　continued

（上年＝100）　(preceding year=100)

指　标	Item	全　区 Province	城　市 Urban Areas	农　村 Rural Areas
服装材料	Clothing Materials	101.8	102.3	99.2
其他衣着及配件	Other Clothing and Accessories	101.6	102.3	99.3
袜子	Socks	101.7	102.1	100.3
帽子	Cap	101.2	101.8	99.5
其他衣着配件	Other Clothing Accessories	101.6	102.8	98.2
衣着加工服务费	Service Fee for Dressing	104.2	104.5	103.6
衣着洗涤保养	Scrubbing Maintenance	104.1	104.6	103.2
衣着加工	Clothing Processing	104.4	104.5	104.3
鞋类	Footwear	100.7	101.9	97.9
鞋	Shoes	100.4	101.7	97.4
男鞋	Men's Shoes	99.5	101.1	95.6
女鞋	Women's Shoes	101.2	102.5	98.0
童鞋	Children's Shoes	99.7	100.3	98.5
鞋类加工服务	Footwear Processing Services	103.5	104.0	102.5
居住	**Residence**	**100.3**	**100.2**	**100.3**
租赁房房租	Rental Housing Rent	101.8	101.9	101.2
公房房租	Rent by Public Houses	101.8	102.2	100.0
私房房租	Private House Rent	101.8	101.8	101.4
住房保养维修及管理	Maintenance and Management of Housing	101.0	101.2	100.7
住房装潢材料	Housing Decoration Materials	100.1	100.3	99.8
木地板	Wood Floor	99.8	99.6	100.1
瓷砖	Tile	99.3	99.7	98.6
水泥	Cement	99.4	99.2	99.8
涂料	Paint	100.6	101.1	99.7
板材	Board	100.4	100.8	99.5
管材	Pipe	100.3	100.1	100.5
厨卫设备	Kitchen & Bath Fixtures	100.3	100.2	100.6
门窗	Doors and Windows	100.6	101.0	99.9
其他住房装潢材料	Other Housing Decoration Materials	101.5	102.3	100.2
物业管理费	Property Management Fee	100.6	100.6	100.4
住房装潢维修	Housing Decoration Maintenance	102.2	102.4	101.7
装潢维修费	Upholstery Maintenance Fee	102.6	103.1	101.9
其他住房费用	Other Housing Costs	99.7	99.6	100.0

3-2 续表 4 continued

（上年=100） (preceding year=100)

指标	Item	全区 Province	城市 Urban Areas	农村 Rural Areas
水电燃料	Hydropower Fuel	96.7	96.5	97.2
水	Water	102.0	101.8	102.4
电	Electric	100.0	100.0	100.0
燃气	Gas	89.2	88.4	90.6
管道燃气	Pipeline Gas	89.4	88.5	92.8
液化石油气	Liquefied Petroleum Gas	89.1	88.4	90.3
取暖费	Heating Fee	100.0	100.0	100.0
其他燃料	Other Fuels	101.6	101.9	101.4
自有住房	Home-ownership	101.8	101.8	101.6
生活用品及服务	**Household Facilities, Articles and Services**	**99.9**	**100.1**	**99.6**
家具及室内装饰品	Furniture and Interior Decorations	100.1	100.1	100.2
家具	Furniture	100.2	100.1	100.3
柜	Cabinet	100.0	99.5	100.7
床	Bed	100.7	101.2	100.1
桌	Table	100.0	100.0	99.9
椅	Chair	100.8	101.3	100.0
沙发	Sofa	99.7	99.5	100.2
其他家具	Other Furniture	99.8	99.1	101.1
室内装饰品	Upholstery	99.5	100.0	98.4
灯具	Lamps and Lanterns	98.9	99.4	97.9
其他室内装饰品	Other Interior Decorations	100.3	100.8	99.1
家用器具	Household Appliances	98.4	98.8	97.9
大型家用器具	Large Household Appliances	98.3	98.7	97.8
洗衣机	Washing Machine	97.4	98.1	96.5
电冰箱（柜）	Refrigerator	96.6	96.5	96.8
抽油烟机	Smoke Lampblack Machine	98.7	99.8	97.2
空调器	Air Conditioner	98.8	98.6	99.2
热水器	Water Heating	98.9	99.8	97.7
炉具灶具	Stove and Cookers	98.4	98.7	97.9
微波炉	Microwave Oven	96.9	95.4	98.5
其他大型家用器具	Other Large Household Appliances	100.5	101.3	99.2
小家电	Small Home Appliances	98.9	99.4	98.0
厨房小家电	Kitchen Appliances	98.9	99.1	98.5
生活小家电	Small Household Electrical Appliances	98.8	99.6	97.4

3-2 续表 5 continued

（上年=100） (preceding year=100)

指　标	Item	全　区 Province	城　市 Urban Areas	农　村 Rural Areas
家用纺织品	Home Textiles	100.0	100.7	98.7
床上用品	Bedding Article	100.0	100.8	98.3
被子	Quilt	99.3	99.8	98.4
床单被套	Bed Sheet & Duvet Cover	100.8	102.1	98.2
其他床上用品	Other Bedding	99.5	100.1	97.9
窗帘门帘	Curtain	100.2	99.9	100.7
其他家用纺织品	Other Household Textiles	100.5	100.5	100.6
家庭日用杂品	Daily Use Household Articles	100.1	100.0	100.3
洗涤卫生用品	Washing Sanitary Articles	100.1	99.9	100.4
清洗用品	Cleaning Supplies	99.6	99.3	100.1
清洁用具	Cleaning Appliances	100.7	100.6	100.8
清洁用纸	Cleaning Paper	100.4	100.5	100.4
厨具餐具茶具	Kitchenware, Tableware, Tea set	100.2	100.4	100.0
厨具	Kitchenware	100.1	99.9	100.4
餐具	Tableware	100.4	101.2	99.4
茶具	Tea Set	100.1	100.1	100.2
家用手工工具	Hand Tools for Household Use	100.0	100.1	99.8
其他家庭日用杂品	Other Family Daily Sundry Goods	100.1	99.8	100.6
配电附件	Distribution Accessories	100.9	100.3	101.8
雨具	Rain Gear	99.7	100.1	99.2
其他日用杂品	Other Daily Sundry Goods	99.9	99.5	100.6
个人护理用品	Personal care Articles	100.1	99.9	100.8
化妆品	Cosmetics	100.5	100.5	100.4
清洁化妆品	Cleaning Cosmetics	100.7	100.9	100.1
护肤化妆品	Skin Care Cosmetics	100.4	100.4	100.5
彩妆化妆品	Make Up Cosmetics	100.5	100.6	100.1
化妆器具	Cosmetic Equipment	99.7	99.0	101.8
其他护理用品类	Other Types of Care Products	99.9	99.5	101.0
清洁类护理用品	Cleaning Supplies	99.9	99.3	101.6
护发美发用品	Hair Care Products	100.2	100.2	100.4
护理器具	Nursing Appliance	100.1	100.0	100.4
其他护理用品	Other Nursing Supplies	99.2	98.6	101.1
家庭服务	Family Services	102.8	103.1	102.0
家政服务	Household Management Service	103.8	103.6	104.7
家庭维修服务	Home Maintenance Service	102.1	102.6	101.1

3-2 续表 6 continued

（上年＝100） (preceding year=100)

指 标	Item	全 区 Province	城 市 Urban Areas	农 村 Rural Areas
交通和通信	**Transportation and Communication**	**98.8**	**98.7**	**99.2**
交通	Transportation	98.7	98.5	99.1
交通工具	Vehicle	99.0	98.5	99.9
小型汽车	Compact Car	98.7	98.3	99.6
电动自行车	Electric bicycle	99.5	98.5	100.8
自行车	Bicycle	99.9	100.1	99.6
其他交通工具	Other Means of Transportation	99.3	99.3	99.3
交通工具用燃料	Fuel for Vehicles	95.6	95.7	95.6
汽油	Steam-oil	95.5	95.5	95.4
柴油	Diesel Oil	95.0	95.1	94.9
其他车用能源	Other Vehicle Energy	99.5	98.7	103.1
交通工具使用和维修	Vehicle Use and Maintenance	101.1	101.2	100.7
停车费	Parking Rate	101.1	100.9	101.7
车辆使用费	Vehicle Usage fee	100.2	100.3	100.0
交通工具零配件	Vehicle Spare Parts	99.5	99.6	99.3
车辆修理与保养	Vehicle Repair and Maintenance	103.0	103.5	102.3
交通费	Traffic Expense	101.9	101.5	102.6
市内公共交通	City Public Transport	106.3	103.2	112.5
出租汽车	Taxi	101.9	101.9	101.8
飞机票	Airplane Ticket	100.9	101.6	97.0
火车票	Train Tickets	100.0	100.0	100.0
长途汽车	Long Distance Bus	101.9	102.1	101.7
其他交通费	Other Transportation Charges	100.9	101.5	100.1
通信	Communication	99.1	99.0	99.2
通信工具	Communication Tools	94.7	93.9	96.1
固定电话机	Fixed Telephone Set	100.1	100.0	100.2
移动电话机	Mobile Telephone Set	93.9	93.0	95.5
通信工具零配件	Communication Tools Parts and Accessories	99.9	99.9	99.9
通信服务	Communication Services	100.0	100.0	100.1
固定电话费	Fixed Telephone Fee	100.0	100.0	100.0
移动通信费	Mobile Communication Fee	99.8	99.7	100.1
上网费	Internet Fee	100.5	100.8	100.0
其他通信服务	Other Communication Services	101.4	103.0	100.0
邮递服务	Postal Service	103.3	104.1	101.5
邮政邮寄	Post Mail	100.5	100.7	100.0
快递服务	Express Service	104.1	105.1	101.9

3-2　续表 7　continued

（上年＝100）　　(preceding year=100)

指　标	Item	全　区 Province	城　市 Urban Areas	农　村 Rural Areas
教育文化和娱乐	**Education, Cultural and Recreation**	**101.6**	**101.5**	**101.6**
教育	Education	101.6	101.3	102.1
教育用品	Educational Supplies	99.9	99.9	99.9
工具书	Reference Book	100.3	100.4	100.3
教材	Textbooks	98.6	98.6	98.5
参考资料	Reference Material	100.5	100.4	100.9
其他教育用品	Other Educational Supplies	98.8	99.3	97.7
教育服务	Education Service	101.8	101.5	102.3
学前教育	Preschool Education	103.2	103.1	103.5
小学初中教育	Primary and Secondary Education	101.5	101.4	101.9
高中中职教育	Secondary Vocational Education	100.5	100.2	100.9
高等教育	Higher Education	101.5	100.6	102.9
课外教育	Extracurricular Education	103.8	103.5	104.4
专业技能培训	Professional Skills Training	99.6	99.9	99.2
文化娱乐	Cultural Entertainment	101.4	101.8	100.4
文娱耐用消费品	Entertainment and Durable Consumer Goods	98.2	98.2	98.1
电视机	Television	96.3	95.9	96.9
照相机	Camera	100.2	100.4	99.7
台式计算机	Desktop Computer	99.4	99.5	99.2
笔记本平板	Netbooks and Tablets	98.5	98.5	98.7
乐器	Musical Instruments	101.3	101.8	99.4
音响	Acoustics	99.7	100.1	98.4
其他文娱耐用消费品	Other Recreational and Durable Goods	98.7	98.6	99.2
其他文娱用品	Other Recreational Materials	100.5	100.6	100.0
书报杂志	Newspapers and Magazines	100.8	100.7	101.1
纸张文具	Paper Stationery	100.6	100.7	100.3
体育户外用品	Sports Outdoor Products	100.0	100.0	100.2
游戏用品和玩具	Game Supplies and Toys	100.8	100.7	100.8
园艺花卉及用品	Garden Flowers and Supplies	100.5	100.8	99.6
宠物及用品	Pets and Supplies	101.4	101.9	99.9
其他文化娱乐用品	Other Cultural and Recreational Products	99.2	99.8	98.2
文化娱乐服务	Cultural and Recreational Services	100.4	100.5	100.1
电影票	Cinema Ticket	100.1	99.8	101.8
景点门票	Scenic Spot Ticket	100.0	100.0	99.9
有线电视	Cable Television	99.9	99.9	99.7
健身活动	Fitness Activities	101.4	101.4	101.4
其他文娱服务	Other Recreational Services	101.8	102.3	100.6

3-2 续表 8 continued

（上年＝100） (preceding year=100)

指标	Item	全区 Province	城市 Urban Areas	农村 Rural Areas
旅游	Tourism	106.3	106.8	104.1
旅行社收费	Travel Service Charges	106.8	107.4	104.4
其他旅游	Other Travel	101.7	101.4	102.3
医疗保健	**Health Care and medical Service**	**103.7**	**102.9**	**104.9**
药品及医疗器具	Medicines and Medical Devices	103.1	103.4	102.5
中药	Traditional Chinese Medicine	104.3	105.0	103.2
中药材	Chinese Medicinal Materials	102.7	102.2	103.5
中成药	Chinese Patent Medicine	105.0	106.3	103.0
西药	Western Medicine	102.8	102.7	103.0
抗微生物药	Antimicrobial Agents	99.9	99.7	100.4
消化系统用药	Digestive System Drugs	103.8	103.2	104.8
呼吸系统用药	Respiratory System Durgs	102.3	103.6	100.0
解热镇痛药	Antipyretic Analgesics	99.9	99.8	100.1
抗肿瘤药	Antineoplastic Agents	101.5	98.1	107.3
激素及影响内分泌药	Hormones and Endocrine Drugs	105.9	103.5	110.6
心血管系统用药	Cardiovascular System Drugs	105.2	107.4	102.2
血液系统用药	Blood System Drugs	106.3	100.7	113.9
治疗精神障碍药	PSYCHOTHERAPEUTICAGENTS	101.1	102.2	99.8
神经系统用药	Drugs for Nervous System	101.8	102.3	101.0
消毒防腐及创伤外科用药	Antiseptic, antiseptic and trauma surgical drugs	103.3	105.2	101.4
泌尿系统用药	Urinary System Drugs	101.2	100.9	101.7
维生素、矿物质类药	Vitamins and Minerals	106.7	107.3	105.5
调节水、电解质及酸碱平衡药	Adjust Water, Electrolyte and Acid-base Balance	104.5	104.5	104.5
滋补保健品	Nourishing Health Care Products	104.1	105.3	100.4
医疗卫生器具	Medical Sanitation	100.9	100.6	101.4
保健器具	Health Care Appliance	100.2	99.4	101.2
医疗服务	Medical Service	104.1	102.7	106.1
综合医疗类	Synthetic Medicine	108.5	107.7	109.5
一般医疗服务	General Medical Service	115.5	112.4	120.2
一般治疗操作	General Treatment Procedure	103.4	104.8	101.3
护理	Nursing	110.4	108.0	113.2
其他综合医疗服务	Other Comprehensive Medical Services	101.2	100.3	102.1
诊断类	Diagnostic Class	102.7	102.1	103.5
病理学诊断	Pathological Diagnosis	100.3	100.5	100.1
实验室诊断	Laboratory Diagnosis	103.7	102.6	105.6
影像学诊断	Imaging Diagnosis	101.6	102.1	100.9
临床诊断	Clinical Diagnosis	102.0	100.2	103.6

3-2 续表 9 continued

（上年＝100） (preceding year=100)

指 标	Item	全 区 Province	城 市 Urban Areas	农 村 Rural Areas
治疗类	Therapeutic Category	103.9	101.0	107.6
临床手术治疗	Clinical Surgical Treatment	105.2	100.9	110.6
临床非手术治疗	Clinical Non-surgical Treatment	102.4	101.1	104.0
康复类	Rehabilitation Class	100.8	100.1	102.5
中医医疗服务类	Chinese Medicine Medical Service	107.0	105.0	109.3
其他医疗服务	Other Medical Services	100.0	100.0	100.0
其他用品和服务	**Other Supplies and Services**	**101.9**	**102.2**	**101.2**
其他用品类	Other Supplies	101.1	101.8	99.6
首饰手表	Jewellery Watches	103.7	105.3	99.9
金饰品	Gold Jewelry	108.8	110.7	104.2
银饰品	Silver Jewelry	97.3	99.0	93.6
铂金饰品	Platinum Jewelry	96.8	98.7	91.6
手表	Wrist Watch	100.3	100.4	100.2
其他杂项用品	Other Miscellaneous Goods	99.5	99.5	99.5
箱包	Luggage and Bags	99.6	99.8	99.0
母婴用品	Mother and Baby Supplies	100.1	100.1	100.2
眼镜	Glasses	98.6	98.3	99.3
其他服务类	Other Service Classes	102.5	102.6	102.3
旅馆住宿	Hotel Accommodation	101.8	102.8	99.9
宾馆住宿	Hotel Accommodation	99.6	99.4	100.0
其他住宿	Other Accommodation	104.7	107.0	99.9
美容美发洗浴	Hairdressing & Beauty and Bath	105.4	106.2	103.7
美容	Hairdressing	103.0	104.3	100.2
美发	Hairdressing	107.6	108.2	106.4
洗浴	Bath	102.5	103.3	100.6
养老服务	Pension Service	102.5	104.0	100.0
金融保险	Financial Insurance	101.9	101.1	103.7
金融服务	Financial Service	100.0	100.0	100.0
车辆保险	Vehicle Insurance	100.1	100.1	100.0
旅行保险	Travel Insurance	102.4	102.8	101.7
其他保险	Other Insurance	104.1	101.9	109.3
其他服务类	Other Service Classes	100.1	100.1	100.0
中介服务	Intermediary Services	100.1	100.2	100.0
其他服务	Other Services	100.0	100.0	100.0

3-3 分月居民消费价格指数（2016年）

（上年同期＝100）

指 标	Item	1月 January	2月 February	3月 March
居民消费价格总指数	**Consumer Price Index**	**101.7**	**102.7**	**102.2**
服务价格指数	**Service Price Index**	**102.7**	**103.0**	**102.4**
工业品价格指数	**Industrial Product Price Index**	**99.5**	**99.3**	**99.0**
消费品价格指数	**Consumer Price Index**	**101.2**	**102.6**	**102.0**
非食品价格指数	**Non-food Price Index**	**101.3**	**101.3**	**100.9**
扣除食品和能源价格指数	**Excluding Food and Energy Price Index**	**101.8**	**101.9**	**101.6**
扣除鲜菜鲜果价格指数	**Excluding Fresh Vegetables Fresh Fruit Price Index**	**101.6**	**102.0**	**101.7**
食品烟酒	**Food, Tobacco and Liquor**	**103.2**	**106.3**	**105.6**
食品	Food	103.6	108.1	107.2
粮食	Grain	100.8	101.4	101.1
大米	Rice	100.0	100.8	100.6
面粉	Flour	100.6	100.7	101.0
其他粮食	Other Grain	103.3	102.7	101.2
粮食制品	Grain Products	103.0	103.4	103.0
薯类	Tubers	102.4	110.0	110.7
豆类	Beans	101.7	102.7	102.6
干豆	Dried Beans	99.4	99.9	99.3
豆制品	Beans Products	102.3	103.5	103.5
食用油	Edible Oil	100.9	101.8	101.4
食用植物油	Oil of Plant	99.1	99.9	99.7
食用动物油	Edible Animal Oil	116.3	118.6	117.1
菜	Vegetables	112.1	136.0	130.0
鲜菜	Fresh Vegetables	113.2	139.8	133.1
干菜及菜制品	Dried Vegetables and Vegetable Products	102.8	102.9	103.0
畜肉类	Neat of Animal	110.7	115.2	117.1
猪肉	Pork	115.3	121.0	125.3
牛肉	Beef	100.1	101.1	99.4
羊肉	Mutton	92.9	96.0	93.1
畜肉副产品	Edible Meat and By-products	107.6	112.4	111.8
其他畜肉及制品	Other Meat and Products	103.4	103.5	101.6
禽肉类	Meat of Poultris	99.8	101.4	99.5
鸡	Chicken	98.9	101.1	99.5
鸭	Duck	100.6	101.5	97.8
其他禽肉及制品	Other Poultry and Products	102.0	102.5	101.9
水产品	Aquatic Product	102.0	104.4	103.0
淡水鱼	Freshwater Fish	101.0	102.2	99.6
海水鱼	Saltwater Fish	103.8	106.2	106.5
虾蟹类	Shrimps and Crabs	101.7	110.7	111.3
其他水产品及制品	Other Aquatic Products and Products	103.5	103.2	102.1

Consumer Price Indices by Month（2016）

（preceding year=100）

4 月 April	5 月 May	6 月 June	7 月 July	8 月 August	9 月 September	10 月 October	11 月 November	12 月 December
102.3	**101.8**	**101.6**	**101.3**	**100.9**	**101.2**	**100.9**	**101.4**	**101.2**
102.1	**102.1**	**102.2**	**102.3**	**102.1**	**102.1**	**101.7**	**101.6**	**101.9**
98.9	**98.5**	**99.0**	**99.1**	**99.4**	**99.9**	**99.7**	**100.2**	**100.6**
102.4	**101.7**	**101.3**	**100.9**	**100.2**	**100.7**	**100.5**	**101.3**	**100.8**
100.8	**100.5**	**100.7**	**100.8**	**100.8**	**101.0**	**100.7**	**101.0**	**101.2**
101.5	**101.3**	**101.3**	**101.3**	**101.2**	**101.2**	**101.0**	**101.2**	**101.3**
101.8	**101.8**	**101.8**	**101.5**	**101.0**	**101.1**	**100.8**	**101.0**	**101.2**
106.4	**105.4**	**104.0**	**102.9**	**101.1**	**101.6**	**101.4**	**102.5**	**101.2**
108.4	107.2	105.4	103.6	101.0	101.9	101.7	103.0	101.1
101.0	101.1	101.1	101.0	101.2	100.8	100.9	100.9	100.9
100.7	100.7	100.6	100.5	100.9	100.5	100.5	100.7	100.6
100.5	100.2	100.2	100.3	100.6	100.2	100.8	100.5	100.7
100.1	99.9	99.1	98.1	96.9	96.6	96.5	96.5	96.6
102.4	102.9	103.3	103.7	103.5	103.1	103.2	102.9	103.3
127.8	130.3	124.7	114.1	105.3	103.4	103.6	103.4	104.3
102.3	102.4	102.2	102.1	102.3	102.4	102.1	101.8	102.0
98.9	98.9	99.1	98.7	98.6	97.8	98.1	98.0	97.8
103.3	103.3	103.1	103.1	103.3	103.7	103.2	102.8	103.1
101.9	103.1	103.5	102.6	101.2	100.8	99.9	99.8	100.0
99.8	100.4	100.5	100.8	101.2	101.3	100.8	101.0	101.2
121.6	128.9	131.7	116.9	101.0	97.0	93.5	91.6	91.3
124.9	109.8	96.5	97.0	96.3	101.0	100.5	111.8	98.6
127.5	110.7	96.0	96.5	95.8	101.0	100.5	113.1	98.4
102.2	101.8	101.5	101.3	101.1	100.7	100.3	100.4	100.4
122.5	124.8	122.1	113.2	104.3	104.0	103.0	102.8	102.6
133.2	135.6	130.7	117.1	105.6	105.2	103.8	103.2	102.9
99.8	100.4	100.5	100.7	100.5	100.6	100.0	100.1	99.5
92.6	93.0	93.0	93.1	92.7	92.6	90.8	92.2	93.2
114.9	117.6	116.7	111.9	103.4	103.2	103.7	103.9	103.8
103.6	104.8	105.6	106.1	103.8	102.9	102.8	103.3	103.5
100.5	100.6	100.4	100.9	99.7	99.2	99.2	99.6	99.6
100.5	100.4	100.2	100.9	99.3	99.1	99.1	99.5	99.5
99.1	99.8	99.8	100.2	99.3	98.1	98.0	98.5	98.5
102.7	102.5	102.3	102.3	101.8	101.3	101.7	101.7	101.6
103.2	102.8	102.2	102.8	102.7	102.5	102.7	103.3	102.3
100.7	100.7	100.3	101.0	100.6	100.4	100.9	101.9	100.1
103.7	105.2	105.3	106.0	105.6	105.2	105.7	105.9	104.3
113.7	106.4	104.0	105.0	106.6	106.1	105.1	104.5	107.3
101.9	103.2	102.2	101.8	102.2	102.6	102.2	102.8	102.7

3-3 续表 1

（上年同期＝100）

指　标	Item	1 月 January	2 月 February	3 月 March
蛋类	Eggs	97.2	98.5	98.9
鸡蛋	Egg	96.3	98.0	98.6
其他蛋及制品	Other Eggs and Products	100.2	100.2	99.9
奶类	Dairy & Soy Milk	99.3	100.3	99.9
鲜奶	Fresh Milk	98.9	100.1	100.9
酸奶	Yogurt	100.3	99.7	97.8
奶粉	Milk Powder	99.5	101.3	100.4
其他奶制品	Other Dairy Products	98.3	97.7	98.2
干鲜瓜果类	Dried Fresh Melon and Fruit	93.9	93.0	91.6
鲜瓜果	Melons and Fruits	92.7	91.7	90.4
坚果	Nut	100.0	99.8	98.4
瓜果制品	Melon and Fruit Products	100.3	100.7	99.6
糖果糕点类	Confectionery	100.4	100.4	100.4
食糖	Sugar	99.5	100.1	100.5
糖果	Candy	100.2	99.7	99.6
糕点	Cakes and Pastries	100.9	100.7	100.7
其他糖果糕点	Other Sweets and Pastries	99.8	100.7	100.5
调味品	Condiment	100.8	100.5	100.5
食用盐	Edible Salt	99.9	99.9	99.9
酱油	Soy Sauce	101.8	100.9	100.6
食醋	Vinegar	101.7	101.7	101.5
调味酱	Sauces	100.1	99.6	99.6
味精	Monosodium Glutamate	101.3	101.3	101.4
其他调味品	Other Condiments	99.8	100.0	100.5
其他食品类	Other Food Categories	100.7	100.7	101.0
方便食品	Convenience Food	100.8	100.8	101.7
淀粉及制品	Starch and Products	99.5	99.4	98.3
膨化食品	Puffed Food	101.2	101.1	101.4
茶及饮料	Tea and Drinks	100.7	100.6	100.8
茶叶	Tea	101.8	99.9	100.2
固体咖啡	Solid Coffee	101.0	100.6	100.7
其他固体饮料	Other Solid Drinks	101.6	103.2	103.0
饮用水	Drinking Water	101.1	102.0	102.6
果汁饮料	Fruit Juice Beverage	100.1	100.0	100.2
其他液体饮料	Other Liquid Beverages	99.5	99.4	99.2

continued

(preceding year=100)

4 月 April	5 月 May	6 月 June	7 月 July	8 月 August	9 月 September	10 月 October	11 月 November	12 月 December
100.4	101.4	101.6	100.6	96.2	97.6	97.6	97.0	97.1
100.7	102.0	102.4	101.5	96.2	97.8	97.8	97.1	97.0
99.7	99.6	99.1	98.0	96.2	96.8	97.1	96.9	97.5
99.4	99.5	98.6	99.2	98.3	98.8	100.3	101.3	100.7
99.7	100.2	97.7	99.0	96.7	98.2	101.2	103.0	101.4
97.0	97.2	98.1	99.0	98.6	98.4	101.5	99.9	101.0
100.4	99.9	99.3	99.1	98.9	98.9	98.7	100.2	99.5
97.9	98.7	99.6	100.8	100.5	100.7	102.0	102.3	102.5
95.1	96.3	101.4	101.6	101.4	106.5	106.9	104.4	103.7
94.5	95.8	101.9	102.1	101.9	108.3	108.8	105.6	104.7
98.4	99.0	99.2	99.4	98.9	97.4	97.5	98.5	99.0
99.0	98.7	98.6	99.0	98.7	98.2	99.3	99.3	99.0
100.3	100.2	100.1	100.0	100.0	99.5	100.1	100.5	100.9
101.6	99.1	98.8	99.3	101.7	103.0	104.7	104.5	106.5
99.7	99.8	100.0	99.6	99.5	98.3	99.6	99.6	100.1
100.5	100.3	100.3	100.0	99.6	99.3	99.5	100.1	100.2
100.0	101.1	100.8	101.3	101.0	99.7	100.0	100.6	100.4
100.6	100.6	100.3	100.4	100.1	99.7	99.8	100.2	100.4
99.9	100.0	99.9	99.9	99.9	99.9	99.8	99.9	99.9
100.9	100.5	99.9	100.5	99.8	99.0	99.3	99.4	99.1
102.1	102.3	101.5	100.8	100.6	99.9	100.0	101.0	101.3
99.4	99.3	99.4	99.9	99.3	99.3	99.4	100.2	100.9
101.2	102.2	102.3	102.2	101.8	101.0	100.9	100.8	101.3
100.1	100.1	99.7	99.5	99.8	100.1	100.3	101.0	101.4
101.4	100.9	100.8	101.3	100.9	100.6	99.8	100.4	100.0
102.7	102.1	101.5	102.4	101.6	101.5	100.3	101.7	100.7
98.5	98.1	97.7	97.6	97.8	97.3	97.4	97.2	97.1
100.7	100.4	101.6	101.5	101.5	101.1	100.2	100.2	100.6
100.7	100.4	100.3	100.6	100.3	100.4	100.5	100.5	100.5
100.2	100.0	100.0	98.9	98.6	98.9	98.7	97.4	97.4
100.4	100.3	100.0	99.9	99.7	98.7	98.8	99.2	99.4
103.4	103.5	103.2	102.5	102.9	103.3	103.2	103.4	102.9
102.4	101.6	101.9	103.2	103.1	103.1	103.0	102.9	102.5
99.9	99.6	99.6	100.5	99.6	100.0	100.2	100.1	99.8
99.0	99.1	98.5	99.0	98.7	98.6	99.0	100.4	100.9

3-3 续表 2

（上年同期=100）

指 标	Item	1 月 January	2 月 February	3 月 March
烟酒	Alcohol and Tobacco	102.6	102.6	102.9
烟草	Tobacco	104.4	104.4	104.4
酒类	Liquor	100.0	100.1	100.8
白酒	Liquor	99.4	99.3	99.8
葡萄酒	Wine	100.8	101.9	101.9
啤酒	Beer	100.6	100.6	101.8
其他酒类	Other Wines	101.1	101.6	101.6
在外餐饮	Outside Catering	102.5	102.7	102.2
正餐	Dinner	101.3	101.7	101.8
快餐	Fast Food	101.4	101.4	101.5
地方小吃	Local Snack	106.9	107.0	103.8
其他在外餐饮	Other Outside Catering	101.6	101.9	102.7
衣着	**Clothing**	**103.2**	**101.8**	**102.3**
服装	Apparel	103.3	101.6	102.1
男式服装	Men's Clothing	103.0	101.9	102.0
男式西服	Men's Suits	104.4	104.7	106.0
男式冬衣	Men's Clothes	102.1	96.8	97.3
男式夹克衫	Men's Jacket	104.4	102.7	101.4
男式毛线衣	Men's Sweater	101.7	100.5	100.8
男式运动装	Men's sportswear	100.5	98.9	99.3
男式衬衫T恤	Men's Shirt T-shirt	103.7	104.2	104.4
男式裤子	Men's Dress Pants	104.0	102.4	102.0
男式内衣	Men's Underwear	100.8	99.8	100.1
女式服装	Women's Clothing	103.0	101.0	101.9
女式外套	Women's Coat	103.6	101.5	103.8
女式冬衣	Women's Clothes	102.4	99.2	99.2
女式毛线衣	Women's Sweater	104.5	101.4	101.6
女式运动装	Women's Sportswear	101.7	99.6	99.0
女式衬衫T恤	Women's Shirt T-shirt	102.9	103.0	104.3
女式裤子	Women's Pants	104.7	102.6	105.1
女式裙子	Women's Ladies Skirt	101.7	99.9	100.7
女式内衣	Women's Lingerie	103.0	100.5	100.4
儿童服装	Children's Wear	104.5	102.5	103.0
婴幼服装	Infant & Toddlers Clothing	103.8	101.5	102.4
儿童上衣	Children's Coat	104.0	102.2	101.5
儿童裤子	Children's Trousers	106.6	104.1	104.9
儿童裙子	Children's Skirt	102.7	101.9	103.5

continued

(preceding year=100)

4 月 April	5 月 May	6 月 June	7 月 July	8 月 August	9 月 September	10 月 October	11 月 November	12 月 December
102.7	101.2	99.6	99.6	99.6	100.0	100.1	100.3	100.1
104.3	101.8	99.4	99.3	99.6	99.9	99.9	100.0	100.0
100.5	100.3	99.9	100.1	99.5	100.2	100.4	100.7	100.3
99.5	99.5	99.6	99.8	99.4	99.4	99.6	99.6	99.1
102.8	102.3	101.9	102.2	102.7	102.1	101.8	102.6	102.3
101.5	101.3	99.9	99.9	98.6	100.9	101.3	101.9	101.1
100.4	100.0	99.9	100.1	100.3	101.0	100.2	100.6	101.7
102.5	102.4	102.3	102.5	102.4	101.8	101.5	101.9	102.0
102.1	102.1	102.1	102.2	102.4	102.1	102.0	102.2	102.2
101.8	101.7	101.5	102.0	101.7	101.3	100.3	101.4	101.7
104.0	104.2	104.1	104.3	103.9	102.7	102.9	102.7	102.4
102.5	102.4	101.9	101.5	101.5	100.3	100.2	100.4	101.4
101.8	**100.9**	**100.2**	**100.3**	**100.6**	**101.0**	**100.8**	**101.5**	**101.4**
101.6	100.8	100.4	100.4	100.8	101.4	101.1	101.7	101.6
102.0	101.5	100.8	100.8	101.1	101.5	101.2	101.1	101.2
106.7	106.7	105.8	105.6	105.4	105.3	105.1	104.5	104.1
97.3	97.3	97.3	97.3	97.3	97.3	97.4	97.7	99.4
101.4	101.5	101.6	101.4	101.4	100.7	100.4	98.7	98.9
100.4	100.4	100.3	100.3	100.2	99.7	99.5	99.8	99.7
99.3	99.0	99.4	99.6	100.5	102.3	102.6	102.3	101.7
105.7	105.1	103.5	103.5	103.6	105.0	103.6	102.9	103.3
100.4	99.0	98.3	98.0	98.4	97.7	98.1	98.8	98.4
99.1	98.0	98.1	98.8	99.3	99.7	100.0	102.0	102.3
101.0	100.3	99.9	100.1	100.4	101.3	101.2	102.2	102.1
102.8	100.7	99.8	99.1	99.8	101.5	100.7	101.7	101.4
99.9	99.9	99.9	99.9	99.9	99.7	99.6	101.3	103.1
101.3	103.0	103.0	103.0	103.1	102.1	102.6	103.7	100.4
97.2	98.0	97.1	98.9	99.0	100.0	100.0	100.9	102.3
104.3	101.8	101.4	101.0	102.0	103.8	104.0	104.6	104.3
102.2	102.0	101.0	101.2	101.1	102.2	102.1	103.0	103.4
98.8	98.4	99.2	99.4	99.7	101.1	100.7	101.5	101.6
100.5	99.7	97.8	98.5	98.6	98.8	99.1	100.4	100.2
102.5	101.1	101.0	100.6	101.4	101.5	100.8	101.3	100.9
103.1	102.0	101.9	101.0	101.7	101.1	100.6	101.8	102.8
101.9	100.5	99.4	99.5	100.8	100.7	99.8	100.6	100.3
102.2	101.2	102.7	102.1	102.7	103.7	103.1	102.6	101.2
103.0	100.4	99.9	99.9	99.4	99.6	98.9	99.4	98.5

3-3 续表 3

（上年同期=100）

指 标	Item	1 月 January	2 月 February	3 月 March
服装材料	Clothing Materials	100.1	100.1	99.8
其他衣着及配件	Other Clothing and Accessories	101.5	101.1	101.3
袜子	Socks	101.1	101.5	101.5
帽子	Cap	102.6	100.8	101.7
其他衣着配件	Other Clothing Accessories	101.4	100.6	100.8
衣着加工服务费	Service Fee for Dressing	102.1	103.0	103.0
衣着洗涤保养	Scrubbing Maintenance	102.0	102.0	102.7
衣着加工	Clothing Processing	102.3	105.2	103.7
鞋类	Footwear	103.6	102.8	103.0
鞋	Shoes	103.6	102.6	103.0
男鞋	Men's Shoes	103.0	100.7	102.9
女鞋	Women's Shoes	104.5	104.5	103.8
童鞋	Children's Shoes	102.0	100.4	100.6
鞋类加工服务	Footwear Processing Services	103.3	104.6	103.3
居住	**Residence**	**100.9**	**101.0**	**100.3**
租赁房房租	Rental Housing Rent	102.5	102.8	102.3
公房房租	Rent by Public Houses	102.0	102.0	102.0
私房房租	Private House Rent	102.6	102.9	102.4
住房保养维修及管理	Maintenance and Management of Housing	100.3	100.5	100.6
住房装潢材料	Housing Decoration Materials	99.3	99.4	99.2
木地板	Wood Floor	100.6	99.9	99.4
瓷砖	Tile	99.5	99.6	99.1
水泥	Cement	93.0	92.6	91.6
涂料	Paint	100.0	100.4	100.5
板材	Board	99.2	99.4	99.8
管材	Pipe	99.8	100.3	99.4
厨卫设备	Kitchen & Bath Fixtures	100.0	100.3	100.4
门窗	Doors and Windows	100.9	100.5	100.4
其他住房装潢材料	Other Housing Decoration Materials	98.8	98.9	100.7
物业管理费	Property Management Fee	100.2	100.2	100.2
住房装潢维修	Housing Decoration Maintenance	101.4	101.8	102.2
装潢维修费	Upholstery Maintenance Fee	101.6	102.2	102.6
其他住房费用	Other Housing Costs	100.0	100.0	100.0

continued

(preceding year=100)

4 月 April	5 月 May	6 月 June	7 月 July	8 月 August	9 月 September	10 月 October	11 月 November	12 月 December
100.1	100.2	100.3	100.0	100.0	104.5	105.3	105.6	105.2
101.4	102.1	102.0	101.8	101.4	101.7	101.9	101.6	101.1
101.7	102.1	101.9	101.5	101.7	101.9	102.4	101.9	101.3
102.0	102.9	102.1	101.6	100.3	99.8	99.8	100.4	100.7
100.8	101.8	102.1	102.3	101.5	102.4	102.2	101.8	101.1
103.9	103.5	103.5	103.8	103.9	105.4	106.1	106.2	106.3
104.0	103.7	103.6	104.0	104.0	105.8	105.8	105.9	106.1
103.6	103.2	103.1	103.3	103.7	104.6	106.8	106.6	106.7
102.4	100.7	99.2	99.3	99.4	99.2	98.8	100.4	100.0
102.3	100.5	98.8	98.9	99.0	98.8	98.3	100.1	99.6
101.4	99.0	97.2	96.9	97.7	98.2	98.4	100.3	99.0
103.3	101.5	99.6	100.2	100.2	99.2	98.1	100.3	99.6
101.0	100.1	99.2	98.5	97.6	98.6	98.7	98.9	100.5
103.5	103.4	103.5	103.2	103.3	103.2	103.3	103.6	104.1
99.8	**99.8**	**100.0**	**100.1**	**100.1**	**100.3**	**100.0**	**100.4**	**100.5**
101.5	101.7	101.8	101.5	101.4	101.6	101.4	101.6	101.3
102.0	102.0	102.0	102.0	102.0	102.0	102.0	102.0	100.0
101.4	101.7	101.7	101.4	101.4	101.5	101.3	101.5	101.5
100.6	100.7	100.9	100.9	100.9	101.4	101.7	102.0	102.0
99.7	100.0	100.1	100.2	100.0	100.4	100.6	101.2	101.4
100.6	99.4	99.5	99.8	98.8	99.3	99.7	101.0	99.4
99.1	99.5	99.5	99.5	98.8	99.2	99.2	99.3	99.2
93.9	97.8	99.8	101.6	101.7	102.8	104.4	106.2	109.8
100.8	100.8	100.7	100.6	100.7	100.8	100.6	100.6	100.6
99.9	100.1	100.2	100.3	100.4	100.8	100.6	101.6	102.0
99.5	99.6	99.3	99.3	100.1	100.4	100.8	102.1	102.6
100.6	100.8	100.8	100.7	100.4	99.7	100.1	99.8	100.3
100.6	100.6	100.7	100.4	100.5	100.6	100.5	100.7	100.7
100.7	101.1	100.5	99.9	100.9	102.6	104.2	104.5	105.2
100.2	100.2	100.9	100.9	100.9	100.9	100.9	100.9	100.9
101.7	101.7	101.9	101.8	101.7	102.6	103.0	103.1	103.0
102.0	102.0	102.2	102.2	102.1	103.2	103.6	103.8	103.7
100.0	100.0	99.7	99.4	99.4	99.4	99.4	99.4	99.4

3-3 续表 4

（上年同期=100）

指 标	Item	1 月 January	2 月 February	3 月 March
水电燃料	Hydropower Fuel	97.3	97.2	95.8
水	Water	102.7	102.8	102.5
电	Electric	101.7	101.7	99.2
燃气	Gas	88.7	88.5	87.9
管道燃气	Pipeline Gas	88.9	88.4	88.4
液化石油气	Liquefied Petroleum Gas	88.7	88.5	87.7
取暖费	Heating Fee	100.0	100.0	100.0
其他燃料	Other Fuels	103.6	102.1	101.8
自有住房	Home-ownership	103.0	103.1	102.7
生活用品及服务	**Household Facilities, Articles and Services**	**100.2**	**100.3**	**100.2**
家具及室内装饰品	Furniture and Interior Decorations	100.6	100.5	100.4
家具	Furniture	100.6	100.6	100.5
柜	Cabinet	100.5	100.5	100.1
床	Bed	101.3	101.0	100.9
桌	Table	100.6	100.5	100.6
椅	Chair	101.1	101.1	101.2
沙发	Sofa	100.3	100.5	100.2
其他家具	Other Furniture	100.0	100.1	100.2
室内装饰品	Upholstery	99.7	99.6	99.3
灯具	Lamps and Lanterns	99.4	99.1	98.7
其他室内装饰品	Other Interior Decorations	100.1	100.2	100.0
家用器具	Household Appliances	98.9	98.8	99.1
大型家用器具	Large Household Appliances	98.8	98.6	99.0
洗衣机	Washing Machine	98.0	98.2	98.0
电冰箱（柜）	Refrigerator	97.3	97.1	97.2
抽油烟机	Smoke Lampblack Machine	97.2	97.0	99.0
空调器	Air Conditioner	100.2	99.7	99.8
热水器	Water Heating	99.7	99.0	99.4
炉具灶具	Stove and Cookers	99.2	99.9	100.3
微波炉	Microwave Oven	98.3	98.1	98.0
其他大型家用器具	Other Large Household Appliances	99.3	99.1	100.3
小家电	Small Home Appliances	99.6	99.7	99.6
厨房小家电	Kitchen Appliances	99.2	99.4	99.2
生活小家电	Small Household Electrical Appliances	100.0	99.9	100.0

continued

(preceding year=100)

4 月 April	5 月 May	6 月 June	7 月 July	8 月 August	9 月 September	10 月 October	11 月 November	12 月 December
96.0	95.4	96.3	96.8	97.2	97.3	96.6	97.3	97.3
102.5	102.2	102.1	102.0	102.0	101.7	101.7	101.1	100.3
99.2	99.2	100.4	100.4	100.4	100.4	99.2	99.2	99.2
88.4	86.7	87.3	88.8	89.7	90.1	89.8	92.2	92.7
88.4	87.8	87.8	87.8	87.1	88.9	88.9	95.5	95.5
88.4	86.4	87.2	89.1	90.5	90.5	90.1	91.2	92.0
100.0	100.0	100.0	100.0	100.0	100.0	100.0	100.0	100.0
101.9	101.9	101.5	101.6	100.7	101.2	101.3	101.5	100.1
101.5	101.6	101.5	101.4	101.3	101.3	101.0	101.3	101.5
100.0	**99.8**	**99.8**	**99.9**	**99.8**	**99.8**	**99.7**	**99.6**	**99.7**
100.3	100.3	99.8	100.1	100.1	100.1	99.6	99.7	99.8
100.4	100.4	99.9	100.2	100.1	100.0	99.7	99.7	99.8
99.7	99.8	99.5	99.9	100.0	100.1	99.9	99.9	100.0
100.8	100.8	100.5	100.7	100.9	100.7	100.3	100.3	100.4
100.3	100.4	100.0	100.4	99.9	99.3	99.1	99.2	99.4
101.1	101.1	100.6	100.9	100.6	100.9	100.2	100.3	100.5
100.4	100.8	99.6	99.9	99.7	99.2	98.7	98.8	98.8
100.1	99.7	99.1	99.4	99.4	100.0	99.8	99.9	100.1
99.3	99.3	99.2	99.2	99.6	100.5	99.2	99.5	99.5
98.7	98.8	98.6	98.6	98.9	100.0	98.5	98.9	98.6
100.0	100.0	100.1	99.9	100.5	101.2	100.1	100.3	100.7
98.9	98.3	98.5	98.5	98.4	97.9	98.0	97.9	98.0
98.8	98.2	98.4	98.4	98.4	97.8	98.0	97.9	98.0
98.3	97.6	98.1	97.7	97.2	96.0	96.6	96.7	96.8
96.9	96.7	97.1	96.8	96.6	96.2	96.0	95.7	95.7
99.1	99.1	99.0	99.1	99.3	99.3	98.9	99.0	98.9
99.3	98.0	98.0	98.3	98.9	98.3	98.5	98.4	98.2
99.1	98.5	98.6	98.4	98.8	98.2	98.9	98.9	99.1
100.0	99.4	99.4	98.3	97.6	96.8	96.9	96.5	96.8
98.0	97.4	96.4	97.1	96.5	96.1	95.7	95.4	95.8
99.9	100.2	100.7	101.1	101.1	100.8	101.3	101.0	101.4
99.7	98.7	98.8	99.1	98.7	98.4	98.2	97.9	97.9
99.2	98.8	99.3	99.3	98.3	98.2	98.6	98.6	98.5
100.1	98.5	98.4	98.8	99.0	98.6	97.9	97.2	97.3

3-3 续表 5

（上年同期＝100）

指 标	Item	1 月 January	2 月 February	3 月 March
家用纺织品	Home Textiles	101.2	101.5	101.0
床上用品	Bedding Article	101.4	101.7	101.2
被子	Quilt	101.3	101.2	100.6
床单被套	Bed Sheet & Duvet Cover	101.7	102.1	102.1
其他床上用品	Other Bedding	100.5	102.1	100.3
窗帘门帘	Curtain	100.8	100.1	100.1
其他家用纺织品	Other Household Textiles	100.7	100.7	100.8
家庭日用杂品	Daily Use Household Articles	99.9	100.3	100.2
洗涤卫生用品	Washing Sanitary Articles	99.6	100.4	100.3
清洗用品	Cleaning Supplies	99.6	100.5	99.9
清洁用具	Cleaning Appliances	100.4	100.4	100.6
清洁用纸	Cleaning Paper	99.2	100.3	100.8
厨具餐具茶具	Kitchenware, Tableware, Tea set	100.4	100.2	100.2
厨具	Kitchenware	100.4	100.0	99.9
餐具	Tableware	100.2	100.2	100.5
茶具	Tea Set	100.5	100.4	100.3
家用手工工具	Hand Tools for Household Use	100.4	100.3	100.3
其他家庭日用杂品	Other Family Daily Sundry Goods	100.1	100.0	99.8
配电附件	Distribution Accessories	100.0	100.2	100.3
雨具	Rain Gear	100.4	99.8	99.8
其他日用杂品	Other Daily Sundry Goods	100.0	100.0	99.6
个人护理用品	Personal care Articles	100.1	100.0	100.1
化妆品	Cosmetics	100.0	100.2	100.1
清洁化妆品	Cleaning Cosmetics	99.6	99.9	99.8
护肤化妆品	Skin Care Cosmetics	100.3	100.3	100.3
彩妆化妆品	Make Up Cosmetics	100.1	100.1	100.2
化妆器具	Cosmetic Equipment	100.3	100.8	100.3
其他护理用品类	Other Types of Care Products	100.1	99.8	100.1
清洁类护理用品	Cleaning Supplies	100.7	100.0	100.4
护发美发用品	Hair Care Products	99.6	99.7	99.9
护理器具	Nursing Appliance	99.3	99.6	99.8
其他护理用品	Other Nursing Supplies	99.7	99.6	99.7
家庭服务	Family Services	103.2	104.4	102.6
家政服务	Household Management Service	106.2	108.6	103.7
家庭维修服务	Home Maintenance Service	101.0	101.3	101.7

continued

(preceding year=100)

4 月 April	5 月 May	6 月 June	7 月 July	8 月 August	9 月 September	10 月 October	11 月 November	12 月 December
100.9	100.0	99.4	99.4	99.6	99.3	99.4	99.3	99.5
101.0	100.0	99.3	99.3	99.4	99.0	99.2	99.1	99.2
99.8	98.9	98.8	98.6	98.7	98.6	98.8	98.5	98.3
102.8	101.3	100.1	100.3	100.2	99.6	99.8	99.7	99.8
99.6	99.4	98.4	98.0	99.4	98.7	98.9	99.0	99.8
99.9	99.9	100.0	100.1	100.0	100.3	100.2	100.5	100.5
100.7	100.5	100.1	100.1	100.5	101.0	100.3	100.2	100.7
100.1	100.1	100.1	100.4	99.9	100.2	100.0	100.0	100.0
100.2	100.3	100.3	100.5	99.9	100.0	100.0	99.8	99.7
99.8	99.9	99.9	100.0	99.2	99.0	99.1	99.0	99.0
100.6	100.6	100.7	100.4	100.6	101.0	100.9	100.9	101.0
100.5	100.8	100.5	101.2	100.4	100.9	100.6	100.1	100.0
100.1	100.1	100.3	100.6	100.0	100.5	100.0	100.1	100.2
100.1	99.8	100.0	100.7	100.5	100.2	100.1	99.7	99.7
100.0	100.3	100.7	100.9	99.5	101.2	100.1	100.7	100.9
100.2	100.3	99.9	100.0	100.1	100.2	99.7	99.8	99.9
100.3	99.9	99.8	99.8	99.8	99.8	99.7	99.7	99.8
100.0	99.8	99.7	100.0	100.0	100.5	100.4	100.6	100.7
100.3	100.2	100.0	101.0	101.1	101.8	101.8	101.9	102.3
99.6	99.0	99.1	99.1	99.1	99.8	100.3	100.2	100.3
100.0	99.9	99.8	99.8	99.9	100.1	99.8	99.9	100.0
99.8	100.0	100.2	100.2	100.3	100.4	100.4	100.3	100.2
100.1	100.4	100.4	100.5	100.6	100.7	100.9	100.7	101.0
100.0	100.2	100.6	100.7	101.2	101.5	101.7	101.7	101.5
100.1	100.7	100.7	100.7	100.6	100.2	100.5	100.1	100.9
100.2	100.2	100.1	100.6	100.6	101.0	101.0	101.0	101.0
100.0	99.7	99.3	98.8	98.5	99.4	99.8	99.4	100.1
99.7	99.7	100.0	99.9	100.0	100.1	100.0	100.0	99.6
99.7	99.5	99.7	99.8	100.2	100.2	99.8	99.9	99.3
99.9	100.2	100.6	100.8	100.6	100.2	100.7	100.3	100.5
100.0	100.2	100.7	100.5	100.2	100.7	100.5	100.3	99.9
98.9	99.2	99.4	98.4	98.8	99.5	99.2	99.3	98.8
102.3	102.1	102.1	102.3	102.7	103.0	103.0	103.0	102.8
103.0	102.3	102.0	102.0	102.8	103.6	103.7	103.6	103.6
101.7	102.0	102.2	102.5	102.6	102.6	102.5	102.5	102.3

3-3 续表 6

（上年同期=100）

指 标	Item	1 月 January	2 月 February	3 月 March
交通和通信	**Transportation and Communication**	**98.3**	**99.0**	**97.4**
交通	Transportation	97.7	98.9	96.5
交通工具	Vehicle	98.5	98.8	98.7
小型汽车	Compact Car	97.9	98.3	98.2
电动自行车	Electric bicycle	99.8	99.7	99.8
自行车	Bicycle	100.4	100.3	100.6
其他交通工具	Other Means of Transportation	99.4	99.4	99.4
交通工具用燃料	Fuel for Vehicles	92.4	93.6	88.7
汽油	Steam-oil	92.2	93.4	88.3
柴油	Diesel Oil	91.4	92.6	86.9
其他车用能源	Other Vehicle Energy	98.7	99.1	99.3
交通工具使用和维修	Vehicle Use and Maintenance	100.7	103.6	101.3
停车费	Parking Rate	100.9	101.2	100.2
车辆使用费	Vehicle Usage fee	100.0	100.0	100.0
交通工具零配件	Vehicle Spare Parts	99.0	99.0	99.5
车辆修理与保养	Vehicle Repair and Maintenance	102.7	110.4	104.1
交通费	Traffic Expense	102.6	104.9	100.7
市内公共交通	City Public Transport	105.5	107.9	108.2
出租汽车	Taxi	102.3	101.9	101.9
飞机票	Airplane Ticket	111.5	107.6	99.9
火车票	Train Tickets	100.0	100.0	100.0
长途汽车	Long Distance Bus	101.2	109.3	97.3
其他交通费	Other Transportation Charges	100.7	103.2	99.4
通信	Communication	99.4	99.3	99.1
通信工具	Communication Tools	96.9	95.4	95.7
固定电话机	Fixed Telephone Set	100.6	100.3	100.3
移动电话机	Mobile Telephone Set	96.3	94.7	95.0
通信工具零配件	Communication Tools Parts and Accessories	100.1	100.0	100.0
通信服务	Communication Services	99.9	100.1	99.7
固定电话费	Fixed Telephone Fee	100.0	100.0	100.0
移动通信费	Mobile Communication Fee	99.8	99.8	99.8
上网费	Internet Fee	99.9	100.8	99.1
其他通信服务	Other Communication Services	101.4	101.4	101.4
邮递服务	Postal Service	103.2	103.4	103.4
邮政邮寄	Post Mail	100.6	100.6	100.6
快递服务	Express Service	103.9	104.2	104.2

continued

(preceding year=100)

4 月 April	5 月 May	6 月 June	7 月 July	8 月 August	9 月 September	10 月 October	11 月 November	12 月 December
97.7	**97.0**	**98.5**	**98.1**	**98.8**	**99.8**	**99.9**	**100.3**	**101.5**
97.0	96.0	98.4	97.7	98.6	100.1	100.3	100.8	102.6
99.0	98.6	101.3	98.2	98.5	98.6	99.0	99.1	99.2
98.7	98.3	102.3	97.7	98.1	98.2	98.8	99.0	98.7
99.5	99.5	99.5	99.3	99.1	99.3	99.1	99.2	100.6
99.9	99.8	99.7	99.7	99.6	99.7	99.8	99.5	99.5
99.3	99.0	99.3	99.2	99.4	99.5	99.2	99.2	99.5
89.6	87.9	91.4	93.3	96.1	101.8	101.8	104.0	110.0
89.2	87.6	91.2	93.1	96.0	101.9	101.9	104.1	110.4
88.2	86.3	90.2	92.3	95.7	102.1	102.0	104.5	111.3
99.4	99.2	99.3	99.3	99.3	99.3	99.3	100.8	100.8
100.9	100.9	100.8	100.8	100.4	100.5	100.6	100.7	101.5
100.5	100.5	100.5	100.5	100.5	102.2	102.2	102.2	102.2
100.2	100.2	100.2	100.2	100.2	100.2	100.2	100.2	100.2
99.6	99.7	99.6	99.6	99.2	99.1	99.0	99.4	100.9
102.8	102.5	102.3	102.2	101.7	101.4	101.8	101.7	102.4
102.0	100.4	101.9	102.5	102.3	101.6	101.4	100.6	101.3
107.9	107.9	108.0	108.3	108.3	103.0	103.7	103.7	103.7
101.7	102.0	102.3	101.7	102.7	101.6	101.4	101.4	101.5
97.6	90.8	101.2	105.9	101.5	104.4	96.8	94.6	100.6
100.0	100.0	100.0	100.0	100.0	100.0	100.0	100.0	100.0
103.9	100.2	101.2	101.1	102.2	101.0	103.3	100.9	101.0
98.9	99.4	100.1	100.9	100.4	102.1	102.1	101.9	102.0
98.8	98.8	98.7	98.8	99.0	99.2	99.2	99.3	99.6
94.5	94.5	93.9	93.8	93.6	94.3	94.3	94.7	95.2
100.2	100.2	100.1	100.1	100.0	99.7	99.8	99.8	100.0
93.6	93.6	92.9	92.7	92.6	93.5	93.5	93.9	94.6
100.0	100.1	100.8	100.7	100.0	99.4	99.4	99.2	98.9
99.7	99.7	99.8	99.9	100.3	100.3	100.3	100.4	100.5
100.0	100.0	100.0	100.0	100.0	100.0	100.0	100.0	100.0
99.8	99.8	99.8	99.8	99.8	99.8	99.8	99.8	100.0
99.1	98.8	99.2	99.8	101.7	101.7	101.8	102.2	102.4
101.4	101.6	101.6	101.6	101.6	101.6	101.0	101.0	101.0
103.4	103.3	103.3	103.2	103.3	103.2	103.2	103.2	103.1
100.6	100.6	100.6	100.6	100.6	100.6	100.6	100.6	100.1
104.2	104.2	104.2	104.0	104.1	104.0	104.0	104.0	104.0

3-3 续表 7

（上年同期＝100）

指 标	Item	1 月 January	2 月 February	3 月 March
教育文化和娱乐	**Education, Cultural and Recreation**	**101.8**	**101.8**	**101.4**
教育	Education	101.7	101.6	101.5
教育用品	Educational Supplies	98.9	98.7	100.4
工具书	Reference Book	100.4	100.4	100.4
教材	Textbooks	92.4	92.4	99.6
参考资料	Reference Material	101.5	101.5	101.2
其他教育用品	Other Educational Supplies	99.5	98.2	98.2
教育服务	Education Service	101.9	101.9	101.6
学前教育	Preschool Education	104.6	104.5	102.4
小学初中教育	Primary and Secondary Education	100.7	100.7	100.9
高中中职教育	Secondary Vocational Education	100.1	100.1	100.1
高等教育	Higher Education	101.5	101.5	101.7
课外教育	Extracurricular Education	102.9	102.9	103.6
专业技能培训	Professional Skills Training	100.9	100.9	100.6
文化娱乐	Cultural Entertainment	102.1	102.1	101.2
文娱耐用消费品	Entertainment and Durable Consumer Goods	98.6	98.7	98.6
电视机	Television	96.4	96.8	96.8
照相机	Camera	100.4	100.4	100.5
台式计算机	Desktop Computer	100.0	99.9	99.7
笔记本平板	Netbooks and Tablets	99.7	99.8	99.7
乐器	Musical Instruments	101.3	101.2	100.2
音响	Acoustics	99.9	100.0	99.9
其他文娱耐用消费品	Other Recreational and Durable Goods	98.7	98.5	98.8
其他文娱用品	Other Recreational Materials	100.4	100.5	100.2
书报杂志	Newspapers and Magazines	100.4	100.5	100.5
纸张文具	Paper Stationery	100.2	100.0	100.2
体育户外用品	Sports Outdoor Products	99.7	99.7	99.6
游戏用品和玩具	Game Supplies and Toys	100.3	100.6	100.6
园艺花卉及用品	Garden Flowers and Supplies	100.6	101.6	100.8
宠物及用品	Pets and Supplies	101.0	102.1	101.6
其他文化娱乐用品	Other Cultural and Recreational Products	101.2	100.2	98.5
文化娱乐服务	Cultural and Recreational Services	100.4	100.4	100.5
电影票	Cinema Ticket	101.0	102.6	100.4
景点门票	Scenic Spot Ticket	100.9	101.8	102.2
有线电视	Cable Television	99.9	100.0	100.0
健身活动	Fitness Activities	100.5	100.4	100.4
其他文娱服务	Other Recreational Services	101.1	99.2	100.4

continued

(preceding year=100)

4 月 April	5 月 May	6 月 June	7 月 July	8 月 August	9 月 September	10 月 October	11 月 November	12 月 December
101.6	**101.6**	**101.6**	**101.9**	**101.7**	**101.6**	**101.3**	**101.2**	**101.2**
101.5	101.5	101.4	101.4	101.5	101.9	101.8	101.9	101.8
100.3	100.3	100.4	100.4	99.8	99.7	99.9	99.9	99.8
100.4	100.4	100.2	100.2	99.8	100.1	100.4	100.6	100.5
100.0	100.0	100.0	100.0	100.0	100.0	100.0	100.0	100.0
100.9	100.9	100.9	100.9	99.9	99.4	99.9	99.8	99.7
98.1	98.0	99.1	99.2	99.2	99.2	99.1	98.8	98.8
101.6	101.6	101.6	101.6	101.6	102.1	102.0	102.1	102.0
102.5	102.5	102.5	102.5	102.5	103.7	103.7	103.7	103.7
100.9	100.9	100.9	100.9	100.9	102.8	102.8	102.8	102.8
100.1	100.1	100.1	100.1	100.1	101.2	101.2	101.2	101.2
101.7	101.7	101.7	101.7	101.7	101.2	101.2	101.2	101.2
103.6	103.8	103.6	104.2	104.7	104.3	104.2	104.2	103.5
100.3	99.4	99.4	98.7	98.8	99.0	98.7	98.9	99.1
101.8	101.8	101.8	102.5	102.0	101.1	100.5	100.2	100.1
98.5	98.5	98.1	97.7	98.0	97.9	97.6	97.9	98.3
97.0	97.1	96.1	95.2	96.0	96.0	95.2	95.7	96.8
100.0	100.1	100.0	100.0	100.1	100.3	100.3	100.5	100.4
99.6	99.4	99.3	99.1	99.1	99.3	99.1	99.1	99.1
98.7	98.7	98.5	98.5	98.1	97.5	97.7	97.7	97.7
100.5	100.7	101.0	101.4	101.5	101.8	101.7	102.0	102.1
99.6	99.7	99.7	99.9	99.7	99.6	99.5	99.6	99.6
98.9	99.0	98.7	98.6	98.4	98.3	98.5	98.6	99.3
100.2	100.3	100.5	100.3	100.4	100.6	100.6	100.7	100.8
100.6	100.6	101.1	101.1	101.1	101.1	101.0	101.0	100.9
100.5	100.5	101.0	100.6	100.6	100.8	100.7	100.8	101.0
99.5	100.0	100.0	100.0	100.3	100.4	100.3	100.3	100.6
100.7	100.7	101.0	100.6	100.6	100.7	100.7	101.2	101.4
100.2	100.1	99.6	99.5	99.6	100.4	101.2	101.3	101.2
101.3	101.1	101.0	100.8	101.0	101.5	101.5	101.7	101.7
98.5	98.9	98.9	98.9	98.8	99.0	99.0	99.1	99.0
100.4	99.9	100.0	100.2	100.4	100.3	100.8	100.8	100.8
99.5	99.1	99.3	99.5	99.0	100.1	100.5	100.5	99.7
102.2	99.0	98.8	98.8	98.3	98.3	100.0	100.0	99.8
100.0	100.0	100.0	99.9	99.9	99.6	99.6	99.6	99.6
100.6	100.7	101.4	101.2	102.5	102.0	102.4	102.5	102.4
100.4	100.4	100.5	101.7	102.8	103.0	103.7	104.0	104.5

3-3 续表 8

（上年同期=100）

指 标	Item	1 月 January	2 月 February	3 月 March
旅游	Tourism	108.6	107.8	105.4
旅行社收费	Travel Service Charges	109.6	108.8	106.1
其他旅游	Other Travel	100.7	100.0	100.0
医疗保健	**Health Care and medical Service**	**103.9**	**104.0**	**104.0**
药品及医疗器具	Medicines and Medical Devices	102.2	102.5	102.3
中药	Traditional Chinese Medicine	104.3	104.5	103.7
中药材	Chinese Medicinal Materials	101.5	101.9	102.4
中成药	Chinese Patent Medicine	105.5	105.7	104.2
西药	Western Medicine	101.7	101.8	101.7
抗微生物药	Antimicrobial Agents	100.9	100.9	100.4
消化系统用药	Digestive System Drugs	101.8	101.8	102.1
呼吸系统用药	Respiratory System Durgs	100.3	100.4	100.6
解热镇痛药	Antipyretic Analgesics	100.3	100.3	100.4
抗肿瘤药	Antineoplastic Agents	99.7	99.7	99.7
激素及影响内分泌药	Hormones and Endocrine Drugs	107.0	107.1	106.3
心血管系统用药	Cardiovascular System Drugs	102.8	102.8	102.8
血液系统用药	Blood System Drugs	104.1	104.1	104.6
治疗精神障碍药	PSYCHOTHERAPEUTICAGENTS	99.9	100.1	100.1
神经系统用药	Drugs for Nervous System	102.3	102.6	101.7
消毒防腐及创伤外科用药	Antiseptic, antiseptic and trauma surgical drugs	103.1	103.0	102.6
泌尿系统用药	Urinary System Drugs	101.1	101.1	100.6
维生素、矿物质类药	Vitamins and Minerals	102.0	102.4	102.7
调节水、电解质及酸碱平衡药	Adjust Water, Electrolyte and Acid-base Balance	101.3	101.3	102.2
滋补保健品	Nourishing Health Care Products	102.5	103.8	103.9
医疗卫生器具	Medical Sanitation	100.1	100.1	100.4
保健器具	Health Care Appliance	100.9	101.0	100.4
医疗服务	Medical Service	105.0	104.9	104.9
综合医疗类	Synthetic Medicine	110.0	109.8	109.8
一般医疗服务	General Medical Service	119.3	118.7	118.7
一般治疗操作	General Treatment Procedure	103.5	103.5	103.5
护理	Nursing	112.0	112.0	112.0
其他综合医疗服务	Other Comprehensive Medical Services	101.4	101.4	101.4
诊断类	Diagnostic Class	102.8	102.8	102.8
病理学诊断	Pathological Diagnosis	100.3	100.3	100.3
实验室诊断	Laboratory Diagnosis	104.1	104.1	104.1
影像学诊断	Imaging Diagnosis	101.3	101.3	101.3
临床诊断	Clinical Diagnosis	102.2	102.2	102.2

continued

(preceding year=100)

4 月 April	5 月 May	6 月 June	7 月 July	8 月 August	9 月 September	10 月 October	11 月 November	12 月 December
107.6	107.9	108.1	110.7	108.2	105.1	103.1	101.7	100.9
108.4	108.8	109.0	111.8	108.8	105.4	103.1	101.6	100.7
101.4	101.2	101.4	102.2	103.0	102.6	102.6	102.6	102.6
104.0	**104.1**	**104.2**	**104.3**	**103.9**	**103.7**	**102.8**	**102.5**	**103.3**
102.5	102.7	103.0	103.1	103.3	103.5	103.7	103.9	104.0
103.7	103.8	104.2	104.2	104.5	104.3	104.7	105.0	104.8
101.9	102.4	103.0	102.9	102.8	103.2	103.3	103.6	103.2
104.6	104.4	104.7	104.8	105.2	104.8	105.2	105.6	105.6
102.1	102.4	102.7	103.1	103.3	103.3	103.6	104.1	104.3
100.3	100.1	99.7	99.5	99.5	99.6	99.3	99.6	99.5
102.6	103.1	103.9	104.2	104.7	105.0	105.4	105.6	105.4
100.7	101.2	101.7	102.9	103.4	103.8	103.8	104.1	104.3
100.2	99.6	99.8	99.7	99.7	99.8	99.9	99.7	99.8
99.7	102.1	101.9	101.9	102.5	102.8	102.8	102.7	102.7
107.9	108.0	106.9	105.8	105.2	104.3	104.0	104.3	104.2
103.7	103.8	105.2	106.1	106.3	105.9	106.9	107.5	108.4
104.8	105.4	105.8	105.6	108.2	107.8	108.2	108.5	108.2
100.1	100.4	101.7	101.2	100.7	101.1	102.0	102.8	102.7
101.8	101.5	102.2	102.1	101.7	101.1	101.0	101.8	101.7
102.5	102.9	102.8	103.5	103.6	103.3	103.3	104.7	104.6
100.8	100.9	100.4	101.1	101.9	101.9	101.4	101.5	101.9
104.4	105.2	105.3	106.7	106.7	107.3	109.7	113.0	114.3
102.7	103.4	104.5	105.8	105.7	106.0	106.8	106.8	107.7
103.9	103.8	103.9	103.8	103.8	105.1	105.1	105.0	104.9
100.2	101.1	101.3	101.2	101.2	101.0	101.4	101.2	101.1
100.0	99.9	99.9	100.3	100.3	100.1	99.8	100.0	100.0
104.9	104.9	104.9	104.9	104.3	103.9	102.3	101.6	103.0
109.8	109.8	109.8	110.0	109.1	106.7	104.0	104.4	109.2
118.7	118.7	118.8	118.8	116.8	111.9	106.2	108.1	113.5
103.5	103.5	103.5	103.8	103.8	103.1	101.5	101.6	105.9
112.0	112.0	112.0	112.0	110.2	107.0	107.0	105.5	111.0
101.4	101.4	101.4	101.4	101.4	101.4	100.0	100.0	101.8
102.8	102.8	102.8	102.8	102.8	103.1	103.1	101.6	101.8
100.3	100.3	100.3	100.3	100.3	100.3	100.3	100.3	100.3
104.1	104.1	104.1	104.1	104.1	104.1	104.1	101.6	101.9
101.3	101.3	101.3	101.1	101.2	102.1	102.2	102.0	102.8
102.2	102.2	102.2	102.2	102.2	102.3	102.3	101.3	100.1

3-3 续表 9

（上年同期＝100）

指 标	Item	1 月 January	2 月 February	3 月 March
治疗类	Therapeutic Category	105.3	105.3	105.3
临床手术治疗	Clinical Surgical Treatment	107.1	107.1	107.1
临床非手术治疗	Clinical Non-surgical Treatment	103.2	103.2	103.2
康复类	Rehabilitation Class	101.3	101.3	101.3
中医医疗服务类	Chinese Medicine Medical Service	108.6	108.6	108.6
其他医疗服务	Other Medical Services	100.0	100.0	100.0
其他用品和服务	**Other Supplies and Services**	**99.8**	**100.5**	**101.2**
其他用品类	Other Supplies	96.7	98.0	100.0
首饰手表	Jewellery Watches	91.9	94.9	99.9
金饰品	Gold Jewelry	93.7	98.4	104.9
银饰品	Silver Jewelry	98.6	97.7	98.5
铂金饰品	Platinum Jewelry	81.2	83.7	89.4
手表	Wrist Watch	99.9	99.9	100.1
其他杂项用品	Other Miscellaneous Goods	99.9	100.1	100.0
箱包	Luggage and Bags	100.2	100.6	101.2
母婴用品	Mother and Baby Supplies	99.9	99.9	99.5
眼镜	Glasses	99.4	99.4	98.8
其他服务类	Other Service Classes	102.3	102.6	102.2
旅馆住宿	Hotel Accommodation	101.4	104.0	100.4
宾馆住宿	Hotel Accommodation	98.4	100.4	98.5
其他住宿	Other Accommodation	105.3	108.9	102.9
美容美发洗浴	Hairdressing & Beauty and Bath	106.3	105.5	105.4
美容	Hairdressing	102.8	102.3	102.8
美发	Hairdressing	109.3	108.2	107.8
洗浴	Bath	103.5	102.4	102.0
养老服务	Pension Service	100.8	100.8	100.8
金融保险	Financial Insurance	101.8	101.9	102.1
金融服务	Financial Service	100.0	100.0	100.0
车辆保险	Vehicle Insurance	100.1	100.1	100.1
旅行保险	Travel Insurance	100.0	100.0	102.2
其他保险	Other Insurance	104.3	104.5	104.5
其他服务类	Other Service Classes	100.4	100.4	100.4
中介服务	Intermediary Services	100.6	100.6	100.6
其他服务	Other Services	100.0	100.0	100.0

continued

(preceding year=100)

4 月 April	5 月 May	6 月 June	7 月 July	8 月 August	9 月 September	10 月 October	11 月 November	12 月 December
105.3	105.3	105.3	105.3	103.9	103.8	100.8	100.2	101.7
107.1	107.1	107.1	107.1	104.6	104.3	101.6	100.6	102.0
103.1	103.1	103.1	103.1	103.1	103.2	99.8	99.8	101.3
101.3	101.3	101.3	101.3	100.0	100.1	100.1	100.1	100.8
108.6	108.6	108.6	108.6	108.6	106.6	104.5	103.6	101.4
100.0	100.0	100.0	100.0	100.0	100.0	100.0	100.0	100.0
100.8	**101.1**	**101.6**	**103.1**	**103.3**	**103.1**	**102.4**	**103.1**	**102.7**
98.9	99.4	100.6	103.7	104.1	103.8	102.3	103.7	102.8
98.6	100.8	102.9	111.4	112.2	110.2	106.4	110.1	107.8
102.5	105.2	107.1	118.7	118.8	116.5	112.3	116.9	112.9
98.2	96.8	98.4	98.9	98.4	97.3	94.5	95.2	94.8
89.3	93.1	96.1	106.5	109.9	106.8	101.1	106.4	106.2
100.1	100.0	100.7	100.6	100.5	100.5	100.5	100.5	100.5
99.1	98.5	99.2	98.9	99.2	99.8	99.7	99.9	99.8
100.1	98.7	99.3	98.8	98.7	99.3	99.1	99.4	99.3
100.0	100.0	100.1	100.1	100.0	100.5	100.4	100.5	100.5
96.3	96.3	97.7	97.7	99.0	99.8	99.8	99.8	99.8
102.4	102.5	102.5	102.5	102.6	102.5	102.5	102.7	102.6
100.4	101.6	101.5	102.2	102.7	101.9	102.0	102.0	101.6
98.5	98.7	98.6	99.7	100.6	99.4	100.6	101.0	101.3
103.0	105.5	105.3	105.5	105.6	105.3	103.8	103.3	101.9
105.8	105.4	105.3	105.1	104.9	104.9	105.0	105.4	105.3
102.7	103.0	103.0	102.8	102.8	102.8	102.8	103.8	103.9
108.8	107.6	107.5	107.2	106.8	106.8	106.9	107.0	106.8
102.0	102.0	102.6	102.6	102.4	102.4	102.5	102.6	102.7
101.6	101.9	102.1	102.1	102.1	104.5	104.5	104.5	104.5
102.1	102.1	102.1	102.2	102.3	101.6	101.6	101.7	101.7
100.0	100.0	100.0	100.0	100.0	100.0	100.0	100.0	100.0
100.1	100.1	100.0	100.0	100.0	100.0	100.0	100.0	100.0
102.2	102.2	102.2	102.2	103.6	103.6	103.6	103.6	103.6
104.5	104.5	104.5	104.7	104.7	103.1	103.1	103.3	103.3
100.2	100.2	100.2	100.2	99.7	99.7	99.7	99.7	99.7
100.0	100.0	99.9	99.9	99.9	99.9	99.9	99.9	99.9
100.6	100.6	100.6	100.6	99.4	99.5	99.5	99.4	99.4

3–4 居民消费价格分类指数

Consumer Price Indices by Category

（上年=100） (preceding year=100)

指标	Item	2014	2015
居民消费价格总指数	**Consumer Price Index**	**102.1**	**101.5**
非食品价格指数	**Non-food Price Index**	**100.9**	**100.9**
服务项目价格指数	**Items of Service Price Index**	**101.8**	**102.0**
工业品价格指数	**Industrial Product Price Index**	**100.2**	**100.1**
扣除食品和能源价格指数	**Deduction Food and Energy Price Index**	**100.9**	**101.6**
扣除鲜菜鲜果总指数	**Deduction Fresh Vegetables Fresh Fruit General Index**	**101.6**	**101.6**
消费品价格指数	**Consumable Price Index**	**102.2**	**101.3**
食品	**Food**	**104.3**	**102.6**
粮食	Grain	102.2	101.4
淀粉及制品	Starches and Products	100.9	100.6
干豆类及豆制品	Beans and Bean Products	104.8	103.4
油脂	Oil or Fat	91.4	97.6
肉禽及其制品	Meal,Poultry and Their Products	103.6	106.2
食用畜肉及副产品	Edible Domestic Animal's Meat and By-products	100.3	107.0
禽	Poultry	111.6	105.9
加工肉禽	Poultry Meat Processed Products	101.7	103.2
蛋	Eggs	106.1	99.7
水产品	Aquatic Products	107.4	100.2
鱼	Fish	106.1	100.4
其他水产品	Other Aquatic Products	110.9	99.5
菜	Vegetables	103.9	104.5
调味品	Flavoring	101.1	101.0
糖	Sweet	97.9	99.3
茶及饮料	Tea and Beverages	102.1	101.7
茶叶	Tea	100.7	101.1
饮料	Beverages	102.5	101.9
干鲜瓜果	Dried and Fresh Melons and Fruits	116.3	97.4
糕点饼干面包	Cake,Cookie,Bread	102.1	100.5
液体乳及乳制品	Milk and Its Products	105.9	97.7
在外用膳食品	Picnic Food	103.0	102.7
其他食品	Other Food and Food Processing	104.2	100.4
烟酒	**Tobacco,Liquor**	**99.2**	**101.3**
烟草	Tobacco	99.9	103.2
酒	Liquor	98.6	99.7
衣着	**Clothing**	**100.4**	**105.0**
服装	Garments	100.2	105.3
男式服装	Men's Wear	99.2	104.7
女式服装	Women's Wear	101.1	105.3
儿童服装	Children's Clothing	100.1	106.4
衣着材料	Clothing Material	99.9	100.8
鞋袜帽	Footwear,Socks and Hats	101.0	104.4
鞋	Shoes	100.9	104.8
袜子	Socks and Stockings	100.9	101.5
帽子	Hats	102.1	102.1
衣着加工服务费	Clothing Processing	103.5	104.9

3-4 续表 continued

（上年＝100） (preceding year=100)

指 标	Item	2014	2015
家庭设备用品及维修服务	**Household Facilities and Articles**	**100.3**	**100.8**
耐用消费品	Durable Consumer Goods	99.7	99.6
家具	Furniture	99.7	100.8
家庭设备	Household Facilities	99.7	98.9
室内装饰品	Interior Decorations	99.8	101.7
床上用品	Bed Articles	99.6	102.4
家庭日用杂品	Daily-Use Household Articles	100.3	100.1
家庭服务及加工维修服务	Household Service and maintenance	104.7	106.9
医疗保健和个人用品	**Medic-care and Personal Articles**	**101.0**	**101.8**
医疗保健	Medic-care and health	101.6	102.4
医疗器具及用品	Medical Appliances and Articles	100.1	100.0
中药材及中成药	Traditional Chines Herbs and Patent Drugs	103.4	103.9
西药	Western Medicine	100.8	101.9
保健器具及用品	Healthy Appliances and Articles	101.5	101.8
医疗保健服务	Medical Care and Health Service	100.9	101.6
个人用品及服务	Personal Articles and Services	99.9	100.6
化妆美容用品	Making-up Articles	99.8	100.4
清洁化妆用品	Health Supplies	100.5	100.9
个人饰品	Personal ornaments	95.3	96.9
个人服务	Personal Service	103.5	103.6
交通和通信	**Transportation and Communication**	**99.9**	**98.5**
交通	Transportation	100.5	97.5
交通工具	Transportation Means	100.4	99.4
车用燃料及零配件	Fuels and Accessory for vehicles	98.3	85.7
车辆使用及维修费	Vehicle Use and Maintenance	102.7	105.9
市区公共交通费	City-bus Fares	101.7	101.9
城市间交通费	Inter-city Bus Fares	100.5	98.5
通信	Telecommunication	99.3	99.5
通信工具	Communication Tool	96.2	96.0
通信服务	Communication Service	99.9	100.3
娱乐教育文化用品及服务	**Recreation,Education,Culture Articles and Services**	**101.5**	**101.3**
文娱用耐用消费品及服务	Durable Consumer Goods for Receational Use	97.4	98.4
教育	Education	102.4	102.0
教材及参考书	Text Book and Reference Book	100.6	97.9
教育服务	Education Service	102.6	102.5
文化娱乐类	Cultural and Recreational Articles	101.0	100.9
文化娱乐用品	Cultural and Recreational Goods	99.7	99.7
书报杂志	Newspapers and Magazines	102.2	103.5
文娱费	Recreation Expense	101.3	100.4
旅游	Tourism	103.4	102.3
居住	**Residence**	**101.5**	**99.6**
建房及装修材料	Building and Decoration Materials	101.1	99.0
住房租金	Housing Rents	101.9	102.4
自有住房	Housing	101.7	102.1
水、电、燃料	Water,Electricity and Fuels	101.4	95.2

3-5 各地区居民消费价格总指数（1984—2016年）

（上年=100）

年 份 Year	南宁市 Nanning	柳州市 Liuzhou	桂林市 Guilin	梧州市 Wuzhou	北海市 Beihai	防城港市 Fangchenggang	钦州市 Qinzhou
1984	104.4	104.1	104.0	105.3	105.5		
1985	118.3	115.7	114.4	117.4	116.5		
1986	105.2	105.3	105.6	105.1	105.1		
1987	111.1	109.1	113.2	112.7	112.1		
1988	121.6	127.8	124.5	123.4	128.4		
1989	119.4	119.1	119.8	116.2	120.8		
1990	98.0	99.7	99.0	98.7	96.9		
1991	104.1	102.3	101.6	104.8	104.5		
1992	106.7	106.1	109.5	110.2	107.2		
1993	125.1	124.6	120.3	122.2	134.8		
1994	124.8	126.0	128.9	125.8	123.1		
1995	118.6	120.0	119.3	116.1	114.8		
1996	103.3	106.1	108.2	106.8	105.4		
1997	100.2	100.3	101.5	102.1	100.7		
1998	96.7	98.2	95.3	99.9	99.1		
1999	95.9	96.8	98.6	100.1	97.0		
2000	100.0	99.8	99.5	100.5	100.4		
2001	102.8	99.7	102.2	100.3	100.5		
2002	99.4	100.6	100.0	97.8	99.9		
2003	100.8	100.6	100.6	101.3	99.9		
2004	104.2	105.4	104.0	104.3	104.7		
2005	101.1	103.3	104.0	102.8	101.6		
2006	102.5	101.0	100.7	101.4	101.6		
2007	104.5	106.1	106.8	105.8	105.1		
2008	108.4	107.9	105.9	107.5	107.3	112.7	110.9
2009	98.2	97.8	99.2	97.6	97.4	97.5	99.7
2010	102.5	103.5	102.2	103.5	103.1	104.5	103.3
2011	105.7	105.4	105.8	105.4	105.5	106.0	105.4
2012	102.9	104.0	103.5	102.9	102.6	102.6	103.1
2013	102.1	101.9	102.5	102.3	102.0	102.6	102.1
2014	101.6	102.6	102.0	102.1	102.8	102.6	102.5
2015	101.9	101.7	101.9	101.0	100.4	101.1	101.1
2016	101.4	101.8	102.3	101.2	101.1	101.1	101.6

Consumer Price Indices by Region（1984—2016）

（preceding year=100）

贵港市 Guigang	玉林市 Yulin	百色市 Baise	贺州市 Hezhou	河池市 Hechi	来宾市 Laibin	崇左市 Chongzuo
104.4		104.6	104.6			
114.4		117.9	115.1			
104.4		110.4	105.8			
107.7		109.1	114.8			
123.9		120.5	123.3			
125.0		123.7	121.3			
95.8		95.4	96.7			
103.2		102.5	101.6			
104.6		109.5	108.5			
123.1		119.9	120.2			
127.5		128.0	125.1			
119.9		121.4	119.5			
107.6		106.8	107.7			
100.2		103.0	102.5			
93.8		99.3	97.3			
98.1		99.1	97.4			
98.9		100.0	99.2			
98.1		102.2	100.3			
100.7		97.6	98.2			
102.5		101.4	101.2			
104.6		104.2	104.6			
102.0		103.4	101.8			
100.8		102.9	102.6			
106.5		105.7	106.9			
108.0		109.8	108.6	106.8	107.9	110.1
97.2	97.4	98.5	97.9	98.3	97.9	96.9
103.8	102.3	103.7	104.4	101.8	103.2	102.9
105.9	105.5	106.5	106.8	105.6	105.5	105.5
103.5	103.4	103.0	102.8	103.2	102.6	103.1
102.7	101.6	102.5	102.0	101.9	102.0	102.5
101.8	102.6	102.3	101.9	102.8	101.5	102.4
101.4	101.7	101.9	101.8	100.7	101.2	100.4
101.2	102.4	101.1	101.4	101.0	102.0	101.6

3-6 各地区居民消费价格分类指数（2016年）

（上年＝100）

指　标	Item	南宁市 Nanning	柳州市 Liuzhou	桂林市 Guilin
居民消费价格总指数	**Consumer Price Index**	**101.4**	**101.8**	**102.3**
服务价格指数	**Service Price Index**	**102.3**	**102.3**	**103.4**
工业品价格指数	**Industrial Product Price Index**	**99.7**	**99.9**	**99.9**
消费品价格指数	**Consumer Price Index**	**100.9**	**101.5**	**101.8**
非食品价格指数	**Non-food Price Index**	**100.9**	**101.1**	**101.6**
扣除食品和能源价格指数	**Excluding Food and Energy Price Index**	**101.4**	**101.6**	**102.2**
扣除鲜菜鲜果价格指数	**Excluding Fresh Vegetables Fresh Fruit Price Index**	**101.3**	**101.5**	**102.1**
食品烟酒	**Food, Tobacco and Liquor**	**102.5**	**103.5**	**104.1**
食品	Food	103.6	104.8	105.1
粮食	Grain	100.7	99.7	100.9
薯类	Tubers	113.7	111.2	111.5
豆类	Beans	100.8	105.2	100.6
食用油	Edible Oil	99.8	99.1	107.9
菜	Vegetables	106.3	112.6	110.3
畜肉类	Neat of Animal	110.2	111.2	112.8
禽肉类	Meat of Poultris	102.7	100.0	100.0
水产品	Aquatic Product	104.1	103.5	102.7
蛋类	Eggs	98.0	95.2	97.0
奶类	Dairy & Soy Milk	96.0	102.7	100.1
干鲜瓜果类	Dried Fresh Melon and Fruit	100.7	98.9	99.0
糖果糕点类	Confectionery	97.0	102.8	101.6
调味品	Condiment	97.3	99.7	101.1
其他食品类	Other Food Categories	96.7	101.2	103.1
茶及饮料	Tea and Drinks	100.3	99.5	100.2
烟酒	Alcohol and Tobacco	101.6	100.9	100.9
烟草	Tobacco	101.5	102.1	101.6
酒类	Liquor	102.0	98.0	99.8
在外餐饮	Outside Catering	100.1	101.3	103.1
衣着	**Clothing**	**102.9**	**104.2**	**103.1**
服装	Apparel	101.6	105.6	104.2
男式服装	Men's Clothing	103.4	107.2	100.7
女式服装	Women's Clothing	100.8	104.7	104.8
儿童服装	Children's Wear	101.0	105.4	109.4
服装材料	Clothing Materials	107.0	100.0	101.0
其他衣着及配件	Other Clothing and Accessories	107.4	103.0	100.0
衣着加工服务费	Service Fee for Dressing	105.1	107.0	101.6
鞋类	Footwear	106.2	99.7	100.2
鞋	Shoes	107.2	98.6	100.2
鞋类加工服务	Footwear Processing Services	100.0	109.5	100.0

Consumer Price Indices by Category and Region（2016）

（preceding year=100）

梧州市 Wuzhou	北海市 Beihai	防城港市 Fangchenggang	钦州市 Qinzhou	贵港市 Guigang	玉林市 Yulin	百色市 Baise	贺州市 Hezhou	河池市 Hechi	来宾市 Laibin	崇左市 Chongzuo
101.2	**101.1**	**101.1**	**101.6**	**101.2**	**102.4**	**101.1**	**101.4**	**101.0**	**102.0**	**101.6**
100.8	**99.2**	**100.4**	**101.2**	**101.9**	**104.8**	**100.4**	**102.2**	**101.2**	**101.6**	**101.7**
99.4	**100.0**	**100.6**	**100.0**	**98.4**	**100.6**	**99.6**	**98.0**	**99.4**	**100.3**	**99.7**
101.4	**101.9**	**101.4**	**101.8**	**100.9**	**101.2**	**101.5**	**100.9**	**101.0**	**102.1**	**101.5**
100.4	**100.3**	**100.5**	**101.0**	**100.2**	**102.3**	**100.3**	**100.4**	**100.4**	**101.1**	**100.8**
101.0	**100.5**	**101.0**	**101.6**	**100.8**	**103.0**	**100.5**	**101.2**	**101.0**	**101.2**	**101.2**
101.1	**101.0**	**101.0**	**101.4**	**100.8**	**102.5**	**100.9**	**101.1**	**100.9**	**101.7**	**101.5**
103.8	**104.3**	**102.4**	**103.8**	**103.7**	**101.9**	**103.7**	**104.2**	**102.8**	**104.4**	**103.6**
104.6	104.2	103.1	104.0	105.0	102.6	104.3	105.0	103.6	105.4	104.4
100.6	99.9	100.8	102.1	100.6	99.9	100.5	100.4	99.0	102.2	101.1
112.6	111.6	115.5	119.9	120.0	117.6	113.4	105.6	118.6	120.4	109.3
102.4	103.3	102.1	101.0	102.5	107.9	100.5	102.0	101.2	101.5	104.3
100.6	101.6	103.1	102.7	100.7	95.3	102.3	100.7	104.6	101.5	100.3
110.8	106.8	106.5	110.7	110.0	108.8	109.9	109.0	109.3	110.3	108.2
110.1	110.7	110.4	111.5	110.1	111.6	109.5	112.7	109.7	113.2	113.3
100.3	98.1	100.1	95.7	99.2	97.0	100.5	100.7	98.9	103.8	99.1
109.7	109.9	99.5	102.8	100.7	103.0	104.8	101.9	100.5	101.3	104.5
97.2	96.9	95.9	102.4	99.3	102.3	99.3	96.0	97.9	101.9	94.4
101.6	100.0	102.8	99.1	101.1	99.6	99.8	103.0	99.6	98.4	100.2
94.3	98.1	100.1	96.9	109.9	89.7	96.6	104.2	97.2	101.2	98.5
99.5	99.6	99.2	102.2	101.0	100.0	102.6	102.6	101.7	100.5	100.6
100.6	101.3	101.2	101.8	101.2	100.4	100.7	102.8	101.1	101.8	102.2
102.9	97.3	99.2	103.9	99.9	102.1	107.3	98.8	105.4	100.7	99.8
100.6	99.6	101.4	101.0	100.1	98.9	100.8	101.0	100.1	101.3	101.9
100.9	100.4	101.3	101.3	100.8	102.3	101.1	101.1	101.4	100.4	100.8
101.6	101.5	101.6	101.7	102.1	102.8	100.9	101.5	102.8	99.4	101.5
99.2	99.2	100.9	100.9	98.6	101.4	101.3	100.4	99.5	101.9	99.8
103.0	107.0	100.9	104.7	101.5	100.3	103.2	103.5	101.2	103.4	102.7
103.1	**100.5**	**102.4**	**102.9**	**99.6**	**102.8**	**101.2**	**101.3**	**102.0**	**101.4**	**100.9**
104.1	99.9	103.2	103.0	99.9	103.5	101.3	101.6	101.5	101.0	101.4
105.0	99.3	101.5	104.4	99.7	100.2	101.5	100.5	101.6	100.6	101.7
104.7	100.1	103.3	102.9	101.5	104.5	100.9	102.2	101.6	100.8	101.2
101.0	100.5	105.4	101.2	96.9	107.9	102.1	102.4	100.9	102.1	101.2
102.4	99.3	100.0	102.0	100.0	102.7	100.0	104.5	100.0	100.0	100.0
99.5	96.9	105.1	101.2	99.3	103.0	99.1	100.9	98.3	104.0	101.1
101.1	108.4	100.0	108.6	104.8	103.2	100.5	102.2	100.3	100.0	107.0
100.4	100.9	99.6	102.2	98.2	100.3	101.4	99.9	104.6	102.5	98.7
99.7	99.5	99.5	101.2	98.1	100.3	101.5	99.8	104.7	101.4	98.5
107.0	116.0	108.5	111.8	101.5	100.5	100.2	102.1	100.0	111.4	102.9

3-6 续表 1

（上年＝100）

指 标	Item	南宁市 Nanning	柳州市 Liuzhou	桂林市 Guilin
居住	**Residence**	**100.5**	**100.5**	**102.8**
租赁房房租	Rental Housing Rent	101.7	104.2	107.5
住房保养维修及管理	Maintenance and Management of Housing	102.4	101.6	101.8
住房装潢材料	Housing Decoration Materials	100.9	100.2	101.2
物业管理费	Property Management Fee	100.0	106.9	100.0
住房装潢维修	Housing Decoration Maintenance	104.7	101.0	103.7
水电燃料	Hydropower Fuel	96.1	96.1	95.9
水	Water	100.6	100.8	102.2
电	Electric	100.0	100.0	100.0
燃气	Gas	88.8	89.3	87.1
取暖费	Heating Fee	100.0	100.0	100.0
其他燃料	Other Fuels	98.7	100.0	100.0
自有住房	Home-ownership	102.0	101.8	105.9
生活用品及服务	**Household Facilities, Articles and Services**	**99.6**	**100.6**	**100.4**
家具及室内装饰品	Furniture and Interior Decorations	101.3	97.8	100.0
家具	Furniture	101.5	97.6	100.0
室内装饰品	Upholstery	99.6	99.8	100.0
家用器具	Household Appliances	97.6	100.2	99.1
大型家用器具	Large Household Appliances	97.1	99.5	98.8
小家电	Small Home Appliances	98.8	103.0	100.1
家用纺织品	Home Textiles	102.8	99.3	100.0
床上用品	Bedding Article	103.2	99.4	100.0
窗帘门帘	Curtain	102.6	102.2	100.0
其他家用纺织品	Other Household Textiles	101.1	96.3	100.5
家庭日用杂品	Daily Use Household Articles	99.5	100.1	100.4
洗涤卫生用品	Washing Sanitary Articles	99.3	100.8	100.7
厨具餐具茶具	Kitchenware, Tableware, Tea set	98.5	101.0	100.0
家用手工工具	Hand Tools for Household Use	100.0	97.8	100.0
其他家庭日用杂品	Other Family Daily Sundry Goods	100.3	98.7	100.0
个人护理用品	Personal care Articles	99.3	100.1	101.0
化妆品	Cosmetics	99.9	100.2	100.9
其他护理用品类	Other Types of Care Products	99.0	100.1	101.1
家庭服务	Family Services	100.2	109.6	104.2
交通和通信	**Transportation and Communication**	**98.2**	**98.4**	**98.7**
交通	Transportation	98.7	97.7	97.6
交通工具	Vehicle	99.5	97.8	95.5
交通工具用燃料	Fuel for Vehicles	95.7	95.7	95.1
交通工具使用和维修	Vehicle Use and Maintenance	101.0	98.8	100.0
交通费	Traffic Expense	100.0	100.1	107.6

continued

(preceding year=100)

梧州市 Wuzhou	北海市 Beihai	防城港市 Fangchenggang	钦州市 Qinzhou	贵港市 Guigang	玉林市 Yulin	百色市 Baise	贺州市 Hezhou	河池市 Hechi	来宾市 Laibin	崇左市 Chongzuo
98.5	**97.3**	**99.4**	**98.5**	**100.5**	**99.0**	**99.3**	**100.1**	**100.2**	**102.7**	**101.0**
100.0	100.8	96.1	100.5	101.7	100.0	100.2	104.7	102.0	98.8	100.3
99.9	97.4	109.5	100.3	101.9	99.8	97.7	100.4	99.6	100.6	100.5
99.8	100.4	100.9	101.3	100.6	99.6	97.9	100.9	99.3	99.5	99.1
100.0	100.0	100.0	100.0	100.0	100.0	100.0	100.0	100.0	100.0	100.0
99.8	93.4	121.3	99.4	104.7	100.0	97.1	100.0	100.0	102.0	102.4
94.7	100.0	96.7	95.1	94.9	97.5	99.6	92.3	94.7	102.0	98.3
99.1	104.6	100.0	101.9	99.5	114.2	100.6	102.0	102.2	100.6	100.0
100.0	100.0	100.0	100.0	100.0	100.0	100.0	100.0	100.0	100.0	100.0
85.3	98.0	88.9	82.0	83.4	87.2	95.8	75.5	81.1	105.4	95.1
100.0	100.0	100.0	100.0	100.0	100.0	100.0	100.0	100.0	100.0	100.0
100.0	100.0	100.0	106.7	103.8	101.4	136.8	108.0	95.5	100.0	95.4
100.0	95.1	97.2	99.4	103.3	99.3	99.7	104.2	103.5	105.0	103.2
98.6	**100.1**	**102.1**	**101.7**	**99.0**	**99.6**	**100.3**	**100.1**	**99.7**	**100.3**	**99.8**
101.0	100.3	103.0	100.9	96.7	98.0	100.7	100.7	97.6	101.3	99.6
101.1	100.1	103.1	100.9	96.9	97.7	100.6	100.4	97.5	101.5	99.7
100.1	102.3	102.7	101.5	94.6	101.1	101.6	104.1	100.0	98.8	99.0
96.8	97.7	101.2	100.9	97.6	99.8	101.2	98.5	99.4	99.1	98.7
96.5	97.9	101.0	101.2	97.7	100.4	101.4	98.2	99.3	98.7	98.4
97.9	96.8	102.4	99.7	96.7	97.6	100.7	99.8	99.6	100.9	99.7
96.7	99.2	99.4	101.8	100.0	99.2	99.5	100.0	101.9	102.3	99.9
96.2	98.8	98.9	102.0	99.3	100.6	99.8	99.9	102.3	102.8	99.8
97.3	101.9	100.2	100.9	102.4	93.8	100.0	100.0	100.0	99.4	100.6
100.0	100.0	103.3	101.5	102.0	100.4	96.4	100.9	99.7	101.4	100.0
97.4	100.6	102.8	100.8	100.2	100.1	100.0	100.6	99.9	100.1	100.2
95.5	100.9	103.3	100.0	99.8	100.6	100.4	101.0	100.0	99.7	100.3
98.7	100.4	103.4	102.3	101.9	100.5	100.1	99.6	99.7	100.1	99.9
100.4	102.9	100.5	100.1	100.0	100.6	99.7	100.0	100.0	102.1	100.2
100.1	98.9	101.5	101.1	100.2	98.1	98.5	100.9	99.8	99.8	100.3
99.4	98.3	101.4	100.3	100.3	100.1	99.1	100.4	100.1	100.3	99.9
101.7	99.2	103.1	100.0	100.7	100.1	100.0	101.0	100.6	101.8	99.5
97.9	97.3	100.2	100.5	99.6	100.1	98.8	99.9	99.9	99.5	100.3
102.0	111.6	104.0	111.5	99.5	100.4	101.9	102.2	101.2	100.0	102.9
98.4	**99.6**	**98.8**	**99.9**	**97.1**	**100.3**	**98.6**	**96.6**	**100.1**	**99.3**	**99.4**
98.3	99.2	98.6	99.8	96.7	98.6	98.1	97.3	99.9	99.0	98.6
98.5	97.4	98.4	101.1	95.3	98.8	97.7	94.9	100.0	99.5	99.1
95.7	95.7	95.6	95.7	95.6	95.8	95.7	95.6	95.7	95.7	95.5
101.4	108.3	103.5	102.4	98.8	100.1	100.5	101.3	100.0	104.7	102.9
100.8	100.8	100.4	100.9	100.8	101.8	102.8	102.7	106.7	99.2	99.1

3-6 续表 2

（上年＝100）

指 标	Item	南宁市 Nanning	柳州市 Liuzhou	桂林市 Guilin
通信	Communication	97.2	99.8	100.9
通信工具	Communication Tools	82.7	96.4	101.3
通信服务	Communication Services	101.0	100.1	100.8
邮递服务	Postal Service	100.0	105.8	100.0
教育文化和娱乐	**Education, Cultural and Recreation**	**102.6**	**101.2**	**101.2**
教育	Education	100.8	101.3	101.8
教育用品	Educational Supplies	99.4	98.4	101.1
教育服务	Education Service	100.9	101.6	101.9
文化娱乐	Cultural Entertainment	105.0	101.0	100.2
文娱耐用消费品	Entertainment and Durable Consumer Goods	97.4	97.3	97.6
其他文娱用品	Other Recreational Materials	99.4	102.8	101.1
文化娱乐服务	Cultural and Recreational Services	100.2	99.9	98.4
旅游	Tourism	119.5	103.3	104.5
医疗保健	**Health Care and medical Service**	**101.6**	**104.0**	**102.2**
药品及医疗器具	Medicines and Medical Devices	104.0	101.8	102.9
中药	Traditional Chinese Medicine	105.1	105.0	105.6
西药	Western Medicine	101.2	102.0	102.5
滋补保健品	Nourishing Health Care Products	111.7	99.1	103.3
医疗卫生器具	Medical Sanitation	99.6	100.2	100.0
保健器具	Health Care Appliance	97.3	100.0	100.0
医疗服务	Medical Service	100.0	105.4	101.1
综合医疗类	Synthetic Medicine	100.0	116.7	104.4
诊断类	Diagnostic Class	100.0	100.0	99.8
治疗类	Therapeutic Category	100.0	104.1	100.6
康复类	Rehabilitation Class	100.0	100.0	101.9
中医医疗服务类	Chinese Medicine Medical Service	100.0	125.3	100.6
其他医疗服务	Other Medical Services	100.0	100.0	100.0
其他用品和服务	**Other Supplies and Services**	**104.2**	**100.5**	**102.8**
其他用品类	Other Supplies	103.0	101.8	104.2
首饰手表	Jewellery Watches	105.8	105.4	108.3
其他杂项用品	Other Miscellaneous Goods	99.6	98.8	100.2
其他服务类	Other Service Classes	105.2	99.5	101.5
旅馆住宿	Hotel Accommodation	109.1	93.6	100.2
美容美发洗浴	Hairdressing & Beauty and Bath	113.8	101.1	100.8
养老服务	Pension Service	105.2	100.0	110.7
金融保险	Financial Insurance	100.0	100.0	100.0
其他服务类	Other Service Classes	99.2	100.0	100.0

continued

(preceding year=100)

梧州市 Wuzhou	北海市 Beihai	防城港市 Fangchenggang	钦州市 Qinzhou	贵港市 Guigang	玉林市 Yulin	百色市 Baise	贺州市 Hezhou	河池市 Hechi	来宾市 Laibin	崇左市 Chongzuo
98.6	100.3	99.3	100.1	98.1	103.3	99.6	95.5	100.6	100.0	100.8
96.4	98.7	96.3	100.6	87.2	102.3	99.8	86.6	102.2	99.8	104.1
99.0	100.7	100.0	100.0	99.8	99.2	99.6	97.3	100.0	100.0	100.0
100.0	100.0	99.8	100.4	102.6	131.2	100.0	100.0	100.0	100.0	100.5
100.8	**100.3**	**99.2**	**102.7**	**101.7**	**101.9**	**99.8**	**102.1**	**99.4**	**100.2**	**101.1**
100.8	100.3	100.2	100.1	102.2	103.9	101.6	102.2	99.7	100.3	102.7
100.0	99.8	102.5	100.3	99.4	100.7	98.9	100.6	99.6	99.7	99.5
100.9	100.4	99.9	100.1	102.6	104.5	101.9	102.3	99.7	100.3	103.0
100.9	100.3	98.0	105.7	101.0	99.2	97.2	102.1	98.9	100.1	98.8
93.8	99.9	101.4	99.0	99.7	102.4	94.8	97.2	99.3	98.6	97.8
99.9	98.3	100.8	101.8	100.8	103.0	101.0	99.6	100.1	100.0	100.8
100.4	105.5	100.4	101.7	101.2	100.1	100.8	100.0	100.9	99.1	100.2
108.0	98.1	92.1	116.9	103.9	93.1	93.8	109.0	95.8	102.4	97.3
102.9	**103.1**	**103.7**	**100.6**	**102.0**	**118.5**	**101.5**	**100.8**	**100.6**	**100.1**	**102.1**
107.5	106.8	105.0	101.4	105.4	104.6	101.7	102.0	101.5	100.3	103.9
110.4	107.5	104.2	102.8	107.4	101.5	104.7	103.7	104.0	101.0	110.9
110.8	105.3	105.1	101.3	109.4	105.2	101.0	100.6	101.2	100.1	102.9
103.7	115.2	111.2	100.0	100.9	107.2	100.6	105.4	100.1	100.0	100.0
99.5	102.3	98.6	101.8	102.4	104.9	100.0	100.0	99.2	100.0	100.0
97.8	100.0	100.0	100.0	100.6	100.0	99.9	100.0	100.0	100.0	100.0
100.0	100.0	102.8	100.0	100.0	128.2	101.3	100.0	100.0	100.0	100.9
100.0	100.0	105.9	100.1	99.9	178.9	104.7	99.9	100.0	100.0	99.7
100.0	100.0	102.1	100.0	100.0	131.4	100.0	100.0	100.0	100.0	100.9
100.0	100.0	102.8	100.0	100.0	104.2	101.9	100.0	100.0	100.0	101.4
100.0	100.0	100.0	100.0	100.0	100.0	100.0	100.0	100.0	100.0	101.5
100.0	100.0	100.7	100.0	100.0	124.1	100.0	100.0	100.0	100.0	100.7
100.0	100.0	100.0	100.0	100.0	100.0	100.0	100.0	100.0	100.0	100.8
103.0	**101.8**	**102.6**	**99.9**	**100.9**	**105.9**	**103.0**	**99.7**	**100.3**	**100.0**	**99.1**
102.0	103.9	103.6	99.4	101.0	103.2	102.0	97.5	99.6	99.7	97.5
107.8	108.5	103.5	100.8	106.1	109.0	103.2	94.5	105.3	100.0	91.7
98.9	99.7	103.6	98.6	98.1	99.3	101.5	99.4	98.7	99.5	100.6
103.8	99.9	101.8	100.2	100.8	108.2	103.8	101.4	101.0	100.2	100.4
102.4	99.4	98.2	98.9	100.3	103.6	102.6	97.1	103.7	100.0	100.0
110.1	101.0	109.1	102.1	103.5	108.5	100.0	103.4	100.4	100.3	100.6
103.8	100.0	100.0	100.0	100.0	100.0	115.5	110.2	103.0	100.0	100.0
101.9	100.0	100.0	100.0	100.0	114.1	102.4	100.0	100.0	99.8	100.3
107.3	98.5	100.0	100.0	100.0	100.0	100.0	100.0	100.0	102.6	101.2

3-7 商品零售价格分类指数（2016年）

Retail Price Indices by Category（2016）

（上年＝100） （preceding year=100）

指标	Item	全区 Province	城市 Urban Areas	农村 Rural Areas
商品零售价格指数	**Retail Price Index**	**100.4**	**100.4**	**100.3**
食品	**Food**	**103.9**	**103.8**	**104.5**
粮食	Grain	100.6	100.5	101.4
大米	Rice	100.3	100.2	100.9
面粉	Flour	100.6	100.4	101.8
其他粮食	Other Grain	98.6	98.7	98.3
粮食制品	Grain Products	102.0	101.7	103.6
薯类	Tubers	113.4	114.3	108.5
豆类	Beans	102.8	102.9	102.1
干豆	Dried Bean	98.6	98.5	99.1
豆制品	Bean Products	103.8	104.0	103.0
食用油	Edible Oil	101.1	100.8	102.8
食用植物油	Edible Vegetable Oil	100.2	99.9	101.7
食用动物油	Edible Animal Oil	109.2	109.5	108.2
菜	Vegetables	109.4	109.2	110.9
鲜菜	Fresh Vegetables	110.3	110.0	112.2
干菜及菜制品	Dried Vegetables and Vegetable Products	101.4	101.6	99.9
畜肉类	Neat of Animal	111.3	111.2	111.9
猪肉	Pork	115.4	115.3	115.6
牛肉	Beef	100.3	100.5	99.2
羊肉	Mutton	93.6	93.6	92.5
畜肉副产品	Edible Meat and By-products	110.7	111.3	106.7
其他畜肉及制品	Other Livestock Meat and Products	104.5	104.7	103.0
禽肉类	Meat of Poultris	100.1	100.2	99.6
鸡	Chicken	100.1	100.1	99.5
鸭	Duck	99.0	99.2	97.9
其他禽肉及制品	Other Poultry Meat and Products	102.0	101.9	102.6
水产品	Aquatic Products	104.1	104.1	103.4
淡水鱼	Freshwater Fish	101.9	102.2	99.6
海水鱼	Marine Fish	106.3	106.2	107.7
虾蟹类	Shrimp and Crab	107.6	107.6	107.7
其他水产品及制品	Other Aquatic Products and Products	102.4	102.2	104.1

3-7 续表 1 continued

（上年＝100） (preceding year=100)

指 标	Item	全 区 Province	城 市 Urban Areas	农 村 Rural Areas
蛋类	Eggs	98.3	98.2	99.0
鸡蛋	Egg	98.4	98.2	99.5
其他蛋及制品	Other Eggs and Products	98.2	98.2	97.6
奶类	Dairy & Soy Milk	99.0	98.9	99.5
鲜奶	Fresh Milk	98.9	98.8	100.8
酸奶	Yogurt	98.9	99.1	96.6
奶粉	Milk Powder	98.9	98.8	99.9
其他奶制品	Other Dairy Products	99.5	99.5	99.3
干鲜瓜果类	Dried Fresh Melon and Fruit	98.7	98.9	97.3
鲜瓜果	Melons and Fruits	98.5	98.7	97.4
坚果	Nut	99.3	99.5	97.1
瓜果制品	Melon and Fruit Products	100.0	100.5	96.2
糖果糕点类	Confectionery	100.1	100.2	99.9
食糖	Sugar	99.4	98.8	103.2
糖果	Candy	100.2	100.6	96.5
糕点	Cakes and Pastries	100.1	100.0	100.3
其他糖果糕点	Other Sweets and Pastries	100.9	100.9	100.9
调味品	Condiment	100.0	99.9	100.1
食用盐	Edible Salt	99.7	99.6	100.0
酱油	Soy Sauce	100.1	100.2	99.6
食醋	Vinegar	100.8	100.7	101.0
调味酱	Sauces	99.1	98.9	99.7
味精	Monosodium Glutamate	101.4	101.5	101.3
其他调味品	Other Condiments	99.4	99.3	99.7
其他食品类	Other Food Categories	100.7	100.5	101.5
方便食品	Convenience Food	101.3	101.2	102.3
淀粉及制品	Starch and Products	98.1	98.0	99.3
膨化食品	Puffed Food	100.9	100.9	101.1
在外餐饮	Outside Catering	102.1	102.0	102.8
正餐	Dinner	101.9	101.8	103.2
快餐	Fast Food	101.1	101.0	101.9
地方小吃	Local Snack	103.9	103.9	104.1
其他在外餐饮	Other Outside Catering	101.8	101.9	101.3

3-7 续表 2 continued

（上年＝100） (preceding year=100)

指 标	Item	全 区 Province	城 市 Urban Areas	农 村 Rural Areas
饮料、烟酒	**Beverage, Liquor and Tobacco**	**100.8**	**100.8**	**100.7**
茶及饮料	Tea and Drinks	100.1	100.0	101.3
茶叶	Tea	97.8	97.3	102.7
固体咖啡	Solid Coffee	100.2	100.3	99.5
其他固体饮料	Other Solid Drinks	102.9	102.9	102.9
饮用水	Drinking Water	102.1	101.9	103.6
果汁饮料	Fruit Juice Beverage	100.3	100.4	99.3
其他液体饮料	Other Liquid Beverages	99.3	99.4	97.6
烟草	Tobacco	101.7	101.7	101.3
酒类	Liquor	100.2	100.3	99.7
白酒	Liquor	99.9	100.0	99.2
葡萄酒	Wine	102.5	102.6	101.7
啤酒	Beer	100.1	100.1	100.2
其他酒类	Other Wines	99.8	99.7	99.8
服装、鞋帽	**Clothing, Shoes and Hats**	**102.1**	**102.6**	**97.9**
服装	Apparel	102.3	102.7	98.7
男士服装	Men's Clothing	102.3	102.6	99.2
男式西服	Men's Suits	107.5	108.7	94.0
男式冬衣	Men's Clothes	98.7	99.3	93.1
男式夹克衫	Men's Jacket	103.2	104.3	95.4
男式毛线衣	Men's Sweater	101.4	102.2	96.4
男式运动装	Men's sportswear	101.4	101.7	98.7
男式衬衫T恤	Men's Shirt T-shirt	104.9	105.0	103.8
男式裤子	Men's Dress Pants	100.0	100.1	99.1
男式内衣	Men's Underwear	100.1	100.2	99.4
女士服装	Women's Clothing	102.2	102.8	98.3
女式外套	Women's Coat	101.5	102.2	96.6
女式冬衣	Women's Clothes	101.6	102.6	93.7
女式毛线衣	Women's Sweater	104.4	105.8	95.6
女式运动装	Women's Sportswear	99.4	99.5	98.9
女式衬衫T恤	Women's Shirt T-shirt	104.3	104.6	101.9

3-7 续表 3 continued

(上年=100) (preceding year=100)

指　标	Item	全　区 Province	城　市 Urban Areas	农　村 Rural Areas
女式裤子	Women's Pants	103.6	103.8	101.7
女式裙子	Women's Ladies Skirt	101.6	102.5	95.0
女式内衣	Women's Lingerie	100.6	100.4	102.2
儿童服装	Children's Wear	102.4	102.8	99.0
婴幼服装	Infant & Toddlers Clothing	103.6	104.2	99.5
儿童上衣	Children's Coat	101.0	101.1	99.6
儿童裤子	Children's Trousers	104.6	105.6	97.1
儿童裙子	Children's Skirt	99.9	99.9	99.7
鞋帽袜	Shoe and Cap and Socks	101.3	102.1	95.6
鞋	Shoes	101.2	102.0	94.5
男鞋	Men's Shoes	100.3	101.2	92.5
女鞋	Women's Shoes	102.3	103.2	95.4
童鞋	Children's Shoes	99.7	100.3	95.5
袜子	Socks	102.2	102.3	101.3
帽子	Cap	102.0	102.6	98.7
其他衣着配件	Other Clothing Accessories	103.3	103.9	97.8
纺织品	**Textiles**	**101.3**	**101.6**	**99.2**
服装材料	Materials for Clothing	103.1	103.5	100.4
床上用品	Bedding Article	100.4	100.6	98.5
被子	Quilt	99.4	99.5	98.9
床单被套	Bed Sheet & Duvet Cover	101.7	102.2	98.1
其他床上用品	Other Bedding	99.5	99.7	98.3
家用电器及音像器材	**Household Appliances and Audio and Video Equipment**	**98.1**	**98.1**	**97.8**
家庭设备	Household Equipment	98.6	98.7	97.8
洗衣机	Washing Machine	97.9	98.2	96.1
电冰箱（柜）	Refrigerator	96.3	96.3	95.9
抽油烟机	Smoke Lampblack Machine	100.1	100.1	100.0
空调器	Air Conditioner	98.8	98.7	99.7
热水器	Water Heating	99.0	99.3	97.4
炉具灶具	Stove and Cookers	98.1	98.3	96.9
微波炉	Microwave Oven	96.0	95.8	97.6

3-7 续表 4 continued

（上年=100） (preceding year=100)

指 标	Item	全 区 Province	城 市 Urban Areas	农 村 Rural Areas
厨房小家电	Kitchen Appliances	99.2	99.3	98.5
生活小家电	Small Household Electrical Appliances	99.7	100.0	97.1
其他大型家用器具	Other Large Household Appliances	101.4	101.8	99.3
文娱用耐用消费品	Entertainment and Durable Consumer Goods	97.2	97.2	97.7
电视机	Television	95.9	95.7	97.3
照相机	Camera	100.2	100.2	99.5
音响	Acoustics	99.6	99.9	97.7
其他文娱耐用消费品	Other Recreational and Durable Goods	98.6	98.6	98.9
专业音像器材	Professional Audio and Video Equipment	100.0	100.1	99.3
专业音响器材	Professional Audio Equipment	100.7	100.8	99.4
专业声像器材	Professional Audio-visual Equipment	99.2	99.2	99.2
文化办公用品	**Cultural and Office Goods**	**99.8**	**99.9**	**99.5**
纸张文具	Paper Stationery	100.5	100.5	100.3
台式计算机	Desktop Computer	99.1	99.1	99.1
笔记本平板	Netbooks and Tablets	98.4	98.4	99.1
电脑附件	Computer Accessories	100.3	100.4	99.1
打印复印机	Print Copy Machine	100.5	100.6	99.9
教学设备	Teaching Equipment	101.1	101.2	100.1
日用品	**Articles for Daily Use**	**99.5**	**99.4**	**99.9**
日用百货	General Merchandise	99.3	99.2	100.0
电动自行车	Electric Bicycle	98.0	97.4	100.2
自行车	Bicycle	99.7	99.9	98.7
雨具	Rain Gear	99.9	99.9	99.4
护理器具	Nursing Instrument	99.6	99.7	98.9
清洁用纸	Hygiene Paper	100.4	100.4	100.3
化妆器具	Make-up Appliances	100.2	99.8	102.5
厨具餐具茶具	Kitchenware, Tableware, Tea Set	99.9	99.9	99.9
厨具	Kitchenware	99.5	99.4	100.4
餐具	Tableware	100.8	101.0	99.3
茶具	Tea Set	99.3	99.2	100.1
清洗用品	Cleaning Supplies	99.6	99.5	100.2

3-7 续表 5 continued

（上年=100） (preceding year=100)

指 标	Item	全 区 Province	城 市 Urban Areas	农 村 Rural Areas
其他日用品	Other Daily Necessities	99.1	99.1	99.4
灯具	Lamps and Lanterns	99.0	99.2	98.0
箱包	Luggage and Bags	99.4	99.6	97.6
母婴用品	Mother and Baby Supplies	100.1	100.1	100.1
眼镜	Glasses	97.2	97.1	98.7
其他护理用品	Other Nursing Supplies	99.5	99.2	101.5
其他日用杂品	Other Daily Sundry Goods	99.4	99.1	100.6
体育娱乐用品	**Sports and Recreation Articles**	**100.8**	**100.9**	**100.0**
体育户外用品	Sports Outdoor Products	100.1	100.1	100.0
娱乐用品	Amusement Articles	101.2	101.3	100.0
乐器	Musical Instrument	101.9	102.1	99.2
游戏用品和玩具	Game Supplies and Toys	101.6	101.7	100.8
园艺花卉及用品	Garden Flowers and Supplies	100.6	100.6	99.9
宠物及用品	Pets and Supplies	102.9	103.3	99.9
其他文化娱乐用品	Other Cultural and Recreational Products	100.3	100.3	99.4
交通、通信用品	**Transportation and Communication Appliances**	**97.4**	**97.4**	**97.7**
交通运输机械	Machinery of Communications and Transportation	99.1	99.0	99.5
小型汽车	Compact Cars	98.8	98.7	99.5
大中型客车	Large and Medium Passenger Vehicle	99.6	99.6	99.4
交通工具零配件	Transportation Accessories	99.4	99.4	99.8
通信器材	Apparatus of Communication	94.1	94.0	95.2
固定电话机	Fixed Telephone Set	100.0	100.0	100.1
移动电话机	Mobile Telephone Set	93.2	93.0	94.4
其他通信器材	Other Communication Equipment	98.6	98.5	99.5
家具	**Furniture**	**99.8**	**99.7**	**100.5**
柜	Cabinet	99.0	98.8	101.0
床	Bed	101.1	101.2	100.2
桌	Table	99.8	99.8	100.1
椅	Chair	101.2	101.4	99.9
沙发	Sofa	99.0	98.9	100.2
其他家具	Other Furniture	99.3	99.1	101.5

3-7 续表 6 continued

(上年=100) (preceding year=100)

指 标	Item	全 区 Province	城 市 Urban Areas	农 村 Rural Areas
化妆品	**Cosmetics**	**100.3**	**100.2**	**100.6**
清洁化妆品	Cleaning Cosmetics	100.8	100.9	100.2
护肤化妆品	Skin Care Cosmetics	100.2	100.2	100.2
彩妆化妆品	Make Up Cosmetics	100.4	100.5	100.1
清洁类护理用品	Cleaning Supplies	99.8	99.6	101.5
护发美发用品	Hair Care Products	100.3	100.2	100.8
金银饰品	**Gold and Silver Jewellery**	**105.8**	**106.3**	**100.3**
金饰品	Gold Jewelry	110.5	111.0	105.5
银饰品	Silver Jewelry	98.9	99.3	95.9
铂金饰品	Platinum Jewelry	98.7	99.3	91.9
中西药品及医疗保健用品	**Traditional Chinese and Western Medicines and Health**	**103.6**	**103.6**	**103.4**
医疗卫生器具	Medical Appliance	100.8	100.8	101.0
中药	Traditional Chinese Medicine	104.9	105.1	103.6
中药材	Chinese Medicinal Materials	101.8	101.6	102.7
中成药	Chinese Patent Medicine	106.2	106.6	104.1
西药	Western Medicine	103.3	103.2	103.9
抗微生物药	Antimicrobial Agents	99.4	99.3	100.5
消化系统用药	Digestive System Drugs	104.2	103.8	107.5
呼吸系统用药	Respiratory System Durgs	103.5	103.9	100.2
解热镇痛药	Antipyretic Analgesics	99.9	99.9	100.1
抗肿瘤药	Antineoplastic Agents	99.1	97.7	108.9
激素及影响内分泌药	Hormones and Endocrine Drugs	104.0	102.9	111.9
心血管系统用药	Cardiovascular System Drugs	107.2	107.9	101.9
血液系统用药	Blood System Drugs	103.7	100.7	119.6
治疗精神障碍药	PSYCHOTHERAPEUTICAGENTS	101.3	101.5	100.0
神经系统用药	Drugs for Nervous System	103.0	103.2	101.3
消毒防腐及创伤外科用药	Antiseptic, antiseptic and trauma surgical drugs	104.8	105.3	101.4
泌尿系统用药	Urinary System Drugs	100.9	100.7	102.0
维生素、矿物质类药	Vitamins and Minerals	108.0	108.4	105.6
调节水、电解质及酸碱平衡药	Adjust Water, Electrolyte and Acid-base Balance	103.9	103.8	104.8
保健器具及用品	Health Appliances and Supplies	103.1	103.3	100.9
保健器具	Health Care Appliance	99.7	99.6	101.6
滋补保健品	Nourishing Health Care Products	104.9	105.4	100.5

3-7 续表 7 continued

（上年＝100） (preceding year=100)

指 标	Item	全 区 Province	城 市 Urban Areas	农 村 Rural Areas
书报杂志及电子出版物	**Books, Newspapers, Magazines and Electronic Publications**	**100.4**	**100.3**	**101.0**
教材及参考书	Texts and Reference Books	99.9	99.8	100.2
工具书	Reference Book	100.4	100.4	100.4
教材	Text-book	98.6	98.6	98.5
参考资料	Reference Material	100.5	100.3	101.3
其他教育用品	Other Educational Supplies	99.2	99.4	98.1
书报杂志	Newspapers and Magazines	100.7	100.7	101.0
计算机办公软件	Computer Office Software	101.2	100.9	104.7
燃料	**Fuels**	**92.8**	**92.5**	**94.4**
煤炭及制品	Coal and Its Products	101.4	101.7	100.3
原煤	Coal	99.6	99.3	100.1
煤制品	Coal Products	102.0	102.2	100.6
石油及制品	Oil and Its Products	91.8	91.7	93.2
管道燃气	Pipeline Gas	86.7	85.8	98.0
液化石油气	Liquified Petroleum Gas	88.3	88.2	89.4
汽油	Gasoline	95.5	95.5	95.4
柴油	Kerosene	95.0	95.0	94.9
建筑材料及五金电料	**Building Materials and Hardware**	**100.3**	**100.4**	**100.2**
建筑装璜材料	Building Decoration Materials	100.3	100.4	100.1
木地板	Wood Floor	100.0	99.9	100.1
瓷砖	Ceramic Tile	100.1	100.2	99.3
水泥	Cement	98.8	98.5	100.5
涂料	Coating	100.8	100.9	100.2
板材	Board	101.0	101.1	99.9
管材	Pipe	100.0	99.9	100.5
厨卫设备	Kitchen & Bath Fixtures	100.1	99.9	100.7
门窗	Doors and Windows	100.7	100.9	99.4
其他住房装潢材料	Other Housing Decoration Materials	102.3	102.6	101.1
五金水暖	Hardware Plumbing	100.3	100.3	100.7
家用手工工具	Hand Tools for Household use	100.1	100.1	100.0
配电附件	Distribution Accessories	100.6	100.6	100.8
水暖器材	Plumbing Equipment	100.1	100.0	100.9

3-8 商品零售价格分类指数

Retail Price Indices by Category

（上年=100） (preceding year=100)

指 标	Item	2014	2015
商品零售价格总指数	**Retail General Price Index**	**101.4**	**100.1**
食品	**Food**	**104.3**	**102.4**
粮食	Grain	102.3	101.4
淀粉及制品	Starches and Products	100.7	100.5
干豆类及豆制品	Beans and Bean Products	104.8	102.8
油脂	Oil or Fat	91.6	97.3
肉禽及其制品	Meal,Poultry and Their Products	103.9	105.8
食用畜肉及副产品	Edible Domestic Animal's Meat and By-products	100.9	106.6
禽	Poultry	111.6	105.5
加工肉禽	Poultry Meat Processed Products	101.7	103.0
蛋	Eggs	105.9	100.1
水产品	Aquatic Products	107.6	100.0
鱼	Fish	106.0	100.3
其他水产品	Other Aquatic Products	110.6	99.5
菜	Vegetables	103.7	104.3
调味品	Flavoring	101.0	101.0
糖	Sweet	98.1	99.3
干鲜瓜果	Dried and Fresh Melons and Fruits	115.7	97.2
糕点饼干面包	Cake,Cookie,Bread	102.2	100.6
液体乳及乳制品	Milk and Its Products	105.8	97.9
在外用膳食品	Picnic Food	102.9	102.7
其他食品	Other Food	102.9	101.1
饮料、烟酒	**Tobacco,Liquor and Articles**	**100.1**	**101.4**
茶及饮料	Tea and Drinks	102.1	101.4
茶叶	Tea	100.6	100.4
饮料	Beverage	102.7	101.7
烟草	Tobacco	99.9	103.2
酒	Liquor	98.8	99.6
服装、鞋帽	**Garments, Shoes and Hats**	**100.4**	**104.6**
服装	Garments	100.1	105.0
男式服装	Men's Wear	99.1	104.5
女式服装	Women's Wear	100.9	105.1
儿童服装	Children's Clothing	100.2	105.7
鞋袜帽	Footwear,Socks and Hats	101.0	104.0
鞋	Shoes	101.0	104.4
袜子	Socks and Stockings	100.7	101.4
帽子	Hats	101.0	102.8
其他	Others	101.3	102.1

3-8 续表 continued

（上年＝100） (preceding year=100)

指 标	Item	2014	2015
纺织品	**Textiles**	**100.0**	**101.6**
衣着材料	Clothing Material	100.2	101.5
床上用品	Bed Articles	99.9	101.7
家用电器及音像器材	**Electric Household Appliance and Sound Apparatus**	**98.7**	**98.6**
家庭设备	Household Facilities	99.7	98.9
文娱用耐用消费品	Durable Consuming Goods for Entertainment	97.1	98.1
专业音像器材	Professional Audio and Video Equipment	100.6	100.1
文化办公用品	**Cultural and Office Goods**	**99.8**	**99.6**
日用品	**Articles for Daily Use**	**100.4**	**100.0**
日用百货	Merchandiles for Daily Use	100.8	100.0
日用杂品	Sundries for Daily Use	100.4	99.5
洗涤用品	Washing and Cleaning Goods	100.3	99.7
其他日用品	Other Daily-use Goods	99.6	100.7
体育娱乐用品	**Sports and Entertainment Goods**	**100.9**	**100.7**
体育用品	Sports Goods	101.1	101.4
娱乐用品	Recreational Goods	100.6	99.9
交通、通信用品	**Traffic and Telecommunication Goods**	**98.7**	**98.4**
交通运输机械	Traffic and Transport Machinery	99.3	98.7
通信器材	Telecommunication Apparatus	97.5	97.6
家具	**Furniture**	**100.1**	**100.7**
化妆品	**Cosmetics**	**100.3**	**100.6**
金银珠宝	**Gold and Silver Jewls**	**91.5**	**92.8**
中西药品及医疗保健用品	**Chinese and Western Medicines and Health Supplies**	**101.8**	**102.9**
医疗器具及用品	Medical-care Apparatus and Goods	100.1	100.0
中药材及中成药	Chinese Herbs and Patent Medicine	103.2	104.2
西药	Western Medicine	100.8	102.3
保健器具及用品	Health Apparatus and Supplies	101.6	102.1
书报杂志及电子出版物	**Books, Magazines and Electronic Publications**	**101.0**	**100.1**
教材及参考书	Texts and Reference Books	100.3	96.4
书报杂志	Newspapers and Magazines	102.1	103.6
电子音像制品	Electronic Audio and Video Products	100.1	100.3
燃料	**Fuels**	**99.4**	**85.3**
煤炭及制品	Coal and Its Products	99.4	100.4
石油及制品	Oil and Its Products	99.4	83.8
建筑材料及五金电料	**Building Apparatus and Hardwares**	**100.1**	**97.8**
建筑装璜材料	Building Decoration Materials	100.4	97.1
五金电料	Hardwares and Electrical Apparatus	99.0	100.2

3-9 各地区商品零售价格总指数（1984—2016年）

（上年=100）

年 份 Year	南宁市 Nanning	柳州市 Liuzhou	桂林市 Guilin	梧州市 Wuzhou	北海市 Beihai	防城港市 Fangchenggang	钦州市 Qinzhou
1984	104.1	103.8	103.6	105.1	105.1		
1985	118.7	115.4	113.5	117.5	117.0		
1986	105.3	105.8	105.0	105.8	104.0		
1987	111.8	108.9	113.6	111.8	112.8		
1988	122.1	126.5	126.1	123.9	126.1		
1989	119.4	118.4	118.1	115.8	120.7		
1990	97.3	98.8	98.5	97.5	96.2		
1991	104.0	102.2	101.6	104.7	104.1		
1992	105.7	105.8	108.6	109.6	105.4		
1993	124.1	123.8	119.8	120.0	134.0		
1994	120.8	124.1	125.5	124.7	122.1		
1995	114.9	116.4	113.8	114.8	113.3		
1996	102.5	104.5	106.3	106.3	103.6		
1997	99.5	99.5	100.5	101.5	99.7		
1998	95.8	98.0	94.8	98.2	98.1		
1999	95.9	96.3	97.6	99.8	96.4		
2000	98.3	97.5	99.2	99.2	97.9		
2001	95.9	97.3	97.5	98.4	98.3		
2002	97.5	99.7	99.7	96.6	97.7		
2003	99.5	99.2	100.1	100.4	99.2		
2004	102.7	104.6	103.7	103.6	103.9		
2005	100.3	100.7	102.0	101.9	101.8		
2006	101.0	100.1	101.0	100.8	101.3		
2007	103.3	105.0	104.8	104.1	103.8		
2008	107.9	107.1	106.8	107.5	107.7	109.4	109.7
2009	98.5	97.5	99.6	97.1	97.9	96.7	98.8
2010	102.3	104.1	102.5	103.4	103.0	104.9	103.2
2011	104.9	105.4	106.2	105.7	105.6	106.7	105.6
2012	101.7	102.8	102.4	102.0	102.2	101.9	102.3
2013	100.8	100.9	101.7	101.6	101.0	101.4	101.8
2014	100.7	102.0	101.4	101.2	102.0	102.1	101.6
2015	100.4	100.1	100.1	99.6	99.3	100.6	100.0
2016	99.8	100.5	100.9	100.6	100.8	101.0	100.9

Retail Price Indices by Region（1984—2016）

（preceding year=100）

贵港市 Guigang	玉林市 Yulin	百色市 Baise	贺州市 Hezhou	河池市 Hechi	来宾市 Laibin	崇左市 Chongzuo
104.0		104.4	104.2			
114.2		115.6	114.6			
104.2		110.0	104.9			
110.8		109.2	114.6			
125.1		119.3	120.9			
124.1		121.9	121.1			
95.5		97.0	95.8			
102.8		102.8	100.7			
103.3		107.1	107.4			
120.5		118.6	119.0			
127.2		126.1	121.4			
119.0		120.7	117.3			
103.3		105.4	105.3			
98.0		100.9	100.1			
93.7		97.3	96.4			
96.3		98.4	96.4			
99.0		97.7	99.0			
98.3		99.0	98.3			
98.9		97.2	98.0			
101.1		99.4	101.0			
103.3		102.9	104.6			
100.8		102.5	100.4			
99.1		101.6	101.6			
105.5		104.3	105.1			
107.5		110.0	108.6	106.6	107.0	109.6
96.5	96.8	97.9	97.5	98.3	97.1	97.6
103.8	102.5	103.4	103.8	102.3	102.6	103.2
106.3	105.7	106.3	107.0	105.1	106.2	105.7
102.5	102.7	102.5	101.8	102.7	101.9	101.7
101.5	101.3	101.7	100.5	101.3	100.5	101.3
101.7	102.3	101.5	100.7	102.2	100.7	101.7
98.9	100.6	100.8	100.4	99.5	100.3	99.5
99.7	101.0	100.4	99.2	100.5	101.3	100.9

3-10 各地区商品零售价格分类指数（2016年）

（上年=100）

指　标	Item	南宁市 Nanning	柳州市 Liuzhou	桂林市 Guilin
商品零售价格指数	**Retail General Price Index**	**99.8**	**100.5**	**100.9**
食品	**Food**	**102.9**	**104.6**	**104.7**
粮食	Grain	100.5	99.4	100.9
薯类	Tubers	113.7	111.2	111.5
豆类	Beans	100.8	105.2	100.6
食用油	Edible Oil	99.8	99.1	107.9
菜	Vegetables	106.3	112.6	110.3
畜肉类	Neat of Animal	110.3	111.1	112.8
禽肉类	Meat of Poultris	102.7	100.0	100.0
水产品	Aquatic Products	104.1	104.2	102.7
蛋类	Eggs	98.0	95.2	97.0
奶类	Dairy & Soy Milk	96.0	101.7	100.1
干鲜瓜果类	Dried Fresh Melon and Fruit	100.7	98.9	99.0
糖果糕点类	Confectionery	97.0	102.8	101.6
调味品	Condiment	97.6	99.7	101.1
其他食品类	Other Food Categories	96.7	101.2	103.1
在外餐饮	Outside Catering	100.1	101.3	103.1
饮料、烟酒	**Beverage, Liquor and Tobacco**	**101.3**	**99.7**	**100.8**
茶及饮料	Tea and Drinks	100.5	99.1	100.2
烟草	Tobacco	101.5	102.1	101.6
酒类	Liquor	102.0	98.0	99.8
服装、鞋帽	**Clothing, Shoes and Hats**	**103.1**	**103.9**	**103.1**
服装	Apparel	101.6	105.5	104.1
男士服装	Men's Clothing	103.4	107.0	100.7
女士服装	Women's Clothing	100.8	104.7	104.8
儿童服装	Children's Wear	101.0	105.4	109.0
鞋帽袜	Shoe and Cap and Socks	107.3	98.6	100.1
鞋	Shoes	107.2	98.6	100.2
袜子	Socks	109.4	97.8	100.0
帽子	Cap	103.7	100.0	100.0
其他衣着配件	Other Clothing Accessories	106.1	107.1	100.0
纺织品	**Textiles**	**104.4**	**99.5**	**100.1**
服装材料	Materials for Clothing	107.0	100.0	101.0
床上用品	Bedding Article	103.2	99.4	100.0

Retail Price Indices by Category of Commodities and Region（2016）

（preceding year=100）

梧州市 Wuzhou	北海市 Beihai	防城港市 Fangchenggang	钦州市 Qinzhou	贵港市 Guigang	玉林市 Yulin	百色市 Baise	贺州市 Hezhou	河池市 Hechi	来宾市 Laibin	崇左市 Chongzuo
100.6	**100.8**	**101.0**	**100.9**	**99.7**	**101.0**	**100.4**	**99.2**	**100.5**	**101.3**	**100.9**
104.5	**104.1**	**102.9**	**104.1**	**104.6**	**102.8**	**103.9**	**105.1**	**103.6**	**104.9**	**104.4**
100.6	100.0	100.6	102.1	100.6	99.9	100.5	100.1	99.0	102.6	101.0
112.6	111.6	115.5	119.9	120.0	117.6	113.4	105.6	118.6	120.4	109.3
102.4	103.3	102.1	101.0	102.5	107.9	100.5	102.0	101.2	101.5	104.3
100.6	101.6	103.1	102.7	100.7	95.3	102.3	100.7	104.6	101.5	100.3
110.8	106.5	106.5	110.7	110.0	108.8	109.9	109.0	109.3	110.3	108.2
110.1	110.7	110.4	111.5	109.9	112.0	109.2	112.7	109.7	113.8	113.3
100.3	98.1	100.1	95.7	99.2	97.0	100.5	100.7	98.9	103.8	99.1
111.5	110.5	99.5	102.8	100.7	104.6	104.8	101.9	100.5	101.5	104.5
97.2	96.9	95.9	102.4	99.3	102.3	99.3	96.0	97.9	101.9	94.4
101.6	100.0	102.8	99.1	101.0	99.6	99.8	103.0	99.6	98.4	100.2
94.3	98.1	100.1	96.9	109.8	89.7	96.6	104.2	97.2	101.2	98.5
99.5	99.6	99.2	102.2	102.0	100.0	102.6	102.6	101.7	100.5	100.6
100.6	101.3	101.2	101.9	101.4	100.3	100.7	102.8	101.1	101.5	102.2
102.9	97.3	99.2	103.9	99.9	102.1	107.3	98.8	105.4	100.7	99.8
103.0	107.0	100.9	104.7	101.4	100.3	103.2	103.5	101.2	103.4	102.7
100.6	**100.2**	**101.3**	**101.1**	**100.5**	**101.1**	**101.0**	**101.0**	**100.9**	**100.7**	**101.0**
100.6	99.6	101.4	100.5	100.1	98.9	100.8	101.0	100.1	101.2	101.9
101.6	101.5	101.6	101.7	102.1	102.8	100.9	101.5	102.8	99.4	101.5
99.2	99.2	100.9	100.9	98.5	101.4	101.3	100.4	99.5	101.6	99.8
102.9	**99.6**	**102.5**	**102.4**	**99.6**	**103.0**	**101.2**	**101.2**	**102.0**	**101.3**	**100.8**
104.1	99.9	103.3	103.0	99.9	103.4	101.3	101.6	101.5	101.0	101.4
105.0	99.3	101.5	104.2	99.4	99.8	101.3	100.5	101.6	100.6	101.7
104.7	100.1	103.4	102.9	101.5	104.5	100.9	102.2	101.6	100.8	101.2
101.0	100.5	105.4	101.2	96.9	107.9	102.1	102.4	100.9	102.1	101.2
99.9	99.3	100.8	101.2	98.6	100.7	101.3	99.9	104.3	102.3	98.7
99.7	99.5	99.5	101.2	98.7	100.3	101.5	99.8	104.7	101.4	98.5
100.2	100.0	105.8	100.0	100.1	98.3	98.4	100.0	99.3	104.5	99.9
101.4	95.3	105.8	106.9	94.2	106.5	100.0	100.7	100.0	111.5	100.0
97.5	94.7	97.4	100.0	102.9	110.1	100.0	102.5	97.2	100.0	102.7
98.0	**98.9**	**99.0**	**102.0**	**99.5**	**101.3**	**99.8**	**101.6**	**102.3**	**102.5**	**99.8**
102.4	99.3	100.0	102.0	100.0	102.7	100.0	104.5	100.0	100.0	100.0
96.2	98.8	98.9	102.0	99.3	100.6	99.8	99.9	102.3	102.8	99.8

3-10 续表

（上年＝100）

指 标	Item	南宁市 Nanning	柳州市 Liuzhou	桂林市 Guilin
家用电器及音像器材	**Household Appliances and Audio and Video Equipment**	**97.6**	**98.6**	**98.1**
家庭设备	Household Equipment	97.4	99.7	98.8
文娱用耐用消费品	Entertainment and Durable Consumer Goods	97.7	97.1	95.8
专业音像器材	Professional Audio and Video Equipment	99.5	100.1	100.0
文化办公用品	**Cultural and Office Goods**	**99.3**	**99.4**	**100.0**
日用品	**Articles for Daily Use**	**98.6**	**99.0**	**100.0**
日用百货	General Merchandise	101.2	95.2	99.9
厨具餐具茶具	Kitchenware, Tableware, Tea Set	98.3	101.0	100.0
清洗用品	Cleaning Supplies	96.3	103.3	100.0
其他日用品	Other Daily Necessities	97.8	98.7	100.1
体育娱乐用品	**Sports and Recreation Articles**	**99.0**	**103.1**	**101.3**
体育户外用品	Sports Outdoor Products	97.8	102.0	100.0
娱乐用品	Amusement Articles	99.9	103.8	101.9
交通、通信用品	**Transportation and Communication Appliances**	**94.4**	**97.2**	**98.0**
交通运输机械	Machinery of Communications and Transportation	99.6	97.7	96.8
通信器材	Apparatus of Communication	83.6	96.2	101.3
家具	**Furniture**	**101.4**	**97.6**	**100.0**
化妆品	**Cosmetics**	**99.9**	**100.8**	**100.8**
金银饰品	**Gold and Silver Jewellery**	**105.6**	**106.2**	**111.5**
中西药品及医疗保健用品	**Traditional Chinese and Western Medicines and Health**	**103.2**	**102.3**	**102.9**
医疗卫生器具	Medical Appliance	99.6	100.2	100.0
中药	Traditional Chinese Medicine	105.5	105.0	105.6
西药	Western Medicine	101.1	102.0	102.5
保健器具及用品	Health Appliances and Supplies	108.9	99.6	101.7
书报杂志及电子出版物	**Books, Newspapers, Magazines and Electronic Publications**	**99.4**	**99.9**	**102.5**
教材及参考书	Texts and Reference Books	99.3	98.7	101.1
书报杂志	Newspapers and Magazines	100.0	101.3	102.2
计算机办公软件	Computer Office Software	98.2	100.0	109.9
燃料	**Fuels**	**92.8**	**92.8**	**92.7**
煤炭及制品	Coal and Its Products	105.0	99.3	100.0
石油及制品	Oil and Its Products	91.6	92.2	92.0
建筑材料及五金电料	**Building Materials and Hardware**	**100.8**	**100.3**	**100.8**
建筑装璜材料	Building Decoration Materials	100.9	100.2	101.2
五金水暖	Hardware Plumbing	100.3	100.6	99.4

continued

(preceding year=100)

梧州市 Wuzhou	北海市 Beihai	防城港市 Fangchenggang	钦州市 Qinzhou	贵港市 Guigang	玉林市 Yulin	百色市 Baise	贺州市 Hezhou	河池市 Hechi	来宾市 Laibin	崇左市 Chongzuo
95.0	**98.0**	**101.3**	**100.1**	**98.4**	**101.1**	**96.2**	**97.2**	**99.3**	**98.9**	**98.2**
96.7	97.5	100.8	100.9	97.5	100.2	101.1	98.5	99.4	99.2	98.4
92.2	98.8	103.0	98.5	99.4	102.4	90.3	95.3	99.0	98.4	97.7
99.1	99.9	97.1	101.6	99.5	100.8	100.0	99.8	100.0	99.8	100.0
97.3	**99.9**	**97.4**	**100.4**	**102.1**	**102.1**	**100.4**	**100.0**	**99.8**	**99.9**	**99.5**
97.6	**99.8**	**101.9**	**100.5**	**99.9**	**99.9**	**99.9**	**99.8**	**99.9**	**99.4**	**100.3**
95.5	99.3	101.7	101.5	100.3	98.3	99.7	98.4	99.9	99.3	100.2
98.7	100.4	103.4	102.3	102.2	100.5	100.1	99.6	99.7	100.1	99.9
97.8	101.3	100.7	99.3	99.6	102.0	100.3	102.2	100.6	99.7	101.2
99.2	98.4	101.9	99.3	98.4	100.1	99.8	99.9	99.3	99.1	100.0
99.9	**99.3**	**100.9**	**102.3**	**99.9**	**104.7**	**99.8**	**99.2**	**100.1**	**99.9**	**101.1**
100.0	98.9	99.4	103.4	99.4	105.1	99.3	98.6	99.8	100.1	100.0
99.8	99.6	101.6	101.9	100.4	104.4	100.0	99.6	100.2	99.8	101.9
98.5	**98.1**	**99.4**	**101.0**	**93.3**	**100.7**	**98.6**	**93.8**	**100.6**	**99.7**	**100.9**
99.2	97.9	99.8	101.2	95.6	99.7	98.0	96.8	100.0	99.7	99.6
96.9	98.7	96.1	100.6	86.9	102.8	99.9	87.9	101.4	99.7	103.6
101.1	**100.1**	**103.0**	**100.9**	**96.9**	**97.7**	**100.6**	**100.4**	**97.5**	**101.5**	**99.7**
99.8	**99.8**	**101.7**	**100.3**	**100.5**	**100.0**	**99.7**	**100.4**	**100.2**	**101.1**	**99.8**
109.2	**111.7**	**103.2**	**100.8**	**102.9**	**108.7**	**103.8**	**93.9**	**106.1**	**99.8**	**89.9**
108.8	**106.0**	**104.1**	**101.5**	**106.2**	**104.0**	**101.9**	**101.7**	**101.9**	**100.3**	**104.5**
99.5	102.3	98.6	101.8	102.4	104.9	100.0	100.0	99.2	100.0	100.0
110.4	107.5	104.2	102.8	107.4	101.5	104.7	103.7	104.0	101.0	110.9
110.8	105.3	105.1	101.3	109.4	105.2	101.0	100.6	101.2	100.1	102.9
101.6	108.1	103.4	100.0	100.8	105.1	100.4	103.1	100.1	100.0	100.0
100.0	**99.8**	**101.6**	**100.0**	**101.5**	**99.7**	**103.4**	**99.9**	**100.4**	**99.8**	**99.6**
99.3	99.4	102.5	99.9	99.3	99.8	98.5	99.8	99.6	99.6	99.2
100.8	100.1	101.8	100.0	100.0	99.4	107.0	100.0	100.0	99.9	100.0
100.0	100.0	100.0	100.0	109.4	100.0	109.9	100.0	109.4	100.0	100.0
91.3	**96.7**	**93.2**	**89.4**	**90.5**	**91.0**	**95.4**	**86.4**	**89.4**	**100.4**	**95.0**
100.0	100.0	99.9	100.2	100.3	101.3	96.6	112.1	95.4	98.8	95.4
90.2	96.4	92.5	88.2	89.6	90.0	95.3	84.5	89.0	100.5	95.0
99.9	**99.8**	**100.9**	**101.6**	**100.5**	**99.8**	**98.3**	**100.7**	**99.4**	**99.6**	**99.3**
99.8	100.4	100.9	101.3	100.6	99.6	97.9	100.9	99.3	99.5	99.1
100.1	98.1	101.0	102.8	100.0	100.5	100.1	100.0	100.0	100.1	100.1

3-11 分月农业生产资料价格分类指数（2016年）

（上年同期＝100）

指 标	Item	全 年 Annual Year	1 月 January	2 月 February	3 月 March
农业生产资料价格指数	**Price Index of Means of Agricultural Production**	**100.7**	**100.1**	**100.6**	**100.6**
农用手工工具	Agricultural Craft Tool	100.4	101.1	100.5	100.6
饲料	Forage	94.1	92.5	92.9	92.3
混合饲料	Mixed Forage	93.9	93.6	94.2	93.5
其他饲料	Others Forage	94.5	89.4	89.0	89.0
仔畜幼禽及产品畜	Newborn Animal Poults and Livestock Products	138.7	130.7	137.5	148.5
仔畜	Newborn Animal	155.6	150.2	160.9	178.3
幼禽	Poult	91.1	92.4	92.7	91.1
产品畜	Livestock Products	128.0	118.0	118.6	120.6
半机械化农具	Semi-mechanized Farm Tools	99.9	99.9	99.9	100.0
机械化农具	Mechanized Farm Machinery	100.0	99.8	99.6	99.5
化学肥料	Chemical Fertilizer	98.2	101.6	101.5	99.9
氮肥	Nitrogen Fertilizer	94.6	102.7	102.5	97.5
磷肥	Phosphate Fertilizer	99.7	100.7	99.6	99.1
钾肥	Calcium Fertilizer	96.8	98.6	98.3	97.4
复合肥料	Compounded Fertilizer	100.2	101.9	102.0	101.9
农药及农药器械	Pesticide and Pesticide Equipment	99.5	100.2	100.0	100.0
化学农药	Chemical Pesticide	99.7	100.5	100.3	100.4
杀虫剂	Insecticide	99.4	100.2	99.9	99.7
杀菌剂	Disinfectant	101.5	101.2	101.5	102.2
除草剂	Herbicide	98.6	100.4	100.1	99.9
生长调节剂	Growth Regulator	99.8	100.1	100.1	100.1
农药器械	Pesticide Equipment	98.3	98.2	98.0	97.6
农机用油	Oil for Farm Machinery	95.7	92.6	93.7	89.0
农用柴油	Agricultural Diesel Oil	95.2	91.7	93.0	87.8
润滑油	Lube	99.8	99.3	99.3	99.3
其他农用生产资料	Other Agricultural Productions	99.0	99.7	99.2	99.2
农用种子	Agricultural Seed	99.4	100.1	99.3	99.6
农用薄膜	Agricultural Membrane	97.6	98.6	98.5	98.1
未列名的其他农用生产资料	Other Agricultural Means of Production Not Listed	100.0	100.0	100.0	99.9
农业生产服务	Agricultural Production Service	102.0	103.2	103.5	103.0
排灌费	Irrigation Costs	100.0	100.0	100.0	100.0
机械作业费	Machinery Operating Costs	100.8	102.6	102.6	100.7
农业用电	Agricultural Use of Electricity	100.0	100.0	100.0	100.0
农业用工	Agricultural Employment	103.3	104.7	105.2	105.2

Price Indices for Means of Agricultural Production by Category and Month（2016）

（preceding year=100）

4 月 April	5 月 May	6 月 June	7 月 July	8 月 August	9 月 September	10 月 October	11 月 November	12 月 December
100.6	**101.1**	**101.4**	**101.0**	**100.6**	**100.3**	**100.0**	**100.0**	**101.7**
100.7	100.4	100.0	100.4	100.0	99.7	100.3	100.4	100.4
90.8	90.6	92.7	94.3	95.4	95.0	96.1	97.6	99.4
92.0	91.4	92.3	93.7	94.7	94.4	94.4	95.8	97.6
87.2	88.5	93.9	96.4	97.7	96.9	101.0	103.1	104.8
158.4	166.8	159.9	145.1	129.0	127.5	122.1	119.9	128.9
193.4	198.2	183.0	160.5	138.8	137.1	129.8	127.2	139.7
85.7	90.8	91.7	93.4	88.6	89.9	91.4	91.1	95.3
126.8	134.4	136.6	133.6	131.3	130.7	128.4	127.5	125.5
100.1	100.1	100.2	100.0	100.0	99.3	99.7	99.8	99.9
99.7	99.8	99.7	99.8	99.9	100.0	100.6	100.6	100.8
98.7	98.1	97.2	97.0	97.7	96.7	96.2	96.5	97.6
95.2	93.4	91.2	90.4	91.4	91.1	91.3	92.7	96.1
98.0	98.0	98.1	99.3	100.4	99.6	99.8	101.3	102.8
96.6	96.9	96.6	97.0	97.5	96.1	95.4	95.3	95.1
101.2	101.1	100.5	100.3	100.8	99.3	98.3	97.8	97.9
99.5	99.4	99.6	99.4	99.0	99.2	99.5	99.1	99.1
99.8	99.7	99.6	99.5	99.2	99.2	99.5	99.3	99.2
99.1	99.1	99.1	98.8	98.6	99.1	99.7	99.4	99.4
101.7	101.2	101.6	101.8	101.6	101.3	101.3	101.2	101.2
99.4	99.4	98.9	98.7	97.8	97.3	97.5	97.3	97.0
99.9	99.8	99.6	99.6	99.6	99.6	99.7	99.7	99.7
98.0	98.0	99.1	98.8	98.3	99.0	99.0	98.1	98.1
90.1	88.2	91.6	93.6	96.2	101.8	101.3	103.3	109.7
88.8	86.9	90.6	92.9	95.7	101.8	101.6	103.9	111.1
100.2	99.9	100.3	100.3	100.3	101.5	98.8	98.8	99.2
99.1	99.3	99.2	98.7	98.8	98.7	98.7	98.7	98.9
99.7	100.0	99.7	99.2	99.1	99.0	99.0	99.0	99.0
97.1	97.3	97.7	97.0	97.1	97.3	97.3	97.3	97.7
100.0	100.0	100.0	100.0	100.0	100.0	100.0	100.0	100.1
102.1	101.9	101.9	102.0	102.0	102.0	101.7	100.1	101.1
100.0	100.0	100.0	100.0	100.0	100.0	100.0	100.0	100.0
99.2	100.2	100.2	100.6	100.7	100.7	100.7	100.7	100.7
100.0	100.0	100.0	100.0	100.0	100.0	100.0	100.0	100.0
104.1	103.3	103.3	103.3	103.3	103.3	102.8	99.9	101.6

3–12 农业生产资料价格分类指数

Price Indices for Means of Agricultural Production by Category

（上年＝100） （preceding year=100）

指 标	Item	2011	2012	2013	2014	2015
农业生产资料价格指数	**Price Index of Means of Agricultural Production**	**112.2**	**103.9**	**99.9**	**98.9**	**100.9**
农用手工工具	Agricultural Craft Tool	105.5	103.7	104.3	102.6	101.4
饲料	Forage	107.3	111.3	103.8	99.0	96.3
混合饲料	Mixed Forage	108.4	111.0	102.0	100.1	97.6
其他	Others	103.0	112.3	111.4	94.6	91.2
产品畜	Animals for Products	142.3	91.5	90.3	100.1	110.4
幼禽家畜	Domestic Animals and Young Poultry	142.3	91.5	90.3	100.1	110.4
半机械化农具	Semi-mechanized Farm Tools	103.8	101.2	99.7	98.8	99.6
机械化农具	Mechanized Farm Machinery	104.9	101.4	99.6	100.1	99.7
农用机械	Agricultural Machinery	104.9	101.4	99.6	100.1	99.7
化学肥料	Chemical Fertilizer	115.2	104.8	93.3	91.9	102.2
氮肥	Nitrogen Fertilizer	123.5	104.1	91.3	88.5	103.6
磷肥	Phosphate Fertilizer	116.2	105.5	95.5	95.6	102.7
钾肥	Calcium Fertilizer	104.6	102.2	90.3	92.2	98.9
复合肥料	Compounded Fertilizer	109.0	106.4	95.9	94.4	101.4
农药及农药械	Pesticide & Its Appliances	103.2	103.6	102.4	100.4	100.3
化学农药	Chemical Pesticide	103.0	104.0	102.7	101.0	100.8
杀虫剂	Insecticide	103.2	104.8	103.6	100.1	100.3
杀菌剂	Disinfectant	103.0	103.8	101.3	101.1	101.3
除草剂	Herbicide	102.1	101.8	103.1	104.4	101.6
农药器械	Pesticide Apparatus	104.6	101.0	101.0	96.8	96.8
农用机油	Oil for Farm Machinery	109.0	106.3	99.7	98.0	89.3
其他农业生产资料	Other Agricultural Productions	107.9	105.8	107.4	102.9	100.6
农用种子	Seeds for Farm	109.6	108.2	110.3	104.4	101.6
其他	Others	105.1	101.7	102.3	100.1	98.7
农用薄膜	Agricultural Membrane	103.8	100.1	100.8	99.9	97.7
其他	Others	106.9	103.8	104.3	100.2	100.1
农业生产服务	Agricultural Production Service	106.8	106.7	105.4	103.5	104.1
排灌费	Irrigation Costs	101.7	100.6	100.1	103.6	101.2
机械作业费	Machinery Operating Costs	110.3	106.1	101.1	100.7	104.0
其他	Others	—	—	—	—	—
农业用电	Agricultural Use of Electricity	101.2	108.1	100.0	100.0	100.0
农业用工	Agricultural Employment	107.1	110.8	116.1	107.9	106.5

3-13　工业生产者出厂价格分类指数（1990—2016年）

Producer Price Indices for Industrial Products by Category（1990—2016）

（上年=100）　　(preceding year=100)

年　份 Year	总指数 General Index	轻工业 Light Industry	以农产品为原料 Agricultural products as raw materials	以非农产品为原料 Non-agricultural Products as Raw Materials	重工业 Heavy Industry	采　掘 Mining & Quarrying Industry	原　料 Raw Materials Industry	加　工 Processing Industry	生产资料 Means of Production	生活资料 Consumer Goods
1990	101.5	101.0	102.6	97.4	102.0	90.1	97.0	108.6	102.0	100.8
1991	103.3	105.8	108.4	98.6	100.9	104.4	98.6	102.1	100.8	106.5
1992	111.3	106.0	106.9	101.9	117.3	109.5	124.4	110.9	116.1	106.1
1993	121.1	110.9	110.4	113.0	132.0	113.3	143.1	127.6	130.1	110.5
1994	118.8	122.1	123.0	118.0	115.5	118.5	115.4	114.1	116.1	122.2
1995	117.2	123.8	126.6	113.1	111.2	126.0	105.3	115.8	114.2	121.4
1996	102.6	103.1	104.4	98.1	102.0	98.8	102.6	102.0	102.2	103.1
1997	97.7	97.1	97.9	95.5	98.1	99.7	99.7	94.8	97.2	98.4
1998	95.4	95.2	94.9	95.8	95.6	93.5	96.0	95.8	95.2	96.0
1999	95.6	94.1	92.9	98.3	96.6	96.7	97.4	95.3	96.5	93.9
2000	105.5	109.0	109.9	100.4	103.1	106.1	106.1	96.0	103.2	110.4
2001	106.3	109.2	110.2	100.1	104.3	104.7	106.9	97.8	103.5	112.3
2002	95.6	90.6	89.8	97.0	98.4	102.5	98.3	98.3	98.2	88.5
2003	102.8	98.8	98.4	99.8	105.7	107.5	107.9	103.1	105.3	96.3
2004	109.7	110.0	112.6	104.6	109.5	121.3	110.3	107.9	110.5	108.1
2005	104.9	105.8	107.5	101.8	104.2	126.5	105.2	101.5	104.0	106.8
2006	109.6	113.3	119.1	100.3	106.7	137.4	111.8	99.5	105.5	119.9
2007	104.5	97.7	95.6	102.9	108.3	117.8	106.9	109.1	107.3	94.5
2008	109.0	104.4	102.4	109.6	111.7	113.0	104.3	119.6	111.3	100.9
2009	93.5	99.4	100.0	97.8	90.5	92.0	93.1	88.6	91.4	101.7
2010	112.0	115.0	118.9	105.6	110.3	129.1	113.0	106.3	110.3	118.2
2011	108.5	114.7	116.1	106.2	106.3	121.2	106.3	105.2	107.2	112.0
2012	97.8	98.6	98.0	102.6	97.5	101.7	98.5	96.6	97.4	99.0
2013	98.2	97.7	97.1	100.9	98.4	96.3	98.9	98.2	98.4	97.5
2014	98.4	97.4	97.0	99.8	98.7	96.6	99.6	98.3	98.7	97.5
2015	97.0	100.6	100.8	99.7	95.7	97.9	96.2	95.3	95.5	101.3
2016	99.1	101.8	102.2	100.0	98.2	100.8	96.7	98.7	98.1	102.4

注：从2011年起，原工业品出厂价格指数改称为工业生产者出厂价格指数。
Note:The original Ex-Factory price Indices of Industrial Produts since 2011 Changed its name to the Producer Price Indices for Industrial Products.

3-14 按工业部门分工业生产者出厂价格指数（1990—2016年）

（上年＝100）

年 份 Year	冶金工业 Metallurgical Industry	电力工业 Power Industry	煤炭及炼焦工业 Coal Industry	石油工业 Petroleum Industry	化学工业 Chemical Industry	机械工业 Machine Manufacturing Idustry
1990	97.4	90.2	98.7		100.2	106.8
1991	103.1	93.9	100.2		97.5	102.0
1992	121.8	101.9	114.8		103.2	111.6
1993	140.8	89.9	111.3		113.2	131.6
1994	104.2	138.0	126.1		112.0	113.6
1995	111.0	107.8	109.4		129.2	106.3
1996	98.1	107.5	106.4		104.6	101.2
1997	96.7	106.3	109.2		95.4	98.2
1998	92.4	102.7	95.3		93.0	94.8
1999	97.4	100.5	96.0		95.2	94.4
2000	108.5	112.5	104.1		95.6	95.7
2001	96.9	129.6	104.7		100.5	97.7
2002	94.3	101.8	113.0	104.9	98.2	98.4
2003	115.9	100.0	100.9	114.0	102.4	96.8
2004	128.9	102.2	109.2	112.2	107.3	99.7
2005	106.4	100.9	133.1	120.6	108.0	100.6
2006	117.2	102.7	106.1	116.4	101.4	101.3
2007	116.5	102.7	99.9	104.4	102.6	101.5
2008	117.7	102.0	137.3	120.4	114.8	101.9
2009	78.3	102.5	95.1	84.4	92.2	100.1
2010	118.1	102.0	111.0	124.1	114.7	102.3
2011	110.1	99.3	130.5	117.1	113.4	101.4
2012	90.9	106.3	113.6	101.6	95.8	100.0
2013	94.3	100.5	99.0	98.5	99.9	99.7
2014	94.4	100.4	94.2	97.7	100.3	100.1
2015	89.2	99.4	93.1	84.2	97.7	99.8
2016	99.0	98.0	94.6	93.7	98.4	99.0

注：2002年起，石油工业纳入工业生产者出厂价格统计调查范围（以下相关表同）。

Producer Price Indices for Industrial Products by Sector（1990—2016）

（preceding year=100）

建筑材料工业 Building Materials Industry	森林工业 Timber Industry	食品工业 Food Industry	纺织工业 Textile Industry	造纸工业 Paper Industry	其它工业 Other Industry
97.2	89.0	99.3	104.6	105.8	102.4
101.1	99.0	117.1	103.5	101.5	108.1
154.2	104.7	107.3	105.8	106.7	104.7
162.9	116.0	110.8	114.3	113.3	135.7
110.5	112.9	117.9	150.7	114.5	126.0
95.2	99.8	124.4	126.1	146.6	126.0
94.6	92.2	105.6	85.8	113.4	106.0
90.0	93.3	98.9	93.4	87.3	100.0
99.0	90.0	96.3	83.8	92.4	104.5
96.4	95.9	92.7	103.4	90.8	100.6
100.6	101.4	111.1	115.5	111.2	98.4
101.6	103.5	112.8	89.1	100.5	104.0
99.3	94.9	88.1	88.5	96.8	101.8
100.9	97.1	96.9	108.9	102.1	102.2
107.7	103.1	114.6	115.4	103.7	99.9
98.3	100.5	109.4	99.9	102.0	103.8
100.2	103.2	124.5	104.0	99.7	103.5
105.1	108.5	94.3	91.3	102.2	100.3
113.9	104.1	102.5	96.9	107.0	92.9
97.7	98.3	101.3	103.7	91.4	101.5
106.6	106.4	120.3	126.8	113.5	117.0
110.7	105.7	118.2	118.0	102.7	108.9
98.1	105.4	97.5	95.2	96.1	102.4
100.4	102.8	96.0	103.1	96.2	103.6
103.3	100.6	95.7	98.9	101.1	102.1
97.4	99.4	101.0	95.3	101.2	98.3
94.5	101.6	102.9	101.7	100.3	97.6

Note:From 2002, the petroleum industry has been included in the survey range of producer price of industrial producer.The same applies to the tables following.

3-15 分月工业生产者出厂价格指数（2016年）

（上年同期＝100）

类 别	Item	全 年 Annual Year	1 月 January	2 月 February	3 月 March
总指数	**General Index**	**99.1**	**95.4**	**95.8**	**96.1**
# 轻工业	# Light Industry	101.8	101.4	101.0	100.5
以农产品为原料	Using Farm Produces as Raw Materials	102.2	101.8	101.3	100.7
以非农产品为原料	Using Non-farm Produces as Raw Materials	100.0	99.5	99.3	99.8
重工业	Heavy Industry	98.2	93.4	94.1	94.6
采掘	Mining and Quarrying	100.8	95.3	95.6	95.7
原料	Raw Material	96.7	93.0	93.6	92.7
加工	Processing	98.7	93.4	94.2	95.4
# 生产资料	# Means of Production	98.1	93.0	93.7	94.2
采掘	Mining and Quarrying	100.8	95.3	95.6	95.7
原料	Raw Material	96.5	92.7	93.3	92.4
加工	Processing	98.6	92.9	93.7	94.8
生活资料	Life Material	102.4	103.3	102.9	102.3
食品	Food	104.3	105.3	104.5	103.4
衣着	Clothing	100.4	101.2	101.1	100.6
一般日用品	Articles for Daily Use	100.9	101.0	101.1	101.4
耐用消费品	Durable Consumers' Goods	98.2	100.0	100.0	100.1
按工业部门分	**Grouped by Department of Industry**				
冶金工业	Metallurgical Industry	99.0	84.8	86.9	90.3
电力工业	Power Industry	98.0	97.9	97.5	97.3
煤炭及炼焦工业	Coal and Coking Industry	94.6	93.0	92.7	85.9
石油工业	Petroleum Industry	93.7	89.6	92.0	83.3
化学工业	Chemical Industry	98.4	98.1	98.0	97.4
机械工业	Machine Buiding Industry	99.0	99.3	99.4	99.6
建筑材料工业	Buiding Material Industry	94.5	89.6	88.9	89.8
森林工业	Timber Industry	101.6	100.2	100.2	100.5
食品工业	Food Industry	102.9	102.7	102.0	101.2
纺织工业	Textile Industry	101.7	96.4	96.2	96.3
缝纫工业	Tailoring Industry	100.3	100.7	100.8	100.3
皮革工业	Leather Industry	100.7	101.9	102.0	101.2
造纸工业	Paper Industry	100.3	99.7	99.7	99.7
文教艺术用品工业	Cultural, Educational and Handicraft Articles	98.8	97.3	97.6	98.4
其它工业	Other Industry	97.6	98.3	97.4	97.6

Producer Price Indices for Industrial Products by Month（2016）

（preceding year=100）

4 月 April	5 月 May	6 月 June	7 月 July	8 月 August	9 月 September	10 月 October	11 月 November	12 月 December
96.9	**97.1**	**97.4**	**98.3**	**99.0**	**100.3**	**101.6**	**104.4**	**107.6**
100.3	100.1	100.8	101.7	101.8	102.2	102.8	103.7	105.8
100.4	100.2	101.0	102.2	102.2	102.7	103.3	104.2	106.5
99.8	99.7	99.4	99.6	99.7	99.9	100.2	101.0	102.2
95.7	96.1	96.2	97.2	98.1	99.6	101.2	104.7	108.2
96.0	96.0	97.3	98.8	99.8	101.5	104.8	112.5	117.0
93.3	93.3	94.6	95.7	96.6	98.9	100.1	103.3	106.8
96.9	97.5	96.9	97.8	98.6	99.8	101.4	104.8	108.2
95.3	95.9	96.1	97.2	98.1	99.6	101.3	105.0	108.6
96.0	96.0	97.3	98.8	99.8	101.5	104.8	112.5	117.0
93.0	92.9	94.3	95.4	96.3	98.6	99.8	103.1	106.7
96.2	97.2	96.8	97.9	98.8	100.0	101.7	105.2	108.9
102.1	101.2	101.5	101.9	101.9	102.3	102.5	102.8	104.3
103.2	102.6	103.0	103.9	103.9	104.5	104.8	105.4	107.7
100.5	100.2	100.3	100.3	100.5	99.9	99.9	99.9	100.5
101.1	101.0	101.3	100.7	100.6	100.6	100.9	100.1	100.5
100.1	97.2	97.3	97.2	97.3	97.3	97.3	97.4	97.5
93.4	94.8	94.1	96.2	98.5	101.5	106.6	118.7	129.0
97.7	98.0	98.0	98.0	98.0	98.6	98.2	98.2	98.3
84.5	90.6	93.9	92.5	92.9	97.2	98.3	102.0	113.8
85.9	83.6	88.7	91.4	92.3	101.3	102.6	106.1	111.8
97.4	97.6	97.7	97.7	98.2	98.7	99.2	99.4	101.7
99.2	98.8	98.8	98.8	98.7	98.8	98.7	98.8	98.9
91.2	93.5	93.2	95.0	96.0	96.9	98.2	100.0	102.7
100.7	101.2	101.6	101.9	102.4	102.2	102.7	102.5	103.0
100.9	100.4	101.4	102.9	103.0	103.5	104.0	105.0	107.5
96.0	96.9	98.8	100.9	103.2	106.0	108.9	110.5	111.9
100.3	100.2	100.3	99.9	100.6	100.3	100.2	100.2	100.2
101.0	100.1	100.6	101.0	100.4	99.3	99.6	99.9	101.2
99.9	100.1	99.8	99.7	99.7	99.7	99.9	101.5	104.3
98.3	98.6	99.0	99.2	99.1	99.3	99.3	99.4	99.6
98.0	97.5	97.7	97.6	96.8	97.3	97.4	97.7	97.8

3–16 分行业工业生产者出厂价格指数（2016年）

（上年同期=100）

类别	Item	全年 Annual Year	1月 January	2月 February
煤炭开采和洗选业	**Mining and Washing of Coal**	**94.6**	**93.0**	**92.7**
烟煤和无烟煤开采洗选	Mining and Washing of Bituminous and Anthracite	91.9	89.8	90.3
褐煤的开采洗选	Mining and Washing of Lignite	96.4	95.2	94.3
石油和天然气开采业	**Extraction of Petroleum and Natural Gas**	**84.9**	**59.4**	**58.6**
石油开采	Extraction of Petroleum	84.9	59.4	58.6
黑色金属矿采选业	**Mining and Processing of Ferrous Metal Ores**	**97.2**	**99.0**	**98.6**
铁矿采选	Mining and Processing of Iron Ore	95.1	99.5	98.9
锰矿、铬矿采选	Mining and Processing of Manganese Mine and Chrome Ore	99.3	98.5	98.4
有色金属矿采选业	**Mining and Processing of Non-Ferrous Metal Ores**	**103.2**	**88.8**	**89.8**
常用有色金属矿采选	Mining and Processing of Common Non-Ferrous Metal Ores	103.2	88.7	89.7
贵金属矿采选	Mining and Processing of Precious Metal Ores	104.9	97.8	95.2
非金属矿采选业	**Mining and Processing of Non-Metal Ores**	**103.5**	**108.4**	**107.5**
土砂石开采	Extraction of Soil Gravel	105.4	113.3	111.9
化学矿采选	Mining and Processing of Chemical Ores	101.1	102.8	102.4
石棉及其他非金属矿采选	Mining and Processing of Asbestos and Other Non-metallic	100.7	100.8	100.6
农副食品加工业	**Proceeding of Food from Agricultural Products**	**103.8**	**103.5**	**102.5**
谷物磨制	Corn Whetted	99.2	101.4	101.3
饲料加工	Forage Processed	94.4	90.3	90.2
植物油加工	Planting-Oil Processed	107.4	102.1	104.1
制糖业	Sugar Industry	110.5	116.6	112.7
屠宰及肉类加工	Slaughtered Meta and Meat Processes	103.7	102.4	103.0
水产品加工	Fishery Product Processed	101.8	102.7	101.4
蔬菜、水果和坚果加工	Vegetables, Fruits and Nuts Processing	102.4	101.5	101.4
其他农副食品加工	Other Farm and Side-line Food Processed	99.9	101.1	98.0
食品制造业	**Manufacture of Foods**	**100.3**	**99.9**	**99.8**
焙烤食品制造	Baked Food Manufacturing	101.4	100.8	100.8
糖果、巧克力及蜜饯制造	Candy, Chocolate and Candied Fruit Production	100.9	100.0	100.0
方便食品制造	Convenient Food Manufacturing	101.7	101.4	101.4
乳制品制造	Dairy Products Manufacturing	96.9	101.3	99.7
罐头食品制造	Canned Food Manufacturing	106.5	100.8	102.0
调味品、发酵制品制造	Condiment, Ferment Product Manufacturing	100.2	100.2	100.4
其他食品制造	Other Food Manufacturing	98.2	97.7	97.5
酒、饮料和精制茶制造业	**Manufacture of Liquor, Beverages and Refined Tea**	**99.8**	**99.4**	**100.0**
酒的制造	Manufacture of Wine	98.3	97.9	99.0
饮料制造	Beverage Manufacturing	101.4	100.7	100.9
精制茶加工	Refined-tea Process	99.3	99.8	100.5

Producer Price Indices for Industrial Products by Industry（2016）

（preceding year=100）

3 月 March	4 月 April	5 月 May	6 月 June	7 月 July	8 月 August	9 月 September	10 月 October	11 月 November	12 月 December
85.9	**84.5**	**90.6**	**93.9**	**92.5**	**92.9**	**97.2**	**98.3**	**102.0**	**113.8**
90.8	83.3	83.6	87.9	88.6	89.8	95.2	96.5	104.4	104.9
82.6	85.3	95.4	97.8	95.0	94.9	98.6	99.5	100.5	119.7
60.9	**70.7**	**72.8**	**83.8**	**85.5**	**84.9**	**95.1**	**102.5**	**128.2**	**136.9**
60.9	70.7	72.8	83.8	85.5	84.9	95.1	102.5	128.2	136.9
99.7	**97.1**	**96.7**	**96.8**	**96.9**	**96.2**	**95.9**	**96.2**	**96.5**	**96.6**
99.1	93.6	93.8	93.9	93.6	93.7	93.4	93.8	94.1	94.3
100.3	100.7	99.7	99.9	100.4	98.8	98.5	98.8	99.0	99.0
91.1	**92.4**	**91.7**	**96.5**	**99.8**	**102.8**	**106.4**	**113.5**	**131.7**	**141.0**
91.0	92.3	91.5	96.4	99.6	102.7	106.3	113.5	132.0	141.5
97.8	100.9	102.0	103.9	111.7	110.7	111.8	109.6	110.5	108.7
105.8	**107.1**	**107.4**	**101.8**	**102.1**	**101.7**	**100.8**	**101.3**	**99.8**	**99.9**
109.4	111.9	112.5	102.3	102.8	102.6	100.9	101.8	99.2	99.0
101.3	101.2	101.3	101.5	101.4	100.2	100.2	100.2	100.2	100.5
100.5	99.8	99.8	100.5	100.9	100.5	100.9	100.9	101.3	102.0
101.4	**101.0**	**100.5**	**101.8**	**103.8**	**103.8**	**104.6**	**105.4**	**106.7**	**110.1**
98.2	99.1	98.8	99.3	99.4	99.5	97.5	97.8	98.7	99.8
89.9	89.2	89.6	93.0	96.9	97.0	96.7	98.0	100.2	103.2
103.5	107.2	107.0	107.8	106.9	105.5	109.5	110.4	111.7	112.9
109.8	106.4	104.5	105.2	108.8	109.6	110.3	111.2	112.2	119.1
103.3	104.2	104.8	104.8	104.9	104.4	103.7	102.9	103.2	102.6
101.5	101.5	101.7	101.9	101.3	101.0	102.2	102.3	102.2	101.9
101.9	102.5	102.4	102.1	102.5	101.8	101.3	101.2	104.9	105.0
98.1	98.3	98.3	100.1	100.3	100.4	100.9	100.6	101.0	101.4
99.8	**99.8**	**99.5**	**99.7**	**100.2**	**100.5**	**100.8**	**101.1**	**101.1**	**101.1**
101.2	101.3	101.3	101.4	101.7	101.7	101.8	101.6	101.7	101.7
100.0	100.0	101.3	101.3	101.3	101.3	101.3	101.3	101.3	101.3
101.7	102.1	101.8	101.6	102.4	101.8	101.7	101.7	101.3	101.8
97.9	97.2	95.8	94.8	94.7	95.7	96.2	96.2	96.4	96.7
103.8	102.7	102.7	105.3	106.0	108.2	110.4	112.6	113.2	110.8
100.4	99.7	99.7	99.8	100.3	100.2	100.2	100.1	100.1	101.8
97.5	98.0	98.0	98.0	98.6	98.5	98.5	98.5	98.5	98.6
100.2	**100.0**	**99.9**	**100.0**	**100.3**	**100.1**	**99.7**	**99.3**	**99.3**	**99.9**
99.1	98.6	98.3	98.2	98.0	98.1	98.1	98.0	98.1	98.6
101.2	101.3	101.4	101.6	102.1	102.4	101.7	100.8	100.7	101.6
100.3	100.4	100.3	100.1	101.5	97.6	97.5	97.7	97.8	97.9

3-16 续表 1

（上年同期＝100）

类 别	Item	全 年 Annual Year	1 月 January	2 月 February
烟草制品业	**Manufacture of Tobacco**	**100.0**	**100.0**	**100.0**
卷烟制造	Cigarette Manufacturing	100.0	100.0	100.0
纺织业	**Manufacture of Textile**	**101.7**	**96.4**	**96.2**
棉纺织及印染精加工	Cotton and Textile Printing and Dyeing Finishing	97.0	96.1	96.4
麻纺织及染整精加工	Finishing of Linen Textile and Dyeing and Finishing	89.4	97.4	95.9
丝绢纺织及印染精加工	Silk and Textile Printing and Dyeing Finishing	103.2	96.2	95.9
家用纺织制成品制造	Manufacture of Household Textile Products	101.7	100.0	100.0
纺织服装、服饰业	**Manufacture of Textile, Wearing Apparel and Accessories**	**100.3**	**100.7**	**100.8**
机织服装制造	Manufacture of Woven Garment	100.2	100.6	100.7
针织或钩针编织服装制造	Manufacture of Knitted or Crocheted Garment	101.4	102.0	102.0
皮革、毛皮、羽毛及其制品和制鞋业	**Manufacture of Leather, Fur, Feather and Related Products and Footware**	**97.4**	**99.1**	**99.1**
皮革鞣制加工	Leather Processing	101.7	102.5	104.9
皮革制品制造	Leather Product Processing	101.1	102.7	102.1
羽毛（绒）加工及制品制造	Feather Processing and Its Products Manufacturing	78.0	84.0	83.0
制鞋业	Shoemaking Industry	99.4	100.1	100.5
木材加工和木、竹、藤、棕、草制品业	**Processing of Timber, Manufacture of Wood, Bamboo, Rattan, Palm and Straw Products**	**101.5**	**100.1**	**100.1**
木材加工	Manufacture of Wood	101.1	99.7	99.8
人造板制造	Artificial Plank Manufacturing	101.7	99.3	99.2
木制品制造	Timber Product Manufacturing	99.8	102.3	102.9
竹、藤、棕、草等制品制造	Bamboo, Ratten, Palm and Grass Product Manufacturing	102.2	105.0	104.5
家具制造业	**Manufacture of Furniture**	**102.3**	**100.2**	**100.9**
木质家具制造	Manufacture of Wooden Furniture	103.1	100.6	101.5
其他家具制造	Manufacture of Other Furniture	98.3	98.3	98.3
造纸和纸制品业	**Manufacture of Paper and Paper Products**	**100.3**	**99.7**	**99.7**
纸浆制造	Paper Pulp Manufacturing	99.3	96.6	95.8
造纸	Paper Making	100.3	99.8	99.7
纸制品制造	Paper Products Manufacturing	100.4	99.9	100.3
印刷业和记录媒介的复制	**Printing and Reproduction of Recording Media**	**98.5**	**96.5**	**97.1**
印刷	Painting	98.6	96.5	97.1
装订及印刷相关服务	Bookbinding and Printing Related Services	95.5	95.5	95.5
文教、工美、体育和娱乐用品制造业	**Manufacture of Articles for Culture, Education, Arts and Crafts, Sport and Entertainment Activities**	**100.1**	**101.3**	**100.0**
文教办公用品制造	Manufacture of Articles for Culture, Education	98.8	99.4	99.4
工艺美术品制造	Manufacture of Arts and Crafts	100.2	101.5	100.0
玩具制造	Manufacture of Toys	100.0	101.2	99.9
石油加工、炼焦和核燃料加工业	**Processing of Petroleum, Coking and Processing of Nuclear Fuel**	**94.0**	**90.5**	**93.0**
精炼石油产品制造	Refineed Coking Petroleum Manufacturing	94.0	90.5	93.0

continued

(preceding year=100)

3 月 March	4 月 April	5 月 May	6 月 June	7 月 July	8 月 August	9 月 September	10 月 October	11 月 November	12 月 December
100.0	**100.0**	**100.0**	**100.0**	**100.0**	**100.0**	**100.0**	**100.0**	**100.0**	**100.0**
100.0	100.0	100.0	100.0	100.0	100.0	100.0	100.0	100.0	100.0
96.3	**96.0**	**96.9**	**98.8**	**100.9**	**103.2**	**106.0**	**108.9**	**110.5**	**111.9**
95.7	95.2	95.2	95.4	97.3	97.7	98.4	98.6	98.9	99.1
94.6	93.5	92.9	89.9	88.4	85.7	83.7	83.8	83.9	83.7
96.2	95.8	97.1	99.6	102.0	105.0	108.6	112.4	114.5	116.3
100.0	102.2	102.2	102.2	102.2	102.2	102.2	102.2	102.2	102.2
100.3	**100.3**	**100.2**	**100.3**	**99.9**	**100.6**	**100.3**	**100.2**	**100.2**	**100.2**
100.2	100.1	100.0	100.1	99.7	100.5	100.2	100.1	100.2	100.1
102.1	102.3	101.9	102.1	101.7	101.0	101.0	100.6	100.1	100.7
98.1	**98.4**	**97.4**	**97.9**	**98.4**	**96.2**	**95.3**	**95.6**	**95.9**	**97.0**
102.5	102.7	100.4	102.0	102.7	100.0	98.8	99.4	101.7	103.6
101.8	101.1	100.5	100.7	101.0	100.8	100.7	100.7	100.6	100.8
80.5	82.9	81.5	82.2	82.8	71.4	71.1	71.8	72.0	71.9
99.6	100.2	99.3	99.7	100.2	99.8	97.1	97.7	97.9	100.9
100.4	**100.6**	**101.1**	**101.5**	**101.7**	**102.3**	**102.0**	**102.5**	**102.3**	**102.7**
100.5	100.8	100.9	101.1	101.6	102.1	102.2	101.9	101.1	101.2
99.6	99.9	100.9	101.2	102.3	103.4	103.2	103.8	103.6	104.2
102.7	101.2	100.8	101.8	99.7	97.8	96.4	97.7	97.1	97.2
104.6	105.2	104.6	104.2	100.0	100.0	99.4	99.2	99.9	99.9
101.2	**101.6**	**101.5**	**102.4**	**102.4**	**102.6**	**103.4**	**103.3**	**103.3**	**104.6**
101.8	102.3	102.3	103.2	103.2	103.5	104.3	104.5	104.5	106.0
98.2	98.0	97.7	98.9	98.9	98.6	98.6	98.0	98.0	98.0
99.7	**99.9**	**100.1**	**99.8**	**99.7**	**99.7**	**99.7**	**99.9**	**101.5**	**104.3**
100.0	100.4	100.6	99.3	99.6	100.4	100.6	100.6	98.9	98.6
99.3	99.8	100.0	99.7	99.5	99.3	99.4	99.8	102.5	105.3
100.3	99.9	100.1	100.1	99.9	100.2	100.1	99.9	100.4	103.4
97.9	**97.8**	**98.4**	**98.7**	**99.3**	**99.3**	**99.3**	**99.3**	**99.3**	**99.5**
98.0	97.9	98.5	98.8	99.4	99.4	99.4	99.4	99.4	99.6
95.5	95.5	95.5	95.5	95.5	95.5	95.5	95.5	95.5	95.5
101.3	**101.3**	**99.9**	**100.1**	**98.9**	**98.5**	**99.9**	**99.8**	**99.9**	**100.0**
98.3	98.3	98.3	98.4	98.0	98.0	98.2	98.2	99.4	101.4
101.5	101.5	100.0	100.0	98.9	98.6	100.0	100.0	100.0	100.0
101.2	101.2	99.9	101.1	99.0	98.4	99.8	99.5	99.5	99.6
83.5	**86.1**	**83.6**	**88.8**	**91.6**	**92.6**	**101.8**	**103.0**	**106.1**	**111.9**
83.5	86.1	83.6	88.8	91.6	92.6	101.8	103.0	106.1	111.9

3-16 续表 2

（上年同期＝100）

类 别	Item	全 年 Annual Year	1 月 January	2 月 February
化学原料和化学制品制造业	**Manufacture of Raw Chemical Materials and Chemical Products**	**97.1**	**96.1**	**95.8**
基础化学原料制造	Basic Chemical Material Manufacturing	97.9	94.8	95.2
肥料制造	Fertilizer Manufacture	97.0	103.0	102.0
农药制造	Insectcide Manufacture	100.7	99.2	99.1
涂料、油墨、颜料及类似产品制造	Coating, Printing Ink, Pigment and The Similar Products Manufacture	100.3	98.8	98.2
合成材料制造	Compounded Material Manufacture	94.1	90.1	88.8
专用化学产品制造	Specialized Chemical Product Manufacture	93.0	90.4	89.6
炸药、火工及焰火产品制造	Manufacture of Explosive, Firer and Fireworks Products	99.1	98.6	98.8
日用化学产品制造	Daily Chemical Product Manufacture	101.2	102.4	102.4
医药制造业	**Manufacture of Medicines**	**103.4**	**104.6**	**104.5**
化学药品原料药制造	Manufacture of Chemical Raw Material Medicine	115.7	117.8	117.7
化学药品制剂制造	Chemical Medicine Agent Manufacture	111.4	115.2	114.3
中药饮片加工	Medium Paternt Manufacture	100.1	102.6	101.8
中成药生产	Chines Patent Medicine's Production	101.3	102.2	102.3
兽用药品制造	Medicine in Herbs Manufacture	101.0	99.8	99.8
生物药品制造	Biopharmaceutical Manufacturing	102.1	100.2	99.2
卫生材料及医药用品制造	Sanitary Materials and Medical Supplies Manufacturing	100.0	100.0	100.0
橡胶和塑料制品业	**Manufacture of Rubber and Plastics Products**	**96.7**	**98.5**	**98.6**
橡胶制品业	Rubber Products Industry	102.6	104.8	104.8
塑料制品业	Plastic Products Industry	95.6	97.4	97.6
非金属矿物制品业	**Manufacture of Non-metallic Mineral Products**	**93.8**	**88.3**	**87.6**
水泥、石灰和石膏制造	Manufacture of Cement, Lime and Gesso	84.0	70.1	68.8
石膏、水泥制品及类似制品制造	Manufacture of Gesso, Cement and Similar Products	96.4	96.1	95.7
砖瓦、石材等建筑材料制造	Manufacture of Tile and Dimension Stone	97.7	98.1	97.3
玻璃制造	Manufacture of Glass	111.3	86.3	91.0
玻璃制品制造	Manufacture of Glass Products	100.8	99.9	100.6
陶瓷制品制造	Manufacture of Ceramics Products	101.1	99.7	99.8
耐火材料制品制造	Manufacture of Refractory Products	100.0	100.0	100.0
石墨及其他非金属矿物制品制造	Manufacture of Graphite and Other Non-metallic Mineral Products	98.5	100.0	97.6
黑色金属冶炼和压延加工业	**Smelting and Pressing of Ferrous Metals**	**100.1**	**82.6**	**85.7**
黑色金属铸造	Casting of Ferrous Metals	95.7	96.4	96.4
钢压延加工	Steel Rolling Processing	99.7	79.7	83.5
铁合金冶炼	Ferroalloy Smelting	105.5	89.1	90.1

continued

(preceding year=100)

3月 March	4月 April	5月 May	6月 June	7月 July	8月 August	9月 September	10月 October	11月 November	12月 December
95.1	**95.2**	**95.6**	**95.8**	**95.9**	**96.9**	**97.8**	**98.7**	**99.5**	**102.6**
94.8	95.3	95.6	96.6	96.5	99.0	99.5	100.6	102.5	105.0
98.9	99.9	98.7	95.4	94.3	93.7	93.8	94.1	94.2	96.6
99.8	100.5	100.6	100.9	100.6	101.4	101.0	101.4	102.2	102.5
96.4	98.2	98.1	97.9	98.2	99.2	100.0	102.3	104.5	112.4
90.6	91.8	90.8	89.8	93.3	94.9	95.1	97.7	102.5	105.8
89.3	88.3	89.8	91.1	92.1	93.6	96.2	97.4	97.5	102.6
98.7	99.0	99.1	99.3	99.2	99.1	98.9	99.2	99.5	100.2
102.4	102.1	102.1	102.1	102.0	100.0	100.0	100.2	100.0	99.5
103.5	**103.3**	**103.7**	**103.8**	**103.4**	**103.4**	**103.1**	**102.8**	**101.7**	**102.9**
117.7	114.4	114.4	114.4	114.9	114.8	115.5	115.5	115.6	115.7
114.1	115.0	115.2	115.1	114.6	114.2	113.7	115.3	98.1	97.1
99.9	99.4	100.0	100.0	99.8	99.8	99.6	94.0	99.3	105.2
101.1	101.1	101.1	101.2	101.0	101.2	100.8	100.9	101.1	102.2
99.8	99.8	104.3	104.3	100.6	100.6	100.7	100.7	100.7	101.3
100.3	101.2	101.9	104.5	103.0	104.5	101.5	101.6	103.8	103.8
100.0	100.0	100.0	100.0	100.0	100.0	100.0	100.0	100.0	100.0
98.1	**97.9**	**96.5**	**96.0**	**95.3**	**95.5**	**95.4**	**95.6**	**95.5**	**96.9**
102.4	102.7	103.9	102.7	102.8	101.7	102.0	101.7	99.0	103.0
97.4	97.1	95.2	94.9	94.1	94.5	94.3	94.5	94.9	95.8
88.6	**90.0**	**92.4**	**92.7**	**94.5**	**95.5**	**96.7**	**97.9**	**100.0**	**102.8**
70.9	73.7	80.1	83.8	88.6	90.8	92.4	95.6	100.4	106.8
96.6	96.7	97.0	95.2	95.5	95.6	95.6	95.6	97.1	100.5
96.9	97.6	97.6	95.6	96.1	96.3	97.8	99.0	99.8	99.9
90.4	95.2	98.1	100.2	109.5	128.2	140.8	132.0	134.4	144.0
100.3	100.5	100.9	100.9	100.9	101.0	101.1	101.1	101.1	101.1
100.2	100.5	100.3	100.3	100.4	101.2	101.5	102.3	103.3	104.1
100.0	100.0	100.0	100.0	100.0	100.0	100.0	100.0	100.0	100.0
97.0	97.9	98.5	98.9	98.4	98.5	98.5	98.7	98.7	98.7
89.6	**94.9**	**96.9**	**94.3**	**96.8**	**99.5**	**103.8**	**109.7**	**122.1**	**135.5**
95.8	95.8	95.8	95.0	95.8	95.0	95.0	95.8	95.4	96.4
88.6	95.2	97.4	93.7	96.4	98.5	104.1	108.9	123.3	139.6
90.5	92.5	94.9	96.5	99.2	107.9	109.0	123.3	135.7	144.8

3-16 续表 3

（上年同期＝100）

类 别	Item	全 年 Annual Year	1 月 January	2 月 February
有色金属冶炼和压延加工业	**Smelting and Pressing of Non-ferrous Metals**	**95.6**	**84.2**	**84.8**
常用有色金属冶炼	General Non-ferrous Metal Coking	94.8	81.6	83.4
贵金属冶炼	Precious Metal Smeltering	98.5	93.6	95.9
稀有稀土金属冶炼	Smelting of Rare and Rare Earth Metals	88.5	86.0	84.5
有色金属合金制造	Non-ferrous Metal Alloy Manufacture	88.3	76.5	76.8
有色金属压延加工	Non-ferrous Metal Rolling Processing	98.9	91.4	88.4
金属制品业	**Manufacture of Metal Products**	**103.0**	**101.5**	**102.2**
结构性金属制品制造	Structural Metal Product	103.4	101.0	102.5
金属工具制造	Manufacture of Metal Tools	100.0	100.0	100.0
建筑、安全用金属制品制造	Manufacture of Building and Safe Use Metal Products	98.1	103.9	103.9
金属表面处理及热处理加工	Metal Surface Treatment and Heat Treatment	101.9	101.6	101.7
金属制日用品制造	Manufacture of Metal Commodity	103.2	105.6	103.1
其他金属制品制造	Other Metal Product Manufacture	105.0	98.2	98.2
通用设备制造业	**Manufacture of General Purose Machinery**	**95.2**	**95.5**	**94.4**
锅炉及原动设备制造	Boiler and Original Equipment Manufacturing	95.2	95.3	95.3
金属加工机械制造	Metal Process and Machinery Manufacture	90.3	90.3	90.3
物料搬运设备制造	Manufacture of Material Handling Equipment	100.3	101.5	101.5
泵、阀门、压缩机及类似机械制造	Pump, Valve, Compressor and Its Similar Mechanical Manufacture	99.8	97.6	97.6
轴承、齿轮和传动部件制造	Bearings, Gears and Transmission Components Manufacturing	99.6	98.4	99.4
烘炉、风机、衡器、包装等设备制造	Ovens, Fans, Weighing, Packaging Equipment Manufacturing	102.7	102.7	102.7
通用零部件制造	Metal Casting and Forging	85.7	90.4	80.5
专用设备制造业	**Manufacture of Special Purpose Machinery**	**99.4**	**100.1**	**100.0**
矿山、冶金、建筑专用设备制造	Mine, Metallurgy, Building Special Equipment Manufacture	99.2	100.3	100.1
化工、木材、非金属加工专用设备制造	Chemical Engineering, Timber, Non-Metal Processed Special Equipments Manufacture	99.8	99.5	99.5
食品、饮料、烟草及饲料生产专用设备制造	The Food, Beverage, Tobacco and Foddar Production Special Equipments Manufacture	100.0	98.5	98.5
农、林、牧、渔专用机械制造	Agriculture, Forestry Animal Husbandry and Fishery Specific Machinery Manufacture	99.8	99.6	99.6
医疗仪器设备及器械制造	Medical Equipment and Device Manufacturers	100.8	101.3	101.3
环保、社会公共安全及其他专用设备制造	Environment Protection, Social Public Security and Other Specific Equipment Manufacturer	100.1	100.0	100.0
汽车制造业	**Manufacture of Automobiles**	**99.1**	**100.3**	**100.0**
汽车整车制造	Manufacture of Automobiles	98.5	100.5	99.8
改装汽车制造	Manufacture of Automobile Making	100.0	100.1	100.4
低速载货汽车制造	Manufacture of Low-speed Truck	98.2	98.1	98.2
汽车零部件及配件制造	Manufacture of Auto Parts and Accessories	100.0	100.1	100.3

continued

(preceding year=100)

3 月 March	4 月 April	5 月 May	6 月 June	7 月 July	8 月 August	9 月 September	10 月 October	11 月 November	12 月 December
88.5	**88.4**	**89.6**	**91.4**	**94.3**	**96.0**	**97.2**	**101.8**	**115.0**	**122.6**
87.7	86.9	87.5	90.1	92.8	94.4	96.3	101.1	115.7	128.2
99.5	96.0	97.1	94.6	99.5	100.6	100.3	101.1	101.3	103.4
84.8	83.9	91.2	91.3	90.5	91.9	86.8	90.1	89.8	92.6
79.4	86.7	87.9	84.7	87.5	87.5	98.1	101.8	100.1	103.3
91.2	93.1	95.0	95.1	98.8	100.9	101.0	105.3	117.0	112.4
102.8	**104.6**	**104.9**	**104.0**	**102.2**	**103.0**	**102.4**	**102.3**	**102.7**	**103.0**
102.5	105.8	105.3	104.5	102.6	103.0	103.1	103.4	103.2	103.2
100.0	100.0	100.0	100.0	100.0	100.0	100.0	100.0	100.0	100.0
99.5	99.5	99.5	99.5	99.5	99.5	95.4	95.4	91.6	91.6
102.9	102.4	102.7	102.4	101.4	102.1	101.3	101.4	101.7	101.7
107.3	104.4	106.8	104.3	100.4	103.7	100.0	99.3	101.8	102.1
99.7	101.4	107.2	106.4	106.0	107.4	107.4	104.2	108.9	115.1
95.4	**95.2**	**94.8**	**94.9**	**95.1**	**95.4**	**94.6**	**96.9**	**95.8**	**94.1**
96.9	95.2	94.4	94.7	94.9	95.4	93.9	98.0	95.7	92.5
90.2	90.2	90.4	90.4	90.4	90.4	90.4	90.4	90.4	90.3
101.1	100.8	101.1	100.4	99.7	99.0	99.5	99.4	99.7	99.9
97.2	98.9	98.7	98.7	99.2	100.5	100.7	101.6	102.9	103.4
99.7	99.7	99.7	99.7	99.7	99.8	99.8	99.8	99.8	99.8
102.7	102.7	102.7	102.7	102.7	102.7	102.7	102.7	102.7	102.7
81.2	86.0	86.0	86.0	86.4	86.1	86.4	86.4	86.4	86.4
99.9	**99.6**	**99.6**	**98.9**	**99.0**	**99.0**	**98.9**	**99.2**	**99.5**	**99.6**
100.0	99.5	99.5	98.4	98.4	98.4	98.3	98.8	99.1	99.2
99.5	99.5	100.0	100.0	100.0	100.0	100.0	100.0	100.0	100.0
98.5	98.9	100.3	100.3	100.3	100.3	100.6	101.4	101.4	101.3
99.6	99.8	99.7	99.9	99.9	100.0	99.8	99.9	99.9	99.9
101.6	101.6	100.5	100.5	100.5	100.5	100.4	100.4	100.4	100.4
100.0	99.7	99.7	99.7	99.7	100.3	100.3	100.2	101.0	101.0
100.2	**99.7**	**99.1**	**99.2**	**98.8**	**98.5**	**98.6**	**98.4**	**98.3**	**98.2**
100.1	99.2	98.2	98.4	97.9	97.5	97.6	97.5	97.5	97.6
99.6	98.8	98.6	100.0	99.6	100.2	101.8	101.8	100.4	99.4
98.3	98.1	98.2	98.4	98.3	98.1	98.1	98.1	98.0	97.9
100.5	100.5	100.4	100.3	100.0	99.7	99.8	99.6	99.4	99.0

3-16 续表 4

（上年同期=100）

类 别	Item	全 年 Annual Year	1 月 January	2 月 February
铁路、船舶、航空航天和其他运输设备制造业	**Manufacture of Railway, Ship, Aerospace and Other Transport Equipments**	**104.7**	**105.7**	**105.7**
铁路运输设备制造	Rail Transportation Equipment Manufacture	109.3	111.1	111.1
摩托车制造	Automobile Manufacturing	100.0	100.1	100.1
电气机械和器材制造业	**Manufacture of Electrical Machinery and Apparatus**	**98.3**	**96.2**	**97.1**
电机制造	Manufacture of Motor	106.5	99.0	101.8
输配电及控制设备制造	Electricity Mixed and Control Equipments Manufacture	97.7	97.1	97.9
电线、电缆、光缆及电工器材制造	Manufacture of Wire, Cable, Optical Cable and Electrical Equipment	93.9	91.8	91.9
电池制造	Manufacture of Battery	102.2	102.9	103.6
家用电力器具制造	Manufacture of Household Electric Appliance	99.8	100.0	100.0
非电力家用器具制造	Manufacture of Non-electrical Household Appliance	100.0	100.0	100.0
照明器具制造	Manufacture of Lighting Fixtures	100.0	100.0	100.0
计算机、通信和其他电子设备制造业	**Manufacture of Computers, Communication and Other Electronic Equipment**	**100.3**	**99.7**	**100.8**
计算机制造	Manufacture of Computers	101.1	99.8	102.1
通信设备制造	Manufacture of Communication Equipment	99.2	99.6	99.4
广播电视设备制造	Manufacture of Radio and Television Equipment	102.2	100.5	100.3
视听设备制造	Manufacture of Audiovisual Equipment	99.7	99.4	99.1
电子器件制造	Manufacture of Electronic Device	99.5	101.0	101.3
电子元件制造	Manufacture of Electronic Components	98.6	99.0	98.9
其他电子设备制造	Manufacture of Other Electronic Equipment	100.0	100.0	100.0
仪器仪表制造业	**Manufacture of Measuring Instruments and Machinery**	**101.6**	**104.6**	**104.6**
通用仪器仪表制造	Manufacture of General Instrument	101.9	105.6	105.6
钟表与计时仪器制造	Manufacture of Timepiece and Time Keeping Instrument	98.8	100.0	100.0
光学仪器及眼镜制造	Manufacture of Optical Instrument and Glasses	101.5	101.3	101.4
其他制造业	**Other Manufacture**	**94.2**	**90.1**	**90.5**
日用杂品制造	Manufacture of Daily Sundry Goods	93.7	89.5	90.7
其他未列明制造业	Manufacture of Other Not Listed	95.1	90.9	90.3
废弃资源综合利用业	**Utilization of Waste Resources**	**92.1**	**92.7**	**93.1**
金属废料和碎屑加工处理	Metal Waste and Scrap Processing	92.1	92.7	93.1
电力、热力生产和供应业	**Production and Supply of Electric Power and Heat Power**	**98.0**	**97.9**	**97.5**
电力生产	Electric Power Production	97.2	97.4	96.8
电力供应	Electric Power Supply	98.4	98.1	97.8
热力生产和供应	Thermal Production and Supply	98.8	98.4	98.5
燃气生产和供应业	**Production and Supply of Gas**	**90.9**	**88.3**	**88.1**
水的生产和供应业	**Production and Supply of Water**	**101.0**	**101.5**	**101.8**
自来水的生产和供应	Tapping-water Production and Supply	101.1	101.8	102.1
污水处理及其再生利用	Sewage Treatment and Recycled Use	100.0	100.0	100.0

continued

(preceding year=100)

3 月 March	4 月 April	5 月 May	6 月 June	7 月 July	8 月 August	9 月 September	10 月 October	11 月 November	12 月 December
105.7	**105.6**	**105.6**	**103.8**	**103.8**	**103.8**	**104.3**	**104.9**	**103.8**	**104.0**
111.1	111.1	111.3	107.6	107.8	107.5	108.3	109.4	107.3	107.6
100.2	100.0	99.8	99.9	99.7	100.0	100.0	100.2	100.1	100.2
98.3	**97.6**	**97.3**	**98.0**	**98.0**	**98.9**	**99.3**	**98.4**	**99.7**	**101.4**
105.1	105.7	106.8	110.0	110.7	112.0	111.7	104.0	104.8	106.3
97.9	97.5	96.9	97.7	97.8	97.8	97.8	97.8	98.0	98.1
93.6	92.0	91.6	91.6	91.3	93.4	94.7	95.7	98.3	101.6
104.9	103.5	103.1	99.2	99.1	98.5	99.3	99.9	103.9	108.5
99.8	99.7	99.7	99.7	99.7	99.7	99.7	99.7	99.7	99.7
100.0	100.0	100.0	100.0	100.0	100.0	100.0	100.0	100.0	100.0
100.0	100.0	100.0	100.0	100.0	100.0	100.0	100.0	100.0	100.0
100.0	**100.3**	**100.1**	**100.1**	**100.4**	**100.6**	**100.4**	**100.4**	**100.1**	**100.1**
100.5	101.0	100.5	100.5	101.3	101.7	101.5	101.6	101.2	101.4
99.6	100.0	100.0	99.0	99.1	99.1	98.7	98.7	98.9	98.7
100.4	101.2	102.2	103.1	102.3	103.7	103.2	103.2	103.3	103.2
99.1	99.3	99.6	99.6	100.0	100.4	99.2	99.4	100.6	100.6
100.6	101.3	101.3	101.3	100.3	99.1	99.1	98.0	95.0	95.4
98.8	98.9	99.0	98.9	98.5	98.5	98.5	98.5	97.7	97.7
100.0	100.0	100.0	100.0	100.0	100.0	100.0	100.0	100.0	100.0
102.8	**102.5**	**102.6**	**100.9**	**100.9**	**101.0**	**100.2**	**99.8**	**99.9**	**99.8**
103.1	103.1	103.1	100.8	100.8	100.8	100.1	100.0	100.0	100.0
100.0	98.4	98.4	98.4	98.4	98.4	98.4	98.4	98.4	98.4
102.2	101.4	101.7	103.1	102.8	103.5	101.6	99.5	100.5	99.6
91.5	**91.6**	**91.3**	**91.7**	**93.8**	**95.4**	**97.1**	**97.8**	**99.9**	**101.5**
90.8	90.5	89.9	90.8	93.2	94.7	96.7	97.3	99.9	101.8
92.6	93.4	93.5	93.2	94.7	96.4	97.8	98.6	100.1	101.0
91.8	**94.1**	**95.4**	**90.7**	**87.3**	**88.5**	**89.7**	**91.0**	**94.9**	**95.6**
91.8	94.1	95.4	90.7	87.3	88.5	89.7	91.0	94.9	95.6
97.3	**97.7**	**98.0**	**98.0**	**98.0**	**98.0**	**98.6**	**98.2**	**98.2**	**98.3**
96.9	97.1	97.5	97.5	97.3	97.1	97.1	97.0	97.2	97.3
97.6	98.0	98.4	98.2	98.5	98.5	99.5	99.0	98.8	98.9
98.1	98.3	98.8	99.0	99.3	99.4	99.3	98.7	98.7	99.2
88.6	**89.6**	**89.7**	**89.0**	**88.9**	**89.4**	**93.0**	**92.6**	**95.5**	**99.1**
101.5	**101.5**	**101.5**	**101.1**	**101.1**	**101.1**	**100.2**	**100.1**	**100.1**	**100.1**
101.8	101.8	101.8	101.3	101.3	101.3	100.3	100.2	100.2	100.2
100.0	100.0	100.0	100.0	100.0	100.0	100.0	100.0	100.0	100.0

3-17 分月工业生产者出厂价格环比指数（2016年）

（上月＝100）

类 别	Item	全 年 Annual Year	1 月 January	2 月 February	3 月 March
总指数	**General Index**	**107.6**	**99.8**	**99.6**	**100.5**
# 轻工业	# Light Industry	105.8	100.4	100.1	99.8
以农产品为原料	Using Farm Produces as Raw Materials	106.5	100.5	100.1	99.8
以非农产品为原料	Using Non-farm Produces as Raw Materials	102.2	100.2	100.0	100.0
重工业	Heavy Industry	108.2	99.6	99.5	100.7
采掘	Mining and Quarrying	117.0	99.3	99.6	100.1
原料	Raw Material	106.8	99.3	99.0	100.5
加工	Processing	108.2	99.7	99.7	100.9
# 生产资料	# Means of Production	108.6	99.5	99.5	100.7
采掘	Mining and Quarrying	117.0	99.3	99.6	100.1
原料	Raw Material	106.7	99.2	98.9	100.5
加工	Processing	108.9	99.7	99.7	100.8
生活资料	Life Material	104.3	100.7	100.1	99.9
食品	Food	107.7	101.1	100.2	99.9
衣着	Clothing	100.5	100.1	99.9	100.0
一般日用品	Articles for Daily Use	100.5	100.5	100.0	99.9
耐用消费品	Durable Consumers' Goods	97.5	100.1	100.1	100.0
按工业部门分	**Grouped by Department of Industry**				
冶金工业	Metallurgical Industry	129.0	100.2	99.9	103.3
电力工业	Power Industry	98.3	99.1	99.7	99.9
煤炭及炼焦工业	Coal and Coking Industry	113.8	99.4	99.6	92.2
石油工业	Petroleum Industry	111.8	98.5	94.4	100.1
化学工业	Chemical Industry	101.7	99.9	99.7	99.7
机械工业	Machine Buiding Industry	98.9	99.7	100.0	99.9
建筑材料工业	Buiding Material Industry	102.7	98.3	98.9	99.4
森林工业	Timber Industry	103.0	100.1	100.1	100.0
食品工业	Food Industry	107.5	100.8	100.1	99.8
纺织工业	Textile Industry	111.9	99.6	99.9	99.9
缝纫工业	Tailoring Industry	100.2	100.0	100.0	100.0
皮革工业	Leather Industry	101.2	100.4	99.8	99.8
造纸工业	Paper Industry	104.3	99.9	100.1	100.0
文教艺术用品工业	Cultural, Educational and Handicraft Articles	99.6	99.9	100.0	99.9
其它工业	Other Industry	97.8	99.1	99.3	99.7

Producer Price Chain Indices for Industrial Products by Month（2016）

（preceding month=100）

4 月 April	5 月 May	6 月 June	7 月 July	8 月 August	9 月 September	10 月 October	11 月 November	12 月 December
100.7	**100.4**	**99.6**	**100.3**	**100.1**	**100.6**	**101.0**	**102.2**	**102.5**
100.4	100.1	100.5	100.7	99.8	100.4	100.6	100.7	102.0
100.5	100.2	100.7	100.8	99.8	100.5	100.6	100.7	102.2
100.1	100.0	99.8	100.0	100.1	100.2	100.4	100.4	101.0
100.7	100.4	99.3	100.2	100.3	100.6	101.1	102.8	102.7
99.9	101.2	102.2	100.5	100.3	101.1	102.2	106.4	103.0
100.2	101.2	101.0	100.2	99.2	101.0	101.0	102.0	102.2
101.1	100.0	98.3	100.2	100.8	100.4	101.1	102.8	103.0
100.7	100.6	99.4	100.4	100.3	100.6	101.1	102.8	102.8
99.9	101.2	102.2	100.5	100.3	101.1	102.2	106.4	103.0
100.1	101.2	101.0	100.2	99.1	101.0	101.0	102.0	102.3
101.0	100.3	98.5	100.4	100.8	100.4	101.1	102.9	103.1
100.6	99.6	100.3	100.3	99.8	100.4	100.4	100.4	101.6
100.9	100.3	100.4	100.5	99.7	100.6	100.6	100.7	102.5
100.0	100.1	100.0	100.0	100.4	99.6	100.0	99.9	100.5
100.1	100.0	100.1	99.8	99.8	100.0	100.1	100.1	100.1
100.0	97.1	100.1	99.9	100.0	100.1	100.0	100.0	100.1
102.5	100.9	96.7	100.9	102.0	101.1	103.1	108.6	107.3
100.2	99.8	99.7	99.8	99.9	100.5	100.2	99.9	99.8
98.4	107.3	101.2	97.7	100.3	103.0	100.5	102.7	111.9
100.7	104.8	106.9	101.3	94.5	104.0	101.8	101.6	103.6
100.3	100.0	100.1	99.6	99.9	100.1	100.2	100.7	101.7
99.9	99.5	99.9	99.9	100.0	100.0	100.0	100.0	100.1
100.2	101.1	98.9	100.1	100.3	100.6	101.0	102.2	101.7
100.2	100.5	100.2	100.6	100.4	100.1	100.3	99.9	100.5
100.6	100.2	100.8	101.0	99.7	100.5	100.6	100.6	102.5
99.7	100.2	101.6	101.8	101.6	102.1	102.3	101.5	101.2
100.0	100.0	100.0	99.8	100.7	100.0	99.9	99.8	99.9
100.1	100.0	100.1	100.4	99.8	99.3	100.2	100.1	101.2
100.2	99.9	99.8	99.8	100.1	100.1	100.1	101.7	102.6
99.6	100.0	100.2	99.8	100.0	100.0	100.0	100.1	100.2
100.2	100.1	100.1	99.9	99.2	100.0	100.0	100.1	100.1

3-18 分行业工业生产者出厂价格环比指数（2016年）

（上月＝100）

类 别	Item	全 年 Annual Year	1 月 January	2 月 February
煤炭开采和洗选业	**Mining and Washing of Coal**	**113.8**	**99.4**	**99.6**
烟煤和无烟煤开采洗选	Mining and Washing of Bituminous and Anthracite	104.9	97.3	100.0
褐煤的开采洗选	Mining and Washing of Lignite	119.7	100.7	99.3
石油和天然气开采业	**Extraction of Petroleum and Natural Gas**	**136.9**	**85.6**	**79.5**
石油开采	Extraction of Petroleum	136.9	85.6	79.5
黑色金属矿采选业	**Mining and Processing of Ferrous Metal Ores**	**96.6**	**99.8**	**99.7**
铁矿采选	Mining and Processing of Iron Ore	94.3	100.0	99.3
锰矿、铬矿采选	Mining and Processing of Manganese Mine and Chrome Ore	99.0	99.7	100.0
有色金属矿采选业	**Mining and Processing of Non-Ferrous Metal Ores**	**141.0**	**99.4**	**100.3**
常用有色金属矿采选	Mining and Processing of Common Non-Ferrous Metal Ores	141.5	99.3	100.3
贵金属矿采选	Mining and Processing of Precious Metal Ores	108.7	100.9	101.4
非金属矿采选业	**Mining and Processing of Non-Metal Ores**	**99.9**	**99.9**	**100.0**
土砂石开采	Extraction of Soil Gravel	99.0	99.7	100.0
化学矿采选	Mining and Processing of Chemical Ores	100.5	100.3	100.0
石棉及其他非金属矿采选	Mining and Processing of Asbestos and Other Non-metallic	102.0	100.0	99.8
农副食品加工业	**Proceessing of Food from Agricultural Products**	**110.1**	**101.0**	**100.1**
谷物磨制	Corn Whetted	99.8	99.6	99.5
饲料加工	Forage Processed	103.2	99.0	99.4
植物油加工	Planting-Oil Processed	112.9	101.4	102.0
制糖业	Sugar Industry	119.1	102.6	100.0
屠宰及肉类加工	Slaughtered Meta and Meat Processes	102.6	100.7	100.6
水产品加工	Fishery Product Processed	101.9	100.2	99.2
蔬菜、水果和坚果加工	Vegetables, Fruits and Nuts Processing	105.0	98.9	100.3
其他农副食品加工	Other Farm and Side-line Food Processed	101.4	101.1	97.8
食品制造业	**Manufacture of Foods**	**101.1**	**100.4**	**100.0**
焙烤食品制造	Baked Food Manufacturing	101.7	101.1	100.0
糖果、巧克力及蜜饯制造	Candy, Chocolate and Candied Fruit Production	101.3	100.0	100.0
方便食品制造	Convenient Food Manufacturing	101.8	100.2	100.0
乳制品制造	Dairy Products Manufacturing	96.7	99.0	99.1
罐头食品制造	Canned Food Manufacturing	110.8	103.5	101.1
调味品、发酵制品制造	Condiment, Ferment Product Manufacturing	101.8	100.2	100.2
其他食品制造	Other Food Manufacturing	98.6	99.8	99.9
酒、饮料和精制茶制造业	**Manufacture of Liquor, Beverages and Refined Tea**	**99.9**	**99.7**	**100.3**
酒的制造	Manufacture of Wine	98.6	99.3	100.2
饮料制造	Beverage Manufacturing	101.6	100.0	100.3
精制茶加工	Refined-tea Process	97.9	100.0	100.8

Producer Price Chain Indices for Industrial Products by Industry（2016）

（preceding year=100）

3 月 March	4 月 April	5 月 May	6 月 June	7 月 July	8 月 August	9 月 September	10 月 October	11 月 November	12 月 December
92.2	**98.4**	**107.3**	**101.2**	**97.7**	**100.3**	**103.0**	**100.5**	**102.7**	**111.9**
100.0	91.8	100.0	99.5	100.0	101.0	106.0	101.4	106.0	102.5
87.1	103.4	112.2	102.2	96.4	99.9	101.2	100.0	100.5	118.3
111.1	**117.9**	**108.6**	**124.1**	**99.1**	**92.2**	**101.5**	**104.1**	**122.8**	**96.0**
111.1	117.9	108.6	124.1	99.1	92.2	101.5	104.1	122.8	96.0
100.3	**97.4**	**99.9**	**99.7**	**99.8**	**99.6**	**99.9**	**100.2**	**100.2**	**100.1**
100.2	94.4	100.0	100.0	99.7	100.0	99.8	100.4	100.3	100.2
100.5	100.4	99.8	99.5	99.8	99.3	100.0	100.0	100.0	100.0
100.7	**100.9**	**101.5**	**104.5**	**101.8**	**101.4**	**102.8**	**104.3**	**112.6**	**105.3**
100.7	100.9	101.5	104.5	101.7	101.4	102.9	104.4	112.8	105.4
101.5	101.1	101.6	101.3	104.2	100.1	101.0	98.4	99.2	98.0
99.8	**100.4**	**100.4**	**99.7**	**99.9**	**99.9**	**99.0**	**100.4**	**100.5**	**100.2**
99.8	100.7	100.6	99.2	99.7	99.8	98.3	100.7	100.6	99.8
99.5	100.0	100.0	100.0	100.0	100.0	100.0	100.0	100.0	100.7
100.2	99.5	100.0	100.7	100.4	99.9	100.3	100.0	100.5	100.7
99.7	**100.9**	**100.3**	**101.1**	**101.4**	**99.6**	**100.7**	**100.8**	**100.9**	**103.3**
97.8	101.9	100.7	100.5	100.4	100.1	98.0	99.8	100.3	101.3
99.2	98.7	99.3	102.7	103.4	99.9	99.5	100.0	100.5	101.8
100.2	103.7	100.4	99.9	98.3	98.1	103.1	101.6	101.8	101.9
99.8	100.9	100.8	101.1	102.5	99.9	100.8	101.7	100.7	107.0
99.9	100.4	101.4	100.2	100.5	100.4	99.6	99.3	100.1	99.6
99.7	100.3	100.2	100.0	99.3	100.1	101.4	100.4	100.3	100.7
100.6	100.7	99.9	100.2	100.5	99.5	100.3	100.0	103.9	100.2
100.1	100.5	99.8	101.7	100.1	99.5	100.6	99.6	100.3	100.3
100.1	**100.1**	**99.8**	**99.9**	**99.9**	**100.4**	**100.2**	**100.2**	**99.9**	**100.3**
100.0	100.1	100.0	100.0	100.4	100.0	100.0	100.0	100.0	100.0
100.0	100.0	101.3	100.0	100.0	100.0	100.0	100.0	100.0	100.0
100.4	100.3	100.0	100.0	100.4	100.0	100.1	100.0	99.8	100.6
98.8	100.1	99.7	99.0	99.3	101.1	100.2	100.1	100.2	100.1
102.2	100.5	99.1	100.1	100.3	101.9	101.0	100.9	99.5	100.3
100.0	99.5	100.0	100.1	100.5	100.0	100.0	100.0	100.0	101.3
99.6	99.9	100.0	100.0	99.5	99.9	100.0	100.0	100.0	100.1
99.9	**99.8**	**100.0**	**100.1**	**100.3**	**99.8**	**100.0**	**100.0**	**99.9**	**100.0**
99.7	99.6	99.9	100.0	99.9	100.1	99.9	100.0	99.9	100.0
100.1	100.0	100.1	100.2	100.5	100.3	100.2	99.9	99.9	100.0
99.8	100.2	100.0	99.8	101.4	96.2	99.8	100.0	100.0	100.0

3-18 续表 1

（上月＝100）

类 别	Item	全 年 Annual Year	1 月 January	2 月 February
烟草制品业	**Manufacture of Tobacco**	**100.0**	**100.0**	**100.0**
卷烟制造	Cigarette Manufacturing	100.0	100.0	100.0
纺织业	**Manufacture of Textile**	**111.9**	**99.6**	**99.9**
棉纺织及印染精加工	Cotton and Textile Printing and Dyeing Finishing	99.1	100.0	100.0
麻纺织及染整精加工	Finishing of Linen Textile and Dyeing and Finishing	83.7	93.0	98.8
丝绢纺织及印染精加工	Silk and Textile Printing and Dyeing Finishing	116.3	99.6	99.9
家用纺织制成品制造	Manufacture of Household Textile Products	102.2	100.0	100.0
纺织服装、服饰业	**Manufacture of Textile, Wearing Apparel and Accessories**	**100.2**	**100.0**	**100.0**
机织服装制造	Manufacture of Woven Garment	100.1	99.9	100.0
针织或钩针编织服装制造	Manufacture of Knitted or Crocheted Garment	100.7	100.1	100.1
皮革、毛皮、羽毛及其制品和制鞋业	**Manufacture of Leather, Fur, Feather and Related Products and Footware**	**97.0**	**98.7**	**99.5**
皮革鞣制加工	Leather Processing	103.6	100.7	100.0
皮革制品制造	Leather Product Processing	100.8	100.3	100.0
羽毛（绒）加工及制品制造	Feather Processing and Its Products Manufacturing	71.9	88.5	97.3
制鞋业	Shoemaking Industry	100.9	100.2	99.4
木材加工和木、竹、藤、棕、草制品业	**Processing of Timber, Manufacture of Wood, Bamboo, Rattan, Palm and Straw Products**	**102.7**	**100.1**	**100.0**
木材加工	Manufacture of Wood	101.2	99.7	100.0
人造板制造	Artificial Plank Manufacturing	104.2	100.1	100.0
木制品制造	Timber Product Manufacturing	97.2	100.2	99.9
竹、藤、棕、草等制品制造	Bamboo, Ratten, Palm and Grass Product Manufacturing	99.9	100.3	100.0
家具制造业	**Manufacture of Furniture**	**104.6**	**100.2**	**100.8**
木质家具制造	Manufacture of Wooden Furniture	106.0	100.3	101.0
其他家具制造	Manufacture of Other Furniture	98.0	100.0	99.9
造纸和纸制品业	**Manufacture of Paper and Paper Products**	**104.3**	**99.9**	**100.1**
纸浆制造	Paper Pulp Manufacturing	98.6	99.7	98.5
造纸	Paper Making	105.3	99.9	100.0
纸制品制造	Paper Products Manufacturing	103.4	99.8	100.4
印刷业和记录媒介的复制	**Printing and Reproduction of Recording Media**	**99.5**	**99.9**	**100.0**
印刷	Painting	99.6	100.0	100.0
装订及印刷相关服务	Bookbinding and Printing Related Services	95.5	95.5	100.0
文教、工美、体育和娱乐用品制造业	**Manufacture of Articles for Culture, Education, Arts and Crafts, Sport and Entertainment Activities**	**100.0**	**100.0**	**100.0**
文教办公用品制造	Manufacture of Articles for Culture, Education	101.4	100.0	100.0
工艺美术品制造	Manufacture of Arts and Crafts	100.0	100.0	100.0
玩具制造	Manufacture of Toys	99.6	100.0	100.0
石油加工、炼焦和核燃料加工业	**Processing of Petroleum, Coking and Processing of Nuclear Fuel**	**111.9**	**98.7**	**94.4**
精炼石油产品制造	Refineed Coking Petroleum Manufacturing	111.9	98.7	94.4

continued

(preceding month=100)

3 月 March	4 月 April	5 月 May	6 月 June	7 月 July	8 月 August	9 月 September	10 月 October	11 月 November	12 月 December
100.0	**100.0**	**100.0**	**100.0**	**100.0**	**100.0**	**100.0**	**100.0**	**100.0**	**100.0**
100.0	100.0	100.0	100.0	100.0	100.0	100.0	100.0	100.0	100.0
99.9	**99.7**	**100.2**	**101.6**	**101.8**	**101.6**	**102.1**	**102.3**	**101.5**	**101.2**
99.2	99.9	99.9	99.7	100.2	99.6	100.1	100.2	100.2	100.2
99.9	99.4	100.3	96.8	98.3	97.0	99.0	100.0	100.0	100.0
100.1	99.5	100.3	102.2	102.4	102.3	102.8	102.9	101.9	101.4
100.0	102.2	100.0	100.0	100.0	100.0	100.0	100.0	100.0	100.0
100.0	**100.0**	**100.0**	**100.0**	**99.8**	**100.7**	**100.0**	**99.9**	**99.8**	**99.9**
100.0	100.0	100.0	100.0	99.8	100.8	100.0	99.9	99.9	99.8
100.2	100.2	99.9	100.2	100.0	99.9	100.2	99.9	99.7	100.3
99.4	**100.1**	**100.0**	**100.1**	**100.3**	**98.2**	**99.3**	**100.2**	**100.1**	**101.1**
99.0	100.5	99.4	100.8	101.0	99.0	100.0	100.6	101.6	100.8
100.1	100.0	100.0	100.1	100.3	99.8	100.0	100.0	99.9	100.3
96.7	100.4	99.9	99.9	99.7	86.2	99.6	100.1	100.4	100.2
99.6	100.1	100.4	99.8	100.3	100.1	97.8	100.4	99.9	102.9
100.0	**100.2**	**100.6**	**100.2**	**100.6**	**100.4**	**100.0**	**100.3**	**99.9**	**100.4**
100.7	100.4	100.1	100.1	100.6	100.4	100.1	99.7	99.2	100.0
100.0	100.2	100.8	100.2	101.0	100.9	100.0	100.5	99.9	100.6
99.8	100.1	100.2	99.9	100.2	97.6	99.9	100.0	100.0	99.5
100.1	100.9	99.9	100.4	97.8	100.0	100.1	99.8	100.6	100.2
100.2	**100.4**	**100.0**	**100.6**	**100.0**	**100.2**	**100.7**	**100.0**	**100.2**	**101.2**
100.3	100.5	100.0	100.8	100.0	100.3	100.8	100.1	100.3	101.5
99.9	99.8	99.7	99.6	100.0	99.7	100.0	99.4	100.0	100.0
100.0	**100.2**	**99.9**	**99.8**	**99.8**	**100.1**	**100.1**	**100.1**	**101.7**	**102.6**
104.6	100.0	100.0	98.7	100.0	100.0	100.0	100.0	98.2	99.1
99.8	100.5	99.8	99.8	99.7	100.0	100.1	100.3	102.7	102.7
99.9	99.8	100.1	100.1	99.8	100.2	99.9	99.8	100.5	103.1
99.9	**99.5**	**100.0**	**100.0**	**100.0**	**100.0**	**100.0**	**100.0**	**100.0**	**100.1**
99.9	99.5	100.0	100.0	100.0	100.0	100.0	100.0	100.0	100.1
100.0	100.0	100.0	100.0	100.0	100.0	100.0	100.0	100.0	100.0
100.0	**100.0**	**100.0**	**100.2**	**99.8**	**99.9**	**100.0**	**99.9**	**100.0**	**100.1**
98.8	100.0	100.0	100.0	99.5	100.0	100.4	100.0	101.2	101.6
100.0	100.0	100.0	100.0	100.0	100.0	100.0	100.0	100.0	100.0
100.0	100.0	100.0	101.1	98.9	99.7	100.2	99.7	100.0	100.0
99.9	**100.5**	**105.0**	**106.9**	**101.4**	**94.3**	**104.2**	**101.8**	**101.1**	**103.9**
99.9	100.5	105.0	106.9	101.4	94.3	104.2	101.8	101.1	103.9

3-18 续表 2

（上月＝100）

类 别	Item	全 年 Annual Year	1 月 January	2 月 February
化学原料和化学制品制造业	**Manufacture of Raw Chemical Materials and Chemical Products**	**102.6**	**99.6**	**99.5**
基础化学原料制造	Basic Chemical Material Manufacturing	105.0	99.0	99.6
肥料制造	Fertilizer Manufacture	96.6	99.0	99.1
农药制造	Insectcide Manufacture	102.5	99.9	100.1
涂料、油墨、颜料及类似产品制造	Coating, Printing Ink, Pigment and The Similar Products Manufacture	112.4	99.6	99.8
合成材料制造	Compounded Material Manufacture	105.8	99.2	98.2
专用化学产品制造	Specialized Chemical Product Manufacture	102.6	100.2	99.0
炸药、火工及焰火产品制造	Manufacture of Explosive, Firer and Fireworks Products	100.2	99.5	99.9
日用化学产品制造	Daily Chemical Product Manufacture	99.5	99.8	100.0
医药制造业	**Manufacture of Medicines**	**102.9**	**101.6**	**99.9**
化学药品原料药制造	Manufacture of Chemical Raw Material Medicine	115.7	115.7	100.0
化学药品制剂制造	Chemical Medicine Agent Manufacture	97.1	99.5	99.1
中药饮片加工	Medium Paternt Manufacture	105.2	100.0	99.2
中成药生产	Chines Patent Medicine's Production	102.2	100.7	100.1
兽用药品制造	Medicine in Herbs Manufacture	101.3	100.0	100.0
生物药品制造	Biopharmaceutical Manufacturing	103.8	101.1	99.0
卫生材料及医药用品制造	Sanitary Materials and Medical Supplies Manufacturing	100.0	100.0	100.0
橡胶和塑料制品业	**Manufacture of Rubber and Plastics Products**	**96.9**	**99.1**	**99.8**
橡胶制品业	Rubber Products Industry	103.0	104.2	100.0
塑料制品业	Plastic Products Industry	95.8	98.2	99.8
非金属矿物制品业	**Manufacture of Non-metallic Mineral Products**	**102.8**	**98.3**	**98.8**
水泥、石灰和石膏制造	Manufacture of Cement, Lime and Gesso	106.8	93.9	96.9
石膏、水泥制品及类似制品制造	Manufacture of Gesso, Cement and Similar Products	100.5	99.9	99.6
砖瓦、石材等建筑材料制造	Manufacture of Tile and Dimension Stone	99.9	99.9	99.2
玻璃制造	Manufacture of Glass	144.0	102.4	103.9
玻璃制品制造	Manufacture of Glass Products	101.1	100.4	100.5
陶瓷制品制造	Manufacture of Ceramics Products	104.1	100.0	100.2
耐火材料制品制造	Manufacture of Refractory Products	100.0	100.0	100.0
石墨及其他非金属矿物制品制造	Manufacture of Graphite and Other Non-metallic Mineral Products	98.7	100.0	97.6
黑色金属冶炼和压延加工业	**Smelting and Pressing of Ferrous Metals**	**135.5**	**100.6**	**100.0**
黑色金属铸造	Casting of Ferrous Metals	96.4	96.4	100.0
钢压延加工	Steel Rolling Processing	139.6	101.4	99.7
铁合金冶炼	Ferroalloy Smelting	144.8	99.8	101.1

continued

(preceding month=100)

3 月 March	4 月 April	5 月 May	6 月 June	7 月 July	8 月 August	9 月 September	10 月 October	11 月 November	12 月 December
99.7	**100.4**	**100.2**	**100.2**	**99.5**	**99.9**	**100.2**	**100.4**	**101.0**	**102.3**
100.0	101.0	100.2	100.6	99.2	99.8	99.9	101.3	102.2	102.1
98.4	100.8	99.1	98.1	99.2	100.6	99.8	100.0	100.5	102.1
100.6	100.3	100.1	100.5	99.5	100.5	99.5	100.4	100.8	100.2
98.3	102.3	100.3	100.0	99.8	100.1	100.5	102.2	101.8	107.3
101.2	102.6	98.3	98.2	102.3	100.2	100.0	101.1	102.9	101.7
99.9	99.4	100.8	101.0	99.5	99.3	100.8	99.6	100.3	102.7
100.3	100.2	100.2	99.8	99.9	99.8	100.0	100.1	100.1	100.3
100.0	99.5	100.0	100.0	100.0	100.0	100.0	100.2	100.1	100.0
99.9	**100.0**	**100.3**	**100.0**	**99.8**	**100.1**	**99.8**	**99.6**	**100.7**	**101.2**
100.0	99.9	100.0	100.0	100.0	100.0	100.0	100.0	100.1	100.0
99.6	100.2	99.6	99.6	100.1	99.4	100.0	101.2	99.9	99.0
99.2	99.4	100.6	100.0	100.0	100.0	99.8	94.4	107.1	105.9
100.0	100.0	100.0	100.1	100.1	100.2	99.7	100.1	100.1	101.1
100.0	100.0	104.6	100.0	96.3	100.0	100.0	100.0	100.0	100.5
101.5	101.4	100.0	100.4	99.9	100.1	100.3	100.0	100.0	100.0
100.0	100.0	100.0	100.0	100.0	100.0	100.0	100.0	100.0	100.0
99.5	**100.1**	**98.6**	**99.6**	**99.0**	**100.0**	**100.1**	**100.2**	**99.6**	**101.3**
97.9	100.7	101.2	98.8	100.1	99.0	100.3	99.7	97.4	104.0
99.8	100.0	98.1	99.7	98.8	100.1	100.1	100.3	100.0	100.8
99.4	**100.2**	**101.1**	**98.9**	**100.1**	**100.3**	**100.8**	**101.0**	**102.2**	**101.8**
98.4	100.7	104.0	100.0	100.6	100.2	100.3	103.6	105.3	103.2
99.6	99.4	100.0	98.2	99.3	99.9	99.9	99.9	101.8	103.3
99.5	100.5	100.0	97.8	100.3	100.1	101.7	100.4	100.8	99.9
103.7	97.1	102.2	102.2	100.0	117.2	111.6	92.3	101.8	104.7
100.0	100.0	100.0	100.0	100.0	100.2	100.0	100.0	100.0	100.0
100.3	100.1	100.0	100.0	100.1	100.2	100.4	100.8	100.9	101.1
100.0	100.0	100.0	100.0	100.0	100.0	100.0	100.0	100.0	100.0
99.3	101.0	100.6	100.3	99.6	100.1	100.0	100.2	100.0	100.0
104.3	**104.0**	**100.5**	**94.1**	**101.2**	**103.0**	**101.3**	**103.3**	**109.3**	**110.3**
99.4	100.0	100.0	99.2	100.8	99.2	100.0	100.8	99.6	101.0
105.9	104.9	100.3	92.1	101.2	102.5	101.9	102.0	110.7	112.7
100.1	102.3	101.6	100.9	101.4	107.9	99.6	110.7	108.7	104.4

3-18 续表 3

（上月＝100）

类 别	Item	全 年 Annual Year	1 月 January	2 月 February
有色金属冶炼和压延加工业	**Smelting and Pressing of Non-ferrous Metals**	**122.6**	**98.8**	**99.5**
常用有色金属冶炼	General Non-ferrous Metal Coking	128.2	98.3	100.6
贵金属冶炼	Precious Metal Smeltering	103.4	99.9	100.3
稀有稀土金属冶炼	Smelting of Rare and Rare Earth Metals	92.6	102.0	97.1
有色金属合金制造	Non-ferrous Metal Alloy Manufacture	103.3	100.9	100.4
有色金属压延加工	Non-ferrous Metal Rolling Processing	112.4	99.6	97.0
金属制品业	**Manufacture of Metal Products**	**103.0**	**99.9**	**100.5**
结构性金属制品制造	Structural Metal Product	103.2	100.0	100.9
金属工具制造	Manufacture of Metal Tools	100.0	100.0	100.0
建筑、安全用金属制品制造	Manufacture of Building and Safe Use Metal Products	91.6	95.6	100.0
金属表面处理及热处理加工	Metal Surface Treatment and Heat Treatment	101.7	100.0	100.3
金属制日用品制造	Manufacture of Metal Commodity	102.1	100.0	99.5
其他金属制品制造	Other Metal Product Manufacture	115.1	100.0	100.0
通用设备制造业	**Manufacture of General Purose Machinery**	**94.1**	**94.9**	**98.5**
锅炉及原动设备制造	Boiler and Original Equipment Manufacturing	92.5	92.5	100.0
金属加工机械制造	Metal Process and Machinery Manufacture	90.3	90.2	100.0
物料搬运设备制造	Manufacture of Material Handling Equipment	99.9	99.7	100.0
泵、阀门、压缩机及类似机械制造	Pump, Valve, Compressor and Its Similar Mechanical Manufacture	103.4	98.4	100.0
轴承、齿轮和传动部件制造	Bearings, Gears and Transmission Components Manufacturing	99.8	98.7	101.1
烘炉、风机、衡器、包装等设备制造	Ovens, Fans, Weighing, Packaging Equipment Manufacturing	102.7	102.7	100.0
通用零部件制造	Metal Casting and Forging	86.4	98.6	86.7
专用设备制造业	**Manufacture of Special Purpose Machinery**	**99.6**	**99.8**	**100.0**
矿山、冶金、建筑专用设备制造	Mine, Metallurgy, Building Special Equipment Manufacture	99.2	99.8	100.0
化工、木材、非金属加工专用设备制造	Chemical Engineering, Timber, Non-Metal Processed Special Equipments Manufacture	100.0	100.0	100.0
食品、饮料、烟草及饲料生产专用设备制造	The Food, Beverage, Tobacco and Foddar Production Special Equipments Manufacture	101.3	100.2	100.0
农、林、牧、渔专用机械制造	Agriculture, Forestry Animal Husbandry and Fishery Specific Machinery Manufacture	99.9	99.3	100.0
医疗仪器设备及器械制造	Medical Equipment and Device Manufacturers	100.4	100.0	100.0
环保、社会公共安全及其他专用设备制造	Environment Protection, Social Public Security and Other Specific Equipment Manufacturer	101.0	100.0	100.0
汽车制造业	**Manufacture of Automobiles**	**98.2**	**99.9**	**99.6**
汽车整车制造	Manufacture of Automobiles	97.6	100.1	99.3
改装汽车制造	Manufacture of Automobile Making	99.4	100.1	100.3
低速载货汽车制造	Manufacture of Low-speed Truck	97.9	97.9	100.0
汽车零部件及配件制造	Manufacture of Auto Parts and Accessories	99.0	99.5	100.1

continued

(preceding month=100)

3 月 March	4 月 April	5 月 May	6 月 June	7 月 July	8 月 August	9 月 September	10 月 October	11 月 November	12 月 December
103.3	**100.2**	**101.9**	**99.9**	**101.5**	**100.5**	**100.2**	**103.2**	**108.0**	**103.9**
103.7	99.4	101.2	100.6	101.1	100.5	100.8	103.0	109.5	106.8
100.7	100.0	102.1	100.2	100.8	99.7	99.2	100.7	99.2	100.7
99.3	98.8	109.3	98.3	98.0	99.8	93.0	101.7	95.9	100.0
102.0	100.0	100.0	100.0	100.0	100.0	100.0	100.0	100.0	100.0
102.6	102.4	102.6	98.4	102.8	100.8	99.6	104.0	105.9	96.5
99.9	**102.3**	**100.1**	**99.3**	**99.3**	**100.4**	**100.0**	**100.4**	**100.6**	**100.4**
100.0	103.3	99.5	99.2	99.0	100.3	99.9	100.3	100.8	100.0
100.0	100.0	100.0	100.0	100.0	100.0	100.0	100.0	100.0	100.0
95.8	100.0	100.0	100.0	100.0	100.0	100.0	100.0	100.0	100.0
100.0	100.0	100.0	100.0	100.0	100.2	100.2	101.0	100.0	100.0
100.1	100.1	101.0	98.9	99.9	101.4	100.0	101.3	99.7	100.3
100.0	101.7	105.8	99.2	98.8	100.5	100.0	100.0	102.8	105.8
100.7	**99.6**	**100.0**	**101.3**	**98.8**	**100.1**	**100.0**	**102.8**	**99.1**	**98.4**
101.1	98.9	100.0	102.4	97.7	100.0	100.0	105.1	98.1	96.9
99.9	100.0	100.2	100.0	100.0	100.0	100.0	100.0	100.0	100.0
100.0	100.0	100.0	100.0	100.0	100.0	100.0	100.0	100.0	100.2
99.6	101.8	99.8	100.0	100.5	101.3	100.2	100.0	101.3	100.5
100.0	100.0	100.0	100.0	100.0	100.1	100.0	100.0	100.0	100.0
100.0	100.0	100.0	100.0	100.0	100.0	100.0	100.0	100.0	100.0
100.9	100.2	100.0	100.0	100.0	100.0	100.0	100.0	100.0	100.0
100.1	**100.0**	**100.0**	**99.4**	**100.1**	**100.0**	**100.0**	**100.1**	**100.0**	**100.0**
100.0	100.0	100.0	99.1	100.1	100.0	100.0	100.1	100.0	100.0
100.0	100.0	100.0	100.0	100.0	100.0	100.0	100.0	100.0	100.0
100.0	100.0	100.0	100.0	100.0	100.0	100.3	100.8	100.0	100.0
100.5	100.2	100.0	100.0	100.0	100.0	99.8	100.1	100.0	99.9
100.4	100.0	100.0	100.0	100.0	100.0	100.0	100.0	100.0	100.0
100.0	99.7	100.0	100.0	100.0	100.7	100.0	99.9	100.7	100.1
100.0	**99.9**	**99.1**	**100.0**	**99.7**	**99.9**	**100.1**	**99.9**	**100.0**	**100.0**
100.1	99.8	98.5	100.0	99.6	99.8	100.1	100.0	100.1	100.3
99.3	99.2	99.7	101.4	99.6	100.7	101.5	100.0	98.6	99.0
100.0	100.0	100.0	100.1	100.0	100.0	100.0	100.0	100.0	100.0
99.9	100.0	99.9	99.9	99.9	100.0	100.1	99.9	100.0	99.6

3-18 续表 4

（上月=100）

类 别	Item	全 年 Annual Year	1 月 January	2 月 February
铁路、船舶、航空航天和其他运输设备制造业	**Manufacture of Railway, Ship, Aerospace and Other Transport Equipments**	**104.0**	**104.0**	**100.0**
铁路运输设备制造	Rail Transportation Equipment Manufacture	107.6	107.9	100.0
摩托车制造	Automobile Manufacturing	100.2	100.0	100.0
电气机械和器材制造业	**Manufacture of Electrical Machinery and Apparatus**	**101.4**	**100.3**	**100.2**
电机制造	Manufacture of Motor	106.3	100.6	102.9
输配电及控制设备制造	Electricity Mixed and Control Equipments Manufacture	98.1	99.9	99.9
电线、电缆、光缆及电工器材制造	Manufacture of Wire, Cable, Optical Cable and Electrical Equipment	101.6	99.7	99.4
电池制造	Manufacture of Battery	108.5	104.2	99.6
家用电力器具制造	Manufacture of Household Electric Appliance	99.7	100.0	100.0
非电力家用器具制造	Manufacture of Non-electrical Household Appliance	100.0	100.0	100.0
照明器具制造	Manufacture of Lighting Fixtures	100.0	100.0	100.0
计算机、通信和其他电子设备制造业	**Manufacture of Computers, Communication and Other Electronic Equipment**	**100.1**	**100.5**	**101.2**
计算机制造	Manufacture of Computers	101.4	100.6	102.2
通信设备制造	Manufacture of Communication Equipment	98.7	99.9	99.9
广播电视设备制造	Manufacture of Radio and Television Equipment	103.2	100.3	99.7
视听设备制造	Manufacture of Audiovisual Equipment	100.6	100.5	100.0
电子器件制造	Manufacture of Electronic Device	95.4	103.8	100.0
电子元件制造	Manufacture of Electronic Components	97.7	100.0	99.9
其他电子设备制造	Manufacture of Other Electronic Equipment	100.0	100.0	100.0
仪器仪表制造业	**Manufacture of Measuring Instruments and Machinery**	**99.8**	**100.0**	**100.0**
通用仪器仪表制造	Manufacture of General Instrument	100.0	100.0	100.0
钟表与计时仪器制造	Manufacture of Timepiece and Time Keeping Instrument	98.4	100.0	100.0
光学仪器及眼镜制造	Manufacture of Optical Instrument and Glasses	99.6	100.2	100.1
其他制造业	**Other Manufacture**	**101.5**	**99.0**	**99.8**
日用杂品制造	Manufacture of Daily Sundry Goods	101.8	98.5	100.6
其他未列明制造业	Manufacture of Other Not Listed	101.0	99.7	98.6
废弃资源综合利用业	**Utilization of Waste Resources**	**95.6**	**100.4**	**100.2**
金属废料和碎屑加工处理	Metal Waste and Scrap Processing	95.6	100.4	100.2
电力、热力生产和供应业	**Production and Supply of Electric Power and Heat Power**	**98.3**	**99.1**	**99.7**
电力生产	Electric Power Production	97.3	98.0	99.6
电力供应	Electric Power Supply	98.9	99.8	99.7
热力生产和供应	Thermal Production and Supply	99.2	99.7	100.1
燃气生产和供应业	**Production and Supply of Gas**	**99.1**	**98.5**	**100.1**
水的生产和供应业	**Production and Supply of Water**	**100.1**	**100.2**	**100.2**
自来水的生产和供应	Tapping-water Production and Supply	100.2	100.3	100.3
污水处理及其再生利用	Sewage Treatment and Recycled Use	100.0	100.0	100.0

continued

(preceding month=100)

3 月 March	4 月 April	5 月 May	6 月 June	7 月 July	8 月 August	9 月 September	10 月 October	11 月 November	12 月 December
100.0	**100.0**	**100.0**	**100.0**	**100.0**	**99.9**	**100.0**	**100.0**	**100.0**	**100.0**
100.0	100.0	100.0	100.0	100.0	99.7	100.0	100.0	100.0	100.0
100.0	100.0	100.0	100.0	100.0	100.2	100.0	100.0	100.0	100.0
100.4	**99.8**	**99.9**	**100.1**	**99.9**	**100.2**	**100.0**	**99.0**	**100.8**	**100.9**
102.8	100.0	99.8	102.7	100.6	101.0	99.8	93.9	100.8	101.5
99.9	99.4	99.4	100.0	99.9	100.0	99.9	100.0	99.8	99.9
99.5	100.3	100.2	99.5	99.4	100.0	100.1	100.3	101.8	101.5
100.9	99.7	100.9	97.0	100.1	100.0	100.2	100.8	102.8	102.2
99.7	100.0	100.0	100.0	100.0	100.0	100.0	100.0	100.0	100.0
100.0	100.0	100.0	100.0	100.0	100.0	100.0	100.0	100.0	100.0
100.0	100.0	100.0	100.0	100.0	100.0	100.0	100.0	100.0	100.0
99.1	**100.0**	**99.7**	**99.7**	**100.2**	**100.0**	**99.9**	**100.1**	**99.6**	**100.0**
98.5	100.1	99.5	99.7	100.7	100.1	99.9	100.3	99.8	100.1
100.0	100.0	99.9	99.1	100.0	100.0	99.8	99.9	100.3	99.8
100.0	100.8	100.9	100.8	99.1	101.2	100.2	100.1	100.0	100.0
100.1	100.0	100.0	100.0	100.0	100.0	100.0	100.0	100.0	100.0
99.4	98.6	100.0	100.0	99.0	97.5	100.0	99.8	97.0	100.3
99.8	99.9	100.0	99.7	99.5	100.0	100.0	100.0	98.9	100.0
100.0	100.0	100.0	100.0	100.0	100.0	100.0	100.0	100.0	100.0
100.0	**99.9**	**100.0**	**100.0**	**99.9**	**100.0**	**100.1**	**99.9**	**100.0**	**100.0**
100.0	100.0	100.0	100.0	100.0	100.0	100.0	100.0	100.0	100.0
100.0	98.4	100.0	100.0	100.0	100.0	100.0	100.0	100.0	100.0
100.0	100.1	100.3	99.7	99.2	100.1	100.5	99.5	100.0	100.0
100.9	**99.6**	**99.5**	**100.8**	**100.6**	**99.9**	**100.3**	**100.0**	**100.7**	**100.5**
99.9	99.2	99.2	101.2	100.9	99.8	100.5	100.1	101.1	100.9
102.4	100.4	99.9	100.0	100.0	100.0	100.0	100.0	100.0	100.0
98.5	**102.1**	**101.0**	**94.9**	**95.1**	**100.7**	**100.9**	**100.0**	**101.9**	**100.2**
98.5	102.1	101.0	94.9	95.1	100.7	100.9	100.0	101.9	100.2
99.9	**100.2**	**99.8**	**99.7**	**99.8**	**99.9**	**100.5**	**100.2**	**99.9**	**99.8**
100.1	100.0	99.9	99.9	99.8	99.9	100.0	100.1	100.1	100.1
99.8	100.3	99.8	99.5	99.8	99.9	100.9	100.3	99.8	99.5
99.7	99.9	100.0	100.0	100.0	100.0	99.8	99.9	99.9	100.2
100.0	**100.4**	**99.5**	**98.8**	**99.6**	**99.9**	**101.3**	**99.3**	**100.6**	**101.1**
100.1	**100.0**	**100.0**	**99.6**	**100.0**	**100.0**	**100.0**	**100.0**	**100.0**	**100.0**
100.1	100.0	100.0	99.5	100.0	100.0	100.0	100.0	100.0	100.0
100.0	100.0	100.0	100.0	100.0	100.0	100.0	100.0	100.0	100.0

3-19 主要工业生产者出厂价格（2016年）

Producer Price of Major Industrial Products（2016）

类 别	Item	计量单位	Measurement Unit	年末价格（元）Price at Year End（yuan）
一般烟煤	Bituminous Coal	吨	ton	237.2
褐煤	Lignite	吨	ton	213.3
天然原油	Crude Oil	吨	ton	2487.4
铁富粉矿	Iron Rich Ore	吨	ton	197.0
铁矿粉	Iron Ore Powder	吨	ton	432.9
铁尾矿	Iron Tailings	吨	ton	111.0
其他铁矿石原矿	Other Raw Ore of Iron Ore	吨	ton	520.0
锰矿石	Manganese Ore	吨	ton	815.1
人造富锰矿	Artificial Rich Manganese Ore	吨	ton	900.0
其他未列明黑色金属矿	Other Ferrous Metals Not Specified	吨	ton	222.2
铜精矿	Copper Concentrate	吨	ton	14444.7
铅精矿	Lead Concentrates	吨	ton	13456.5
铅锌混合精矿含铅量	Lead Content of Lead and Zinc Mixed Concentrate	吨	ton	12051.0
锌精矿	Zinc Concentrate	吨	ton	11924.3
铅锌混合精矿含锌量	Zinc Content of Lead and Zinc Mixed Concentrate	吨	ton	12875.5
锡精矿	Tin Concentrate	吨	ton	99297.6
钛精矿，折氧化钛50%	Titanium Concentrate, Titanium Oxide 50%	吨	ton	1033.9
天然金红石折合量，折氧化钛90%	Natural Rutile Reduction, Titanium Oxide 90%	吨	ton	5213.7
金精矿	Gold Concentration	克	g	270.0
金块矿	Gold Nugget	克	g	269000.0
其他金矿	Other Gold	克	g	227950.0
银精矿	Silver Concentrates	吨	ton	7445.6
其他矿含银矿	Other Mines Contain Silver	吨	ton	2952.5
独居石混合精矿	Monazite Concentrate	吨	ton	25798.5
锆矿	Zirconium Ore	吨	ton	11760.7
其他石灰石	Other Limestone	吨	ton	48.3
天然花岗石荒料	Natural Granite Blocks	吨	ton	196.3
冶金用萤石	Fluorite for Metallurgy	吨	ton	598.3
化工用萤石	Fluorspar for Chemical Industry	吨	ton	1416.9
高岭土	Kaolin	吨	ton	325.0
漂白土	Bleached Soil	吨	ton	1427.4
白泥	White Mud	吨	ton	45.0
矿渣类似工业残渣	Slag Similar to Industrial Residue	吨	ton	1238.2
陶土	Pottery Clay	吨	ton	3735.0
重晶石	Barite	吨	ton	420.4
其他化学矿	Other Chemical Minerals	吨	ton	141.4
原状滑石	Intact Talc	吨	ton	1931.0
滑石粉	French White	吨	ton	1834.7
高筋小麦粉	High Gluten Wheat Flour	吨	ton	2787.4
面包用小麦粉	Wheat Flour for Bread	吨	ton	3469.0

3-19　续表 1　continued

类　别	Item	计量单位	Measurement Unit	年末价格（元）Price at Year End（yuan）
糕点用小麦粉	Wheat Flour for Cakes	吨	ton	3178.3
籼米精米	Indica Rice	吨	ton	5284.1
玉米粗磨	Corn Rough Grinding	吨	ton	6784.7
燕麦片	Oatmeal	吨	ton	7930.0
其他未列明谷物磨制产品	Other Cereal Products Not Listed	吨	ton	10914.5
猪配合饲料	Pig Formula Feed	吨	ton	3015.0
蛋禽配合饲料	Egg and Poultry Compound Feed	吨	ton	2684.6
肉禽配合饲料	Poultry Feed	吨	ton	2699.9
水产配合饲料	Aquatic Products Compound Feed	吨	ton	5560.1
猪浓缩饲料	Concentrated Pig Feed	吨	ton	5442.0
肉禽浓缩饲料	Broiler Concentrated Feed	吨	ton	4785.9
猪预混合饲料	Premixed Pig Feed	吨	ton	6617.3
其他未列明饲料	Other Non Prescribed Feeds	吨	ton	1755.0
大豆毛油	Soybean Oil	吨	ton	6146.0
大豆精制油	Refined Soybean Oil	吨	ton	6519.3
花生精制油	Peanut Refined Oil	吨	ton	14631.0
菜籽精制油	Rapeseed Refined Oil	吨	ton	6611.7
精制葵花籽油	Refined Sunflower Oil	吨	ton	7710.0
精制茶籽油	Refined Tea Seed Oil	吨	ton	36250.0
棕榈油	Palm Oil	吨	ton	6630.0
茶油	Tea Oil	吨	ton	90420.0
精制非食用植物油	Refined Non Edible Vegetable Oil	吨	ton	13102.7
豆粕	Soybean Meal	吨	ton	3127.2
菜粕	Rapeseed Meal	吨	ton	2495.0
白砂糖	White Sugar	吨	ton	5694.2
赤砂糖	Brown Sugar	吨	ton	4949.0
鲜、冷藏猪肉	Fresh and Chilled Pork	吨	ton	22189.0
冻猪肉	Frozen Pork	千克	kg	40.1
鲜、冷藏鸭肉	Fresh and Chilled Duck	千克	kg	9.7
冻鹅肉	Frozen Goose	吨	ton	12600.0
鹅杂碎	Goose Guts	吨	ton	210000.0
禽畜屠宰加工服务费	Livestock Slaughter and Processing Services	头	head	32.5
腌腊猪肉制品	Salted Pork Products	吨	ton	4059.6
腌腊鸭肉制品	Salted Duck Meat Products	千克	kg	80.6
其他未列明熟肉制品	Other Cooked Meat Not Specified	吨	ton	28827.2
冷冻鲜鱼	Frozen Fish	吨	ton	9449.4
冷冻虾仁	Frozen Shelled Shrimps	吨	ton	59541.6
其他冷冻虾	Other Frozen Shrimp	吨	ton	73410.0
冷冻罗非鱼	Frozen Tilapia	吨	ton	18380.7
鱼糜	Surimi	吨	ton	11472.8

3-19 续表 2 continued

类 别	Item	计量单位	Measurement Unit	年末价格（元） Price at Year End（yuan）
珍珠粉	Pearl Powder	千克	kg	75.0
冷鲜蔬菜	Cold and Fresh Vegetables	斤	g	3.4
腌渍菜	Pickled Vegetables	吨	ton	8.0
冷冻蔬菜半成品	Frozen Vegetable Semi-finished Products	吨	ton	37440.0
果核及核仁	Stone and Nucleolus	吨	ton	39.3
暂时保藏水果及坚果（原料）	Temporary Preservation of Fruits and Nuts	吨	ton	6798.3
其他水果、坚果加工品	Other Fruits, Nuts, Processed Products	吨	ton	13550.0
淀粉	Starch	吨	ton	1192.5
豆制品	Bean Products	吨	ton	19079.2
凉粉	Bean Jelly	吨	ton	13551.0
收费的农副食品加工服务	Agricultural Food Processing Services Fees	吨	ton	37.7
西式蛋糕	Western Cake	吨	ton	68.0
烘烤蛋糕	Bake Cake	吨	ton	25000.0
西式包馅点心	Western Pastry	吨	ton	3.0
甜品糕点	Dessert Cake	吨	ton	11111.1
熟粉糕点	Cooked Cake	吨	ton	18233.0
软式面包	Soft Bread	吨	ton	718.9
调理面包	Conditioning Bread	吨	ton	8760.7
酥性饼干	Crisp Biscuit	吨	ton	13675.0
韧性饼干	Semi hard Biscuit	吨	ton	7075.0
夹心饼干	Sandwich Biscuits	吨	ton	13675.0
谷物类膨化食品	Cereals Puffed Food	吨	ton	47.1
薯类膨化食品	Potato Puffed Food	吨	ton	11955.6
果脯类蜜饯	Preserved Fruit Preserves	吨	ton	17057.7
小麦挂面	Wheat Vermicelli	吨	ton	6543.0
龙须面	Dragon Whiskers Noodles	吨	ton	4071.0
航空配餐	Aviation Catering	吨	ton	24.7
其他米制半成品	Other Metric Semi Manufactured Goods	吨	ton	4424.0
速冻饺子	Quick-frozen Dumplings	吨	ton	8547.0
速冻包子	Quick-frozen Baozi	吨	ton	14245.0
速冻云吞	Frozen Wonton	吨	ton	15735.0
速冻汤圆	Quick-frozen Dumpling	吨	ton	7692.0
馒头	Steamed Buns	百个	100 unit	85.5
肉包	Meat Package	百个	100 unit	64.1
方便面	Instant Noodles	吨	ton	8291.0
方便粥	Instant Porridge	吨	ton	5128.2
粽子	Traditional Chinese Rice-pudding	吨	ton	34177.0
其他干制方便食品与米面熟制品	Other Dried Instant Food and Rice Cooked Products	吨	ton	145.0
灭菌乳	Sterilized Milk	吨	ton	2171.0
巴氏杀菌乳	Pasteurized Milk	吨	ton	10903.7

3-19　续表 3　continued

类　别	Item	计量单位	Measurement Unit	年末价格（元）Price at Year End（yuan）
酸牛乳	Sour Milk	吨	ton	10797.0
豇豆及菜豆罐头	Canned Cowpea and Kidney Beans	吨	ton	5875.0
糖水类水果罐头	Canned Fruit in Syrup	吨	ton	5468.7
其他蔬菜罐头	Other Canned Vegetables	吨	ton	6028.6
谷物制品类罐头	Canned Cereal Products	吨	ton	2150.0
酿造酱油	Fermented Soy Sauce	吨	ton	2087.2
米醋	Rice Vinegar	吨	ton	2391.9
黄酱	Mayonnaise	吨	ton	6495.7
调味汁、酱	Sauce	吨	ton	11926.0
调味料	Flavoring	吨	ton	17040.0
活性酵母	Active Yeast	吨	ton	11775.0
非活性酵母	Inactive Yeast	吨	ton	5982.0
燕麦营养配餐食品	Oat nutrition food	千克	kg	85.1
其他营养配餐食品	Other Nutritious Food	吨	ton	8270.0
冰淇淋	Ice Cream	吨	ton	13.3
雪糕	Ice Cream	吨	ton	17.0
冰棍	Popsicle	吨	ton	15.8
加碘盐	Iodized Salt	吨	ton	1522.0
其他食用盐	Other Edible Salt	吨	ton	538.0
蛋白质添加剂	Protein Additives	吨	ton	77445.8
食品甜味添加剂	Food Sweetening Agent	吨	ton	3591.0
食品防腐剂	Food Preservative	吨	ton	28743.9
其他食品添加剂	Other Food Additives	吨	ton	1000000.0
其他饲料添加剂	Other Feed Additives	吨	ton	93.8
食品用原料粉	Raw Material Powder for Food	吨	ton	128205.1
饮料用原料	Beverage Raw Materials	吨	ton	1410256.4
其他未列明的食品	Other Foods that Are Not Listed	吨	ton	7974.3
薯类发酵酒精	Potato Fermented Alcohol	吨	ton	4822.6
糖蜜发酵酒精	Molasses Alcohol	吨	ton	4355.5
酱香型白酒	Jiang-flavour Chinese Spirits	吨	ton	136752.0
浓香型白酒	Highly Flavored Type Liquor	吨	ton	58719.8
米香型白酒	Rice Aromatic Chinese Spirits	吨	ton	14175.5
熟啤酒	Cooked Beer	千升	kilolitre	3117.6
生啤酒	Draught Beer	千升	kilolitre	4465.0
配制酒	Compound Wine	吨	ton	28356.5
果味型碳酸饮料	Fruit Flavored Carbonated Drinks	吨	ton	3077.0
可乐型碳酸饮料	Cola Carbonated Drink	吨	ton	3247.6
其他碳酸汽水饮料	Other Carbonated Soft Drinks	吨	ton	3050.0
饮用天然水	Drinking Natural Water	吨	ton	67.5
饮用纯净水	Purified Drinking Water	吨	ton	15.4

3-19 续表 4 continued

类 别	Item	计量单位	Measurement Unit	年末价格（元） Price at Year End（yuan）
果汁（浆）	Juice（Pulp）	吨	ton	10513.0
浓缩果汁（浆）	Concentrated Juice（Pulp）	吨	ton	11538.0
配制型含乳饮料	Formulated Milk	吨	ton	1.3
乳酸菌饮料	Lactobacillus Beverage	吨	ton	4575.7
豆浆	Soybean Milk	吨	ton	3000.0
豆奶（乳）饮料	Soy Milk（Milk）Beverage	吨	ton	1566.0
豆腐花	Bean Curd	吨	ton	22258.0
豆浆晶	Soybean Milk Crystal	吨	ton	20085.0
龟苓膏粉	Paste Powder	吨	ton	347.8
其他固体饮料	Other Solid Drinks	吨	ton	96.5
调味茶饮料	Flavored Tea Beverage	吨	ton	3025.2
复（混）合茶饮料	Compound（mixed）tea beverage	吨	ton	1755.7
精制红茶	Refined Black Tea	吨	ton	104000.0
精制绿茶	Refined Green Tea	千克	kg	259.9
精制花茶	Refined Tea	千克	kg	36.1
其他精制茶	Other Refined Tea	千克	kg	78.3
一类烟	A Class of Smoke	箱	box	23404.7
二类烟	Two Types of Smoke	箱	box	9822.4
三类烟	Three Types of Smoke	箱	box	4836.1
四类烟	Four Types of Smoke	箱	box	3310.9
五类烟	Five Types of Smoke	箱	box	817.5
普梳纱	Carded Yarn	吨	ton	11340.8
精梳纱	Combed Yarn	吨	ton	27179.4
棉混纺纱	Cotton Blended Yarn	吨	ton	10062.0
化学纤维纱	Chemical Fiber Yarn	吨	ton	9162.5
人造纤维与棉混纺纱	Rayon and Cotton Blended Yarn	吨	ton	15326.0
合成纤维与棉混纺纱	Synthetic Fiber and Cotton Blended Yarn	吨	ton	21000.0
其他天然纤维与棉混纺纱	Other Natural Fiber and Cotton Blended Yarn	吨	ton	63000.0
棉线	Cotton	吨	ton	19830.0
化学纤维线	Chemical Fiber Thread	吨	ton	18195.3
棉混纺布	Cotton Blended Fabric	米	m	2.8
亚麻布	Linen Cloth	米	m	15100.0
其他麻织造加工	Other Linen Weaving Process	米	m	15308.8
桑蚕丝	Mulberry Silk	吨	ton	318822.0
化学纤维针织物织造	Chemical Fiber Knitted Fabric Weaving	米	m	43.0
面巾	Washcloth	条	piece	4.0
浴巾	Bath Towel	条	piece	35.0
方巾	Kerchief	条	piece	1.7
餐桌、盥洗及厨房用其他织物制品	Other Fabrics for Table, Toilet and Kitchen	条	piece	2.6
棉制衬衫	Cotton Shirts	件	package	38.6

3-19　续表 5　continued

类　别	Item	计量单位	Measurement Unit	年末价格（元）Price at Year End（yuan）
棉制裤	Cotton Pants	条	piece	92.0
合成纤维制裤	Synthetic Fiber Pants	条	piece	62.7
运动服	Athletic Wear	套	set	29.0
职业服装、工作服	Professional Clothing, Work Clothes	套	set	70.6
其他职业服装、工作服类似服装	Other Professional Clothing, Work Similar Clothing	套	set	132.4
针织内衣	Knitted Underwear	件	package	17.9
针织内裤	Knitted Underpants	条	unit	10.0
针织T恤衫	Knitted T-shirt	件	package	30.4
针织休闲服及套装	Knitted Casual Wear and Suits	件	package	31.1
针织上衣	Knitted Jacket	件	package	22.9
针织裤	Knitted Trousers	件	package	25.0
手套	Glove	双	pair	2.0
猪轻革	Pig Light Leather	平方米	sq.m	55.6
天然皮革服装	Natural Leather Clothing	套	set	100.9
皮革制行李箱、提箱及类似容器	Leather Suitcase, Suitcase and Similar Containers	个	piece	33.0
纺织材料作面类似箱、包容器	Textile Materials Are Surface Similar Boxes, Holders	个	set	49.0
皮革手套	Leather Gloves	双	pair	32.4
毛皮手套	Fur Gloves	双	pair	25.2
其他羽毛（绒）	Other Feathers（Cashmere）	千克	kg	170.9
皮面皮鞋	The Leather Shoes	双	sq.m	122.0
其他皮革鞋靴及皮鞋产品	Other Leather Shoes and Leather Shoes Products	双	pair	133.3
普通锯材	Common Sawn Timber	立方米	cu.m	1650.0
针叶木木片	Softwood Wood Chip	立方米	cu.m	942.3
非针叶木木片	Non Coniferous Wood Chip	立方米	cu.m	531.3
其他木片	Other Chips	立方米	cu.m	888.9
指接材	Finger Joint	立方米	cu.m	2051.7
细木工板	Joinery Board	立方米	cu.m	1874.8
单板	Single Board	立方米	cu.m	1202.0
多层板制胶合板	Plywood Made of Plywood	立方米	cu.m	1429.6
其他胶合板	Other Plywood	立方米	cu.m	168.5
硬质纤维板	Hard Fibre Board	立方米	cu.m	500.0
中密度纤维板	Medium Density Fiberboard	立方米	cu.m	1030.3
普通刨花板	Ordinary Particleboard	立方米	cu.m	956.0
胶合木人造板	Laminated Wood-based Panel	立方米	cu.m	1572.9
木制门框架和门槛	Wooden Doors, Frames, and Barriers	个	piece	3000.0
其他实木木地板	Other Solid Wood Flooring	平方米	sq.m	105.0
其他复合木地板	Other Composite Wood Flooring	平方米	sq.m	75.2
包装用木容器	Wooden Containers for Packaging	只	piece	193.9
木制框架及相关木制品	Wooden Frames and Related Wooden Products	件	package	6.6
其他软木制品及木制品	Other Cork Products and Wood Products	件	package	17.7

3-19 续表 6 continued

类 别	Item	计量单位	Measurement Unit	年末价格（元） Price at Year End (yuan)
竹制包装用品	Bamboo Packing Supplies	件	package	15.9
竹制炊事用具	Bamboo Cooking Utensils	件	package	112.2
其他竹制品制造	Other Bamboo Products Manufacturing	件	package	227.6
藤篮	Rattan Basket	件	package	11.1
草制品	Grass Products	条	piece	29.6
木质床	Wood Bed	套	set	1770.0
其他卧室用木质家具	Wooden Furniture for Other Bedrooms	套	set	1608.0
木质沙发	Wooden Sofa	套	set	2598.3
木质椅	Wooden Chair	套	set	524.3
木质桌	Wooden Table	套	set	889.1
木质柜	Wooden Cabinet	套	set	543.3
木质椅子	Wooden Chair	把	piece	210.0
软体沙发	Software Sofa	套	set	3200.0
弹簧床垫	Spring Mattress	张	piece	1995.0
海绵橡胶制褥垫	Sponge Rubber Cushion	张	piece	6980.0
化学法非木材纤维纸浆	Chemical Non Wood Fiber Pulp	吨	ton	3127.8
其他未涂布印刷书写用纸	Other Uncoated Printing Writing Paper	吨	ton	4743.6
卫生纸原纸	Toilet Paper	吨	ton	4970.0
瓦楞原纸	Corrugating Medium	吨	ton	3300.1
卫生纸	Toilet Paper	吨	ton	9127.3
纸手帕及面巾纸	Paper Handkerchiefs and Facial Tissue	吨	ton	12170.4
纸餐巾	Paper Napkins	吨	ton	23148.0
盒装面纸，铝箔复合纸，铝箔纸，双色胶印纸	Box Tissue, Aluminum Foil, Aluminum Foil, Double Color Offset Paper	吨	ton	3800.0
成型纸（28g）	Molding Paper（28g）	吨	ton	30512.8
复合纸	Composite Paper	张	piece	4000.0
其他机制纸及纸板	Other Paper and Paperboard	吨	ton	8903.5
瓦楞纸及纸板容器	Corrugated Paper and Paperboard Containers	吨	ton	71.9
纸袋	Paper Bag	个	piece	75.0
其他纸和纸板制容器	Containers for Other Paper and Paperboard	吨	ton	2.5
纸卫生巾	Toilet Paper	包	ream	59.2
其他卫生用纸制品	Other Toilet Paper Products	包	ream	71.7
图书类单色印刷品	Monochrome Printing of Books	令	ream	143.4
报纸类单色印刷品	Newspaper Type Monochrome Printed Matter	令	ream	28.0
图书类多色印刷品	Book Type Multicolor Print	令	ream	229.4
报纸类多色印刷品	Newspaper Type Multicolor Printing Matter	令	ream	106.7
期刊类多色印刷品	Periodical Type multicolor Printed Matter	令	ream	238.8
地图、地图册	Maps, Atlases	令	ream	136.0
其他多色印刷品	Other Polychrome Printed Matter	令	ream	900.0
练习簿	Exercise Book	本	book	49.6
学生簿（课业簿册）	Student Book（Academic Books）	本	book	38.7

3-19　续表 7　continued

类　别	Item	计量单位 Measurement Unit		年末价格（元） Price at Year End（yuan）
其他用于书写本册	Others Are Used for Writing this Volume	本	book	3.8
其他塑料印刷品	Other Plastic Printed Matter	吨	ton	18077.6
广告宣传印刷品	Advertising Printed Matter	吨	ton	36.4
票证	Ticket	件	piece	897.6
明信片、卡片、日历	Postcards, Cards, Calendars	件	piece	2.5
其他未列明印刷品	Other Printed Matter Not Printed	吨	ton	78.6
装订期刊	Bound Periodicals	个	piece	24.0
排版用活字	Typesetting Type	个	piece	100.0
收费的印刷服务	Charging Printing Services	个	piece	31740.0
绘画笔	Painting Pen	支	branch	29.7
黑板	Blackboard	副	set	478.6
学生用三角尺	Triangle Ruler for Students	副	set	310.5
学生用刻度尺（直尺）	A Scale（Ruler）for a Student	副	set	310.5
金属丝编织工艺品	Metal Wire Weaving Handicraft	件	piece	3.2
竹编工艺品	Bamboo Crafts	件	piece	56.0
草编工艺品	Straw Crafts	件	piece	124.7
其他天然植物纤维编织工艺品	Other Natural Plant Fiber Woven Fabrics	件	piece	148.0
其他工艺伞	Other Craft Umbrellas	把	piece	478.0
篮球架	Basketball Stands	付	unit	6735.0
填充类玩具	Stuffed Toys	个	piece	10.1
静态塑胶玩具	Static Plastic Toy	套	set	2.3
93号车用汽油	No. 93 Gasoline	吨	ton	6162.8
97号车用汽油	No. 97 Gasoline	吨	ton	6511.5
92号车用汽油	No. 92 Gasoline	吨	ton	3800.0
航空煤油	Aviation Kerosene	吨	ton	3189.0
0号柴油	0 Diesel	吨	ton	4076.3
齿轮用油	Gear Oil	吨	ton	7490.5
内燃机用油	Internal Combustion Engine Oil	吨	ton	15000.0
热处理用油	Heat Treatment Oil	吨	ton	9014.5
柴油机润滑油	Diesel Engine Oil	吨	ton	5427.5
汽油机润滑油	Gasoline Engine Oil	吨	ton	12282.5
切削液	Cutting Fluid	吨	ton	5427.5
轻石脑油	Light Naphtha	吨	ton	3017.1
民用石油液化气	Domestic Liquefied Petroleum Gas	吨	ton	3221.0
未煅烧石油焦	Non Calcined Petroleum Coke	吨	ton	631.6
道路沥青	Road Asphalt	吨	ton	2312.0
煤制焦炭	Coal Coke	吨	ton	210.0
硫酸（折100%）	Sulfuric Acid（Fold 100%）	吨	ton	150.0
其他硫酸	Other Sulfuric Acid	吨	ton	180.0
其他盐酸	Other Hydrochloric Acid	吨	ton	131.3

3-19 续表 8 continued

类　别	Item	计量单位	Measurement Unit	年末价格（元）Price at Year End（yuan）
浓硝酸	Concentrated Nitric Acid	吨	ton	1256.0
磷酸（含量85%）	Phosphoric Acid （85%）	吨	ton	4401.7
其他未列明无机酸	Other Inorganic Acids Not Listed	吨	ton	3969.2
离子膜法烧碱	Ion-exchange Membrane Caustic Soda	吨	ton	2572.3
纯碱（碳酸钠）	Sodium Carbonate（Soda Ash）	吨	ton	1453.0
硫化钠（硫化碱）	Sodium Sulfide（Sodium Sulphide）	吨	ton	1826.0
硫化钡	Barium Sulfide	吨	ton	1411.0
硫酸铜（胆矾）	Copper Sulfate（Brochantite）	吨	ton	12136.8
沉淀硫酸钡	Precipitated Barium Sulfate	吨	ton	1826.0
硫酸锰	Manganese Sulphate	吨	ton	2939.8
商品液氯	Liquid Chlorine for Commodities	吨	ton	470.0
次氯酸钠	Sodium Hypochlorite	吨	ton	359.0
重质碳酸钙	Heavy Calcium Carbonate	吨	ton	231.6
轻质碳酸钙	Light Calcium Carbonate	吨	ton	650.0
纳米碳酸钙	Nano Calcium Carbonate	吨	ton	1300.0
氧化钇	Yttrium Oxide	吨	ton	14529.0
氧化钕	Neodymium Oxide	吨	ton	222222.0
氧化铽	Terbium Oxide	吨	ton	2478632.0
氧化镝	Dysprosium Oxide	吨	ton	1042735.0
异辛烷	Isooctane	吨	ton	4188.0
混合二甲苯	Mixed Xylene	吨	ton	4626.2
精甲醇	Refined Methanol	吨	ton	2436.0
山梨醇	Sorbitol	吨	ton	8120.0
其他环醇	Other Alcohols	吨	kg	4751.7
乙酸酯	Acetate	吨	ton	5043.0
甲醛	Formaldehyde	吨	ton	1125.0
醋酸乙烯	Vinyl Acetate	吨	ton	4818.5
其他非金属无机氧化物	Other Non-metallic Inorganic Oxides	吨	ton	220512.0
电解二氧化锰	Electrolytic Manganese Dioxide	吨	cu.m	7782.4
氧气	Oxygen	吨	ton	2000.0
氩气	Argon	瓶	bottle	48.0
碳酸氢铵	Ammonium Hydrogen Carbonate	吨	ton	1633.3
液氨	Liquid Ammonia	吨	ton	2419.9
尿素	Urea	吨	ton	2069.7
氯化铵	Ammonium Chloride	吨	ton	1658.0
碳酸氢铵	Ammonium Hydrogen Carbonate	吨	ton	648.9
硝酸铵	Ammonium Nitrate	吨	ton	1316.0
过磷酸钙	Calcium Superphosphate	吨	ton	444.8
钙镁磷肥	Calcium Magnesium Phosphate	吨	ton	867.3
磷酸二铵	Diammonium Phosphate	吨	ton	1991.2

3-19　续表 9　continued

类　别	Item	计量单位 Measurement Unit		年末价格（元） Price at Year End（yuan）
磷酸一铵	Monoammonium Phosphate	吨	ton	1504.4
硫酸钾（钾肥）	Potassium Sulphate（Potassium Fertilizer）	吨	ton	2035.0
氮磷钾三元复混肥料	Nitrogen Phosphorus Potassium Compound Fertilizer	吨	ton	1745.1
其他复混（合）肥料	Other Mixed（Compound）Fertilizers	吨	ton	1941.8
解磷类微生物菌剂	Phosphorus Solubilizing Microbial Inoculant	吨	ton	2091.8
其他微生物肥料	Other Microbial Fertilizers	吨	ton	1980.0
有机磷杀虫剂原药	Organophosphorus Pesticide	吨	ton	23961.6
杀螨剂原药	Mite Inhibitor	吨	ton	2114.1
其他杀虫剂（杀螨剂）原药	Other Pesticide（Mite Killing）Technology	吨	ton	31622.8
苯类除草剂	Benzene Herbicide	吨	ton	30000.0
有机磷类除草剂原药	Organophosphorus Pesticide	吨	ton	243.0
其他除草剂原药	Other Herbicides	吨	ton	763.0
生物除草剂制剂	Biological Herbicide Preparation	吨	ton	489.3
生物杀虫剂制剂	Biological Pesticide Preparation	吨	ton	11398.2
木器非水性涂料	Non Aqueous Coatings for Wood Furniture	吨	ton	10630.1
轻工非水性涂料	Non Aqueous Coatings for Light Industry	吨	ton	9362.6
防腐非水性涂料	Anticorrosive Non-aqueous Coating	吨	ton	9412.9
功能性建筑涂料	Functional Architectural Coatings	吨	ton	3043.1
墙面涂料	Wall Coating	吨	ton	8651.6
其他建筑涂料	Other Building Coatings	吨	ton	3206.2
钛白粉	Titanium Dioxide	吨	ton	9406.1
乙烯聚合物	Ethylene Polymer	吨	ton	5042.7
丙烯，相关烯烃聚合物	Propylene, Related Olefin Polymers	吨	ton	7948.7
石油树脂	Petroleum Resin	吨	ton	13500.0
其他初级形态的塑料及合成树脂	Other Primary Forms of Plastics and Synthetic Resins	吨	ton	9095.4
聚乙烯醇	PVA	吨	ton	10555.6
其他塑料助剂	Other Plastic Additives	吨	ton	14252.6
其他未列明化学试剂和助剂	Other Chemicals and Additives Not Listed	吨	ton	5220.7
建筑防水剂	Building Waterproof Agent	吨	ton	2022.9
其他建工建材用化学助剂	Other Chemical Additives for Building Materials	吨	ton	5000.0
脂松节油	Turpentine Oil	吨	ton	11388.7
松油	Pine Oil	吨	ton	13589.7
松油醇	Terpinol	吨	ton	26666.7
脂松香	Gum Rosin	吨	ton	10714.7
氢化松香	Hydrogenated Rosin	吨	ton	19655.2
歧化松香	Disproportionation Rosin	吨	ton	11698.9
聚合松香	Polymerized Rosin	吨	ton	15684.0
改性松香	Modified Rosin	吨	ton	9709.4
酯胶	Ester Gum	吨	ton	12442.0
其他松香类产品	Other Rosin Products	吨	ton	14514.4

3-19 续表 10 continued

类 别	Item	计量单位	Measurement Unit	年末价格（元） Price at Year End（yuan）
栲胶	Tannin Extract	吨	ton	8687.5
硅胶	Silica Gel	吨	ton	305.9
焊接辅助剂	Welding Aid	吨	ton	3500.0
硝铵炸药	Ammonium Nitrate Explosive	吨	ton	1410.0
乳化炸药	Emulsion Explosive	吨	ton	5781.2
其他配制炸药	Other Explosives	吨	ton	5876.7
导爆管雷管	Nonel Detonator	发	piece	34621.0
火炬	Torch	把	piece	7.3
烟花	Fireworks	把	piece	269.0
洗衣皂	Laundry Soap	吨	ton	9597.0
香皂	Soap	吨	ton	23040.0
餐具、果蔬洗涤剂	Tableware, Fruit and Vegetable Detergent	吨	ton	5240.0
衣用及织物用洗涤剂	Detergents for Fabrics and Fabrics	吨	ton	3932.0
面膜	Facial Mask	瓶	bottle	44.1
其他清洁类化妆品	Other Cleaning Cosmetics	瓶	bottle	33.9
护肤膏霜	Cream Cream	瓶	bottle	16.3
护肤乳液	Skin Care Lotion	瓶	bottle	31.3
护手霜	Hand Cream	瓶	bottle	17.5
眼用护肤膏（霜）	Eye Cream（Cream）	瓶	bottle	41.1
其他护肤用化妆品	Other Cosmetics for Skin Care	瓶	bottle	13.5
牙膏（折65克标准支）	Toothpaste（65 Grams, Standard Branch）	支	count	1.9
牙粉	Dentifrice	支	count	17.1
肉桂油	Cinnamon Oil	克	g	0.2
其他香料	Other Spices	千克	kg	406.4
食品用香精	Food Flavoring	克	g	165.5
日用香精	Daily Essence	克	g	140.0
头孢噻肟及其盐	Cefotaxime and It's Salts	千克	kg	538.5
其他消化系统用药	Other Drugs Used in the Digestive System	千克	kg	342.5
其他泌尿系统用药	Other Drugs Used in the Urinary System	千克	kg	5.6
无水葡萄糖	Anhydrous Glucose	克	g	8.5
注射用头孢曲松钠	Ceftriaxone Sodium for Injection	支	branch	0.8
注射用头孢噻肟钠	Cefotaxime Sodium for Injection	支	branch	0.9
其他粉针剂	Other Powder Injection	支	branch	1.0
其他未列明注射液	Other Non Prescribed Injections	万支	10 000 PCS	3.0
磷霉素钙片	Calcium Fosfomycin Tablets	片	piece	23.9
对乙酰氨基酚片	Tabellae Paracetamol	片	piece	2.9
交沙霉素片	Josamycin Tablets	片	piece	0.7
维生素C片	Vitamin C Tablets	片	piece	1.7
银杏叶片	Ginkgo Biloba Leaves Extract Tablets	片	piece	1470.3
其他未列明片剂	Other Non Prescribed Tablets	盒/瓶	box/bottle	8.5

3-19 续表 11 continued

类 别	Item	计量单位	Measurement Unit	年末价格（元）Price at Year End（yuan）
氯雷他定胶囊	Lvleitading Jiaonang	盒	box	5.0
速效伤风胶囊	Quick Acting Cold Capsule	粒	stars	32.8
雷尼替丁胶囊	Ranitidine Hydrochloride Capsules	粒	stars	1.7
利福平胶囊	Rifampicin Capsules	粒	stars	13.1
诺氟沙星胶囊	Norfloxacin Capsules	粒	stars	0.5
头孢拉定胶囊	Cephradine Capsules	粒	stars	3.8
氨金黄敏颗粒	Paracetamol，AnantadineHydrochloride，ArtificidCow-bezar	盒	box	11.8
口服液体制剂	Oral Liquid Preparation	支	branch	2.5
外用液体制剂	Liquid Preparations for External Use	支	branch	871.7
巴戟天类饮片	Such Pieces of Morinda Officinalis	盒	box	48.7
白术类饮片	Atractylodes Rhizome	盒	box	40.7
茯苓类饮片	Poria Cocos Pieces	盒	box	38.9
其他植物类饮片	Other Plant Pieces	盒	box	2.2
补益丸剂	Tonic Pill	盒	box	3.4
解表丸丸剂	Relieving Pill	盒	box	4.1
石榴健胃丸6丸/盒	Pomegranate Pills 6 Pills/Box	盒	box	6.7
其他中成药丸剂	Other Proprietary Chinese Medicine Pills	盒	box	2.9
清热冲剂	Qingre Granules	盒	box	2.5
夏桑菊颗粒	Xiasangju Granules	盒	box	9.7
止血冲剂	Hemostatic Granule	盒	box	23.8
和解冲剂	Hejie Chongji	盒	box	6.2
理血冲剂	Lixie Chongji	盒	box	23.7
利咽冲剂	Liyan Chongji	盒	box	4.2
其他中成药颗粒剂	Other Proprietary Chinese Medicine Granules	盒	box	2.9
祛痰糖浆	Qutan Tangjiang	盒	box	14.0
利咽糖浆	Liyan Tangjiang	盒	box	5.0
其他中成药糖浆	Other Proprietary Chinese Syrup	盒	box	2.4
灰黄霉素	Griseofulvin	盒	box	3.0
清热片剂	Qingre Pianji	盒	box	2.4
利咽片剂	Liyan Pianji	盒	box	4.5
通鼻片剂	Tongbi Pianji	盒	box	6.0
止咳平喘片剂	Zhike Pingchuan Koufuye	盒	box	1.7
止酸解痉治胃痛片剂	Anticonvulsants Anticonvulsants for Pain Tablets	盒	box	5.2
其他中成药片剂	Other Proprietary Chinese Medicine Tablets	盒	box	3.0
理血胶囊	Lixie Jiaonang	盒	box	4.8
宁心胶囊	Ningxin Jiaonang	盒	box	7.5
清热胶囊	Qingre Jiaonang	盒	box	2.8
其他中成药胶囊	Other Proprietary Chinese Medicine Capsules	盒	box	9.7
理血注射液	Lixie Zhusheye	支	branch	709.0
红景天口服液	Hongjingtian Koufuye	盒	box	9.2

3-19 续表 12 continued

类 别	Item	计量单位	Measurement Unit	年末价格（元）Price at Year End（yuan）
其他中成药合剂	Other Proprietary Chinese Medicine Mixture	盒	box	7.1
清热散剂	Qingre Sanji	盒	box	5520.0
其他中成药散剂	Other Chinese Patent Medicine Powder	盒	box	168.1
调经、止带栓剂	Tiaojing Zhidai Jiaonang	盒	box	3.7
其他中成药栓剂	Other Chinese Patent Suppositories	盒	box	15.7
其他药酒	Other Medicinal Liquor	瓶	bottle	6.6
理血膏药	Lixie Gaoyao	盒	box	200.0
祛风湿膏药	Qufengshi Gaoyao	盒	box	20.3
治痔膏药	Zhizhi Gaoyao	盒	box	5.6
其他膏药	Other Plasters	盒	box	19.9
其他中成药	Other Proprietary Chinese Medicines	瓶	bottle	8.8
兽用中草药	Chinese Medicinal Herb	盒	box	247.2
其他未列明兽用制品	Other Not Listed Mingshou Products	盒	box	22.8
其他生物化学药品	Other Biochemical Drugs	百支	100 unit	862.6
创可贴止血膏布	Chuangketie Zhixie Gaobu	吨	ton	5.4
新霉素软膏纱布	Neomycin Ointment Gauze	吨	ton	10.7
医用脱脂棉花	Medical Absorbent Cotton	吨	ton	0.8
医用橡皮膏	Medical Adhesive Plaster	吨	ton	29.9
绷带	Bandage	吨	ton	11.0
纱布	Gauze	吨	ton	27.2
其他卫生材料及敷料	Other Sanitary Materials and Dressings	吨	ton	1600.0
其他合成纤维加工丝	Other Synthetic Fiber Processing Yarn	吨	ton	177777.8
载货汽车橡胶轮胎外胎	Truck Tire Rubber	条	piece	849.1
航空器充气橡胶轮胎外胎	Aircraft Inflatable Rubber Tire	条	piece	3914.0
其他橡胶带	Other Rubber Belts	平方米	sq.m	45.6
避孕套	Condom	只	piece	1900.0
其他医疗、卫生用橡胶制品	Other Medical and Hygienic Rubber Products	只	piece	17100.0
聚乙烯塑料板、片	Polyethylene Plastic Sheet and Sheet	吨	ton	14682.3
其他塑料板、片	Other Plastic Plates and Sheets	吨	ton	15003.0
聚乙烯塑料硬管	Polyethylene Plastic Hard Tube	吨	ton	37.8
聚丙烯塑料编织布	Polypropylene Plastic Woven Fabric	吨	ton	7692.3
其他塑料编织布	Other Plastic Woven Fabrics	吨	ton	13889.0
聚丙烯塑料编织袋	Polypropylene Plastic Woven Bags	吨	ton	26.6
其他塑料包装箱	Other Plastic Packing Boxes	个	unit	19650.0
塑料箩筐	Plastic Basket	个	unit	32000.0
保鲜盒	Crisper	个	unit	6.6
塑料桶，容积≤300L	Plastic Bucket, the Volume ≤300L	吨	ton	233.5
塑料瓶，容积≤300L	Plastic Bottle, the Volume ≤300L	吨	ton	14131.3
其他塑料容器	Other Plastic Containers	吨	ton	3.6
塑料塞子、盖子及类似品	Plastic Stoppers, Covers and Similar Articles	吨	ton	13675.0

3-19 续表 13 continued

类 别	Item	计量单位	Measurement Unit	年末价格（元）Price at Year End（yuan）
普通塑料餐盘、碟	Ordinary Plastic Plates and Dishes	件	piece	90.0
塑料衣架	Plastic Hanger	件	piece	3.6
塑料整理架	Plastic Finishing Rack	件	piece	3.1
其他塑料半成品、辅料、副产品	Other Plastics, Semi-finished Products	吨	ton	17094.0
粉煤灰硅酸盐水泥	Fly ash Portland Cement	吨	ton	294.3
复合硅酸盐水泥	Composite Portland Cement	吨	ton	274.4
火山灰质硅酸盐水泥	Portland Cement	吨	ton	238.0
普通硅酸盐水泥	Ordinary Portland Cement	吨	ton	264.7
矿渣硅酸盐水泥	Slag Portland Cement	吨	ton	337.6
窑外分解窑水泥熟料	Kiln Cement Clinker	吨	ton	213.7
其他硅酸盐水泥熟料	Other Portland Cement Clinker	吨	ton	188.0
生石灰	Quick Lime	吨	ton	249.8
消石灰（熟石灰）	Slaked Lime（Slaked Lime）	吨	ton	350.0
商品混凝土C20	Commercial Concrete C20	立方米	cu.m	297.7
商品混凝土C25	Commercial Concrete C25	立方米	cu.m	294.8
商品混凝土C30	Commercial Concrete C30	立方米	cu.m	304.0
商品混凝土C35	Commercial Concrete C35	立方米	cu.m	321.5
商品混凝土C40	Commercial Concrete C40	立方米	cu.m	346.2
商品混凝土C45	Commercial Concrete C45	立方米	cu.m	350.9
水泥混凝土压力管（输水管）	Cement Concrete Pressure Pipe	米	m	666.7
钢筋混凝土井管、烟道管及其他管	Reinforced Concrete Well Pipe and Other Pipes	米	m	275.4
环形预应力混凝土电杆	Ring Prestressed Concrete Pole	根	root	1885.0
预应力混凝土水泥轨枕	Prestressed Concrete Sleeper	根	root	240.0
其他水泥砼预制构件	Other Cement Concrete Prefabricated Parts	立方米	cu.m	14860.0
石棉水泥板	Asbestos Cement Sheet	平方米	sq.m	18.8
烧结空心砖	Sintered Hollow Brick	万块	10 000 piece	4292.5
烧结页岩砖	Sintered Graphite Furnace	万块	10 000 piece	4060.0
无釉瓷质砖	Unglazed Ceramic Tile	平方米	sq.m	18.1
有釉瓷质砖	Glazed Ceramic Tile	平方米	sq.m	22.6
陶瓷马赛克	Ceramic Mosaic	平方米	sq.m	21.5
天然花岗石建筑板材	Natural Granite Building Plate	平方米	sq.m	88.9
其他加工天然石材、石料	Other Processing of Natural Stones, Stones	平方米	sq.m	116.5
其他建筑材料	Other Building Materials	吨	ton	214.8
无色5毫米	Colorless 5 mm	重量箱	heft box	76.9
无色8毫米	Colorless 8 mm	重量箱	heft box	76.9
车辆用钢化玻璃	Toughened Glass for Vehicles	平方米	sq.m	82.4
建筑用钢化玻璃与半钢化玻璃	Building Tempered Glass and Semi-toughened Glass	平方米	sq.m	44.5
防火玻璃	Fire-resistant Glass	平方米	sq.m	51.3
车辆用夹层玻璃	Laminated Glass for Vehicles	平方米	sq.m	175.9
建筑用夹层玻璃	Laminated Glass for Building	平方米	sq.m	35.5

3-19 续表 14 continued

类　别	Item	计量单位 Measurement Unit		年末价格（元） Price at Year End（yuan）
防弹玻璃	Bullet Proof Glass	平方米	sq.m	470.1
其他夹层玻璃	Other Laminated Glass	平方米	sq.m	94.0
中空玻璃	Hollow Glass	平方米	sq.m	70.0
玻璃食品瓶	Glass Food Bottle	个	piece	0.3
玻璃啤酒瓶	Glass Beer Bottle	个	piece	0.7
其他玻璃包装容器	Other Glass Packing Containers	个	piece	0.7
陶瓷制大便器	Ceramic Stool Maker	件	piece	71.3
陶瓷制小便器	Ceramic Urinal	件	piece	55.5
陶瓷制洗面器	Ceramic Wash Basin	件	piece	46.2
瓷质餐具	Porcelain Tableware	件	piece	3.2
粘土质隔热耐火砖	Fireclay Insulating Refractory Brick	吨	ton	666.7
高铝质隔热耐火砖	High Alumina Insulating Refractory Brick	吨	ton	1025.6
捣打料	Ramming Material	吨	ton	3333.3
耐火泥浆	Refractory Slurry	吨	ton	359.0
铁沟料	Iron Channel Material	吨	ton	4.3
其他耐火材料制品	Other Refractory Products	吨	ton	3544.7
阳极炭块	Anode Carbon Block	吨	ton	2495.7
超硬材料磨具	Superhard Material Grinding Tools	个	piece	205.0
金刚石钻探工具	Diamond Drilling Tools	个	piece	363.5
其他未列明非金属矿物制品	Other Non Metallic Mineral Products Liemingfei	吨	ton	158.1
其他生铁	Other Pig Iron	吨	ton	1200.0
工业用灰铸铁制品	Industrial Grey Iron Products	吨	ton	3400.1
工业用球墨铸铁制品	Nodular Iron Products for Industrial Use	吨	ton	3690.2
一般低合金钢（钢坯）	General Low Alloy Steel（Billet）	吨	ton	3255.0
轴承钢（钢坯）	Bearing Steel（Billet）	吨	ton	221.0
中小U型钢（小槽钢）	Medium and Small U Section Steel	吨	ton	1864.1
热轧钢筋	Hot Rolled Bar	吨	ton	3650.0
螺纹钢	Screw Thread Steel	吨	ton	2907.6
大型圆钢	Large Round Bar	吨	ton	3218.0
其他品种棒材	Other Varieties of Bars	吨	ton	3530.0
钢帘线用硬线材	Hard Wire for Steel Cord	吨	ton	3595.0
其他用途线材	Wire for Other Uses	吨	ton	3282.1
普通质量非合金钢特厚板	Ordinary Quality Non Alloy Steel Heavy Plate	吨	ton	3260.7
普通质量非合金钢厚钢板	General Quality Non-alloy Steel Plate	吨	ton	3277.8
普通质量非合金钢中板	Ordinary Quality Non Alloy Steel Medium Plate	吨	ton	3453.0
铬系不锈钢热轧薄板	Hot Rolled Sheet of Chromium Stainless Steel	吨	ton	109.8
普通质量非合金钢中厚宽钢带	Ordinary Quality Non-alloy Steel Medium	吨	ton	3491.5
普通质量非合金钢冷轧薄宽钢带	Plain Rolled Non Alloy Steel	吨	ton	4179.5
直缝电阻焊接钢管	Longitudinal Resistance Welded Pipe	吨	ton	2884.0
螺旋缝焊接钢管	Spiral Seam Welded Steel Pipe	吨	ton	3550.0

3-19 续表 15 continued

类 别	Item	计量单位 Measurement Unit		年末价格（元） Price at Year End（yuan）
直缝高频焊接钢管	Longitudinal Seam High Frequency Welded Steel Pipe	吨	ton	3150.0
其他制造工艺焊接钢管	Other Manufacturing Processes, Welded Steel Pipe	吨	ton	3550.0
高碳铬铁	High Carbon Ferrochrome	吨	ton	6915.4
转炉中、低碳锰铁	Medium and Low Carbon Ferromanganese in Converter	吨	ton	9498.5
高碳锰铁	High Carbon Ferromanganese	吨	ton	7620.0
电解锰	Electrolytic Manganese	吨	ton	13504.3
铝铁	Aluminum and Iron	吨	ton	8002.1
锰硅合金	Manganese Silicon Alloy	吨	ton	6444.5
矿产粗铜	Mineral Crude Copper	吨	ton	54963.2
再生粗铜	Reclaimed Coarse Copper	吨	ton	25940.0
其他精炼铜（电解铜）	Other Refined Copper（Electrolytic Copper）	吨	ton	45150.0
矿产铅	Mineral Lead	吨	ton	11920.6
再生粗铅	Reclaimed Lead Bullion	吨	ton	11068.4
锌品	Zinc Products	吨	ton	17505.8
电解镍	Electrolytic Nickel	吨	ton	2494.2
电解钴	Electrolytic Cobalt	吨	ton	226000.0
矿产精锡	Mineral Refined Tin	吨	ton	124786.5
三氧化二锑	Antimonous Oxide	吨	ton	38247.3
精锑	Fine Antimony	吨	ton	34048.5
一级品氧化铝	Primary Alumina	吨	ton	2231.7
普通氢氧化铝	Ordinary Aluminium Hydroxide	吨	ton	1462.0
重熔用铝锭	Remelting Aluminium Ingot	吨	ton	13450.0
其他原铝（电解铝）	Other Raw Aluminium（Electrolytic Aluminum）	吨	ton	12040.0
有色料副产金	Pigment By-product Gold	千克	kg	216000.0
有色料产银粉	Colored Material Silver Powder	千克	kg	2705.1
有色料产高纯银	Colored Material Produces High Pure Silver	千克	kg	3127.1
其他有色料产银	Other Pigments Are Silver	千克	kg	2730.8
金属镨钕	Praseodymium Neodymium	吨	ton	288034.0
原生铟（铟锭）	Primary Indium	千克	kg	1497.3
其他铝合金	Other Aluminum Alloys	吨	ton	18376.0
锡铅合金	Tin Lead Alloy	吨	ton	84555.0
铜棒材	Copper Bar	吨	ton	27350.0
铜管材	Copper Pipe	吨	ton	39825.0
铜盘条（电工用铜线坯）	A Copper（Copper Wire for Electrical）	吨	ton	43641.0
铜线材	Copper Wire	吨	ton	41774.7
非合金铝棒材	Non Alloy Aluminum Bars	吨	ton	14560.0
其他铝棒材	Other Aluminum Bars	吨	ton	12016.5
铝及铝合金工业铝型材	Aluminum and Aluminium Alloy Industrial Profiles	吨	ton	20010.5
其他铝型材	Other Aluminum Profiles	吨	ton	19030.4
其他铝板材	Other Aluminum Plate	吨	ton	9360.2

3-19 续表 16 continued

类 别	Item	计量单位	Measurement Unit	年末价格（元）Price at Year End（yuan）
铝合金带	Aluminum Alloy Strip	吨	ton	14135.0
无衬背铝箔	No Aluminum Foil Backing	吨	ton	16305.0
其他铝箔材	Other Aluminum Foil	吨	ton	1072.3
非合金铝线材	Non Alloy Aluminum Wire	吨	ton	14960.0
铝制管子附件	Aluminum Pipe Fittings	吨	ton	12538.6
非合金铝盘条	Non Alloy Aluminum Wire Rod	吨	ton	14250.0
多、高层建筑钢结构	Steel Structure of High-rise Building	吨	ton	3220.4
塔桅钢结构	Tower Steel Structure	吨	ton	6783.1
钢制装配结构件	Steel Assembly Structural Parts	吨	ton	5500.0
门式钢架轻型厂房结构	Portal Type Steel Frame Light Workshop Structure	吨	ton	3550.0
钢铁管状立柱	Steel Tubular Column	吨	ton	5500.0
钢铁制水闸门	Steel Gate	吨	ton	9750.0
其他金属制门及其框架、门槛	Other Metal Doors and Frames, Barriers	扇	set	7338.5
机用锯条	Hacksaw Blade	件	piece	220.0
其他金属切削机床用切削刀具	Cutting Tools for Other Metal Cutting Machines	件	piece	6.2
锯片	Saw Blade	件	piece	290.0
碳钢压力容器	Carbon Steel Pressure Vessel	个	unit	2051.0
钢铁容器	Steel Container	个	unit	6.7
门锁	Lock	套	set	14.7
钢铁制软管	Hose Made of Iron and Steel	吨	ton	613.8
金属电镀	Metal Plating	公斤	kg	3.6
金属表面喷涂	Metal Surface Spraying	公斤	kg	6.5
收费的金属表面处理及热处理服务	Charges for Metal Surface Treatment Services	千克	kg	3.0
其他金属表面处理及热处理加工	Other Metal Surface Treatment and Hea	吨	ton	2799.0
铝制厨用器皿及餐具	Aluminium Kitchenware and Tableware	口	unit	67.9
其他铝制日用品	Other Aluminum Daily Necessities	只	unit	26.7
其他未列明日用金属制品	No Other Metal Products for Tomorrow	只	unit	3.0
汽车牌（发光）	Car Brand（Light）	块	piece	24.0
焊条	Electrode	吨	ton	4957.3
热水锅炉	Hot-water Boiler	台	set	94017.1
余热锅炉	Waste Heat Boiler	台	set	165000.0
其他工业锅炉	Other Industrial Boilers	台	set	358921.9
其他用柴油机	Other Diesel Engines	台	set	875.9
摇臂钻床	Radial Drilling Machine	台	set	47538.5
升降台式铣床（立式）	Lifting Table Milling Machine（Vertical）	台	set	85506.0
升降台式铣床（卧式）	Lifting Table Milling Machine（Horizontal）	台	set	46322.5
平面磨床	Surface Grinder	台	set	105983.0
机械式压力机	Mechanical Press	台	set	65800.0
门式起重机（龙门起重机）	Gantry Crane（Longmen Crane）	台	set	560000.0
塔式起重机	Tower Crane	台	set	330743.0

3-19 续表 17 continued

类 别	Item	计量单位 Measurement Unit		年末价格（元） Price at Year End（yuan）
起重机专用配套件	Special Fittings for Crane	台	set	27187.2
斗式提升输送机	Bucket Elevator Conveyor	台	set	10385.2
带式输送机	Belt Conveyer	台	set	12053.5
螺旋输送机	Screw Conveyor	台	set	16649.6
施工升降机	Construction Elevator	台	set	143433.0
起重机零部件	Crane Parts	套	set	978.3
电梯自动扶梯及升降机零部件	Elevator, Escalator and Elevator Parts	套	set	73.5
液下泵	Submerged Pump	台	set	12820.5
尿素泵	Urea Pump	台	set	5982.9
其他动力式泵	Other Power Pumps	台	set	1043.3
空气压缩机	Air Compressor	台	set	11605.1
蝶阀	Butterfly Valve	吨	ton	104.0
疏水阀	Drain Valve	吨	ton	94.7
减压阀	Pressure Relief Valve	吨	ton	303.0
叶片式液压泵	Vane Hydraulic Pump	台	set	262.3
轴承座	Bearing Housing	件	piece	60.1
变速器（机、箱）	Transmission（Machine, Box）	台	set	38573.3
飞轮及滑轮	Flywheel and Pulley	吨	ton	359.2
半轴	Half Shaft	件	piece	156.2
其他未列明齿轮、传动和驱动部件	Other Specified Gear, Transmission and Drive Parts	件	piece	1900.5
锅炉用通风机（离心式）	Fan for Boiler（Centrifugal Type）	台	set	11640.0
通风换气用通风机（离心式）	Ventilators for Ventilation（Centrifugal）	台	set	7627.0
工业炉用通风机（离心式）	Ventilators for Industrial Furnaces（Centrifugal）	台	set	12056.0
排尘风机（离心式）	Dust Exhaust Fan（Centrifugal）	台	set	9640.0
通风换气用通风机（轴流式）	Ventilators for Ventilation（Axial Flow）	台	set	590.0
矿井用风机（轴流式）	Fan for Mine（Axial Flow）	台	set	1678.0
回转式风机	Rotary Fan	台	set	28746.0
其他未列明气体、液体分离及纯净设备	Other Non-prescribed Gas, Purification Equipment	台	set	20.5
风镐（气镐）	Pick（Pneumatic Pick）	台	set	2566.8
锚具	Anchorage	件	piece	19.0
各种通用机械零部件加工	All kinds of General Machine Parts Processing	件	piece	25.2
其他机械零部件加工	Other Mechanical Parts Processing	件	piece	120.3
千斤顶用工作夹片	Work Clip for Jack	只	unit	3.1
千斤顶用锚片	Anchor Piece for Jack	只	unit	40.1
颚式破碎机	Jaw Crusher	台	set	20742.2
锤式破碎机	Hammer Crusher	台	set	14200.0
反击式破碎机	Counterattack Crusher	台	set	175000.0
摆式磨粉机（雷蒙磨）	Pendulum Mill（Lei Mengmo）	台	set	239461.2
其他矿物磨粉机械	Other Mineral Milling Machines	台	set	582100.0
分级设备	Classification Equipment	吨	ton	72800.0

3-19 续表 18 continued

类 别	Item	计量单位	Measurement Unit	年末价格（元） Price at Year End (yuan)
其他矿物筛分、洗选设备	Other Mineral Screening and Washing Equipment	吨	ton	7500.0
履带式挖掘机	Caterpillar Excavator	台	set	272500.0
装载机	Loader	台	set	374000.0
支重轮	Supporting Wheel	台	set	346.2
其他挖掘、铲土运输机械及零件	Other Excavating and Shoveling Machinery	台	set	752.1
全自动砌块成型机	Automatic Block Making Machine	台	set	355000.0
半自动砌块成型机	Semi-automatic Block Forming Machine	台	set	55000.0
双模轮胎定型硫化机	Double Model Tyre Shaping Vulcanizer	台	set	1901709.0
碾米机	Rice Mill	台	set	973.0
输送机	Conveyor	台	set	562660.4
卸料离心机	Unloading Centrifuge	台	set	1141026.0
高效压榨藕筒辊	High Efficiency Press Cylinder Roll	台	set	35847.5
耙齿机	Rake Machine	台	set	211611.6
普通压榨辊	Common Press Roll	台	set	28917.0
其他蔗糖加工机械	Other Sugar Processing Machinery	台	set	407798.8
颗粒饲料微粉碎机	Pellet Mill	台	set	854.0
陶轮及类似机械	Ceramic Wheels and Similar Machinery	台	set	95.0
陶瓷坯体精加工设备	Ceramic Blank Finishing Equipment	台	set	17948.0
其他日用陶瓷制品成型机械	Other Ceramic Products Molding Machinery	台	set	135679.1
小四轮拖拉机	Small Four-wheel Tractor	台	set	29503.5
手扶拖拉机	Walking Tractor	台	set	3800.0
运输型拖拉机	Tractor	台	set	33451.3
谷物收获机械	Grain Harvesting Machinery	台	set	27256.0
其他农作物收获机械	Other Crops Harvesting Machinery	台	set	810.0
耕地机械	Farmland Machinery	台	set	1962.5
其他拖拉机零配件	Other Tractor Parts and Accessories	套	set	4436.7
全自动血细胞分析仪	Automatic Blood Cell Analyzer	台	set	13000.0
全自动生化分析仪	Automatic Biochemical Analyzer	台	set	9949.9
其他生化分析仪器	Other Biochemical Analytical Instruments	台	set	1580.0
一次性注射器	Disposable Syringe	支	branch	0.5
其他注射器	Other Syringes	支	branch	0.4
介入诊疗影像手术床	Interventional Imaging Surgery Bed	台	set	51282.2
多功能床	Multifunctional Bed	台	set	72649.6
沉淀、过滤装置	Settling and Filtering Device	台	set	35726.5
一体化净水器	Integrated Water Purifier	台	set	72799.1
其他水质污染防治设备	Other Water Quality Pollution Prevention	台	set	30426.5
其他未列明环境污染防治专用设备制造	Other Manufacturing Facilities for Environmental	台	set	386702.0
清淤机械	Dredging Machinery	台	set	149572.7
具有独立功能专用机械零部件	With Independent Function, Special	套	set	6.1
多功能乘用车，1L＜排量≤1.6L	Multi-function Passenger Car, 1L～1.6 L	辆	unit	62210.9

3-19　续表 19　continued

类　别	Item	计量单位	Measurement Unit	年末价格（元）Price at Year End（yuan）
运动型多用途乘用车，1.6L＜排量≤2.0L	Sport Utility Vehicles, 1.6L～2.0L	辆	unit	73333.0
交叉型乘用车，1L＜排量≤1.6L	Cross Type Passenger Cars, 1L～1.6L	辆	unit	39145.0
柴油型大型客车	Diesel Type Large Bus	辆	unit	508547.0
柴油型中型客车	Diesel Type Medium Passenger Car	辆	unit	305384.6
柴油重型载货车	Diesel Heavy-duty Truck	辆	unit	236410.0
汽油轻型载货车	Gasoline Light Truck	辆	unit	30983.0
汽油微型载货车	Gasoline Mini Truck	辆	unit	33803.0
非公路用自卸车底盘	Non Road Truck Chassis	件	package	257885.0
半挂牵引车	Semi-trailer Tractor	台	set	154633.0
汽车用汽油发动机，1L＜排量≤1.6L	Automotive Gasoline Engine, 1L ～1.6L	台	set	9679.8
汽车用汽油发动机，1.6L＜排量≤2.0L	Automotive Gasoline Engine, 1.6L～2.0L	台	set	4295.6
汽车用柴油发动机	Automotive Diesel Engine	台	set	48317.7
改装载货汽车	Refitted Truck	辆	unit	106000.0
改装自卸汽车	Refitted Dump Truck	辆	unit	133000.0
改装牵引汽车	Refitted Tractor	辆	unit	134000.0
改装厢式汽车	Refitted Van	辆	unit	35136.2
改装仓栅式汽车	Modified Bin Type Car	辆	unit	35725.4
其他改装汽车	Other Modified Cars	辆	unit	105972.2
四轮载货汽车	Four Wheeled Truck	辆	unit	46500.0
其他低速载货汽车	Other Low Speed Trucks	辆	unit	61068.4
机动车制动系统	Motor Vehicle Braking System	套	set	146.9
变速器总成	Transmission Assembly	套	set	60.1
机动车悬挂减震器	Suspension Shock Absorber for Motor Vehicle	套	set	162.9
机动车辆散热器、消声器及其零件	Radiators, Mufflers and Parts for Motor Vehicles	套	set	122.2
离合器总成	Clutch Assembly	套	set	574.0
机动车用控制装置总成	Control Device Assembly for Motor Vehicle	套	set	52.5
其他机动车（汽车）零配件	Other Motor Vehicles Spare Parts	套	set	162.7
汽车底盘车架及其零件	Automobile Chassis, Frame and Parts Thereof	套	set	108.9
汽车用外壳	Shell for Automobile	套	set	6232.0
车窗玻璃升降器	Window Lifter	套	set	20.4
车身底板、侧板及类似板	Body Panels, Side Panels and Similar Panels	套	set	28.9
机动车门及其零件	Motor Doors and Parts	套	set	389.1
其他车身零件及其配套附件	Other Body Parts and Their Accessories	套	set	222.1
汽车修理	Auto Repair	套	set	40.0
控制或连杆装置	Control or Linkage Device	套	set	135.0
轨道固定装置及附件	Track Fixing Device and Accessories	套	set	3.5
两轮摩托车	Two Wheeled Motorcycle	辆	set	3998.0

3-19 续表 20 continued

类 别	Item	计量单位 Measurement Unit		年末价格（元） Price at Year End (yuan)
三轮摩托车，排量≤250ML	Three Wheeled Motorcycle, Displacement≤250ML	辆	unit	6025.0
交流发电机，375KVA＜P≤750KVA	AC Generator, 375KVA＜P≤750KVA	台	set	44444.4
水轮发电机组	Turbine Generator Unit	台	set	2382306.6
风力发电机组零件	Wind Turbine Generator Parts	套	set	7000.0
多相交流电动机，750W＜P≤75KW	Multi Phase AC Motor, 750W＜P≤75KW	台	set	3615.6
多相交流电动机，P＞75KW	Polyphase Alternating Current Motor, P＞75KW	台	set	6068.0
直流微电机	DC Micromotor	台	set	4.1
电力变压器	Power Transformer	台	set	41219.6
干式变压器	Dry Type Transformer	台	set	82135.6
油浸式变压器	Oil Immersed Transformer	台	set	22624.0
电抗器	Reactor	台	set	27141.3
并联电容器	Shunt Capacitor	台	set	4957.0
并联电容器装置	Shunt Capacitor Device	台	set	136239.0
电容式电压互感器	CVT	台	set	26780.0
避雷器	Lightning Arrester	台	set	270.0
电压限幅器	Voltage Limiter	台	set	9682.0
其他避雷器、电压限幅器及电涌抑制器	Other Lightning Arresters, Voltage Limiters	台	set	310.0
漏电断路器	Residual Current Circuit Breaker	台	set	39.0
其他低压电路保护装置	Other Low Voltage Circuit Protection Devices	台	set	178.9
低压开关板	Low Voltage Switch Board	台	set	1760.0
农网箱	Cage	台	set	110.0
其他低压电力控制、分配装置	Other Low Voltage Power Control	台	set	5599.2
硅太阳能电池	Silicon Solar Cell	套	set	7.8
输电与控制设备	Transmission and Control Equipment	台	set	139779.2
绕组电线	Winding Wire	公里	km	456.0
布线组	Wiring Group	公里	km	1190.0
电源插头线	Power Plug Line	公里	km	18.9
其他绝缘电线	Other Insulated Wire	公里	km	1187.3
VMV型	Type VMV	公里	km	11492.7
YJV型	Type YJV	公里	km	10020.0
交联电缆	XLPE Cable	公里	km	10750.0
VV型	Type VV	公里	km	15758.5
LGJ型	Type LGJ	公里	km	12686.5
KVV型	Type KVV	公里	km	5256.0
BV型	Type BV	公里	km	2111.6
其他型号电力电缆	Other Types of Power Cables	公里	km	11118.6
其他电工器材	Other Electrical Equipment	台	set	115.0

3-19 续表 21 continued

类 别	Item	计量单位	Measurement Unit	年末价格（元） Price at Year End（yuan）
镉镍蓄电池	Cadmium Nickel Battery	只	piece	0.8
氢镍蓄电池	Ni MH Battery	只	piece	5.5
其他原电池及原电池组	Other Primary Batteries and Primary Batteries	只	piece	0.7
汽车用铅酸蓄电池	Lead-acid Batteries for Automobiles	只	piece	187.1
电瓶车用铅酸蓄电池	Lead-acid Storage Battery for Storage Battery Car	只	piece	380.0
台扇	Desk Fan	台	set	65.8
落地扇	Pedestal Fan	台	set	147.0
吊扇	Ceiling Fan	台	set	122.2
壁扇	Wall Fan	台	set	133.3
欧式塔型吸排油烟机	European Tower Type Range Hood	台	set	709.4
侧吸式吸排油烟机	Side Suction Exhauster	台	set	713.7
家用换气、排气扇	Household Ventilation and Exhaust Fan	台	set	59.0
电饭锅	Rice Cooker	台	set	82.9
电压力锅	Electric Pressure Cooker	台	set	226.5
家用餐具消毒柜	Household Tableware Sterilizing Cabinet	台	set	853.0
电磁灶	Electromagnetic Stove	台	set	195.7
电暖气	Electric Heater	件	package	159.0
浴霸	Bath Heater	件	package	212.0
家用燃气灶具	Domestic Gas Appliances	台	set	545.3
火车、飞机、船舶用照明装置	Lighting Installations for Trains, Airplanes, Ships	只	piece	117.0
其他特殊用途灯具及照明装置	Other Special Purpose Lamps and Lanterns	只	piece	134.2
普通插座	Common Socket	只	piece	9.0
台式微型计算机	Desktop Microcomputer	台	set	2750.4
笔记本计算机	Notebook Computer	台	set	1539.0
平板电脑	Tablet PC	台	set	1287.3
其他微型计算机设备	Other Microcomputer Devices	台	set	2038.7
液晶显示器	Liquid Crystal Display	台	set	425.2
计算机电源	Computer Power Supply	台	set	49.1
其他计算机零部件制造	Other Computer Parts Manufacturing	台	set	13.0
硬盘存储器	Hard Disk Storage	台	set	13674.8
光盘存储器	Optical Disk Storage	台	set	88.2
路由器	Router	台	set	158.0
波分复用器	Wavelength Division Multiplexer	台	set	440.2
其他光通信设备	Other Optical Communication Devices	台	set	486000.0
通信交换设备零件	Communication Switching Equipment Parts	台	set	13.5
其他通信传输设备	Other Communication Transmission Equipment	台	set	19658.0
其他通信交换设备	Other Communication Switching Equipment	台	set	128.2

3-19 续表 22 continued

类 别	Item	计量单位	Measurement Unit	年末价格（元）Price at Year End（yuan）
其他移动通信手持机（手机）	Other Mobile Communications Handset（Mobile Phone）	台	set	78.6
其他通信终端设备用零件	Parts for Other Communications Terminal Equipment	套	set	27.4
通信传声器件	Communication Transmission Device	个	piece	0.8
传声器（麦克风）	Microphone	个	piece	1.0
音箱	Loudspeaker Box	个	piece	61.2
耳机	Headset	个	piece	29.8
玩具、模型遥控用无线电装置	Radio Device for Toy and Model Remote Control	台	set	11.8
显像管彩色电视机	Colour Television Tube	台	set	401.4
液晶（LCD）电视机	Liquid Crystal（LCD）TV Set	台	set	941.9
收录放音组合机	Recording and Reproducing Machine	台	set	53.1
组合音响	Combined Acoustics	台	set	69.1
IP机顶盒	IP Set-top Box	台	set	220.0
智能卡芯片及电子标签芯片	Smart Card Chip and Electronic Tag Chip	块	piece	15.4
集成电路模块	Integrated Circuit Module	块	piece	1088.4
液晶显示屏	LCD Screen	只	piece	2.8
发光器件	Light Emitting Device	只	piece	…
ROM光头	ROM Bald Head	只	piece	8.8
充电器	Charger	只	piece	7.2
电解电容器	Electrolytic Capacitor	只	piece	27.8
片式电阻器	Chip Resistor	只	piece	277.8
其他电阻器	Other Resistors	只	piece	611.1
其他电位器	Other Potentiometers	只	piece	0.7
电子变压器	Electronic Transformer	只	piece	1.4
其他印制电路板	Other Printed Circuit Boards	平方米	sq.m	1075.1
其他未列明电子设备及装置	Other Electronic Devices and Devices Are Not Listed	台	set	936.3
智能控制系统	intelligent Control System	台	set	6000.0
其他自动化成套控制装置	Other Automation Complete Sets of Controls	台	set	81108.3
卡尺	Calipers	把	piece	70.5
测微螺杆类量具	Micrometer Screw Gauge	把	piece	53.9
量表	Gauge	把	piece	78.1
通信测量仪器	Communication Measuring Instrument	台	set	22670.9
其他钟表零配件	Other Clocks and Watches, Spare Parts	台	set	3.8
光学显微镜	Optical Microscope	台	set	942.1
已装配光学元件	Fabricated Optical Element	台	set	39.9
牙刷	Toothbrush	把	piece	1.3
一次性气体打火机	Disposable Gas Lighter	只	piece	37.1
可充气袖珍打火机	Inflatable Pocket Lighter	只	piece	35.8

3-19 续表 23 continued

类 别	Item	计量单位	Measurement Unit	年末价格（元）Price at Year End（yuan）
宠物玩具	Pet Toys	套	set	8.7
封箱胶粘带	Sealing Adhesive Tape	个	unit	2987.5
其他未包括制造产品	Others Do Not Include Manufacturing Products	个	unit	872.0
优质废铁	Quality Scrap	吨	ton	1358.0
铜废碎料	Copper Scrap	吨	ton	30598.3
铝废碎料	Aluminum Scrap	吨	ton	10138.7
煤炭为能源发电量	Coal for Energy Generation	万千瓦时	10 000 kwh	1217.9
以余热、余气为能源发电量	Energy Generation with Residual Heat and Residual	瓦时	kwh	0.5
其他火力发电量	Other Thermal Power Generation	万千瓦时	10 000 kwh	3558.1
水电站发电	Hydropower Generation	千瓦时	1 000 kwh	33.5
水力发电量	Hydropower Generation	万千瓦时	10 000 kwh	2236.6
核能发电量	Nuclear Power Generation	万千瓦时	10 000 kwh	4140.0
竹木生物质燃料发电量	Bamboo Wood Biomass Fuel Power Generation	万千瓦时	10 000 kwh	6410.0
工业用电	Industrial Electricity	万千瓦时	10 000 kwh	215.6
民用用电	Civil Use of Electricity	万千瓦时	10 000 kwh	207.0
农业用电	Agricultural Electricity Consumption	万千瓦时	10 000 kwh	95.1
商业用电	Commercial Electricity	万千瓦时	10 000 kwh	253.6
蒸汽	Steam	千立方米	1 000 cu.m	111.5
民用人工煤气	Civil Artificial Gas	立方米	cu.m	1.0
工业用人工煤气	Industrial Artificial Gas	立方米	cu.m	1.6
商业用人工煤气	Commercial Artificial Gas	立方米	cu.m	1.6
民用天然气	Domestic Natural Gas	千立方米	1 000 cu.m	736.8
工业用天然气	Industrial Natural Gas	千立方米	1 000 cu.m	621.0
商业用天然气	Commercial Natural Gas	千立方米	1 000 cu.m	722.5
非居民类天然气供应	Non Resident Natural Gas Supply	千立方米	1 000 cu.m	348.1
液化天然气（LNG）供应	Liquefied Natural Gas（LNG）Supply	千立方米	1 000 cu.m	333.2
液化石油气供应	Liquefied Petroleum Gas Supply	千立方米	1 000 cu.m	8219.0
工业用水	Industrial Water	立方米	cu.m	2.3
民用水	Domestic Water	立方米	cu.m	1.7
商业用水	Commercial Water	立方米	cu.m	2.3
饮食服务用水	Water for Catering Service	立方米	cu.m	1.9
行政事业用水	Administrative Use of Water	立方米	cu.m	2.3
特种行业用水	Water for Special Industries	立方米	cu.m	3.9
非居民用水	Non Resident Water	立方米	cu.m	2.1
非居民生活用水	Non Resident Domestic Water	立方米	cu.m	1.5
其他用自来水供应	Other Supplies are Supplied by Tap Water	立方米	cu.m	1.9
污水的处理及深度净化	Treatment and Deep Purification of Sewage	立方米	ton	1.5

3-20 工业生产者购进价格指数（1990—2016年）

（上年=100）

年 份 Year	总指数 General Index	燃料、动力类 Fuel and Power	黑色金属材料类 Ferrous Metals	钢 材 Rolle Steel	有色金属材料和电线类 Nonferrous Metals and Wires
1990	102.2	107.9	99.9		90.3
1991	107.8	109.0	101.6		115.4
1992	112.5	111.2	123.2	126.6	108.7
1993	141.7	131.1	182.4	182.0	111.6
1994	117.8	123.1	101.7	100.0	112.3
1995	112.9	107.8	94.7	94.4	137.6
1996	103.4	108.6	99.4	100.8	85.6
1997	99.3	108.7	94.6	93.2	94.9
1998	95.2	99.6	93.9	92.2	83.8
1999	93.6	93.1	96.2	96.3	99.8
2000	100.9	98.9	103.0	105.0	123.8
2001	103.7	103.8	107.8	101.1	90.3
2002	95.6	101.8	99.8	98.6	94.6
2003	101.2	101.3	108.7	110.4	110.6
2004	116.3	110.1	135.1	126.3	139.6
2005	108.2	112.1	111.3	105.9	114.5
2006	111.4	103.7	94.3	95.4	131.8
2007	106.1	105.4	108.9	108.3	124.0
2008	110.6	117.7	129.1	122.6	104.7
2009	95.1	100.8	82.8	83.2	81.2
2010	111.2	109.3	103.7	105.7	128.6
2011	110.0	105.5	107.7	109.1	114.5
2012	99.2	104.0	95.2	96.4	95.2
2013	98.9	97.8	97.6	97.4	95.5
2014	98.2	98.4	96.0	96.3	96.7
2015	95.7	95.1	90.9	93.1	95.4
2016	98.3	94.8	96.4	96.1	99.8

注：从2011年起，原材料、燃料、动力购进价格指数改称为工业生产者购进价格指数。

Purchasing Price Indices for Industrial Producers（1990—2016）

（preceding year=100）

化工原料类 Raw Chemical Materials	木材及纸浆类 Timber and Paper Pulp	建筑材料及非金属矿类 Building Material and Non-metal Ore	其它工业原材料及半成品类 Other Materials and Semi-finished Category	农副产品类 Agricultural Products	纺织原料类 Textile Materials
101.3	102.1	97.7		100.4	105.8
108.1	113.8			108.2	113.3
102.3	106.6			108.4	97.3
122.1	115.4	170.6	154.8	137.9	104.0
116.2	110.5	103.0	139.0	145.2	142.5
125.2	108.9	88.1	91.7	148.2	150.5
95.1	101.9	97.4	101.5	117.0	99.0
95.3	94.4	94.4	100.4	92.3	91.5
92.6	99.7	98.7	96.4	89.4	88.1
95.9	93.7	95.6	90.7	92.5	102.0
104.5	99.8	92.6	104.7	90.3	106.3
96.9	94.3	96.7	112.0	105.3	95.6
97.9	101.0	98.3	91.4	94.6	89.8
106.3	103.5	98.8	98.2	92.7	119.7
114.8	111.5	109.9	113.5	109.8	117.2
110.0	94.4	103.6	103.7	116.8	90.6
104.0	102.7	98.5	112.2	124.1	102.3
105.3	110.9	101.5	105.8	98.9	101.6
121.3	104.5	114.0	106.9	102.6	102.2
85.8	84.3	96.1	100.2	101.7	94.1
112.3	111.2	114.6	110.3	116.6	121.4
116.5	108.6	109.5	107.0	115.9	119.5
98.3	97.5	98.3	98.5	101.3	92.1
98.1	100.2	98.6	98.6	103.4	98.5
99.6	100.3	100.2	98.2	98.1	99.8
98.0	99.6	95.7	97.9	93.8	99.7
97.6	100.6	98.0	99.5	102.9	98.2

Note:The original Purchasing Price Indices of Raw Material, Fuel and Power since 2011 Changed its name to Purchasing Price Indices of Industrial Producer.

3-21 分月工业生产者购进价格指数（2016年）

（上年同期=100）

类 别	Item	1月 January	2月 February	3月 March
总指数	**General Index**	**95.0**	**95.1**	**95.9**
燃料、动力类	Fules and Power	91.7	91.7	93.3
黑色金属材料类	Material of Black Metal	89.7	90.4	92.1
# 钢材	# Rolled Steel	90.2	90.6	92.0
其它	Other	88.6	89.9	92.3
有色金属材料和电线类	Material of Nof-ferrous Metal Material and ElectricWire	91.6	91.6	92.5
化工原料类	Chemical Material	96.3	96.3	96.1
木材及纸浆类	Wood and Paper Pulp	99.2	99.6	100.1
建筑材料及非金属矿类	Building Material and Non-metal Ore	91.7	91.1	90.8
其它工业原材料及半成品类	Other Industrial Raw Material and Semi-finished Category	97.8	97.9	98.1
农副产品类	Agricultural and Side-line Produces	100.7	100.7	101.4
纺织原料类	Raw Textile Material	98.1	98.1	97.7

3-22 分月工业生产者购进价格环比指数（2016年）

（上月=100）

类 别	Item	1月 January	2月 February	3月 March
总指数	**General Index**	**99.8**	**99.7**	**100.1**
燃料、动力类	Fules and Power	99.1	98.9	100.3
黑色金属材料类	Material of Black Metal	99.6	99.8	100.4
# 钢材	# Rolled Steel	99.2	100.0	100.1
其它	Other	100.6	99.2	100.9
有色金属材料和电线类	Material of Nof-ferrous Metal Material and ElectricWire	99.7	99.7	100.2
化工原料类	Chemical Material	99.6	99.9	99.7
木材及纸浆类	Wood and Paper Pulp	99.9	100.6	100.4
建筑材料及非金属矿类	Building Material and Non-metal Ore	99.5	99.1	99.2
其它工业原材料及半成品类	Other Industrial Raw Material and Semi-finished Category	99.9	100.0	100.1
农副产品类	Agricultural and Side-line Produces	100.8	99.9	100.1
纺织原料类	Raw Textile Material	99.9	99.9	99.6

Purchasing Price Indices for Industrial Producers by Month（2016）

（preceding year=100）

4 月 April	5 月 May	6 月 June	7 月 July	8 月 August	9 月 September	10 月 October	11 月 November	12 月 December
96.4	**96.6**	**97.1**	**97.8**	**98.6**	**99.6**	**100.9**	**102.7**	**104.5**
93.2	93.1	92.6	92.5	93.0	95.2	98.2	100.8	102.9
93.0	93.8	95.3	96.7	97.8	99.4	101.0	103.2	106.6
93.4	94.6	95.6	96.3	96.9	98.9	100.0	101.8	104.2
92.2	92.2	94.6	97.4	99.8	100.4	102.9	106.3	111.7
94.5	94.6	98.2	100.4	101.9	103.0	106.2	111.8	113.7
96.8	96.1	96.2	96.8	97.3	97.8	98.4	101.1	102.7
100.4	100.8	100.7	100.4	100.8	101.0	100.6	100.9	102.2
93.5	96.2	97.4	100.4	101.6	102.2	103.1	104.3	106.2
98.4	98.7	99.1	99.2	99.9	100.2	100.5	101.3	102.9
101.1	101.1	101.8	103.3	104.3	104.2	104.6	105.2	106.2
97.4	96.7	96.4	97.8	98.3	98.1	98.7	101.1	100.4

Chain Index in Purchasing Price Indices for Industrial Producer by Month（2016）

（preceding month=100）

4 月 April	5 月 May	6 月 June	7 月 July	8 月 August	9 月 September	10 月 October	11 月 November	12 月 December
100.3	**100.1**	**100.3**	**100.4**	**100.1**	**100.3**	**100.8**	**101.3**	**101.4**
99.7	100.2	99.8	100.1	98.8	100.7	101.7	102.2	101.3
100.4	100.2	100.3	100.6	100.9	100.3	101.0	101.1	101.9
100.9	100.7	100.2	100.0	100.3	100.3	100.3	100.7	101.5
99.3	99.2	100.5	101.9	102.2	100.4	102.3	101.9	102.8
101.5	101.7	102.0	101.2	100.7	100.3	102.3	103.2	100.5
100.8	99.2	99.7	100.3	100.0	100.2	100.4	101.6	101.1
100.3	100.2	99.8	99.8	100.4	100.0	99.9	100.1	100.9
101.1	101.2	101.2	100.2	100.3	99.7	100.9	101.9	101.8
100.2	100.3	100.3	100.0	100.1	100.1	100.2	100.5	101.1
99.8	99.3	100.4	101.4	101.1	100.1	100.0	100.4	102.8
99.9	99.3	99.7	101.5	100.4	100.0	100.4	100.7	99.2

3-23 主要工业生产者购进价格（2016年）

Purchasing Price of Major Industrial Producers（2016）

类 别	Item	计量单位	Measurement Unit	年末价格（元）Price at Year End（yuan）
早籼稻	Early Long-grain Nonglutinous Rice	吨	ton	3362.5
晚籼稻	Late Rice	吨	ton	3375.2
粳稻	Japonica Rice	吨	ton	3900.0
硬质小麦	Durum Wheat	吨	ton	2448.9
软质小麦	Soft Wheat	吨	ton	3050.0
混合小麦	Mixed Wheat	吨	ton	2810.1
黄玉米	Yellow Maize	吨	ton	2012.2
甜玉米	Sweet Corn	吨	ton	2100.0
红粒高粱	Red Grained Sorghum	吨	ton	2004.8
白粒高粱	White Sorghum	吨	ton	1600.0
其他大麦	Other Barley	吨	ton	2149.2
其他燕麦	Other Oats	吨	ton	2800.0
麦麸	Wheat Bran	吨	ton	1859.2
黄大豆	Soybean	吨	ton	4279.1
明绿豆	Bright Green Bean	吨	ton	7400.0
油菜籽	Rapeseed	吨	ton	3686.5
黑芝麻	Semen Sesami Nigrum	吨	ton	499.9
茶籽	Tea Seed	吨	ton	14300.0
鲜木薯	Fresh Cassava	吨	ton	510.6
木薯干	Tapioca Chips	吨	ton	1633.3
其他木薯	Other Cassava	吨	ton	3300.0
其他鲜甘薯	Other Fresh Sweet Potatoes	吨	ton	1385.6
籽棉	Unginned Cotton	吨	ton	22000.0
其他棉花	Other Cotton	吨	ton	15525.5
甘蔗	Sugar Cane	吨	ton	480.8
茄果类蔬菜	Eggplant Vegetables	千克	kg	6.0
葱蒜类蔬菜	Allium Vegetables	吨	ton	9000.0
水生蔬菜	Aquatic Vegetable	吨	ton	22.6
草种	Grass	公斤	kg	8.0
柑橘	Citrus	吨	ton	5980.0
橙	Orange	吨	ton	5550.0
菠萝	Pineapple	吨	ton	1339.4
芒果	Mango	吨	ton	3898.7
山核桃	Pecan	千克	kg	35.6
阿月浑子果（开心果）	Pistachio Nut （Pistachio）	千克	kg	44.0
巴旦杏	Almond	千克	kg	44.0
桂皮	Chinese Cinnamon	吨	ton	11300.0
其他调味香料	Other Spices	吨	ton	109.0
茶叶	Tea	千克	kg	106.7
甘草	Licorice	千克	kg	22.8
人参	Ginseng	千克	kg	528.5
当归	Chinses Angelica	千克	kg	47.5
菊花	Chrysanthemum	千克	kg	45.5

3-23 续表 1 continued

类 别	Item	计量单位	Measurement Unit	年末价格（元） Price at Year End（yuan）
贝母	Fritillaria	千克	kg	67.0
川芎	Chuanxiong	千克	kg	26.0
半夏	Pinellia Ternate	千克	kg	125.0
白芍	White Peony	千克	kg	27.5
黄芪	Astragalus Membranaceus	千克	kg	18.0
大黄	Chinese Rhubarb	千克	kg	29.0
白术	Atractylodes	千克	kg	26.0
茯苓	Poria Cocos	千克	kg	22.6
枸杞	Chinese Wolfberry	千克	kg	29.6
灵芝	Ganoderma Lucidum	千克	kg	120.0
五味子	Schisandra Chinensis	千克	kg	68.0
麦冬	Ophiopogon Japonicus	千克	kg	26.9
白芷	Angelica	千克	kg	14.2
莲翘	Alice Lin	千克	kg	43.0
辛荑	Magnolia Liliflora	千克	kg	29.9
葛根	Pueraria	千克	kg	9.5
柴胡	Bupleurum	千克	kg	35.5
麻黄	Ephedra	千克	kg	22.6
肉苁蓉	Cistanche	千克	kg	48.7
锁阳	Cynomorium	千克	kg	23.0
板蓝根	Radix Isatidis	千克	kg	2.6
金钱草	Lysimachia Christinae	千克	kg	12.2
三七	Pseudo-ginseng	千克	kg	137.3
枇杷叶	Loquat Leaf	千克	kg	10.9
益母草	Motherwort	千克	kg	4.5
鱼腥草	Cordate Houttuynia	千克	kg	13.3
罗汉果	Momordica Grosvenori	千克	kg	3.5
橘红	Orange	千克	kg	15.0
野菊花	Mother Chrysanthemum	千克	kg	55.0
金茜银盘	Gold Silver	千克	kg	2.6
其他中药材种植	Other Chinese Medicinal Herbs Cultivation	千克	kg	30.3
樟子松原木	Scotch Pine Logs	立方米	cu.m	1150.0
白松原木	The White Pine Logs	立方米	cu.m	1175.1
马尾松原木	Masson Pine Logs	立方米	cu.m	1100.0
其他针叶原木	Other Coniferous Logs	立方米	cu.m	1392.2
栎木（橡木）原木	Oak Wood（Oak）	立方米	cu.m	3015.0
樟木原木	Camphor Wood Log	立方米	cu.m	1915.6
桉树原木	Eucalyptus Logs	立方米	cu.m	624.8
其他非针叶原木	Other Non Coniferous Logs	立方米	cu.m	1129.5
小规格木材	Small Specification Lumber	立方米	cu.m	675.9
薪材	Fuelwood	吨	ton	321.8
短条及细枝等	Strip and Twig Etc	吨	ton	310.0
其他未列明木材	Other Wood Not Specified	吨	ton	688.1

3-23 续表 2 continued

类别	Item	计量单位	Measurement Unit	年末价格（元） Price at Year End （yuan）
毛竹	Moso Bamboo	千克	kg	56.8
水竹	Phyllostachys Heteroclada	千克	kg	15.0
竹片	Bamboo Chips	吨	ton	960.0
藤条	Rattan	千克	kg	22.4
野生灌木	Wild Shrub	吨	ton	3100.0
其他编织用原料	Other Raw Materials for Weaving	吨	ton	5.0
其他木竹材林产品	Other Wood, Bamboo and Forest Products	吨	ton	2.0
天然橡胶乳	Natural Rubber Milk	吨	ton	13555.4
烟胶片	Smoke Film	千克	kg	532.8
标准胶片	Standard Film	吨	ton	1520.0
其他天然橡胶	Other Natural Rubber	吨	ton	19239.6
天然松脂	Natural Turpentine	吨	ton	9954.9
杨梅树皮	Bayberry Bark	吨	ton	2174.9
油柑树皮	Emblic Leafflower Bark	吨	ton	2200.0
橡碗	Valoneaic	吨	ton	1496.7
松香树脂	Rosin Resin	吨	ton	8004.0
油桐籽	Tung Seed	吨	ton	5250.0
非木竹编结用原料	Non Wood and Bamboo Knitting Raw Material	吨	ton	7884.0
生牛奶	Raw Milk	千克	kg	5.3
养牛场（户）加工的生牛奶	Raw Milk Processed by a Cattle Farm（Household）	千克	kg	8.0
生牛皮	Raw Cowhide	吨	ton	4170.0
中猪	Middle Pig	千克	kg	18.9
整张生猪皮	Whole Pigskin	张	piece	66.5
绵羊毛	Sheep Hair	千克	kg	100.0
鸡蛋	Egg	千克	kg	31.8
成鸭	Duck	千克	kg	9.5
雏鹅	Stating Geese	千克	kg	10.5
爬行动物	Reptile	千克	kg	7.7
天然蜂蜜	Natural Honey	千克	kg	7.8
桑蚕茧	Silkworm Cocoon	千克	kg	68.6
干茧	Ganjian	千克	kg	122.3
鲜茧	Fresh Cocoon	千克	kg	46.3
上茧	Cocoon	千克	kg	42.6
家兔	Rabbit	千克	kg	27.5
海水养殖虾	Marine Shrimp	吨	ton	26450.0
海水养殖贝类	Mariculture Shellfish	吨	ton	3800.0
海鳗	Eel	吨	ton	12400.0
其他海水捕捞鲜鱼	Other Sea Fishing Fish	吨	ton	3434.1
海水捕捞虾	Sea Shrimp	吨	ton	43597.1
皮棉	Lint	吨	ton	13800.0
农户的水果干制	Fruit Drying System of Farmers	吨	ton	10450.0
一号无烟煤	Anthracite No. 1	吨	ton	881.6
二号无烟煤	Anthracite No. Two	吨	ton	687.6

3-23　续表 3　continued

类　别	Item	计量单位	Measurement Unit	年末价格（元）Price at Year End（yuan）
三号无烟煤	Anthracite No. Three	吨	ton	470.7
其他无烟煤	Other Anthracite	吨	ton	850.7
炼焦烟煤	Coking Bituminous Coal	吨	ton	660.3
一般烟煤	Bituminous Coal	吨	ton	665.0
其他烟煤	Other Bituminous Coal	吨	ton	830.8
炼焦用洗精煤	Washing Coal for Coking	吨	ton	1492.3
无烟煤洗块煤	Anthracite Coal Washing	吨	ton	1900.0
煤泥	Slime	吨	ton	327.0
其他洗煤	Other Washing Coal	吨	ton	700.0
褐煤	Lignite	吨	ton	451.1
褐煤洗块煤	Wash the Lignite Coal	吨	ton	721.8
褐煤筛选块煤	Screening of Lignite Coal	吨	ton	450.0
煤矸石	Gangue	吨	ton	80.0
混煤	Mixed Coal	吨	ton	136.5
水煤浆	Coal Water Slurry	吨	ton	873.7
其他未列明煤炭	Other Non Prescribed Coal	吨	ton	621.8
天然原油	Crude Oil	吨	ton	2685.5
焦（重）油砂	Coke（heavy）Oil Sands	吨	ton	2250.0
其他天然原油	Other Natural Crude Oil	吨	ton	3024.3
天然气	Natural Gas	立方米	cu.m	3.3
其他天然气开采	Other Gas Extraction	立方米	cu.m	1.2
炼钢块矿	Steelmaking Lump	吨	ton	331.2
炼铁块矿	Smelting Iron Ore	吨	ton	530.0
铁富粉矿	Iron Rich Ore	吨	ton	556.8
铁精矿	Iron Concentrate	吨	ton	546.3
铁尾矿	Iron Tailings	吨	ton	58.8
赤铁矿	Hematite	吨	ton	137.1
其他铁矿石原矿	Other Raw Ore of Iron Ore	吨	ton	660.0
锰矿石原矿	Manganese Ore	吨	ton	540.8
锰矿石成品矿	Manganese Ore Finished Ore	吨	ton	2190.0
锰矿石	Manganese Mineral	吨	ton	1611.0
人造富锰矿	Artificial Rich Manganese Ore	吨	ton	1004.9
其他锰矿	Other Manganese Ores	吨	ton	1779.5
铬矿石原矿	Chromium Ore	吨	ton	2104.2
其他未列明黑色金属矿	Other Ferrous Metals Not Specified	吨	ton	23.4
铜精矿	Copper Concentrate	吨	ton	17590.0
铅锌原矿	Lead-zinc Ore	吨	ton	656.0
铅精矿	Lead Concentrates	吨	ton	10487.4
锌精矿	Zinc Concentrate	吨	ton	9149.5
其他铅矿	Other Lead Ores	吨	ton	2877.8
镍精矿	Nickel Concentrate	吨	ton	11086.0
锡精矿	Tin Concentrate	吨	ton	125000.0
锑精矿	Antimony Concentrates	吨	ton	14640.2

3-23 续表 4 continued

类 别	Item	计量单位	Measurement Unit	年末价格（元） Price at Year End (yuan)
钛原矿	Titanium Ore	吨	ton	1503.0
钛精矿，折氧化钛50%	Titanium Concentrate, Titanium Oxide 50%	吨	ton	1312.3
天然金红石折合量，折氧化钛90%	Equivalent to the Amount of Natural Rutile, TiO 90%	吨	ton	5355.3
银块矿	Silver Lump Ore	吨	ton	58.5
独居石混合精矿	Monazite Concentrate	吨	ton	22175.5
中钇富铕矿	Middle Yttrium Rich Europium Ore	吨	ton	119000.0
氧化稀土	Rare Earth Oxide	吨	ton	1240000.0
其他稀土金属矿	Other Rare Earth Minerals	吨	ton	252250.0
锆矿	Zirconium Ore	吨	ton	9213.3
水泥用石灰石	Limestone for Cement	吨	ton	12.7
石灰用石灰石	Limestone for Lime	吨	ton	52.6
其他石灰石	Other Limestone	吨	ton	28.0
白石膏	White Plaster	吨	ton	1020.0
其他石膏类	Other Gypsum	吨	ton	359.4
天然大理石荒料	Natural Marble	吨	ton	64.7
天然花岗石荒料	Natural Granite Blocks	吨	ton	950.3
砂岩	Sandstone	吨	ton	15.0
软质粘土	Soft Clay	吨	ton	42.6
冶金用萤石	Fluorite For Metallurgy	吨	ton	600.0
化工用萤石	Fluorspar for Chemical Industry	吨	ton	360.0
高岭土	Kaolin	吨	ton	443.6
膨润土	Bentonite	吨	ton	218.0
矾土粉	Bauxite Powder	吨	ton	360.0
瓷土	Clay	吨	ton	184.2
其他粘土	Other Clay	吨	ton	187.9
石渣	Carbide Slag	吨	ton	37.1
矿渣类似工业残渣	Slag Similar to Industrial Residue	吨	ton	47.6
砾石	Gravel	吨	ton	49.0
硅砂	Silica Sand	吨	ton	45.0
石英砂	Quartz Sand	吨	ton	160.2
大理石碎粒	Marble Pieces	吨	ton	74.3
机制砂	Machine-made Sand	吨	ton	75.0
石子	Gravel	吨	ton	67.5
土砂石	Soil Gravel	吨	ton	86.7
沙子	Sand	吨	ton	67.1
水洗砂	Washed Sand	吨	ton	47.5
其他未列明粘土及其他土砂石	Other Non-specified Clay and Other Soil and Gravel	吨	ton	37.0
硫铁矿石	Pyrite Ore	吨	ton	238.0
磷矿石	Phosphate Ore	吨	ton	491.8
重晶石	Barite	吨	ton	345.4
海盐食用盐	Salt Edible Salt	吨	ton	909.9
井矿盐非食用盐	Non Edible Salt Wells	吨	ton	303.0
矿盐食用盐	Salt Edible Salt	吨	ton	1836.0

3-23　续表 5　continued

类　别	Item	计量单位	Measurement Unit	年末价格（元）Price at Year End（yuan）
其他矿盐	Other Salt	吨	ton	280.0
重质碳酸钙加工	Heavy Calcium Carbonate Processing	吨	ton	380.0
原状滑石	Intact Talc	吨	ton	1052.0
滑石粉	Talc	吨	ton	1417.8
其他未列明的非金属矿	Other Non-metallic Minerals Not Listed	吨	ton	661.0
天然水	Natural Water	吨	ton	0.9
高筋小麦粉	High Gluten Wheat Flour	吨	ton	3903.9
低筋小麦粉	Low Gluten Wheat Flour	吨	ton	2935.6
面包用小麦粉	Wheat Flour for Bread	吨	ton	4002.0
面条用小麦粉	Wheat Flour for Noodles	吨	ton	3380.0
饼干用小麦粉	Biscuit Wheat Flour	吨	ton	3820.0
饺子用小麦粉	Wheat Flour for Dumplings	吨	ton	4100.0
馒头用小麦粉	Wheat Flour for Steamed Bread	吨	ton	3520.0
籼米精米	Indica Rice	吨	ton	2396.1
粳米精米	Japonica Rice	吨	ton	6178.9
粳米碎米	Broken Rice	吨	ton	3362.6
其他大米	Other Rice	吨	ton	4568.3
糯米	Glutinous Rice	吨	ton	7815.4
玉米粗磨	Corn Rough Grinding	吨	ton	3828.3
干豆粉	Dried Soybean Flour	吨	ton	9160.0
玉米、糯米及其他谷物细粉	Corn, Glutinous Rice and Other Grains	吨	ton	5276.4
其他未列明谷物磨制产品	Other Cereal Products Not Listed	吨	ton	2431.9
猪预混合饲料	Premixed Pig Feed	吨	ton	3957.5
肉禽预混合饲料	Poultry Feed Premix	吨	ton	2650.0
大豆毛油	Soybean Oil	吨	ton	7220.0
大豆精制油	Refined Soybean Oil	吨	ton	7032.9
花生精制油	Peanut Refined Oil	吨	ton	14233.2
菜籽精制油	Rapeseed Refined Oil	吨	ton	6230.0
精制葵花籽油	Refined Sunflower Oil	吨	ton	7210.0
精制茶籽油	Refined Tea Seed Oil	吨	ton	35750.0
棕榈油	Palm Oil	吨	ton	6517.2
调和油	Blend Oil	吨	ton	11697.5
人造奶油（人造黄油）	Margarine（Margarine）	吨	ton	15320.5
其他食用植物油加工的副产品	Other By-products of Edible Vegetable Oil Processing	吨	ton	4050.0
豆粕	Soybean Meal	吨	ton	3469.9
棉粕	Cottonseed Meal	吨	ton	3100.0
菜粕	Rapeseed Meal	吨	ton	2467.4
甘蔗制原糖	Sugar Cane Sugar	吨	ton	6550.0
白砂糖	Granulated Sugar	吨	ton	5325.0
其他加工糖	Other Processed Sugar	吨	ton	6210.0
甘蔗糖蜜	Cane Molasses	吨	ton	833.0
其他未列明制糖产品	Other Products Not Listed for Sugar	吨	ton	314.6
鲜、冷藏猪肉	Fresh and Chilled Pork	吨	ton	2296.8

3-23 续表 6 continued

类 别	Item	计量单位	Measurement Unit	年末价格（元） Price at Year End（yuan）
鲜、冷藏牛肉	Fresh and Chilled Beef	吨	ton	39823.0
鲜、冷藏鸡肉	Fresh and Chilled Chicken	吨	ton	12400.0
鲜、冷藏鸭肉	Fresh and Chilled Duck	吨	ton	194.9
冻鸡肉	Frozen Chicken	吨	ton	7087.0
冻鸭肉	Frozen Duck	千克	kg	20.4
猪肠衣	Pork Casings	米	m	0.3
冷冻养殖对虾	Frozen Cultured Prawn	吨	ton	34500.0
其他冷冻虾	Other Frozen Shrimp	吨	ton	41000.0
饲料用鱼粉	Fish Meal for Feed	吨	ton	11158.4
珍珠粉	Pearl Powder	千克	kg	20.0
鱼粉	Fish Meal	吨	ton	8830.0
其他未列明水产品加工制品	Other Not Listed Mingshui Products Processing Products	吨	ton	173.0
薯类及类似植物加工品	Processed Potatoes and Similar Plants	吨	ton	2764.8
冷鲜蔬菜	Cold and Fresh Vegetables	吨	ton	5358.9
干制蔬菜（脱水蔬菜）	Dried Vegetables（Dehydrated Vegetables）	吨	ton	12920.0
果核及核仁	Stone and Nucleolus	吨	ton	21210.0
焙炒加工坚果及果仁	Roasted Nuts and Nuts	吨	ton	29120.0
其他水果、坚果加工品	Other Fruits, Nuts, Processed Products	吨	ton	4612.2
淀粉	Starch	吨	ton	2471.5
淀粉糖	Starch Sugar	吨	ton	3274.7
面筋	Gluten	吨	ton	2750.0
糊精	Dextrin	吨	ton	3762.2
其他淀粉及淀粉制品	Other Starch and Starch Products	吨	ton	11080.0
枸杞	Chinese Wolfberry	吨	ton	40000.0
黑巧克力	Dark Chocolate	吨	ton	9300.0
灭菌乳	Sterilized Milk	吨	ton	4774.9
乳粉	Milk Powder	吨	ton	13248.9
炼乳	Condensed Milk	吨	ton	16399.9
味精（谷氨酸钠）	MSG（Monosodium Glutamate）	吨	ton	9600.0
活性酵母	Active Yeast	吨	ton	5685.1
柠檬酸及其盐和酸酯	Citric Acid and Its Salts and Esters	吨	ton	5200.0
其他未列明发酵类制品	Other Fermented Products Not Listed	吨	ton	2242.0
加碘盐	Iodized Salt	吨	ton	1079.0
蛋白质添加剂	Protein Additives	吨	ton	6793.6
食品色、香味添加剂	Additive for Food Color and Aroma	千克	kg	350.0
食品酸度调节剂	Food Acidity Regulator	吨	ton	2410.6
其他食品添加剂	Other Food Additives	吨	ton	3619.9
小麦发酵酒精	Wheat Fermented Alcohol	吨	ton	6350.0
糖蜜发酵酒精	Molasses Alcohol	吨	ton	6350.4
其他酒精制造	Other Alcohol Production	吨	ton	5854.7
可乐型碳酸饮料	Cola Carbonated Drink	吨	ton	1045.3
精制绿茶	Refined Green Tea	千克	kg	23.5
精制花茶	Refined Tea	千克	kg	18.5

3-23 续表 7 continued

类 别	Item	计量单位 Measurement Unit		年末价格（元） Price at Year End（yuan）
其他精制茶	Other Refined Tea	千克	kg	26.3
片烟（叶片）	Film Smoke（Blade）	吨	ton	95199.0
烟梗	Stem	吨	ton	500.0
二级皮棉	Two Grade Lint	吨	ton	14336.3
三级皮棉	Three Grade Lint	吨	ton	14159.3
其他已梳皮棉	Other Combed Lint	吨	ton	37800.0
普梳纱	Carded Yarn	吨	ton	11112.3
棉混纺纱	Cotton Blended Yarn	吨	ton	33000.0
化学纤维纱	Chemical Fiber Yarn	吨	ton	2513.7
人造纤维与棉混纺纱	Rayon and Cotton Blended Yarn	吨	ton	10629.8
棉线	Cotton	只	piece	5.6
化学纤维线	Chemical Fiber Thread	米	m	279.3
其他线	Other Lines	米	m	33.7
棉布	Cotton	米	m	21.7
棉混纺布	Cotton Blended Fabric	米	m	10.1
化学纤维布	Chemical Fiber Cloth	米	m	10.1
色织布	Yarn Dyed Fabric	米	m	4.6
无纺布	Non-woven Fabric	米	m	1781.1
其他布	Other Cloth	米	m	18.7
化学纤维制起绒布及绳绒织物	Lint and Chenille Fabrics of Chemical Fibres	吨	ton	4221.4
其他未列明棉、化纤纺织产品	Other Non-listed Cotton and Chemical Fiber Textile Products	吨	ton	20.1
羊毛纱	Wool Yarn	吨	ton	143.0
麻纤维原料	Hemp Fiber Raw Material	吨	ton	9855.3
亚麻布	Linen Cloth	吨	ton	9165.0
牛半成品革（折牛皮）	Bovine Semi Finished Leather（Folded Cowhide）	平方米	sq.m	64.1
牛轻革	Cattle Light Leather	平方米	sq.m	40.0
山羊轻革	Goat Light Leather	平方米	sq.m	29.5
猪轻革	Pig Light Leather	平方米	sq.m	30.8
再生皮革	Recycled Leather	平方米	sq.m	1.8
其他未列明成品革	Other Finished Leather is Not Listed	平方米	sq.m	19.0
加工填充用羽毛	Feathers for Processing and Filling	千克	kg	25.4
其他橡胶靴鞋	Other Rubber Boots	双	pair	25.2
普通锯材	Common Sawn Timber	立方米	cu.m	1262.9
未浸渍枕木	Impregnated Sleeper	立方米	cu.m	1248.0
针叶木木片	Softwood Wood Chip	立方米	cu.m	680.9
其他木片	Other Chips	立方米	cu.m	630.0
木粉	Wood Flour	立方米	cu.m	800.0
其他木废碎料	Other Wood Waste	立方米	cu.m	534.4
单板	Single Board	立方米	cu.m	525.7
人造板表面装饰板	Decorative Board for Artificial Board	立方米	cu.m	1743.8
其他未列明的木材加工	Other Wood Processing Not Listed	立方米	cu.m	36.0
多层板制胶合板	Plywood Made of Plywood	立方米	cu.m	2486.0
其他胶合板	Other Plywood	立方米	cu.m	1082

3-23 续表 8 continued

类 别	Item	计量单位	Measurement Unit	年末价格（元） Price at Year End（yuan）
中密度纤维板	Medium Density Fiberboard	立方米	cu.m	1142.9
普通刨花板	Ordinary Particleboard	立方米	cu.m	6180.0
其他人造板、材制造	Other Wood-based Panels, Materials Manufacturing	立方米	cu.m	18.7
压制软木及其制品	Cork and Its Products	件	piece	135.6
其他竹制品制造	Other Bamboo Products Manufacturing	件	piece	243.0
草制品	Grass Products	条	unit	11.0
机械木浆	Mechanical Pulp	吨	ton	3700.0
化学木浆	Chemical Pulp	吨	ton	4276.0
化学法非木材纤维纸浆	Chemical Non Wood Fiber Pulp	吨	ton	984.5
废纸纸浆	Waste Paper Pulp	吨	ton	1150.0
书写印刷纸	Writing and Printing Paper	吨	ton	2453.2
新闻纸	Newsprint	吨	ton	4470.4
卫生纸原纸	Toilet Paper	吨	ton	7326.3
面巾纸原纸	Tissue Paper	吨	ton	8000.0
餐巾纸原纸	Napkin Paper	吨	ton	11000.0
涂布类印刷用纸	Coated Printing Paper	吨	ton	3835.7
箱纸板	Box Board	吨	ton	3566.6
白纸板	Manila	吨	ton	2715.8
瓦楞原纸	Corrugating Medium	吨	ton	3092.2
胶印版纸	Offset Paper	吨	ton	3020.6
涂布浸渍覆盖纸	Coated Impregnated Coated Paper	平方米	sq.m	84.0
瓦楞纸板	Corrugated Paperboard	平方米	sq.m	105.9
卫生纸	Toilet Paper	吨	ton	6620.0
盒装面纸，铝箔复合纸，铝箔纸，双色胶印纸	Box Tissue, Aluminum Foil, Aluminum Foil, Double Color Offset Paper	吨	ton	3957.9
书写纸	Writing Paper	吨	ton	5400.0
金卡纸	Gold Card Paper	吨	ton	3968.6
成型纸（28g）	Molding Paper（28g）	吨	ton	10200.0
其他机制纸及纸板	Other Paper and Paperboard	吨	ton	1826.6
其他加工纸	Other Processing Paper	吨	ton	16592.0
瓦楞纸及纸板容器	Corrugated Paper and Paperboard Containers	吨	ton	214.3
非瓦楞纸及纸板容器	Non Corrugated and Paperboard Containers	吨	ton	117.8
纸袋	Paper Bag	个	unit	1.5
纸制存储盒	Paper Storage Box	个	unit	154.4
纸制包装盒	Paper Packing Box	个	unit	42.3
其他卫生用纸制品	Other Toilet Paper Products	吨	ton	5880.0
纸制筒管、卷轴、纡子及类似品	Paper Bobbin, Spools, Cops and Similar Products	百个	100 piece	104.3
其他纸制品	Other Paper Products	百个	100 piece	124.3
其他金属印刷品	Other Metal Printed Matter	吨	ton	38000.0
其他未列明印刷品	Other Printed Matter Not Printed	吨	ton	7271.2
其他笔配件和零件	Other Pens, Accessories and Parts	套	set	20.0
90号车用汽油	No. 90 Gasoline	吨	ton	8081.0
93号车用汽油	No. 93 Gasoline	吨	ton	7656.9
97号车用汽油	No. 97 Gasoline	吨	ton	8713.2

3-23　续表 9　continued

类　别	Item	计量单位 Measurement Unit		年末价格（元）Price at Year End（yuan）
0号柴油	0 Diesel Oil	吨	ton	6013.6
其他柴油	Other Diesel Oil	吨	ton	13823.0
全损耗系统用油	All Loss System Oil	升	l	373.7
脱模油	Mold Oil	吨	ton	6900.0
柴油机润滑油	Diesel Engine Oil	吨	ton	13935.0
软麻油	Soft Sesame Oil	吨	ton	6120.0
润滑油基础油	Lube Base Oil	吨	ton	5732.2
电器绝缘用油	Electrical Insulating Oil	吨	ton	14500.0
其他润滑油基础油	Other Lube Base Oils	吨	ton	3850.0
工业用燃料油	Industrial Fuel Oil	吨	ton	3872.0
其他燃料油	Other Fuel Oil	吨	ton	3300.0
橡胶溶剂油	Rubber Solvent Oil	千克	kg	6.2
油漆溶剂油	Paint Solvent Oil	吨	ton	5950.0
民用石油液化气	Domestic Liquefied Petroleum Gas	吨	ton	3995.4
工业用石油液化气	Industrial Liquefied Petroleum Gas	吨	ton	3745.8
未煅烧石油焦	Non Calcined Petroleum Coke	吨	ton	1321.6
改性沥青	Modified Asphalt	吨	ton	2290.0
精炼石蜡	Refined Paraffin Wax	吨	ton	7148.5
半精炼石蜡	Semi Refined Paraffin Wax	吨	ton	7090.0
其他石蜡	Other Paraffin	吨	ton	6623.3
白色油	White Oil	吨	ton	6600.0
煤制焦炭	Coal Coke	吨	ton	1292.3
石油焦（焦炭类）	Petroleum Coke（Coke）	吨	ton	976.0
沥青焦	Pitch Coke	吨	ton	2160.0
其他原料生产焦炭	Other Raw Materials for the Production of Coke	吨	ton	1363.2
硫酸（折100%）	Sulfuric Acid（Fold 100%）	吨	ton	355.2
其他硫酸	Other Sulfuric Acid	吨	ton	681.7
盐酸（氯化氢，含量31%）	Hydrochloric Acid（Hydrogen Chloride, Content 31%）	吨	ton	619.7
其他盐酸	Other Hydrochloric Acid	吨	ton	529.2
磷酸（含量85%）	Phosphoric Acid	吨	ton	7800.0
液体烧碱	Liquid Caustic Soda	吨	ton	1699.1
固体烧碱（固体氢氧化钠）	Solid Caustic Soda（Solid Sodium Hydroxide）	吨	ton	2342.6
其他烧碱	Other Caustic Soda	吨	ton	3806.6
纯碱（碳酸钠）	Sodium Carbonate（Soda Ash）	吨	ton	2013.8
氢氧化铜	Cupric Hydroxide	吨	ton	10300.0
球形氢氧化镍	Spherical Nickel Hydroxide	吨	ton	72000.0
无水硫酸钠	Anhydrous Sodium Sulfate	吨	ton	496.0
硫酸镁	Magnesium Sulphate	吨	ton	2665.0
硫酸铜（胆矾）	Copper Sulfate（Brochantite）	吨	ton	15619.9
硫酸钙	Calcium Sulfate	吨	ton	2195.0
硫酸铁	Ferric Sulfate	吨	ton	1916.0
其他金属硫化物及硫酸盐	Other Metal Sulfides and Sulfates	吨	ton	7000.0
硝酸钾（硝酸盐）	Potassium Nitrate（Nitrate）	吨	ton	7290.9

3-23 续表 10 continued

类 别	Item	计量单位	Measurement Unit	年末价格（元） Price at Year End （yuan）
硝酸钠	Sodium Nitrate	吨	ton	2708.9
硝酸铵	Ammonium Nitrate	吨	ton	1624.8
铬酸盐及重铬酸盐	Chromate and Dichromate	吨	ton	7800.0
磷酸盐	Phosphate	吨	ton	3012.5
焦磷酸盐	Pyrophosphate	吨	ton	8250.0
氟化铝	Aluminium Fluoride	吨	ton	6850.0
氯化锌	Zinc Chloride	吨	ton	2725.0
氯化铝	Aluminium Chloride	吨	ton	2564.6
聚氯化铝	Polyaluminum Chloride	吨	ton	1770.2
商品液氯	Liquid Chlorine for Commodities	吨	ton	1298.9
氯酸钠	Sodium Chlorate	吨	ton	3960.7
高氯酸钾	Potassium Perchlorate	吨	ton	8692.1
氯化铵	Ammonium Chloride	吨	ton	650.0
氯气镁	Magnesium Chloride	吨	ton	1450.0
氰化钠	Sodium Cyanide	吨	ton	18829.8
其他硅化物及硅酸盐	Other Silicides and Silicates	吨	ton	9900.0
碳化钨	Tungsten Carbide	千克	kg	210.0
重质碳酸钙	Heavy Calcium Carbonate	吨	ton	438.7
轻质碳酸钙	Light Calcium Carbonate	吨	ton	710.0
食用碳酸钙	Edible Calcium Carbonate	千克	kg	29.7
碳元	Carbon Element	吨	ton	3050.0
其他碳化物及碳酸盐	Other Carbides and Carbonates	吨	ton	195.0
丙烷	Propane	吨	ton	8050.0
乙烯	Ethylene	吨	ton	9500.0
邻硝基苯胺	Ortho Nitro Aniline	吨	ton	17300.0
甲苯	Toluene	吨	ton	6581.0
粗二甲苯	Crude Xylene	吨	ton	6950.0
混合二甲苯	Mixed Xylene	吨	ton	5860.2
混合芳烃	Mixed Aromatics	吨	ton	5500.0
烷基苯磺酸	Alkylbenzene Sulfonic Acid	吨	ton	8274.7
精甲醇	Refined Methanol	吨	ton	2495.8
十二烷醇（月桂醇）	Twelve Alkyl Alcohol（Yue Guichun）	吨	ton	12800.0
丙二醇	Propylene Glycol	吨	ton	10500.0
山梨醇	Sorbitol	吨	ton	3198.4
乙二醇	Glycol	吨	ton	6049.2
其他无环醇及其衍生物	Other Acyclic Alcohols and Their Derivatives	吨	ton	2298.5
其他环醇	Other Alcohols	吨	ton	9850.0
冰乙酸（冰醋酸）	Glacial Acetic Acid（Glacial Acetic Acid）	吨	ton	2991.5
丙烯酸丁脂	Butyl Acrylate	吨	ton	8987.2
丙烯酸树脂	Acrylic Resin	吨	ton	6300.0
丙烯酸酯类	Acrylates	吨	ton	8800.0
醋酐	Acetic Anhydride	吨	ton	6000.0
TDI	TDI	吨	ton	28205.0

3-23 续表 11 continued

类 别	Item	计量单位	Measurement Unit	年末价格（元） Price at Year End（yuan）
二苯基甲烷二异氰酸酯（纯MDI）	Two Phenyl Methane Diisocyanate（Pure MDI）	吨	ton	21709.0
其他醚	Other Ethers	吨	ton	6540.0
甲醛	Formaldehyde	吨	ton	1319.7
其他醛	Other Aldehydes	吨	ton	12381.8
丙酮	Acetone	吨	ton	5700.0
醋酸乙烯	Vinyl Acetate	吨	ton	5650.0
甘油酯	Glyceride	吨	ton	11200.0
硅氧化物	Silicon Oxide	吨	ton	9380.0
过氧化氢（双氧水）	Hydrogen Peroxide （H_2O_2）	吨	ton	1422.1
氧化锌	Zinc Oxide	吨	ton	20682.6
氧化铜	Cupric Oxide	吨	ton	48497.4
氧化镉	Cadmium Oxide	吨	ton	26850.0
氮气	Nitrogen	吨	ton	795.0
氧气	Oxygen	立方米	cu.m	10.2
二氧化碳	Carbon Dioxide	吨	ton	2161.6
乙炔	Acetylene	立方米	cu.m	32.8
精制硫磺	Refined Sulfur	吨	ton	860.0
其他硫磺	Other Sulfur	吨	ton	1361.6
黄磷	Yellow Phosphorus	吨	ton	13051.5
其他未列明基础化学原料	Other Basic Chemicals Are Not Listed	吨	ton	6151.5
碳酸氢铵	Ammonium Hydrogen Carbonate	吨	ton	1186.0
其他氨及氨水	Other Ammonia and Ammonia Water	吨	ton	5641.0
尿素	Urea	吨	ton	1682.3
氯化铵	Ammonium Chloride	吨	ton	566.5
碳酸氢铵	Ammonium Hydrogen Carbonate	吨	ton	663.7
硝酸铵	ammonium Nitrate	吨	ton	1500.0
硝酸铵钙	Calcium Ammonium Nitrate	吨	ton	4896.0
硫酸铵（氮肥）	Ammonium Sulphate（Nitrogen Fertilizer）	吨	ton	400.0
过磷酸钙	Calcium Superphosphate	吨	ton	6546.0
钙镁磷肥	Calcium Magnesium phosphate	吨	ton	783.8
磷酸氢钙（磷肥）	Calcium Hydrogen Phosphate（Phosphate）	吨	ton	460.0
磷酸二铵	Diammonium Phosphate	吨	ton	2350.0
磷酸一铵	Monoammonium Phosphate	吨	ton	1800.2
氯化钾	Potassium Chloride	吨	ton	1882.8
硫酸钾（钾肥）	Potassium Sulphate（Potassium Fertilizer）	吨	ton	2295.7
氮磷钾三元复混肥料	Compound Fertilizer of NPK 3 Yuan	吨	ton	1390.0
其他复混（合）肥料	Other Mixed（Compound）Fertilizers	吨	ton	1267.5
有机磷杀虫剂原药	Organophosphorus Pesticide	吨	ton	51959.4
拟除虫菊酯杀虫剂原药	Pyrethroid Insecticides	吨	ton	60317.6
杀螨剂原药	Mite Inhibitor	吨	ton	56485.1
沙蚕毒类杀虫剂原药	Nereistoxin Insecticides Pesticides	吨	ton	31980.0
其他杀虫剂（杀螨剂）原药	Other Pesticide（Mite Killing）Technology	吨	ton	112439.5
有机磷类除草剂原药	Organophosphorus Pesticide	吨	ton	13950.5

3-23 续表 12 continued

类 别	Item	计量单位 Measurement Unit		年末价格（元） Price at Year End（yuan）
三氮苯类除草剂原药	Three Herbicides of Nitrogen and Benzene	吨	ton	27500.0
杂环类除草剂原药	Heterocyclic Herbicide Technology	吨	ton	11950.0
其他除草剂原药	Other Herbicides	吨	ton	17500.0
汽车水性涂料	Automotive Waterborne Coatings	吨	ton	28508.8
木器水性涂料	Waterborne Coatings for Wood Furniture	吨	ton	131.7
防腐水性涂料	Anticorrosive Waterborne Coatings	吨	ton	15000.0
汽车非水性涂料	Non Aqueous Coatings for Automobiles	吨	ton	10800.0
木器非水性涂料	Non Aqueous Coatings for Wood Furniture	吨	ton	30450.0
其他建筑涂料	Other Building Coatings	吨	ton	0.4
稀释剂	Diluent	千克	kg	14.0
固化剂	Curing Agent	千克	kg	28.5
其他涂料辅助材料	Other Coating Aids	吨	ton	1637.8
平版油墨	Planographic Printing Ink	吨	ton	1128.0
其他印刷油墨	Other Printing Ink	吨	ton	25.1
钛白粉	Titanium Dioxide	吨	ton	12410.6
氧化铁红	Ferric Oxide Red	吨	ton	19244.2
其他无机颜料	Other Inorganic Pigments	吨	ton	3560.5
其他矿物颜料	Other Mineral Pigments	吨	ton	520.0
工业用着色剂	Industrial Colorants	吨	ton	14250.0
搪瓷玻璃料	Enamel Frit	吨	ton	145000.0
乙烯聚合物	Ethylene Polymer	吨	ton	7541.9
丙烯，相关烯烃聚合物	Propylene, Related Olefin Polymers	吨	ton	5164.4
苯乙烯聚合物	Butyl Acrylate-methacrylic Acid-styrene Polymer	吨	ton	8519.2
氯乙烯，相关卤化烯烃聚合物	Vinyl Chloride, Related Halogenated Olefin Polymer	吨	ton	11800.0
初级形状丙烯酸聚合物	Acrylic Polymers of Primary Shape	吨	ton	20708.0
初级形状聚缩醛	Primary Form Polyacetal	吨	ton	12061.4
初级形状聚醚树脂	Primary Form Polyether Resin	吨	ton	10139.0
环氧树脂	Epoxy Resin	吨	ton	932.8
聚碳酸酯	Polycarbonate	千克	kg	21.9
聚酰胺树脂	Polyamide Resin	吨	ton	12712.5
酚醛塑料	Phenolics	千克	kg	51.0
不饱和聚酯树脂	Unsaturated Polyester Resin	吨	ton	12800.0
其他初级形态的塑料及合成树脂	Other Primary Forms of Plastics and Synthetic Resins	吨	ton	11356.9
其他丁腈橡胶	Other Nitrile Rubber	吨	ton	16500.0
氯磺化聚乙烯橡胶	CSM	吨	ton	26000.0
其他合成橡胶	Other Synthetic Rubber	吨	ton	14495.0
聚酰胺-66（尼龙66）	Polyamide-66（Nylon 66）	吨	ton	20000.0
聚对苯二甲酸乙二酯（PET）	Poly（Ethylene Terephthalate）two（PET）	吨	ton	7400.0
聚乙烯醇	PVA	吨	ton	27300.0
其他化学试剂	Other Chemical Reagents	吨	ton	14226.5
其他催化剂	Other Catalysts	吨	ton	90.0
塑料增塑剂	Plastic Plasticizer	吨	ton	7300.0
上光剂（光亮剂）	Polishing Agent（Brightener）	吨	ton	45000.0

3-23 续表 13 continued

类 别	Item	计量单位	Measurement Unit	年末价格（元） Price at Year End（yuan）
软皮剂	Soft Leather Agent	吨	ton	5500.0
耐磨炉黑	Wear-resistant Furnace Black	吨	ton	5431.4
乙炔炭黑	Acetylene Black	吨	ton	12300.0
其他炭黑	Other Carbon Black	吨	ton	4600.0
其他未列明化学试剂和助剂	Other Chemicals and Additives Not Listed	吨	ton	6967.0
润滑油用添加剂	Additive for Lubricating Oil	吨	ton	23900.0
金属表面磷化剂	The metal Surface Phosphating Agent	吨	ton	7800.0
电镀用化学品	Chemicals for Electroplating	吨	ton	23500.0
其他未列明金属表面处理剂	Other Non Prescribed Metal Surface Treatment Agents	吨	ton	6000.0
工业用油酸	Oleic Acid for Industrial Use	吨	ton	10700.0
其他工业用脂肪酸	Other Industrial Fatty Acids	吨	ton	6098.9
建筑防水剂	Building Waterproof Agent	吨	ton	1396.0
水泥、灰泥及混凝土用添加剂	Additives for Cement, Plaster and Concrete	吨	ton	242.5
其他建工建材用化学助剂	Other Chemical Additives for Building Materials	吨	ton	3200.0
脂松节油	Turpentine Oil	吨	ton	14600.0
木松节油	Wood Turpentine	吨	ton	260000.0
松油	Pine Oil	吨	ton	10100.0
脂松香	Gum Rosin	吨	ton	11467.3
其他松香类产品	Other Rosin Products	吨	ton	11574.3
单晶硅	Monocrystalline Silicon	片	piece	5.3
片基	Base	张	piece	17.7
合成粘合剂（胶粘剂）	Synthetic Adhesives（Adhesive）	吨	ton	7718.4
无机粘合剂（胶粘剂）	Inorganic Binder（Adhesive）	吨	ton	2180.0
热溶胶	Hot Sol	吨	ton	33500.0
焊丝	Wire	吨	ton	6937.2
其他未列明专用化学产品制造	Other Chemicals Not Specially Listed for Manufacture	吨	ton	2890.7
硝铵炸药	Ammonium Nitrate Explosive	吨	ton	9405.8
乳化炸药	Emulsion Explosive	吨	ton	12112.9
其他配制炸药	Other Explosives	吨	ton	11089.6
电雷管	Electric Detonator	发	piece	57.7
塑料导爆管	Plastic Nonel Tube	发	piece	5.5
索类火工品	Flexible Detonating Cord	米	m	141.9
黑色火药	Black Powder	吨	ton	12888.8
火器用发射药	Gun Propellant	吨	ton	14500.0
其他未列明炸药及火工产品制造	Manufacture of Other Explosives and Pyrotechnics	吨	ton	1722.8
薄荷醇（DL-薄荷脑）	Menthol（DL-menthol）	千克	kg	148.0
食品用香精	Food Flavoring	千克	kg	73.0
日用香精	Daily Essence	千克	kg	285.0
其他工业用香精	With Other Industrial Flavor	千克	kg	0.3
阿莫西林	Amoxicillin	千克	kg	164.3
土霉素	Oxytetracycline	千克	kg	68.0
7氨基头孢烷酸	7 Amino Alkyl Acid	千克	kg	320.0
头孢氨苄及其盐	Cefalexin and Its Salts	千克	kg	231.8

3-23 续表 14 continued

类 别	Item	计量单位	Measurement Unit	年末价格（元） Price at Year End（yuan）
利福霉素	Rifamycin	千克	kg	600.0
诺氟沙星胶囊/输液	Norfloxacin Capsules/Infusion	千克	kg	180.0
其他抗菌素（抗感染药）	Other Antibiotics（Anti Infective Drugs）	千克	kg	504.8
雷尼替丁	Ranitidine	千克	kg	134.0
其他消化系统用药	Other Drugs Used in the Digestive System	千克	kg	342.0
氨基比林	Aminopyrine	千克	kg	79.8
对乙酰氨基酚（扑热息痛）	Acetaminophen（Paracetamol）	千克	kg	22.5
磺胺甲噁唑	Sulfamethoxazole	千克	kg	118.0
其他解热镇痛药	Other Antipyretic Analgesics	千克	kg	25630.0
阿苯达唑	Albendazole	千克	kg	155.0
其他心血管系统用药	Other Drugs Used in the Cardiovascular System	千克	kg	983.0
愈创木酚类	Guaiacol	千克	kg	115.0
其他呼吸系统用药	Other Drugs Used in the Respiratory System	千克	kg	108.7
无水葡萄糖	Anhydrous Glucose	克	g	4.1
丙氨酸	Alanine	克	g	1.0
混合脂肪酸甘油酯	Mixed Fatty Glyceride	千克	kg	26.0
盐酸赖氨酸	Lysine Hydrochloride	克	g	34.0
醋酸氯己定	Chlorhexidine Acetate	千克	kg	280.0
其他制剂用辅料及附加剂	Excipients and Additives for Other Preparations	千克	kg	52.8
其他中成药糖浆	Other Proprietary Chinese Syrup	盒	box	50.2
补益膏药	Tonic Plaster	吨	ton	39512.0
解表膏药	Relieving Exterior Plaster	吨	ton	26026.5
理血膏药	Blood Regulating Plaster	盒	box	125.2
止咳平喘膏药	Cough and Asthma Plaster	吨	ton	20676.0
其他膏药	Other Plasters	盒	box	167.2
其他未列明兽用制品	Other Not Listed Mingshou Products	盒	box	176.0
空心胶囊	Hollow Capsule	万粒	10 000 piece	131.2
其他生物化学药品	Other Biochemical Drugs	百支	100 piece	504.7
粘胶棉型短纤维	Viscose Staple Fiber	吨	ton	13459.3
锦纶短纤维	Nylon Staple Fiber	吨	ton	32000.0
涤纶棉型短纤维	Polyester Cotton Staple Fiber	吨	ton	7393.2
涤纶长丝	Polyester Filament	吨	ton	8100.0
其他合成纤维加工丝	Other Synthetic Fiber Processing Yarn	吨	ton	5020.0
农、林机械用橡胶轮胎外胎及履带	Agricultural and Forestry Machinery for Rubber	条	unit	648.5
模制成型塑胶零件	Molded Plastic Parts	只	ton	0.1
橡胶护套	Rubber Sheath	万件	10 000 piece	11000.0
其他橡胶零附件	Other Rubber Parts and Accessories	万件	10 000 piece	2995.2
乳胶平板海绵	Latex Flat Sponge	平方米	sq.m	290.0
其他未列明橡胶制品	Other Rubber Products Not Specified	吨	ton	227.3
聚乙烯塑料包装用薄膜	Film for Polyethylene Plastic Packaging	吨	ton	477.3
其他聚乙烯塑料薄膜	Other Polyethylene Plastic Film	吨	ton	17000.0
聚丙烯双向拉伸塑料薄膜	Biaxially Oriented Polypropylene Plastic Film	吨	ton	10598.1
其他聚丙烯塑料薄膜	Other Polypropylene Plastic Film	吨	ton	34000.0

3-23 续表 15 continued

类 别	Item	计量单位 Measurement Unit		年末价格（元） Price at Year End（yuan）
其他聚氯乙烯塑料薄膜	Other PVC Plastic Film	吨	ton	16864.2
聚乙烯醇缩丁醛塑料薄膜	PVB Plastic Film	平方米	sq.m	25.7
RCPP流延膜	RCPP Casting Film	吨	ton	15000.0
聚酰胺塑料薄膜	Polyamide Plastic Film	千克	kg	25.0
聚丙烯塑料板、片	Polypropylene Plastic Sheet and Sheet	吨	ton	9471.0
聚乙烯醇缩丁醛塑料板、片	PVB Plastic Plate, Sheet	吨	ton	10250.0
其他塑料条、棒、型材	Other Plastic Bars, Bars, Profiles	千克	kg	6.5
聚丙烯塑料编织布	Polypropylene Plastic Woven Fabric	吨	ton	9000.0
聚丙烯塑料编织袋	Polypropylene Plastic Woven Bags	吨	ton	96.9
食品用塑料袋	Plastic Bags for Food	吨	ton	2200.0
聚氯乙烯包装袋	PVC Packing Bag	吨	ton	81.2
聚乙烯泡沫塑料板	Polyethylene Foam Board	吨	ton	18000.0
超细纤维合成革	Superfine Fiber Synthetic Leather	平方米	sq.m	35.9
其他塑料包装箱	Other Plastic Packing Boxes	个	piece	9.0
塑料桶，容积≤300L	Plastic Bucket, Volume ≤ 300L	个	piece	1327.8
塑料瓶，容积≤300L	Plastic Bottle, Volume ≤ 300L	个	piece	9.9
其他塑料容器	Other Plastic Containers	千只	1 000 piece	240.2
电器塑料绝缘配件	Electrical Plastic Insulation Fittings	个	piece	30.0
其他汽车或类似品塑料配件	Other Plastic Parts for Automobiles or Similar Products	件	piece	15.7
塑料紧固件	Plastic Fasteners	只	piece	0.5
光学塑料零件	Optical Plastic Parts	吨	ton	0.4
电子产品用塑料零件	Plastic Parts for Electronic Products	套	set	55.4
塑料电缆料颗粒	Plastic Cable Granule	吨	ton	7827.1
塑料色母料颗粒	Plastic Masterbatch Particle	吨	ton	25300.0
再生塑料颗粒	Recycled Plastic Particles	吨	ton	9699.4
塑料功能母料颗粒	Plastic Functional Masterbatch Particle	吨	ton	8230.7
填充改性塑料颗粒	Filling Modified Plastic Particles	吨	ton	10550.0
塑料热塑性弹性体颗粒	Thermoplastic Thermoplastic Elastomer Particles	吨	ton	11500.0
聚乙烯（PE）粒料	Polyethylene（PE）Pellets	吨	ton	10047.9
聚丙烯（PP）粒料	Polypropylene（PP）Pellets	吨	ton	9647.4
聚氯乙烯（PVC）粒料	Poly（Vinyl Chloride）（PVC）Pellets	吨	ton	6567.0
聚苯乙烯（PS）粒料	Polystyrene（PS）Pellets	吨	ton	3950.0
丙烯腈—丁二烯—苯乙烯共聚合物（ABS）粒料	Acrylonitrile Butadiene Styrene Copolymer（ABS）Pellets	吨	ton	10090.0
其他未列明塑料制品	Other plastic Products Not Listed	吨	ton	1.2
粉煤灰硅酸盐水泥	Fly Ash Portland Cement	吨	ton	331.3
复合硅酸盐水泥	Composite Portland Cement	吨	ton	325.0
火山灰质硅酸盐水泥	Portland Cement	吨	ton	265.0
普通硅酸盐水泥	Ordinary Portland Cement	吨	ton	308.9
其他通用硅酸盐水泥	Other General Portland Cement	吨	ton	364.6
窑外分解窑水泥熟料	Kiln Clinker	吨	ton	220.0
其他硅酸盐水泥熟料	Other Portland Cement Clinker	吨	ton	188.4
生石灰	Quick Lime	吨	ton	650.0
消石灰（熟石灰）	Slaked Lime（Slaked Lime）	吨	ton	515.8

3-23 续表 16 continued

类　别	Item	计量单位	Measurement Unit	年末价格（元）Price at Year End (yuan)
其他石灰	Other Lime	吨	ton	445.9
磷石膏	Phosphogypsum	吨	ton	152.7
脱硫石膏	FGD Gypsum	吨	ton	153.8
粉煤灰	Fly Ash	吨	ton	155.7
其他建筑材料	Other Building Materials	吨	ton	221.8
无色2毫米	Colorless 2 mm	重量箱	weight box	72.5
无色4毫米	Colorless 4 mm	重量箱	weight box	95.6
无色5毫米	Colorless 5 mm	重量箱	weight box	18.6
无色8毫米	Colorless 8 mm	重量箱	weight box	29.2
无色10毫米	Colorless 10 mm	重量箱	weight box	58.4
无色12毫米及以上	Colorless, 12 mm or More	重量箱	weight box	45.0
彩色4毫米	Color 4 mm	吨	ton	380.0
其他浮法玻璃	Other Float Glass	重量箱	weight box	29.0
普通平型钢化玻璃	Ordinary Flat Glass	平方米	sq.m	85.0
导电镀膜钢化玻璃	Conductive Coating Toughened Glass	平方米	sq.m	10.5
玻璃食品瓶	Glass Food Bottle	个	unit	0.6
其他玻璃包装容器	Other Glass Packing Containers	个	unit	3.1
其他玻璃纤维制品	Other Glass Fiber Products	吨	ton	420.5
其他玻璃纤维增强塑料制品	Other Glass Fiber Reinforced Plastic Products	个	unit	1500.0
电容器陶瓷零件	Capacitor Ceramic Parts	件	piece	90.0
加工石棉纤维	Asbestos Fiber Processing	吨	ton	2365.0
铝矾土	Bauxite	吨	ton	2650.0
其他耐火材料制品	Other Refractory Products	吨	ton	464.8
炭阳极	Carbon Anode	吨	ton	3307.5
人造刚玉	Artificial Corundum	吨	ton	4377.5
人造金刚石	Synthetic Diamond	克拉	carat	26.7
铸造生铁	Casting Pig Iron	吨	ton	2668.8
其他生铁	Other Pig Iron	吨	ton	3000.0
球墨铸铁	Spheroidal Graphite Cast Iron	吨	ton	3500.0
其他未列明炼铁产品	Other Non Manufactured Iron Products	吨	ton	2081.7
一般用途碳素结构钢（粗钢）	The General Use of Carbon Steel（Steel）	吨	ton	2280.0
其他合金钢（粗钢）	Other Alloy Steels（Coarse Steels）	吨	ton	5500.0
圆坯（粗钢）	Round Billet（Rough Steel）	吨	ton	4800.0
其他未列明炼钢	Other Steelmaking Without Lead	吨	ton	7700.0
工业用灰铸铁制品	Industrial Grey Iron Products	吨	ton	3240.4
非工业用球墨铸铁制品	Non Industrial Use of Ductile Iron Products	吨	ton	7700.0
特种铸铁件	Special Cast Iron	吨	ton	6000.0
其他未列明铸铁件	Other Non Specified Cast Iron Parts	吨	ton	5531.7
碳钢铸钢件	Carbon Steel Castings	吨	ton	6093.0
合金钢铸钢件	Alloy Steel, Cast Steel Parts	吨	ton	6204.8
优质铸造碳素钢（钢坯）	High Quality Casting of Carbon Steel（Billet）	吨	ton	5000.0
原料纯铁（钢坯）	Raw Iron（Billet）	吨	ton	280000.0
一般结构用合金钢（钢坯）	Alloy Steel Structure（Steel）	吨	ton	5400.0

3-23　续表 17　continued

类　别	Item	计量单位 Measurement Unit		年末价格（元）Price at Year End（yuan）
轴承钢（钢坯）	Bearing Steel（Billet）	吨	ton	2523.0
铬系不锈钢（钢坯）	Chromium Stainless Steel（Billet）	吨	ton	27500.0
轻轨，12KG/M	Light Rail, 12KG/M	吨	ton	3200.0
大型H型钢	Large Type H Steel	吨	ton	2094.0
大型I型钢（大型工字钢）	Large I-section Steel（Large I-beam）	吨	ton	3788.2
大型U型钢（大型槽钢）	Large U Section Steel（Large Channel Steel）	吨	ton	3290.8
大型角钢	Large Angle Steel	吨	ton	3550.0
中小型H型钢	Medium and Small-sized H Section Steel	吨	ton	3158.4
中小I型钢（小工字钢）	Small and Medium-sized Steel I（Small Steel）	吨	ton	3879.5
中小U型钢（小槽钢）	Medium and Small U Section Steel（Small Channel Steel）	吨	ton	3137.4
中小型角钢	Medium and Small Angle Steel	吨	ton	2969.3
复合钢	Composite Steel	吨	ton	2300.0
螺纹钢	Screw Thread Steel	吨	ton	3384.8
其他钢筋	Other Reinforcement	吨	ton	2725.0
大型圆钢	Large Round Bar	吨	ton	3362.3
小型圆钢	Small Round Bar	吨	ton	4055.2
小型方钢	Small Square	吨	ton	3010.0
小型扁钢	Miniature Flat Steel	吨	ton	2700.0
中型圆钢	Medium Round Bar	吨	ton	7131.0
其他品种棒材	Other Varieties of Bars	吨	ton	3700.0
钢绞线用硬线材	Hard Wire for Steel Strand	吨	ton	5700.0
拉拔用线材（软线）	Drawn Wire（Cord）	吨	ton	2260.0
电焊条用线材	Wire Rod for Welding Rod	吨	ton	2926.5
其他用途线材	Wire for Other Uses	吨	ton	3250.7
普通质量非合金钢厚钢板	General Quality Non-alloy Steel Plate	吨	ton	4258.5
普通质量低合金钢厚钢板	Ordinary Quality Low Alloy Steel Heavy Plate	吨	ton	4359.8
特殊质量合金钢厚钢板	Special Quality Alloy Steel Thick Steel Plate	吨	ton	4542.2
铬镍系不锈钢厚钢板	Chromium Nickel Stainless Steel Heavy Plate	吨	ton	15100.0
其他厚钢板	Other Heavy Plate	吨	kg	3600.0
普通质量非合金钢中板	Ordinary Quality Non Alloy Steel Medium Plate	吨	kg	3089.1
优质非合金钢中板	High Quality Non Alloy Steel Medium Plate	吨	kg	4000.0
普通质量低合金钢中板	Ordinary Quality Low Alloy Steel Medium Plate	吨	ton	3649.5
优质合金钢中板	High Quality Alloy Steel Medium Plate	吨	ton	10000.0
特殊质量合金钢中板	Special Quality Alloy Steel Medium Plate	吨	ton	8000.0
铬系不锈钢中板	Chromium Stainless Steel Medium Plate	吨	ton	9200.0
耐热不锈钢中板	Heat Resistant Stainless Steel Medium Plate	吨	ton	12817.0
普通质量非合金钢热轧薄板	Hot Rolled Sheet of Ordinary Quality Non Alloy Steel	吨	ton	3202.9
优质非合金钢热轧薄板	Hot Rolled Sheet of High Quality Non Alloy Steel	吨	ton	4146.5
铬系不锈钢热轧薄板	Hot Rolled Sheet of Chromium Stainless Steel	吨	ton	185.8
其他热轧薄板	Other Hot Rolled Sheets	吨	ton	2850.0
普通质量非合金钢冷轧薄板	Cold Rolled Sheet of Ordinary Quality Non Alloy Steel	吨	ton	3746.8
优质非合金钢冷轧薄板	Quality Cold Rolled Sheet of Non Alloy Steel	吨	ton	7515.5
普通质量低合金钢冷轧薄板	Cold rolled Sheet of Low Alloy Steel of Ordinary Quality	吨	ton	5549.5

3-23 续表 18 continued

类 别	Item	计量单位	Measurement Unit	年末价格（元） Price at Year End （yuan）
铬镍系不锈钢冷轧薄板	Chromium Nickel Stainless Steel Cold Rolled Sheet	吨	ton	12700.0
其他冷轧薄板	Other Cold Rolled Sheets	吨	ton	4400.0
优质低合金钢中厚宽钢带	High Quality Low Alloy Steel Medium Thickness Steel	吨	ton	3425.0
普通质量非合金钢热轧薄宽钢带	Ordinary Quality Non-alloy Steel Hot Rolled	吨	ton	2610.9
其他热轧薄宽钢带	Other Hot Rolled Thin and Wide Strip	吨	kg	2650.0
普通质量非合金钢冷轧薄宽钢带	Ordinary Quality Non-alloy Steel Cold Rolled Thin	吨	ton	2975.0
普通质量非合金钢热轧窄钢带	Ordinary Quality Non-alloy Steel Hot Rolled Strip	吨	ton	7600.0
特殊质量非合金钢热轧窄钢带	Special Quality Non-alloy Steel Hot Rolled Strip	千克	ton	32.5
普通质量非合金钢镀层板带	Ordinary Quality Non Alloy Steel Coating Strip	吨	ton	6750.0
热轧（挤压）无缝钢管	Hot Rolled（Extruded）Seamless Steel Tube	吨	ton	4249.4
冷拔（轧）无缝钢管	Cold Drawn（Rolled）Seamless Steel Tube	吨	ton	4226.1
其他制造工艺无缝钢管	Seamless Steel Tubes for Other Manufacturing	吨	ton	5247.0
直缝电阻焊接钢管	Longitudinal Resistance Welded Pipe	吨	ton	3650.0
其他制造工艺焊接钢管	Other Manufacturing Processes, Welded Steel Pipe	吨	ton	3050.0
冷弯型钢	Cold-formed Steel	吨	ton	5500.0
盘件	Disk	吨	ton	3620.0
轴件	Shaft	个	ton	0.2
复合钢板	Clad Steel Plate	吨	piece	1715.0
非合金钢其他钢材	Non Alloy Steels, Other Steels	吨	piece	4700.0
合金钢其他钢材	Alloy Steel, Other Steels	吨	piece	10070.0
不锈钢其他钢材	Stainless Steel, Other Steel	吨	1 000 piece	6650.0
热轧其他钢材	Hot Rolled Other Steel	吨	piece	4194.6
硅铁，含硅75%	Ferrosilicon, Containing Silicon 75%	吨	ton	10217.6
其他普通铁合金	Other Common Ferroalloys	吨	ton	28940.0
锰硅合金	Manganese Silicon Alloy	吨	ton	8087.2
其他铁合金	Other Ferrous Alloys	片	ton	0.1
矿产粗铜	Mineral Crude Copper	吨	ton	37550.0
其他精炼铜（电解铜）	Other Refined Copper（Electrolytic Copper）	吨	ton	4375.7
矿产铅	Mineral Lead	吨	ton	18000.0
再生粗铅	Reclaimed Lead Bullion	吨	ton	18296.2
商品粗锌	Crude Zinc	吨	ton	22810.0
锌品	Zinc Products	吨	ton	16262.3
高冰镍	High Nickel Matte	吨	ton	155.1
电解钴	Electrolytic Cobalt	吨	set	15000000.0
矿产电锡	Mineral Tin	吨	set	115000.0
三氧化二锑	Two Antimony Oxide Three	吨	piece	42097.5
精锑	Fine Antimony	吨	set	31500.0
其他未锻轧锑	Other Non Rolled Antimony	吨	set	46000.0
煅烧氧化铝微粉	Calcined Alumina Micropowder	吨	set	2325.0
重熔用铝锭	Remelting Aluminium Ingot	吨	set	13829.1
铝板卷	Aluminium Coil	吨	set	16165.0
铝导杆	Aluminum Guide Bar	吨	set	14378.0
其他原铝（电解铝）	Other Raw Aluminium（Electrolytic Aluminum）	吨	set	13482.9

3-23　续表 19　continued

类　别	Item	计量单位	Measurement Unit	年末价格（元）Price at Year End（yuan）
海绵钛	Sponge Titanium	吨	ton	26000.0
矿山成品金	Mine Finished Gold	千克	kg	295.0
铂粉	Platinum Powder	吨	ton	269907302.4
钯粉	Palladium	吨	ton	167730980.4
铑粉	Rhodium Powder	吨	ton	175383309.6
其他钨	Other Tungsten	只	unit	4.4
其他铟	Other Indium	千克	kg	1210.0
铜锌合金（黄铜）	Copper Zinc Alloy（Brass）	吨	ton	39000.0
铅锑合金	Lead Antimony Alloy	吨	ton	18620.6
铅钙合金	Lead Calcium Alloy	吨	ton	18538.7
铝镁合金	Al Mg Alloy	吨	ton	53310.0
铝锌镁合金	Al Zn Mg Alloy	吨	ton	27000.0
其他铝合金	Other Aluminum Alloys	吨	ton	15289.0
镁铝合金	Mg Al Alloy	吨	ton	22600.0
切削刀片用硬质合金	Carbide Alloy for Cutting Inserts	千克	kg	377.6
其他常用有色金属合金	Other Commonly Used Non-ferrous Metal Alloys	吨	ton	20400.0
铜板材	Copper Sheet	吨	ton	1796.5
铜棒材	Copper Bar	吨	ton	4825.1
铜带材	Copper Strip	吨	ton	41681.4
铜粉及片状粉末	Copper Powder and Flake Powder	吨	ton	6000.0
铜管材	Copper Pipe	吨	ton	48363.2
铜排材	The Copper Bar Material	千克	kg	61.0
铜线材	Copper Wire	吨	ton	4042.4
铜箔材	Copper Foil	吨	ton	54200.0
非合金铝棒材	Non Alloy Aluminum Bars	吨	ton	18330.9
铝合金棒材	Aluminum Alloy Bar	吨	ton	14092.9
其他铝型材	Other Aluminum Profiles	吨	ton	21500.0
非合金铝板材	Non Alloy Aluminum Sheet	吨	ton	20750.1
铝合金板材	Aluminum Alloy Sheet	吨	ton	26220.0
无衬背铝箔	No Aluminum Foil Backing	吨	ton	33047.4
其他铝箔材	Other Aluminum Foil	吨	ton	4226.0
铝制管子附件	Aluminum Pipe Fittings	吨	ton	14310.0
铝合金铸件	Aluminium Alloy Castings	件	piece	4.9
其他未列明铝材及附件	Other Aluminum and Accessories Are Not Listed	吨	ton	28696.7
锌片	Zinc Tablets	吨	ton	14340.0
非合金镍棒材	Unalloyed Nickel Bars	吨	ton	92200.0
镍板材	Nickel Sheet	吨	ton	86000.0
其他镍材	Other Nickel Materials	吨	ton	86400.0
其他相关常用有色金属加工材	Other Commonly Metal Processing Materials	米	m	260.0
罐体	Tank	个	piece	0.7
铝制易拉罐及罐体	Aluminium Cans and Tanks	个	piece	4.2
其他金属容器塞子、盖子	Other Metal Containers, Stoppers, Lids	个	piece	10.0
镀锌铁丝	Galvanized Iron Wire	吨	ton	5350.0

3-23 续表 20 continued

类 别	Item	计量单位	Measurement Unit	年末价格（元） Price at Year End (yuan)
其他铁丝	Other Wire	吨	ton	2450.0
非合金钢钢丝	Unalloyed Steel Wire	吨	ton	11083.8
低合金钢钢丝	Low Alloy Steel Wire	吨	ton	4125.7
其他铜丝	Other Copper Wire	米	m	1.5
预应力钢绞线	Prestressed Steel Strand	吨	ton	4341.0
铝丝	Aluminum Wire	吨	ton	8132.0
其他金属表面处理及热处理加工	Other Metal Surface Treatment and Heat Treatment	吨	ton	110.0
焊条	Electrode	包	package	26.0
其他未列明金属制品	Other Non Listed Metal Products	吨	ton	116.6
内燃机齿轮零件	Internal Combustion Engine Gear Parts	套	set	182.3
其他内燃机零部件及配件	Other Internal Combustion Engine Parts and Accessories	台	set	96.6
拖拉机用柴油机	Diesel Engine for Tractor	台	set	3206.4
通用汽油机	Universal Gasoline Engine	台	set	300.0
其他用柴油机	Other Diesel Engines	台	set	189.4
其他动力式泵	Other Power Pumps	台	set	2912.1
空调压缩机，P＞7.5KW	Air Conditioning Compressor, P＞7.5KW	台	set	37000.0
空气压缩机	Air Compressor	台	set	54.7
气体压缩机零件	Gas Compressor Parts	件	piece	14300.0
车用空调压缩机	Air Conditioner Compressor for Vehicle	台	set	335.0
截止阀	Globe Valve	个	unit	48.0
蝶阀	Butterfly Valve	吨	ton	8000.0
疏水阀	Drain Valve	吨	ton	6800.0
减压阀	Pressure Relief Valve	吨	ton	6800.0
齿轮马达	Gear Motor	台	set	9930.0
多路阀	Multiway Valve	吨	ton	14100.0
车辆工程系列液压缸	Hydraulic Cylinder for Vehicle Engineering	台	set	1140.0
其他液压元件	Other Hydraulic Components	件	piece	44.3
冷却器	Cooler	台	set	51360.0
滚子轴承	Roller Bearing	套	set	9.0
调心球轴承	Self-aligning Ball Bearing	套	set	860.0
电机轴承	Motor Bearing	套	set	105.8
其他滚动轴承	Other Rolling Bearings	套	set	250.0
钢球（滚珠）	Ball	吨	ton	4790.4
齿条	Rack	条	piece	149.4
其他齿轮	Other Gear	个	piece	46.6
减速机	Reducer	台	set	4200.0
变速器（机、箱）	Transmission	台	set	7996.8
链轮	Sprocket	件	piece	320.0
其他齿轮传动装置	Other Gear Drives	台	set	15748.0
超越离合器	Overrunning Clutch	件	piece	744.0
其他离合器	Other Clutch	件	piece	680.0
滚珠、滚子螺杆及传动装置	Ball, Roller, Screw and Drive	只	unit	1.8
主动齿	Driving Gear	件	piece	433.0

3-23 续表 21 continued

类 别	Item	计量单位	Measurement Unit	年末价格（元）Price at Year End（yuan）
其他未列明齿轮、传动和驱动部件	Other Specified Gear, Transmission and Drive Parts	件	piece	285.7
蒸发器总成	HVAC	件	piece	90.0
冷凝器	Condenser	件	piece	120.0
其他金属密封件	Other Metal Seals	件	piece	8.3
铜制木螺钉	Wood Screws	件	piece	3575.0
滚珠丝杠	Ball Screw	件	piece	936.0
直线导轨	Linear Guide Rail	米	m	702.6
面膜开关	Mask Switch	个	unit	15.1
油箱	Tank	件	piece	2429.7
塑料加工专用设备零件	Plastic Processing Equipment Parts	台	set	5200.0
具有独立功能专用机械零部件	With Independent Function, Special Mechanical Parts	套	set	139.8
汽车用柴油发动机	Automotive Diesel Engine	台	set	11533.3
汽车用柴油发动机零件	Automotive Diesel Engine Parts	台	set	564.1
变速器总成	Transmission Assembly	套	set	1002.6
驱动桥总成	Drive Axle Assembly	套	set	5347.3
非驱动桥总成	Non Drive Axle Assembly	套	set	3600.0
离合器总成	Clutch Assembly	套	set	736.1
机动车用控制装置总成	Control Device Assembly for Motor Vehicle	套	set	4690.0
其他机动车（汽车）零配件	Other Motor Vehicles（Automobiles）Spare Parts	套	set	328.8
汽车底盘车架及其零件	Automobile Chassis, Frame and Parts Thereof	套	set	8935.8
车身底板、侧板及类似板	Body Panels, Side Panels and Similar Panels	套	set	30.2
其他车身零件及其配套附件	Other Body Parts and Their Accessories	套	set	2108.3
摩托车用汽油发动机	Gasoline Engine for Motorcycle	台	set	1050.0
摩托车变速箱、变速鼓	Motorcycle Gear Box, Speed Change Drum	台	set	160.0
摩托车液压式减震器	Hydraulic Shock Absorber for Motorcycle	台	set	90.0
交流发电机，75KVA＜P≤375KVA	AC Generator, 75KVA＜P≤375KVA	台	set	4080.0
电磁式直流电动机，P≤750W	Electromagnetic DC Motor, P≤750W	台	set	570.4
多相交流电动机，750W＜P≤75KW	Multi Phase AC Motor, 750W＜P≤75KW	台	set	23871.8
多相交流电动机，P＞75KW	Polyphase Alternating Current Motor, P＞75KW	台	set	2000.0
其他交流电动机	Other AC Motors	台	set	55637.7
通用交流异步电动机	Universal AC Asynchronous Motor	台	set	172000.0
油泵电机	Oil Pump Motor	台	set	17550.0
直流电动机零件	DC Motor Parts	件	piece	2.1
其他未列明电机及零件	Other Motors and Parts Not Listed	台	set	5950.8
步进微电机	Stepping Micro Motor	台	set	2.0
直流微电机	DC Micromotor	台	set	4.4
电源变压器	Power Transformer	台	set	112.5
其他变压器、整流器和电感器	Other Transformers, Rectifiers and Inductors	台	set	10200.0
其他隔离开关及断续开关	Other Isolation Switches and Interrupter Switches	组	set	2400.0
避雷器	Lightning Arrester	台	set	168.0
其他低压电路保护装置	Other Low Voltage Circuit Protection Devices	台	set	450.0
感应继电器	Induction Relay	只	unit	8.1
端接件及接线装置	Terminal and Wiring Device	台	set	7.5

3-23 续表 22 continued

类 别	Item	计量单位	Measurement Unit	年末价格（元）Price at Year End（yuan）
其他未列明电力电子元器件	Other Power Electronic Components Are Not Listed	台	set	240.0
绕组电线	Winding Wire	吨	ton	1691.5
电源插头线	Power Plug Line	米	m	7.8
电感线圈	Inductance Coil	只	unit	2.3
BV型	Type BV	公里	km	9130.0
井下及隧道监控用电缆	Cable for Underground and Tunnel Monitoring	米	m	6.6
其他电线电缆	Other Wires and Cables	米	m	25.5
用于启动活塞发动机铅酸蓄电池	Used to Start a Piston Engine, Lead Acid Battery	只	unit	275.0
其他铅酸蓄电池	Other Lead-acid Batteries	只	unit	192.3
其他电池零部件	Other Battery Parts	只	unit	21.0
其他白炽灯泡	Other Incandescent Bulbs	只	unit	6.9
其他灯用电器附件	Other Electrical Accessories for Lamps	只	unit	4.2
其他系统形式自动数据处理设备	Other Systems Form Automatic Data Processing	台	set	16.2
液晶显示器	Liquid Crystal Display	台	set	358.3
微机板卡	Microcomputer Board	台	set	216.5
计算机电源	Computer Power Supply	台	set	42.2
硬盘存储器	Hard Disk Storage	台	set	252.9
其他网络接口和适配器	Other Network Interfaces and Adapters	台	set	24.1
微波终端机	Microwave Terminal	台	set	198000.0
扬声器	Speaker	个	piece	6.7
CD机芯	CD Movement	台	set	6.4
彩色显像管	Color Picture Tube	只	unit	504.1
半导体三极管	Semiconductor Triode	只	unit	0.4
稳压、整流、开关二极管	Voltage Regulator, Rectifier, Switching Diode	只	unit	4.0
其他半导体二极管	Other Semiconductor Diodes	只	unit	0.1
存储器	Storage	块	piece	1372.7
专用电路	Private Circuit	块	piece	25.8
智能卡芯片及电子标签芯片	Smart Card Chip and Electronic Tag Chip	块	piece	4.8
其他集成电路成品	Other Integrated Circuit Products	块	piece	0.5
集成电路模块	Integrated Circuit Module	块	piece	9.2
液晶显示屏	LCD Screen	只	unit	155.0
发光二极管显示屏（LED显示屏）	LED Display（LED Display）	只	unit	1.4
触控屏显示模组	Touch Screen Display Module	只	unit	151.2
发光二极管（LED管）	LED（LED Tube）	只	unit	25.0
其他半导体光电器件	Other Semiconductor Optoelectronic Devices	只	unit	1.8
发光器件	Light Emitting Device	只	unit	0.6
光电耦合器件	Photoelectric Coupling Device	片	part	1312.6
ROM光头	ROM Bald Head	只	unit	68.9
其他未列明光电子器件及电子器件	Other Unlisted Optoelectronic and Electronic Devices	只	unit	22.0
电解电容器	Electrolytic Capacitor	只	unit	1.4
金属膜电阻器	Metal Film Resistor	只	unit	231.9
金属软磁元件	Metal Soft Magnetic Component	只	unit	5.4
稀土永磁元件	Rare Earth Permanent Magnet Element	只	unit	12.0
电子变压器	Electronic Transformer	只	unit	1.6

3-23　续表 23　continued

类　别	Item	计量单位	Measurement Unit	年末价格（元）Price at Year End（yuan）
其他磁性材料元件	Other Magnetic Material Components	只	unit	0.1
压敏电阻器	Varistor	只	unit	5.1
电位器零件	Potentiometer Parts	只	unit	0.1
频率控制元器件零件	Frequency Control Components and Parts	只	unit	7.9
其他电子元件、组件零件	Other Electronic Components, Components, Parts	只	unit	0.3
其他电子元件及组件	Other Electronic Components and Components	个	unit	1.6
单面刚性印制电路板	Single-sided Rigid Printed Circuit Board	块	piece	1.6
双面刚性印制电路板	Double Sided Rigid Printed Circuit Board	个	unit	0.3
其他印制电路板	Other Printed Circuit Boards	块	piece	35.7
其他未列明电子设备及装置	Other Electronic Devices and Devices Are Not Listed	台	set	56.7
其他电力自动化仪表及系统	Other Power Automation Instruments and Systems	台	set	131348.8
普通电源装置	Common Power Supply Unit	台	set	25.0
仪表柜及机架	Instrument Cabinet and Rack	个	unit	1151.1
操作台	Console	个	unit	1777.8
其他未列明供应用仪表及通用仪器	Other Supply Instruments and Instruments	个	unit	24.2
表壳	Watch Case	台	set	14.1
其他钟表零配件	Other Clocks and Watches, Spare Parts	台	set	26.4
已装配光学元件	Fabricated Optical Element	台	set	5.6
光学仪器零件、附件	Optical Instrument Parts and Accessories	台	set	278.0
中型废钢	Medium Scrap	吨	ton	2371.7
统料型废钢	Reduced Material Scrap	吨	ton	1850.0
轻料型废钢	Light Material Scrap	吨	ton	2220.0
其他熔炼用废钢	Other Melting Scrap	吨	ton	2207.7
优质废铁	Quality Scrap	吨	ton	1600.0
铜废碎料	Copper Scrap	吨	ton	39350.0
其他有色金属废料与碎屑	Other Non-ferrous Metal Scraps and Chips	吨	ton	7403.1
其他金属废料和碎屑	Other Metal Waste and Debris	千克	kg	816.6
回收（废碎）纸或纸板	Recycle（Scrap）Paper or Paperboard	吨	ton	1675.0
其他造纸废料、废纸	Other Paper Waste, Waste Paper	吨	ton	2100.0
其他非金属废料和碎屑	Other Non-metallic Waste and Debris	吨	ton	184.6
工业用电	Industrial Electricity	千瓦时	kW/h	62.7
其他电力供应	Other Power Supply	万千瓦时	million kW/h	3720.6
蒸汽	Steam	吨	ton	169.2
非居民供热	Non Resident Heating	吨	ton	153.5
焦炉煤气	Coke Oven Gas	立方米	cu.m	0.5
民用天然气	Domestic Natural Gas	千立方米	1 000 cu.m	2370.0
工业用天然气	Industrial Natural Gas	千立方米	1 000 cu.m	1966.9
商业用天然气	Commercial Natural Gas	千立方米	1 000 cu.m	2570.0
非居民类天然气供应	Non Resident Natural Gas Supply	千立方米	1 000 cu.m	2670.0
其他天然气供应	Other Gas Supplies	千立方米	1 000 cu.m	3430.0
液化天然气（LNG）供应	Liquefied Natural Gas（LNG）Supply	吨	ton	685.9
液化石油气供应	Liquefied Petroleum Gas Supply	千立方米	1 000 cu.m	3865.0
自来水生产	Tap Water Production	立方米	cu.m	1.2
工业用水	Industrial Water	立方米	cu.m	2.5

3-24　固定资产投资价格指数（1991—2016年）

Price Indices of Investment in Fixed Assets（1991—2016）

（上年=100）　　(Preceding year=100)

年　份 Year	固定资产投资价格指数 Price Indices of Investment in Fixed Assets	建筑安装工程 Construction and Installation	设备、工器具购置 Purchase of Equipment, Tools & Instruments	其他费用 Others
1991	101.7	103.2	102.4	80.1
1992	117.9	116.8	119.5	123.5
1993	131.2	131.5	132.9	124.7
1994	112.3	112.2	113.6	109.6
1995	103.4	101.8	106.2	105.5
1996	103.6	104.2	102.9	101.5
1997	100.3	100.3	98.2	104.4
1998	99.9	101.4	95.2	100.4
1999	96.1	96.6	94.5	95.9
2000	101.4	102.4	95.7	104.5
2001	102.0	103.6	97.7	100.0
2002	100.3	100.8	98.4	100.1
2003	101.8	103.5	96.9	100.3
2004	104.6	106.8	99.3	101.6
2005	101.4	101.3	100.8	102.0
2006	101.2	101.1	100.7	101.9
2007	102.3	103.0	101.0	101.1
2008	107.9	110.7	101.7	103.7
2009	97.9	96.8	98.4	100.8
2010	103.0	103.8	101.2	102.5
2011	106.2	108.7	101.0	103.9
2012	100.6	100.8	99.3	101.5
2013	100.1	99.9	99.6	101.3
2014	101.6	102.2	100.4	100.7
2015	98.8	98.0	99.8	100.4
2016	99.5	99.4	99.4	100.0

3-25 农产品生产者价格指数（2016年）

Producers Price Indices for Farm Products（2016）

（上年同期＝100） (preceding year=100)

指 标	Item	全 年 Annual Year	一季度 First Quarter	二季度 Second Quarter	三季度 Third Quarter	四季度 Fourth Quarter
农产品生产者价格指数	**Producer Price Indices for Farm Products**	**106.1**	**107.6**	**113.9**	**104.5**	**101.4**
农业产品	**Agriculture Products**	**103.2**	**100.8**	**105.3**	**103.5**	**103.2**
谷物	Cereal	95.3	96.9	93.9	98.1	97.3
稻谷	Rice	98.2	99.1	97.9	100.2	96.4
早籼稻	Early Indica Rice	97.4	96.6		100.0	95.5
晚籼稻	Late Indica Rice	98.9	99.8	97.9	101.0	97.1
玉米	Corn	86.5	89.1	76.4	83.9	102.2
薯类	Tubers	109.6	104.8	134.4		102.3
油料	Oil-bearing Crops	102.0			104.5	100.0
花生	Peanut	102.0			104.5	100.0
豆类	Beans	100.0	100.0	100.0	100.0	100.0
大豆	Soybean	100.0	100.0	100.0	100.0	100.0
生麻	Raw Hemp	106.0	105.0	117.0	102.6	97.6
糖料	Sugar	106.9	107.1	106.8		106.7
甘蔗	Sugar Cane	106.9	107.1	106.8		106.7
未加工烟草	Untreated Tobacco	103.6			100.4	108.4
蔬菜及食用菌	Vegetables and Edible Fungus	101.9	120.7	94.5	97.7	108.6
蔬菜	Vegetables	101.7	121.5	93.5	97.2	109.1
叶菜类蔬菜	Leafy Vegetables	113.5	148.9	101.8	102.2	104.4
芹菜	Celery	131.2	112.4			153.3
油菜	Rape	109.0	149.5	96.8	109.1	96.4
菠菜	Spinach	113.8	109.5	114.2		117.7
空心菜	Swamp Morningglory	107.0		99.1	100.0	132.3
小白菜	Bok Choy	106.7	129.3	101.6	100.3	98.3
白菜类蔬菜	Chinese Cabbage Group	112.9	144.4	118.8	88.7	101.9
大白菜	Napa Cabbage	111.0	116.7	107.2	97.0	120.8
普通白菜	Common Chinese Cabbage	104.6	183.6	82.5		104.7
菜心（菜薹）	Chinese Flowering Cabbage	117.0	188.8	145.5	78.4	91.0
芥菜类蔬菜	Mustard Vegetables	104.3	190.9	89.4	93.0	91.3
叶用芥菜	Leaf Mustard	104.3	190.9	89.4	93.0	91.3

3-25 续表 1 continued

（上年同期=100） (preceding year=100)

指　标	Item	全　年 Annual Year	一季度 First Quarter	二季度 Second Quarter	三季度 Third Quarter	四季度 Fourth Quarter
甘蓝类蔬菜	Brassica Vegetables	103.3	110.5	98.1	101.6	101.9
菜花	Cauliflower	101.1	117.5	95.6	101.6	93.7
青花菜	Broccoli	102.9		102.9		
芥蓝	Cabbage Mustard	109.8	103.5			115.6
根茎类蔬菜	Root Vegetables	98.5	85.1	104.2	105.6	145.3
白萝卜	White Radish	110.8	101.4	105.3		125.2
胡萝卜	Carrot	102.6	100.0	103.5		
山药	Common Yam Rhizome	100.7	65.3		105.6	218.5
瓜菜类蔬菜	Melons and Vegetables	87.0	114.8	75.7	85.0	97.9
黄瓜	Cucumber	84.5		70.8	81.7	99.6
冬瓜	Wax Gourd	72.2		103.5	42.4	
西葫芦	Summer Squash	78.5	114.8	102.6		29.0
苦瓜	Balsm Pear	88.3		60.9	93.9	107.7
南瓜	Pumpkin	88.9		97.8	69.2	94.7
丝瓜	Luffan	94.1		67.4	103.7	106.3
豆类蔬菜	Leguminous Vegetables	96.7	135.3	83.9	98.5	102.2
豇豆	Cowpea	91.2		75.7	97.1	102.5
四季豆	Sauteed Green Beans	107.7	150.0	95.7	102.5	100.0
茄果类蔬菜	Solanaceous Fruit Vegetable	106.2	106.0	102.2	99.6	117.2
茄子	Aubergine	98.8	141.7	79.6	74.7	102.7
青椒	Green Pepper	104.5	97.0	116.0	110.8	100.9
辣椒	Capsicum	74.0	68.0	92.0	34.6	137.4
西红柿	Tomato	116.8	119.4	117.2	233.3	96.7
莴苣及菊苣类蔬菜	Lettuce and Chicory Vegetables	114.7	113.8	114.9	88.9	113.9
生菜	Lettuce	101.2	115.3	109.4	88.9	97.3
莴笋	Asparagus Lettuce	121.6	110.7	125.5		129.8
葱蒜类蔬菜	Allium Vegetables	120.6	139.8	93.8	102.3	103.4
大葱	Allium Fistulosum					
细香葱	Chive	115.5				115.5

3-25　续表 2　continued

（上年同期=100）　　　　　　　　　　　　　　　　(preceding year=100)

指　标	Item	全　年 Annual Year	一季度 First Quarter	二季度 Second Quarter	三季度 Third Quarter	四季度 Fourth Quarter
大蒜	Garlic	193.8	193.8			
韭菜	Leek	100.0	114.4	83.1	102.1	93.1
水生蔬菜	Aquatic Vegetables	94.9	104.7	103.5	84.1	82.2
莲藕	Lotus Root	88.0		103.5	84.1	82.2
荸荠	Chufa	104.7	104.7			
食用菌	Edible Fungus	105.2	106.3	114.1	107.1	99.9
平菇	Oyster Mushroon	104.1	114.5	104.5	104.4	91.9
双孢蘑菇	Double Spore Mushroom	118.1	118.1			
鸡腿菇	Coprinus Comatus	100.0	100.0			
茶树菇	Glossy Ganoderma	109.6	109.6			
黑木耳	Auricularia Auricula-judae	108.8	95.1	118.0		126.3
黄背木耳	Auricularia Polytricha	107.9	94.8	117.1		107.1
水果及坚果	Fruit and Nuts	103.9	75.2	123.4	112.9	114.6
水果（园林水果）	Fruit（Garden Fruit）	103.9	75.2	123.4	112.9	114.6
柑橘类水果	Citrus Fruit	90.4	78.4	94.5	107.0	109.4
柑橘	Citrus	83.7	66.7		104.6	111.0
橙	Orange	98.6	94.7	94.5		109.0
柚	Pomelo Grapefruit	103.1	90.5		113.0	104.4
葡萄	Grape	91.7	98.7		85.6	
巨峰葡萄	Kyoho Grape	95.7	99.6		86.5	
热带水果	Tropical Fruits	120.7	70.1	142.0	129.8	100.0
香蕉	Banana	104.3	70.1	89.6	169.9	100.0
龙眼	Longan	140.7			140.7	
荔枝	Lychee	155.9		166.2	147.6	
芒果	Mango	88.0			88.0	
瓜类水果	Melon Fruit	108.9		111.6	104.1	112.8
西瓜	Watermelon	111.5		114.5	104.4	114.2
香瓜	Muskmelon	101.7		90.6	102.5	
其他水果	Other Fruit	88.8	37.1		109.3	150.4
柿子	Persimmon	88.8	37.1		109.3	150.4

3-25 续表 3 continued

（上年同期=100） (preceding year=100)

指 标	Item	全 年 Annual Year	一季度 First Quarter	二季度 Second Quarter	三季度 Third Quarter	四季度 Fourth Quarter
茶及饮料原料	Tea and Beverage Raw Materials	98.7	96.1	100.0	100.2	100.5
茶叶	Tea	98.7	96.1	100.0	100.2	100.5
绿茶	Green Tea	98.4	96.1	100.0	100.2	100.6
中草药材	Chinese Medicinal Herbs	70.5	55.3	126.7	101.1	70.4
林业产品	**Forestry Products**	**95.1**	**92.3**	**96.2**	**97.6**	**97.7**
育种和育苗	Breeding and Seedling Raising	99.4	96.3	99.2	121.6	101.1
木材采伐产品	Timber Harvesting Products	95.2	91.2	96.0	96.7	96.8
原木	Log	95.2	91.0	95.9	96.6	96.8
针叶原木	Coniferous Log	95.2	90.2	96.5	98.3	96.7
马尾松原木	Ping Log	94.6	89.2	95.5	97.7	96.0
杉木原条	Chinese Fir	97.3	91.9	99.4	99.9	98.5
非针叶原木	Non Coniferous Wood	95.1	92.6	94.7	93.6	97.0
按树原木	Eucalyptus Log	94.4	92.6	94.7	93.6	96.8
竹材采伐产品	Bamboo Cutting Products	95.9	94.3	97.8	97.4	95.4
林产品	Forest Product	96.4	88.4	92.0	96.5	105.5
饲养动物及其产品	**Feeding Animals and Their Products**	**115.7**	**124.7**	**135.3**	**107.9**	**100.9**
活牲畜	Live Cattle	120.1	132.6	147.1	110.1	99.6
猪	Pig	123.0	136.3	153.1	112.1	100.3
种猪	Boar	118.7	116.8	152.7		93.4
仔猪	Piglet	159.0	169.7	204.7	153.9	119.2
能繁殖母猪	Breeding Sows	106.3	103.0			110.0
其他活猪	Other Pigs	121.5	134.3	149.3	110.8	99.5
牛	Cattle	95.3	96.6	97.5	93.2	93.6
羊	Sheep	89.6	95.0	88.5	82.1	92.6
活家禽	Live Poultry	98.6	97.7	102.7	95.4	98.8
活鸡	Chickens	98.6	98.4	103.0	94.9	98.0
活鸭	Live ducks	98.6	94.9	101.3	96.4	102.4

3-25　续表 4　continued

（上年同期=100）　　(preceding year=100)

指　标	Item	全　年 Annual Year	一季度 First Quarter	二季度 Second Quarter	三季度 Third Quarter	四季度 Fourth Quarter
畜禽产品	Livestock and Poultry Products	107.3	93.5	96.7	109.5	115.2
禽蛋	Poultry of Eggs	92.2	93.5	86.6	88.6	94.0
鸡蛋	Egg	86.7	90.0	86.6	81.3	89.5
鸭蛋	Duck's Egg	100.0	100.0		100.0	100.0
蚕茧	Silkworm Cocoon	116.7		104.9	117.1	128.5
渔业产品	**Fishery Products**	**103.6**	**104.5**	**104.3**	**103.1**	**102.4**
海水养殖产品	Seawater Artificially Cultured Products	110.0	113.1	115.0	106.6	108.2
海水养殖虾	Mariculture of Prawns	111.5	107.1	130.0	107.2	105.5
海水养殖蟹	Mariculture of Crabs	95.9	112.2	87.8	88.5	
海水养殖贝类	Mariculture of Shellfish	111.1	117.4	108.6	108.7	110.1
海水养殖牡蛎	Mariculture of Oyster	113.5	126.2	104.9	109.4	114.1
海水养殖蛤	Mariculture of Clams	108.0	106.5	113.0	107.8	105.2
海水捕捞产品	Seawater Fishing Products	101.8	101.6	99.8	104.0	105.5
海水捕捞鲜鱼	Marine Fishing Fresh Fish	99.7	102.2	98.7	102.9	103.5
海水捕捞虾	Marine Fishing Shrimp	101.4	99.9	101.8	100.9	102.0
海水捕捞蟹	Marine Fishing Crab	100.3	98.8	99.7	103.0	104.3
海水捕捞软体水生动物	Marine Aquatic Animals	103.8	96.7	105.1	103.6	111.1
淡水养殖产品	Fresh Water Farming Products	97.8	99.6	100.9	99.8	96.7
养殖淡水鱼	Cultured Freshwater Fish	100.0	98.7	101.0	100.1	100.8
养殖淡水鲤鱼	Cultured Freshwater Carp	100.0	101.9	100.1	99.0	98.9
养殖淡水草鱼	Cultured Freshwater Grass Carp	100.6	99.9	99.9	101.0	101.8
养殖淡水鳙鱼（胖头鱼）	Cultured Freshwater Bighead	96.5	90.9		96.9	102.7
养殖淡水罗非鱼	Cultured Freshwater Tilapia	99.9	101.1	100.7	98.1	100.0
养殖淡水鲢鱼	Cultured Freshwater Silver Carp	101.8	97.1	103.8	104.9	100.4
其他淡水养殖产品	Other Cultured Freshwater Products	87.9	103.1	100.6	98.6	80.1
淡水养殖龟	Cultured Freshwater Turtle	77.2	110.0	110.0	100.0	56.9
淡水养殖鳖	Cultured Freshwater Turtles	96.7	97.4	92.9	97.5	99.1

3–26 分季度农产品生产者价格指数

（上年同期=100）

指　标	Item	2013			
		一季度 First Quarter	二季度 Second Quarter	三季度 Third Quarter	四季度 Fourth Quarter
农产品生产者价格指数	**Producer Price Indices for Farm Products**	**98.5**	**96.9**	**105.5**	**104.5**
农业产品	**Agriculture Products**	**96.7**	**98.9**	**116.4**	**105.8**
谷物	Cereal	99.7	98.1	97.6	98.8
稻谷	Rice	99.9	96.7	97.0	98.4
早籼稻	Early Indica Rice	92.3	97.5	96.7	98.9
晚籼稻	Late Indica Rice	101.7	96.6	98.2	97.9
玉米	Corn	99.1	103.8	101.1	99.6
薯类	Tubers	102.1	96.0	100.6	91.7
油料	Oil-bearing Crops	103.9	100.8	101.2	108.5
花生	Peanut	103.9	99.6	101.2	105.5
豆类	Beans	113.7	91.2	107.0	97.9
大豆	Soybean	113.7	91.2	107.0	97.9
生麻	Raw Hemp	82.3	105.6	153.3	112.5
糖料	Sugar	94.0	94.0	94.0	95.7
甘蔗	Sugar Cane	94.0	94.0	94.0	95.7
未加工烟草	Untreated Tobacco			103.9	106.9
蔬菜及食用菌	Vegetables and Edible Fungus	106.5	101.2	110.8	125.0
蔬菜	Vegetables	106.5	101.2	110.9	125.0
叶菜类蔬菜	Leafy Vegetables	105.5	106.9	115.2	146.1
芹菜	Celery	121.6	130.0		204.8
油菜	Rape	95.5			90.9
菠菜	Spinach				
空心菜	Swamp Morningglory		106.8	101.8	95.5
小白菜	Bok Choy	150.3	114.7		105.7
白菜类蔬菜	Chinese Cabbage Group	104.6	95.9	99.5	98.7
大白菜	Napa Cabbage	104.6	95.9	99.5	98.7
普通白菜	Common Chinese Cabbage	150.7	120.0		109.4
菜心（菜薹）	Chinese Flowering Cabbage	108.7			104.5
芥菜类蔬菜	Mustard Vegetables	88.7	89.4	101.9	100.0
叶用芥菜	Leaf Mustard	88.7	89.4	99.5	100.0
甘蓝类蔬菜	Brassica Vegetables	95.3			
结球甘蓝	Common Head Cabbage	95.3			
菜花	Cauliflower	107.7			
芥蓝	Cabbage Mustard	116.9			

Producers Price Indices for Farm Products by Quarter

(preceding year=100)

2014				2015			
一季度 First Quarter	二季度 Second Quarter	三季度 Third Quarter	四季度 Fourth Quarter	一季度 First Quarter	二季度 Second Quarter	三季度 Third Quarter	四季度 Fourth Quarter
100.9	**95.2**	**98.7**	**100.2**	**98.0**	**99.4**	**106.4**	**101.9**
103.0	**93.1**	**100.5**	**103.2**	**96.2**	**94.9**	**102.7**	**98.4**
101.8	101.4	101.9	103.6	100.5	101.6	98.9	98.2
101.8	102.3	102.2	104.4	101.0	102.1	99.0	100.2
103.7	103.5	102.6	106.0		102.9	98.7	100.7
101.4	102.0	100.7	103.0	101.0	101.9	100.2	99.7
101.9	97.4	100.4	102.3	98.7	99.6	97.8	88.0
101.9	109.2	125.0	98.4	100.6	83.3	108.7	108.8
100.0	96.2	101.1	107.7	98.8		102.8	81.2
99.6	97.6	101.1	106.1	98.8		102.8	81.2
96.8	101.4	101.5	91.5	100.0	98.2	100.0	100.6
96.8	101.4	101.5	91.5	100.0	98.2	100.0	100.6
100.0	121.7	104.4	126.3	122.9	123.5	114.7	116.2
95.7	93.6		93.0	90.9	89.4		112.1
95.7	93.6		93.0	90.9	89.4		112.1
100.0		99.8	106.2			106.8	100.0
103.3	89.3	104.4	102.7	91.9	103.0	112.5	108.1
103.3	89.3	104.3	102.7	91.3	102.4	112.8	108.0
100.7	96.4	106.9	111.7	93.8	96.9	115.4	118.2
102.2				105.1			109.2
87.2	115.8	109.0	109.1	94.2	110.3	116.5	116.6
			110.9	91.9			115.9
	82.4	102.5	115.4		91.4	110.8	96.1
94.0	144.0	106.4	97.6	97.5	95.8	123.2	115.7
84.7	132.6	102.7	106.8	103.9	101.5	104.6	111.2
84.7	132.6	102.7	106.8	105.3	111.4	101.1	118.0
80.6			100.0	113.2	100.0		104.4
108.9	104.1	93.6	100.5	100.0	92.6	113.6	109.2
88.6	108.6	117.9	110.5	80.2	95.9	107.9	116.5
88.6	108.6	117.9	110.5	80.2	95.9	107.9	116.5
92.7				98.0	135.0	116.4	134.1
92.7					200.0		66.7
109.0	137.1	133.3	107.7	100.3	100.0	129.4	149.2
97.6	106.5		111.1	95.7			127.7

3-26 续表 1

（上年同期＝100）

指 标	Item	2013			
		一季度 First Quarter	二季度 Second Quarter	三季度 Third Quarter	四季度 Fourth Quarter
根茎类蔬菜	Root Vegetables	108.1	94.2	147.8	108.9
白萝卜	White Radish	110.1			115.0
胡萝卜	Carrot		119.8		
生姜	Ginger	101.7	90.7	147.5	123.3
芋头	Taro	102.4			93.5
山药	Common Yam Rhizome	113.9	94.0		100.0
瓜菜类蔬菜	Melons and Vegetables	89.1	111.0	108.6	158.1
黄瓜	Cucumber	113.5	108.3	90.0	104.5
冬瓜	Wax Gourd	68.3	78.2	134.5	182.9
西葫芦	Summer Squash	84.9			63.9
苦瓜	Balsm Pear		116.4	114.9	165.2
南瓜	Pumpkin			107.5	104.6
丝瓜	Luffan		105.9	111.8	102.2
豆类蔬菜	Leguminous Vegetables	111.9	101.6	107.5	107.9
豇豆	Cowpea		104.1	108.0	104.1
四季豆	Sauteed Green Beans	111.9	98.5	105.3	112.3
茄果类蔬菜	Solanaceous Fruit Vegetable	88.5	95.6	101.4	113.5
茄子	Aubergine	92.1	98.0	98.4	102.0
青椒	Green Pepper	88.4	94.0	88.6	102.4
辣椒	Capsicum	82.0	97.5	99.0	117.2
西红柿	Tomato	91.5	87.9	105.9	111.8
莴苣及菊苣类蔬菜	Lettuce and Chicory Vegetables	136.7	106.2	126.1	110.6
生菜	Lettuce	137.6	107.0	126.1	110.6
莴笋	Asparagus Lettuce	92.1	58.6		107.4
葱蒜类蔬菜	Allium Vegetables	131.2	104.9	101.6	110.5
大葱	Allium Fistulosum				
细香葱	Chive	112.9	120.7		142.5
大蒜	Garlic	103.4	99.4		98.9
韭菜	Leek	152.1	101.1	101.6	89.3
水生蔬菜	Aquatic Vegetables	112.8	103.6	105.0	104.4
莲藕	Lotus Root	121.4	100.0	105.0	102.6
荸荠	Chufa	111.7	103.8		108.3
食用菌	Edible Fungus	114.0		106.8	
双孢蘑菇	Double Spore Mushroom	107.8			
香菇	Mushrooms	142.2		119.4	
黑木耳	Black Fungus	100.0		100.0	
黄背木耳	Yellow Back Fungus	66.7			

continued

(preceding year=100)

2014				2015			
一季度 First Quarter	二季度 Second Quarter	三季度 Third Quarter	四季度 Fourth Quarter	一季度 First Quarter	二季度 Second Quarter	三季度 Third Quarter	四季度 Fourth Quarter
113.0	111.6	109.4	106.0	84.0	66.7		68.5
82.7	83.3		85.5	106.0			106.0
111.1			107.1	54.9	66.7		
117.6	171.9	109.4	123.0				
103.8	111.1	107.7	101.8				
109.9	108.3	100.5	96.0				34.4
70.7	78.8	99.0	98.3	102.1	116.4	120.5	112.9
112.6	94.1	102.5	96.9		123.3	126.5	109.5
134.5	92.8	82.8	77.1	105.9	116.8	121.6	123.0
63.3			92.1	84.3			65.5
	66.7	98.0	99.6		124.5	121.7	115.0
	80.3	114.2	100.0		99.5	109.7	118.4
	93.5	105.2	105.8		106.5	113.0	100.3
102.1	93.5	105.0	95.0	86.7	113.6	107.7	103.0
	95.3	107.7	99.0		120.0	105.2	104.9
102.1	91.2	90.0	90.4		105.1	115.3	
110.2	84.3	101.2	98.9	75.5	101.4	111.6	127.2
	87.2	108.2	102.6		104.6	102.3	106.4
100.0	92.3	109.5	102.5	104.4	106.0	113.6	109.9
111.6	76.4	102.1	106.8	94.9	100.7	112.1	108.3
110.0	114.6	97.6	88.7	65.2	99.3	129.0	154.1
125.6	106.7	108.8	108.0	104.2	91.8	128.9	111.7
126.0	106.7	108.8	108.1	96.7	98.9	133.7	125.0
104.1		100.0	100.0	135.1	74.0	108.1	98.9
102.6	101.9	99.6	90.8	99.4	87.6	97.3	125.0
			107.1	100.2			
111.9	102.6		79.9			101.0	127.0
99.5	107.3		93.6	98.8			
101.4	99.1	99.6	99.3	99.3	83.3	95.6	124.7
94.5	127.2	113.0		100.3	105.2	102.6	99.1
102.6	100.0	113.0				102.6	95.8
93.5	128.6			100.3	105.2		106.4
103.5	108.7	107.9		102.8	114.7	106.0	109.1
101.9	108.7			100.0	100.0	106.3	110.7
107.1	103.5	107.9	93.6				
				116.3	143.1	108.7	109.6
				103.4	106.8	100.0	100.0

3-26 续表 2

（上年同期＝100）

指 标	Item	2013			
		一季度 First Quarter	二季度 Second Quarter	三季度 Third Quarter	四季度 Fourth Quarter
水果及坚果	Fruit and Nuts	92.1	114.3	135.6	104.7
水果（园林水果）	Fruit（Garden Fruit）	92.1	114.3	135.8	104.6
柑橘类水果	Citrus Fruit	94.6	122.0	123.0	106.9
柑橘	Citrus	94.7	122.0		107.5
橙	Orange	94.0			102.3
柚	Pomelo Grapefruit				106.1
葡萄	Grape			119.8	
巨峰葡萄	Kyoho Grape			119.8	
热带水果	Tropical Fruits	91.4	106.2	158.9	127.2
香蕉	Banana	91.4	113.2	108.3	127.2
龙眼	Longan			169.7	
荔枝	Lychee		105.4	96.4	
芒果	Mango			63.3	
瓜类水果	Melon Fruit		130.0	93.5	212.2
西瓜	Watermelon		134.1	92.1	212.2
香瓜	Muskmelon		96.9	105.6	
其他水果	Other Fruit	74.1	101.3		66.3
柿子	Persimmon	74.1			66.3
茶及饮料原料	Tea and Beverage Raw Materials	101.5	73.9	130.5	110.0
茶叶	Tea	101.5	73.9	130.5	110.0
绿茶	Green Tea	101.5	73.9	130.5	110.0
中草药材	Chinese Medicinal Herbs	157.7	103.3	90.7	106.1
林业产品	**Forestry Products**	**102.1**	**104.2**	**102.2**	**103.9**
育种和育苗	Breeding and Seedling Raising	93.3	85.8		
木材采伐产品	Timber Harvesting Products	106.2	105.0	101.8	103.4
原木	Log	106.2	105.0	101.8	103.4
针叶原木	Coniferous Log	105.0	104.4	107.5	101.1
马尾松原木	Ping Log	106.9	105.0	108.2	99.3
杉木原条	Chinese Fir	102.6	102.6	105.2	106.8
非针叶原木	Non Coniferous Wood	109.6	106.2	85.6	110.2
桉树原木	Eucalyptus Log	110.0	106.2	85.6	110.2
竹材采伐产品	Bamboo Cutting Products	108.8		108.7	101.9
林产品	Forest Product	81.4	102.9	119.3	164.4

continued

(preceding year=100)

2014				2015			
一季度 First Quarter	二季度 Second Quarter	三季度 Third Quarter	四季度 Fourth Quarter	一季度 First Quarter	二季度 Second Quarter	三季度 Third Quarter	四季度 Fourth Quarter
145.6	90.1	94.6	108.7	107.1	90.9	102.2	78.2
145.6	90.1	94.6	108.7	107.1	90.9	102.2	78.2
109.7	98.6	102.9	107.9	109.4	112.5	104.9	94.5
113.2	101.6	102.9	107.8	106.9		100.5	94.5
106.1	98.5		107.1	112.9	112.5		96.8
99.5			119.7	111.8		115.9	92.9
		99.6	80.0	103.4		116.8	
116.2		99.6	80.0	104.3		122.1	
156.1	93.9	86.3	110.1	103.8	114.7	102.0	47.1
156.1	95.9	102.3	110.1	103.8	73.7	43.2	47.1
		84.9				105.3	
	86.5	61.4			135.1	109.7	
	130.2	108.8			106.3	119.2	
	79.5	105.2	91.1		58.1	83.8	113.1
	72.0	105.6	91.1		54.6	74.5	113.1
	140.1	101.6			86.5	111.4	
	101.1	101.3	111.9				49.2
		100.5	111.9				49.2
101.0	99.0	102.1	106.1	101.9	102.8	100.1	102.2
101.0	99.0	102.1	106.1	101.9	102.8	100.1	102.2
101.0	99.0	102.1	106.1	101.9	102.8	100.1	102.2
105.3	101.5	100.8	99.9	89.2	112.3	90.4	90.8
113.1	**100.7**	**102.0**	**101.5**	**96.9**	**98.0**	**98.4**	**96.5**
117.3	99.8			86.4	90.4	86.1	
111.2	100.7	101.8	101.5	99.9	100.2	100.7	97.7
111.2	100.7	101.8	101.5	99.9	100.2	101.0	97.7
107.9	100.0	102.1	101.6	100.0	100.1	103.2	99.1
				99.8	100.0	104.7	99.5
				100.3	100.5	98.7	97.8
121.4	102.1	100.8	101.3	99.7	100.2	95.1	93.8
				97.8	100.2	95.1	93.8
105.0		107.7	101.7	102.5		96.7	92.7
125.4	120.0	112.3	95.7	98.6	90.4	90.7	92.8

3-26 续表 3

（上年同期=100）

指 标	Item	2013 一季度 First Quarter	2013 二季度 Second Quarter	2013 三季度 Third Quarter	2013 四季度 Fourth Quarter
饲养动物及其产品	**Feeding Animals and Their Products**	**101.7**	**92.9**	**101.7**	**103.1**
活牲畜	Live Cattle	95.4	89.2	100.9	103.3
猪	Pig	95.3	89.1		103.3
种猪	Boar	91.9	108.9		103.1
仔猪	Piglet	83.4	79.5		93.8
能繁殖母猪	Breeding Sows		97.2		100.0
其他活猪	Other Pigs	95.3	89.1	100.9	103.3
牛	Cattle				
羊	Sheep	121.8	118.2	108.1	102.2
活家禽	Live Poultry	116.7	93.1	100.4	100.0
活鸡	Chickens	116.3	91.6	100.2	99.4
活鸭	Live ducks	118.6	99.9	100.9	102.6
畜禽产品	Livestock and Poultry Products	133.4	117.6	109.9	104.0
禽蛋	Poultry of Eggs	133.4	118.1	123.7	107.1
鸡蛋	Egg	100.4	99.0	109.0	99.5
鸭蛋	Duck's Egg	133.5	118.2	123.8	107.2
蚕茧	Silkworm Cocoon		117.4	105.0	102.4
渔业产品	**Fishery Products**	**100.4**	**98.7**	**105.0**	**108.5**
海水养殖产品	Seawater Artificially Cultured Products			114.1	102.9
海水养殖虾	Mariculture of Prawns				
海水养殖蟹	Mariculture of Crabs				
海水养殖贝类	Mariculture of Shellfish			114.1	102.9
海水养殖牡蛎	Mariculture of Oyster				
海水养殖蛤	Mariculture of Clams				
海水捕捞产品	Seawater Fishing Products	98.0	98.8	102.0	110.7
海水捕捞鲜鱼	Marine Fishing Fresh Fish	96.1	99.2	102.2	111.0
海水捕捞虾	Marine Fishing Shrimp	95.3	104.0	109.7	123.7
海水捕捞蟹	Marine Fishing Crab	100.0	100.0	100.0	100.0
海水捕捞软体水生动物	Marine Aquatic Animals	101.5	95.3	100.5	110.1
淡水养殖产品	Fresh Water Farming Products	103.0	98.6	101.0	111.1
养殖淡水鱼	Cultured Freshwater Fish	102.7	99.7	100.8	112.9
养殖淡水鲤鱼	Cultured Freshwater Carp	99.2	100.0	104.6	113.2
养殖淡水草鱼	Cultured Freshwater Grass Carp	101.3	101.2	101.4	103.9
养殖淡水鳙鱼（胖头鱼）	Cultured Freshwater Bighead	101.7	106.6	100.3	104.2
养殖淡水罗非鱼	Cultured Freshwater Tilapia	107.2	109.2	92.0	123.0
养殖淡水鲢鱼	Cultured Freshwater Silver Carp	103.0	88.1	100.8	119.1
其他淡水养殖产品	Other Cultured Freshwater Products	103.7	96.7	101.8	104.9
淡水养殖龟	Cultured Freshwater Turtle		90.4	105.3	
淡水养殖鳖	Cultured Freshwater Turtles	103.7	100.0	100.0	104.9

continued

(preceding year=100)

2014				2015			
一季度 First Quarter	二季度 Second Quarter	三季度 Third Quarter	四季度 Fourth Quarter	一季度 First Quarter	二季度 Second Quarter	三季度 Third Quarter	四季度 Fourth Quarter
94.5	**95.4**	**97.0**	**97.7**	**101.7**	**106.6**	**114.8**	**108.8**
94.7	94.4	96.3	97.0	98.2	108.8	122.3	114.1
94.7	94.4	96.3	97.0	98.0	110.3	124.5	115.9
89.5	81.0	91.6	91.7	73.8	90.0	104.1	162.4
93.9	93.6	93.7	96.2	97.0	112.1	128.3	123.2
94.7	101.7	104.2	100.0	98.5	105.6	101.3	103.2
94.7	94.4	96.3	97.0	98.4	110.3	124.6	115.2
				96.2	95.8	102.4	100.1
108.4	106.4	104.7	102.5	104.5	96.0	93.0	90.9
92.7	106.8	105.2	105.3	120.6	108.6	96.3	92.6
91.6	107.3	106.5	106.0	125.3	112.1	95.7	93.1
97.5	104.4	102.6	102.0	102.7	95.5	97.5	90.0
94.8	94.2	94.1	97.2	98.6	92.7	85.4	91.6
94.8	92.6	102.0	105.0	98.6	99.5	95.7	99.9
98.5	98.5	101.3	105.4	97.9	99.2	92.9	99.9
94.8	92.6	102.0	105.0	100.0	100.0	100.0	
	94.9	91.3	93.3		87.1	81.7	86.4
103.1	**98.1**	**99.8**	**103.1**	**101.1**	**101.9**	**98.0**	**98.7**
	96.2	101.9	110.7	104.2	109.0	95.8	106.4
					103.5	76.4	89.7
				97.0	103.4		
	96.2	101.9	110.7	105.3	113.6	109.1	118.8
	96.2	101.9	110.7	104.2	112.2		127.4
				106.6	115.3	109.1	108.2
105.9	101.3	95.1	97.2	103.8	102.5	100.5	101.3
105.6	101.2	91.0	94.4	101.3	100.0	100.5	101.7
102.9	107.4	100.0	105.3	103.9	109.1	103.7	104.1
107.6	98.8	100.2	100.8	107.8	110.5	104.5	101.1
106.3	101.9	106.2	102.2	105.0	92.2	91.6	89.7
100.1	98.1	101.3	101.8	97.5	96.4	98.5	91.6
101.6	101.4	100.9	102.1	99.2	95.5	100.3	92.8
98.4			108.0	98.9	111.1	103.1	103.6
100.1	97.3	100.5	96.5	100.6	98.2	97.9	97.1
102.0	99.7	102.8	107.8	97.2	93.8	93.5	92.4
103.0	100.9	100.0	99.6	99.7	87.3	88.0	84.5
102.7	105.2	100.7	98.8	98.5	94.1	123.6	92.5
96.8	92.2	102.6	100.7	90.8	99.6	91.1	86.4
104.0		107.7	107.1		100.0	89.6	79.8
93.0	92.2	100.0	97.4	90.8	99.2	92.3	91.9

3–27　农产品生产者价格指数

Producers Price Indices for Farm Products

（上年＝100）　　　　(preceding year=100)

指　标	Item	2011	2012	2013	2014	2015
农产品生产者价格指数	**Producer Price Indices for Farm Products**	**124.6**	**99.4**	**102.5**	**98.1**	**102.0**
农业产品	**Agriculture Products**	**115.1**	**107.2**	**106.4**	**98.4**	**98.8**
谷物	Cereal	117.1	102.4	98.3	102.4	99.6
稻谷	Rice	120.6	101.6	97.6	103.0	100.8
早籼稻	Early Indica Rice	119.1	98.6	96.4	104.0	101.0
晚籼稻	Late Indica Rice	121.8	104.3	98.6	102.1	100.7
玉米	Corn	106.7	104.6	100.7	100.5	96.0
薯类	Tubers	113.5	89.4	97.3	102.8	99.5
油料	Oil-bearing Crops	143.4	99.5	102.8	101.5	98.4
花生	Peanut	144.9	99.5	102.6	101.2	98.4
豆类	Beans	112.9	103.5	102.2	97.5	99.8
大豆	Soybean	112.9	103.6	102.2	97.5	99.8
生麻	Raw Hemp	110.5	114.8	116.8	110.9	120.0
糖料	Sugar	139.4	104.7	95.9	92.9	97.6
甘蔗	Sugar Cane	139.4	104.7	95.9	92.9	97.6
未加工烟草	Untreated Tobacco	120.9	116.6	105.1	102.1	104.0
蔬菜及食用菌	Vegetables and Edible Fungus	99.9	115.9	108.0	102.3	103.4
蔬菜	Vegetables	99.8	116.0	108.1	102.3	103.3
叶菜类蔬菜	Leafy Vegetables	102.3	107.9	113.5	105.4	105.9
芹菜	Celery	91.7	109.2	154.3	102.2	107.6
油菜	Rape	110.5		94.3	105.8	111.7
菠菜	Spinach	100.5	105.7		110.9	104.2
空心菜	Swamp Morningglory	107.6	104.4	102.3	100.7	98.2
小白菜	Bok Choy	102.8	100.9	117.7	107.3	110.5
白菜类蔬菜	Chinese Cabbage Group	94.3	115.1	100.0	106.5	107.1
大白菜	Napa Cabbage	94.3	115.1	100.0	106.5	109.4
普通白菜	Common Chinese Cabbage	102.0	110.2	115.7	93.2	106.2
菜心（菜薹）	Chinese Flowering Cabbage	119.0	97.8	113.1	100.0	104.2
芥菜类蔬菜	Mustard Vegetables	112.5	104.5	95.5	108.4	102.9
叶用芥菜	Leaf Mustard	112.5	104.5	95.5	108.4	102.9
甘蓝类蔬菜	Brassica Vegetables	60.9	111.1	85.3	92.7	114.5
结球甘蓝	Common Head Cabbage	60.9	111.1	85.3	92.7	
菜花	Cauliflower	114.7	111.1	117.7	120.4	123.4
芥蓝	Cabbage Mustard	100.8	112.0	95.8	106.7	113.3

3-27 续表 1 continued

（上年＝100） (preceding year=100)

指 标	Item	2011	2012	2013	2014	2015
根茎类蔬菜	Root Vegetables	95.7	62.8	108.0	114.0	70.4
白萝卜	White Radish	103.5	111.2	113.0	83.7	106.0
胡萝卜	Carrot			119.8	109.4	61.0
生姜	Ginger	82.5	69.3	115.8	128.1	
芋头	Taro	109.0	98.7	94.4	107.6	
山药	Common Yam Rhizome	105.2	56.6	102.0	104.1	34.4
瓜菜类蔬菜	Melons and Vegetables	105.6	129.3	120.6	92.8	115.7
黄瓜	Cucumber	90.4	135.9	105.8	103.5	120.0
冬瓜	Wax Gourd	83.0	151.1	116.5	106.2	116.0
西葫芦	Summer Squash	109.6	80.8	77.7	78.8	73.4
苦瓜	Balsm Pear	113.4	130.3	128.7	87.7	120.5
南瓜	Pumpkin	94.0	104.6	105.9	98.3	108.2
丝瓜	Luffan	101.4	120.2	106.2	101.0	106.3
豆类蔬菜	Leguminous Vegetables	109.4	136.5	105.9	97.2	107.1
豇豆	Cowpea	126.5	122.8	104.9	100.3	110.1
四季豆	Sauteed Green Beans	88.8	153.0	107.0	93.6	110.0
茄果类蔬菜	Solanaceous Fruit Vegetable	89.6	124.3	98.3	102.1	106.1
茄子	Aubergine	73.5	135.0	97.8	100.0	104.4
青椒	Green Pepper	91.2	156.6	92.8	101.0	108.5
辣椒	Capsicum	85.5	108.8	99.0	101.9	102.5
西红柿	Tomato	96.9	138.7	98.1	102.8	109.1
莴苣及菊苣类蔬菜	Lettuce and Chicory Vegetables	98.9	100.6	118.9	110.8	107.8
生菜	Lettuce	98.4	100.8	119.3	110.9	115.5
莴笋	Asparagus Lettuce	129.6	86.2	93.3	101.2	104.6
葱蒜类蔬菜	Allium Vegetables	81.7	105.8	108.6	98.4	103.7
大葱	Allium Fistulosum	121.0			107.1	100.2
细香葱	Chive	110.0	103.4	125.0	96.2	109.8
大蒜	Garlic	62.5	98.0	100.9	98.0	98.8
韭菜	Leek	84.2	114.4	107.0	100.0	101.9
水生蔬菜	Aquatic Vegetables	96.5	111.2	107.6	111.0	101.4
莲藕	Lotus Root	97.5	126.4	106.8	103.7	99.2
荸荠	Chufa	96.2	105.5	107.9	113.7	103.8
食用菌	Edible Fungus	108.6	101.0	105.9	104.0	106.0
双孢蘑菇	Double Spore Mushroom	117.3	98.6	107.8	105.4	104.7
香菇	Mushrooms	105.2	89.8	126.7	102.6	
黑木耳	Black Fungus	116.1	104.6	83.3		115.3
黄背木耳	Yellow Back Fungus	120.0	76.4			102.4

3-27 续表 2 continued

（上年＝100） (preceding year=100)

指 标	Item	2011	2012	2013	2014	2015
水果及坚果	Fruit and Nuts	89.8	110.8	132.4	96.3	93.9
水果（园林水果）	Fruit（Garden Fruit）	89.8	110.8	132.4	96.3	93.9
柑橘类水果	Citrus Fruit	106.4	94.6	107.4	106.7	104.8
柑橘	Citrus	102.2	104.6	110.3	106.0	103.4
橙	Orange	128.8	87.8	97.1	104.2	107.2
柚	Pomelo Grapefruit	106.3	81.7	106.1	108.3	106.6
葡萄	Grape	90.8	90.9	110.0	106.9	109.6
巨峰葡萄	Kyoho Grape	90.8	90.9	110.0	106.9	110.6
热带水果	Tropical Fruits	75.5	111.0	145.9	94.5	97.0
香蕉	Banana	131.3	74.1	109.4	112.9	63.7
龙眼	Longan	52.0	123.3	169.4	84.9	105.3
荔枝	Lychee	75.1	147.0	99.2	76.4	119.0
芒果	Mango	75.0	131.3	76.9	122.4	114.1
瓜类水果	Melon Fruit	104.9	121.8	144.3	90.5	81.9
西瓜	Watermelon	103.2	121.2	147.9	87.5	78.4
香瓜	Muskmelon	122.7	127.8	109.0	120.4	101.4
其他水果	Other Fruit	100.6	109.7	85.9	104.1	49.2
柿子	Persimmon	106.0	105.4	77.1	106.1	49.2
茶及饮料原料	Tea and Beverage Raw Materials	115.6	102.7	98.0	102.3	101.7
茶叶	Tea	115.6	102.7	98.0	102.3	101.7
绿茶	Green Tea	115.6	102.7	98.0	102.3	101.9
中草药材	Chinese Medicinal Herbs	112.7	103.2	106.7	102.1	101.1
林业产品	**Forestry Products**	**109.5**	**99.4**	**103.7**	**103.2**	**97.7**
育种和育苗	Breeding and Seedling Raising	133.6	103.5	89.0	100.1	87.0
木材采伐产品	Timber Harvesting Products	108.5	99.4	104.3	103.4	99.7
原木	Log	108.5	99.4	104.3	103.4	99.8
针叶原木	Coniferous Log	108.7	96.8	104.9	102.0	100.7
马尾松原木	Pine Log	107.1	96.1	105.0		101.1
杉木原条	Chinese Fir	113.9	99.1	104.4		99.4
非针叶原木	Non Coniferous Wood	108.1	107.4	102.7	107.4	97.5
桉树原木	Eucalyptus Log	108.1	107.4	102.7		96.8
竹材采伐产品	Bamboo Cutting Products	108.7	104.8	107.4	104.6	96.7
林产品	Forest Product	88.2	73.0	114.2	108.3	93.9

3-27　续表 3　continued

（上年＝100）　　　　(preceding year=100)

指　标	Item	2011	2012	2013	2014	2015
饲养动物及其产品	**Feeding Animals and Their Products**	**139.1**	**92.5**	**98.5**	**96.1**	**108.0**
活牲畜	Live Cattle	143.2	90.9	97.2	95.7	111.1
猪	Pig	143.2	90.8	97.2	95.7	112.5
种猪	Boar	125.9	108.9	103.7	88.6	108.8
仔猪	Piglet	132.9	90.0	85.4	94.3	116.1
能繁殖母猪	Breeding Sows	105.7	100.5	158.6	101.5	103.5
其他活猪	Other Pigs	143.2	90.8	97.2	95.7	112.5
牛	Cattl					99.1
羊	Sheep	113.8	125.3	112.4	105.4	96.0
活家禽	Live Poultry	110.4	107.0	102.7	102.3	103.6
活鸡	Chickens	109.7	106.8	101.9	102.5	105.6
活鸭	Live ducks	112.8	107.8	105.4	101.6	96.3
畜禽产品	Livestock and Poultry Products	114.8	97.9	112.2	95.2	90.3
禽蛋	Poultry of Eggs	111.2	95.9	119.7	98.7	98.5
鸡蛋	Egg	111.9	82.0	101.6	101.0	97.5
鸭蛋	Duck's Egg	111.2	96.0	119.8	98.7	100.0
蚕茧	Silkworm Cocoon	116.8	99.1	107.9	93.2	85.1
渔业产品	**Fishery Products**	**109.2**	**97.7**	**103.7**	**101.5**	**99.4**
海水养殖产品	Seawater Artificially Cultured Products	98.2	93.3	107.9	103.2	102.6
海水养殖虾	Mariculture of Prawns			107.9		90.0
海水养殖蟹	Mariculture of Crabs					100.5
海水养殖贝类	Mariculture of Shellfish	98.2	93.1		103.1	112.0
海水养殖牡蛎	Mariculture of Oyster	98.2	93.1		103.1	113.9
海水养殖蛤	Mariculture of Clams					109.5
海水捕捞产品	Seawater Fishing Products	113.7	104.3	101.4	100.5	102.3
海水捕捞鲜鱼	Marine Fishing Fresh Fish	116.1	102.2	101.3	98.9	100.8
海水捕捞虾	Marine Fishing Shrimp	114.9	121.0	107.1	103.8	106.3
海水捕捞蟹	Marine Fishing Crab	104.6	103.3	100.0	101.5	105.2
海水捕捞软体水生动物	Marine Aquatic Animals	109.5	106.1	100.9	104.0	94.0
淡水养殖产品	Fresh Water Farming Products	113.9	95.9	102.5	101.1	95.6
养殖淡水鱼	Cultured Freshwater Fish	112.2	94.4	103.0	101.8	96.6
养殖淡水鲤鱼	Cultured Freshwater Carp	107.3	93.4	103.9	104.3	104.2
养殖淡水草鱼	Cultured Freshwater Grass Carp	111.6	100.6	101.9	98.5	98.4
养殖淡水鳙鱼（胖头鱼）	Cultured Freshwater Bighead	112.8	96.9	103.2	102.8	94.3
养殖淡水罗非鱼	Cultured Freshwater Tilapia	115.7	79.2	108.1	100.8	89.7
养殖淡水鲢鱼	Cultured Freshwater Silver Carp	113.1	95.2	101.3	101.9	100.5
其他淡水养殖产品	Other Cultured Freshwater Products	118.7	100.2	101.0	99.1	91.5
淡水养殖龟	Cultured Freshwater Turtle	153.7	86.3	98.8	106.3	89.3
淡水养殖鳖	Cultured Freshwater Turtles	100.7	107.4	102.1	95.4	93.3

3–28 农产品集贸市场价格（2016年）

单位：元/公斤

指标	Item	1月 January	2月 February	3月 March	4月 April	5月 May
粮食类	**Grain**					
籼稻	Rice	2.84	2.84	2.83	2.80	2.78
小麦	Wheat	5.00	5.00	5.00	5.00	5.00
玉米	Corn	2.63	2.61	2.59	2.54	2.51
大豆	Soybean	7.70	7.70	7.68	7.68	7.80
籼米	Indica	5.38	5.38	5.36	5.36	5.38
经济作物类	**Economic Crops Category**					
花生仁	Peanuts	12.48	12.60	12.73	12.85	13.23
油菜籽	Rapeseed				4.40	4.40
畜产品类	**Animal Products**					
活猪	Live Pig	17.25	17.74	19.05	19.58	20.60
仔猪	Piglets	27.08	28.63	35.13	36.10	38.99
猪肉	Pork	25.30	26.88	27.25	28.63	29.75
活牛	Live Cattle	26.14	26.57	26.43	26.00	26.00
牛肉	Beef	67.75	69.50	67.75	67.13	67.00
活羊	Live Sheep	38.20	38.80	38.80	38.80	38.80
羊肉	Mutton	74.75	76.25	75.25	75.25	74.63
活鸡	Live Chicken	26.00	26.88	26.00	25.50	25.13
鸡蛋	Eggs	12.71	12.44	12.05	12.13	12.00
水产品类	**Aquatic Products**					
草鱼	Grass Carp	14.58	15.00	14.50	14.38	14.13
鲤鱼	Cyprinoid	13.19	13.56	13.44	13.38	13.13
链鱼	Chub	8.46	8.46	8.34	8.29	8.29
蔬菜类	**Vegetables**					
大白菜	Chinese Cabbage	3.56	4.00	4.30	4.00	3.73
黄瓜	Cucumber	6.49	8.21	7.09	5.14	3.69
西红柿	Tomato	5.73	6.66	6.20	6.13	4.73
菜椒	Green Pepper	6.93	9.03	10.50	8.33	6.08
四季豆	Kidney Bean	6.65	8.75	8.00	7.50	5.20
水果类	**Fruit Group**					
红富士苹果	Fuji apple	11.50	11.58	11.33	11.31	11.13
香蕉	Banana	4.54	5.08	5.20	5.50	5.38
橙子	Orange	5.58	6.15	6.20	6.67	5.30

Rural Market Fairs Prices of Agricultural Products（2016）

（yuan/kg）

6 月 June	7 月 July	8 月 August	9 月 September	10 月 October	11 月 November	12 月 December
2.76	2.72	2.72	2.71	2.62	2.66	2.67
5.00	5.00	5.00	5.00	5.20	5.20	5.20
2.50	2.53	2.53	2.53	2.51	2.53	2.55
7.73	7.70	7.70	7.65	7.78	7.88	8.00
5.40	5.39	5.38	5.35	5.30	5.33	5.35
13.48	13.50	13.38	13.00	12.75	12.75	12.63
20.33	19.34	18.98	18.80	17.33	17.08	17.10
39.49	37.30	35.88	35.65	33.80	32.63	33.13
29.75	28.88	28.38	28.00	26.38	25.38	25.50
25.57	25.29	25.29	25.14	25.00	25.00	25.86
66.75	66.25	66.00	65.75	65.50	65.50	65.50
37.30	37.20	37.20	37.20	37.20	37.40	36.80
73.13	73.00	72.75	72.50	71.75	71.25	70.75
25.38	25.00	25.00	25.38	25.25	25.13	25.38
11.88	11.75	12.13	12.63	12.38	12.18	12.13
14.13	13.88	13.98	14.00	14.00	13.75	13.88
13.25	13.25	13.13	13.10	13.00	12.50	12.75
8.51	8.43	8.29	8.26	8.36	8.29	8.29
3.40	3.68	3.85	3.93	3.60	3.55	3.38
3.50	3.94	5.07	4.87	4.93	4.86	5.17
4.93	4.34	4.36	5.39	5.50	5.70	5.75
5.79	5.55	6.15	7.55	7.13	7.38	7.63
5.88	6.50	7.15	7.50	6.25	5.80	6.00
11.00	11.00	10.83	10.95	11.00	10.85	10.94
5.43	4.85	5.20	5.58	4.69	4.23	3.83
5.15	4.95	5.20	5.20	5.00	5.80	5.67

3-29 农产品集贸市场价格指数（2016年）

（上年同期=100）

指 标	Item	1 月 January	2 月 February	3 月 March	4 月 April	5 月 May
粮食类	**Grain**					
籼稻	Rice	100.4	100.7	99.3	98.3	97.9
小麦	Wheat	100.0		100.0	100.0	100.0
玉米	Corn	91.6	91.9	89.6	88.8	87.8
大豆	Soybean	103.5	103.4	101.9	101.1	102.6
籼米	Indica	100.6	100.9	100.2	100.0	101.3
经济作物类	**Economic Crops Category**					
花生仁	Peanuts	98.0	98.8	99.6	100.6	103.4
油菜籽	Rapeseed				100.0	100.0
畜产品类	**Animal Products**					
活猪	Live Pig	122.1	130.2	150.0	150.2	149.9
仔猪	Piglets	153.0	164.2	206.9	203.0	201.9
猪肉	Pork	116.2	124.3	132.4	141.0	142.5
活牛	Live Cattle	99.4	100.0	101.7	101.1	101.1
牛肉	Beef	100.4	100.0	100.7	101.3	100.6
活羊	Live Sheep	104.0	104.3	105.4	106.6	106.6
羊肉	Mutton	98.9	99.0	101.0	101.5	100.7
活鸡	Live Chicken	104.4	105.9	103.0	102.5	99.5
鸡蛋	Eggs	96.4	94.7	96.4	99.5	99.3
水产品类	**Aquatic Products**					
草鱼	Grass Carp	101.3	100.0	96.2	98.0	97.1
鲤鱼	Cyprinoid	102.8	100.9	98.8	100.4	99.6
链鱼	Chub	100.4	97.4	98.0	100.4	102.2
蔬菜类	**Vegetables**					
大白菜	Chinese Cabbage	164.8	168.1	157.5	119.8	111.3
黄瓜	Cucumber	116.5	126.5	131.3	117.9	87.2
西红柿	Tomato	121.7	144.8	144.2	135.3	93.7
菜椒	Green Pepper	100.6	135.8	164.6	129.4	102.2
四季豆	Kidney Bean	97.8	130.0	133.3	130.4	90.4
水果类	**Fruit Group**					
红富士苹果	Fuji apple	95.6	91.5	93.3	95.2	94.7
香蕉	Banana	81.4	88.4	88.1	96.3	96.1
橙子	Orange	101.8	99.2	99.2	87.8	66.3

Rural Market Fairs Price Indices of Agricultural Products（2016）

（preceding year=100）

6 月 June	7 月 July	8 月 August	9 月 September	10 月 October	11 月 November	12 月 December
96.2	95.8	96.5	96.1	92.9	93.7	93.7
100.0	100.0		100.0	104.0	104.0	104.0
87.4	88.2	88.5	90.4	92.6	95.5	95.9
102.0	101.6	100.0	99.4	100.7	102.5	104.2
102.3	102.5	102.3	101.7	100.2	100.4	100.2
105.1	105.1	98.8	96.8	100.2	101.4	100.8
135.9	116.4	105.4	105.7	100.2	103.6	102.1
177.0	143.2	125.8	123.6	120.5	124.4	123.4
133.2	115.8	104.2	103.7	98.6	101.0	101.0
98.9	97.3	97.3	96.2	96.7	97.2	100.0
99.6	98.5	96.4	95.3	96.7	97.0	96.7
103.6	103.3	98.9	98.9	98.4	97.9	98.4
99.0	98.8	97.7	97.2	95.7	95.2	95.3
98.6	97.1	94.8	96.7	95.3	97.6	97.6
97.5	93.8	92.6	95.7	94.3	94.6	95.9
95.8	93.8	93.5	93.9	96.4	95.3	95.4
100.2	98.2	96.3	98.1	100.4	96.5	95.8
104.6	100.7	97.5	97.6	99.2	98.3	98.3
91.9	107.3	106.9	104.8	104.4	110.9	113.4
77.6	93.8	102.0	99.2	107.9	96.1	94.2
108.4	85.9	77.0	91.7	90.5	97.4	92.0
92.9	87.7	94.9	113.5	108.4	108.9	106.0
87.1	94.9	86.1	92.3	85.6	100.9	91.6
90.7	91.7	91.9	91.0	93.4	91.3	93.7
102.8	93.6	102.4	113.9	100.9	95.1	88.5
92.0	90.0	91.2	91.2	87.0	83.2	93.4

3-30 农产品集贸市场价格环比指数（2016年）

（上月＝100）

指　标	Item	1 月 January	2 月 February	3 月 March	4 月 April	5 月 May
粮食类	**Grain**					
籼稻	Rice	99.6	100.0	99.7	98.9	99.3
小麦	Wheat	100.0		100.0	100.0	100.0
玉米	Corn	98.9	99.2	99.2	98.1	98.8
大豆	Soybean	100.3	100.0	99.7	100.0	101.6
籼米	Indica	100.7	100.0	99.6	100.0	100.4
经济作物类	**Economic Crops Category**					
花生仁	Peanuts	99.6	101.0	101.0	100.9	103.0
油菜籽	Rapeseed				100.0	100.0
畜产品类	**Animal Products**					
活猪	Live Pig	103.0	102.8	107.4	102.8	105.2
仔猪	Piglets	100.9	105.7	122.7	102.8	108.0
猪肉	Pork	100.2	106.3	101.4	105.1	103.9
活牛	Live Cattle	101.1	101.6	99.5	98.4	100.0
牛肉	Beef	100.0	102.6	97.5	99.1	99.8
活羊	Live Sheep	102.1	101.6	100.0	100.0	100.0
羊肉	Mutton	100.7	102.0	98.7	100.0	99.2
活鸡	Live Chicken	100.0	103.4	96.7	98.1	98.6
鸡蛋	Eggs	100.5	97.9	96.9	100.7	98.9
水产品类	**Aquatic Products**					
草鱼	Grass Carp	100.2	102.9	96.7	99.2	98.3
鲤鱼	Cyprinoid	99.1	102.8	99.1	99.6	98.1
链鱼	Chub	100.4	100.0	98.6	99.4	100.0
蔬菜类	**Vegetables**					
大白菜	Chinese Cabbage	119.5	112.4	107.5	93.0	93.3
黄瓜	Cucumber	118.2	126.5	86.4	72.5	71.8
西红柿	Tomato	91.7	116.2	93.1	98.9	77.2
菜椒	Green Pepper	96.3	130.3	116.3	79.3	73.0
四季豆	Kidney Bean	101.5	131.6	91.4	93.8	69.3
水果类	**Fruit Group**					
红富士苹果	Fuji apple	98.5	100.7	97.8	99.8	98.4
香蕉	Banana	104.8	111.9	102.4	105.8	97.8
橙子	Orange	91.9	110.2	100.8	107.6	79.5

Rural Market Fairs Price Chain Index of Agricultural Products（2016）

（preceding month=100）

6 月 June	7 月 July	8 月 August	9 月 September	10 月 October	11 月 November	12 月 December
99.3	98.6	100.0	99.6	96.7	101.5	100.4
100.0	100.0		100.0	104.0	100.0	100.0
99.6	101.2	100.0	100.0	99.2	100.8	100.8
99.1	99.6	100.0	99.4	101.7	101.3	101.5
100.4	99.8	99.8	99.4	99.1	100.6	100.4
101.9	100.2	99.1	97.2	98.1	100.0	99.1
98.7	95.1	98.1	99.1	92.2	98.6	100.1
101.3	94.5	96.2	99.4	94.8	96.5	101.5
100.0	97.1	98.3	98.7	94.2	96.2	100.5
98.4	98.9	100.0	99.4	99.4	100.0	103.4
99.6	99.3	99.6	99.6	99.6	100.0	100.0
96.1	99.7	100.0	100.0	100.0	100.5	98.4
98.0	99.8	99.7	99.7	99.0	99.3	99.3
101.0	98.5	100.0	101.5	99.5	99.5	101.0
99.0	98.9	103.2	104.1	98.0	98.4	99.6
100.0	98.2	100.7	100.1	100.0	98.2	101.0
100.9	100.0	99.1	99.8	99.2	96.2	102.0
102.7	99.1	98.3	99.6	101.2	99.2	100.0
91.2	108.2	104.6	102.1	91.6	98.6	95.2
94.9	112.6	128.7	96.1	101.2	98.6	106.4
104.2	88.0	100.5	123.6	102.0	103.6	100.9
95.2	95.9	110.8	122.8	94.4	103.5	103.4
113.1	110.5	110.0	104.9	83.3	92.8	103.5
98.8	100.0	98.5	101.1	100.5	98.6	100.8
100.9	89.3	107.2	107.3	84.1	90.2	90.5
97.2	96.1	105.1	100.0	96.2	116.0	97.8

3-31 农产品集贸市场价格及指数

Rural Market Fairs Prices of Agricultural Products and Indices

指 标	Item	1月 January								
		价 格（元/公斤）Price（yuan/kg）			价格变动（上月=100）Price Movements（preceding month=100）			价格变动（上年同期=100）Price Movements（preceding year=100）		
		2013	2014	2015	2013	2014	2015	2013	2014	2015
粮食类	**Grain**									
籼稻	Rice	2.81	2.73	2.83	99.6	100.0	99.7	99.2	97.2	103.7
小麦	Wheat	5.00	5.30	5.00	100.0	101.9	100.0	111.1	106.0	94.3
玉米	Corn	2.79	2.84	2.87	99.6	99.3	99.7	103.3	101.8	101.1
大豆	Soybean	7.00	7.06	7.44	101.0	98.1	100.0	107.7	100.9	105.4
籼米	Indica	4.76	5.08	5.35	100.2	99.8	99.4	101.3	106.7	105.3
经济作物类	**Economic Crops Category**									
花生仁	Peanuts	14.01	12.39	12.73	99.9	97.5	101.0	101.9	88.4	102.7
畜产品类	**Animal Products**									
活猪	Live Pig	16.00	14.33	14.13	105.7	91.1	98.2	94.2	89.6	98.6
仔猪	Piglets	20.39	17.83	17.70	103.1	94.4	98.4	83.1	87.4	99.3
猪肉	Pork	23.67	23.50	21.78	105.5	97.9	100.7	89.3	99.3	92.7
活牛	Live Cattle	22.66	25.14	26.29	103.4	102.9	100.0	138.7	110.9	104.6
牛肉	Beef	58.00	67.25	67.50	102.7	102.3	98.7	133.3	115.9	100.4
活羊	Live Sheep	31.60	34.80	36.72	108.2	101.2	100.9	125.4	110.1	105.5
羊肉	Mutton	67.71	73.14	75.57	105.0	101.4	100.2	122.5	108.0	103.3
活鸡	Live Chicken	22.75	20.75	24.90	104.6	100.5	102.1	105.8	91.2	120.0
鸡蛋	Eggs	11.91	11.95	13.18	100.4	100.8	100.9	103.6	100.3	110.3
水产品类	**Aquatic Products**									
草鱼	Grass Carp	13.75	15.31	14.40	102.5	105.4	99.5	95.7	111.3	94.1
鲤鱼	Cyprinoid	12.63	13.81	12.83	102.0	103.8	98.7	95.3	109.3	92.9
链鱼	Chub	7.67	8.03	8.43	107.4	104.2	105.0	97.6	104.7	105.0
蔬菜类	**Vegetables**									
大白菜	Chinese Cabbage	2.88	1.80	2.16	122.6	75.6	81.8	149.6	62.5	120.0
黄瓜	Cucumber	4.30	5.29	5.57	102.1	100.6	89.4	74.6	123.0	105.3
西红柿	Tomato	4.88	5.46	4.71	115.1	96.8	100.6	125.9	111.9	86.3
菜椒	Green Pepper	5.56	7.00	6.89	109.2	104.6	112.4	72.3	125.9	98.4
四季豆	Kidney Bean	6.20	6.70	6.80	133.9	106.3	100.7	108.4	108.1	101.5
水果类	**Fruit Group**									
红富士苹果	Fuji apple	9.46	10.81	12.03	99.0	104.5	101.3	95.1	114.3	111.3
香蕉	Banana	3.63	5.06	5.58	110.3	128.4	95.6	88.5	139.4	110.3
橙子	Orange	5.05	5.10	5.48	99.6	107.4	92.9	121.1	101.0	107.5

3-31　续表 1　continued

指　标	Item	2 月　February								
		价　格（元/公斤）Price（yuan/kg）			价格变动（上月＝100）Price Movements（preceding month=100）			价格变动（上年同期＝100）Price Movements（preceding year=100）		
		2013	2014	2015	2013	2014	2015	2013	2014	2015
粮食类	**Grain**									
籼稻	Rice	2.83	2.77	2.82	100.7	101.5	99.7	97.6	97.9	101.8
小麦	Wheat	5.00	5.50	5.00	100.0	103.8	100.0		110.0	90.9
玉米	Corn	2.79	2.85	2.84	100.0	100.4	99.0	101.9	102.2	99.7
大豆	Soybean	7.16	7.08	7.45	102.3	100.3	100.1	108.9	98.9	105.2
籼米	Indica	4.47	5.10	5.33	93.9	100.4	99.6	94.4	114.1	104.5
经济作物类	**Economic Crops Category**									
花生仁	Peanuts	13.93	11.51	12.75	99.4	92.9	100.2	98.6	82.6	110.8
畜产品类	**Animal Products**									
活猪	Live Pig	16.09	13.26	13.63	100.6	92.5	96.5	101.0	82.4	102.8
仔猪	Piglets	20.71	16.38	17.44	101.6	91.9	98.5	81.0	79.1	106.5
猪肉	Pork	23.09	22.05	21.63	97.5	93.8	99.3	91.9	95.5	98.1
活牛	Live Cattle	23.50	25.14	26.57	103.7	100.0	101.1	140.3	107.0	105.7
牛肉	Beef	61.43	66.88	69.50	105.9	99.4	103.0	135.8	108.9	103.9
活羊	Live Sheep	31.88	34.60	37.20	100.9	99.4	101.3	119.0	108.5	107.5
羊肉	Mutton	65.80	73.14	77.00	97.2	100.0	101.9	108.6	111.2	105.3
活鸡	Live Chicken	23.03	19.48	25.38	101.2	93.9	101.9	110.2	84.6	130.3
鸡蛋	Eggs	12.07	11.60	13.13	101.3	97.1	99.6	112.0	96.1	113.2
水产品类	**Aquatic Products**									
草鱼	Grass Carp	13.43	15.30	15.00	97.7	99.9	104.2	92.6	113.9	98.0
鲤鱼	Cyprinoid	12.57	13.81	13.44	99.5	100.0	104.8	95.8	109.9	97.3
链鱼	Chub	7.48	7.90	8.69	97.5	98.4	103.1	97.0	105.6	110.0
蔬菜类	**Vegetables**									
大白菜	Chinese Cabbage	2.41	2.00	2.38	83.7	111.1	110.2	135.8	83.0	119.0
黄瓜	Cucumber	4.70	6.51	6.49	109.3	123.1	116.5	98.5	138.5	99.7
西红柿	Tomato	4.36	5.35	4.60	89.3	98.0	97.7	116.3	122.7	86.0
菜椒	Green Pepper	5.17	7.21	6.65	93.0	103.0	96.5	82.7	139.5	92.2
四季豆	Kidney Bean	6.33	7.95	6.73	102.1	118.7	99.0	110.7	125.6	84.7
水果类	**Fruit Group**									
红富士苹果	Fuji apple	9.36	10.90	12.65	98.9	100.8	105.2	97.0	116.5	116.1
香蕉	Banana	3.94	5.18	5.75	108.5	102.4	103.1	98.5	131.5	111.0
橙子	Orange	5.03	5.84	6.20	99.6	114.5	113.1	123.1	116.1	106.2

3-31 续表 2 continued

指 标	Item	3 月 March								
		价 格（元/公斤）Price（yuan/kg）			价格变动（上月＝100）Price Movements（preceding month=100）			价格变动（上年同期＝100）Price Movements（preceding year=100）		
		2013	2014	2015	2013	2014	2015	2013	2014	2015
粮食类	**Grain**									
籼稻	Rice	2.79	2.81	2.85	98.6	101.4	101.1	96.6	100.7	101.4
小麦	Wheat	5.00	5.50	5.00	100.0	100.0	100.0		110.0	90.9
玉米	Corn	2.76	2.84	2.89	98.9	99.6	101.8	100.8	102.9	101.8
大豆	Soybean	7.04	7.05	7.54	98.3	99.6	101.2	108.7	100.1	107.0
籼米	Indica	4.79	5.15	5.35	107.2	101.0	100.4	100.8	107.5	103.9
经济作物类	**Economic Crops Category**									
花生仁	Peanuts	13.94	11.34	12.78	100.1	98.5	100.2	97.1	81.3	112.7
畜产品类	**Animal Products**									
活猪	Live Pig	14.30	12.51	12.70	88.9	94.3	93.2	92.8	87.5	101.5
仔猪	Piglets	20.00	15.80	16.98	96.6	96.5	97.4	78.2	79.0	107.5
猪肉	Pork	21.88	20.18	20.58	94.8	91.5	95.2	89.8	92.2	102.0
活牛	Live Cattle	23.07	25.14	26.00	98.2	100.0	97.9	135.0	109.0	103.4
牛肉	Beef	59.75	66.63	67.25	97.3	99.6	96.8	129.2	111.5	100.9
活羊	Live Sheep	32.64	34.40	36.80	102.4	99.4	98.9	122.7	105.4	107.0
羊肉	Mutton	67.71	73.57	74.50	102.9	100.6	96.8	110.2	108.7	101.3
活鸡	Live Chicken	21.92	19.90	25.25	95.2	102.2	99.5	105.0	90.8	126.9
鸡蛋	Eggs	11.39	11.58	12.50	94.4	99.8	95.2	105.5	101.7	107.9
水产品类	**Aquatic Products**									
草鱼	Grass Carp	13.50	15.03	15.08	100.5	98.2	100.5	89.3	111.3	100.3
鲤鱼	Cyprinoid	12.51	13.43	13.60	99.5	97.2	101.2	96.2	107.4	101.3
链鱼	Chub	7.61	7.91	8.51	101.7	100.1	97.9	98.6	103.9	107.6
蔬菜类	**Vegetables**									
大白菜	Chinese Cabbage	2.16	2.95	2.73	89.6	147.5	114.7	86.8	136.6	92.5
黄瓜	Cucumber	5.03	5.96	5.40	107.0	91.6	83.2	84.2	118.5	90.6
西红柿	Tomato	3.71	5.81	4.30	85.1	108.6	93.5	81.8	156.6	74.0
菜椒	Green Pepper	5.31	7.05	6.38	102.7	97.8	95.9	65.4	132.8	90.5
四季豆	Kidney Bean	6.50	7.25	6.00	102.7	91.2	89.2	102.4	111.5	82.8
水果类	**Fruit Group**									
红富士苹果	Fuji apple	9.44	10.71	12.15	100.9	98.3	96.1	96.8	113.5	113.5
香蕉	Banana	4.05	5.69	5.90	102.8	109.8	102.6	94.7	140.5	103.7
橙子	Orange	5.15	5.66	6.25	102.4	96.9	100.8	124.3	109.9	110.4

3-31　续表 3　continued

指　标	Item	4 月 April								
		价　格（元/公斤）Price（yuan/kg）			价格变动（上月=100）Price Movements（preceding month=100）			价格变动（上年同期=100）Price Movements（preceding year=100）		
		2013	2014	2015	2013	2014	2015	2013	2014	2015
粮食类	**Grain**									
籼稻	Rice	2.78	2.80	2.85	99.6	99.6	100.0	96.2	100.7	101.8
小麦	Wheat	5.00	5.50	5.00	100.0	100.0	100.0		110.0	90.9
玉米	Corn	2.77	2.81	2.86	100.4	98.9	99.0	100.4	101.4	101.8
大豆	Soybean	7.01	7.18	7.60	99.6	101.8	100.8	109.0	102.4	105.9
籼米	Indica	4.78	5.18	5.36	99.8	100.6	100.2	100.6	108.4	103.5
经济作物类	**Economic Crops Category**									
花生仁	Peanuts	13.69	11.31	12.78	98.2	99.7	100.0	95.2	82.6	113.0
畜产品类	**Animal Products**									
活猪	Live Pig	12.80	10.73	13.04	89.5	85.8	102.7	94.5	83.8	121.5
仔猪	Piglets	18.15	15.15	17.78	90.8	95.9	104.7	74.6	83.5	117.4
猪肉	Pork	20.88	19.00	20.31	95.4	94.2	98.7	94.9	91.0	106.9
活牛	Live Cattle	23.00	25.14	25.71	99.7	100.0	98.9	134.7	109.3	102.3
牛肉	Beef	60.00	67.13	66.25	100.4	100.8	98.5	128.0	111.9	98.7
活羊	Live Sheep	33.20	33.80	36.40	101.7	98.3	98.9	124.8	101.8	107.7
羊肉	Mutton	69.00	73.14	74.13	101.9	99.4	99.5	113.7	106.0	101.4
活鸡	Live Chicken	17.46	20.65	24.88	79.7	103.8	98.5	82.6	118.3	120.5
鸡蛋	Eggs	10.84	11.65	12.19	95.2	100.6	97.5	106.4	107.5	104.6
水产品类	**Aquatic Products**									
草鱼	Grass Carp	13.44	14.53	14.68	99.6	96.7	97.4	93.5	108.1	101.0
鲤鱼	Cyprinoid	12.38	12.90	13.33	99.0	96.1	98.0	100.0	104.2	103.3
链鱼	Chub	7.39	7.80	8.26	97.1	98.6	97.1	98.5	105.5	105.9
蔬菜类	**Vegetables**									
大白菜	Chinese Cabbage	4.04	2.93	3.34	187.0	99.3	122.3	106.6	72.5	114.0
黄瓜	Cucumber	4.50	4.43	4.36	89.5	74.3	80.7	95.1	98.4	98.4
西红柿	Tomato	4.53	4.88	4.53	122.1	84.0	105.4	78.0	107.7	92.8
菜椒	Green Pepper	7.41	6.41	6.44	139.5	90.9	100.9	102.2	86.5	100.5
四季豆	Kidney Bean	8.25	5.95	5.75	126.9	82.1	95.8	129.3	72.1	96.6
水果类	**Fruit Group**									
红富士苹果	Fuji apple	9.44	10.88	11.88	100.0	101.6	97.8	100.6	115.3	109.2
香蕉	Banana	4.45	5.98	5.71	109.9	105.1	96.8	101.6	134.4	95.5
橙子	Orange	6.40	5.55	7.60	124.3	98.1	121.6	148.8	86.7	136.9

3-31 续表 4 continued

指标	Item	5月 May								
		价格（元/公斤）Price（yuan/kg）			价格变动（上月=100）Price Movements（preceding month=100）			价格变动（上年同期=100）Price Movements（preceding year=100）		
		2013	2014	2015	2013	2014	2015	2013	2014	2015
粮食类	**Grain**									
籼稻	Rice	2.79	2.76	2.84	100.4	98.6	99.7	96.5	98.9	102.9
小麦	Wheat	5.00	5.40	5.00	100.0	98.2	100.0	100.0	108.0	92.6
玉米	Corn	2.82	2.81	2.86	101.8	100.0	100.0	102.1	99.6	101.8
大豆	Soybean	7.14	7.15	7.60	101.9	99.6	100.0	110.7	100.1	106.3
籼米	Indica	4.80	5.29	5.31	100.4	102.1	99.1	101.3	110.2	100.4
经济作物类	**Economic Crops Category**									
花生仁	Peanuts	13.38	11.51	12.80	97.7	101.8	100.2	91.5	86.0	111.2
畜产品类	**Animal Products**									
活猪	Live Pig	12.71	12.81	13.74	99.3	119.4	105.4	96.2	100.8	107.3
仔猪	Piglets	17.55	17.04	19.31	96.7	112.5	108.6	76.4	97.1	113.3
猪肉	Pork	20.41	20.03	20.88	97.7	105.4	102.8	94.9	98.1	104.2
活牛	Live Cattle	22.86	25.57	25.71	99.4	101.7	100.0	133.8	111.9	100.6
牛肉	Beef	60.00	66.38	66.63	100.0	98.9	100.6	126.6	110.6	100.4
活羊	Live Sheep	33.40	34.20	36.40	100.6	101.2	100.0	125.6	102.4	106.4
羊肉	Mutton	70.57	73.71	74.13	102.3	100.8	100.0	116.2	104.4	100.6
活鸡	Live Chicken	16.75	22.13	25.25	95.9	107.2	101.5	79.3	132.1	114.1
鸡蛋	Eggs	10.86	12.25	12.08	100.2	105.2	99.1	106.7	112.8	98.6
水产品类	**Aquatic Products**									
草鱼	Grass Carp	13.45	14.63	14.55	100.1	100.7	99.1	94.4	108.8	99.5
鲤鱼	Cyprinoid	12.28	12.88	13.19	99.2	99.8	99.0	103.4	104.9	102.4
链鱼	Chub	7.57	8.09	8.11	102.4	103.7	98.2	97.2	106.9	100.3
蔬菜类	**Vegetables**									
大白菜	Chinese Cabbage	3.81	3.01	3.35	94.3	102.7	100.3	103.7	79.0	111.3
黄瓜	Cucumber	3.50	2.66	4.23	77.8	60.0	97.0	114.5	76.0	159.0
西红柿	Tomato	4.21	4.35	5.05	92.9	89.1	111.5	64.5	103.3	116.1
菜椒	Green Pepper	6.56	5.50	5.95	88.5	85.8	92.4	83.4	83.8	108.2
四季豆	Kidney Bean	5.75	5.00	5.75	69.7	84.0	100.0	102.7	87.0	115.0
水果类	**Fruit Group**									
红富士苹果	Fuji apple	9.56	10.88	11.75	101.3	100.0	98.9	100.6	113.8	108.0
香蕉	Banana	4.50	6.33	5.60	101.1	105.9	98.1	112.5	140.7	88.5
橙子	Orange	6.73	7.07	8.00	105.2	127.4	105.3	150.7	105.1	113.2

3-31　续表 5　continued

指　标	Item	6 月 June								
		价　格（元/公斤）Price（yuan/kg）			价格变动（上月＝100）Price Movements（preceding month=100）			价格变动（上年同期＝100）Price Movements（preceding year=100）		
		2013	2014	2015	2013	2014	2015	2013	2014	2015
粮食类	**Grain**									
籼稻	Rice	2.72	2.76	2.87	97.5	100.0	101.1	95.1	101.5	104.0
小麦	Wheat	5.00	5.30	5.00	100.0	98.1	100.0	100.0	106.0	94.3
玉米	Corn	2.81	2.82	2.86	99.6	100.4	100.0	100.7	100.4	101.4
大豆	Soybean	7.06	7.15	7.58	98.9	100.0	99.7	108.8	101.3	106.0
籼米	Indica	4.79	5.34	5.28	99.8	100.9	99.4	101.1	111.5	98.9
经济作物类	**Economic Crops Category**									
花生仁	Peanuts	13.34	11.75	12.83	99.7	102.1	100.2	92.8	88.1	109.2
畜产品类	**Animal Products**									
活猪	Live Pig	13.11	12.70	14.96	103.1	99.1	108.9	95.4	96.9	117.8
仔猪	Piglets	18.23	17.20	22.31	103.9	100.9	115.5	81.5	94.3	129.7
猪肉	Pork	20.88	20.10	22.33	102.3	100.3	106.9	98.3	96.3	111.1
活牛	Live Cattle	23.00	25.57	25.86	100.6	100.0	100.6	132.0	111.2	101.1
牛肉	Beef	60.38	66.25	67.00	100.6	99.8	100.6	123.9	109.7	101.1
活羊	Live Sheep	33.00	34.12	36.00	98.8	99.8	98.9	124.1	103.4	105.5
羊肉	Mutton	69.71	73.14	73.88	98.8	99.2	99.7	115.9	104.9	101.0
活鸡	Live Chicken	17.50	22.90	25.75	104.5	103.5	102.0	81.9	130.9	112.5
鸡蛋	Eggs	10.93	12.28	12.18	100.6	100.2	100.8	101.4	112.4	99.2
水产品类	**Aquatic Products**									
草鱼	Grass Carp	13.50	15.00	14.75	100.4	102.5	101.4	96.4	111.1	98.3
鲤鱼	Cyprinoid	12.28	13.38	13.23	100.0	103.9	100.3	100.2	109.0	98.9
链鱼	Chub	7.59	8.21	8.14	100.3	101.5	100.4	99.7	108.2	99.2
蔬菜类	**Vegetables**									
大白菜	Chinese Cabbage	3.61	3.45	3.70	94.8	114.6	110.5	114.6	95.6	107.3
黄瓜	Cucumber	3.89	3.13	4.51	111.1	117.7	106.6	144.1	80.5	144.1
西红柿	Tomato	4.20	5.05	4.55	99.8	116.1	90.1	86.1	120.2	90.1
菜椒	Green Pepper	6.84	5.34	6.23	104.3	97.1	104.7	101.6	78.1	116.7
四季豆	Kidney Bean	5.70	5.50	6.75	99.1	110.0	117.4	132.6	96.5	122.7
水果类	**Fruit Group**									
红富士苹果	Fuji apple	9.90	10.90	12.13	103.6	100.2	103.2	100.2	110.1	111.3
香蕉	Banana	4.71	6.18	5.28	104.7	97.6	94.3	122.3	131.2	85.4
橙子	Orange	6.73	7.53	5.60	100.0	106.5	70.0	151.2	111.9	74.4

3-31 续表 6 continued

指 标	Item	7 月 July								
		价 格（元/公斤）Price（yuan/kg）			价格变动（上月=100）Price Movements（preceding month=100）			价格变动（上年同期=100）Price Movements（preceding year=100）		
		2013	2014	2015	2013	2014	2015	2013	2014	2015
粮食类	**Grain**									
籼稻	Rice	2.67	2.80	2.84	98.2	101.4	99.0	95.7	104.9	101.4
小麦	Wheat	5.00	5.30	5.00	100.0	100.0	100.0	100.0	106.0	94.3
玉米	Corn	2.81	2.83	2.87	100.0	100.4	100.4	99.7	100.7	101.4
大豆	Soybean	7.08	7.20	7.58	100.3	100.7	100.0	106.9	101.7	105.3
籼米	Indica	4.81	5.35	5.26	100.4	100.2	99.6	101.0	111.2	98.3
经济作物类	**Economic Crops Category**									
花生仁	Peanuts	13.21	11.70	12.85	99.0	99.6	100.2	93.5	88.6	109.8
畜产品类	**Animal Products**									
活猪	Live Pig	13.63	13.45	16.61	104.0	105.9	111.0	98.1	98.7	123.5
仔猪	Piglets	18.09	18.23	26.05	99.2	106.0	116.8	81.6	100.8	142.9
猪肉	Pork	21.25	20.88	24.95	101.8	103.9	111.7	100.0	98.3	119.5
活牛	Live Cattle	22.83	25.71	26.00	99.3	100.5	100.5	121.8	112.6	101.1
牛肉	Beef	61.33	66.38	67.25	101.6	100.2	100.4	118.2	108.2	101.3
活羊	Live Sheep	33.04	35.00	36.00	100.1	102.6	100.0	122.4	105.9	102.9
羊肉	Mutton	70.86	73.14	73.88	101.6	100.0	100.0	118.7	103.2	101.0
活鸡	Live Chicken	18.43	23.25	25.75	105.3	101.5	100.0	86.7	126.2	110.8
鸡蛋	Eggs	11.06	12.75	12.53	101.2	103.8	102.9	105.8	115.3	98.3
水产品类	**Aquatic Products**									
草鱼	Grass Carp	13.88	14.83	14.80	102.8	98.9	100.3	100.0	106.8	99.8
鲤鱼	Cyprinoid	12.63	13.30	13.50	102.9	99.4	102.0	103.1	105.3	101.5
链鱼	Chub	7.86	8.40	8.37	103.6	102.3	102.8	101.9	106.9	99.6
蔬菜类	**Vegetables**									
大白菜	Chinese Cabbage	3.61	4.08	3.43	100.0	118.3	92.7	114.2	113.0	84.1
黄瓜	Cucumber	3.70	3.60	4.20	95.1	115.0	93.1	106.7	97.3	116.7
西红柿	Tomato	3.78	4.40	5.05	90.0	87.1	111.0	84.0	116.4	114.8
菜椒	Green Pepper	6.71	5.63	6.33	98.1	105.4	101.6	122.0	83.9	112.4
四季豆	Kidney Bean	6.20	6.38	6.85	108.8	116.0	101.5	108.8	102.9	107.4
水果类	**Fruit Group**									
红富士苹果	Fuji apple	9.96	11.59	12.00	100.6	106.3	98.9	100.6	116.4	103.5
香蕉	Banana	4.70	5.80	5.18	99.8	93.9	98.1	124.5	123.4	89.3
橙子	Orange	7.13	7.57	5.50	105.9	100.5	98.2	190.1	106.2	72.7

3-31　续表 7　continued

指　标	Item	8 月　August								
		价　格（元/公斤）Price（yuan/kg）			价格变动（上月＝100）Price Movements（preceding month=100）			价格变动（上年同期＝100）Price Movements（preceding year=100）		
		2013	2014	2015	2013	2014	2015	2013	2014	2015
粮食类	**Grain**									
籼稻	Rice	2.66	2.81	2.82	99.6		99.3			100.4
小麦	Wheat	5.00	5.30	5.00	100.0	100.0	100.0	100.0	106.0	94.3
玉米	Corn	2.83	2.86	2.86	100.7	101.1	99.7	100.0	101.1	100.0
大豆	Soybean	7.08	7.26	7.70	100.0	100.8	101.6	105.9	102.5	106.1
籼米	Indica	4.93	5.31	5.26	102.5	99.3	100.0	104.1	107.7	99.1
经济作物类	**Economic Crops Category**									
花生仁	Peanuts	13.13	11.85	13.55	99.4	101.3	105.5	93.0	90.3	114.4
畜产品类	**Animal Products**									
活猪	Live Pig	14.55	14.61	18.01	106.7	108.6	108.4	102.2	100.4	123.3
仔猪	Piglets	19.38	19.68	28.53	107.1	108.0	109.5	89.6	101.5	145.0
猪肉	Pork	22.88	22.25	27.25	107.7	106.6	109.2	106.4	97.2	122.5
活牛	Live Cattle	22.93	25.71	26.00	100.4	100.0	100.0	116.1	112.1	101.1
牛肉	Beef	62.35	66.75	68.50	101.7	100.6	101.9	118.2	107.1	102.6
活羊	Live Sheep	32.80	34.88	37.60	99.3	99.7	104.4	121.5	106.3	107.8
羊肉	Mutton	70.29	73.00	74.50	99.2	99.8	100.8	117.4	103.9	102.1
活鸡	Live Chicken	19.05	24.13	26.38	103.4	103.8	102.5	90.0	126.7	109.3
鸡蛋	Eggs	11.49	13.46	13.10	103.9	105.6	104.6	99.5	117.1	97.3
水产品类	**Aquatic Products**									
草鱼	Grass Carp	14.15	14.85	14.95	101.9	100.1	101.0	102.0	104.9	100.7
鲤鱼	Cyprinoid	13.03	13.45	13.63	103.2	101.1	101.0	104.2	103.2	101.3
链鱼	Chub	7.87	7.99	8.50	100.1	95.1	101.6	103.4	101.5	106.4
蔬菜类	**Vegetables**									
大白菜	Chinese Cabbage	4.64	3.95	3.60	128.5	96.8	105.0	122.9	85.1	91.1
黄瓜	Cucumber	4.69	4.03	4.97	126.8	111.9	118.3	113.2	85.9	123.3
西红柿	Tomato	4.56	4.48	5.66	120.6	101.8	112.1	101.1	98.2	126.3
菜椒	Green Pepper	7.56	5.25	6.48	112.7	93.3	102.4	155.1	69.4	123.4
四季豆	Kidney Bean	7.55	6.90	8.30	121.8	108.2	121.2	120.8	91.4	120.3
水果类	**Fruit Group**									
红富士苹果	Fuji apple	10.21	11.65	11.78	102.5	100.5	98.2	104.3	114.1	101.1
香蕉	Banana	4.69	6.45	5.08	99.8	111.2	98.1	135.0	137.5	78.8
橙子	Orange	7.20	7.60	5.70	101.0	100.4	103.6	189.5	105.6	75.0

3-31 续表 8 continued

指标	Item	9月 September								
		价格（元/公斤） Price（yuan/kg）			价格变动（上月=100） Price Movements（preceding month=100）			价格变动（上年同期=100） Price Movements（preceding year=100）		
		2013	2014	2015	2013	2014	2015	2013	2014	2015
粮食类	**Grain**									
籼稻	Rice	2.66	2.82	2.82	100.0	100.4	100.0	95.6	106.0	100.0
小麦	Wheat	5.00	5.10	5.00	100.0	96.2	100.0	100.0	102.0	98.0
玉米	Corn	2.83	2.86	2.80	100.0	100.0	97.9	100.6	101.1	97.9
大豆	Soybean	7.15	7.41	7.70	101.0	102.1	100.0	106.1	103.6	103.9
籼米	Indica	4.95	5.35	5.26	100.4	100.8	100.0	104.5	108.1	98.3
经济作物类	**Economic Crops Category**									
花生仁	Peanuts	13.19	12.00	13.43	100.5	101.3	99.1	94.2	91.0	111.9
畜产品类	**Animal Products**									
活猪	Live Pig	15.04	14.80	17.78	103.4	101.3	98.7	104.7	98.4	120.1
仔猪	Piglets	20.13	19.83	28.85	103.9	100.8	101.1	94.0	98.5	145.5
猪肉	Pork	23.38	22.50	27.00	102.2	101.1	99.1	106.3	96.2	120.0
活牛	Live Cattle	23.20	25.86	26.14	101.2	100.6	100.5	111.3	111.5	101.1
牛肉	Beef	63.38	66.88	69.00	101.7	100.2	100.7	118.5	105.5	103.2
活羊	Live Sheep	33.24	34.80	37.60	101.3	99.8	100.0	123.1	104.7	108.1
羊肉	Mutton	71.20	72.29	74.63	101.3	99.0	100.2	117.5	101.5	103.2
活鸡	Live Chicken	19.81	24.25	26.25	104.0	100.5	99.5	92.8	122.4	108.3
鸡蛋	Eggs	11.98	13.69	13.20	104.3	101.7	100.8	102.8	114.3	96.4
水产品类	**Aquatic Products**									
草鱼	Grass Carp	14.03	14.50	14.91	99.2	97.6	99.7	104.3	103.3	102.8
鲤鱼	Cyprinoid	12.78	12.88	13.35	98.1	95.8	98.0	104.3	100.8	103.7
链鱼	Chub	7.97	8.00	8.46	101.3	100.1	99.5	109.6	100.4	105.8
蔬菜类	**Vegetables**									
大白菜	Chinese Cabbage	4.80	3.85	3.75	103.4	97.5	104.2	129.7	80.2	97.4
黄瓜	Cucumber	4.99	5.14	4.91	106.4	127.5	98.8	144.3	103.0	95.5
西红柿	Tomato	4.76	4.48	5.88	104.4	100.0	103.9	89.6	94.1	131.3
菜椒	Green Pepper	7.56	5.75	6.65	100.0	109.5	102.6	147.5	76.1	115.7
四季豆	Kidney Bean	7.20	7.45	8.13	95.4	108.0	98.0	130.9	103.5	109.1
水果类	**Fruit Group**									
红富士苹果	Fuji apple	10.44	11.90	12.03	102.3	102.1	102.1	107.2	114.0	101.1
香蕉	Banana	4.64	6.85	4.90	98.9	106.2	96.5	127.6	147.6	71.5
橙子	Orange	7.17	7.60	5.70	99.6	100.0	100.0	179.3	106.0	75.0

3-31　续表 9　continued

指　标	Item	10 月 October								
		价　格（元/公斤）Price（yuan/kg）			价格变动（上月=100）Price Movements（preceding month=100）			价格变动（上年同期=100）Price Movements（preceding year=100）		
		2013	2014	2015	2013	2014	2015	2013	2014	2015
粮食类	**Grain**									
籼稻	Rice	2.66	2.82	2.82	100.0	100.0	100.0	95.3	106.0	100.0
小麦	Wheat	5.00	5.10	5.00	100.0	100.0	100.0	100.0	102.0	98.0
玉米	Corn	2.81	2.86	2.71	99.3	100.0	96.8	100.4	101.8	94.8
大豆	Soybean	7.16	7.41	7.73	100.1	100.0	100.4	106.9	103.5	104.3
籼米	Indica	4.98	5.35	5.29	100.6	100.0	100.6	105.1	107.4	98.9
经济作物类	**Economic Crops Category**									
花生仁	Peanuts	13.03	12.13	12.73	98.8	101.1	94.8	93.5	93.1	105.0
畜产品类	**Animal Products**									
活猪	Live Pig	15.20	14.61	17.30	101.1	98.7	97.3	107.7	96.1	118.4
仔猪	Piglets	19.00	19.78	28.05	94.4	99.7	97.2	90.7	104.1	141.8
猪肉	Pork	23.63	22.50	26.75	101.1	100.0	99.1	109.2	95.2	118.9
活牛	Live Cattle	23.54	26.00	25.86	101.5	100.5	98.9	112.1	110.5	99.5
牛肉	Beef	64.50	67.25	67.75	101.8	100.6	98.2	118.9	104.3	100.7
活羊	Live Sheep	33.00	35.40	37.80	99.3	101.7	100.5	122.2	107.3	106.8
羊肉	Mutton	70.43	74.00	75.00	98.9	102.4	100.5	116.3	105.1	101.4
活鸡	Live Chicken	19.80	24.28	26.50	99.9	100.1	101.0	92.4	122.6	109.1
鸡蛋	Eggs	12.06	13.70	13.13	100.7	100.1	99.5	104.4	113.6	95.8
水产品类	**Aquatic Products**									
草鱼	Grass Carp	14.33	14.50	14.53	102.1	100.0	97.5	108.6	101.2	100.2
鲤鱼	Cyprinoid	12.95	12.93	12.95	101.3	100.4	97.0	105.7	99.8	100.2
链鱼	Chub	7.86	8.00	8.43	98.6	100.0	99.7	107.2	101.8	105.4
蔬菜类	**Vegetables**									
大白菜	Chinese Cabbage	3.80	3.60	3.45	79.2	93.5	92.0	135.7	94.7	95.8
黄瓜	Cucumber	4.67	4.17	4.57	93.6	81.1	93.1	150.6	89.3	109.6
西红柿	Tomato	5.79	4.20	6.08	121.6	93.8	103.4	136.2	72.5	144.8
菜椒	Green Pepper	7.43	5.63	6.58	98.3	97.9	99.0	144.8	75.8	116.9
四季豆	Kidney Bean	6.90	5.70	7.30	95.8	76.5	89.8	146.8	82.6	128.1
水果类	**Fruit Group**									
红富士苹果	Fuji apple	10.40	12.05	11.78	99.6	101.3	97.9	106.7	115.9	97.8
香蕉	Banana	3.90	6.13	4.65	84.1	89.5	94.9	108.6	157.2	75.9
橙子	Orange	6.53	7.67	5.75	91.1	100.9	100.9	163.3	117.5	75.0

3-31 续表 10 continued

指 标	Item	11 月 November								
		价 格（元/公斤）Price（yuan/kg）			价格变动（上月＝100）Price Movements（preceding month=100）			价格变动（上年同期＝100）Price Movements（preceding year=100）		
		2013	2014	2015	2013	2014	2015	2013	2014	2015
粮食类	**Grain**									
籼稻	Rice	2.69	2.85	2.84	101.1	101.1	100.7	96.1	105.9	99.7
小麦	Wheat	5.10	5.10	5.00	102.0	100.0	100.0	102.0	100.0	98.0
玉米	Corn	2.83	2.86	2.65	100.7	100.0	97.8	101.1	101.1	92.7
大豆	Soybean	7.16	7.38	7.69	100.0	99.6	99.5	105.9	103.1	104.2
籼米	Indica	5.03	5.39	5.31	101.0	100.7	100.4	106.1	107.2	98.5
经济作物类	**Economic Crops Category**									
花生仁	Peanuts	12.84	12.13	12.58	98.5	100.0	98.8	92.2	94.5	103.7
畜产品类	**Animal Products**									
活猪	Live Pig	15.30	14.65	16.48	100.7	100.3	95.3	108.6	95.8	112.5
仔猪	Piglets	18.83	19.00	26.23	99.1	96.1	93.5	93.1	100.9	138.1
猪肉	Pork	23.63	22.00	25.13	100.0	97.8	93.9	108.2	93.1	114.2
活牛	Live Cattle	23.71	26.29	25.71	100.7	101.1	99.4	111.0	110.9	97.8
牛肉	Beef	64.75	68.00	67.50	100.4	101.1	99.6	116.4	105.0	99.3
活羊	Live Sheep	33.40	36.20	38.20	101.2	102.3	101.1	121.0	108.4	105.5
羊肉	Mutton	71.14	75.43	74.88	101.0	101.9	99.8	113.4	106.0	99.3
活鸡	Live Chicken	19.80	23.83	25.75	100.0	98.1	97.2	92.4	120.4	108.1
鸡蛋	Eggs	12.18	13.48	12.88	101.0	98.4	98.1	105.5	110.7	95.6
水产品类	**Aquatic Products**									
草鱼	Grass Carp	14.30	14.73	14.43	99.8	101.6	99.3	109.5	103.0	98.0
鲤鱼	Cyprinoid	13.19	13.00	12.95	101.9	100.5	100.0	107.7	98.6	99.6
链鱼	Chub	7.57	7.97	8.43	96.3	99.6	100.0	105.6	105.3	105.8
蔬菜类	**Vegetables**									
大白菜	Chinese Cabbage	2.86	2.78	3.20	75.3	77.2	92.8	139.5	97.2	115.1
黄瓜	Cucumber	4.26	4.66	5.06	91.2	111.8	110.7	107.3	109.4	108.6
西红柿	Tomato	5.50	4.60	5.85	95.0	109.5	96.2	128.5	83.6	127.2
菜椒	Green Pepper	6.34	5.95	6.78	85.3	105.7	103.0	133.2	93.8	114.0
四季豆	Kidney Bean	5.65	5.50	5.75	81.9	96.5	78.8	132.0	97.3	104.6
水果类	**Fruit Group**									
红富士苹果	Fuji apple	10.44	12.03	11.88	100.4	99.8	100.9	109.9	115.2	98.8
香蕉	Banana	3.76	5.98	4.45	96.4	97.6	95.7	109.6	159.0	74.4
橙子	Orange	5.40	5.60	6.97	82.7	73.0	121.2	98.7	103.7	124.5

3-31　续表 11　continued

指　标	Item	12 月 December								
		价　格（元/公斤）Price（yuan/kg）			价格变动（上月=100）Price Movements（preceding month=100）			价格变动（上年同期=100）Price Movements（preceding year=100）		
		2013	2014	2015	2013	2014	2015	2013	2014	2015
粮食类	**Grain**									
籼稻	Rice	2.73	2.84	2.85	101.5	99.6	100.4	96.8	104.0	100.4
小麦	Wheat	5.20	5.00	5.00	102.0	98.0	100.0	104.0	96.2	100.0
玉米	Corn	2.86	2.88	2.66	101.1	100.7	100.4	102.1	100.7	92.4
大豆	Soybean	7.20	7.44	7.68	100.6	100.8	99.9	103.9	103.3	103.2
籼米	Indica	5.09	5.38	5.34	101.2	99.8	100.6	107.2	105.7	99.3
经济作物类	**Economic Crops Category**									
花生仁	Peanuts	12.71	12.60	12.53	99.0	103.9	99.6	90.6	99.1	99.4
畜产品类	**Animal Products**									
活猪	Live Pig	15.73	14.39	16.75	102.8	98.2	101.6	103.9	91.5	116.4
仔猪	Piglets	18.88	17.98	26.85	100.3	94.6	102.4	95.4	95.2	149.3
猪肉	Pork	24.00	21.63	25.25	101.6	98.3	100.5	107.0	90.1	116.7
活牛	Live Cattle	24.43	26.29	25.86	103.0	100.0	100.6	111.5	107.6	98.4
牛肉	Beef	65.75	68.38	67.75	101.5	100.6	100.4	116.4	104.0	99.1
活羊	Live Sheep	34.40	36.40	37.40	103.0	100.6	97.9	117.8	105.8	102.8
羊肉	Mutton	72.14	75.43	74.25	101.4	100.0	99.2	111.8	104.6	98.4
活鸡	Live Chicken	20.65	24.38	26.00	104.3	102.3	101.0	94.9	118.1	106.6
鸡蛋	Eggs	11.85	13.06	12.65	97.3	96.9	98.2	99.9	110.2	96.9
水产品类	**Aquatic Products**									
草鱼	Grass Carp	14.53	14.48	14.55	101.6	98.3	100.8	108.4	99.7	100.5
鲤鱼	Cyprinoid	13.30	13.00	13.31	100.8	100.0	102.8	107.4	97.7	102.4
链鱼	Chub	7.71	8.03	8.43	101.8	100.8	100.0	108.0	104.2	105.0
蔬菜类	**Vegetables**									
大白菜	Chinese Cabbage	2.38	2.64	2.98	83.2	95.0	93.1	101.3	110.9	112.9
黄瓜	Cucumber	5.26	6.23	5.49	123.5	133.7	108.5	124.9	118.4	88.1
西红柿	Tomato	5.64	4.68	6.25	102.5	101.7	106.8	133.0	83.0	133.6
菜椒	Green Pepper	6.69	6.13	7.20	105.5	103.0	106.2	131.4	91.6	117.5
四季豆	Kidney Bean	6.30	6.75	6.55	111.5	122.7	113.9	136.1	107.1	97.0
水果类	**Fruit Group**									
红富士苹果	Fuji apple	10.34	11.88	11.68	99.0	98.8	98.3	108.2	114.9	98.3
香蕉	Banana	3.94	5.84	4.33	104.8	97.7	97.3	119.8	148.2	74.1
橙子	Orange	4.75	5.90	6.07	88.0	105.4	87.1	93.7	124.2	102.9

主要统计指标解释

居民消费价格指数　是反映一定时期内城乡居民所购买的生活消费品价格和服务项目价格变动趋势和程度的相对数，是对城市居民消费价格指数和农村居民消费价格指数进行综合汇总计算的结果。该指数可以观察和分析消费品的零售价格和服务价格变动对城乡居民实际生活费支出的影响程度。

商品零售价格指数　是反映一定时期内城乡商品零售价格变动趋势的一种经济指数。零售物价的调整变动直接影响城乡居民的生活支出和国家财政的收入，影响居民购买力和市场供需平衡，影响消费与积累的比例。因此，该指数可以从一个侧面对上述经济活动进行观察和分析。

城市居民消费价格指数　是反映一定时期内城市居民家庭所购买的生活消费品价格和服务项目价格变动趋势和程度的相对数。该指数可以观察和分析消费品的零售价格和服务项目价格变动对城镇职工货币工资的影响，作为研究职工生活和确定工资政策的依据。

农村居民消费价格指数　是反映一定时期内农村居民家庭所购买的生活消费品价格和服务项目价格变动趋势和程度的相对数。该指数可以观察农村消费品的零售价格和服务项目价格变动对农村居民生活消费支出的影响，直接反映农民生活水平的实际变化情况，为分析和研究农村居民生活问题提供依据。

商品零售价格指数　是反映一定时期内城乡商品零售价格变动趋势和程度的相对数。商品零售价格的变动直接影响到城乡居民的生活支出和国家的财政收入，影响居民购买力和市场供需的平衡，影响到消费与积累的比例关系。因此，该指数可以从一个侧面对上述经济活动进行观察和分析。

农业生产资料价格指数　指反映一定时期内农业生产资料价格变动趋势和程度的相对数。农业生产资料价格指数分为小农具、饲料、产品畜、役畜、半机械化农具、机械化农具、化学肥料、农药及农药械、农机用油、其他农业生产资料十大类。其编制目的是了解农业生产中物质资料投入价格的变动状况，服务于国民经济核算。1994年以前，农业生产资料价格指数仅仅是商品零售价格指数的一个类别，此后，从商品零售价格指数中分离出来，单独编制。

农产品生产价格指数　是反映一定时期内，农产品生产者出售农产品价格水平变动趋势及幅度的相对数。该指数可以客观反映全国农产品生产价格水平和结构变动情况，满足农业与国民经济核算需要。其中某代表品生产价格指数是通过对全部有出售该产品行为的调查单位的个体指数进行几何平均求得的，类价格指数是通过对其所属的类（或代表品）的价格指数进行加权平均求得的。季度累计价格指数的计算方法与分季指数的计算方法相同。

工业品出厂价格指数　是反映一定时期内全部工业产品出厂价格总水平的变动趋势和程度的相对数，包括工业企业售给本企业以外所有单位的各种产品和直接售给居民用于生活消费的产品。该指数可以观察出厂价格变动对工业总产值及增加值的影响。

原材料、燃料和动力购进价格指数　是反映工业企业作为生产投入，而从物资交易市场和能源、原材料生产企业购买原材料、燃料和动力产品时，所支付的价格水平变动趋势和程度的统计指标，是扣除工业企业物质消耗成本中的价格变动影响的重要依据。

目前，我国编制的原材料、燃料和动力购进价格指数所调查的产品包括燃料动力、黑色金属、有色金属、化工、建材等九大类的近1800种产品。

固定资产投资价格指数　是反映一定时期内固定资产投资品及项目的价格变动趋势和程度的相对数。固定资产投资额是由建筑安装工程投资完成额、设备工器具购置投资完成额和其他费用投资完成额三部分组成的。编制固定资产投资价格指数应首先分别编制上述三部分投资的价格指数，然后采用加权算术平均法求出固定资产投资价格总指数。

该指数可以准确地反映固定资产投资中涉及的各类投资品和取费项目价格变动趋势和变动幅度，消除按现价计算的固定资产投资指标中的价格变动因素，真实地反映固定资产投资的规模、速度、结构和效益，为国家科学地制定、检查固定资产投资计划并提高宏观调控水平，为完善国民经济核算体系提供科学的、可靠的依据。

Explanatory Notes on Main Statistical Indicators

Urban Consumer Price Indices reflect the trend and degree of changes in prices of consumer goods and services purchased by urban households during a given period. It can be used to observe and analyze the impact of price changes in consumer goods and services on wages (in monetary terms) of urban staff and workers, and provide basis for policy-making concerning the living cost and wages of staff and workers.

Retail General Price Indices reflect the trend and degree of change in retail prices of commodities during a given period.The change in retail prices of commodities directly affects the living expenditure of urban and rural residents, government revenue,purchasing power of residents and the equilibrium of market supply and demand, and the ratio of consumption to accumulation. Therefore, the retail price indexes are useful to analyze the changes of the above economic activities.

Rural Consumer Price Indices reflect the trend and degree of changes in prices of consumer goods and services purchased by rural households during a given period. It can be used to observe the impact of change in retail prices of consumer goods and service prices in rural areas on living expenditure of rural households, and to show the changes in the living standard of peasants. It provides basis for analysis and research on condition of life in rural areas.

Retail Price Indices reflect the trend and degree of change in retail prices of commodities during a given period. The change in retail prices of commodities directly affect the living expenditure of urban and rural residents, government revenue, purchasing power of residents and the equilibrium of market supply and demand, and the ratio of consumption to accumulation. Therefore, the retail price indices are useful to analyze the changes of the above economic activities.

Price Indices of Means of Agricultural Production reflect the trend and degree of changes in prices of means of agricultural production during a given period. Price indices of means of agricultural production are composed of 10 categories including small farm tools, feeds, domestic animals for meat, draught domestic animals, semi-mechanized farm machinery, mechanized farm machinery, chemical fertilizers, pesticides and spraying machinery, fuels for farm machinery and other means of agricultural production. Compilation of these indices helps to understand the changes in prices of input into agricultural production and facilitate the compilation of national account statistics. Before 1994, price indices of means of agricultural production was a sub-category in the in the retail price indices of commodities, and it has been compiled separately since 1994.

Indices of Producers' Prices for Farm Products reflect the trend and degree of changes in producers' prices received by farmers when they sell farm products during a given period. These indices depict the change in the level and structure of producers' prices of farm products of the country and meet the needs of agriculture statistics and national account statistics. The producers' price index of a given product is calculated through geometrical mean of individual indices of all surveyed units who sell such product, and the indices of a product category is obtained through weighted mean of price indices of all products in the category. Method for calculating accumulative quarterly indices is the same as for calculating the distinctive quarterly indices.

Ex-factory Price Indices of Industrial Products reflect the trend and degree of changes in general ex-factory prices of all industrial products during a given period, including sales of industrial products by an industrial enterprise to all units outside the enterprise, as well as sales of consumer goods to residents. It can be used to analyze the impact of ex-factory prices on gross output value and value-added of the industrial sector.

Indices of Purchasing Prices of Raw Materials, Fuels and Power reflect changes in the level and degree of prices paid by industrial enterprises when they purchase production input such as raw materials, fuels and power from the market or from other energy or raw materials producing enterprises. These indices provide important basis for measuring the material consumption of industrial enterprises after removing influence of price changes.

At present, close to 1,800 products in 9 categories, including fuels and power, ferrous metals, non-ferrous metals, chemicals, building materials, are covered in

China for the survey to produce indices of purchasing prices of raw materials, fuels and power.

Price Indices of Investment in Fixed Assets reflect the trend and degree of changes in prices of investment goods and projects in fixed assets during a given period. The investment in fixed assets consists of three components, namely the investment in construction and installation, the investment in purchases of equipment and instrument, and the investment in other items. Price indices of investment in fixed assets are calculated as the weighted arithmetic mean of the price indices of the three components of investment in fixed assets.

Removing the factor of price change in the aggregates of investment at current prices, this indicator shows the changes in the prices of commodities and fees involved in the investment of fixed assets, and can be used to observe the actual size, growth, structure, and efficiency of investment in fixed assets and provides reliable and scientific data for government planning, management, decision-making, and further improving the current national accounting system.

国家统计局南宁调查队

2016年，在国家统计局广西调查总队和南宁市委市政府的正确领导下，紧紧围绕“规范化建设强化年”主题活动，紧扣“建一流‘首府调查’队伍，树权威‘国家调查’品牌”总目标和“规范与创新，奋力提升‘国家调查’公信力”年度工作思路目标，狠抓工作落实，圆满完成了各项工作任务。

一、狠抓规范，调查数据质量得到切实保障

（一）高质量完成常规调查任务

各调查专业严格执行报表制度和业务操作规程，加强对辅助调查员和调查对象的业务培训，加大下点入户走访检查力度，按时、按质做好了住户调查等常规业务工作，全面完成了2015年年报和2016年定期调查报表工作任务。

（二）调查工作基础更加夯实

一是业务指导方式多样化。通过年报会议、培训会议、实地走访、电话访问等方式，加强对基层统计员、辅助调查员以及调查对象的业务指导。二是调查经费保障到位。三是强化法治建设齐抓共管责任。

二、锐意创新，统计调查工作水平有效提升

（一）“五得”力推电子记账实现100%全覆盖

一是积极争取总队和市政府的大力支持。二是强化全局统筹，形成有效合力。三是注重分类施策，确保积极稳妥。四是强化激励措施，建立进度通报和考核评比机制力促攻坚克难。五是注重取长补缺，积极到青岛、上海等地学习电子记账先进经验。

（二）首次使用无人机进行“三农普”农作物面积遥感测量

利用旋翼无人机及固定翼无人机开展航拍，并结合样方现场PDA数据采集，高效完成“三农普”农作物面积遥感测量工作。

（三）创新落实同城市县队整合实施过渡管理

制定整合前过渡管理办法狠抓落实，先行一步实行整合前过渡管理，有效整合了两队工作和人员力量。

（四）探索推进统计信用体系建设助力依法调查

将编造统计数字、严重虚报瞒报和其他严重违反统计法的企业纳入南宁市信用体系，在本队官网和南宁现代信用网上予以公示。

2016年8月23日，“三农普”遥感测量无人机现场数据采集（陈焕兴　摄）

2016年11月10日，南宁调查队队长谢智（左三）到记账户家中了解手机电子记账情况（李业其　摄）

（五）创新完善工作台账实防范弄虚作假风险

把完善工作台账作为规范化建设的重要抓手，严格工作台账的标准和要求，统一制发工作台账记录本，要求各调查工作岗位人员、各调查对象都要按要求认真详实地记录好各环节工作。

三、统筹兼顾，各项综合工作整体有序推进

（一）统计分析提质增效

全队撰写调查信息81篇，调查报告30篇。获总队采用调查信息60篇、调查报告23篇；“市两办”采用122篇，市领导批示8篇，在全市党委、市政府信息工作考核中均名列前茅；自治区两办采用25篇，国家局采用12篇，国家局批示7篇，中办国办采用1篇，中央领导批示1篇；撰写政务信息170篇，总队采用123篇，国家局采用7篇。向市党委政府上报调查专报12篇，均得到市领导高度重视。向总队申报的《南宁市服务业产业发展状况及研究分析》课题高质量完成。

（二）统计宣传更加深入

一是组织开展“新闻媒体走进调查一线”活动。邀请新闻媒体走进调查一线现场，实地开展宣传报道公开调查过程。二是通过官方网站、政务信息公开平台及时反映工作动态、解读调查数据、宣传统计法律法规等，增强调查工作的透明度和亲民度。三是利用重要节点开展法治宣传。四是与业务工作紧密结合抓宣传。五是法律法规条文上墙加强警示。

（三）数据管理利用高效

一是坚持调查数据发布常态化。召开2次新闻

2017年1月17日，南宁调查队队长谢智（左三）率队到扶贫点联合村开展支援和慰问

发布会权威发布调查数据，发布新闻通稿29篇次，南宁市主流媒体（报刊、网络）采用36篇次，南宁电台采用25篇次。二是加大对调查资料的开发利用。编撰发行《南宁调查年鉴2016》等刊物。三是创新调查数据管理模式，研发并试用调查数据综合管理平台。

（四）统计法制保障坚实

一是加强报表规范化检查和统计执法检查，有效提升调查基础规范化水平。二是组织南宁市辖区市县级调查队全体干部职工召开统计法治培训会，进行统计法治知识闭卷考试。三是严肃查处统计违法案件。年内查处统计违法案件10起，提高统计法律威慑力。四是聘请法律顾问，助力推进依法行政、依法治统、依法调查。

（五）信息化建设力度不减

一是投入20万元采购终端安全管理系统、网页防篡改系统等防护设备，进一步增强机房硬软件防护水平。二是加强管理保障信息安全。

四、全面从严治党，党的领导作用切实发挥

（一）党建工作更加扎实

一是着力建立健全党建工作制度。二是落实好“三会一课”制度。三是规范党费收缴工作。

（二）廉政责任全面落实

一是健全党风廉政建设责任制。二是切实加强廉政教育。三是开展廉政谈心谈话。四是切实强化纪检监察工作对权力运行的制约和监督。

（三）党群工作支撑有力

始终坚持党建带工建、团建、妇建抓好大党建，形成党工青妇一盘棋，服务好全队中心工作。

2017年2月9日，南宁调查队联合南宁市统计局在会展中心召开新闻发布会（申智慧　摄）

国家统计局柳州调查队

2016年，在国家统计局广西调查总队的正确领导下，在柳州市委、市政府的关心与支持下，国家统计局柳州调查队深入学习党的十八大及十八届三中、四中、五中、六中全会精神和全区调查工作会议精神，认真贯彻落实中央领导同志对统计工作的批示指示精神，紧紧围绕“规范化建设强化年”工作主题，加强党建，优化队伍，严控数据质量，行政与业务规范化建设水平进一步提高。

一、以业务规范化建设为抓手，圆满完成各项调查任务

（一）紧扣数据质量，按时按质完成各项调查

通过抓好样本核查、数据审核、报表催报、走访调研、质量检查抽查等基础工作，完成11项常规调查任务、5项小微企业调查任务和4项专项调查工作。

（二）精心谋划安排，协力完成“三农普”工作

一是按照部署，与国家统计局鹿寨调查队共同商讨制定工作实施方案，确保遥感测量工作顺利开展。二是加强对PDA数据采集和野外调查技巧、各环节工作的全方位培训，提高业务技能。三是领导牵头深入田间地头开展三农普无人机遥感测量现场数据采集工作。

（三）加强基础建设，做实“一线”业务培训

一是各专业采用随堂测试、开设“微影院”等方式，强化业务培训，提高企业和调查员参与度。二是住户调查在坚持做好培训、走访记账户、规范管理资料、开展“送温暖”慰问工作的基础上，抓好账本记录规范性核实修改。三是稳定基层采价队伍，强化CPI数据“颜色预警”分析，探索建立CPI数据“颜色预警”分析机制，实现CPI源头数据质量与调查服务水平双提升。

二、创新工作思路，不断提高优质服务工作水平

（一）加强调研，提升统计分析服务质量

一是做好调查信息报告编发，服务领导决策。重点以提高研判精度、资料充实度和分析全面性为抓手，促进专题调研分析水平提升。全年编发调查信息48篇，获总队采用38篇（其中约稿22篇）；编发调查报告15篇，获总队采用10篇。向柳州市党政两办报送调查信息23篇，调查报告13篇。共得到上级部门采用和领导批示66篇次，其中：柳州市党委政府采用12篇次；自治区党委政府采用26篇次，自治区领导批示1篇次；国家统计局采用11篇次，国家统计局直报领导3篇次，国家统计局领导批示6篇次；中办国办采用2篇次，中央领导批示

2016年7月，国家统计局党组成员高建华（左五）和国家统计局广西调查总队总队长邹伟忠（左四）参加柳州调查队“两学一做”专题学习讨论会

5篇次。

二是强化督查督办，提升行政效能。2016年全队编发上报政务信息168篇，比上年增加13篇。其中总队采用130篇，增长26.0%；国家局采用4篇。在保量的基础上稿件质量大幅提升。

（二）创新方式，提升新闻宣传工作水平

一是丰富宣传载体。积极利用报纸、网站、电视台等媒体开展数据发布，新建官方微信公众平台“柳州调查”，全年开展新闻发布20次。二是组织开展宣传活动。开展“统计开放日”、“法制宣传日”等专题宣传活动，结合采价入户、业务培训、统计执法等工作强化宣传工作。三是服务国家统计宣传事业。积极配合国家统计局新闻办工作，组织人员绘制“三农普”主题系列漫画，其中《瓜果蔬菜村的农普》获国家统计局微信公众号“统计微讯”发布，并入选国务院第三次全国农业普查领导小组办公室宣传作品征集活动优秀作品。

（三）主动作为，提升数据管理服务能力

一是继续加强调查数据综合管理。创新保管形式，加强对历史数据的整理，做好进度调查资料纸质版的管理。二是主动做好调查数据的对外提供服务。做好调查数据依申请公开工作，向柳州市统计局、社保局、统计局、中国人民银行柳州市中心支行、西江造船厂等有关部门、企业和社会公众及时提供各类调查数据服务。

三、强化普法执法，统计法治建设取得新业绩

（一）“双随机”统计执法取得较好成效

积极推进“双随机”统计执法，为统计调查工作保驾护航，全年执法检查18家企业，对15起统计违法行为进行立案查处，比上年增加2起，增长15.4%。实现统计执法常态化、制度化和规范化。

（二）多举措开展普法宣传效果佳

利用“9.20”全国统计开放日、“12.4”全国法制宣传日、“12.8”统计法颁布纪念日、年报布置会、培训会、手机短信平台、横幅板报等载体，强化统计法规宣传。全年发放统计宣传资料1200多册，接受群众现场咨询50人次，发送法制宣传短信1000多条。

四、强化履职，着力抓好“两个责任”的落实

一是履行主体责任，落实 “一岗双责”，围绕“三重一大”事项，强化监督管理，坚持党组成员上党课制度，并分别与分管科室负责人廉政谈

2016年9月，柳州调查队在鹿寨县鹿寨镇开展第七届“中国统计开放日”宣传活动

话，实行防范风险关口前移。二是抓好辖区调查队党风廉政建设，召开柳州辖区党风廉政建设工作会议，部署2016年重点工作，组织签订党风廉政建设承诺书和责任书，4次深入国家统计局鹿寨调查队开展党风廉政建设工作情况检查。三是根据总队专项治理工作部署，扎实开展“两项”专项治理工作。四是创办《廉政教育之窗》内部学习刊物，强化宣传教育，筑牢拒腐防变意识。

2017年2月，国家统计局柳州队领导到鹿寨县开展农作物面积遥感测量工作

五、增强教育实效，扎实推进“两学一做”学习教育

作为国家统计局党组成员高建华“两学一做”学习教育联系点，组织开展“基层实践+讨论交流”模式的党员实践交流讲，“微课堂”、“微影院”、“微专栏”及“党员Q群”的“三微一群”网络平台流动讲，优秀党员、“十佳公务员”和“十佳标兵”先进典型的示范讲，党风廉政教育基地、党史教育基地学习的课堂室外讲等“五讲”活动，学习教育有声有色，得到国家局领导充分肯定。

六、常抓群团工作，不断提升队伍凝聚力

通过开展新春游园活动、登山健步走比赛、趣味运动项目竞赛、调查知识抢答赛等多形式工会活动，丰富统计文化建设，增强队伍凝聚力和活力。国家统计局柳州调查队住户调查科成功创获柳州市“巾帼文明岗”荣誉称号。

2017年3月，时任广西调查总队副总队长梁开光（左三）到柳州调研住户收支调查工作

国家统计局桂林调查队

2016年，在广西调查总队党组的正确领导下，在桂林市党委、政府的关心支持下，桂林调查队紧紧围绕全区调查队系统“规范化建设强化年”主题，按照“六项工作”的总体部署以及国家统计局巡视“回头看”反馈意见，结合“两学一做”学习教育专题，以落实整改为抓手，着力推进两个规范化建设，加强队伍建设、党风廉政建设，提高优质服务，取得阶段性成果，现将有关工作情况汇报如下：

一、践行从严治队，干部队伍建设不断加强

（一）加强政治教育，引导铸牢思想防线

制定党组中心组年度学习计划、全队干部教育培训年度计划、党支部学习计划，将习近平总书记系列讲话精神、中央领导同志对统计工作的批示精神等内容列为重点学习项目，并严格按计划开展；制定全队干部教育培训情况登记表，准确记录培训时间、课时；维护好党员活动室和干部职工图书角，并为每个科室订购了《人民日报》等党报党刊，营造良好氛围。

（二）搭建成长平台，促进干部素质提高

一是向外输出，锻炼干部。1名副队长到灵川县挂职副县长，1名科级干部到平乐调查队挂职副队长，1名副队长参加桂林市委党校2016年秋季学期主体班（县处级领导干部进修班），全封闭脱产学习3个月，1名干部参加全国统计系统专业知识基础培训班，干部阅历进一步丰富，知识结构进一步优化。二是完善制度，激励干部。进一步完善本年度个人岗位目标责任制，探索绩效管理机制，切实发挥目标责任考评的导向和激励作用，充分调动干部干事创业的积极性、主动性和创造性。三是加强交流，学习取经。组织业务骨干到南宁调查队学习电子记账工作方法和经验，到北海调查队交流学习“县账市管”工作，到柳州调查队交流学习财务内控管理工作。

（三）坚持从严治党，抓好基层党建工作

一是注重坚持个别吸收的原则。成熟一个，发展一个，严把党员队伍的“入口关”，杜绝“拔苗助长”。二是注重在入党前的教育培养。交任务，压担子，使其在业务岗位经受锻炼。三是注重党内学习。充分发挥党小组的责任和作用，拟定学习计划，定期开展学习。四是注重实践考察和民主监督，通过努力把政治和业务“双过硬”的优秀干部吸收到党员队伍中来。

2016年11月28日，桂林市市长周家斌到桂林调查队调研

目前，我队在职党员队伍趋于年轻化、知识化，35岁以下党员占56.3%，大学本科以上学历占81.3%。

2016年12月2日，桂林调查队开展统计法颁布纪念日宣传活动

二、筑牢规范基石，调查工作质量有效提高

（一）亮晒情况重督查，进一步加强业务规范化建设

一是亮晒工作情况，规范工作流程。二是督查督办，促重点工作按期实现。三是检查与责任追究并行，推进业务规范化建设。

（二）梳理核查重研判，进一步做好数据审核评估工作

一是进一步梳理数据评估办法，实现数据评估有据可依。二是对数据反复核查，确保数据可靠。

（三）细化办法重检查，进一步完善考评与责任追究机制

一是细化考评制度。二是加大业务检查频率。三是创新检查方式，在加大规范化检查频率的同时增设暗访环节。

三、突出法治，护航统计调查工作

（一）深入学法，增强队伍依法统计能力

一是年内两次邀请总队法规制度处专家开展统计法律法规相关知识讲座，并在会后组织闭卷考试，确保学习效果。

二是形式多样，提升调查对象法治意识。充分利用调查工作布置或业务培训会，发放《统计调查事务告知书》，并有针对性地开展统计法律法规的宣讲；以统计开放日、全国法制宣传日为契机，通过展板报、发册子等方式，做好对社会公众的普法工作。三是强化执法，努力维护统计法

2017年2月4日，桂林市常务副市长张晓武新春看望桂林调查队干部职工

治生态。建立统计执法与纪检监察联动机制，启动双随机抽查办法开展统计执法检查模式，全年，对11 家企业报表数据进行执法检查，共立案查处1起提供不真实统计资料、3起拒报统计资料的违法行为。

四、致力三库建设，统计服务水平持续提升

（一）转型“智库”，提升统计服务能力

一是常规业务专业及时报送分析，特色业务专业重点抓分析；全年，共上报调查信息26篇，总队采用调查信息17篇，采用率为61.5%；共编发调查报告10篇，总队采用10篇，采用率100%；上报市两办调查信息17篇，采用12篇。二是认真组织约稿报送，并做好约稿的管理工作，没有提交原始材料的约稿不上报，非常规调查没有申请专项调查项目的不上报，确保约稿数据的真实可信和合理合法合规。全年，共组织上报约稿13篇，总队采用12篇。三是邀请总队综合处开展信息报告写作专题讲座，从选题、立意、规范格式等方面作详细解说，提高写作水平。四是保量提质推动政务信息。继续坚持精品意识提升政务信息质量。全年，共有103篇政务信息获总队采用，采用量较上年同期上升7.3%。其中28篇获推荐上报国家局，12篇获国家局内采用，采用量较上年同期增长140%。

（二）完善“资料库”，加强资料管理能力

一是常态化做好“两专报一资料”的刊印工作，牵头组织编纂桂林调查年鉴，协调辖区各调查队收集整理相关资料。二是实现与新闻媒体联系常态化。全年，共提供新闻通稿18篇，被新闻媒体采用18篇次；三是做好数据新闻发布工作。顺利召开了2015年度数据新闻发布会，2016年上半年数据新闻发布会，并邀请新闻媒体和政府部门参加，收效良好。

（三）升级“数库”，优化数据管理能力

一是进一步梳理相关制度，明确数据综合管理档案存放要求；二是及时督促，形成了各专业按时提交数据材料的良好氛围；三是依托现有的数据管理，进一步健全调查数据及时反馈、发布制度，提高数据反馈和发布时效。

2017年2月16日，桂林调查队召开2016年年度数据新闻发布会

国家统计局梧州调查队

2016年，国家统计局梧州调查队紧紧围绕“规范化建设强化年”的主题，在国家统计局和广西调查总队的正确领导下，以完成上级布置的各项调查任务为中心，以严控数据质量为前提，以“四个求”为准则，即学习认识求深、统计数据求实、方法制度求新、廉政防控求严，全面推进从严治党、从严治队，扎实开展“两学一做”学习教育，两个规范化建设取得显著成效。现将全年工作情况总结如下。

一、严制度，抓细节，双管齐下规范化

（一）从准则入手，健全制度规范行为

年初制定《“规范化建设强化年”主题活动实施方案》，将规范化任务落实到各科室。从各类准则制度入手，画好界线准绳，从行政业务、调查业务全面强化规范化建设，全面完善各项规章制度，行政决策“三有”，规范干部选拔任用流程。

（二）从细节抓起，数据生产严丝密缝

1. 规范常规业务。一是规范业务办法，根据强化规范化工作的新要求，重新修订完善了《CPI采价员管理及培训办法》《流通消费价格统计数据审核办法》《流通消费价格统计数据评估办法》等常规业务的规章制度和办法；二是规范审核流程；三是规范报表台账。

2. 一步一脚印推进住户规范化。一是定立制度，数据维护规范化，夯实基础数据质量。二是细查环节，列清单立行立改。三是针对问题，制定措施明责任。针对风险点制定相应防范措施，修订完善《住户调查辅助调查员管理及培训办法》，制订《住户调查工作流程责任清单》，以加强基层管理和培训为抓手，严格执行国家调查方案，强化住户调查管理工作，定期开展队内自查和辖区内分市县数据集中互查，夯实源头数据质量。

二、促党建，求真知，“两学一做”见实效

党组高度重视“两学一做”教育活动，出台了《“学党章党规、学系列讲话、做合格党员”学习教育实施方案》及《国家统计局梧州调查队2016年理论学习方案》，统一部署了学习计划；强调党课要接地气、近基层，创新性地将课堂移至农村基层，由党组成员、副队长范少红到长洲区新兴村委为该村党员讲授党课；以“双报到”活动为平台，充分发挥支部党员所长，积极组织党员参加“双报到”社区的多个为民服务活动；加大宣传力度，编制《统计调查“十准则”》手册、制作“两学一做”板报、

2016年9月19日，梧州调查队副队长范少红（中）带队到新兴村开展两学一做活动

2016年11月2日，梧州调查队队长黄光强（右二）、纪检组长邓以光（右一）带队在分市县住户调查样本点开展统计执法检查

在本队网页上开通“两学一做”学习教育专栏，多视角宣传党章党纪、系列重要讲话，聚焦干部职工的视线，使学习教育活动真正实现全覆盖。

三、提质量，谋发展，人财物数上台阶

制定了《2016年重点工作及任务分解》落实到各个科室，人事教育、财务监管、物品采购、调查业务等各项工作水平得到全面提高。

（一）优化人才结构，锻造干部梯队

一是干部培训提素质，认真组织全体在编职工参加国家局在线学习网。二是业务讲堂试身，按照“强规范提质量，抓创新补短板”的工作思路，推出“岗位大练兵 业务大讲堂”活动。三是后备人才垒根基，继续打造优良、坚实的后备人才梯队，注重青年优秀干部的培养。四是聘用人员强管理，先后两次修订了《聘用人员管理制度》，进一步完善了其聘用、解雇、劳动关系、考勤等方面的机制。

（二）统筹财务收支，做好县账市管

一是财务执行有条不紊，二是协调推进公务用车改革，三是全面铺开县账市管工作。

（三）按章执行采购，循序推进搬迁

一是物品采购有章有法，严格按照办公物品采购的有关规定，走正式渠道采购规定的办公用品。二是新办公用房搬迁协调推进，梧州队充分发挥搬迁工作领导小组的策划和监督作用，严密监管物品采购、装修合同签订、装修工程交收等环节，班子多次召开常务会议进行商议，决策部署各项工作，统筹兼顾，全面协调推进。

2016年12月4日，梧州调查队纪检组长邓以光（右三）带队组织开展“12.4”国家宪法日宣传活动

（四）严格执行调查制度，依法统计走向深入

一是统筹开展专项调查业务，深入基层开展专项调查任务，高质量地完成了梧州市投资环境监测调查、“四风”和腐败问题专项调查、党风廉政建设民意调查等多项专项调查，得到了地方各部门和社区的积极配合。二是创新开展统计开放日宣传。分别在倒水镇路垌村和藤县举办“农业普查福到农家——梧州市第七届‘中国统计开放日’文艺晚会”，真正把统计送下乡、法治送下乡、文艺送下乡。活动刊登在《中国信息报》、《梧州日报》、《梧州零距离网》、《今日藤县》，在《藤县电视台》播出，扩大宣传覆盖面。四是数据资料管理工作有序推进，做好调查数据综合管理和调查资料编辑出版工作，进一步完善了历史资料管理。

2017年2月15日，梧州调查队队长黄光强（左三）带领工作人员到藤县开展“三农普”农作物面积遥感测量工作

国家统计局北海调查队

2016年，在广西调查总队的正确领导下，在北海市委、市政府的关心支持下，国家统计局北海调查队（以下简称“北海调查队”）深入学习贯彻党的十八大和十八届历次全会精神，紧紧围绕“三个提高”总体目标要求，以“四大工程”建设为契机，以“规范化建设强化年”活动为主线，紧扣全区调查工作总体部署，从严治党、从严治队，锐意进取、奋发有为，圆满完成各项工作任务。在2016年度广西调查队系统单项工作考核中，19个专业获得前三等次，其中一等奖1项、二等奖5项、三等奖13项；在2016年度广西调查队系统市县级调查队目标管理考核中获良好等次；在2016年度全区调查队系统调查信息报告工作考核评比中获先进集体三等奖。

一、党建领航，聚力前行

从严治党，着力抓好党建工作。2016年北海调查队党组召开会议32次，党组书记亲自部署，高规格启动，高起点开局，高要求推进。制定《中共国家统计局北海调查队党组工作规则（试行）》《国家统计局北海调查队党建工作领导小组工作制度》等一系列管理制度，党组成员严格执行“一岗双责”，进一步加强党建工作的指导和监督。坚持第一时间传达贯彻中央重要会议精神和上级重大决策部署，研究贯彻落实具体措施，提前谋划，统一领导，抓好落实。

扎实开展“两学一做”学习教育。制定北海调查队“两学一做”学习教育方案，多形式开展“四讲四有”四个专题研讨，班子成员共上党课6次，重点学习中央和国家统计局关于严防数字造假的指示批示精神，邀请北海市委党校专家、教授到队举办为期2天的专题培训班，并结合总队要求开展“抵制以数谋私、杜绝以数敛财”大讨论活动，进一步提高了党员干部对“两学一做”的

2016年12月7日，国家统计局财务司副司长刘晓东（右二）到北海调查队指导调研（刘　春　摄）

2016年7月28日，广西调查总队党组书记、总队长邹伟忠（左一）到北海调查队指导工作并开展集体廉政谈话（陈焕兴　摄）

认识。组织党员抄写党章，每个党员就阶段性学习情况各撰写心得体会3篇，签订《争做合格党员承诺书》。

二、调查业务，扎实规范

坚持独立调查、直接调查、独立上报，严格执行统计业务流程和行为规范，加强业务培训，不断提高调查对象和辅助调查员的业务水平；注重与地方主要职能部门和样本企业的沟通联系，对调研中遇到的疑难问题，及时向总队请教，并快速向调研对象反馈；认真执行基础数据“三审”制度，加强报表数据的合理性、科学性、逻辑性审核，圆满完成各项调查业务。在2016年5月召开的全区规模以下工业调查业务培训会议上，北海调查队被指定作了工作经验交流。

三、法制建设，有声有色

全力推进依法治统工作。按照广西调查总队“规范化建设强化年”主题活动的要求，切实提高依法治统能力和水平，主动邀请总队法规处到北海进行统计法规培训。通过组织法治考试，全队干部职工的法治意识和执法水平有了很大提高。各专业科室能按规范化的要求独立开展统计执法检查工作，全年对30家企业开展了统计执法检查，并对2家统计违法企业进行了查处。

多形式开展统计宣传活动。积极参与地方组织的政务公开日活动，并通过统计开放日活动平台，制作专题宣传板报，向社会公众解读调查队职能、职责以及城乡居民收入、CPI等重要统计指

2016年6月29日，北海调查队到合浦县开展早稻实割实测（牛品欢　摄）

标。加强与北海市政研、经研、发改、财政、统计、农业、水产、物价、法制、绩效等部门的沟通联系，协调工作，北海调查队社会公众影响力得到进一步提升。

四、干部教育，形式多样

2016年，北海调查队党员干部正式纳入地方党校干部教育培训计划统筹考虑。全年共派出6名党员干部参加了由北海市委组织部安排的“学深圳、促发展”系列培训班、海洋专业管理和海洋综合管理培训班以及北海市“强党建、提素质、明责任”党组织书记专题培训班。同时选派4名干部分别到广西调查总队业务处室跟班学习或参加全国统计系统专业知识培训班，干部职工教育培训渠道进一步拓宽。此外，根据上级组织部门安排,选派1名干部挂任北海市铁山港区区委常委、副区长，搭建干部成长新平台，有力促进干部阅历和见识的增长。

五、服务提升，成效显著

围绕热点问题建言献策，服务经济社会发展。一是加大信息报送力度，发挥统计调查信息在领导决策中的参谋作用。全年向总队上报调查报告12篇、调查信息49篇，获中办、国办采用1篇次；国家统计局采用4篇次，批示2篇次；自治区党委、政府采用9篇次。向北海市委、市政府报送调查信息（报告）44篇，采用21篇次。二是积极向北海市党委政府请示汇报工作，加强与各部门的沟通联系，为地方经济社会发展贡献力量。作为扶贫开发领导小组成员单位，积极为北海市精准扶贫工作献言献策；队长陈秀德就贯彻落实全区调查工作会议精神、主要业务工作情况等事项多次向市长林山青、市委副书记蔡中平作专题汇报并提出工作建议；队领导班子成员多次应邀列席北海市政府常务会议，出席全市农村工作会议、扶贫开发会议等，并作为北海市人大代表、党代表，为地方发展建言献策，得到北海市委市政府的充分肯定。三是组织开展北海市严肃查处发生在群众身边的“四风”和腐败问题工作满意度调查、北海市本级公共租赁（廉租房）小区周边房屋市场租金调查、北海市快递质量满意度调查等专项调查，为地方党政部门提供统计调查服务。

2017年1月23日，北海调查队走访慰问退休干部（刘 春 摄）

国家统计局防城港调查队

2016年，防城港调查队在广西调查总队的正确领导下，认真贯彻落实习近平总书记等中央领导同志对统计工作的重要批示指示精神，以“规范化建设强化年”主题活动为契机，深入开展“两学一做”学习教育，针对队内纪律不够严明、行政工作有待进一步规范、业务基础薄弱的实际情况，提出了“严明纪律、深化规范、勇创一流”的工作思路，加强领导，突出重点，狠抓落实，有力地促进了各项工作的顺利开展。

亮点一：扎实推进“规范化建设强化年”主题活动，着力提升工作管理水平。

一是修订完善各项工作制度。全年共修订完善制度共5大类57项，涉及行政文秘类、党建人事纪检监察类、统计业务类、经费财务类、后勤物业类等各方面内容，编辑印发《国家统计局防城港调查队制度汇编（2016版）》。二是狠抓制度落实，加强对人、财、物、数的管理。通过把好审核关、考勤关、决策关和责任关，完善督促检查机制，形成科室负责人、财务、办公室、分管领导、主要领导五层监管体系，对人员考勤、财务支出、工作履职履责等方面强化落实，充分体现从严治队的管理理念。三是夯实调查工作基础，加强调查网点维护。由队领导带队，在春节、端午、中秋等传统节日前走访全市调查网点，对全市所有样本企业、记账户、辅助调查员、调查员进行慰问，发放慰问金和慰问品，提升调查工作配合度。同时按要求开好调查业务培训会，全年共开展各类培训18批次380多人次，覆盖所有调查网点，有效地提升了调查网点的业务水平。

亮点二：有序推进住户调查电子记账试点工作，积极探索新手段在调查工作上的应用。

首先是积极争取各方面支持，为开展电子记

2016年8月11日，防城港调查队副队长林家豪（左二）率住户调查科同志到记账户家中进行业务指导

2016年8月23日，防城港调查队队长陆贵远（右一）、副队长林家豪（左一）到上思县叫安乡牛大力种植基地进行调研

账试点工作奠定基础。一方面得到了总队的大力支持，总队收支处年内2次到队进行业务指导，提升了我队业务人员水平。此外，还得到了南宁调查队鼎力相助，我队3次到南宁市学习交流电子记账业务工作，并免费租用南宁市住户调查电子记账平台。另一方面，得到了地方政府的大力支持，市政府拨付电子记账专项经费12万元，解决了通信流量的费用问题。在各方面的支持下，我们在8月正式开展了防城港市电子记账试点工作。二是抓好业务培训，确保电子记账试点顺利开展。对此次试点工作的4个调查点30户的试点记账户，我们通过集中培训和下点培训的方式，3批次全面轮训试点记账户，确保"双轨制"记账平稳衔接。三是加强数据审核评估，初步成果显现。对我队电子记账试点记账户情况进行及时跟踪和分析评估，对于关键评估指标例如数据上报一致率、记账笔数进行比对，电子记账与纸质记账一致率从第二个月起显著提升，支出记账笔数有所提高，减少了漏记的统计误差，记账户的配合程度也得到了一定提升。

亮点三：服务地方工作获得肯定，调查软硬环境有新的改善。

一是绩效考评中被评为一等等次。防城港调查队在2015年度防城港市99个单位绩效考评中排名前列，被评为一等等次，工作实绩得到了地方党委、政府和广大社会公众的肯定。二是服务地方职能能力增加。累计向防城港市委、市政府、市领导、市"两办"及有关部门编印报送《调查信息》25期、《调查报告》10期、《防城港CPI专报》11期，均比去年同比有所提高，其中，《总体满意度全区第二位 投资环境优化成效显著——2016年防城港市投资环境监测调查报告》受到重视，被市委书记金湘军在全市绩效考评工作总结部署会上引用。三是进一步拓宽了服务领域。在确保完满完成国家和总队调查任务前提下，承接了多项地方委托调查，接受了市政法委、绩效办等部门的委托，开展群众安全感、绩效考核群众满意度等专项调查，增强了调查队系统在地方的影响力。四是增强保障能力建设投入，完成业务技术用房建设。按照国家调查队系统业务技术用房标准，防城港调查队对2014年在红树林大厦购置的使用面积300m^{2}的办公用房进行了装修，新建设了统计执法业务用房、电话调查访问用房、调查问卷测试用房、统计数据资料存储用房、遥感等调查技术用房、数据处理用房和样本存放用房等八大类业务技术用房，有效地改善了办公条件，打开调查工作新局面。

2017年1月18日，防城港调查队与防城港市委政研室召开2017年度合作课题开题会议

2017年4月19日，防城港调查队副队长林家豪（右二）带队到港口区光坡镇沙螺寮村记账户家中进行工作检查

国家统计局钦州调查队

2016年，在广西调查总队的正确领导下，在地方各级政府的大力支持下，国家统计局钦州调查队（以下简称“钦州调查队”）深入贯彻落实中央领导同志对统计工作重要批示精神，紧紧围绕总队“规范化建设强化年”工作主题，狠抓规章制度建设，切实履行“两个责任”，以“两学一做”学习教育为契机，着力加强队伍建设，圆满完成国家各项调查任务。

一、强化政治理论学习，坚持民主集中制，全面提升领导班子政治素养和履职能力

（一）认真组织实施，扎实推进“两学一做”学习教育

及时学习传达中央、国家统计局、总队关于“两学一做”学习教育的部署精神，专题研究本队学习教育实施方案，成立学习教育领导小组及办公室，与辖区县级调查队联合召开学习教育动员会，统一购买配发党章、党纪、系列讲话读本、党员学习笔记本等学习资料，认真组织开展“一抄一写一承诺”、党员对照党章自查30问和自查自测100题、领导上党课等规定动作。同时，组织党员到钦州革命烈士纪念碑开展重温入党誓词主题活动，观看党员教育片，参观党史、廉政教育等专题展览，加强党性修养教育。

（二）学好上级精神，增强依法统计依法治统的思想意识

深入学习贯彻十八届六中全会精神、中央领导同志对统计工作的重要指示批示、中央巡视组对国家统计局党组专项巡视的反馈意见和国家统计局对广西总队巡视“回头看”反馈意见精神，以及国家统计局和广西总队贯彻落实中央深改组会议精神，开好落实中央专项巡视整改工作专题民主生活会和落实国家统计局巡视“回头看”反馈意见民主生活会，认真组织开展“抵制以数谋私杜绝以数敛财”大讨论活动，坚决将思想和行动统一到中央要求、国家统计局决策和总队统一部署上来，切实增强全体队员对严防统计造假弄虚作假危害性的认识。

二、加强订规立矩，规范统计行为，确保“规范化建设强化年”各项举措落实到位

（一）完善规章制度，确保各项工作有据可依，合规矩

稳步推进本队各项规章制度修订工作，以现有的《国家统计局钦州调查队各项规章制度（2010版）》为基础，按照全面、规范、科学、实用的原则，认真排查现行制度中跟不上新形势、不符合新要求的条款，分业务类别落实专人开展制度的修订工作；认真梳理行政、业务的管理工作，排查没有明文约束的新情况、新问题。

2016年7月，时任钦州调查队副队长许景玲在样本地块开展粮食产量实割实测（苏春慧　摄）

（二）强化弘法执法，确保统计法治贯穿始终，全覆盖

充分利用召开会议、邮寄资料、节日慰问等有利契机，持续不断地面向辅助调查员、调查对象开展统计法规宣传，共计举办各类统计法制宣讲8次。严格执行统计报表“双签收”、统计事务告知、调查资料签领登记等制度。年共对40家企业进行了统计执法检查，对涉及采购经理、投资环境调查的5家企业进行了立案处理，并给予行政警告处罚。

（三）完善工作档案，确保工作过程有据可查，可追溯

一是建立专业工作记录。结合专业实际，在培训布置、数据采集、审核评估、总结上报等环节，相应建立和保存工作文件、会议签到、文件签领、检查反馈、查询记录等工作记录，客观、真实地还原规范工作场景。二是规范管理专业数据。各专业的原始数据如有修改，均有调查员与调查对象双方签名确认，有关数据资料及时送交综合科存入专用硬盘和专用电脑，并刻录成CD，确保数据安全，对外借阅、提供数据等工作由综合科统一登记和提供。2016年初首次获评市级档案工作优秀单位。

三、精心组织实施，规范审核重点，统计调查项目数据质量不断提高

紧扣各个专业方法制度、规范要求，结合工作实际，抓住薄弱环节、重点环节，强化落实业务规范，确保从调查准备到数据采集、录入、审核、上报、汇总、存档、发布等每一工作环节的技术标准和操作规程都符合相关专业调查制度。在全队的共同努力下，顺利完成居民收支调查、CPI、采购经理、劳动力调查、规下工业、粮食播种面积、粮食产量、主要畜禽监测等20多项国家常规调查项目；发扬“白+黑”、“5+2”精神，圆满完成“三农普”遥感（AOPA旋翼无人机测量）测量调查等中心调查任务。

四、围绕统计改革，深化服务方式，为社会各界提供了内容丰富、真实可靠的统计服务

紧紧围绕总队和钦州市委、市政府中心工作和重点热点问题，撰写了一批调查信息和报告，全年得到总队采用调查信息21篇、调查报告10篇。加强钦州政府网政务服务平台的信息发布管理，按月、按季度定期发布统计调查信息共12篇。坚持利用移动“企业通”短信平台和各专业QQ短信交流

2016年12月，钦州调查队在全国法制宣传日期间宣传统计法，队长温镜忠（右三）在为市民发放统计资料（黄晓岚　摄）

2016年12月，钦州调查队到精准扶贫联系点开展慰问活动（席国栋　摄）

平台，加强与调查对象的沟通及报表上报提醒服务。开展了党风廉政建设调查、绩效考评社会评议、‘四风’和腐败问题问卷调查等专项调查、物流服务行业顾客满意度调查等地方委托调查项目，为地方党委政府决策提供高质量的调查服务。选派1名科级干部驻村参加脱贫攻坚精准帮扶工作。

2016年6月，钦州调查队队长、党组书记温镜忠（右一）深入联系点慰问困难党员（苏春慧　摄）

五、落实“一岗双责”，加强队伍管理，从严治党、从严治队工作全面落实

一是抓好签状明责，队党组与总队党组、科室负责人与队党组在年初签订党风廉政建设承诺书，明确工作责任。二是抓好谈话提醒，队党组书记、纪检组长与班子其他成员、科室负责人的党风廉政专题谈话每年开展2次，对县级队的党风廉政专题检查、专题谈话每年开展2次，“咬耳朵”，“扯袖子”融入日常工作，督促提醒成为新常态。三是抓好分析研究，队党组每半年专题听取纪检监察工作汇报一次，分析研判责任范围内的党风廉政建设形势和工作进展情况；年初工作会议、年中工作会议必讲党风廉政，确保党风廉政建设和业务工作同步研究部署，同步检查督促、同步落实见效。四是抓好力量配置，按期对支委班子进行换届选举，配齐配强纪检组长、纪检监察员。

国家统计局贵港调查队

2016年，贵港调查队在广西调查总队和贵港市委、市政府的正确领导下，深入贯彻落实党的十八大和十八届三中、四中、五中、六中全会精神和全区调查工作会议精神，紧紧围绕总队“规范化建设强化年”工作主题，结合贵港队实际，积极进取，开拓创新，精心组织实施“四强化一提升”工作思路，切实加强各项建设，全面完成工作任务，取得了新的工作成效，在广西调查队系统市县级调查队目标管理考核中荣获市级队第一名，荣获优秀奖，实现四连冠；在广西调查总队调查信息报告工作考核中排名第一，荣获一等奖;在广西调查总队36项单项工作考核中，9项荣获一等奖，11项荣获二等奖，8项荣获三等奖，获奖面达77.8%，为历年之最。

一、各项调查工作任务圆满完成

完成居民消费价格调查、商品零售价格调查、农业生产资料价格调查、城镇低收入居民基本生活费用价格调查、工业生产者价格统计调查、住户收支与生活状况调查、农村住户固定资产投资抽样调查、农民工监测调查、农民工市民化监测调查、劳动力调查、县级粮食产量抽样调查、主要农产品中间消耗调查、农作物单位面积产量抽样调查、农作物播种面积抽样调查、农产品生产者价格调查、主要畜禽监测调查、规模以下服务业抽样调查、规模以下工业抽样调查、批发零售住宿餐饮限额以下行业抽样调查、采购经理调查、新设立小微企业和个体经营跟踪调查、建筑业小微企业抽样调查、退耕还林（草）监测调查、“三农普”遥感测量调查、党风廉政建设满意度调查、投资环境调查、农村党员培训情况调查等27项调查工作，以及协助市委、市政府开展的政府工作情况满意度电话访问、领导评价和民意调查、绩效考评年终考核等工作任务高质量完成。

二、规范化建设进一步加强

一是精心谋划，制定切实可行方案。多次召开专题会议研究讨论，精心谋划，制定“规范化建设强化年”主题活动实施方案，明确主题活动的工作目标、主要内容、工作措施、工作步骤、工作要求等，确保了主题年活动扎实开展。二是完善制度，促进规范管理规范化。开展制度建设“回头看”活动，建立了《党建工作领导小组工作制度》，对23项与当前工作实际不适应的旧规章制度进行了修订

2017年3月27日，贵港调查队队长谢朝佳（中）带队到港南区桥圩镇开展分市县住户调查数据质量核查

2016年11月2日，贵港调查队纪检组长祝伟敬（中）带队到港南区东津镇督查粮食大县调查工作

完善。再造业务和行政工作规范化流程，形成系统完整的工作规范化流程体系，并将规范化流程上墙，使调查工作开展依法依规，调查数据生产过程有章可循、有据可查。三是严格执行，确保规范化建设实效。在日常工作中，严格按照各项规章制度和各项工作规范的要求组织开展行政和业务工作，推进规范化建设。规范的发文办会，标准的数据采集和处理，规范的数据评估和分析等规范流程都已深入人心，得以常态化执行，工作上没有出现推诿、扯皮，数据质量上没有偏异差错，有力促进了工作效率和数据质量的提高。四是建立和完善规范化建设考核机制。规范日常考核和年度考核的指标、内容、分值、方法等，将绩效考核与工作目标考核、公务员年度考核等结合起来，把考评结果与评优挂钩，提升规范化建设工作实效。

三、队伍建设成效明显

一是扎实开展“两学一做”专题教育。加强领导，精心制定方案，及早动员部署，专题研讨学习，切实把学习教育成果转化为推进工作成效的动力。二是切实加强领导班子自身建设。深入推进学习型党组建设，抓好理论学习，是严格执行民主集中制，发挥集体效能，确保决定事项落到实处。三是选派1名干部到乡镇（街道办）部门挂职，一位科级领导干部任“美丽广西”乡村建设（扶贫）工作队分队长,提高队员的领导能力。四是组织开展各项体育活动和工会活动，组织参加的贵港市港南区工会组织的建区20周年职工气排球比赛，荣获亚军。五是切实关心干部职工、调查对象的思想、生活和健康状况。春节、中秋等节假日期间开展走访慰问退休干部活动。六是创新开展干部教育培训方式。开展“业务骨干大讲堂”主题干部培训活动，年内组织干部到区外参加国家局培训班、培训会6人次，成功举办第六届“岗位技术能手”比武活动，组织干部积极参加在线学习，邀请总队业务处领导到场开展调查信息报告写作培训活动，组织3名队员到总队业务处室跟班学习，形成制度纳入地方党委党校培训。七是严格落实管理考核制度。科学修订完善干部目标考核机制，定期总结重点工作落实情况，开展年度优质服务先进个人、季度写作标兵、金牌专业等评选活动。八是认真履行“一岗双责”，严格落实党组“两个责任”，拓展工作思路，开展警示教育正面引导，强化对“人、财、物、数”重要领域的纪检监督，坚持开展干部任职前谈话和廉政谈话，及时传达学习中共中央新公布的《中共共产党廉洁自律准则》和《中国共产党纪律处分条例》，年内我队没有发现违规违纪行为。

2016年9月8日，贵港调查队副队长覃盈水（左二）带领企业调查科人员到覃塘区五里镇某企业培训台账登记工作

四、统计法制工作取得实效

始终把加强法制宣传教育摆在突出位置，组织干部深入学习《统计法》、《统计违法违纪行为处分规定》和《统计上严重失信企业信息公示暂行办法》，打造素质过硬的统计执法队伍，做守法护法表率。利用“中国统计开放日”，“12.4”全国法制宣传日、“12.8”《统计法》颁布纪念日等时点，采取召开座谈会、举办法制讲座、悬挂横幅、发放宣传资料、发送手机短信等形式，加强对统计调查对象统计法律法规的宣传。充分利用推进城乡住户调查一体化改革的机会开展宣传工作，加深了调查对象对统计法律法规的了解，有效提升了统计调查工作的社会认知度。同时，按照国家统计局的要求，结合贵港调查工作实际，对规模以下工业、服务业小微企业、工业生产者价格、采购经理调查进行执法检查，进一步维护了国家统计调查工作权威。

五、统计服务科学发展

积极开展服务型统计建设，努力为党政领导、统计用户、统计对象提供服务。向地方各相关部门发布《贵港调查简讯》12期，向市两办报送《贵港调查专报》95期。完成《贵港调查年鉴2016》编印出版。信息采编量继续保持良好势头，重要调查信息报告得到市主要领导高度评价，例如《我市劳动力市场存在问题及相关建议》得到贵港市长农融作出重要批示。协助广西调查总队和自治区统计局在贵港市湛江镇开展“统计开放日”宣传活动，派出无人机飞行组在活动现场进行无人机对地测量演示，对无人机用于农业普查的强大功能进行展示介绍。

2016年10月31日，贵港调查队开展第六届“岗位技术能手”业务比武活动

国家统计局玉林调查队

2017年，国家统计局玉林调查队（以下简称玉林调查队）在广西调查总队正确领导下，认真学习党的“十八大”、十八大五中、六中全会精神，积极适应经济发展新常态、大数据时代和统计改革不断深化对统计调查工作提出的新要求，按照2017年全区调查工作会议的部署，以不断提高统计数据质量为核心，立足于服务经济建设，进一步发挥统计服务、统计咨询和统计监督的整体功能，从严治党、从严治队、锐意进取、真抓实干，以扎实的工作作风，较好地推进各项工作，进一步推进了调查业务的新发展，提升了数据质量和公信力。

一、狠抓党的建设，落实全面从严治党、从严治队的要求

一是强基固本，全力抓好党建工作。玉林调查队党建工作领导小组把党建工作放在全队首要位置，与中心工作同部署、共谋划，制定了《国家统计局玉林调查队2016年党建工作要点》，明确全年党建工作目标。专题研究本队党建规范化建设，提出力争在2017年年底实现机关党建“四优”（优化场所建设、优化人员配置、优化制度建设、优化经费保障）、“六化”（组织设置规范化、活动阵地标准化、党务队伍标准化、教育管理常态化、党建服务品牌化、工作保障制度化）；二是落实两个责任，加强监督检查。队党组多次听取纪检组的工作汇报。组织本队和辖区博白队签订《党风廉政建设承诺书》，落实“一岗双责”，明确责任，确保一级抓一级，层层抓落实；三是把握关键，扎实开展“两学一做”学习教育。玉林调查队及时动员部署、及时制定方案，在学习教育中开展“四抓四提”活动，让全体党员学有载体，做有方向。同时给每位党员发放《学党章党规学系列讲话做合格党员》等学习资料，及时制作“两学一做”学习教育宣传板报，营造良好的学习氛围。严格按照要求开展学习教育，学习传达了宁吉喆在全国统计调查系统“两学一做”学习教育培训班上的讲话精神以及地方通报的典型警示案例。

二、抓好业务工作，全面提升调查业务的工作质量

一是着力推进业务工作。真抓实干，开展好常规调查任务。严格要求业务人员切实开展好主要畜禽监测调查、粮食产量抽样调查、农产品生产者

2016年6月，玉林调查队纪检组长梁朝理到玉东新区陂耀村开展农业普查工作

2016年11月，玉林调查队副队长宁雄燕福绵区樟木镇六答村开展记账户座谈会

价格调查、工业品生产者价格调查等21项常规调查和投资环境监测调查、党风廉政建设和国有企业反腐倡廉民意调查、广西农村党员培训情况调查、网购用户专项调查等4项专项调查业务。在各项调查中，通过抓好人员培训、制度落实、报表审核、监督检查、研究分析等方面，圆满完成各专业业务工作；二是严把数据质量关。提高思想认识，强化统计职业道德教育和责任意识。2017年以来，玉林调查队结合“规范化建设强化年”主题活动，组织人员对各专业的基础数据进行检查，积极开展“数据造假”专项治理，多次组织学习《统计法》和《统计违法违纪行为处分规定》等法律法规内容，不断加强全队干部职工统计职业道德教育和责任意识，牢固树立“两个意识”；三是着力提高优质服务。玉林调查队明确工作思路，确定了“队长统一领导，分管领导齐抓共管、科长各负其责”的工作思路。强化评优机制，将信息撰写、采用情况纳入工作目标管理责任制考核方案。加强写作培训，将写作能力培训列为年度全队培训计划的重点内容。玉林调查队重视服务地方发展，充分发挥参谋助手作用。印发《玉林调查信息》送玉林市委、市政府领导及各有关部门，提供决策服务。

2017年3月，玉林调查队副队长梁程玉州区金谷村开展农产量抽样调查和遥感测量样本网点整合工作

三、做牢基础强化宣传，推进统计调查法制化建设

一是做牢抓实基础工作。严格执行统计事务告知、统计报表资料签领、催领及送达回证等法规制度及报表报送双签制度，明确报表报送人和接收人双方的责任，为统计执法工作打下了良好的基础。二是大力开展法制宣传。在各专业年报会上，综合和法规科负责人从统计法的概念及特征、统计法经历的历程、新统计法的基本框架、统计违法行为和统计法律责任等方面深入讲解《统计法》，

在会上还通报了近年来统计执法的开展情况，进一步提高统计调查对象依法提供调查统计资料的意识，法制宣传工作成效显著。三是强化执法检查效果。提前宣传提高配合程度；明确重点提高检查效率各专业都有定期开展走访或数据质量检查的要求，玉林调查队按照走访调研与执法检查结合、数据质量检查与执法检查结合、综合法规科与业务科室联合的原则，科学合理安排执法检查工作，提高执法检查的频率，强化执法检查的效果。

2017年3月，时任玉林调查队队长梁善文到玉东新区陂耀村检查农产量抽样调查和遥感测量样本网点整合工作

四、强化规范，进一步提升行政管理水平

一是加强制度执行力度，改变工作作风。通过加强制度执行力度，保证了全局工作运行始终处于科学、有序的状态之中，进一步促进了工作作风的转变。二是做好信息安全管理工作。落实专人分管信息化工作，按时完成信息化年报工作，继续在队内定期开展网络知识培训，提高队员的网络安全意识。三是严格执行有关财务制度，认真做好队资金收付结报工作，加强对全队的固定资产管理，规范操作政府采购。四是严格安全工作责任制，加强节假日及夜间安全值班，加强车辆调度管理工作。

五、做好其他工作

一是队党支部按照市直机关工委的工作要求做好支部班子换选，培养和发展新党员等党务工作，组织党员开展“七一”爱国主义教育活动，积极开展党员进社区服务工作，组织党员干部到单位所在社区开展清洁卫生、捐款捐物、爱心超市建设等活动，进一步拉近了党员干部与社区干部群众的距离，增进彼此感情，为今后开展统计调查工作打下了一定的群众基础；二是积极组建玉林调查队首届工会委员会，积极开展职工文化娱乐体育活动，丰富和活跃了职工的文化生活。三是不断充实干部队伍。新聘用2名职工，争取到市里来玉林调查队挂职干部1名，缓解玉林调查队目前人手不足的局面。四是做好保密工作。加强组织领导，落实工作责任，成立保密工作领导小组，选配熟悉保密工作的同志担任保密宣传员和保密检查员，不断夯实保密工作基础。

国家统计局百色调查队

2016年，在国家统计局广西调查总队的正确领导下，在全队干部职工的共同努力下，国家统计局百色调查队深入贯彻落实全区调查工作会议精神，围绕“规范化建设强化年”主题，把握“两学一做”学习教育契机，聚焦巡视“回头看”整改要求和中央领导同志对统计工作重要指示批示精神，以提高数据质量为核心，以规范化建设为抓手，按照标准求高、措施求严、工作求实、服务求优的工作思路，切实转变观念，改进作风，全力投身现代化服务型统计建设，内强素质，外塑形象，统筹安排，扎实工作，圆满完成各项工作任务，一年来工作亮点纷呈。

一是推进政务信息工作成效明显。坚持以政务信息作为展示形象的有效方式，政务信息撰写量、采用量在上年基础上稳步提高，2016年度，共撰写政务信息145篇，获总队内网采用128篇，国家统计局内网采用16篇,实现提质增采目标，政务信息工作在全区排名连续3年进前3名，连续6年进前5名。

二是城乡住户一体化调查改革深入推进。年初采取“五强化”措施谋划部署一体化调查工作；坚持“访户+审核+上报”模式提升住户调查质量；采取“顺查、抽查、倒查”三法严抓业务检查，强化业务规范化，确保数据真实可靠；把握数据反馈、解读、分析、查询四个环节工作，突出及时、准确、深度、便捷要求，提升一体化调查数据服务水平。

三是优质服务取得良好成效。调查报告《关于百色市农民收入“十二五”现状及“十三五”探析的报告》连获百色市长、常务副市长以及分管农业等工作的副市长批示，调查报告《百色市2016年投资环境监测调查报告》引起百色市委书记、市长、常务副市长高度重视并作批示，之后百色市政府在全市范围内开展一系列改善投资环境工作，并印发《全市改善投资环境工作绩效考评方案》，加强对相关工作的督导。

四是统计调查工作获百色市党政领导高度评

2016年6月，百色市市长周异决到百色调查队调研指导统计调查工作（文是生　摄）

2016年6月，百色调查队与百色学院签署人才培养项目协议（文是生　摄）

价。2016年6月23日，百色市长周异决亲率财政、招商等十余个部门领导到百色调查队现场办公，了解困难，肯定成绩，赞百色调查队“只讲奉献，不求索取；部门虽小，但作用巨大”，为服务百色社会经济发展做出积极贡献。

五是干部队伍结构强优化。采取提拔与平级交流相结合的方式，坚持公平、公开、公正原则，从年轻干部中提拔2名正科级领导干部，激发斗志，创先争优；从地方选调2名公务员，为调查队伍注入新鲜血液；根据工作需要和个人工作能力，开展涉及4科室5干部的岗位大调整，促进人岗相符、人尽其才。

六是市委组织部继续将百色队干部教育纳入地方党校培训计划。年内安排百色调查队4人次分别参加地方党委组织部牵头举办或委托举办的中央党校培训班、南宁市委党校选调生培训班、少数民

2017年4月，百色市常务副市长谭丕创到百色调查队调研（文是生　摄）

族干部培训班等学习，促进与不同系统、不同部门间干部工作经验交流，提高干部综合素质。

七是网络信息安全得到有效维护。建设新机房，为服务器等设备提供安全运行空间。安装防火墙，构筑网络信息安全防线，对办公电脑进行有效防护，对流入网络信息进行安全过滤。落实2名队员负责网络信息安全工作，对接总队信息处，服务队内办公电脑安全监控维护。

八是统计法制宣传有新亮点。创新采用“微创”工作法开展统计法制宣传工作，年内自导自演的微电影上讲堂3次，寓教于乐；微考试进会场3次，参与人数350人次，以考促学；微平台随身行，加强与调查对象互动交流，有效提升统计法制宣传教育效果。

九是“实兵对抗”促依法依规治队上新台阶。以分组交叉自查方式，三度开展队内风险排查防控和规范化检查工作，覆盖各科室各调查专业，重点检查住户记账本数据质量，做到严格检查不走过场，限期整改不留死角，有效提升依法治队、规范化建队水平。

十是“两学一做”学习教育形式多样。结合“五·四”、“七·一”等重要节点，利用百色丰富的革命圣地资源，开展“两学一做”主题实践活动。依托百色市委党校举办培训班，邀请党建工作专家教授作“两学一做”专题讲座。组织开展百色市辖区调查队“两学一做”学习教育三个专题集中学习研讨，集思广益，凝聚统计调查工作抢抓机遇、克难攻坚正能量。

十一是“三农普”遥感测量无人机驾驶零事故。深入百色市30个调查样本点开展第三次全国农业普查农作物种植面积遥感测量工作，实现无人机安全飞行50架次，促测量工作高效、优质完成。

十二是档案管理工作连续七年获评优秀等级，一级档案室管理、维护到位。制定档案目标管理责任制工作考核办法，健全档案管理网络图，落实专人负责管理和维护，健全档案分类制度，确保档案管理有章可循、有据可依。顺利完成2015年度档案整理归档工作，经百色市档案局现场检查评定，综合评分98.5分，荣获优秀等级，为保持一级档案室荣誉夯实基础。

十三是帮扶基层力度大。按月组织干部深入精准扶贫点开展结对帮扶工作，目前已下点64人次，人均4次。组织捐款、协调经费约10万元，开展扶贫点、农村调查点基础设施建设、助困慰问等工作。

2017年5月，百色市人大常务委员会副主任阙建林到百色调查队调研（文是生 摄）

国家统计局贺州调查队

2016年5月25日，贺州调查队党组纪检组组长汤小青到平桂区黄田镇调研仔猪价格（叶　惠　摄）

2016年，国家统计局贺州调查队（以下简称"贺州调查队"）在国家统计局广西调查总队正确领导和贺州市委、市政府关心支持下，认真贯彻落实党的十八届三中、四中、五中、六中全会精神，按照全区调查工作会议的统一部署，紧紧围绕"规范化建设强化年"工作主题，以提升数据质量为基本工作思路，加强党建工作，以强化规范化建设为切入点，狠抓调查基础，锐意进取，扎实工作，较好的完成了各项调查工作任务。

一、从严治党，认真落实好中央巡视反馈意见整改工作

一是围绕加强党的领导、全面从严治党的要求，进一步加强队党组中心组学习，增强管党治党的思想和行动自觉；二是落实党建主体责任，定期向联系片区的总队领导汇报党建工作情况；三是充分发挥党组中心组作用，组织深入学习习近平总书记等中央领导同志关于治理统计弄虚作假、遏制数字腐败的重要指示批示精神，提高思想认识，做到守土有责；四是改进了调研工作方式方法；五是从严治队，加强了队员迟到等"慵懒散"现象的治理；六是针对存在的"四风问题"，加强了公务接待等工作制度的修订和完善。七是建立整改问题台账，明确责任分工，确保问题整改落到实处。

二、从严从实，开展好"两学一做"学习教育

1. 加强组织领导，扎实推进工作。建立领导班子成员联系点制度，领导班子成员负责各自分管科室，全程指导学习教育活动开展。

2. 突出灵活方式，激发学习热情。一是党员领导干部带头讲党课。二是组织"互联网+红色文化"党员活动。三是举办知识竞赛提升党员素质。

3. 强化阵地建设，提振党员精气神。6月中旬，建设了一条彰显特色"两学一做"学习教育文化长廊，为党员干部学习教育创造良好环境，提振

2016年11月16日，贺州调查队副队长唐纯德到平桂区大平乡开展粮食测产工作（陈　检　摄）

了党员的精神风貌。

三、注重质量，全面完成国家调查任务

1. 绷紧政治敏感神经，层层传导压力，用《统计法》要求衡量调查工作质量和水平。专门召开党组扩大会议和全体会议，要求各专业对账本或报表开展自查。同时队领导分别带队到各住户调查点，当面培训记账户记账。

2. 开展调查数据质量大“体检”，提升调查数据质量。一是由综合和法规科和办公室牵头，开展队内调查数据质量大检查。二是与市统计局联合组成检查小组到各县区开展住户类调查基础工作检查。

3. 注重部门沟通协作，充分整合调查力量。主要畜禽监测调查联合市统计局、水产畜牧兽医局，深入实地调研，推动畜禽监测调查顺利开展。

4. 加强业务培训，提升统计调查能力。通过当面指导、集中培训、电话讲解、邮件、QQ远程等多种方式开展，加强对辅助调查员和调查对象的培训和指导，切实提高统计调查能力。

5. 加强调查数据审核，确保调查数据真实、准确、完整。企业调查重点核查报表内的异常数值；工业生产者价格做到企业上报一家就立即审核一家；CPI执行数据即采即审制度，不同采价点价格横向对比；主要畜禽监测调查要求县区统计局必须确保数据平衡、符合运行规律后，再录入联网直报程序进行审核上报。

四、增强服务意识，努力提升统计服务水平

充分挖掘社会经济生活中的新情况、新问题，紧密关注经济形势，加强统计分析工作，及时准确地报送居民消费价格、农产品价格、城乡居民

2016年11月18日，贺州调查队副队长麦克伦到贺街镇入户指导记账户记账工作（岳楚明　摄）

生活情况等统计调查分析，为各级党委政府科学决策提供真实、可靠信息。2016年，全队共撰写调查信息（含约稿）25篇，获总队采用15篇；撰写调查报告5篇，获总队采用4篇；撰写政务信息112篇，获总队采用91篇，获国家局首页采用1篇。报送地方两办信息共计15条，向地方政府及有关部门提供CPI专报9期、城乡居民收入专报3期。

五、积极进取，加强调查保障能力建设

1. 统筹安排，做好财务保障能力。在经费保障方面，经过不懈努力，贺州调查队部分调查经费成功列入贺州市财政切块管理，统计调查经费保障能力显著增强。

2. 加强培训教育，夯实统计执法基础。一是充分利用“12.4”、“12.8”、法制、统计开放日等节点，加强统计法宣传，让社会公众认识和了解统计法；二是加强统计执法常规和专项检查。2016年，共对9家调查企业进行统计执法检查，其中立案1起。

六、强化培训，提高人事教育工作水平

全年共派遣一名队员参加国家统计局举办的全国统计系统专业知识提高培训班，一名队员参加2016年贺州市学习贯彻党的十八届五中全会精神专题研讨班（科级），一名队员参加地方党校选调生培训班，2名队员参加全国统计基础知识培训班。

七、加强党风廉政建设，为调查工作保驾护航

1. 召开党风廉政建设专题会议并签订党风廉政建设承诺书。组织召开党风廉政建设专题会议，与各科室负责人签订廉政建设承诺书，将《党员干部涉纪问题“负面清单”》印制成册，时刻警示队员。

2. 多方式抓好党风廉政建设经常性教育。一是利用宣传长廊、QQ群等媒介做好党风廉政建设工作的宣传。二是收集典型案例，在全队范围内进行通报，为全体队员敲响警钟。三是班子领导不定期为全体队员上廉政党课。四是从市纪委收集廉政教育影片，定期组织全体队员收看。

3. 做好风险防控措施。一是继续深化廉政风险防控管理，各科室补充整理了2012年版风险防控图。二是完善廉政风险防控制度，修订完善本队“三重一大”工作制度。

2017年5月4日，贺州调查队组织全体干部职工到贺州市国家安全局参观“反渗透、反策反、反窃密”警示教育展览（龚 新 摄）

国家统计局河池调查队

2016年，国家统计局河池调查队认真贯彻落实党的十八大和十八届三中、四中、五中、六中全会精神，根据全区调查工作会议的统一部署，紧紧围绕“规范化建设强化年”活动主题，按照年初制定的“坚持一个基调、用好两个抓手、营造三个风气、促进四个提高”的总体思路，深刻领会并贯彻落实中央领导人对统计工作的批示精神，加强队伍建设，进一步提高队伍凝聚力和战斗力，圆满完成了2016年的各项工作。

一、深刻领会，贯彻落实中央领导人对统计工作的批示精神

一是通过聆听党课，逐步将学习引向深入。总队长邹伟忠以《坚持实事求是思想路线，防范统计造假弄虚作假》为题，给河池调查队全体干部上了一堂精彩生动的党课，敲响了全面防范统计造假、弄虚作假的警钟，为我队规范地开展各项调查工作，争取取得更大的成绩指明了方向。二是是结合实际，逐步将学习引向实处。以加强党的建设为重点，以强化规范为目的，以提升服务能力为宗旨，以巡视“回头看”为契机，以防范数据造假提高数据质量为核心，扎实推进河池队各项调查业务工作。

二、扎实推进“两学一做”学习教育

制定《国家统计局河池调查队关于开展“学党章党规、学系列讲话，做合格党员”学习教育实施方案》。组织辖区内市县队全体党员及入党积极分子参加在市委党校举办“河池区域调查队‘两学一做’学习教育培训班”，开展“一抄一

2016年8月，河池调查队队长陆润开、副队长王安国到都安县督查“三农普”遥感测量工作。总队农业处林卯来处长到现场指导

写一承诺”活动、党组书记上党课、评选“优秀共产党员”和“优秀党务工作者”、组织党员赴河池镇参观爱国教育基础、到新建社区开展“双联四带”活动等一系列活动。同时，落实“三会一课”制度，严格按照文件要求，完成2008年4月以来的党费清缴工作。

2016年12月，河池调查队副队长黄洪泽带队到南桥市场对商户进行春节慰问

三、以“规范化建设强化年”为抓手，两个规范化建设取得成效

（一）紧扣工作重点，全面提升政务水平

一是按照制度建设要求，全面梳理规范化制度建设情况，进一步明确和细化岗位职责。二是全面启用通达办公化自动系统，正式开启河池队无纸化办公新时代；购置高端塔式服务器、千兆级硬件防火墙，信息化的管理和安全防护水平得到全面提升。三是严格执行中央八项规定，进一步规范财务管理；根据公车改革要求，已于2月将两辆公务用车封存。四是全力建成二级档案室。五是加大人事教育培养力度。将全队党员干部全部纳入河池市教育培训计划。2016年共有9人次参加地方培训；提拔两名副主任科员，任命一名科级干部兼任纪检监察员。建立健全聘用工作人员工资增长与考核测评机制。六是先后对7人次签发督查督办单，对2名负责人进行提醒谈话，有效促进干部工作作风的转变和执行力的提升。

（二）做好“钻、请、走、沉”四个动作，积极推进业务规范化建设

一是钻进去。深入钻研调查方案制度，严格按制度开展各项调查工作，及时发现数据质量风险点，制定切实可靠的防范措施；二是请进来。邀请总队法规处领导对河池队近两年来的规范化考核情况进行分析和点评。三是走出去。组织业务骨干到

2017年2月10日，河池调查队副队长王安国、纪检组长陆宇平到五圩镇平桥村指导及督查劳动力调查

先进市县队进行业务交流学习，加强向总队业务处请示汇报。四是沉下去。深入基层开展调研，队领导多次带领业务人员深入各县（市、区）调查一线，夯实基础工作。

（四）圆满完成各项常规调查和专项调查工作

严格按照国家调查方案，顺利完成城乡住户调查、劳动力调查、农民工监测调查、采购经理调查、规下工业调查、规下服务业调查、工业生产者价格调查、居民消费价格调查、主要畜禽监测调查、农产品生产价格调查、三农普遥感测量调查等20项国家调查任务和网购专项调查、投资环境监测、党风廉政建设民意调查等3项专项调查任务。

（五）围绕地方中心工作，提升优质服务水平

紧贴地方党委政府的工作思路、工作部署及总队有关要求，及时反映经济指标的变动情况，积极参与约稿调查，不断提高优质服务工作水平。截止2016年11月，全队共撰写调查信息（含约稿）30篇，获总队采用25篇；撰写调查报告10篇，获总队采用9篇。全年共提供《河池市CPI专报》12期、《河池市城乡居民收入专报》4期，受到地方政府及有关部门的高度评价。

2017年2月20日 河池调查队队长陆润开向河池市委常委、常务副市长李楚汇报调查工作

（六）多种形式开展统计法宣传，加强统计执法力度

一是开展数据造假、买数卖数、以数谋私专项治理工作。二是先后两次开展全面清理纠正违反统计法精神文件和做法工作。三是利用藤县“数字造假”案件开展警示教育。四是全面开展统计法制宣传。通过年报会、“12.4”、“12.8”和中国统计开放日等时点广泛开展统计制法宣传；召开统计法治培训会议，通过以考促训的方式，提升调查队员的统计法治业务水平。五是制定《国家统计局河池调查队执法检查推广随机抽查实施方案》，成立统计执法骨干人员库，开展统计执法重点检查。全年共对8家调查企业进行统计执法检查，发现其中1家提供不真实统计数据，并对其立案。

（七）落实巡视“回头看”整改意见，全面推进“两个责任”落实

1. 制定《2016年国家统计局河池调查队党风廉政建设工作要点》，组织全体干部签订《党风廉政建设责任承诺书》，把党风廉政建设与业务工作同部署、同落实、同检查、同考核。

2. 加强日常廉政教育。创新运用本队网、QQ群、手机短信等宣传平台进行日常廉政教育；将廉政知识纳入业务知识竞赛内容，从多角度、多方面加强对干部职工的廉政教育；每季度组织干部职工观看一次廉政教育电影，上一次廉政党课，通报警示案例等，让每一位队员时刻警醒规范自身行为。

3. 广泛开展廉政谈心谈话活动。6月下旬，党组书记对辖区内县级调查队领导班子进行廉政谈话。8月份，多次开展党组书记与班子成员、党组书记与中层干部、党组成员与分管科室负责人之间的廉政谈心谈话，切实落实党风廉政建设责任制。

4. 充分发挥纪检监督职责。加强纪检监察业务学习，提高监督水平，切实加强对各专业调查工作事前、事中、事后的跟踪监督检查。

国家统计局来宾调查队

2016年，国家统计局来宾调查队在广西调查总队及来宾市委、市人民政府的正确领导和大力支持下，深入学习贯彻落实党的十八届五中、六中全会精神与全区调查工作会议精神，将“两学一做”学习教育成果转化到各项业务建设当中，高标准高质量推进“规范化建设强化年”各项部署，切实提升了调查工作水平与质量。

2016年6月，来宾调查队队长卢定新带队深入劳动力调查网点开展劳动力调查工作

一、坚持全面从严治党、扎实推进“两学一做”学习教育

“两学一做”学习教育开展以来，来宾队突出自身特色，将学习教育作为全面从严治党的重要内容，与统计行风建设融合在一起，树立合格标杆，从严格要求全体党员做一名合格党员到向全队队员做一名合格队员延伸和拓展，成立两学一做学习教育领导小组，队长挂任组长，审议下发《国家统计局来宾调查队两学一做学习教育实施方案》。

落实全面从严治党，高效完成巡视整改工作任务。高度重视“两个巡视”反馈意见，先后召开党组会、常务会、专题会研究落实意见，制定整改方案，明确整改责任清单，扎实推进整改工作。对专项巡视反馈的意见细化为3个方面23条，对“回头看”反馈的意见细化为3个方面33条。明确条条都有整改责任领导、责任科室及完成时限。

全面推进党风廉政建设。突出抓好“两个责任”工作落实。制定《国家统计局来宾调查队党组关于全面落实党风廉政建设主体责任和监督责任的暂行规定》《2016年党风廉政建设工作要点》。与各科室分别签订了《工作目标责任书》《党风廉政建设责任书》，修订完善《国家统计局来宾调查队廉政风险防控工作实施方案》《中共国家统计局来宾调查队党组关贯彻落实“三重一大”决策制度的实施办法》。聚焦风险节点，全面加强人财物数管理。

二、抓作风、严治队，队伍建设呈现新气象

建立考评新机制，重新修订目标考评管理办法，下发《国家统计局来宾调查队2016年目标管理责任制考核办法》。进一步加大培训力度。组织辖区调查队系统共计36名党员到市委党校开展为期三天的脱产培训。进一步创新干部培养方式。完成了对2名科长、1名副主任试用期满转正考察，新提拔了1名科长。

2017年2月，来宾调查队队长卢定新（右二）带队到扶贫联系点开展帮扶我作（罗生翔　摄）

三、强化规范化建设，调查基础工作水平得到进一步提升

（一）完善制度、加大投入，提升保障能力。完善制度建设。结合巡视整改工作，对各项规章制度、各项调查业务工作流程进行一次大梳理，在原有的基础上做好废、改、立、修工作。通过梳理，完成38项涉及纪检、财物、人事、数据等制度及工作流程的修改、完善工作，并装订成册，发到每个科室、每名队员的手中，做到人手一本。加大投入，确保调查工作顺利开展。

（二）全方位加强基础建设，数据质量不断得到保障和提升。强化“三个意识”，打造调查数据质量“一把手工程”。设立调查数据质量提升管理小组，由队长担任组长。全面加强调查网点的维护和管理，健全信息网络，及时掌握样本分布以及调查对象的基本情况，定期进行更新维护，实时监测，动态管理。

四、突出重点，加大执法检查，统计法制建设取得新成效

统计普法成效显著。邀请6家代表企业参加“六五”普法工作总结座谈会。在扶贫工作联系点金秀县忠良乡中心小学设立普法学校。精心组织实施“12·4”“12·8”集中统计法治宣传活动。全面提升执法力度。全年开展10次执法检查，共执法检查了14家调查企业，对1家企业发出责令整改通知书，对1家提供不真实调查数据的企业进行立案，给予警告，责令整改。

五、拓展渠道，提升调查宣传品牌

开通官方微信平台“来宾调查”，并作为数据对外发布的平台之一。7月13日，邀请来宾日报、来宾电视台记者报道在来宾市举办的全区“第三次全国农业普查”遥感测量无人机操控培训现场会工作。9月20日，第七届“中国统计开放日”之际，在来宾日报上发布《农业普查 福到农家——第三次农业普查大家懂》，在全市宣传推广农业普查知识。

六、立足本职，深挖数据资源，调查服务水平进一步提高

一年来，撰写上报政务信息获得总队采用162

2017年5月，来宾调查队队长卢定新带队到兴宾区大湾镇那谷小学开展帮扶捐赠活动

篇，获得国家局采用5篇。总队内网采用调查报告11篇、调查信息17篇和约稿14篇。从已经反馈的情况看，经总队采编后获自治区党委采用的有16篇次，自治区政府采用2篇次，自治区党委领导批示1篇次，国家统计局采用12篇次，国家局领导批示6篇次。

扎实推进精准扶贫工作。大力帮扶联系点——金秀瑶族自治县忠良乡林秀村理清发展思路，建立脱贫致富长效机制。完成联系点建档立卡贫困户总数211户，与4户贫困户建立一对一帮扶脱贫责任机制，投入30750元专项资金，支持扶贫工作。

2017年6月，广西调查总队副巡视员邱洪刚（右二）到来宾调研经济发展形势（兰小姣　摄）

国家统计局崇左调查队

2016年，国家统计局崇左调查队（以下简称崇左调查队）在广西调查总队的正确领导下，在崇左市委、市政府的关心支持下，深入贯彻落实党的十八大及十八届三中、四中、五中、六中全会精神和中央领导同志对统计工作的重要指示批示精神，紧紧围绕总队“规范化建设强化年”主题，扎实开展各项工作，较好地完成了全年各项工作。

一、扎实开展“两学一做”学习教育

（一）高度重视，积极部署落实。4月25日，总队召开“两学一做”学习教育视频动员会后，崇左调查队及时传达学习会议精神并制定印发了“两学一做”学习教育实施方案，于5月16日组织全体党员干部召开本队“两学一做”学习教育动员会，部署本队学习教育活动。

（二）举办“两学一做”学习教育培训班，将学习教育引向深入。5月25—27日，崇左调查队联合崇左市委党校举办“两学一做”学习教育培训班，组织崇左辖区市县调查队全体干部职工45人参加培训。

（三）突出自选动作，提高学习教育效果。5月25日、6月27日、11月14日，崇左队分别开展了第一、第二、第三专题集中学习活动，每个专题都由一名队领导带头讲党课。6月27日，崇左调查队组织崇左辖区市县调查队开展了“我是党（团）员，我能”庆“七一”主题演讲比赛。

二、强化“行政管理规范化”建设，提升调查工作保障水平

（一）提高公文处理水平，切实发挥参谋助手作用。规范收发文程序，做好各类文稿的审核把关，维护公文的权威性和严肃性。

（二）加强制度建设，不断完善工作规范。进一步加强制度建设，严格规范工作流程和

2017年2月3日，崇左市委书记刘有明（右二）到崇左调查队慰问干部职工

标准，规范办公室行政管理工作，修订完善本队办公室服务工作指南，明确办事流程和具体负责人员。

（三）扎实推进信息化建设，强化信息安全。严格按照总队“三个100%”的要求，做好网络安全工作，建立本队FTP平台，实现了全队信息的交流与共享。

（四）大力推进依法统计，切实提高法制保障能力。

1. 加强教育培训，提高队伍法制工作水平。5月25日—27日，在崇左市委党校举办崇左辖区调查队系统规范化建设培训班，邀请总队法规制度处领导给干部职工进行统计法治知识培训，进一步提高全队法制工作水平。

2. 推进统计法制宣传工作常态化。利用召开专业布置会、到企业走访、下基层调研等机会对调查对象进行统计法制宣传教育。同时，结合开展企业走访调研，深入调查样本企业，开展统计法制宣传工作。此外，联合市统计局在火车站广场开展“12.4”国家宪法日暨统计法普法宣传工作。

3. 切实做好数据质量和统计执法检查工作。对各专业重新梳理风险点，提出防控措施，加强对各专业调查数据质量的管控。同时，加强统计数据质量执法检查工作。2016年以来，先后开展了5次统计执法专项检查。

（五）加强人事教育管理，提升调查队伍建设工作水平。

1. 市县队干部双向挂职交流工作圆满完成。2015年9月至2016年8月，崇左调查队组织崇左辖区市县调查队率先在全区调查队系统开展了干部双向挂职交流活动。

2. 制定干部年度考核量化办法。崇左调查队结合实际，制定了干部年度考核量化办法，从德能勤绩廉五个方面，对干部的实际表现进行量化考核。

3. 做好干部学习教育培训工作。组织干部职工参加党的十八大精神学习、档案知识培训、入党积极分子培训和各种学历、技能的学习培训和考试，增强干部职工的思想素养和业务技能。

三、强化“调查业务规范化”建设，提升统计调查业务水平

（一）不断夯实调查业务基础。1. 做好调查业务工作的组织实施和管理。一是住户调查工作坚持访户常态化、分点包户和分类指导。二是扎实做好劳动力样本补充工作。三是做好农民工市民化

2016年9月20日，广西调查总队副巡视员邱洪刚（前排左二）到崇左队开展调研指导工作

2016年7月14日，崇左调查队队长黄庆豪（右三）带队到宁明爱店口岸调研

监测调查。五是做好CPI调查工作。六是做好规模以下服务业抽样调查样本核查。七是做好限额以下批零住餐行业问卷调查的样本核查。对江州区3个街道6个社区15个批零住餐样本企业及个体户每季度均进行实地核实。八是做好规模以下工业抽样调查样本核查。每个季度对样本村的非目录企业进行核查。九是做好主要畜禽监测调查数据质量现场核查。共走访畜禽规模养殖户及普查小区8家次。十是做好规模以下服务业调查数据质量核查。共抽选10家样本企业开展数据质量核查工作。十一是做好采购经理调查数据质量检查现场核查。共走访采购经理调查样本企业18家次。十二是做好规模以下工业企业调查核查。共走访规模以下工业企业12家次。此外，共走访工业生产者价格调查样本企业18家次、农产品价格调查样本单位9家次、主要农产品中间消耗调查样本8家次，对台账记录等基础工作进行了指导切实加强调查工作的组织实施和管理。

2. 加强业务培训指导。全年共组织召开了住户调查、规下服务业、主要畜禽调查、采购经理调查等调查专业集中培训会8次。同时，对集中培训会未能到会的样本企业由专业人员亲自上门进行个别辅导，保证了培训工作落实到每一个调查对象。

（二）扎实开展统计联网直报。目前采购经理调查和规模以下工业调查100%的正常经营企业，规模以下服务业调查90%以上样本企业实现了调查数据直接在网上填报。农产品价格调查对象均能按要求填写上报台账，本队专业人员进行审核查询后录入联网直报平台，联网直报率为100%。

（三）严格规范专业调查工作流程。制定印发了本队各专业业务工作规范流程，并将流程上墙。制定完善数据质量责任追究办法，进一步规范数据核实流程。

（四）加强数据质量评估工作。制定印发本队各专业数据质量评估时间表，坚持调查数据上报前评估前置制度，各专业的数据上报前必须进行数据质量评估。

（五）深入开展基层走访调研。2016年，全队共深入基层走访调研180多人次，其中，主要领导带队调研30多次，分管领导带队调研60多次。

（六）攻坚克难，做好崇左市全国第三次农业普查农作物播种面积遥感测量调查工作。一是顺利完成秋冬播、春播和夏播的播种面积遥感测量调查工作。二是协助航拍公司到各县普查测量村进行航拍，并顺利完成航拍任务。

四、全面加强服务，提升统计调查咨询建议水平

（一）加大统计调查优质服务工作力度

1. 继续加大信息报告撰写上报工作力度。全年撰写各类调查信息41篇，其中，上报约稿信息23篇，获得总队综合采用19篇；上报调查信息6篇，获得总队采用5篇；上报调查报告12篇，获得总队采用9篇。

2. 提升调查刊物编发工作水平。积极联系中国统计出版社，组织开展《崇左调查年鉴—2016》编辑工作，每个季度及时对本队主要调查专业数据进行统计分析，编印《崇左调查季度资料》；每月CPI数据发布后及时编印《崇左CPI月报》，及时为地方党委政府提供统计咨询建议服务。

（二）积极稳妥开展统计新闻宣传工作。将住户调查、CPI调查等相关调查数据通过新闻媒体向社会发布，获得媒体累计采用稿件8篇次，取得良好的社会效果

（三）积极开展农民工家庭收入情况调研工作

根据崇左市委书记刘有明的指示精神，今年以来，崇左调查队积极联合市扶贫办等部门，在崇左市天等县开展农民工家庭收入情况专题调研工作。参与撰写的《天等县农民工家庭收入情况的调研报告》获得自治区党委彭清华书记批示。

五、深入贯彻全面从严治党，扎实推进党风廉政建设

一是严格落实“两个责任”。研究制定全面落实党风廉政建设主体责任和监督责任的具体措施，在工作中强化监督责任的落实，切实做好对辖区内县级调查队的监督检查。

二是加强党风廉政建设教育。经常性开展典型案例警示教育活动，开展党风廉政建设专题教育党课，切实增强全体干部职工特别是党员干部的党风廉政意识。

三是研究建立统计执法与纪检监察联动机制落实。将纪检监察员列为统计执法检查组成员，明确职责分工，强调纪检监督作用。

2016年8月2日，崇左调查队到扶绥现场指导开展遥感测量工作

国家统计局上林调查队

2016年以来，国家统计局上林调查队（以下简称上林调查队）深入贯彻中央领导同志对统计工作的批示指示精神，狠抓中央巡视“回头看”反馈意见整改落实。在广西调查总队的正确领导下，紧扣“规范化建设强化年”主题，攻坚克难，锐意进取，进一步提高了调查业务和行政办公规范化水平，采取有力措施，有效防控“数字造假、弄虚作假”，圆满完成了各项调查工作任务。

一、深入开展“两学一做”学习教育，强化党支部建设

上林调查队根据广西调查总队机关工委及上林县直属机关工委的相关要求，不断强化党建工作，积极开展“两学一做”学习教育，实现以党建带队建，促进调查业务发展。一是严格实行换届选举，更新支部血液力量。5月召开党支部会议，选举产生了以队长为支部书记的新一届支委班子，更新充实了支部血液力量，全面推进支委建设；二是结合实际，制定本队“两学一做”方案。用方案指导支部活动的开展，做到规定动作做到位，自选动作有特色。年内开展学习专题讨论3次，使每一名党员干部都能自觉融入学习中，提升自我；三是坚持“三会一课”制度，并结合“两学一做”学习教育各期专题开展“月月讲党课”活动，由每位党员轮流讲党课，年内共计开展专题党课及讲座11次，强化政治思想觉悟；四是开展系列活动，夯实组织基础。深入镇圩瑶族乡正浪村开展“七·一”红色之旅；全体党员干部重温入党誓词，将党章牢记心中；树立党员先锋模范岗，要求全体党员干部以优秀为标尺，争先创优；实施党员干部佩戴党徽搞调

2016年5月12日南宁调查队谢智队长（左一）到上林开展三农普现场指导

2016年9月20日，上林县常委、县政府常务副县长陆高（右三）到场参加统计开放日宣传活动

回访中发现的问题及时指出，立行立改，确保调查数据来源真实准确，有效防控数据造假风险。

三、规范搞调查，各项业务取得新突破

1. 城乡一体化住户调查率先实现100%电子记账推广，夯实数据采集工作

上林调查队为适应新常态、新形势下对统计调查工作的新要求，开拓创新，积极推进住户调查电子记账工作。2016年10月14日，上林县104户分省样本记账户全部实现电子记账，成为广西调查系统内第一支实现100%电子记账的队伍；2017年4月记账户100%实现单轨记账。电子记账的推广有效杜绝了“无依据修改数据”现象的发生，避免数据采集过程风险点，同时大大提高了工作效率。

2. 粮产调查工作首创账本制，确保数据真实准确

围绕“规范化强化年”工作主题，上林调查队根据工作需要、全面防范农业调查数据的造假行为，首创给20个调查点发放专用调查数据记账本，账本内容包括秋冬播、春播、夏播农作物面积调查，夏收和秋收踏田估产数据，抽中地块实割实测数据，辅调员根据调查结果直接填入账本，既能防止数据造假，也有利于数据的横向对比。坚持把数据质量放在第一位，开展多种培训形式全面提高辅调员的综合素质，促进调查质量的提高。

3. 农业普查凝聚力量，率先完成两次采集工作

普查工作中，成立了5个工作小组，手持PDA深入10个样本村50个样方3000多亩土地，克服重重困难，每天完成两个样本村4个样方的农作物种植情况的采集，在县级队中率先完成了三农普秋冬播、春播、夏播面积测量工作。

4. 统筹安排，畜禽监测、规下工业等调查工

查，随时保持党员标准，主动“急、难、险、累”工作；精心制作“两学一做”专题党建板报、党建知识测试、“手抄党章一遍”、撰写合格党员心得体会、党费缴纳专项核查等活动，不断增强党支部的凝聚力和战斗力，为各项调查任务的完成提供坚强的思想和组织保证。

二、紧扣主题，多举措强化规范化建设

上林调查队紧扣“规范化建设”主题，利用每周例会，不断向全体队员灌输规范化建设思想，坚持调查业务规范化、行政办公规范化两手抓。一是突出重点，对行政文秘、数据管理、人事教育、法规制度、党风廉政、各项调查专业等细项逐一梳理和归整，年中、年底分别由办公室组织，各专业开展规范化交叉检查。经过自查，各专业规章制度的不断健全，工作流程不断完善，基础数据管理不断强化，行政管理调查业务规范趋于常态化；二是坚决执行“两本笔记本搞调查”，共印制行政及业务工作台账20册。通过各股室的工作台账检查，找准重点，进一步加大督办工作力度、搞准统计调查数据质量，各项调查业务稳步推进，高质完成；三是实施调查回访制度，定期对养殖规模户、记账户等进行电话回访或现场回访，并做好回访记录。对

2017年1月6日，上林调查队队长朱必臻率领住户股成员到塘红乡开展电子记账培训、发纪念品

作有序开展

一是坚持督查配合，确保工作落到位。二是坚持细致抓分析，确保服务职能得发挥。三是坚持联合执法检查，规范调查行为。四是坚持定期自查，提高调查数据质量。成立专项核查小组，深入调查点进行现场核实，实地查看生产情况、市场行情，做到心中有数。认真对台账建立情况进行全面检查，确保“三个一致”，针对台账建立登记不完备、不规范、存在缺项漏项的问题及时纠正完善，强化调查工作规范性，各项专项调查业务圆满完成。

四、深入贯彻落实中央领导同志对统计工作的批示指示精神，强化数据质量管理

严格按照时间要求及时传达学习批示指示精神，做到有具体内容、有会议记录、有照片留存、有具体措施。结合本队实际，制定出切实可行的防控“数字造假、弄虚作假”四措施，一是强化两个责任的落实。明确每名干部职工都是责任人，切实担负起防控“数字造假、弄虚作假”的主体责任和监督责任，厘清职责，准确定位各自的角色；二是强化数字审核机制的落实。由队主要领导、分管领导、综合法规股及各专业业务负责人组成审核小组，每项上报的调查数据，须经过小组审核通过才能上报，形成有效机制；三是强化科技采集数据的落实。住户调查已完成100%电子记账推广，农业调查运用PDA、无人机等工具采集数据，专项畜禽调查推广“联网直报”等，充分利用高科技手段有效杜绝无依据修改数据，防控数字造假；四是强化问责措施的落实。纪检监察员切实履行好监督责任，严肃问责，对违反统计法规定，存在“数字造假、弄虚作假”行为的同志取消年终评优资格，情节严重的将处以通报批评，甚至解聘，让干部职工深刻谨记数据调查规范，警钟长鸣。

五、周密部署，确保整改工作落到实处

一是贯彻落实国家统计局巡视“回头看”反馈意见建议整改。结合本队实际制定了切实可行的方案，共梳理出具体问题共12条，并列出巡视“回头看”反馈意见整改台账，并逐项研究提出3个方面28项整改措施，列明整改内容、主要措施、责任人与完成时限，主动认领，以“钉钉子”的精神限时完成整改。直面问题，召开专题

民主生活会，聚焦反馈意见整改，剖析根源确保问题得到全面整改；二是主动认领，确保广西调查总队第一巡察组巡察反馈意见整改落到实处。根据广西调查总队第一巡察组巡察反馈意见，主动认领，逐条分析，讨论出本队具体整改措施，明确完成期限，落实具体责任领导、责任人，确保整改工作落到实处。

六、精心组织，进一步强化办公室职能工作

上林调查队办公室紧密围绕“规范化建设强化年”的主题，精心组织，持续增强主动服务意识，解放思想，更新观念，充分发挥办公室综合、协调、服务、督办四大职能，严肃了督查督办工作，狠抓了办文办会工作，优化了信息建设工作，加强了人事教育工作，细化了后勤保障工作，强化了综合法规管理工作，规范了财务管理工作，全面推进行政管理类工作的规范化建设和巩固，取得良好成效。

七、提供优质服务，得到地方党委政府点赞

上林调查队采取季度发文通报的形式，继续强化全队的政务信息工作力度，及时反映工作动态、总结工作成效，为总队、市队、地方党委政府领导决策和指导工作提供了良好的服务。2015年12月至今政务信息上报88篇，采用65篇，调查信息上报18篇，采用16篇，调查报告上报、采用1篇。为地方党委政府献言献策，共上报调查信息、调查报告84篇，主要反映地方粮食生产销售、城乡居民增收亮点难点情况，提升优质服务职能，积极反映地方经济社会发展情况，充分发挥了统计调查参谋助手作用，得到了地方党委政府点赞。

2016年8月26日，上林调查队副队长蒋兆国率领住户股股员深入调查点进行电子记账业务培训

国家统计局大新调查队

2016年7月，大新调查队到雷平镇公益村进行第三次全国农业普查无人机遥感航拍（何东明　摄）

2016年，在国家统计局广西调查总队和县委、县政府的正确领导下，国家统计局大新调查队（以下简称“大新调查队”）深入贯彻学习党的十八大及其历次全会精神和习近平总书记系列重要讲话精神，紧扣“规范化建设强化年”主题，强化基础工作规范化建设，进一步提高源头数据质量，较好地完成了各项调查任务。

一、坚持从严治队，开展“两学一做”教育

巩固“三严三实”成果，全面开展“两学一做”教育。年初召开“三严三实”专题教育民主生活会，传达国家统计局广西调查总队“三严三实”教育精神，传达中央第八巡视组对国家统计局党组专项巡视精神，通过严肃党内政治纪律，提高认识，查摆问题，剖析原因，落实整改，切实做到严禁买数卖数，坚决不出假数，进一步巩固“三严三实”成果。5月，迅速启动“两学一做”教育，要求进一步增强看齐意识，严明工作纪律，深化学习成果。以总队“两学一做”学习教育实施方案为方向，制定切实可行的学习教育计划，队内定期组织开展学习党章党规和系列讲话精神，逐条梳理，深入研究解析，结合统计工作实际学深悟透，进一步增强看齐意识。在学习教育中，队领导亲自指导、狠抓落实，党员学习教育全面覆盖。

二、强化队伍建设，提高队伍战斗能力

加强目标管理考核，严明工作纪律，年内，综合考虑队员工作量、性格特点、个人能力等因素重新进行分工安排，进一步梳理各股室工作量，协调各股室专业分工，克服“人少事多”困难。制定目标管理考核机制，量化考核标准，激发全队干部职工工作积极性，确保调查任务有效开展。加强对职工的教育和引导，领导班子成员以身作则，带头

2016年9月，大新调查队到住户调查点宝圩乡景阳村开展中秋慰问活动（何东明　摄）

2016年12月，大新调查队在县电影院广场开展统计法治宣传活动（黄小兰　摄）

做榜样，多次交心谈心，引导干部职工以饱满的热情、认真的工作态度完成年度本职工作。认真贯彻落实《广西调查队队系统聘用人员管理暂行办法》要求，加强聘用人员管理，精简人员并着力提高归属感和自豪感。组织在编干部及时登录国家统计局在线学习网页，按照个人兴趣和提升需求进行选课，接受培训。

三、坚持规范调查，业务建设成效显著

（一）规范调查行为，夯实住户调查基础。一是推进从严治队工作要求，重视住户调查工作，副队长主抓住户调查工作，带领住户股人员重心下移，沉入住户调查点，规范调查行为，以提高住户数据质量为目标，以基础工作和数据质量检查为重心，严格执行广西总队对住户调查

工作的各项要求，今年住户调查数据质量得到整体提升。二是住户调查受大新县委、县政府重视，年内领导班子先后4次向县领导汇报住户调查工作，在县政府的支持下，11月份召开了2016年大新县住户调查工作联席会议，推动理顺住户调查工作。三是自查自纠，以问题为导向，从源头上提高住户数据质量，每个季度开展自查工作，认真梳理住户日记账中存在的笼统账、漏记自产自用实物账等问题，对记账质量较差的记账户进行重点访户，当场指出账本编写错误，经住户确认后修改，从源头上提高记账质量。

（二）多深入早谋划，抓好农业调查工作。一是"图文并茂"强化下乡记录。采取"下乡记录应包括文字和图片"举措，下乡调查情况记录有文字说明、农作物生长、种植情况以及照片记录。以做好农业生产动态、调查走访留图片的方式，确保调查评估基础更加扎实牢靠。二是"依法行政"强化统计执法。改进以往因农业调查主要面向农户，开展调查较随意的方式，完善调查工作开展流程，及时下发调查业务工作布置文件、统计告知书。开展数据质量抽查时通过GPS设备和相机以图片、定位信息的方式，保留农业地块种植面积和品种、农作物长势信息，做到调查开展有依据，统计执法有证据。三是"多方联动"顺利推进三农普遥感测量工作。与崇左调查队、三农普抽中样本村所在乡镇政府和样本村村委"多方联动"，顺利完成三农普遥感调查工作。

四、落实党风廉政责任，完善廉政风险防控机制

落实党风廉政责任制，坚持业务工作与政治思想、党风廉政"两手抓"，队长在崇左调查队签订党风廉政责任书后，与各股室负责人签订《2016年党风廉政建设承诺书》，并结合工作部署会对本队党风廉政建设工作进行具体部署，领导班子成员之间开展廉政谈心，给干部上廉政党课。严格执行"八项规定"，抓实抓细作风建设，切实规范各项节庆行为，严格执行重要事项请示报告制度，纪检监察员参加队务会议，监督检查本队重大开支及重要工作。严格依法依规开展统计调查工作，坚决杜绝"以数谋私"等数据造假行为，恪守职业道德，坚持独立调查、独立上报。认真落实"三重一大"决策制度，凡决定重大问题之前，都经会议研究讨论。及时传达学习重要文件，通报重大工作事项。做好分工安排。5月初，大新调查队根据各股室专业分工情况，进一步梳理各股室工作量，协调各股室专业分工，提升工作效率。五是制定目标管理考核机制，量化考核标准，激发全队全体干部职工工作积极性，确保调查任务有效开展。

2016年12月，大新调查队召开党的民主生活会，党支部书记何昌贵带领全队党员重温入党誓词（黄小兰　摄）

国家统计局马山调查队

2016年9月19日，马山队举办第七届中国统计开放日宣传活动（陆晓丽　摄）

2016年，国家统计局马山调查队（以下简称马山调查队）结合本队实际，深入开展"两学一做"学习教育，以"规范化建设强化年"为抓手，谋实事、创实绩，深入推进统计调查改革与发展，较好的完成本队各项工作。在全区调查系统年度总体考核中荣获良好等次；部分单项荣获一等奖1个、二等奖3个，三等奖8个。现将具体情况汇报如下：

一、扎实开展"规范化建设强化年"活动，提高工作质量

（一）明确责任，合理安排部署。深入领会全区调查工作会议精神，认真学习邹伟忠总队长的讲话重点和要点，根据"按需设岗、以岗定责、责任到人"的原则，制定股室人员岗位职责和分工细则，量化职责，依实绩奖励、用制度管人。年初制定工作要点，按月将调查业务逐项细分安排，做到有事项、有人员、有时限，推动各股工作规范化建设。

（二）完善规范化相关制度。通过对现行规范化考评标准进行梳理，查缺补漏，全队共重新修订制度13项，新订8项。

（三）严格贯彻落实中央专项巡视反馈意见整改情况。切实开展"数据造假、买数卖数、以数谋私"专项治理工作，制定下发10份文件，明确2016年各项专业调查工作的重点任务、难点解析和责任落实，开展8次集中业务培训，加强各项调查基层辅助调查员业务规范化水平。全员配发《统计调查证》，通过人员岗位调整，确保各专业股至少有1名县队在职在编人员负责。各股室负责人贯彻国家统计局一套表和联网直报中继续坚持"四条红线"等各项规定，认真执行国家调查制度，并根

据本专业工作要求，按季度定时持证上岗，到基层调查点检查统计调查工作情况，坚持基础数据来源，不虚报不瞒报。

（四）落实国家统计局巡视“回头看”反馈意见整改工作。研究制定整改方案，挂图作战，细化为党的领导、选人用人、统计调查业务等3类26个具体问题，并逐项研究提出3个方面74项整改措施，切实按要求落实巡视“回头看”整改工作。

2016年11月7日，马山队到企业开展统计执法检查（蓝常年　摄）

二、扎实开展“两学一做”学习教育，提升干部素质

（一）及时动员部署。5月9日，队党支部启动“两学一做”学习教育活动，队领导班子全体成员分别于4月18—22日和5月9日—5月13日参加总队在自治区党校举办的广西调查队系统第一、第二期“两学一做”学习教育暨党风廉政建设主体责任培训班。

（二）注重学用结合，以知促行。马山调查队结合“两学一做”教育及统计数据摸排整治工作，队党支部与村党支部召集党员辅助调查员、调查记账户联合开展学做结合强规范——庆“七一”、“两学一做”主题党员活动，慰问生活困难党员、查摆业务工作不足，进一步明确抵制“数据腐败”和积极整改的重要性，促使队、村各支委提高“四个意识”，主动担责，力挺纪律利器，真正提升基层党组织战斗堡垒作用。

（三）深入基层，以党建促业务。8月23日，在马山县永州镇陇角村开展“三农普”夏播遥感测量实地调查工作期间，马山调查队全体队员与陇角村全体村干利用休息时间共同交流学习《中国共产党问责条例》，把学习成果化作自觉行动和实际成效，进一步查漏补缺，真抓实干，确保“三农普”夏播调查工作顺利开展。

（四）多写多看，强化理论修养。通过积极开展“一抄一写一承诺”活动，全体党员积极手抄党章、撰写心得体会，签订承诺书，党章意识和党员素质得到了明显提高。

（五）党员干部纳入地方党校培训。县委组织部将马山调查队党员干部培训纳入地方党委党校培训安排范围。队长黄启禄同志于9月24日—30日外出赴贵州红色足迹教育培训中心参加县域经济发展培训班，10月份在县委党校举办的马山县2016年秋季主体班培训中，5名在职党员领导干部分别纳入脱贫攻坚与现代农业发展专题培训班、项目建设管理专题培训班，2名在职党外干部纳入少数民族和党外干部培训班。

三、加强综合工作，提高服务水平

（一）以质量为核心，狠抓优质服务。马山调查队在统计分析上力求广度和深度，深入基层调研听取群众反映的热点、难点问题撰写调查信息，调查信息和调查报告上报10篇，被总队综合采用9篇，完成全年任务166. 1%，25篇政务信息、交流心得被总队内网采用。

（二）加强统计调查新闻宣传。充分利用“12.4”全国法制宣传日、12.8《统计法》颁布纪念日、第七届中国统计开放日、深入基层调查点等时间节点举办宣传活动，利用各种宣传媒体开设统计知识专栏，利用下乡机会直面群众宣传统计法律法规，做到统计宣传形式多样、通俗易懂，生动活泼，注重宣传效果。积极联系地方新闻媒体，加大统计调查工作宣传力度，切实营造“树形象、接地

2016年11月28日，马山队召开2016年住户类调查年报业务培训会。图为颁发2016年度优秀奖项荣誉证书（韦思宇　摄）

气、受监督、服人心”的积极调查工作氛围。2016年马山电视台三次报道我队工作纪实：3月31日，南宁队到马山调查队开展城乡住户电子记账实地调研工作；7月19日—20日，马山调查队牵头县发改局、财政局、统计局、农业局和气象局五个部门的相关技术人员开展为期两天的粮食产量实割实测工作；8月2日，总队党组书记、总队长邹伟忠率队赴马山县白山镇立星村，就“三农普”遥感测量无人机数据采集工作进行调研指导。

四、牢固“两个意识”，高质量完成国家调查任务

（一）精心组织实施，加强培训、检查和指导。一是各专业股按照总队各项调查工作制度要求拟发正式文件，向全体队员及各乡镇、各调查点，部署工作任务，强调工作规范。二是召开辅助调查员、记账户进行业务培训。除召集辅调员到队内进行系统培训之外，各专业股还利用月报、季报下乡的机会对辅调员及记账户进行培训，传达中央领导同志对统计工作重要批示指示精神，通报藤县调查队有关人员篡改统计资料案件，筑牢统计数据造假、弄虚作假防范思想防线，进一步端正调查工作态度，自觉提高工作标准，努力做到“三有三无”：业务推进有序有效有法，调查落实不差毫厘、事无巨细、精进不休。三是加强督促检查指导。马山调查队按月到点检查，就已存在的一些调查户记账配合积极性不高、个别调查户顾忌个人隐私，马虎记账，甚至出现抵触情绪，中途不愿记账情况进行全面检查指导；对个别辅助调查员工作不认真、落实不到位的进行思想教育和纠正，有力的推进数据管控工作。

（二）全力以赴开展三农普农作物遥感测量面积登记工作。一是与马山县统计局联合成立了全国第三次农业普查工作领导小组办公室，局队主要领导任组长，局队分管任副组长，成员由局队人员组成，具体负责第三次全国农业普查的组织实施工作。二是沟通马山县农普办及时转发市农普办《关于开展南宁市第三次全国农业普查农作物面积遥感测量工作的通知》到各乡镇，要求各乡镇要高度重视，落实人员，配合局队做好实地调查工作。三是及时召开业务会议。5月6日，马山调查队和县统计局召开会议，要求与会人员严格按照国家统计局和总队要求做好三农普农作物面积遥感测量面积调查工作，确保普查工作有效进行。四是及时到点实地调查。从5月13日开始，马山局队分三个组由局队领导带队，深入到样本框所在乡镇，开展现场实地检查，督促指导，坚决杜绝不深入实际而导致调查工作漏填漏核，以至于调查数据严重脱离实际现象的发生。五是配备“三农普”工作PDA、照相机、打印机、下乡服装、劳保鞋等装备。六是争取上级部门支持与指导。

（三）依法调查，规范调查，排除干扰，保证样本数据质量。各专业调查报表报送由本队工作人员亲自送达亲自回收，报表录入整理后统一交由综合法规股管理，避免出现数据被篡改或者出现数据外泄。

五、加强财务管理，防范廉政风险

（一）加强政策学习，统一思想认识。队主要领导、分管财务领导及财务人员统一对新出台的财政政策、会计制度，特别是厉行节约、反对浪费以及预算管理方面的政策、制度进行统一安排学习，坚决落实中央有关规定，厉行节约反对浪费，确保财务工作能够顺利开展。

（二）加强制度建设，防范廉政风险。马山调查队办公室根据本队实际情况，对公务用车管理制度、公务接待制度、固定资产管理办法和办公用品采购制度等进行完善，各项工作严格按照制度执行，有效的防范领导干部廉政风险。

（三）加强监督管理，推进财务公开。办公室以季度为时间节点对本队"三公经费"支出及日常财务管理等方面的专项检查，每月队务会议向全体队员公开单位财务状况，通过群众监督，及时发现存在的问题，及时整改。

（四）加强会计核算，规范进行预决算。财务人员加强基础性会计核算工作，不断提升会计核算工作水平，各类预算、决算严格按照总队财务处的要求规范进行，切实提升各类财务、会计报表编制水平，确保报表质量，会计核算工作做到严格、规范、有序。

六、加强统计法制工作

（一）加强统计法制宣传。充分利用"12.4"全国法制宣传日、12.8《统计法》颁布纪念日、"第七届中国统计开放日"等时间节点举办宣传活动，召开座谈会，传达中央领导同志对统计工作重要批示指示精神，以案释法，积极防范统计数据造假、弄虚作假的行为。

（二）加强部门联系，普法和执法工作中努力形成合力。组织全体队员参加2016年全区调查队系统统计法治培训考核暨执法检查员考试、2016年度我区全国统计专业技术资格考试、法律知识竞赛活动，夯实队伍统计法制基础。与县统计局密切协作，进一步完善合作机制，及时沟通情况，相互支持，相互配合，在普法和执法工作中努力形成合力，共同推进统计法制建设，努力提高依法统计水平。

2017年3月7—8日，南宁调查队队长谢智带队到马山进行2017年住户调查样本轮换工作调研（王　超　摄）

国家统计局象州调查队

2016年7月，象州调查队与来宾调查队到象州镇龙门村开展玉米实测工作

2016年，国家统计局象州调查队（以下简称象州队）在广西调查总队和地方党委、政府的正确领导下，紧紧围绕“规范化建设强化年”主题活动，切实强化两个规范化建设，进一步夯实基础工作机制，着力提高源头调查数据质量，较好的完成了各项工作任务。

一、以“三会一课”为抓手，扎实开展“两学一做”学习教育

为了开展好学习教育，象州队把学习教育作为基础环节，从加强学习、提高思想认识入手，坚持把学习教育融入日常工作。2016年先后组织了12次集体学习，通过动员部署、开展专题学习研讨会、重温党的光辉历程、邀请市队纪检组长上党课、联合挂点单位开展座谈会、传达学习讲话精神、积极参加专题培训班等形式开展学习教育，有针对性地解决问题。为了不给党员增加负担，不让党员反感，不让学习教育流于形式，党支部将学习教育计划与“三会一课”有机结合，以“三会一课”为主要载体，将学习教育融入日常工作，“两学一做”学习教育取得明显实效。

二、规范业务流程，扎实推进各项常规调查工作顺利开展

（一）多措并举，稳步提升居民收支调查记账质量

一是全面沟通，掌握住户信息。采取人员定点包点的做法，每个工作人员对负责调查点进行入户访问、账页录入审核，明确分工责任。针对实际问题，与辅助调查员和记账户全面沟通，掌握住户信息，减轻后期账页审核工作量。二是耐心培训，强调记账规范。对共性问题统一讲解，个别问题一对一指导，提高培训针对性；要求记账户规范记账，使用同种颜色的笔进行记账，减少涂改，如涂改则须签字确认；编制调查指南，作为规范记账指导书，发放调查员联系卡，方便与记账户沟通互动。三是全面审核，提高数据质量。要求辅助调查员在收账本的时候进行初步审核，第一时间纠正明显漏填和不规范填写的问题；由每个调查点的责任调查员，复审账本、奇异值、控制范围；由业务负责人汇总审核，包括逻辑审核、报表审核等。四是注重规范，完善基础台账。按月做好时间安排表，及时记录下点收集的住户信息；完善住户台账，整理签到签收表、会议文件、月报和季报审核记录、增收亮点材料、换户材料等，进行分类归档；定期

2016年11月，象州调查队农业调查股到寺村镇花池村开展晚稻测产工作

做好账机对应，电话核实记录等；准备一个笔记本，对每个月住户工作安排进行记录和总结。

（二）顺利开展农作物播种面积和粮食产量调查工作

一是重视走访。深入各调查点开展实地调研，及时掌握调查点种植及产量情况。二是常抓培训。通过召开业务培训会和实地走访相结合的方式，和辅助调查员共同梳理调查流程和关键点，使辅助调查员准确把握目标任务，精准发力，明确“抓细节、严规范”的定位，提高工作实效。三是严格审核。通过交叉审核，对存在疑问的情况，及时与辅助调查员取得联系，通过实地走访审核，保证账实数据相符；对汇总数据进行的交叉审核，掌握数据间的联动关系，与县农业局等有关部门及时沟通了解，确保调查数据和全县种植趋势的相同。

三、顺利推进第三次全国农业普查农作物面积遥感测量工作

2016年5月以来，象州队主动作为，采取共同组织、共同培训、共同测量的方式，顺利推进“三农普”农作物面积遥感测量工作。一是强化责任理念。牢固树立国家队意识，为进一步增强国家责任理念，在每次开展调查前组织调查员对工作开展的规范流程和注意事项进行强调，在调查结束后对工作进度和遇到的困难展开总结。二是强化联动合作。象州队队长刘颢积极向象州县分管领导汇报工作要求和进度，遥感测量调查工作得到县领导重视和积极推进。在调查工作开展

2017年1月23日，象州调查队全体干部职工到象州县党风廉洁警示教育基地开展警示教育活动

过程中遇到阶段性困难时，积极向来宾调查队提出实地指导培训的请示，争取得到市级调查队的指导与帮助，确保了调查工作如期高质量的完成。三是强化宣传报道。在象州县交通要道、各乡镇政府门口、各调查样本村委门口悬挂三农普遥感测量调查工作的宣传标语；同时协调象州县三农普领导小组成员单位，充分利用各单位的LED宣传栏、县电视台等平台开展宣传，营造和谐的调查氛围。四是强化后勤保障。投入专项资金为一线调查员配备快捷便利的办公设备，购买防暑降温用品、防暑药品、清凉饮料。在工作分配上坚持分批轮换原则。针对可能出现的异常情况，做好应急准备。

四、深入推进全面从严治党，深化党风廉政建设

象州队深入推进全面从严治党、全面从严治队，力抓党建工作薄弱环节，严格落实党建“一岗双责”制度，积极履行党建主体责任，全力推进党风廉政建设工作长效化、常态化。一是制定完善党建工作制度。切实加强党组织管理，促进党建工作规范化。二是规范党员名册和党费收缴。及时建立党员名录册，动态做好维护工作；将缴纳党费作为党支部学习内容，按照最新的党费缴纳标准，重新核定党费收缴标准，及时足额补缴，并填写党员个人党费证。三是强化机关作风建设，确保厉行节约的八项规定落实到位。加强干部日常管理，加强对落实厉行节约规定情况的监督检查，重点对公车运行、公务接待等制度的落实进行监控。四是加强对财务预算和大额度资金使用情况的监督检查。一次性超过5000元以上（含5000元）的资金调动和使用事项要经过全体干部职工的同意，加强对财政资金的监管。五是加强对推进依法行政和依法调查的监督检查。充分发挥行政监察的监督作用，保障严格依法独立开展统计调查、独立上报统计数据。六是在全队范围内深入开展“四风”突出问题专项治理工作和“数据造假、买数卖数、以数谋私”专项治理工作。

2017年4月，象州调查队住户调查股到水晶新村开展住户数据质量检查工作

国家统计局忻城调查队

2016年，国家统计局忻城调查队深入贯彻落实全区调查工作会议精神，以深入开展“规范化建设强化年”为契机，紧紧围绕“查短板、重落实、抓质量，强化规范化建设，提升调查业务和优质服务水平”的工作思路，全队干部职工群策群力，克难攻坚，开拓进取，全面推进各项工作的顺畅开展。

一、积极开展“两学一做”学习教育活动，“知行合一”从严治队

上至领导干部下至普通队员，全员参与，上党课、开座谈，参加来宾辖区调查队“两学一做”培训，用正确的思想武装头脑、指导行为，做合格的统计人；队班子持续在队内开展谈心谈话活动，了解队员思想动态，指正工作不足，提高执行力，凝聚集体力量；在调查工作中注重实地调研，注重抓数据质量，践行理论联系实际、实事求是思想路线，“知行合一”推进从严治队。

二、坚持日常自查，规范审核流程，严防数据造假

深刻汲取藤县案件教训，开展各专业数据全面核查工作。实行领导月度督查制，随机抽查各调查专业的账本、报表是否符合业务规范要求，同时队领导带头开展、亲自参与多项调查，搜集抽查和调查中发现的问题，督促业务负责人及时进行整改。强化数据上报层层把关、审核，各专业上报数据前，需经专业负责人、分管领导、主要领导三级审核，规范数据审核流程，防范数据质量风险。

三、积极采取措施，推动政务管理规范化

一是规范使用公文格式，严格公文审核，规范收发文程序和文件管理，提高文件运转效率。二是重新修订完善了《会议管理制度》、《机关车辆管理规定》、《公务接待管理规定》等制度，制定了《干部教育培训登记管理办法》、《督促检查工作办法》等制度。三是经费使用按年初制定的预算统筹安排支出，进度执行到位，从严把关，规范使用。五是建立《计算机台账》和《视频会议使用情况记录表》，正式启用通达OA，健全网络信息化的长效管理机制，做到三个“100%”。六是全年对全队开展督查督办共11次。七是坚持深入贯彻落实中央八项规定精神，执行有关会议、接待、下乡调研，严格按照制度规定事前审批。

2016年7月20日，忻城调查队队长韦涵波率队在调查点进行入户回访（肖恒金　摄）

2016年9月20日，忻城调查队在“统计开放日”给群众做依法统计宣传（韦　璐　摄）

四、新闻宣传同步抓，搭建多元媒体宣传平台

一是制作视频短片。2016年农历新年前夕，制作了《忻城队猴年新春祝福》视频短片，给各专业调查对象及辅助调查员送去新春问候；制作“忻城调查队之第七届统计开放日宣传短片”在忻城县中心广场LED大屏幕循环播放，收到良好的宣传效果。二是充分利用“双微”平台。精心编辑了系列漫画版“住户调查进村访户纪实”续篇、漫画版“忻城队农业普查篇”系列漫画在“双微”平台进行发布，不断拓宽宣传维度。三是牵线主流新闻媒体。主动联合县广播电视台跟随调查员一起下乡入户，录制住户一体化、第三次农业普查调查视频、“中国统计开放日”新闻视频，进一步提升调查工作影响力。四是以“中国·忻城”网站和“广西忻城政府信息公开统一平台”作为网络窗口，介绍调查队工作职能，加深各界人士对调查工作的认识和理解。

五、抓好工作整改，全面落实党风廉政建设

一是认真开展中央巡视组反馈意见专项治理；积极落实国家统计局巡视“回头看”反馈意见整改；高度重视总队巡察工作反馈意见整改。

2016年10月12日，忻城调查队开展农业调查（肖恒金　摄）

二是加强廉政教育，增强预防腐败免疫力。通过召开党风建设专题会、集体廉政谈话、上党课等，深入学习国务院第四次廉政工作会议精神，以及邹伟忠总队长在广西调查队系统落实中央专项巡视反馈意见整改工作会议上的动员讲话等，通报本系统、地方违法违纪典型案例，让全体干部职工掌握会议精神，增强廉政意识。清明节和劳动节“两节”期间，全体队员赴马泗乡廉政警示教育基地开展廉政教育活动，进一步提高队员廉洁自律意识。6月3日，参观来宾市看守所，与在押人员面对面接触，听取他们堕落入狱的忏悔，敲响廉政守法警钟。组织全体队员观看《建党伟业》《建国大业》史料片，增进爱国爱党、团结奋进的精神。制作了党风廉政文化园展板，在干部职工中培养以廉为荣、以贪为耻，风清气正、和谐向上的良好风尚。

六、加大执法检查力度，强化法制观念

10月份，抽查忻城县忻乐饮用水有限责任公司、忻城县红渡镇天平雷劈山石灰岩矿、忻城县古蓬镇白土山石灰岩矿3家规模以下工业企业调查企业开展执法检查；11月份，抽取大塘社区、翠屏社区、古蓬龙球村三个住户调查调查点开展执法检查。通过执法检查，进一步向调查对象展示了统计法的严肃性，增强统计调查对象和统计从业人员的法制观念，保障调查工作科学有效进行。

七、加强信息撰写力度，提高优质服务能力

截至11月底，撰写政务信息64篇，总队采用59篇，采用率92%；国家局采用1篇；每月统计工作要事上报和采用11篇；撰写调查信息20篇，获总队采用18篇次。

2017年5月2日，忻城调查队开展第三次农业普查农作物面积遥感测量工作。（樊润云　摄）

国家统计局阳朔调查队

2016年7月15日，阳朔调查队队长翟中元给全体干部职工上廉政党课

2016年，国家统计局阳朔调查队在广西调查总队的正确领导下，在全体队员的共同努力下，以党的十八大、十八届三中四中五中六中全会为指导、贯彻落实全国统计工作会议、全区调查工作会议精神，以规范化建设强化年为基础，认真贯彻落实全区调查会议精神，周密部署，上下齐心，较好地完成了各项工作。

一、规范业务建设，加强自查自纠

2016年国家统计局阳朔调查队狠抓制度业务规范建设，组织全体成员学习统计法律法规、各项调查制度，增强队员法制观念。多个专业开展自查自纠，依照统计法、调查制度要求制定自查表，对照自查表逐条逐项检查。重点了检查辅助调查员考核管理、台账资料建设和管理、数据质量等隐患点。从数据源头着手认真审核原始账页，对自查中发现的数据审核记录不全、机账对应错误等问题追根溯源，及时查漏补缺，清查责任源头，保障数据完整，在修正数据的同时更起到了教育警示作用。

国家统计局阳朔调查队继续以规范化建设为抓手，严把住户数据关。将贯彻中央领导同志中央批示精神，规范住户调查工作做为全年工作重点。组织辅助调查员、记账户学习批示精神，将规范记账要求落实到人。2016年开展3次住户规范化自查，及时发现问题，立行整改，进一步规范了住户调查数据产生、审核、上报流程，让住户数据经得起实践检验。

二、围绕中心，抓好全年重点工作

围绕全年重点工作早研究、早部署，确保人员落实到位，经费保障充分，各项工作顺利开展。高度重视“三农普”遥感测量工作，精心准备扎实推进遥感测量工作。事前主动向阳朔县领导汇报积“三农普”遥感测量工作，事中积极与县农普办沟通协调，做好各乡镇做好宣传工作，通过制作宣传标语，营造普查氛围，群众对遥感测量调查的配合。做好队内调查人员业务培训，在培训调查方案的基础上，突出针对性、精准度。用心做好后勤保障工作，购买夹板、雨伞、雨衣、水鞋、草帽等调查用具和劳保用品，认真准备好防蚊虫、防暑等必备药品，做好调查村带路人、调查路线图、车辆的落实，确保了10个样本村的“三农普”遥感测量工作顺利完成。

重点抓好劳动力调查补充样本工作。围绕精、准、快原则，摸清样本情况，掌握样本小区动态，科学制定调查方案，做好人员培训。针对时间紧、工作量大的的特点联合县、镇、村三级安排工作计划，采取统一标准，分批培训、同时开展的方式入村核实。合理得当的工作措施保障了2016年劳动力调查补充样本工作顺利完成。

三、深入领会贯彻落实从严治党从严治队精神

2016年8月11日，阳朔调查队副队长徐海刚带队到白沙村委现场指导劳动力调查

国家统计局阳朔调查队认真落实国家统计局党组《关于全面落实党风廉政建设主体责任和监督责任的暂行规定》，扎实履行“两个责任”。明确单位主要负责人是党风廉政建设的“第一责任人”，领导班子成员根据工作分工对职责范围内的党风廉政建设负领导责任，纪检监察员承担监督责任，做到守土有责，并严格实行责任追究制。实行“一岗双责”和“一案双查”制度，加强对责任制落实情况的监督检查和考核工作，促进党风廉政建设工作有效开展，真正做到调查业务建设、党风廉政建设、行风建设同布置、同检查、同落实。全面贯彻党风廉政建设责任制。

在“两学一做”学习教育中，把着力点和落脚点放在做合格共产党员上，在学做互进、知行合一中强化政治意识、大局意识、核心意识、看齐意识，不断坚定信仰信念、强化政治意识、树立清正风气、勇于担当作为中，更加自觉地尊崇党章、履行党员义务，更加爱党忧党兴党护党，并紧密结合统计调查工作实际，真正把真实统计、不出假数作为重大政治纪律和政治规矩牢固树立起来，坚决同破坏政治纪律和政治规矩的行为作斗争，自觉树立争做铁一般信仰、铁一般信念、铁一般纪律、铁一般担当的党员。

2017年1月19日，阳朔调查队副队长徐海刚带队到白沙居委培训劳动力并张贴调查公告

国家统计局兴安县调查队

2016年国家统计局兴安县调查队在广西调查总队和兴安县委、县政府的领导和支持下，全面落实2016年国家统计调查工作会议和全区调查工作会议精神，紧紧围绕总队“规范化建设强化年”主题，加大规范化建设力度，圆满完成了国家统计局广西调查总队和地方党委、政府交办的各项统计调查工作，促进本队工作全面发展。

2016年9月7日，国家统计局副局长郑京平看望慰问兴安县调查队全体队员

一、不打折扣，完成好巡视整改工作

一是组织全队学习了习近平总书记在十八届中央纪委六次全会上重要讲话精神、“七一”重要讲话精神和党的十八届六中全会精神等内容；二是加强了党建工作建设，在5月24日召开了“两学一做”学习教育动员部署会，学习贯彻广西调查总队“两学一做”学习教育动员会议精神，并对本队开展“两学一做”学习教育进行安排部署；三是加大了对统计法律法规的学习力度，全队干部职工两次参加桂林市辖区的统计法治培训会议；四是严格执行中央八项规定，自整改以来的13次公务接待均严格按照规章制度执行，

2016年9月26日，兴安县调查队开展水稻实割实测工作

没有超标准、超规格接待；五是领导干部带头深入调查第一线，提高了工作作风。队领导分别带队深入到各个调查网点，以求真务实的作风获取源头第一手数据资料；六是夯实基层基础数据，加大自查和监督力度。分别对住户调查专业开展了三次全面自查工作，针对巡视中发现的问题，进一步探明原因，查缺补漏，抓好源头数据。

二、狠抓不懈，开展好“两学一做”学习教育工作

一是深刻认识定基调。通过召开“两学一做”学习教育动员会，全队党员深刻认识到开展“两学一做”学习教育是加强党的思想政治建设的重要部署；二是教育引领转思想。通过上党课、抄党章、慰问老党员等一系列学习教育，引导全队党员切实增强“四个意识”，锤炼对党绝对忠诚的政治品格。进一步严明工作纪律，引导全队党员任何时候都把纪律规矩放在前面，增强组织观念、服从组织决定，始终做到心有所畏、言有所戒、行有所止。加强干部队伍管理，坚定政治立场，服从大局安排，确保全队党员潜心静气搞调查，竞争比拼靠实力，充分发挥党员先锋模范作用；三是联系实际求实效。坚持学做结合，用领悟到的精神指导实践，在实践过程中升华认知。兴安县队结合落实中央专项巡视反馈意见和巡视“回头看”反馈意见整改工作，认真查找自身在统计调查工作中存在的问题，防范统计造假、弄虚作假，遏制“数字上的腐败”。

三、固本培基，做好“规范化建设强化年”活动

一是规范办公室工作，提高工作效率。责任到人，明确每个队员负责的工作任务和工作流程。按照规范化要求，在办文中狠抓收发、阅办、归档三个环节，确保公文快速有序地流转。在发文中严格程序，严格审核，严把质量，有效地杜绝了不规范文件，精简了文件数量，提高了文件质量。在办会中，对会议活动建立了审批制度，通过统筹考虑，合理安排，尽可能地减少了会议，并加大了协调力度，提高了会务服务质量。在日常工作中，坚持高效率、快节奏，办公室办事效率明显提高；二是规范调查工作流程，

2016年10月9日兴安县调查队队长胡黎明率队慰问住户一体化调查记账户

提高调查数据质量。明确现场调查数据采集的流程和方法，加强现场审核工作，确保调查数据得到调查对象和辅调员的认可，同时加强对全队统计法律法规的学习教育工作，深刻认识到数据造假、“买数卖数”、以数谋私，对反对统计弄虚作假、遏制“数字上的腐败”执行不力的危害性，提高全队遵法守法、依规调查的意识。

四、防患未然地扎实党风廉政纪检监察工作

一是切实分解落实责任，切实加强党风廉政建设。按照“党要管党、从严治党”的要求，认真践行“三严三实”，切实增强主体责任意识，以高度的政治责任感，全面推进全队党风廉政建设主体责任落实。队领导班子认真履行“一岗双责”制度，对反腐倡廉工作及时安排部署，结合日常业务加强督促检查，对牵头负责的党风廉政建设工作任务，亲自研究、亲自推动，务求实效；二是狠抓学习，增强廉政意识。加大对干部职工的教育力度，着重在强化针对性，增强实效上下功夫。组织党员干部深入学习，使干部职工做到知法、懂法、畏法、守法。并适时开展警示教育活动，组织干部职工观看警示教育专题片，做到警钟长鸣，时时警醒。全队党员干部从反面教材中汲取教训，增强自身免疫力，深化廉政风险防控工作，做到“四个到位”，即排查到位、公开到位、执行到位、动态监管到位；党员领导干部集中参加县委组织的党风廉政警示教育，全队党员干部廉政意识和法治观念得到提高，有效增强了党员干部作风转变和廉洁自律的自觉性。

五、心系地方，继续为地方提供优质服务

一是认真做好县脱贫攻坚精准帮扶工作。成立工作小组深入到帮扶点高尚镇东河村，利用一个月时间走访了全村14个自然村1000多户家庭，了解和登记各项政府补贴发放情况。先后6次下点到“一对一”帮扶的7户贫困户家中，了解家庭致贫原因，有针对性的提出脱贫方案；二是及时向县领导和有关部门提供调查数据和分析材料，切实做好优质服务工作.积极参加县里有关工作会议，为兴安经济建设发展献言献策;四是帮助联系点村和调查点村修建道路、水利设施等解决物资和资金近4万元，得到群众一致好评。

2016年12月6日，兴安县调查队队长胡黎明到高尚镇东河村精准扶贫点开展帮扶工作

国家统计局全州调查队

2016年，在广西调查总队的正确领导下，全州调查队认真贯彻落实党的十八届三中、四中、五中、六中全会精神和习近平总书记系列重要讲话精神，按照全区调查工作会议和年中工作会议的统一部署，以夯实事业发展的基础和巩固事业发展的根本为目标，围绕中心服务大局，积极开展“规范化建设强化年”主题活动，狠抓重点业务推进，严格落实全面从严治党，规范化水平和统计调查能力进一步提高。

一、深入学习贯彻落实中央领导同志指示批示精神

2016年先后通过召开专题会议、开展集体学习讨论、撰写心得体会等方式深入学习习近平总书记、李克强总理等中央领导同志关于统计工作的重要批示精神，进一步增强做好统计调查工作的责任感和紧迫感。将统计法律法规知识和防范统计弄虚作假精神纳入干部职工和辅助调查员必学内容，以“规范化建设强化年”活动为抓手，深入贯彻落实中央领导同志指示批示精神。

二、积极开展“规范化强化年”主题活动

以股室和专业为单位认真总结2009年开展以来规范化工作进展情况，从干部职工思想态度的转变、制度体系建设、制度贯彻执行和存在的问题等进行了深入分析研讨，进一步梳理和创新开展规范化工作的方法措施。结合工作实际，对照《广

2016年7月1日，全州调查队党支部与兴安县调查队党支部参观湘江战役纪念馆学习长征精神庆祝建党95周年

西市县级调查队统计调查业务规范化建设工作规范（试行）》，按计划扎实做好有关管理制度的修订完善。强化制度执行，对近年来的制度执行情况开展专项自查和整改，坚决扭转“规范化”就是“机关化”的错误观念，决不让“规范化”影响行政效能，努力做到让规范化措施接地气，切实可用、注重减少环节与层次，提高干部群众的认可度，改善调查工作环境。围绕“三重一大”事项决策规范、制度执行规范、调查业务规范等方面，以工作记录为重要抓手，努力做到决策事项的背景材料齐全、决策程序规范明晰、决策结果科学有效，努力精确界定调查项目的责任分工、业务培训、工作部署、现场调查、现场审核、数据汇总、汇总审核、数据评估、数据上报、数据复查的工作责任，确保实际操作的切实可行和调查数据的真实性、准确性和一致性。

三、认真组织开展“两学一做”学习教育

5月下旬，全州调查队召开“两学一做”学习教育动员大会，传达广西调查队总队和县委关于“两学一做”学习教育动员大会精神，唐发林队长做动员讲话，并部署全州调查队党支部“两学一做”学习教育实施方案。通过学习党章党规、习近平总书记系列重要讲话精神以及铭记党员身份、争做合格党员等三个专题的学习，党员干部理想信念进一步坚定，干事、创业的积极性进一步增强。

四、积极做好新增重点调查业务工作

（一）奋力做好全州县第三次全国农业普查遥感测量工作。加强汇报协调，及时形成书面文件向全州县政府有关领导做专题汇报。与全州县第三次全国农业普查领导小组办公室积极协调联合印发了工作和培训文件。分别召开内部业务培训会、现场试点培训会和全州县第三次全国农业普查遥感测量动员大会，做好动员和培训。全员参与、分组实施，以分管领导为组长的现场调查组不畏暴雨、不怕酷暑分别在5月和8月深入各调查样方开展了两次现场调查，严格按照调查方案要求，深入各个调查样框、实地查看每个地块、实时通过PDA登记并报送调查数据，真实准确反映实际播种面积，扎实完成现场调查。两次抽调熟悉情况的骨干人员，协助总队做好做好“三农普”遥感测量解译工作，配合市队开展事后质量抽查。

2017年5月3日，全州调查队到新调查网点开展春播面积现场调查

（二）积极抓好劳动力调查样本补充抽选工作。一是根据调查范围、调查难度和时间进度要求认真研究确定了工作的方式方法。二是召开由乡镇统计员、调查村委负责人和辅助调查员参加的动员会议，落实工作责任、明确工作要求，确保工作如期推进。三是调动全队力量参与实地调查、样本数据核实和数据录入审核工作，确保工作保质保量完成。四是加强培训与指导，提高辅助调查员操作PDA的水平，提高现场调查PDA直报率。

（三）抓好CPI调查新基期开局。2016年是居民消费价格调查基期轮换后的第一年，全州调查队加强支持力度，一是坚决落实“三定一直”。

进一步督促调查人员严格遵循“三定一直”原则，明确分管领导、专业负责人、调查人员和采价员各自的责任，并制定责任追究制度。二是针对采价员因工作量增加，采价难度加大，工作出现懈怠，加强与采价员沟通，采取“一对一”帮扶，切实解决工作中存在的问题。三是坚持做到价格调查数据在采价日当天即采即审即报，对异常数据进行更正或补缺时，细查原因、做出说明、专人签字。细化规格品替换流程，补充增加“月度规格品替换登记表”，对规格品替换进行有效监审。四是调整人员、增强力量。7月份后调整由在编干部负责该专业，并调配1名坐班的聘用人员协助，对原负责该专业的聘用人员进行了劝退，有力的提高了该专业的工作力量。

（四）夯实畜禽样本调整后的基层基础。 一是强化培训抓基础，两次组织了辅助调查员业务培训会，确保上级精神传达到位、调查制度学习到位。二是强化部门联动促检查。3月份，与县畜牧水产局、乡镇兽医站等相关人员组成工作组，深入畜禽监测调查网点，严格按照业务规范化标准，对样本框的建立、数据采集、数据处理和数据上报以及调查对象的生猪养殖情况、养殖意向、当前各种畜禽出栏价格等情况进行了较为详细的检查和调研，促进基础巩固。三是强化审核复查提高数据质量。坚持四审四查，由辅助调查员初审、包干队员复审、专业负责人再审、分管领导四审，对生产经营不符合逻辑、数据指标波动异常等可疑情况直接向调查对象复核，坚持有错必纠、记录完整，确保数据真实、可靠。四是积极推进畜禽台账建账工作。在部分重点调查乡镇，召开由规模养殖户参加的畜禽台账登记工作推进会，对生猪规模养殖户进行了认真详细的培训，督促调查对象建立台账。

五、全面完成常规国家调查任务

全州调查队坚持以高质量完成国家调查任务为中心，认真组织学习贯彻国家统计调查制度，统筹安排、精心协调、强化责任，采取专业交叉兼职、网点定点包干、细化工作责任的管理制度和措施，进一步加强业务、人员和经费的匹配性，提高干部职工责任心和工作效率，全面完成了住户收支调查、农民工监测调查、流通和消费价格指数调查、农作物播种面积、农作物单产量调查、农产品生产者价格指数调查、主要农产品中间消耗调查、农产品集贸市场价格调查、主要畜禽监测调查、生猪调出大县调查和规模以下工业调查等国家常规调查任务和2016年度桂林市查处发生在群众身边的“四风”和腐败问题专项工作民意调查调查、广西农村党员培训调查、党风廉政建设民意调查等专项调查任务。

六、进一步增强保障能力

经常向县领导汇报工作，主动与部门和乡镇加强协调，有关工作经费继续列入财政预算，获得2015年度全州县绩效考核先进单位二等奖。认真学习和贯彻最新的财务管理制度，坚决落实中央八项规定精神，切实控制“三公经费”，进一步修订完善有关财务管理制度，规范经费使用的立项、决策、实施、报账和监督等各环节的操作，财务管理整体水平进一步提升。按计划做好信息设备更新配置，认真做好软件版视频会议系统的管理和维护，积极做好网络信息安全防范，加强对上网行为的管理、做好经常性的提醒工作，信息化建设有新发展。“两个信息”报送有明显进步，全年被总队内网采用政务信息30篇，较上年同期增加9篇，增幅为42.8%；被总队以上采用调查信息报告9篇，较上年同期增加3篇，增幅为50%。扎实做好国有资产清查工作，如期完成对土地、房屋、信息设备、办公设备等的资产的全面的清查，并建立健全国有资产保值增值常态化机制。按时完成上年度档案的整理工作，并通过了县档案局的审核。以人为本，积极做好保密教育，落实保密责任和措施，全年没有发生失密情况。积极配合做好《广西调查年鉴》和《桂林辖区调查年鉴》之全州部分的编辑报送工作。推动干部教育培训纳入县党校培训计划，干部个人全部完成年度培训目标，修订完善《目标管理责任制》、《工作人员年度考核管理办法》，进一步规范干部考核方式、强化激励约束，制定了《聘用人员管理办法》，加强队伍管理、激发队伍活力。

国家统计局博白调查队

2016年8月10日，博白调查队副队长庞浩瑞在龙潭镇坡头村调查农作物播种面积

2016年，国家统计局博白调查队（以下简称“博白调查队”）在国家统计局广西调查总队和博白县委县政府的正确领导下，认真学习贯彻落实中央领导同志对统计工作作出的重要指示批示精神和2016年全区调查工作会议精神，围绕“规范化建设强化年”主题，进一步制定完善本队各项规章制度，扎实开展统计调查工作，圆满完成全年各项工作。

一、从严治党，认真贯彻落实“两学一做”

2016年，博白调查队始终将党建工作挺在最前头，深入开展学习“两学一做”，全面从严治党，党建工作取得较大进步。2016年2月29日，中共博白县直属机关工作委员会批准博白调查队设立党支部，3月7日党支部召开第一次全体党员大会，采用无记名投票方式选举产生了中国共产党国家统计局博白调查队支部第一届支部书记，结束了博白调查队没有党支部和党支部书记的历史。2016年以来，博白调查队积极传达总队“两学一做”专题学习会议的相关精神，提出“两学一做”专题学习的具体要求，安排人员负责组织开展专题学习系列活动。通过学习，党员们了解了“学党章党规、学系列讲话，做合格党员”的重要性，端正了学习态度，提高了党性认识，有利于建立一支坚持廉洁自律、严守党规党纪的调查队伍。

二、狠抓数据质量，杜绝统计数据造假

为了贯彻落实中央领导关于惩治“数字造假”、从源头上遏制“数字上的腐败”、防范“数字造假、弄虚作假”的指示批示精神，博白调查队狠抓调查数据质量，从质量上下功夫，切实保证调

2016年9月3日，博白调查队到大坝镇官岭村检查住户账本

查数据的可信度。2016年，博白调查队严格执行各专业调查制度和业务工作规范化标准，下基层核实调查数据，做好数据采集和审核工作，逐步完善各项调查业务基础工作，杜绝无依据修改原始统计资料的行为，努力实现调查数据来源真实可靠，数据评估有据可依，数据质量可追溯，以藤县“数字造假”案件为警醒，认真查找自身存在问题并积极进行整改。扎实做好城乡一体化住户调查工作、农民工监测调查、粮食产量调查、主要畜禽监测调查等常规调查工作，圆满完成全国月度劳动力调查样本补充、农村党员培训调查、“三农普”遥感测量和党风廉政建设调查等专项工作。

三、强化教育培训，提高干部政治和业务水平

2016年，博白调查队为提高全体干部知识思想水平，增强调查工作能力，制定了一系列培训计划，切实提高干部党性意识及工作能力。2016年以来，博白调查队陆续组织全体党员干部学习《党章》《中国共产党廉洁自律准则》《中国共产党纪律处分条例》《中国共产党问责条例》《统计法》和习近平总书记在中央纪委六次全会上重要讲话精神等，让全体党员干部将维护统计调查数据和政府公信力时刻刻在心间，将政治理论和统计调查业务紧密结合，恪守统计调查法律法规和职业道德，依法依规开展统计调查工作，保证统计调查数据质量。并针对调查员、辅助调查员和一些调查对象开展了主要畜禽监测调查、规模以下工业调查、城乡一体化住户调查、限额以下批零住餐业调查和全国月度劳动力调查等集中形式和一对一形式的业务培训，以提高调查员、辅助调查员的业务能力，确保源头报表数据的真实性、完整性和准确性。

四、加强规范化建设，以制度管队治队

2016年，博白调查队围绕总队“规范化建设强化年”工作主题，着手出台了一系列规章制度和管理办法，强抓本队的规范化建设。一是积极完善各类制度，相继出台完善了考勤管理、公务用车管理、网络信息化管理、内部控制等相关制度办法，使博白调查队在以后的工作中做到有章可循。二是坚持实行考勤打卡制度，博白调查队通过购买指纹考勤机对全体干部职工上下班进行指纹考勤，并引入奖惩制度，极大程度的治理了“庸、懒、散、拖”的现象。三是完善各类事项的明细登记，将财务报账和银行提款、办公室易耗品采购和保管与使用、计算机及设备维修、公务接待、公车加油和维修、公车使用、固定资产使用、数据管理等事项按照办公室业务工作程序进行规范管理和审批登记，经过各种规范登记，博白调查队已经彻底杜绝公车私用的现象。

五、加强统计宣传，提高调查队知名度

2016年，博白调查队多管齐下，积极加强统计调查的宣传力度，进一步提高博白调查队的知名度。一是利用每次下乡进行调查工作的时候向周围的村民宣传调查队所做的工作，是为了农民百姓谋福祉的调查，希望广大农民百姓多配合调查队的工作。二是利用“三农普”实地调查的契机，在村委和样方调查点悬挂各类统计宣传横幅，让广大农民百姓了解“三农普”的重要性以及博白调查队工作职责。三是利用各类针对辅调员培训会议宣传《统计法》，并发放相关的纸质宣传材料，增强辅调员的法制意识。四是在“第七届中国统计开放日”

2016年9月20日，局队四部门联合在博白县城进行第七届“中国统计开放日”活动宣传，博白县副县长黄雪华（左三）热心给群众讲解统计知识

中，联合玉林调查队、玉林市统计局、博白县统计局共同开展宣传活动，并邀请博白电视台进行跟踪报道，整个活动不仅加强统计调查工作和统计法制法规的宣传，还加深了人民群众对博白调查队的印象，争取群众对“三农普”和统计调查工作的理解和支持。

六、主动联系，加强与地方政府的沟通交流

2016年，博白调查队与县领导和各有关单位的沟通联系有了进一步加强，队领导积极利用多次机会向县领导汇报工作，县委常委、纪委书记欧青亲自到调查队查看办公条件并指导工作，分管统计工作的副县长黄雪华多次向博白调查队了解工作进展情况并对统计调查工作作出指示。此外，还积极向地方政府办报送“两个收入”、CPI、粮食产量等数据调查政务信息，并与县统计局、物价局、农业局、水产畜牧局等有关部门的工作联系进一步加强。2016年，博白调查队继续争取地方财政的支持，在一些比较重要的调查项目中积极向县领导汇报情况，努力争取到了有关部门和财政支持，极大的保障了调查工作的顺利开展。

2016年12月13日，博白调查队队长林伟东带队到县城东城市场发放调查纪念品

国家统计局平南调查队

2016年5月，平南调查队队长何剑良率队现场开展三农普农作物播种面积遥感测量工作

2016年，在广西调查总队的正确领导下，国家统计局平南调查队（以下简称平南调查队）认真贯彻落实全区调查工作会议精神，紧紧围绕总队“规范化建设强化年”工作主题，深入开展“两学一做”学习教育，认真部署谋划，创新工作方式方法，狠抓工作落实，较好地完成了年度各项任务。

一、推行台账式管理促进工作开展

2016年，平南队积极推行台账式管理模式，强化队员工作实绩和日常表现考核激励，有力地促进了各项工作开展。一是年初建账，明确“干什么”。根据总队和队里的工作部署，通过队务会议集体研究建立年度工作目标台账并提出贯彻落实举措，以宣传板报在队内上墙公布，让全体队员了解年内要“干什么”。二是公开领账，落实“谁来干”。通过印发《目标责任制》《岗位责任制》文件将每一项工作任务、责任人、协助人、主管领导进行确认和落实并上墙公布，解决工作“谁来干”的问题。三是日常核账，跟踪“怎么干”。坚持每周定期召开工作例会，由队员认真总结上周工作、分析存在的问题和计划本周工作，最后由队领导点评工作并提要求，方便全队监督核实。四是按月评账，认清“干了啥”。在每月底或每季度结束及时对队员所做的工作情况进行梳理和分析，并在队内进行通报公示，让队员们清楚“干了啥”、“还没干啥”，做到心中有数。

二、各项工作取得显著成绩

2016年，平南调查队全队工作在2016年广西调查队系统县级调查队目标管理考核评比中获评为优秀等次，列入广西调查总队2016年度单项工作考评的工作28项，获三等奖及以上等次24项。其中：政务信息、信息化建设、纪检监察、法规制度、人事教育、新闻宣传、党支部建设、党风廉政建设民意调查、主要畜禽监测调查、农作物播种面积调查、县级粮食产量抽样调查等11项工作获评一等奖；优质服务、批发零售住宿餐饮行业调查、规下工业抽样调查、生猪调出大县调查、农产品生产者价格调查、农民工监测调查等6项工作获评二等奖；行政文秘、信息安全、保密档案、调查数据综合管理、专项调查、主要农产品中间消耗调查、农户固定资产投资调查等7项工作获评三等奖。

三、圆满完成三农普农作物面积遥感测量工作

2016年以来，平南调查队从人力、物力、财力和工作协调上全方位保障三农普农作物遥感测量工作的顺利开展。一是强化人力物力保障。提前谋

2016年6月7日，时任广西调查总队副总队长梁开光（左二）到平南检查指导业务工作

划做好雨鞋、草帽、PDA等调查工具的采购工作，抽调业务骨干人员9人组成3个工作小组，在人力和物力上全力保障工作开展。二是落实经费保障。争取县财政划拨20万元预算经费用于开展三农普播种面积遥感测量工作。三是强化工作协调。队长何剑良任平南县第三次全国农业普查领导小组副组长、副队长甘兆艺任成员，协调平南县人民政府办公室下发《关于开展第三次全国农业普查农作物面积遥感测量工作的通知》文件，要求各乡镇统筹工作安排，支持和配合开展工作，营造良好社会氛围。

四、人事教育培训工作开创全新局面

2016年，平南调查队注重落实工作要求，积极探索创新，人事教育工作取得新成绩。一是积极支持选派队长何剑良到贵港队挂任贵港调查队队长助理，平南调查队党员干部培训正式纳入地方党校培训；在10月份就提前超额完成国家统计局在线学习培训任务；年内，选派3人次参加了地方党校培训班，选派6人次参加地方专题培训班，选派2名年轻干部到县政府办跟班学习，选派3人到总队居民收支处跟班学习。二是积极争取“三支一扶”人员。8月份，从平南县人力资源和保障局争取到一名2016年广西高校毕业生“三支一扶”计划人员到平南队工作和服务2年，补充人员不足。三是充分利用高校资源，年内选派了20名高校大学生前来开展实习工作。

2016年10月27日，国家统计局“两学一做”学习教育督导组到平南检查督导工作

五、“两学一做”学习教育扎实有力推进

2016年，平南调查队高度重视，主动对接，主动作为，认真按进度、按要求推进“两学一做”学习教育，圆满完成阶段性工作任务。6月份、11月份，总队党组成员、副总队长梁开光、副巡视员邱

洪刚先后到平南督导“两学一做”学习教育并给予肯定；10月27日，国家统计局“两学一做”学习教育督导组到平南检查指导工作，组长王素芹对平南队开展“两学一做”学习教育工作给予充分肯定，认为平南调查队“两学一做”学习教育资料归档及时齐全，能够按进度、按要求完成相应的阶段性工作任务，党员在“两学一做”学习教育中提高了认识、明确了方向、推进了工作，并提出了“三个更好”要求继续开展好“两学一做”学习教育。

六、信息工作取得新突破

2016年，平南调查队上报的政务信息获得广西调查总队内部网站采用101篇，比2015年全年采用76篇多了25篇，获得国家统计局内部网站采用4篇，政务信息的上报量和采用量均排在广西县级调查队首位。上报的调查信息报告获得广西调查总队采用32篇次，超额完成全年任务的433%，其中：直报中央领导2篇次，国务院领导批示2篇次，国家局领导批示6篇，国家局采用8篇次，自治区党委采用5篇次，自治区政府采用12篇次，有力实现了“稳量保质”的目的。此外，全年还编发了13期《平南调查专报》、《平南调查简讯》，全年党委政府信息采用得分为192分，超额完成全年信息工作任务。

2016年11月11日，广西调查总队副巡视员邱洪刚（左三）带队到平南现场督导党风廉政建设民意调查工作

国家统计局田东调查队

2016年5月，田东调查队开展“三农普”种植面积遥感测量调查

2016年，在国家统计局广西调查总队和田东县委、县政府的正确领导下，国家统计局田东调查队认真学习十八大和十八届历次全会精神，认真学习贯彻习近平总书记等中央领导同志的指示批示精神和中央深改组关于深化统计管理体制改革提高统计数据真实性的意见精神，贯彻落实全国统计工作会议和全区调查工作会议精神，积极开展“规范化建设强化年”主题活动，认真抓好制度建设、队伍建设和业务建设，全面强化目标管理的规范化建设，圆满完成了2016年全年各项调查工作任务。

一、狠抓“规范化强化年”工作，成效显著

（一）完善各项工作制度。根据全区调查工作会议关于建立“一个体系”，适应“两个大势”，推进“三个转变”，实现“四个提升”的精神，国家统计局田东调查队极积应对新形势下统计调查工作出现的新问题，努力适应工作的新形势和新需求，全面提升规范化理论建设水平。一是修订财务、会议、接待以及车辆管理等相关制度，进一步完善财务报账、公务接待等行政和业务制度。二是全面从严从实学习贯彻落实“三重一大”决策制度。根据总队党组关于市、县级调查队贯彻落实“三重一大”决策制度实施意见精神，及时修订本单位的“三重一大”决策制度，为新形势下“三重一大”事项决策树立新标准，确定新目标。

（二）从严执行要求。依照制度，全面强化目标管理，明确工作责任。讨论通过《国家统计局田东调查队2016年目标岗位责任制》，对全部岗位做了责任明确、目标明确的分工，对全年工作绩效做出严格要求。实行人事奖惩机制，确保全队干部职工各有所职，各尽其职。

（三）开展专项整治。一是用制度夯实统计调查基础，确保统计数据真实可靠。加紧修订完善《国家统计局田东调查队民主生活会制度》，将坚持实事求是原则不动摇、坚持“两个独立”不动摇、坚持“顶得住压力”不动摇列为班子民主生活会查摆问题的重点，从根本上力保统计数据的高质量。二是落实巡视“回头看”整改意见成果显效。以问题为导向，对发现的问题进行立行立改。三是开展调查业务专项整治。为确保统计数据质量真实可靠，国家统计局田东调查队先后开展农村统计调查数据质量检查工作、规模以下工业企业数据质量及基础工作规范化检查和住户收支一体化调查风险点自查自纠检查工作。

二、突出抓好六项重点工作，圆满完成各项日常调查工作

（一）扎实做好第三次农业普查农作物遥感测量工作。严格按照《广西第三次农业普查农作物面积遥感测量工作实施方案》要求，采取领导

到位、人员到位、培训到位的有效措施，完成了第三次农业普查农作物遥感测量工作。面对三农普遥感调查工作任务重、时间紧的情况，国家统计局田东调查队积极采取有效措施，力保调查工作按时按质完成。

（二）完成规下工业非目录企业核查工作。根据总队工作安排，以深入基层为突破口认真开展规模以下工业非目录企业核查工作，并顺利的完成核查上报工作。

2016年7月，百色队田东调查队联合开展粮食产量实测调研活动

（三）切实提高住户收支调查数据质量。住户一体化收支调查是县队的拳头产品。今年以来，国家统计局田东调查队充分利用下点开展季报调查工作的机会，采取强化业务学习、强化业务培训、强化记账指导、强化沟通交流，确保记账总体质量。

（四）完成劳动力调查样本补充抽选工作。按照《关于开展补充抽取劳动力调查样本工作的通知》及全区劳动力调查培训会议的精神，国家统计局田东调查队扎实准备、充分谋划，以高度责任感顺利完成劳动力调查样本补充抽选工作：一是明确工作任务。二是明确工作要求。三是明确上报时间。国家统计局田东调查队要求各调查村委会和居委会尽可能抓紧时间，赶前不往后完成清查摸底上报工作，采取完成一个上报一个，复核录入一个的工作方法，在5月25日前完成全县十个调查点的全部工作，并上报总队住户专项调查处。

（五）开展好党风廉政建设民意调查工作。坚持以规范化为主线，组织开展党风廉政民意调查工作。一是加强组织领导，凝聚规范化调查思想共识。二是制定调查工作方案，明确责任分工。方案强调要依法依规开展调查，任何调查员如果有不遵守正常调查秩序、弄虚作假并导致调查结果严重失实的行为，一经发现将严肃处理。三是合理利用调查资源，规范入户流程，严保数据质量。四是规范调查经费使用，扎实推进作风建设 ，维护“国家队”形象。规定在辅助调查员家中用餐，必须支付餐费，不得饮酒、酗酒，自觉维护调查队清正廉洁、亲民务实的“国家队”形象。

2016年9月，广西调查总队副巡视员邱洪刚（左三）到田东县开展调研活动

（六）完成常规业务调查工作。2016年，国家统计局田东调查队完成了农户农作物播种面积调查（意向和预计）、春播农作物预计产量调查、粮食产量调查、住户一体化收支调查、农民工监测调查、农村贫困监测调查、主要畜禽监测调查、中间消耗和农产品价格调查、农户固定资产投资调查、规模以下工业调查、农村党员教育培训调查、

党风廉政民意调查等调查项目的节点工作。在开展这些调查工作中，我们都能严格按照总队的调查制度、调查方案、调查要求认真开展调查工作，坚持深入调查点参与调查工作，确保调查工作基础质量和调查数据质量。一是突出抓好新增业务基础，巩固万头猪场联网直报、规模以下工业调查联网直报的直报成果。二是抓好调查规范化，国家统计局田东调查队全部调查专业已初步实现“调查专业有制度，工作开展有记录，报表送达回收有签领，业务培训有规章”，初步建立制度完备、标准完善、操作简单的规范化调查体系。三是抓牢“两个独立”标准。国家统计局田东调查队全部调查专业坚持独立调查、独立上报，严格执行统计法律法规和调查制度，严格规范统计业务流程和行为准则。

三、抓好党风廉政建设、落实“两个责任”

（一）加强理论学习，落实“两个责任”。深入学习贯彻党的会议精神，切实统一本队全体党员干部思想和行动。深入落实“两个责任”，切实履行党风廉政建设第一责任人的主体责任。

（二）深入贯彻落实中央八项规定，进一步加强纪律建设。国家统计局田东调查队党支部深入开展廉政教育，不断创新廉政教育方式方法，加大理想信念教育、党纪法规教育、警示教育和岗位廉政教育力度，大力开展多种形式的统计廉政文化建设活动，进一步推进行风建设。

（三）持续整治“四风”问题，坚决执行中央八项规定精神。严格清理整治超标办公用房，严格“三公”经费预算约束，严格执行住房、车辆、公务接待规定。警惕“四风”新形式新动向，以人财物数管理为重点领域，持续整治“四风”问题。

（四）积极开展“两学一做”专题教育，努力打造优秀的调查干部队伍。用心抓好学习，精读党章和系列讲话原文，用实际行动做合格党员。

四、成立党支部，着力提升党建规范化水平

2016年1月8日，中共田东县直属机关工作委员会批准田东调查队成立党支部（东直通字〔2016〕2号）。3月4日田东调查队党支部正式成立。国家统计局田东调查队党支部的成立，为加强党的基层组织建设工作，提供了组织保障。党支部成立以来，不断深化“三严三实”活动，组织开展“两学一做”专题教育活动，认真实施“党务公开”，牢牢把握服务统计、建设队伍两大任务，切实加强党员队伍建设，着力提升党建规范化水平，为圆满完成国家统计局田东调查队统计工作任务提供强有力的思想、组织和作风保障。党支部成立后，充分发挥了战斗堡垒作用，凝聚人心，汇聚合力，推进支部各项工作有序开展，促进统计优质服务，开创党建规范化建设新局面。

五、优质服务助力精准扶贫工作

广西精准扶贫工作在今年进入精准脱贫攻坚阶段，国家统计局田东调查队根据田东县党委、政府工作部署，以优质服务助力精准扶贫工作。

2016年11月，田东调查队入户慰问贫困户，并赠送电视机和卫星接收器

国家统计局田林调查队

2016年3月11日，田林调查队队长李进旺到六隆进行精准扶贫政策宣传和查处发生在群众身边的腐败问题政策宣传

2016年国家统计局田林调查队（以下简称田林调查队）在广西调查总队和地方党委、政府的正确领导下，坚持以科学发展观统领全局，认真贯彻党的十八大和十八届四中、五中、六中全会精神，围绕总队提出的“规范化建设强化年”，深入贯彻落实全国统计工作会议和全区统计调查工作会议精神，紧紧围绕提高统计能力、提高统计数据质量、提高政府统计公信力的“三个提高”精神，坚持“两个意识”迎难而上，奋力拼搏，扎实工作，圆满完成了各项工作任务。

一、认真学习贯彻总队工作部署，强力推进“规范化建设强化年”各项工作

围绕总队“规范化建设强化年”活动要求，创新思路，狠抓落实，以提高服务水平为主线，按规范化建设的要求认真组织开展工作。1. 综合数据管理工作。根据各专业的要求，撰写统计分析材料，上报上级主管部门和各级党委政府，同时做好统计资料（数据）的管理和保存工作。2. 办公室工作。一是完善综合协调机制，发挥综合协调在行政管理中的作用，加强队伍管理，健全各项制度，充分发挥参谋助手作用。二是进一步规范文秘工作，加强对文书、保密档案和政务信息业务的学习培训，努力提升业务工作水平和技能。三是加强督查督办力度，明确督察督办要点，建立健全责权统一的督查督办制度。四是加强后勤管理，做好车辆管理，规范接待、政府采购和固定资产等后勤管理工作，进一步提高后勤管理水平，保障统计调查工作的顺利开展。3. 财务工作。依照单位财务管理，资产管理等规章制度，按规定配备兼职财会人员，会计人员持有会计从业资格证上岗，现金、支票和收据存放在保险柜内，出纳现金日记账与会计账现金余额一致，按规定对银行账户进行日常维护管理，按规定配备兼职资产管理人员，资产领用、报废办理相关手续，会计使用“用友通”软件进行账务核算，按规定进行机内外备份，凭证按规定装订存档，会计报表、会计账簿按规定存档，按规定严格执行政府采购制度。根据财务制度要求开展年度预决算工作，及时打印各类预决算报表存档，对本队有重大开支项目和采购项目的，召开队务会进行讨论，并形成会议纪要。4. 人事管理工作。一是加强干部的管理力度，健全本队规章制度和目标管理岗位责任制，细化工作分工，

明确工作职责，奖惩分明，形成依制度管人，按制度办事的局面；根据总队机关工作人员考勤，制定本队的考勤工作规定，并严格开展考勤工作；根据人员变动，及时更新本队干部花名册；二是单位聘用人员实行劳务派遣，与劳务派遣公司签订劳务合同，用工规范，每年按国家规定为干部职工办理各种社保，积极安排队员参加总队举办的各种培训班学习；三是《单位法人证》、《机构代码》定期年检，及时为干部办理医疗保险。四是制定年度干部培训计划，根据“两学一做”教育和业务需求开展干部培训；四是按时向总队人事处上上报季度人事报表。5. 法规制度工作。加强法制宣传教育，为做好全年的法制宣传工作，根据总队法制工作要点等文件建设，按照本队的年度普法工作制度，利用各种会议，对本队队员和辅助调查员进行法制宣传教育，利用开展业务调查机会，积极对调查对象开展法制宣传教育。

二、加强学习，狠抓队伍建设

1. 加强政治理论学习，努力提高干部队伍的政治素质。田林队始终把干部的政治理论学习当作头等大事来抓，结合实际制定的学习计划，重点学习了中央、中央巡视组巡视反馈意见、国家统计局、自治区等印发的重要文件，深刻领会文件精神实质，认真把握政策方向和工作要点，有效提高干部的政治理论水平，增强党性观念、强化宗旨意识。

2. 加强业务学习，不断提高干部的业务水平。今年以来，田林调查队通过培训交流、集中时间学习业务、鼓励干部参加职称培训等方式进行业务学习，大大提高全体干部的业务水平。首先，全体在职在编干部完成了规定的在线学习的40个课时的学习任务；其次，各股针对业务中的薄弱环节组织本股人员学习业务文件、培训会议精神、报表软件等，通过学习培训，进一步理清工作思路，不断提高业务素质。通过各种形式的学习，全体干部争创意识、业务水平、工作技能和理论分析能力以及队伍的凝聚力和战斗力进一步得到增强，为开展各项业务工作奠定坚实基础。

三、多措并举，巩固调查业务改革成果

2016年我们认真总结上年的工作经验，认真分析城乡住户调查一体化改革和贫困监测调查工作

2016年7月1日，田林调查队举行“七一”活动

存在的问题和困难，全队上下齐心协力、迎难而上，破解一个个难题，顺利完成了全年调查工作。

1. 加强沟通协调，争取地方支持。2016年田林调查队领导定期向县党委、政府汇报住户调查和贫困监测工作开展情况，引起县委、县政府主要领导的高度重视，多次在县季度经济形势分析会、农业工作会议和经济部门联席会议等重要会议上强调，要求有关部门、单位和乡镇要积极配合调查队做好住户收支调查和贫困监测调查工作，有力地推动了工作的开展；同时加强与县直相关部门、各（乡）镇、村的联系，建立感情，形成融洽的合作关系，取得乡（镇）党委、政府和村“两委”的支持配合，为调查业务的顺利开展打下良好的基础。

2. 加强培训和入户检查指导，提高记账质量。一是加强辅助调查员培训。今年以来我队利用月报送账本机会对辅调员进行现场记账、审核、指导培训；二是入户检查指导。不定期下到各住户调查点的调查户家中，实地检查他们记账情况，及时纠正他们记账工作存在的错误，一对一地对记账户进行培训，提高他们的记账水平。通过不断的培训、检查，促进记账质量的提高。

四、认真开展常规调查工作，双基工作继续加强

1. 各项调查任务圆满完成。按总队统一部署，继续完善各项调查工作流程，不断加强基层工作建设，精心组织实施了规下工业、禽畜监测、贫困监测、固定资产投资价格、批零住餐、农民工监测、粮食产量和播种面积等各项常规调查。高质量完成农村党员培训调查、党风廉政建设民意专项调查工作。

2. 基础性工作继续加强。为确保源头数据质量，各专业进一步改变作风、积极深入基层、坚持直接调查、直接上报的原则，加强对原始数据采集的监督检查力度。

五、强化依法调查理念，创优统计法制环境

今年以来，我们始终在注重调查队员专业知识学习的同时，加强统计法制专业的学习，努力建设既懂法律法规又熟悉统计调查业务的复合型统计调查队伍，始终把“公正、勤政、廉洁、务实、高效”作为统计法制工作的目标。同时，我们认真贯彻落实总队统计调查规划要求，有重点、有侧重、有针对性地开展统计法制宣传，结合统计调查工作的特点，积极推进统计普法进乡村、进社区、进单位，重点对记账户和辅助调查员开展普法宣传教育，积极采取有效形式加强对基层统计人员的统计普法宣传，全面提高他们的统计法制观念和法律素质。在全社会努力营造崇尚统计法制、维护统计法制尊严的良好氛围。

六、加强组织领导，全面落实党风廉政建设责任制

1. 注重机制建设，强化主体责任。结合作风建设、机关效能建设，坚持守土有责、守土负责、守土尽责，队班子认真落实党风廉政建设主体责任，建立党风廉政建设领导小组，全面分析研究党风廉政建设工作面临的新形势和新任务，上半年，专题召开党风廉政建设工作会议，传达学习中央、国家局和总队重要会议精神，总结近年来我队党风廉政建设工作，研究部署2016年反腐倡廉、惩防体系和党风廉政建设工作，并作出安排部署。根据中央和广西调查总队党组开展“两学一做”专题教育活动，再次召开工作会议，结合“三基”建设、机关效能建设工作对我队党风廉政和惩防体系建设工作进行了再动员、再部署，进一步调整充实了本队党风廉政建设领导小组，明确了队班子对我队党风廉政建设和反腐败工作的主体责任，建立主要领导全面抓、分管领导配合抓、各股室和具体责任人齐抓共管的工作机制。切实做到权力运行到哪里，党风廉政建设就延伸到哪里，不断形成推进党风廉政建设和反腐败工作的整体合力，用良好的党风政风推动统计事业科学发展。

2. 坚持“一岗双责”，全面推进工作。为扎实推进全年党风廉政建设工作，确保各项目标任务顺利完成，单位主要领导与各股室负责人签订《廉政承诺书》，层层落实目标责任制，坚持把党风廉政建设与业务工作一同部署、一同检查、一同落实、一同考核，切实把责任制落实到业务工作全

过程，建立了覆盖全队所有岗位的廉政风险防控机制，有效监督各股履行党风廉政建设责任制，真正做到上下联动、齐抓共管、惩防并举、综合治理，在全局范围内形成了一手抓业务建设，一手抓党风廉政建设，两手抓，两手硬，两不误，两促进的良好局面，为完成全年各项工作目标提供重要的组织保证。

七、精心组织开展“两学一做”学习教育

按照总队的部署，本队及时召开“两学一做”学习教育动员会，部署“两学一做”学习教育，要求四明确做好“两学一做”学习教育，一是明确学习内容。紧紧围绕“两学一做”这个主题，制定学习计划，抓好学习教育。组织党员重点学习习近平总书记系列讲话精神，特别是学习领会总书记视察江西时重要讲话精神；引导党员自觉学习党章党规、遵守党章党规、尊崇党章党规、维护党章党规。通过学习，进一步提高了党员干部思想认识，筑牢了思想政治基础；二是明确学习形式。我队通过召开党支部党员集体学习、个人自选题目研讨，抓好集中学习和分散学习。结合调查队实际，撰写心得体会促进学习，达到“入脑入心”的目的。三是明确学习要求。领导班子带头学习，自觉做到先学一步、多学一些、学深一层，班子成员每个人要为全体党员上一堂党课。普通党员要坚持原原本本地学，原汁原味地通读全文，坚持逐篇研读，逐句琢磨，在深化学习中深刻领悟，提高理论水平，提升统计调查业务能力。四是明确交流中学习，学习中促进。将队内的学习教育与百色辖区调查队“两学一做”学习教育充分结合，积极联系田林县委党校和组织部争取本队党员干部一并参与到地方举办的“两学一做”培训班，实现全方位多渠道学习，丰富培训内容。

八、倾力开展精准扶贫工作

田林县精准扶贫工作动员大会之后，本队高度重视，及时召开会议，精心安排部署，成立精准扶贫工作领导小组，并抽1名干部作为驻村干部开展工作。精准扶贫工作开展至今，本队精心组织干部下村进行帮扶工作，在职在编干部平均每月下村开展帮扶工作2次，达106人次，帮扶16户群众规划种植双高蔗糖90亩，经济林木100亩，帮扶群众拿到三年免息扶贫贷款35万元，脱贫项目扶持资金56000元。本单位所负责的16户贫困群众人均年收入已大大超越国家贫困线标准，已达到全部脱贫的目标。

2016年7月14日，广西调查总队副巡视员邱洪刚（前排左二）到田林调研指导工作

国家统计局靖西调查队

2016年1月19日广西调查总队总队长邹伟忠（前排左一）到靖西开展精准扶贫调研，靖西市副市长闭鸿飞陪同

2016年，国家统计局靖西调查队（以下简称靖西调查队）在广西调查总队的正确领导和地方党委政府的大力支持下，紧扣"规范化建设强化年"这个主题，把"两学一做"专题教育落到实处，与时俱进地促进各项调查工作的开展，结合地方实际夯实调查基础，在做稳做实调查工作的基础上，根据新情况积极探索创新工作方法。

一、"两学一做"深入开展

靖西调查队为深入学习贯彻习近平总书记系列重要讲话精神，推动全面从严治党向基层延伸，巩固拓展党的群众路线教育实践活动和"三严三实"专题教育成果，进一步解决统计系统党员队伍在思想、组织、作风、纪律等方面存在的问题，保持发展党的先进性和纯洁性，根据中共中央《关于在全体党员中开展"学党章党规、学系列讲话，做合格党员"学习教育方案》精神和中共中央组织部《关于"两学一做"学习安排的具体方案》要求以及国家统计局广西调查总队的部署，积极开展"两学一做"学习活动。

（一）建立中共国家统计局靖西调查队党支部

按照"两学一做"的要求和巡视组的反馈意见，靖西调查队通过和靖西市机关工委的多次沟通协调，靖西调查队完善相关资料的整理、修订相关制度获得机关工委批准成立党支部、通过选举产生了党支部书记许正宗、组织委员李秀豪、宣传委员农凤情并得到机关工委批准。

（二）靖西队干部纳入地方干部培训计划

通过与靖西市组织部、机关工委是沟通，明确把靖西市全体干部纳入地方干部培训、参与地方机关工委的各项工作。目前已有冯学权、李秀豪参加了地方的培训，争取在2017年扩大培训人员和业务的范围。

（三）“两学一做”深入开展

靖西调查队紧随总队的步伐，制定了《国家统计局靖西调查队“两学一做”学习方案》，先后参加了广西调查总队组织的“两学一做”党校学习和其他会议，百色辖区调查队“两学一做”第一专题、第二专题、第三专题的学习。通过学习队员思想觉悟有了较大的提高，廉洁自律落实到实际工作中，有效地促进了调查工作的开展。

二、精准扶贫攻坚克难

广西调查总队2016年所承担的对口扶贫点分别设在靖西市武平镇多纳村和靖西市新甲乡弄那村，合计贫困户300多户。靖西调查队协助完成了《精准扶贫识别表》、靖西市《扶贫手册》、百色市《扶贫手册》、自治区《扶贫手册》等手册的入户填写2000多册，开展扶贫活动多次，工作成绩得到靖西市、百色市领导的肯定。靖西调查队一方面抽调了农凤情担任多纳村第一书记、李秀豪担任弄那村“美丽乡村工作队员”，另一方面其他队员在完成调查业务工作的同时，全员下乡开展精准扶贫各项工作。队员克服了车辆不足、人员不足、时间不足、天气恶劣等多种困难，高质量地完成了相关的工作中任务。

三、规范化工作深入人心

靖西调查队围绕“规范化建设强化年”的工作重心，狠抓各专业在具体工作中规范化建设的具体要求的落实，全方位结合实际工作的开展，以四步走好规范化寻常路。

一是学规范，懂规范，用规范。靖西调查队根据人员分工和各自负责专业制度要求，深入学习规范化工作和操作的重要性，通过队员的交流学习加深对规范化的认识，以规范化要求来规范日常调查工作，完善操作流程，台账，报表等各种调查记录和规范调查工作。

二是规范化检查常抓不懈。通过两年来规范化检查的逐渐深入，规范化调查的成果逐渐显现。靖西调查队以各专业每月自我检查为主，每季度交叉检查为辅，比对检查表的内容，考核个专业工作的开展，以此促进调查工作的开展。

三是以督查督办促进规范化整改。充分发挥督查督办的作用，根据检查中发现的问题，结合靖西队的实际，协调各方面人力物力，盘活队内资源给予快速解决，另一方面明确具体执行人和时间节点，确保各项工作按时按质完成。

四是稳步创新规范化模式。通过培训调查对象、辅助调查员熟练利用手机、网络、PDA等新设备结合调查制度的要求，通过QQ群，微信群等及时交流工作中遇到的困难和监测调查情况的变化，提高调查工作的效率。

四、城乡住户调查一体化工作地方政府大力支持，业务培训更加深入

靖西调查队的住户调查工作获得了靖西市领导的认可和支持，多次在各种场合对靖西调查队的工作表示称赞，并加大了对调查队的经费支持，有力地促进了住户一体化调查工作的开展。如在提供亮点难点数据的统筹安排；在市领导的统一部署

2016年1月22日，靖西调查队到安德镇三南村慰问调查对象

2016年5月15日，靖西调查队队长带队到武平镇多纳村开展精准扶贫工作

下，各联席会议成员单位及时结合部门职责，及时收集汇总数据，分析撰写亮点材料，提供给调查队，为两项收入提供有力佐证支撑，为靖西调查队点面结合做实做细调查工作提供了可靠保证。

一是狠抓业务培训，提高业务水平。定期开展了多种形式的统计调查业务培训，有效提高了调查员的统计能力。利用每月收集报表、基础工作检查等时机，开展了点对点、面对面的业务辅导，提高辅助调查员的整体水平。

二是量体裁衣设置个性化培训。针对调查样本的出现错误的不同特点，仔细分析产生的原因结合调查方案和调查制度，对多次出现错误的调查对象开展“小灶”式培训。

三是住户样本轮换更加科学精准。靖西调查队首先队员深入住户样本轮换的要领和操作的流程，深入理解调查方案的精髓，防止因样本轮换造成数据的大起大落；其次做好样本摸底工作，对预记账户的人财物有较准确的把握，对记账人员的稳定性和替代性有预见；再次加强对住户的培训，确保住户家庭记账人员有AB岗，做到有账就记，不因人漏账。

四是劳动力调查手把手，点对点。在劳动力调查和住户调查中，针对两个调查的地理位置的统一和队内包点的情况，手把手指导辅助调查员操作PDA的录入、审核、上报，根据上报的情况，及时进行修正指导。

五、粮食产量抽样调查精益求精

一是工作开展上更加深入细致。在农产工作多、烦、杂的面前，靖西调查队一方面根据实际情况从各股室抽调人员，应对玉米、水稻的测产工作，用车方面优先安排；另一方面充分发挥辅助调查员的作用。通过与辅助员打“感情牌”等方式调动其积极性。通过全体队员的认真工作，农业调查数据质量更加客观真实可信。

二是培训上形成学理论，观实践，操真刀三部曲。在粮食粮食产量抽样调查中，靖西队抓住与辅助调查员坐车、踏田、聊天等一切有利时机，及时传授估产、实测等工作要求，在开展实测中，则有队员先示范操作要领，讲解注意事项，直到辅助调查员完全明白；再由辅助调查员亲自操刀上阵，经过实地练习，辅助调查员配合度和业务水平大幅提高。

六、信息安全工作常抓不懈

靖西调查队高度重视信息安全工作，严格按照总队的要求积极采取从人防到技防的措施，确保不出现信息安全事故。

一是建立三个“100%”的长效机制。对全队所有计算机接入统计内网的计算机：100%安装桌面安全客户端、100%安装金山安全终端和100%实行入网实名制准入，并设置长度不少于8位的开机口令。在此基础上，各股室内部以15天为周期开展互相检查，确保定期杀毒和更新；办公室对重装系统和安装新软件和程序进行监督。

二是内外共建维护网站安全。针对靖西调查队建立在靖西县政府的子网安全维护，靖西队以安全为己任，从后台登录密码设置的复杂程度、登录管理的人员仅限于队长和办公室负责人、发布的内容必经办公室、队长双审核确保信息发布安全确保来源安全。同时和靖西县政府网站管理人员沟通，学习维护网站安全的知识和日常注意事项，商讨维护网站安全的管理机制。

三是信息安全意识不能松懈。队信息安全领导小组认真组织学习网络信息安全知识，强化网络信息安全教育，进一步增强全队干部网络信息安全防范意识。做到不打开不明邮件和链接、不浏览不安全网站、不使用外来不明U盘等存储介质，不随意安装各种插件和软件等可能影响到信息安全的行为。

七、优质服务工作基本完成

靖西调查队充分调动队员撰写约稿、政务信息的积极性，针对约稿的要求发挥各股室调查优势，及时开展调查和撰写，目前已上报调查信息篇。政务信息是总结调查工作经验和队内活动的重要平台，靖西调查队采取股室任务分散的方式，针对新调查专业及时上报，老专业及时总结，开展活动综合股及时上报的分工体系，较好地完成了政务信息的任务，但和其他先进队相比还有较大的差距。

八、第三次农业普查顺利开展

根据《国务院关于开展第三次全国农业普查的通知》（国发〔2015〕34号）及《国家统计局关于抓紧组建农业普查机构的通知》（国统字〔2015〕73号）精神，靖西调查队积极开展农作物种植面积遥感测量工作。

一是领导重视。队长许正宗非常重视“三农普”工作的开展，在向地方申请经费困难的情况下，及时安排经费、车辆、人员开展调查，举全队之力做好后勤工作，确保来之能调查。

二是宣传到位。靖西调查队一方面通过横幅、传单、统计宣传日等途径向广大群众宣传农业普查的重大意义，“农业普查福到农家”的理念深入人心。

三是做好人员培训。各队员利用农作物种植面积遥感测量的有力时机，及时学习测量的方式方法和遥控飞机的操作技巧，为日后独立操作打下基础。

2016年，是攻坚克难的一年，也是全体队员努力奋进的一年，我们将再接再厉争取来年取得更好的成绩。

2016年12月4日，靖西调查队队长许正宗带队到中山广场开展法制宣传活动，图为许正宗在发法制宣传传单

国家统计局环江调查队

2016年在广西调查总队党组的正确领导下，国家统计局环江调查队认真贯彻落实全区调查工作会议精神，以习近平总书记等中央领导同志对统计工作的批示精神为指导，按照全区统计调查工作会议的部署，紧紧围绕“规范化建设强化年”主题活动，明确目标，结合实际，研定措施，扎实推进，全力推动各项工作的有效开展和顺利完成。

主要工作回顾

（一）深刻领会和认真贯彻执行习近平总书记等中央领导重要批示指示精神

总队党组召开市县队领导干部专题会议传达学习习近平总书记等中央领导同志对统计工作重要批示、指示和国家统计局宁局长讲话精神后，环江队及时传达，使全体队员充分认识维护统计数据真实准确的极端重要性和紧迫性，增强确保统计数据真实可信的责任感和紧迫感。主要领导和班子成员及纪检员主动承担起主体责任和监督责任相应责任。主体责任层层传导，形成压力，主要领导和分管领导及分管领导与各业务股室分别签订“杜绝和防范数据造假及弄虚作假行为责任状”。同时，认真学习总队《关于贯彻中央领导同志对统计数据造假弄虚作假批示指示精神的意见》，坚决把防范统计造假、弄虚作假作为重大政治任务抓紧抓实，把数据质量责任落实到每个工作各个环节，贯穿调查工作方方面面。

（二）扎实开展“两学一做”学习教育

自启动“两学一做”学习教育以来，我队结合工作实际，认真谋划安排，精心组织实施，扎实推进本队的学习教育。一是及时制定实施方案并召开动员会。二是认真组织开展学习讨论活动。根据《党支部“两学一做”专学习教育实施方案》要求，全面展开了学习教育工作。在前两个专题学习讨论期间，我们集中学习了《中国共产党章程》《中国共产党廉洁自律准则》《中国共产党纪律处分条例》《中国共产党问责条例》《习近平总书记在建党95周年上的讲话》《习近平总书记系列重要讲话读本》（2016年版）和《“两学一做”学习教育读本》部分篇章。三是结合脱贫攻坚和联系贫困村、调查点工作实际，为群众或调查对象实实在在做一件实事、解决一个实际困难。目前支持联系村购置办公设备1500元，完成贫困联系村5个贫困户的脱贫工作。

2016年6月1日，环江调查队副队长韦宝东（右一）带队到乡镇调查点指导住户记账工作（韦春艳　摄）

（三）以防范数据造假提高数据质量为核心，强化规范，大力推进“规范化建设强化年”主题活动

通过学习中央领导同志对统计数据造假弄虚作假批示指示精神和国家局及总队相关防范要求，全队紧紧围绕“规范化建设强化年”工作主题，认真做好“一改、一查、

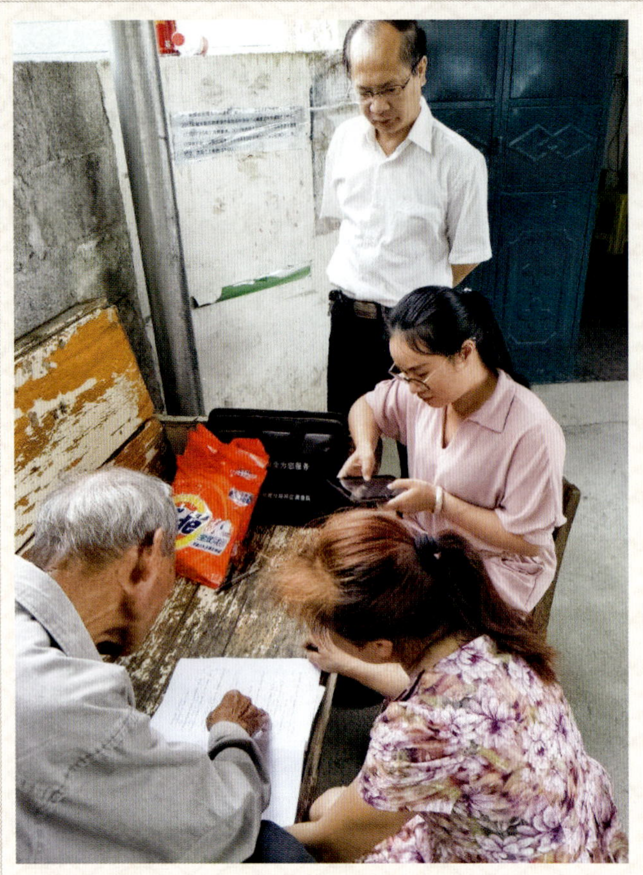

2016年11月10日，环江调查队队长卢增军（右三）带队到农村调查点指导党风廉政民意调查工作（韦伟荣　摄）

一评”工作。一是认真梳理，对于排查出来的风险点，特别是大家比较敏感的公务接待、公务用车、差旅、会议管理、制度执行等方面，咬定《关于进一步改进工作作风的若干规定》等标准执行不放松；二是各调查专业积极开拓创新，住户调查定期在月底和季末向辅调员和记账户发送信息反馈记账质量和提示注意事项，有效推动记账质量的提高；住户、畜禽专业设计了“回访计划表、简易记账范本、问题记录表”加强对各专业记账数据细节的审核；劳动力调查推出“环江县劳动力调查温馨提示卡”，向调查点群众宣传劳动力调查意义、时间和内容，调查工作的配合度有较大的提高。

（四）严守方案、扎实工作，较好地完成国家局和总队布置的各项统计调查工作

2016年以来，全体队员牢固“两个意识”，坚持独立调查，独立上报，坚持以数据质量为中心，狠抓调查制度方案的执行，统筹安排，较好地完成城乡居民收支调查、劳动力调查、农民工监测等各个国家常规调查专业，特别是今年是城乡一体化住户、主要畜禽、农产品价格、中间消耗、退耕还林等专业进行样本轮换调整时期，我队在样本轮换工作中，狠抓每一个工作环节、每一个操作规程，确保了轮换样本过程规范有序，评估分析科学有据，源头数据真实可靠，有效保障了样本轮换后数据的真实性、准确性。此外，今年，我们还完成了农村党员大培训调查、党风廉政建设民意调查等一次性调查工作。

（五）加强党的领导，进一步落实全面从严治党

紧紧围绕总队全面加强党的建设工作部署，牢固树立不抓党建就是最大失职的意识。狠抓支部党建工作，领导班子高度重视党建工作，在经费及办公场地上给予大力支持，在单位划出一间办公室作为党员活动室。把加强党的建设与“两学一做”学习教育紧密结合，全面落实“两个责任”。一是主要负责人自觉履行“第一责任人”责任，真抓严管，“三重一大”事项全部经班子讨论民主决策。二是通过深入学习党纪法规、案例通报和警示教育，特别是对“藤县数据造假案例”进行了深刻剖析，把防范数据造假和弄虚作假当作统计调

2016年6月20日，环江调查队工作人员到基层调查点开展住户调查工作（唐　颖　摄）

查工作重中之重，长抓不懈，警钟长鸣，另外，经过积极争取，干部培训纳入地方党校培训计划。三是把好关口。开展定期或不定期的廉政谈话和谈心谈话，了解动态，时常提醒，认真贯彻落实廉洁自律准则和总队《关于重申广西调查总队系统贯彻落实中央八项规定精神有关要求的通知》等相关文件，绷紧队员廉政思想弦，杜绝违规发放津补贴和礼品，认真做好办公用房超标整改，截止目前，上至队领导下至外聘职工均集中在办公楼二楼办公，全队人员无人出现办公用房超标现象。

2017年春节前夕，环江队工作人员（右一）到福龙村慰问帮扶贫困户（韦伟荣　摄）

（六）强化服务和宣传意识，政务信息和调查信息继续取得较好的成绩

在立足调查业务同时，紧紧围绕国家局和总队党组的工作要求，积极撰写调查信息和政务作息。2016年全年获得总队采用调查信息12篇，比2015年大幅增长，荣获全区调查队系统调查信息报告工作先进集体三等奖。同时，政务信息取得较好成绩，获总队内网发布41篇，高于2015年全年的采用量。

另外，加强宣传工作和服务地方工作。认真做好第三次农业普查农作物种植面积遥感测量和统计开放日的宣传工作，与环江联通分公司合作，在统计开放日当天向调查对象、辅助调查员、各乡镇统计员、在校师生等投放各类宣传短信息共计6600条，参与地方精准脱贫、精准扶贫、经济形势分析等工作，得到地方党委政府的充分肯定。

国家统计局南丹调查队

2016年，国家统计局南丹调查队（以下简称南丹调查队）在坚持以中央领导同志对统计工作重要批示指示精神为指导，深入贯彻党的十八大及十八届三中、四中、五中、六中全会和习近平总书记系列重要讲话精神和中央专项巡视反馈意见整改要求，紧紧围绕“规范化建设强化年”工作主题，扎实有序开展各项工作。

一、积极落实中央专项巡视意见整改工作

根据《总队党组关于落实中央专项巡视反馈意见整改安排的通知》要求，结合中央领导对统计工作的批示精神，南丹调查队召开专题会议，认真学习文件精神和中央领导批示精神，统一认识切实把思想和行动统一到中央巡视意见和要求上来，及时安排开展专项巡视整改工作、开门见山开好专题组织生活会，切实抓好“四风”突出问题专项治理、“数据造假、买数卖数、以数谋私”专项治理。一是主动谈心谈话，凝心聚力。领导班子之间严格对照巡视反馈意见，主动谈心谈话，在谈心谈话中不拘泥于形式，切实保证时间，谈心交流真诚充分。二是召开专题组织生活会。主要负责人代表班子作对照检查，班子成员作个人对照检查，带头开展自我批评，通过批评与自我批评，领导班子不断增强能够掏心见胆、并肩奋斗的真正的团结。三是认真抓好“数据造假、买数卖数、以数谋私”专项治理工作。提升对统计“数据造假、买数卖数、以数谋私”的严重性、危害性认识。

二、加强沟通，推进党建工作

一是及时沟通，成立支部委员会。根据总队的要求，及时与中共南丹县直属机关工作委员会沟通协调，于2016年3月成立支部委员会，3月7日上午南丹调查队召开党支部成立大会，通过选举产生了支部委员和第一届党支部书记；二是确定了2016年党支部的工作思路，制定了《中国共产党国家统计局南丹调查队支部委员会2016年党建工作要点》；全年共召开党支部大会10次，支委会4次，支部书记讲党课3次，并在七一建党节于拉所社区党支部开展联谊活动，支部开展的各种活动，全体党员均能积极参与。三是积极落实上级及地方组织部门的工作，及时开展2008年至2015年党员党费收缴自查工作，及时完成党费补缴等工作。

2016年9月12日，南丹调查队到南丹县芒场镇磨岩村开展粮食测产

2016年9月19日，南丹调查队到南丹县六寨镇开展统计开放日宣传活动

三、狠抓党风廉政建设，强化责任担当意识

一是队长代表全队与总队党组、全体队员与队长签订党风廉政建设承诺书；召开专题会议布置党风廉政建设工作，一级抓一级，层层落实，认真做党风廉政建设教育工作。二是采取“三个一”方式，开展警示教育。即每次会议组织一次警示教育案例学习；每个季度组织观看一部警示教育专题影片；每年组织到反腐倡廉警示教育基地开展一次现场警示教育。三是组织全体队员开展以藤县“数字造假”现身说法、“抵制以数谋私杜绝以数敛财”等大讨论活动，会前让队员结合自己的业务做好准备，确保讨论切合实际，突出效果。

四、不断加强行政规范化建设，提升服务质量

1. 抓细节，强办公办文质量。面向全体队员加强学习《公文处理办法》和《党政机关公文格式》等内容，办公办文细节从根源抓起，做到行文规范从每个人开始。

2. 抓重点，强化督查工作实效。根据总队督促检查办法，南丹结合本队实际制定本队的督查办法，并依照办法执行。对总队、队领导安排的重要事情进行督查，及时发现问题，处理问题，确保重要工作落实到位。

3. 统筹做好后勤协调保障工作。加强后勤管理，严格管理办公用品的使用，及时根据文件要求做好公务接待，使后勤管理工作进一步规范化。

2017年6月7日，南丹调查队到里湖乡仁广村开展住户调查半年报数据核查工作

4. 加强干部培训教育，推进队伍整体素质。积极配合总队以及地方的培训部门开展各种培训工作，同时要求干部严格遵守培训纪律，确保培训效果。

5. 新闻宣传工作更进一步。充分利用法制宣传日、统计开放日等节日向群众发放宣传资料。在12.4结合业务工作进村入户，向群众发放宣传资料及讲解相关统计法知识；在统计开放日联合县统计局、六寨镇政府到六寨农贸市场设点摆摊，向群众讲解第三次农业普查工作要点，发放宣传资料以及宣传纪念品，得到群众好评。邀请南丹电视台对月度劳动力调查情况进行现场采访报道，实地观摩月度劳动力调查全过程；在政务报《锡都南丹》刊登城乡住户一体化、劳动力调查等工作政务信息。

五、严格按照规范化建设要求，扎实推进各项业务工作

1. 严格把关，抓好城乡住户一体化数据工作。一是夯实基础，提高思想觉悟和服务能力。二是加强数据自查，狠抓规范化建设。开展账本进行交叉检查，账页封面书写到数据登记、项目编码，均进行一一检查是否正确规范，数据登记是否全面等，针对检查出来的问题及时进行实地走访，及时反馈，及时解决；同时建立常态化的数据抽查制度，定期开展电话回访、访户和数据质量核查等，层层把关确保住户调查数据的真实可靠。

2. 精心部署安排，第三次农业普查遥感面积测量工作圆满完成。一是召开专题会议，认真布置普查工作。二是成立工作领导小组，强化领导职能。及时召开第三次农业普查遥感面积调查工作会议，成立了以队长为组长的工作领导小组，统筹安排三农普遥感面积测量相关工作，从培训指导、经费预算、下乡人员车辆安排到数据采集、整理和上报各个环节进行了周密安排，保证了三农普遥感面积测量工作顺利开展。三是及时沟通，及时解决工作中的问题和困难。将工作情况向地方党委、政府汇报，并得到地方政府的支持；工作中遇到问题及时与上级部门和技术部门联系，及时解决，确保工作进度不受影响。四是强调数据真实，确保数据完整。严格按照工作方案要求进行实地采集数据，现场录入、拍照等工作，当天整理好数据，及时备份，确保数据及时、完整、不丢失。

3. 强抓数据质量，高质量完成其他各项调查工作。除以上几项工作外，南丹队还承担主要畜禽监测调查、农产品生产者价格、主要农产品中间消耗调查、播种面积调查、粮食产量调查、限额以下批发零售住宿餐饮调查、规模以下工业企业调查、小微企业和个体经营户跟踪调查、农村党员培训情况调查、党风廉政建设民意调查、全国劳动力调查队、农民工市民化进程动态监测调查、农民工监测调查、农户固定资产调查、退耕还林调查等业务。

一年来，各项业务均按照规范化要求开展，加强访户核查力度，确保上报数据全面、真实，详细做好走访记录、数据审核记录。同时，加强对联网直报的审核把关工作，发现问题及时与调查对象沟通，确保数据高质量上报。

2017年6月14日，南丹调查队到八圩立坳乡开展民族地区脱贫攻坚难点问题调研

国家统计局宜州调查队

2016年6月8日，宜州调查队副队长潘珍玉带队赴祥贝乡拉托村开展住户调查

2016年，国家统计局宜州调查队在国家统计局广西调查总队的领导下，围绕“规范化建设强化年”的主题，以科学发展观以及党的群众路线教育实践活动为指导，贯彻落实党的十八大精神及中央八项规定，不断改进工作方法，转变工作作风。

一、扎实推进党建工作，促进党风廉政落在实处

1. 成立党支部，强化基层建设。根据中央专项巡视反馈意见整改安排，于2月25日经中共宜州市直属机关工作委员会《关于国家统计局宜州调查队设立党支部的批复》（宜直组〔2016〕3号）成立了中国共产党国家统计局宜州调查队支部委员会，并完善了党支部组织机构，加强党的基层组织建设工作，充分发挥基层党组织和党员的战斗堡垒和先锋模范作用，为党建工作的开展提供基础保障。

2. 成立领导小组，完善规章制度。5月中旬，成立国家统计局宜州调查队党建工作领导小组，并根据总队文件结合本队实际制定了《国家统计局宜州调查队党建工作领导小组工作制度》和《国家统计局宜州调查队党建工作2016年工作要点》，对党建工作进行指导；制定领导干部党建主体责任清单，推动“一把手”落实抓党建主体责任，坚持党建工作与中心业务工作同谋划、同部署、同推进、同考核，紧密围绕统计调查中心工作，认真落实“两个责任”，坚持监督执纪问责，推进党建工作的开展。

3. 签订责任书，明确职责。修订完善党风廉政责任制的相关规定，构建权责明晰、逐级负责、层层落实的党风廉政建设体系。按照“一岗双责”的要求，年初与各股室负责人签订《党风廉政责任书》，做到一级抓一级，层层抓落实。

4. 加强纪律建设，强化党内监督。坚决落实中央八项规定，持之以恒纠正“四风”，加强对调查经费和三公经费的审批管理，反对铺张浪费。

二、扎实做好学习教育工作，践行知行合一

1. 认真开展“两学一做”学习教育。5月，制定《国家统计局宜州调查队党支部关于开展“学党章党规、学系列讲话，做合格党员”学习教育实施方案》，按照方案要求及时召开动员会，并由队长上“基础理论党课”讲解《中国共产党章程》等党内法规，布置“一抄一写一承诺”活动。

2. 主动作为改进干部教育培训工作。一是积

2017年5月4日，宜州调查队下乡开展农业调查

2017年1月30日，宜州调查队队长毛在诚与CPI采价员一同到市场开展采价工作，并向调查对象送上新春红包和礼品

2016年11月29日，宜州调查队副队长潘珍玉带队赴围道村开展住户年报调查

极与地方组织部和地方党校沟通联系，于3月提交文件申请将我队党员干部培训纳入地方党委党校培训安排计划，切实推进党员领导干部教育培训属地化管理。二是主动出击，积极联系地方培训机构，鼓励、推选干部职工参加各种学习培训，提升知识水平和工作技能。三是要求全员参加河池辖区调查队知识竞赛和法治培训，普及统计知识。四是主动为干部职工报名参加地方党校举办的岗位培训班，如河池市委党校举办的办公室主任技能培训班、办公室秘书培训班等。

3. 注重干部职工日常学习，并做好登记。一是由综合法规股根据学习情况为干部职工购买各种图书、资料，丰富干部职工学习资料，满足学习需求。二是综合法规股定期对国家统计局在线学习中心的学习进度进行监督，实时查看干部职工学习时长，督促干部职工开展自学。

4. 从严要求强化辅调员培训效果。按照本队辅助调查员岗位知识培训实施方案要求，结合常规业务调查工作开展辅助调查员岗位知识培训，把《统计法》有关要求和《辅助调查员岗位基础知识》作为重点讲解内容，并印发资料要求辅助调查员自觉学习，把学习效果作为年终评优的参考项目之一，增强辅调员的责任意识和依法统计意识，规范调查行为。

三、坚决抵制“数字上的腐败”，杜绝知法犯法

1. 积极沟通，清理纠正违反统计法精神的文件。国家统计局宜州调查队分别于2016年3月24日和4月24日向宜州市绩效考评领导小组办公室和宜州市人民政府提交文件，申请撤销我单位作为2016年度重点工作目标任务的责任单位。2016年5月6日，我队收到宜州市人民政府反馈至宜州市统计局并抄送至我队的《关于调整绩效考评责任单位的批复》，文件同意市统计局及我队不再作为《2016年度重点工作全面实行绩效考评的通知》中所涉及指标的责任单位。

2. 利用多种平台宣传统计法治精神，营造氛围。一是结合日常工作下点机会积极开展统计法治宣传；二是利用“统计开放日”和“宪法宣传日”等重要节点为契机，通过在广场设立宣传展台、队领导带队慰问调查对象、召开辅调员座谈会、发送短信等方式向社会大众宣传统计法治工作。

3. 要求干部职工行动上遵守“红线法则”。通过召开全队会议，组织干部职工学习中央领导同志关于惩治“数字造假”、从源头上遏制“数字上的腐败”、防范“数字造假、弄虚作假”的批示指示精神，结合总队和地方政府印发的违纪通报文件，以及《中国共产党问责条例》等材料进行现身说法，为干部职工在思想上建筑“防洪堤”，强调不触碰“数据造假、买数卖数、以数谋私”等违法违规的雷区。

4. 利用国家局实地执法检查的契机开展学习。陪同人员认真学习执法程序和经验，努力提高自身能力并在事后向全队干部职工详细讲解国家局执法流程，分解执法过程，强调执法工作的严谨性和细致度，警示调查员、辅调员和调查对象报送真实数据，提高责任感和严谨性。

国家统计局都安调查队

2016年9月20日，都安调查队深入调查网点开展开放日宣传活动（谭仁龙　摄）

2016年，在总队党组的正确领导下，在都安县党委政府的支持帮助下，国家统计局都安调查队（以下简称都安调查队）以“两学一做”学习教育为契机，紧紧围绕围绕“规范化建设强化年”主题，以提升调查规范化建设为抓手，密切围绕重点工作目标，夯实基础，真抓实干，圆满完成各项工作任务，有效提升调查服务水平。

一、学习政治理论，筑牢思想防线

坚持把政治理论学习摆在思想建设的首要位置，把党的十八大和十八届三中、四中、五中、六中全会精神和习近平总书记系列重要讲话精神作为全年的主要学习内容，不断增强道路自信、理论自信、制度自信和文化自信。在学习安排上，制定周密的学习计划，组织专题学习党课6次，集中开展理论学习3次，倡导全队工作人员“日读一文，周读一书，月写一篇文章”，形成一种常态化的理论学习机制。特别是通过学习身边模范人物“校长爸爸莫振高”的先进典型事迹，使党员领导干部思想上受到了启迪，心灵上得到了震撼，精神上得到了洗礼。

二、贯彻决策部署，推进工作落实

1. 扎实抓好全国月度劳动力、小微企业非金融资产投资试点等调查。持续推进数据报送方式改革，巩固网上直报成果，规模以下工业调查直报率长期保持100%，强力推进主要畜禽调查、农产品生产者价格调查联网直报。

2. 稳步推进三农普遥感测量实地调查工作。有序开展7个普查区35个样方地块数据的采集工作，重点厘清早稻、晚稻、玉米、甘蔗等主要农作物及其面积，确保采集信息详细全面，真实可靠。

3. 住户调查工作上档进位。规范住户调查基础工作，健全机制，设立以奖代补资金奖励优秀辅调员，筑牢调查阵地。加强管理和培训工作，全年登门入户调查超过60次，现场面对面培训调查对象超过600人次，规范“独立调查、独立上报”，高质量地完成调查任务。

2016年12月9日，都安调查队深入扶贫联系点开展扶贫慰问活动（谭仁龙　摄）

4. 加强宣传，提高群众知晓率。以统计开放日、"12.4"法制宣传日、"12.8"统计法颁布纪念日等主题活动为契机，通过发放宣传单、设立法律咨询台、开辟法治专题宣传栏、基层座谈等方式，促进调查对象积极配合统计调查工作，充分发挥统计法对统计调查工作的保驾护航作用。

5. 信息采写报送全面开花。积极为地方党委政府关注的热点焦点难点问题开展专题分析，做好诊断，开好药方，倾力打造统计"智库"，为地方党委政府科学决策和精准施策提供优质高效统计服务。全队上报每月要事12篇，总队采用12篇，采用率达100%；上报政务信息48篇，总队内网采用40篇，采用率达83.3%，其中1篇获国家局首页网站采用。据总队反馈，2016年都安队调查信息获总队采编24篇，完成进度达到400%，采用分数达309.8分，其中有3篇次经总队组稿后直报领导，4篇次获国家局领导批示，11篇次获自治区"两办"采用，《都安县本地山羊价格呈现回落趋势》单篇信息获得自治区党委办公室采用。

6. 档案管理工作提档升质。将档案管理与"两个规范化"建设紧密结合，严格按照要求，做好原始材料、汇总报表和分析材料等资料的收集整理，及时归档，不断巩固档案规范化成果。

7. 积极参与精准脱贫工作。全年调查队深入下坳镇肯友村扶贫点开展帮扶工作10余次，登门入户与帮扶对象共同制定脱贫计划，制作脱贫时间表，多措并举将工作按照时间节点扎实推进，2016年22户预脱贫户全部实现脱贫致富。

三、狠抓党建工作，激发组织活力

扎实开展"两学一做"专题教育活动，制定《国家统计局都安调查队关于进一步加强党的建设

2016年12月28日，都安县常务副县长蓝胜（左二）率都安队领导班子，向河池市住调办汇报都安县城乡居民收入情况（谭仁龙　摄）

2017年1月19日，都安调查队深入住户调查点开展2016年度“双优”现场表彰机座谈会（谭仁龙　摄）

若干指导意见》，成立领导小组，明确工作职能，加强责任落实；确定《都安调查队2016年党建工作要点》，建立健全《党支部工作职责》、《党的组织生活制度》；严格落实党建“一岗双责”制度，实现党建工作职责清单化、内容条目化；坚持一手抓党建、一手抓业务，两手抓，两不误，两促进，以党建促业务提升，以业务促经济发展，充分调动党员干部干事创业的积极性。

四、履行两个责任，夯实防腐根基

领导班子切实担负起党风廉政建设的主体责任，树立不抓党风廉政建设就是严重失职、抓不好党风廉政建设就是不称职的意识，吸取王保安严重违纪问题教训，以案说法，警钟长鸣，自觉接受各级对“一把手”和班子成员的教育监督，层层签订责任书，编制各项工作流程图32张，查找各类廉政风险点15个，认真评估风险等级，制定针对人、财、物、数等风险点整改措施7条，全面清理现行工作制度45件，确保权力运行到哪里，防范措施就跟进到哪里。

五、加强监督检查，落实责任追究

针对“数据造假、买数卖数、以数谋私”等问题，要求干部要在其位谋其政，自觉抵制以数谋私、跑数要数、数字造假等行为，监督检查辅调员和记账户记账情况，要求辅调员每5天到户检查翻阅账本，重点跟进记账月笔数少于45笔的记账户，全面排查账页，账本执行谁修改谁签字谁负责制度，发现问题将严肃追责。建立统计执法与纪检监察联动机制，定期督查，严格执法，2016年都安队针对4家规模以下工业样本单位开展统计执法，进一步强化统计执法的监管职能，提高源头数据质量。

2017年5月，都安调查队完成农作物调查新遥感样本点的首次调查（谭仁龙　摄）

国家统计局灵山调查队

2016年6月24日，灵山调查队队长郑广钧（右二）陪同钦州调查队纪检组长黄齐明（右三）等人到灵山调查网点开展粮食大县春播作物面积数据质量监控检查工作

2016年，灵山调查队根据总队部署，紧紧围绕“规范化建设强化年”主题，以规范调查行为、确保数据质量为目标，突出重点、多措并举，强化规范化建设，不断提高依法依规调查工作水平。在2016年考核中，荣获目标管理考核优秀等次、调查信息报告工作先进集体三等奖，共有20项单项工作在广西调查队系统评比中获得三等奖以上等次，其中三项工作获一等奖，九项工作获二等奖，八项工作获三等奖。

一、正风肃纪，扎实开展巡视整改

召开会议加强研究巡视“回头看”情况的反馈意见，制定了本队的整改安排，逐项落实，加强正风肃纪，依法依规开展工作。一是完善党支部工作制度，加强党建工作水平。加强党支部制度建设，制作了党建园地宣传板。二是及时清理不符合要求的文件。将《国家统计局灵山调查队关于不将调查队列入“两个收入”责任单位的请示》呈报灵山县政府，得到时任县长的同意，并将文件转发给发改局、统计局，防范出现将调查队作为责任单位的文件和做法。三是加强党风廉政监督检查，着力解决“四风”问题。对全队工作进行检查，进一步提高数据、财务工作的规范性。四是对制度建设进行回头看，进一步完善制度建设，坚持制度管人。修订了《国家统计局灵山调查队工作队员考勤管理办法》，制定了《国家统计局灵山调查队聘用人员管理办法（试行）》、《国家统计局灵山调查队党建工作领导小组工作制度》等制度。五是召开专题组织生活会。领导干部对巡视问题进行深入查摆，通过谈心谈话、征求意见等加强问题查摆分析，发挥批评与自我批评的利剑，找准自身问题，提高认识，达到批评—团结—提高的目的。

二、丰富“两学一做”学习教育，增强“四个意识”

紧扣本队实际，制定了“四学四提高”（学党的历史，提高工作紧迫感；学革命先烈，提高工作责任感；学先进党员，提高创先争优意识；学党纪国法，提高依法统计意识）学习内容，纳入本队“两学一做”学习教育方案，丰富“两学一做”学习教育内容。全年开展研讨三次，进行充分讨论，进一步加深对党章、习近平系列讲话的认识，通过学习先进典型树立榜样，对照“四讲四有”合格党员标准，提高先锋意识，增强政治意识、大局意识、核心意识、看齐意识，自觉在思想上、政治上和行动上与党中央保持一致。

三、围绕“规范化建设强化年”主题，提高规范化建设水平

（一）重管理，纳入目标管理考核。制定了2016年“规范化建设强化年”的实施细则，实施细则共有20条，主要包括工作纪律、业务工作流程、数据管理、优质服务、队伍管理等方面，具有很强的操作性、针对性，并纳入年度目标管理责任制，每月按细则内容进行考核评分，作为年度评先评优依据，提高队员责任感，规范统计调查工作。

（二）重检查，夯实基础工作。采取每月考核+季度考核的方式强化对规范化建设工作的监督检查，实行每月一小检、每季度一大检制度，每月由分管领导组织对分管股室人员的考核，每季度队内组织进行交叉检查考核，将检查结果进行通报，限期整改，不断夯实基础工作，提高规范化建设工作水平。

四、以反映客观真实为目标，不断提高数据质量

（一）加强法制宣传教育。将统计法相关知识纳入辅助调查员培训会议内容，编印统计法律法规知识汇编、统计法律法规宣传单，面对面向调查对象进行统计法律法规知识宣传，不断提高调查对象依法配合调查的意识。举办了“第七届中国统计开放日暨统计法制文艺晚会”，采取有奖问答的形式增加与观众的互动，提高观众的参与积极性，寓法制宣传于观众互动之中，提高法制宣传效果。

（二）全面推行诚信报数承诺制度。统一制作承诺书，辅助调查员、调查对象签订诚信报数承诺书，将诚信报数和发生不诚信报数现象自愿接受处罚的内容作为承诺书的主要内容，提高了辅助调查员、调查对象依法依规调查、报数的自觉性。

（三）注重现场调查和审核。坚持实地调查，对统计台账有涂改的地方，要求调查对象写明原因，签字确认。坚持有疑必问原则，对审核过程中确需修改的，做好记录，并及时交予对象确认，杜绝无根据的修改数据。

五、团结协作，按时按质完成2016年各项调查业务

（一）规范操作，扎实开展第三次农业普查。以“三农普”办公室名义下发调查工作方案至各相关村委，规范普查工作开展，明确工作职责，为规范开展工作打下基础。加强培训，对队员进行三农普工作PDA使用等进行集中培训，选取一个点进行试点，通过实际操作，提高队员解决实际问题的能力。加强核实，队长根据总队下发的卫星照片，对照队员记录的调查结果，加强工作检查，有疑问的地方进行再次核实，确保调查结果如实反映客观实际情况。

（二）多点发力，强化规范开展城乡一体化住户调查。一是加强培训力度。采取到总队居民收支处挂职学习、集中学习、个别辅导等方式加强对队内工作人员的培训，提高队员依法依规调查的能力。坚持“以问题为导向”对记账户进行培训，将记账户存在的问题和疏忽之处作为访户培训的重点内容，提高培训针对性。二是进一步落实工作责任。将调查点工作进行任务分解，进一步分清责任，提高工作任务心。三是更加注重居民收入因素的分析，提高撰写分析材料的水平。充分发挥住户联席会议办公室的作用，及时向相关部门收集增收亮点、难点材料，提高分析材料的广度和深度。

2016年7月8日，灵山调查队组织全队干部职工观看钦州市查处发生在群众身边的“四风”和腐败问题专项工作巡展

2016年9月13—4日，广西调查总队商投处处长杜雪勇（右二）带队到灵山队调研批零住餐企业

（三）服务基层，稳步推进播种面积和粮食产量调查。一是提高农业辅调员的补贴待遇，为农产量调查点的辅调员购买雨衣、雨鞋、太阳帽等劳保用品，购买了人身意外保险等，得到辅助调查员的认可，提高工作积极性。加强沟通交流，加强电话、短信、QQ、微信的方式提醒辅调员调查过程中须知应知的事项以及操作规范等，要求从实从严、依法依规独立调查，保障原始数据的真实可靠。

六、加强队伍建设，建设高效的统计调查队伍

（一）注重培训提高。灵山调查队以培训作为提升工作能力重要抓手，组织队员参加各类培训。一是年内派出2人参加总队组织的前往外省的外出学习培训、派出1人到总队居民收支处进行跟班学习，提高队员素质。二是强化队内培训。2016年共组织队内业务集中培训8次，强化业务调查、政务信息和调查信息的培训，进行有效的培训交流，促进业务工作能力的提高。三是争取地方支持，将队员培训纳入地方培训计划，年内共有3人次参加了组织部、党校举办的培训班，其中1人参加了为期三个月的全县科级干部轮训班。

（二）注重聘用人员管理。加强薪资管理，通过实施提高聘用人员工资底薪、出台聘用人员评先评优政策、实施聘用人员按服务工作年限正常增资机制、工作期满一年办理住户公积金等激励措施，进一步提高了聘用人员的工作积极性。严格兑现奖惩。每月组织人员对聘用人员执行工作目标管理责任制情况进行考核，及时兑现奖惩，激励聘用人员积极承担业务工作，作为稳定统计调查队伍、提升统计调查工作水平。

七、强化廉政教育，推进党风廉政建设

一年来，灵山调查队注重廉政教育，强化警示教育，不断推进党风廉政建设。一是加强规章制度学习。定期和不定期学习，以会代学等机会，组织班子成员、干部职工学习《准则》、《条例》、等文件精神，强化法律法规认识。二是加强警示教育。组织全体干部职工学习《转发中央纪委关于七起落实全面从严治党那个主题责任不力被问责典型问题通报的通知》、《转发自治区纪委关于七起违反中央八项规定精神问题通报的通知》等文件精神，抓住关键节点，加强节前廉政风险提醒，确保廉洁过节。三是积极将党员干部培训纳入地方党委党校培训安排，组织干部参加地方知识讲座，不断提高干部职工的廉洁意识和增强拒腐防变的能力。

2017年1月11日，灵山调查队副队长劳泓翰（右一）带队到丰塘村委开展劳动力调查检查指导工作

国家统计局浦北调查队

2016年，国家统计局浦北调查队（以下简称浦北调查队）现有编制7人，在编人员6人（其中干部5人、工人1人），缺编1人。领导职数2名，领导班子成员：队长张英、副队长梁广祥。在队领导班子的带领下，浦北调查队紧紧围绕总队“规范化建设强化年”主题活动，牢固树立“两个意识”，采取多项措施，有力地推动各项工作的顺利开展，取得了一定的成效。荣获2016年广西住户调查工作先进集体二等奖，荣获调查信息工作先进集体三等奖。单项奖：新闻宣传工作、党支部工作获二等奖，信息化工作、信息安全工作、财务工作、人事教育工作、调查数据综合管理工作、批零住餐调查工作、农作物播种面积调查工作、居民收支调查工作分别获三等奖。

一、2016年主要工作情况

（一）扎实开展“两学一做”专题教育

认真开展“两学一做”教育学习，制定学习教育实施方案，观看反腐倡廉教育片。安排干部职工6人参加浦北县委党校培训学习，组织全体在职干部完成国家统计局在线学习中心的理论学习，与所有党员签订“争做合格党员承诺书”，并要求所有党员撰写“两学一做”心得体会和“我是党员”文章。

（二）全面推进从严治党的贯彻落实

一是完成领导干部办公用房超标问题整改；二是严格执行有关要求，做好2016年全年的会议、政府采购、调研、公车使用等工作；三是多次召开党员大会和党课，研究从严治党中存在的问题、提高党员理论素养，加强党支部的建设；四是开展“抵制以数谋私，杜绝以数敛财”大讨论活动。

（三）认真做好“两个责任”的贯彻落实

认真组织学习《中共国家统计局广西调查总队党组关于落实党风廉政建设主体责任和监督责任的实施意见（试行）》，对照县队班子、县队主要

2016年9月21日，浦北调查队组织开展统计开放日宣传活动

2016年10月9日，广西调查总队统计监测处副处长宁铭到浦北开展畜禽工作调研

2. 明确分工，落实责任。根据具体情况适当调整工作分工，并通过《2016年浦北调查队目标管理责任制》加以落实和考核，有序推进各项工作开展。

3. 抓好各项业务规范化建设。要求各专业负责人紧扣数据质量核心，严格按照各项规范化要求，进一步明确每一环节的操作规程，保障调查数据生产过程规范有序，做好源头数据采集、数据审核和资料整理等工作。

4. 抓好规范化建设督查督办。根据2016年工作重点，先后组织开展了对小微企业联网直报、住户调查、农业调查等工作的规范化督查督办，严保各项工作的及时、高效、规范化开展。

领导、领导班子成员和纪检员具体承担的责任，认真开展对照检查，谋划各个责任的贯彻落实。通过组织学习党风廉政建设有关规定和要求、通报学习反腐有关案件、开展谈心谈话活动、签订党风廉政建设责任承诺书等措施，做到早提醒，把不良作风的苗头消灭在萌芽状态。严格执行民主集中制、领导集体议事规则、“三重一大”的工作制度，涉及人事、资金、重大工作等事项都上会讨论通过，纪检员列席参加常务会议。

（四）周密部署，稳步推进，顺利完成三农普遥感测量工作

2016年，浦北调查队在广西调查总队的统一部署下，切实加强领导，强化责任，统筹协调，充实和配强调查力量，做好经费保障及宣传动员工作，严格调查执行方案，完成了县域范围内的三农普遥感测量工作。

（五）围绕工作主题，多举措促各项业务调查工作规范化开展

1. 抓好全区调查工作会议精神的传达学习。2次召开全体队员会议，传达2016年全区调查工作会议精神，深入学习邹伟忠总队长的讲话，并就总队提出的“规范化建设强化年”展开深入讨论，明确2016年工作重点。召开年中工作会议，传达全区调查年中工作会议精神，并分析本队规范化建设中存在的问题，研究解决的措施。

（六）抓好统计法治工作

1. 做好本队队员、辅助调查员和调查对象的统计法制培训，加强统计法律法规的培训教育一体化工作。

2. 认真做好统计开放日宣传活动。在统计开放日期间，在浦北县人流集中区域举办了“统计开放日”现场宣传活动，向广大群众普及农业普查、统计法等统计知识，促进公众对统计工作的认识。

3. 继续做好统计执法检查工作。2016年，先后

2017年1月6日，浦北调查队党支部到田山社区开展党员微心愿活动

2次开展对县内部分规下企业和个体户进行了专项统计执法检查，督促各企业和个体户进一步加强调查工作、增强统计法制观念。

（七）积极争取地方党委政府及各部门的重视和支持

积极向县党委、政府汇报调查队工作并报送相关数据解读分析，为地方经济的规划与发展献言献策。党委、政府对调查队工作有了更深刻的了解，并将三农普遥感测量、城乡一体化、县级粮食产量调查和生猪调查等项目列入2016年度浦北县财政预算。

2016年7月25日，广西调查总队农业处副处长邓有朝到浦北开展农业工作调研

进一步发挥住户联席会议制度影响力。利用浦北县住户联席会议办公室收集面上资料并反馈相关数据，与地方党政部门保持定期沟通，让党政部门对调查队的工作有了更多的了解和更大的重视。

（八）认真开展服务型统计建设

浦北调查队不断提升调查服务水平，利用各项调查结果，结合浦北县住户联席会议办公室收集到的面上资料，认真抓好调研分析，提高研究精度，科学研判经济发展趋势，为党政部门提供决策参考。把调查分析、信息责任分解量化目标任务落实到股室，任务分解到个人。2016年，上报的调查信息有14篇，被采用的有11篇次；上报的政务信息有30篇，被采用的有22篇。

国家统计局合浦调查队

2016年7月14日，广西调查总队纪检组长吴多明到合浦调查队调研和指导工作

2016年，国家统计局合浦调查队认真对照国家统计局有关工作要求，深入贯彻落实全区调查工作会议精神，围绕“规范化建设强化年”工作主题，进一步夯实统计调查工作基础，巩固事业发展的根基。

一、坚持学习，把学习贯彻中央领导同志的重要指示精神作为重要政治任务

坚持抓好学习，以“两学一做”学习教育为契机，认真贯彻落实中央领导通知关于统计工作重要批示指示精神，深入学习领会国家统计局局长宁吉喆相关讲话的新思路、新要求，增强政治意识、大局意识、责任意识和服务发展意识，不折不扣地把思想和行动统一到中央领导同志的重要指示精神上来，增强提高统计数据质量的紧迫感和责任感，坚决维护国家统计调查制度的统一性、权威性，切实增强做好统计工作的自觉性、搞准统计数据的坚定性。

二、坚持“两手抓”，认真开展“两学一做”学习教育

根据总队的部署，国家统计局合浦调查队从实际出发，研究制定了《开展“学党章党规、学系列讲话，做合格党员”学习教育实施方案》，精心组织，狠抓落实，按照方案中的学习计划，开展了系列专题学习以及内容丰富的支部学习，统筹协调，处理好“两学一做”学习教育与日常统计调查业务工作的关系，做到两手抓、两不误，确保学习教育达到预期效果。

三、从严治队，进一步强化两个责任落实

1. 强化学习，加强党的领导。按照“两学一

2016年8月16日，广西调查总队工业处到合浦县公馆镇规下企业开展调研和数据质量检查工作

2016年8月22日，合浦调查队开展三农普遥感测量工作

做”学习教育活动的要求，认真深刻领会党中央领导重要讲话精神，增强党章意识，队领导班子在思想上、行动上、政治上保持与党中央一致。积极参加总队举办的党员领导干部培训，2016年共安排2名领导参加总队举办的“两学一做”学习教育暨党风廉政建设主体责任培训班，安排1名队领导参加北海市党校培训，进一步增强领导班子责任意识、履职能力，强化党的领导。

2. 坚持从严治队，防范廉政风险。一是严格遵守党的纪律，严守财经纪律，从严控制“三公经费”和会议费、培训费、差旅费等支出，防止四风问题反弹回潮。二是严格干部监督管理，高度重视领导干部个人事项报告、出国出境审批管理，进一步推进干部监督管理常态化。加强对党的纪律执行情况、中央八项规定落实情况的监督检查，重点加强重要节点的廉政风险防控，坚持原则，发现苗头性、倾向性问题，及时提醒。在日常业务工作中，从严防统计数据弄虚作假上下功夫，加大统计执法检查和违法案件的查处力度。

四、突出重点，圆满完成各项工作任务

1. 顺利完成“三农普”遥感测量工作。严格按照调查方案的要求，扎实开展学习培训，准确掌握调查技巧，加强前期宣传工作，积极做好多方联系协调，一是加强与地方政府的汇报和联系，争取地方经费的大力支持；二是加强与县统计局、农业局等部门间的联系，互通信息，相互协作；三是加强与调查村点的联系，争取村干部的配合。统筹本队人员力量，加班加点，确保顺利完成合浦县秋冬播、春播、夏播农作物遥感测量工作。

2. 夯实新增业务基础。积极推进业务改革，扎实做好全国月度劳动力调查，夯实抓牢基础数据，加强监督检查和培训，分管队领导每月带领住户股业务骨干到调查点开展现场督导检查，全面掌握现场调查情况，及时发现问题，夯实基础数据质量。

五、加大力度，努力实现信息工作“提质增采”

1. 抓好调查信息报送。积极服务各级党委政府，围绕党委政府关注的经济社会发展焦点和热点问题，加大调研分析力度，狠抓约稿信息报送，超额完成全年任务量。

2. 政务信息“提质增采”。加大信息写作力度，注重挖掘深层次、高质量、有价值的信息，及时、准确、全面、高效报送各类工作信息，国家局采用、总队采用篇数同比大增，全年共上报政务信息93篇，总队采用62篇，其中2篇被国家局采用。

2016年12月5日，合浦调查队在县还珠广场开展“国家宪法日”宣传活动

第四篇 农村农业

Chapter 4 Agriculture and Rural Areas

4-1　主要粮食作物生产情况（1985—2016年）

Basic Statistics on Main Grain Crops（1985—2016）

年　份 Year	粮食作物 Grain Crops			早　稻 Early Rice		
	播种面积（千公顷）Sown Area（1000 hectares）	每公顷产量（公斤/公顷）Per Hectare Output（kg/hectare）	总产量（万吨）Total Output（10 000 tons）	播种面积（千公顷）Sown Area（1000 hectares）	每公顷产量（公斤/公顷）Per Hectare Output（kg/hectare）	总产量（万吨）Total Output（10 000 tons）
1985	3447.3	3240.5	1117.1	1153.2	4701.7	542.2
1986	3530.6	3166.9	1118.1	1157.9	4556.4	527.6
1987	3539.5	3418.6	1210.0	1145.5	4863.2	557.1
1988	3510.7	2976.6	1045.0	1128.5	4691.9	529.5
1989	3596.9	3533.0	1270.8	1178.4	5070.4	597.5
1990	3639.9	3744.8	1363.1	1190.3	5287.9	629.4
1991	3567.7	3758.7	1341.0	1124.1	5473.9	615.3
1992	3521.8	4028.9	1418.9	1153.6	5710.8	658.8
1993	3538.8	4115.8	1456.5	1137.1	5678.5	645.7
1994	3633.6	3502.0	1272.5	1134.1	4554.3	516.5
1995	3662.7	4117.7	1508.2	1148.4	5846.4	671.4
1996	3708.0	4070.4	1509.3	1152.4	5795.7	667.9
1997	3738.5	4132.1	1544.8	1155.3	5983.7	691.3
1998	3757.7	4143.8	1557.1	1147.9	5551.9	637.3
1999	3725.5	4227.6	1575.0	1116.4	5966.6	666.1
2000	3655.9	4180.9	1528.5	1078.1	5865.9	632.4
2001	3641.9	4150.0	1511.4	1141.5	5148.5	587.7
2002	3556.9	4180.0	1486.8	1130.3	5383.5	608.5
2003	3470.0	4222.2	1465.1	1118.5	5353.6	598.8
2004	3511.2	3983.0	1398.5	1098.9	5217.0	573.3
2005	3496.2	4254.0	1487.3	1131.3	5056.1	572.0
2006	3133.2	4556.4	1427.6	1053.3	5261.6	554.2
2007	2984.0	4680.0	1396.6	991.5	5414.0	536.8
2008	2973.1	4691.1	1394.7	984.4	5306.8	522.4
2009	3067.5	4770.0	1463.2	988.8	5595.7	553.3
2010	3061.1	4613.8	1412.3	964.8	5508.9	531.5
2011	3072.8	4653.4	1429.9	941.3	5634.9	530.4
2012	3069.1	4838.2	1484.9	928.8	5860.4	544.9
2013	3076.0	4947.3	1521.8	927.9	5983.5	555.2
2014	3067.7	5001.9	1534.4	917.6	5920.9	543.3
2015	3059.3	4984.1	1524.8	888.2	5953.6	528.8
2016	3023.6	5031.4	1521.3	883.7	5994.0	529.7

4-1 续表 continued

年份 Year	晚稻 Late Rice			玉米 Corn		
	播种面积（千公顷）Sown Area（1000 hectares）	每公顷产量（公斤/公顷）Per Hectare Output（kg/hectare）	总产量（万吨）Total Output（10 000 tons）	播种面积（千公顷）Sown Area（1000 hectares）	每公顷产量（公斤/公顷）Per Hectare Output（kg/hectare）	总产量（万吨）Total Output（10 000 tons）
1985	1124.5	3616.7	406.7			
1986	1180.9	3407.6	402.4			
1987	1172.7	3855.2	452.1			
1988	1151.2	3015.1	347.1			
1989	1134.5	3963.0	449.6			
1990	1174.5	4330.4	508.6			
1991	1182.4	4217.7	498.7			
1992	1160.2	4453.5	516.7			
1993	1131.8	4547.6	514.7			
1994	1132.2	3413.7	386.5			
1995	1136.9	4546.6	516.9			
1996	1143.3	4537.7	518.8			
1997	1143.8	4416.0	505.1			
1998	1140.0	5064.0	577.3			
1999	1123.8	4825.6	542.3			
2000	1068.7	4775.9	510.4	610.7	3016.2	184.2
2001	1147.3	4915.9	564.0	556.9	3025.7	168.5
2002	1142.0	4659.4	532.1	520.3	3094.4	161.0
2003	1110.2	4800.0	532.9	531.1	3007.0	159.7
2004	1125.0	4245.3	477.6	586.6	3002.0	176.1
2005	1108.4	4767.2	528.4	575.7	3682.5	212.0
2006	1038.8	4944.2	513.6	516.3	3844.7	198.5
2007	986.7	4969.1	490.3	490.4	4161.9	204.1
2008	983.9	5056.5	497.5	489.7	4231.2	207.2
2009	991.0	5125.5	507.9	534.6	4212.5	225.2
2010	979.7	5199.6	509.4	538.6	3874.8	208.7
2011	986.3	4785.0	471.9	565.9	4324.6	244.7
2012	979.2	5205.3	509.7	580.5	4317.0	250.6
2013	967.4	5251.0	508.0	587.6	4526.9	266.0
2014	959.7	5473.6	525.3	584.0	4561.6	266.4
2015	947.9	5413.0	513.1	622.6	4508.5	280.7
2016	930.2	5493.9	511.0	609.3	4588.9	279.6

4-2　主要县（区）粮食生产情况

Basic Statistics of Grain by Major County（District）

地　区	Region	粮食播种面积（千公顷）Sown Area of Grain（1 000 hectares）		粮食单位面积产量（公斤/公顷）Output of Grain Per Hectare（kg/hectare）		粮食总产量（万吨）Total Output of Grain（10 000 tons）	
		2015	2016	2015	2016	2015	2016
南宁市	**Nanning**						
邕宁区	Yongning	27.0	26.9	5327.3	5383.4	14.4	14.5
武鸣区	Wuming	70.8	69.2	5190.7	5287.3	36.7	36.6
隆安县	Long'an	39.5	38.5	4487.3	4535.8	17.7	17.4
马山县	Mashan	40.7	39.6	4573.3	4592.7	18.6	18.2
上林县	Shanglin	38.5	38.7	4798.8	4749.8	18.5	18.4
宾阳县	Binyang	71.2	71.7	5231.1	5201.6	37.2	37.3
横　县	Hengxian	79.6	78.4	5345.3	5313.1	42.5	41.6
柳州市	**Liuzhou**						
柳江县	Liujiang	33.8	34.1	5186.5	5193.8	17.5	17.7
柳城县	Liucheng	32.6	32.9	5240.3	5280.2	17.1	17.4
鹿寨县	Luzhai	32.6	32.6	5244.5	5264.1	17.1	17.2
桂林市	**Guilin**						
阳朔县	Yangshuo	24.2	23.4	4955.0	5029.2	12.0	11.7
临桂县	Lingui	48.7	48.5	5366.6	5397.8	26.1	26.2
灵川县	Lingchuan	33.3	33.3	5256.8	5282.8	17.5	17.6
全州县	Quanzhou	79.7	78.5	5468.5	5562.2	43.6	43.7
兴安县	Xing'an	39.2	38.6	5517.0	5475.2	21.6	21.1
永福县	Yongfu	27.6	26.8	5257.0	5286.6	14.5	14.2
平乐县	Pingle	31.5	30.7	5379.5	5397.7	17.0	16.6
梧州市	**Wuzhou**						
藤　县	Tengxian	48.3	48.4	5432.8	5485.9	26.3	26.6
岑溪市	Cenxi	48.3	47.0	4939.8	4966.6	23.9	23.3
北海市	**Beihai**						
合浦县	Hepu	67.2	66.1	4927.7	4957.8	33.1	32.8
钦州市	**Qinzhou**						
钦北区	Qinbei	55.2	55.1	5148.5	5153.6	28.4	28.4
灵山县	Lingshan	77.8	75.6	5256.4	5327.2	40.9	40.3
浦北县	Pubei	48.4	47.6	5496.0	5501.4	26.6	26.2
贵港市	**Guigang**						
港南区	Gangnan	41.1	41.7	5658.3	5728.5	23.3	23.9
平南县	Pingnan	64.3	65.3	5531.2	5595.6	35.6	36.5
桂平市	Guiping	103.4	103.5	5513.6	5569.3	57.0	57.6
玉林市	**Yulin**						
容　县	Rongxian	38.3	38.4	5979.0	5946.0	22.9	22.9
陆川县	Luchuan	44.3	43.9	6137.0	6109.4	27.2	26.8
博白县	Bobai	86.8	86.0	5582.5	5631.5	48.4	48.5
兴业县	Xingye	41.6	41.3	6017.8	6067.3	25.0	25.0
北流市	Beiliu	59.9	59.0	5772.7	5811.9	34.6	34.3
百色市	**Baise**						
田阳县	Tianyang	22.6	22.5	5236.2	5289.0	11.8	11.9
靖西县	Jingxi	51.9	51.2	4476.3	4589.1	23.2	23.5
贺州市	**Hezhou**						
八步区	Babu	57.1	57.7	5308.4	5369.6	30.3	31.0
河池市	**Hechi**						
环江毛南族自治县	Huanjiang	23.5	23.5	5257.7	5186.2	12.3	12.2
宜州市	Yizhou	47.5	47.6	4670.9	4673.8	22.2	22.3
来宾市	**Laibin**						
兴宾区	Xingbin	66.0	65.0	4704.4	4784.1	31.1	31.1
象州县	Xiangzhou	34.1	34.2	5445.9	5464.1	18.6	18.7

4-3 主要畜禽生产情况（1978—2016年）

年 份 Year	生 猪 Live Hog			牛 Cattle		
	存 栏（万头）Number of Hogs（10 000 heads）	出 栏（万头）Slaughtered Hogs（10 000 heads）	肉 产 量（万吨）Output of Pork（10 000 tons）	存 栏（万头）Number of Cattle（10 000 heads）	出 栏（万头）Slaughtered Cattle（10 000 heads）	肉 产 量（万吨）Output of Beef（10 000 tons）
1978	1246.3	650.6		413.9	7.4	
1979	1103.0	683.2	36.6	415.5	8.5	0.5
1980	1034.1	564.7	39.7	411.0	5.0	0.3
1981	1125.3	514.7	42.6	428.3	6.5	0.5
1982	1284.2	610.2	50.4	460.4	7.1	0.6
1983	1355.3	691.6	56.4	484.0	7.6	0.6
1984	1350.0	743.5	61.8	522.7	9.1	0.8
1985	1435.7	693.4	60.8	560.2	12.5	1.1
1986	1563.8	733.2	62.1	595.5	14.8	1.3
1987	1564.6	841.0	69.1	627.2	21.3	1.8
1988	1527.2	876.1	71.3	648.0	27.2	2.4
1989	1634.0	939.4	76.9	672.8	28.1	2.4
1990	1742.5	1063.9	87.2	703.9	35.0	3.0
1991	1808.6	1195.0	97.4	708.7	44.2	3.8
1992	1903.9	1349.9	109.8	712.3	55.3	4.8
1993	1923.6	1464.4	118.1	714.8	60.3	5.3
1994	1990.1	1654.3	134.4	724.8	67.1	5.9
1995	2075.7	1905.8	153.6	738.8	73.5	6.5
1996	2137.0	2187.0	175.9	747.4	83.2	7.5
1997	2244.0	2378.4	190.0	759.6	96.9	8.7
1998	2085.2	2424.5	194.0	776.3	105.8	9.5
1999	2309.6	2547.0	202.5	770.7	99.9	8.9
2000	2415.6	2756.9	217.9	775.3	108.9	9.8
2001	3154.6	2768.4	208.1	766.6	115.5	10.4
2002	3029.3	2656.5	190.8	766.5	129.1	11.6
2003	2637.7	2555.1	179.8	760.6	144.4	12.9
2004	2671.0	2462.5	161.7	739.7	163.5	14.6
2005	3015.0	2831.9	186.0	735.6	188.3	16.9
2006	2259.9	2957.2	210.3	403.8	117.1	10.9
2007	2169.3	2767.3	206.2	396.8	125.4	11.7
2008	2307.0	2935.0	218.4	421.8	133.7	12.5
2009	2332.4	3119.9	232.3	448.0	143.0	13.4
2010	2344.0	3230.0	241.5	450.0	146.3	13.7
2011	2412.0	3195.1	239.8	441.7	150.4	14.3
2012	2466.6	3342.1	252.5	453.6	147.7	13.9
2013	2471.5	3456.7	261.3	457.0	148.2	14.3
2014	2360.3	3518.0	266.3	448.6	149.6	14.4
2015	2303.7	3416.8	258.8	445.9	149.3	14.4
2016	2216.1	3280.1	249.8	418.7	149.8	14.7

Basic Statistics on Main Livestock and Poultry（1978—2016）

羊 Sheep			家禽 Poultry		
存栏（万只）Number of Sheep（10 000 heads）	出栏（万只）Slaughtered Sheep（10 000 heads）	肉产量（万吨）Output of Mutton（10 000 tons）	存栏（万只）Number of Poultry（10 000 heads）	出栏（万只）Slaughtere Poultry（10 000 heads）	肉产量（万吨）Output of Poultry（10 000 tons）
94.8	17.8				
87.5	16.0	0.3			
80.3	15.1	0.2			
78.0	14.2	0.2			
79.8	12.6	0.2			
76.6	10.3	0.2			
71.8	11.9	0.2			
66.6	14.4	0.2			
63.6	15.7	0.2			
66.7	15.3	0.2			
68.8	17.4	0.2			
74.6	18.2	0.3			
80.6	21.5	0.3			
84.0	25.5	0.4			
89.1	30.3	0.4			
95.4	34.7	0.5			
104.2	38.9	0.6			
131.5	51.5	0.8			
161.6	66.3	1.1			
228.7	102.8	1.6			
239.2	133.1	2.1			
241.1	150.9	2.3			
241.8	165.0	2.5			
237.6	173.8	2.6		24617.3	43.4
232.4	181.5	2.6		22918.3	41.6
246.6	194.4	2.8		21206.9	29.3
278.1	217.7	3.2		20166.1	28.4
260.0	255.0	3.8		27111.6	33.5
151.4	166.5	2.5	23957.5	60123.0	94.5
155.1	176.0	2.7	25938.8	64538.1	105.3
176.4	190.9	2.9	27495.1	69701.1	113.7
190.0	205.0	3.2	28180.0	72834.0	118.4
193.4	212.3	3.3	28501.3	77058.4	124.9
198.2	205.0	3.2	30282.6	79169.8	128.8
203.6	206.0	3.2	31202.6	82631.7	136.0
202.2	205.6	3.2	30625.4	82218.5	135.3
201.6	205.0	3.2	30656.0	78288.1	128.2
202.6	205.3	3.2	31330.4	80825.0	132.5
203.7	207.2	3.3	30860.5	82237.3	135.0

4–4 广西贫困地区农村居民家庭基本情况

Basic Conditions of Rural Households in Poor Areas of Guangxi

项　目	Item	2015	2016
调查户类别（户）	**Household Survey Categories（household）**		
调查户数	Number of Household Surveyed	2587	2431
低保户	Low Income Households	415	338
五保户	Households Enjoying Five Guarantees	16	11
建档立卡户	Cardholders Archiving Legislation	442	461
退耕还林户	Grain for Green by Households	541	480
种养业大户	Large Breeding Industry	72	51
当年参加专业性合作经济组织的户	Specialized Cooperative Economic Organizations of Households	54	59
当年家中是否发生大事	The Occurrence of Events at Home		
没有大事	No Big Thing	2088	1975
盖房买房	Build a House Buy a House	128	138
婚丧嫁娶	Wedding and Funeral	111	81
子女上大学（含大中专）	Their Children to University（Including College）	124	108
大病治疗	Serious Illness Treatment	136	129
家庭成员基本情况（人）	**Basic Statistics of Family Members（person）**		
家庭全部人口	Family Entire Population	11597	11063
常住人口	Resident Population	9623	9129
男	Male	4923	4677
女	Female	4700	4452
少数民族人口	Minority Population	9395	8936
有病是否能及时就医	Whether Prompt Medical Illness		
是	Yes	11167	10665
否	No	450	270
不能及时就医的主要原因	Main Reasons for Not Timely Medical Treatment		
经济困难	Economic Difficulties	145	51
医院太远	Hospitals Too Far	304	166
没有时间	No Time		
本人不重视	I Do Not Pay Attention		
小病不用医	Minor Ailments Without Doctors		
其他	Other	1	53
享受农村最低生活保障人数	Number of Enjoy Rural with Minimum Living Security	1468	1254
5周岁及以下人口是否接受计划免疫人数	Whether to Accept the Number of Planned Immunization	814	794

4-4 续表 1 continued

项 目	Item	2015	2016
劳动力素质及就业状况（人）	**Quality of Labor Force and Employment Status（person）**		
劳动力人数	Number of Labor Force	6141	5809
劳动力文化程度	Labour Force Education Background	6141	5809
不识字或识字不多	Illiterate or Semi-literate	260	230
小学	Primary Schools	2075	1999
初中	Junior Secondary Schools	3018	2861
高中	Senior Secondary Schools	616	560
大专及以上	College Degree or Above	172	159
# 第一产业就业劳动力	# Primary Industry Employment Labor	4648	4224
第二产业就业劳动力	Secondary Industry Employment Labor	561	634
第三产业就业劳动力	Tertiary Industry Employment Labor	732	709
曾受过技能培训人数	Number of Received Skills Training	2629	2361
# 接受农业技术培训	# Accept Agricultural Technical Training	2384	2090
接受非农技能培训	Accept Non-agricultural Skills Training	1159	1136
就业劳动力人数	Number of Employed Labor Force	5941	5567
当年从事的主要行业	Engage of Major Sectors	5941	5567
第一产业	Primary Industry	4648	4224
第二产业	Secondary Industry	561	634
第三产业	Tertiary Industry	732	709
学生就学情况（人）	**Situations on Schooling（person）**		
他/她在本年度的主要居住地点	His/Her Principal Place of Residence During the Year		
本村	Village	2048	1963
村外乡内	Village Outside and Township Inside	166	162
乡外县内	Township Outside and Country Inside	180	177
县外省内	Country Outside and Province Inside	74	82
省外	Province Outside	53	46
其他	Other		
他/她本年度主要和谁居住在一起	His/Her is This Year the Main and Who Live Together		
父母双方	Both Parents	1623	1563
父亲一方	Father's Side	101	101
母亲一方	Mother's Side	254	242
（外）祖父母	（Outside）Grandparents	418	385
兄弟姐妹	Brothers and Sisters	5	6
亲属	Relatives	18	20
独自居住	Living Alone	54	58
其他	Other	48	55

4-4 续表 2 continued

项 目	Item	2015	2016
住房及生活设施情况（户）	**Household and Living Facilities（household）**		
居住住房主要建筑材料	Residential Housing Construction Materials	2587	2431
钢筋混凝土	Reinforced Concrete	314	321
砖混材料	Masonry Materials	1749	1661
砖瓦砖木	Brick and Tile Brick	365	310
竹草土坯	Bamboo Grass Adobe	32	15
其他	Other	127	125
住宅外道路路面情况	Road Surface State of the Road Outside the House	2587	2431
水泥或柏油路面	Cement or Road Surface of Pitch	1323	1335
沙石或石板等硬质路面	Stone, Sand gravel or Other Hard-surface	614	528
其他	Other	650	568
是否有管道供水	Whether Ther is Water Supply Pipeline	2587	2431
管道供水入户	Pipe Water into People's Homes	2110	2026
管道供水至公共取水点	Pipeline Water Supply to the Public Water Points	73	81
没有管道设施	No Pipeline Facilities	404	324
主要饮用水来源	Major Sources of Drinking Water	2587	2431
经过净化处理的自来水	After Purification of Water	942	841
受保护的井水和泉水	Protected Wells and Springs	1112	1055
不受保护的井水和泉水	Unprotected Wells and Springs	257	240
江河湖泊水	Rivers, Lakes and Water	16	7
收集雨水	Collect Rainwater	60	74
桶装水	Bottled Water		
其他水源	Other Sources	200	214
获取饮用水存在的主要困难	The Main Difficulty in Obtaining Drinking Water Exists	2587	2431
单次取水往返时间超过半小时	The Single Water Round-trip Time More Than Half an Hour	29	31
间断或定时供水	Intermittent or Regular Water Supply	176	149
当年连续缺水时间超过15天	Continuous Dry Year Period More Than 15 Days	132	145
无上述困难	None of the Above Difficulties	2250	2106
饮用前在家里所采取的主要处理措施	Water in the Home Mainly Deal with Measures Taken	2587	2431
煮沸	Boiled	2447	2272
加漂白剂/氯等	Add Bleach/Chlorine	22	15
使用水过滤器	Use Water Filter	42	25
其他处理措施	Other Treatment Measures	32	38
没有任何水处理措施	No Water Treatment Measures	44	81

4-4 续表 3 continued

项 目	Item	2015	2016
厕所类型	Toilet Type	2587	2431
水冲式卫生厕所	Water Flush Sanitary Toilet	1564	1555
水冲式非卫生厕所	Water Flush Non-sanitary Toilet	163	185
卫生旱厕	Sanitary Toilet	260	229
普通旱厕	Ordinary Toilet	545	435
无厕所	No Toilet	55	27
厕所使用情况	Situation of Toilet Use	2587	2431
本住户独用	Household Use Alone	2490	2370
几户合用	Several Families Sharing	45	34
公用厕所	Communal Lavatories	52	27
洗澡设施	Facilities for Bathing	2587	2431
统一供热水	Unity of Hot Water Supply		11
家庭自装热水器	Families Install Their Own Water Heater	1103	1178
其他	Other	891	757
无洗澡设施	No Bathing Facilities	593	485
主要取暖用能源状况	Mainly for Heating Energy Situation	2587	2431
柴草	Firewood	1381	1260
煤炭	Coal	9	16
罐装液化石油气	Bottled Liquefied Petroleum Gas	24	32
管道液化石油气	Pipeline Liquefied Petroleum Gas		
管道煤气	Pipeline Gas		
管道天然气	Pipeline Natural Gas		
电	Electricity	318	304
燃料用油	Fuel Oil		
沼气	Biogas	3	3
其他	Other	208	199
无取暖行为	No Heating Behavior	644	617
主要炊用能源状况	Mainly to Cooking Energy Situation	2587	2431
柴草	Firewood	1712	1545
煤炭	Coal		2
罐装液化石油气	Bottled Liquefied Petroleum Gas	395	455
管道液化石油气	Pipeline Liquefied Petroleum Gas	2	1
管道煤气	Pipeline Gas		
管道天然气	Pipeline Natural Gas		1
电	Electricity	366	340
燃料用油	Fuel Oil		
沼气	Biogas	100	75
其他	Other	12	12
无炊用行为	No Cooking With Behavior		
使用照明电的	Use of Lighting Electricity	2582	2420

4-4 续表 4 continued

项 目 Item	2015	2016
社会事务参与情况（户） **Statistics of Participation in Social Affairs（household）**		
当年有人参加过村务会议的户 Households of Participated in Village meetings This Year	1045	1060
当年有人为村级公共事务提过建议的户 Households of Village-level Public Affairs When Someone Mentioned Recommendations This Year	845	850
本村的低保户是如何确定的 The Village is How to determine the minimal Assurance Households		
村民公开评议 Public Comment by Villagers	2162	2102
村干部指定 Specified by Village Cadres	195	127
大家轮流 Everyone Take Turns	8	4
关系户优先 Priority of Family Relations	50	17
其他 Other	172	181
本村的扶贫项目户如何确定的 The Village is How Poverty Alleviation Project Households to Determine		
村民公开评议 Public Comment by Villagers	2132	2099
村干部指定 Specified by Village Cadres	174	113
大家轮流 Everyone Take Turns	9	8
关系户优先 Priority of Family Relations	48	2
其他 Other	224	209
所在的行政村有村级扶贫规划的户 Where Administrative Village of Village Poverty Alleviation Planning Households	1150	1473
了解规划内容的户 Understanding of the Planning Content of Households	660	825
参与村级扶贫规划的制定的户 To Participate in the Village Poverty Alleviation Planning Households	364	463
您家当年面临的主要问题 The Main Problem That Faces in Your Home		
缺乏致富技术 Lack of Enrichment Technology	679	593
缺乏资金 Lack of Funds	1413	1308
缺乏劳动力 Lack of Labour Force	135	167
家中有人患大病 Someone Suffering From a Serious Illness by Households	71	64
家中有人残疾 Someone Disability by Households	44	41
容易遭受自然灾害 Vulnerable to Natural Disasters	41	43
其他 Other	204	216

4-4　续表 5 continued

项　目 Item	2015	2016
您认为您家在本村属于 Do You Think That Your Home in the Village Belong To	2587	2431
贫困户 Low Income households	474	443
中等偏下户 Lower Middle Income households	894	792
中等收入户 Middle Income households	1034	1001
中等偏上户 Upper middle Income Households	177	185
富裕户 High Income Households	8	10
扶贫活动参与情况（户） **Statistics of Participation in Poverty Reduction Activities（households）**		
所在村已落实新的扶贫项目或新到位扶贫资金的户 The Village has Implemented New Project or Position Poverty Alleviation Fund Families	871	1277
您如何知道本村参加了扶贫项目 How Do You Know the Village Took Part in the Poverty Alleviation Project		
通过村务公开公告栏或通知 Through Making Village Affairs Public Bulletin Boards or Notice	2011	1973
通过村干部个别通知 Informed Individually Through the village Cadres	164	149
通过亲朋好友 Through Friends and Family	168	150
其他 Other	242	159
参与村级扶贫项目选定的户 Poverty Alleviation Project in selected Households	420	554
本村的扶贫项目是如何分配的 The Village Poverty Alleviation Project is How to Allocate		
贫困户优先得到项目 Poor Households Receive Priority Projects	1852	2069
先給有偿还能力或脱贫能力强的户 The First to Have Repayment Ability, or Ability of Households Out of Poverty	288	148
优先考虑关系户 Priority of Family Relations	65	28
其他 Other	378	186
参与扶贫项目户的确定的户 Participation in Poverty Alleviation Project Households Identified Households	446	496
当年参加扶贫项目的户数 Number of households That Took Part in Poverty Alleviation Projects	164	261
您家参加的扶贫项目类型 Your Home in Poverty Alleviation Project Type		
种植业 Crop Farming	70	96
林业 Forestry	15	16
养殖业 Aquaculture	11	76
农产品加工业 Agricultural Product Processing Industry		
人畜饮水工程 Drinking Water Project	14	4

4-4 续表 6 continued

项 目 Item	2015	2016
危房改造 Repair of Dangerous Buildings	33	11
沼气等新能源建设 Construction of New Energy Sources Such as Biogas	1	
教育免费 Education is Free	9	9
卫生 Health		
专业技能培训 Professional Skills Training	1	2
其他 Other	11	46
当年得到的扶贫资金总额（元） Total of get Alleviation Funds in This Year（yuan）	1830422.0	3949980.0
当年得到扶贫资金来源 Then get Help Alleviation Funds Source in This Year		
扶贫贴息贷款 Poverty Alleviation Loans	14	71
财政扶贫专项资金 Special Funds to Finance Poverty Alleviation	105	129
国内无偿政策性补贴 The Domestic Gratuitous Policy-related Subsidies	24	42
外资项目贷款 Foreign Project Loans		
外资无偿赠款 Gratuitous Donated of Foreign Funds	4	1
其他 Other	17	18
当年扶贫项目净收益（元） Net Income From Poverty Alleviation Project in This Year（yuan）	627974.0	1001320.0
您最希望得到的扶贫项目 You Want Most of the Poverty Alleviation Project		
种植业 Crop Farming	802	742
林业 Forestry	116	94
养殖业 Aquaculture	618	682
农产品加工业 Agricultural Product Processing Industry	42	39
人畜饮水工程 Drinking Water Project	79	65
危房改造 Repair of Dangerous Buildings	179	118
沼气等新能源建设 Construction of New Energy Sources Such as Biogas	15	10
免费教育 Education is Free	87	111
卫生 Health	25	26
专业技能培训 Professional Skills Training	328	285
其他 Other	296	258

4-5　广西贫困地区农村居民家庭人均总收入及构成

Per Capita Income and Composition of Rural Households of Poor Areas by Guangxi

项　目	Item	2015	2016
总收入（元）	**Total Income（yuan）**	**10709.79**	**12381.87**
工资性收入	Wages Income	2166.44	2430.27
家庭经营收入	Household Business Income	6434.71	7280.76
第一产业	Primary Industry	5070.85	5734.76
农业	Farming	3005.36	2889.34
林业	Forestry	421.99	564.74
牧业	Animal Husbandry	1605.92	1858.40
渔业	Fishery	37.58	422.28
第二产业	Secondary Industry Income	297.26	245.44
工业	Industry	259.72	167.52
建筑业	Construction	37.54	77.92
第三产业	Tertary Industry	1066.60	1300.56
批发和零售业	Wholesale & Retail Trade	529.45	514.43
交通、运输、邮电业	Transport and Telecommunications Industries	242.15	408.72
住宿和餐饮业	Hotel & Catering Trade	38.90	24.55
居民服务修理和其他服务业	Residents Service Repair & Other Services	97.77	160.01
其他行业	Other Industry	158.34	192.85
财产性收入	Property Income	78.60	134.66
转移性收入	Transferred Income	2030.04	2536.19
总收入构成（%）	**Composition of Total Income（%）**		
工资性收入	Wages Income	20.23	19.63
家庭经营收入	Household Business Income	60.08	58.80
第一产业	Primary Industry	47.35	46.32
农业	Farming	28.06	23.34
林业	Forestry	3.94	4.56
牧业	Animal Husbandry	14.99	15.01
渔业	Fishery	0.35	3.41
第二产业	Secondary Industry Income	2.78	1.98
工业	Industry	2.43	1.35
建筑业	Construction	0.35	0.63
第三产业	Tertary Industry	9.96	10.50
批发和零售业	Wholesale & Retail Trade	4.94	4.15
交通、运输、邮电业	Transport and Telecommunications Industries	2.26	3.30
住宿和餐饮业	Hotel & Catering Trade	0.36	0.20
居民服务修理和其他服务业	Residents Service Repair & Other Services	0.91	1.29
其他行业	Other Industry	1.48	1.56
财产性收入	Property Income	0.73	1.09
转移性收入	Transferred Income	18.95	20.48

4-6 广西贫困地区农村居民家庭人均可支配收入及构成

Per Capita Disposable Income and Composition of Rural Households of Poor Areas by Guangxi

项　目	Item	2015	2016
可支配收入（元）	**Disposable Income（yuan）**	**7926.50**	**8800.39**
工资性收入	Wages Income	2166.44	2430.27
经营净收入	Net Business Income	3776.14	3856.81
第一产业	Primary Industry	3021.88	3071.42
农业	Farming	1917.69	1935.14
林业	Forestry	360.06	387.76
牧业	Animal Husbandry	726.71	747.55
渔业	Fishery	17.42	0.98
第二产业	Secondary Industry	140.06	147.25
工业	Industry	114.19	101.58
建筑业	Construction	25.87	45.68
第三产业	Tertiary Industry	614.20	638.13
批发和零售业	Wholesale & Retail Trade	339.59	224.43
交通、运输、邮电业	Transport and Telecommunications Industries	117.27	182.79
住宿和餐饮业	Hotel & Catering Trade	-2.17	19.00
居民服务修理和其他服务业	Residents Service Repair & Other Services	38.43	91.44
其他行业	Other Industry	121.07	120.47
财产性收入	Property Income	64.98	124.55
转移性收入	Transferred Income	1918.93	2388.77
可支配收入构成（%）	**Composition of Disposable Income（%）**		
工资性收入	Wages Income	27.33	27.62
经营净收入	Net Business Income	47.64	43.83
第一产业	Primary Industry	38.12	34.90
农业	Farming	24.19	21.99
林业	Forestry	4.54	4.41
牧业	Animal Husbandry	9.17	8.49
渔业	Fishery	0.22	0.01
第二产业	Secondary Industry	1.77	1.67
工业	Industry	1.44	1.15
建筑业	Construction	0.33	0.52
第三产业	Tertiary Industry	7.75	7.25
批发和零售业	Wholesale & Retail Trade	4.28	2.55
交通、运输、邮电业	Transport and Telecommunications Industries	1.48	2.08
住宿和餐饮业	Hotel & Catering Trade	-0.03	0.22
居民服务修理和其他服务业	Residents Service Repair & Other Services	0.48	1.04
其他行业	Other Industry	1.53	1.37
财产性收入	Property Income	0.82	1.42
转移性收入	Transferred Income	24.21	27.14

4-7　广西贫困地区农村居民家庭人均现金可支配收入及构成

Per Capita Cash Disposable Income and Composition of Rural Households of Poor Areas by Guangxi

项　目	Item	2015	2016
现金可支配收入（元）	**Cash Disposable Income（yuan）**	**9067.96**	**10712.28**
工资性收入	Wages Income	2163.87	2424.32
经营净收入	Net Business Income	4963.07	5836.05
第一产业	Primary Industry	3599.20	4290.05
农业	Farming	1949.46	1928.82
林业	Forestry	316.53	483.40
牧业	Animal Husbandry	1301.82	1463.83
渔业	Fishery	31.38	414.00
第二产业	Secondary Industry	297.26	245.44
工业	Industry	259.72	167.52
建筑业	Construction	37.54	77.92
第三产业	Tertiary Industry	1066.60	1300.56
批发和零售业	Wholesale & Retail Trade	529.45	514.43
交通、运输、邮电业	Transport and Telecommunications Industries	242.15	408.72
住宿和餐饮业	Hotel & Catering Trade	38.90	24.55
居民服务修理和其他服务业	Residents Service Repair & Other Services	97.77	160.01
其他行业	Other Industry	158.34	192.85
财产性收入	Property Income	78.60	134.66
转移性收入	Transferred Income	1862.43	2317.25
现金可支配收入构成（%）	**Composition of Cash Disposable Income（%）**		
工资性收入	Wages Income	23.86	22.63
经营净收入	Net Business Income	54.73	54.48
第一产业	Primary Industry	30.60	10.05
农业	Farming	21.50	18.01
林业	Forestry	3.49	4.51
牧业	Animal Husbandry	14.36	13.66
渔业	Fishery	0.35	3.86
第二产业	Secondary Industry	3.28	2.29
工业	Industry	2.86	1.56
建筑业	Construction	0.41	0.73
第三产业	Tertiary Industry	11.76	12.14
批发和零售业	Wholesale & Retail Trade	5.84	4.80
交通、运输、邮电业	Transport and Telecommunications Industries	2.67	3.82
住宿和餐饮业	Hotel & Catering Trade	0.43	0.23
居民服务修理和其他服务业	Residents Service Repair & Other Services	1.08	1.49
其他行业	Other Industry	1.75	1.80
财产性收入	Property Income	0.87	1.26
转移性收入	Transferred Income	20.54	21.63

4-8 广西贫困地区农村居民家庭人均总支出及构成

Per Capita Total Expenditure and Composition of Rural Households of Poor Areas by Guangxi

项　目	Item	2015	2016
总支出（元）	**Total Expenditure（yuan）**	**11929.25**	**13614.47**
生活消费支出	Consumption Expenditure	6991.03	7754.73
食品	Food	2595.47	2828.19
衣着	Clothing	250.95	264.24
居住	Residence	1525.45	1641.74
家庭设备、用品及服务	Household Facilities, Articles and Services	427.53	425.60
医疗保健	Medicines and Medical Services	569.32	669.04
交通通讯	Transport, Post and Telecommunications	670.12	891.85
文化娱乐用品及服务	Stationery & Recreation Goods and Services	851.00	942.08
其他商品和服务	Other Commodities and Services	101.20	91.99
家庭经营费用支出	Expenditure for Household Business	2453.57	3187.43
第一产业	Primary Industry	1909.59	2507.91
农业	Farming	989.05	863.39
林业	Forestry	61.42	173.01
牧业	Animal Husbandry	842.94	1067.06
渔业	Fishery	16.17	404.45
第二产业	Secondary Industry	149.14	93.79
工业	Industry	138.42	63.29
建筑业	Construction	10.73	30.51
第三产业	Tertiary Industry	394.84	585.73
批发和零售业	Wholesale & Retail Trade	175.40	274.41
交通、运输、邮电业	Transport and Telecommunications Industries	95.44	179.78
住宿和餐饮业	Hotel & Catering Trade	37.60	4.40
居民服务修理和其他服务业	Residents Service Repair & Other Services	55.31	58.32
其他行业	Other Industry	31.09	68.82
财产性支出	Expenditure for Property	11.38	10.11
转移性支出	Transferred Expenditure	111.11	147.41
购置生产性固定资产支出	Expenditure for Productive Fixed Assets	142.53	269.45

4-8 续表 continued

项　目	Item	2015	2016
总支出构成（%）	**Composition of Total Expenditure（%）**		
生活消费支出	Consumption Expenditure	58.60	56.96
食品	Food	21.76	20.77
衣着	Clothing	2.10	1.94
居住	Residence	12.79	12.06
家庭设备、用品及服务	Household Facilities, Articles and Services	3.58	3.13
医疗保健	Medicines and Medical Services	4.77	4.91
交通通讯	Transport, Post and Telecommunications	5.62	6.55
文化娱乐用品及服务	Stationery & Recreation Goods and Services	7.13	6.92
其他商品和服务	Other Commodities and Services	0.85	0.68
家庭经营费用支出	Expenditure for Household Business	20.57	23.41
第一产业	Primary Industry	16.01	18.42
农业	Farming	8.29	6.34
林业	Forestry	0.51	1.27
牧业	Animal Husbandry	7.07	7.84
渔业	Fishery	0.14	2.97
第二产业	Secondary Industry	1.25	0.69
工业	Industry	1.16	0.46
建筑业	Construction	0.09	0.22
第三产业	Tertiary Industry	3.31	4.30
批发和零售业	Wholesale & Retail Trade	1.47	2.02
交通、运输、邮电业	Transport and Telecommunications Industries	0.80	1.32
住宿和餐饮业	Hotel & Catering Trade	0.32	0.03
居民服务修理和其他服务业	Residents Service Repair & Other Services	0.46	0.43
其他行业	Other Industry	0.26	0.51
财产性支出	Expenditure for Property	0.10	0.07
转移性支出	Transferred Expenditure	0.93	1.90
购置生产性固定资产支出	Expenditure for Productive Fixed Assets	1.19	9.53

4-9 广西贫困地区农村居民家庭人均现金支出及构成

Per Capita Cash Expenditure and Composition of Rural Households of Poor Areas by Guangxi

项　目	Item	2015	2016
现金支出（元）	**Cash Expenditure（yuan）**	**9795.60**	**11346.81**
生产费用现金支出	Cash Expenditure of Productive Costs	2214.74	2974.78
第一产业	Primary Industry	1670.76	2295.26
农业	Farming	920.25	790.26
林业	Forestry	61.42	173.01
牧业	Animal Husbandry	672.91	927.54
渔业	Fishery	16.17	404.45
第二产业	Secondary Industry	149.14	93.79
工业	Industry	138.42	63.29
建筑业	Construction	10.73	30.51
第三产业	Tertiary Industry	394.84	585.73
批发和零售业	Wholesale & Retail Trade	175.40	274.41
交通、运输、邮电业	Transport and Telecommunications Industries	95.44	179.78
住宿和餐饮业	Hotel & Catering Trade	37.60	4.40
居民服务修理和其他服务业	Residents Service Repair & Other Services	55.31	58.32
其他行业	Other Industry	31.09	68.82
购置生产性固定资产支出	Expenditure for Productive Fixed Assets	142.53	269.45
生活消费支出	Consumption Expenditure	5096.22	5699.71
财产性支出	Expenditure for Property	11.38	10.11
转移性支出	Transferred Expenditure	111.11	147.41
现金支出构成（%）	**Composition of Cash Expenditure（%）**		
生产费用现金支出	Cash Expenditure of Productive Costs	22.61	26.22
第一产业	Primary Industry	17.06	20.23
农业	Farming	9.39	6.96
林业	Forestry	0.63	1.52
牧业	Animal Husbandry	6.87	8.17
渔业	Fishery	0.17	3.56
第二产业	Secondary Industry	1.52	0.83
工业	Industry	1.41	0.56
建筑业	Construction	0.11	0.27
第三产业	Tertiary Industry	4.03	5.16
批发和零售业	Wholesale & Retail Trade	1.79	2.42
交通、运输、邮电业	Transport and Telecommunications Industries	0.97	1.58
住宿和餐饮业	Hotel & Catering Trade	0.38	0.04
居民服务修理和其他服务业	Residents Service Repair & Other Services	0.56	0.51
其他行业	Other Industry	0.32	0.61
购置生产性固定资产支出	Expenditure for Productive Fixed Assets	1.46	2.37
生活消费支出	Consumption Expenditure	52.03	50.23
财产性支出	Expenditure for Property	0.12	0.09
转移性支出	Transferred Expenditure	1.13	1.30

4-10　广西贫困地区农村居民家庭平均每百户耐用消费品拥有量

Ownership of Major Durable Consumer Goods Per 100 Rural Households of Poor Areas by Guangxi

项　目	Item	2015	2016
家用汽车（辆）	Household Automobile（unit）	8.1	11.5
摩托车（辆）	Motorcycle（unit）	94.1	91.4
助力车（台）	Man-drawn Veicle（set）	21.2	24.5
洗衣机（台）	Washing Machine（set）	64.8	72.6
电冰箱（柜）（台）	Refrigerator（set）	89.5	94.4
微波炉（台）	Microwave Oven（set）	20.0	21.1
彩色电视机（台）	Color Tv（set）	110.4	109.0
# 接入有线电视网（台）	# Access Cable Television Network（set）	27.7	27.7
空调（台）	Air Conditioning（set）	14.2	16.6
热水器（台）	Water Heater（set）	51.8	58.8
# 太阳能热水器（台）	# Solar Water Heater（set）	8.5	9.6
消毒碗柜（台）	Disinfection Cupboard（set）	25.0	27.1
洗碗机（台）	Dishwasher（set）	0.2	0.1
排油烟机（台）	Smoke Absorber（set）	6.2	6.8
固定电话（线）	Fixed Telephone（line）	17.8	13.9
移动电话（部）	Hand Telephone（unit）	245.6	257.4
计算机（台）	Computer（set）	16.6	18.1
摄像机（台）	Video Camera（set）	0.6	0.5
照相机（台）	Camera（set）	2.6	2.3
中高档乐器（架）	Medium Upscale Musical Instrument（unit）	0.3	0.2
健身器材（台）	Fitness Equipment（set）	0.3	0.5
组合音响（套）	Audio System（set）	10.5	9.0

4-11 广西贫困地区农村居民家庭人均主要食品消费量

Per Capita Main Food Consumption of Rural Households of Poor Areas by Guangxi

单位：公斤 (kg)

项　目	Item	2015	2016
谷物消费量	Cereal Consumption	160.01	147.64
# 稻谷	# Rice	136.43	125.73
玉米	Corn	15.30	13.87
薯类消费量	Potato Consumption	0.56	0.55
豆类消费量	Soy Consumption	5.18	5.46
油脂类消费量	Oil and Fats Consumption	9.09	6.14
蔬菜及菜制品消费量	Vegetables and Food Products Consumption	79.78	76.53
# 鲜菜	# Fresh Vegetables	79.04	75.78
肉禽及其制品	Meat, Poultry and Related Products	45.90	47.69
# 猪肉	# Pork	27.06	27.51
牛肉	Beef	0.57	0.80
羊肉	Mutton	0.19	0.37
家禽	Poultry	17.52	18.31
蛋类及蛋制品	Eggs and Eggs Products	5.12	4.86
奶和奶制品	Milk and Dairy Products	1.38	1.56
水产品	Aquatic Products	4.36	4.81
# 鱼类	# Fish	4.18	4.55
虾、贝、蟹类	Shrimp, Shells, Crabs	0.18	0.12
干鲜瓜果类	Dried and Fresh Melons and Fruits	23.36	27.66
鲜瓜果	Fresh Fruits	22.72	26.82
坚果类	Nuts	0.58	0.76
消费茶叶	Tea Consumption	0.12	0.21
食糖	Sugar	1.03	1.01
烟叶消费量	Tobacco Consumption	21.19	23.24
酒	Wine	19.66	19.48
# 白酒	# Liquor	13.10	13.18
啤酒	Beer	6.55	6.29

4-12　广西贫困地区社区基本情况

Basic Situation of Community of Poor Areas by Guangxi

项　目 Item	2015	2016
社区情况（个） **Situation of community（unit）**		
调查村个数 Number of Surveyed Villages	258	243
少数民族村 National Minority Village	179	176
政府确定的贫困村 Poor Villages Identified by the Government	113	102
有卫生站（室）的行政村个数 Number of Administrative Villages in There Are Health Stations（Room）	193	267
拥有合法行医证医生/卫生员的行政村个数 Number of Administrative Villages in Have Legitimate License to Practice Medicine Doctors/Hygienist	231	203
自然村个数 Number of Natural Village	3169	3018
通公路的自然村 Natural Village to Build Up Roads	3041	2909
主干道路面经过硬化处理的自然村 Natural Village by Trunk Road Through Hardened	2045	2174
通客运班车的自然村 Natural Village Through Passenger Bus	1274	1230
通电的自然村 Electricity Came to Natural village	3165	3013
通电话的自然村 Telephone Came to Natural Village	2892	2798
通有线电视信号的自然村 Cable Tv Signal Came to Natural Village	1661	1802
通宽带的自然村 Broadband Came to Natural Village	1229	1316
被通信信号覆盖的自然村 Natural Village Covered by the Communication Signal	3048	2929
有健身器材的自然村 There Are Fitness Equipment of Natural Village	306	212
饮用水经过集中净化处理的自然村 Purified Drinking Water Treatment of Natural Village	800	820
进村道路的路面状况 Condition of Go Into Village by Road Pavement	258	243
水泥或柏油路面 Cement or Asphalt Pavement	222	133
沙石或石板等硬质路面 Sand or Slate etc Hard Road Surface	23	53
其他 Other	13	57
有文化活动室的行政村个数 Number of Administrative Village Cultural Activity Room	193	186
有畜禽集中饲养区的行政村个数 Number of Administrative Villages in Have concentrated Livestock Feeding Area	37	27

4-12 续表 1 continued

项 目 Item	2015	2016
上幼儿园或学前班的便利程度如何 How to Facilitate the Extent Kindergarten or Preschool	258	243
村内有，且便利 Village Have, and Convenient	134	127
村内无，但入园较便利 Village Not Have, But More Convenient to Go to Kindergarten	70	73
不便利 Not Convenient	54	43
上小学的便利程度 Convenience Degree of go Elementary School	258	243
村内有，且便利 Village Have, and Convenient	175	157
村内无，但入学较便利 Village Not Have, But More Convenient to Go to School	55	59
不便利 Not Convenient	28	27
年内召开村民大会或村民代表大会次数（次） Number of Village Assembly Held During or Villager Congress Views in the Year（times）	1141	1113
有专业合作经济组织或行业协会的行政村个数 Number of Administrative Villages of Cooperative Economic Organizations or Industry Associations	80	95
人口和资源情况 **Condition of Population and Resource**		
年末户籍人口（人） Household Population at Year-end（person）	733002	665056
年末常住户数（户） Number of Resident Households at Year-end（household）	177144	160163
年末常住人口数（人） Number of Usual Residents（person）	659459	594915
耕地面积（亩） Area of Cultivated Land（mu）	859300	843244
# 有效灌溉面积（亩） # Irrigated Area（mu）	301814	274229
园地面积（亩） Area of Garden Plot（mu）	154674	129466
林地面积（亩） Area of Forests Land（mu）	1918266	1931614
牧草地面积（亩） Area of Grassland（mu）	89419	100233
养殖水面面积（亩） Water Area of Breeding Aquatics（mu）	37796	35322
全村当年粮食总产量（吨） Total Output of Grain on Village This Year（ton）	228392.2	
救济及社会保障情况 **Situation of Relief and Social Security**		
年内收到救济、救灾款物（包括实物折价）（元） Receive Relief, Relief Funds and Materials（Including In-kind Discounts）（yuan）	3249896	2674621
年内收到过救济、救灾款物的户数（户） Number of Households by Received Relief, Relief Funds and Materials（household）	19952	13991

4-12　续表 2　continued

项　目 Item	2015	2016
年内缺粮需要救济的户数（户） Number of Households by Due to Lack of Food in Need of Relief（household）	10386	8254
享受农村最低生活保障人数（人） Number of Rural Residents with Minimum Living Allowance（person）	62619	60523
参加新型农村合作医疗人数（人） Number of New Cooperative Medical System（person）	666770	609892
参加农村社会养老保险人数（人） Number of Rural Social Endowment Insurance（person）	296651	287731
村级扶贫活动情况 **Situation of Poverty Alleviation Activities by Village-level**		
有小额信贷组织或村民互助资金组织的村（个） There Microfinance Organizations or Mutual aid Funds Organizations of Villager in the Village（unit）	41	73
有村级扶贫规划的村（个） There Poverty Alleviation Plan of Village-level by Villages（unit）	150	171
扶贫规划为村民讨论共同决定的村（个） Poverty Reduction Program for the Villagers to Discuss the Decision of the Village（unit）	143	162
参加过扶贫开发项目的村（个） Participated in Poverty Alleviation and Development Projects the Villages（unit）	180	185
政府或机构拨付到位扶贫资金总额（万元） Total Amount of Government or Agencies of Poverty Funds be Appropriated in Place（10 000 yuan）	16920.8	
# 扶贫贷款 # Loans of Poverty Alleviation	4737.7	1849.6
扶贫资金的投向（万元） Poverty Alleviation Funds to Investment Direction（10 000 yuan）	16920.8	
农业 Agriculture	889.1	
林业 Forestry	281.7	
畜牧业 Stockbreeding	139.8	
农产品加工业 Agricultural Product Processing Industry	15.0	
农村饮水安全工程 Drinking Water Safety Project of Rural	1309.4	
小型农田水利及农村水电 Irrigation and Water Conservancy of Small-scale and hydropower of Rural	637.0	
病险水库除险加固 Dangerous Reservoir Reinforcement	412.0	
村通公路（通畅、通达工程等） Open Up Roads of Village（Smooth, Tongda Engineering Etc）	3506.9	
农网完善及无电地区电力设施建设 Perfect Power Network of Rural and Building of Power Facilities of Areas Without Electricity	165.0	
村村通电话、互联网覆盖等信息化建设 Village Phone, Internet coverage Information Construction	224.1	
农村沼气等清洁能源建设 Rural Biogas and so on Clean Energy Construction	128.7	

4-12 续表 3 continued

项 目 Item	2015	2016
农村危房改造 Repair of Dangerous Buildings by Rural	6135.2	
中低产田改造、土地开发整理 Low-yielding Farmland, Land Development and consolidation	89.0	
村卫生站（室）建设及设施 Construction and Facilities of Village Health Station（Room）	73.5	
农村中小学建设 Construction of Rural Primary and Secondary	1129.6	
劳动力职业技能培训 Workforce Occupational Skill Training	40.7	
易地扶贫搬迁 Places as a Poverty Removal	753.5	
其他 Other	990.6	
扶持农户数或公共项目成果（户） Support is Number of Rural Households or Public Project Results（households）		
农业 Agriculture	6399	5814
林业 Forestry	1425	2069
畜牧业 Stockbreeding	923	3508
农产品加工业 Agricultural Product Processing Industry	595	45
农村饮水安全工程 Drinking Water Safety Project of Rural	5381	3381
小型农田水利及农村水电（亩） Irrigation and Water Conservancy of Small-scale and hydropower of Rural（mu）	4803	3369
病险水库除险加固（平方米） Dangerous Reservoir Reinforcement（sq.m）	7220	1700
村通公路（通畅、通达工程等）（公里） Open Up Roads of Village（Smooth, Tongda Engineering Etc）（km）	880	3423
农网完善及无电地区电力设施建设 Perfect Power Network of Rural and Building of Power Facilities of Areas Without Electricity	1328	1573
村村通电话、互联网覆盖等信息化建设 Village Phone, Internet coverage Information Construction	2503	241
农村沼气等清洁能源建设（个） Rural Biogas and so on Clean Energy Construction（unit）	314	48
农村危房改造（平方米） Repair of Dangerous Buildings by Rural（sq.m）	241421	186287
中低产田改造、土地开发整理（亩） Low-yielding Farmland, Land Development and consolidation（mu）	637	373
村卫生站（室）建设及设施（平方米） Construction and Facilities of Village Health Station（Room）（sq.m）	729	125
农村中小学建设（平方米） Construction of Rural Primary and Secondary	6382	17189
劳动力职业技能培训（人次） Workforce Occupational Skill Training（person-times）	8476	9790
易地扶贫搬迁 Places as a Poverty Removal	446	389

主要统计指标解释

粮食产量　指全社会的产量。包括国有经济经营的、集体统一经营的和农民家庭经营的粮食产量，还包括工矿企业办的农场和其他生产单位的产量。粮食除包括稻谷、小麦、玉米、高粱、谷子及其他杂粮外，还包括薯类和豆类。其产量计算方法，豆类按去豆荚后的干豆计算；薯类（包括甘薯和马铃薯，不包括芋头和木薯）1963年以前按每4公斤鲜薯折1公斤粮食计算，从1964年开始改为按5公斤鲜薯折1公斤粮食计算。城市郊区作为蔬菜的薯类（如马铃薯等）按鲜品计算，并且不作粮食统计。其他粮食一律按脱粒后的原粮计算。1989年以前全国粮食产量数据主要靠全面报表取得，1989年开始使用抽样调查数据。

猪、牛、羊肉产量　指当年出栏并已屠宰、除去头蹄下水后带骨肉（即胴体重）的重量。包括全社会范围内的产量。1996年前为各级逐级上报数据。1996年第一次农业普查以后，由于畜牧业产品年报数据与普查数据之间存在一定的差距，国家统计局农调总队对畜牧业年报数据与普查数据进行衔接。1999年以后，国家统计局开展了猪、牛、羊、禽等主要畜禽品种的抽样调查，并用抽样数据作为国家定案数据使用。未开展抽样调查的品种，仍使用各级统计部门逐级上报数据。

期初（末）畜禽存栏头（只）数　指报告期初（末）农村各种合作经济组织和国营农场、农民个人、机关、团体、学校、工矿企业、部队等单位以及城镇居民饲养的大牲畜、猪、羊、家禽等畜禽的存栏数。数据上报方式及数据调整情况同猪、牛、羊肉产量。

当年出栏头数　指农林牧渔企业生产单位饲养的，供屠宰并已出栏的全部牲畜头数。包括交售给国家，集市上出售的部分。

常用耕地　是指耕地总资源中专门种植农作物并经常进行耕种、能够正常收获的土地。包括当年实际耕种的熟地；弃耕、休闲不满三年，随时可以复耕的地；开荒利用三年以上的土地。在统计口径上包括南方小于1米、北方小于2米宽的沟、渠、路和田埂。不包括临时种植农作物的坡度在25度以上的陡坡地；在河套、湖畔、库区临时开发的成片或零星土地；也不包括已列为国家和省（区、市）退耕计划但临时耕种的土地。常用耕地是国家需要重点保护的耕地，是反映我国农业综合生产能力的一个重要指标。

农作物播种面积　指实际播种或移植有农作物的面积。凡是实际种植有农作物的面积，不论种植在耕地上还是种植在非耕地上，均包括在农作物播种面积中。在播种季节基本结束后，因遭灾而重新改种和补种的农作物面积，也包括在内。它是反映我国耕地面积利用情况的一个重要指标。目前，农作物播种面积主要包括粮食、棉花、油料、糖料、麻类、烟叶、蔬菜和瓜类、药材和其他农作物九大类。

Explanatory Notes on Main Statistical Indicators

Grain Output refers to the total output in the whole country including grains produced by state farms, collective units, rural households, as well as by farms affiliated to industrial and mining enterprises and other production units. Grain includes rice, wheat, corn, sorghum, millet and other miscellaneous grains as well as tubers and bean. Output of beans refers to dry beans without pods. The output of tubers (sweet potatoes and potatoes, not including taros and cassava) was converted into that of grain at the ratio 4:1, i.e. 4 kilograms of fresh tubers was equivalent to 1 kilogram of grain up to 1963. Since 1964 the ratio for conversion has been 5:1. Tubers supplied as vegetables (such as potatoes) in cities and suburbs are calculated as fresh vegetables and their output is not included in the output of grain. Output of all other grains refers to husked grain. Data on grain production before 1989 were obtained through Comprehensive Statistical Reporting System. Since 1989, data from sample surveys are used.

Output of Pork, Beef, and Mutton refers to the meat of slaughtered hogs, cattle, sheep and goats with head, feet, and offal taken away. Data refers to the production of the whole country. The first agriculture census of China in 1996 revealed some discrepancy between the production of animal products from the annual reports and that from the census. Efforts were made by the Rural Socio-economic Survey Organization of NBS to adjust the output value of animal husbandry to make the figures from the annual reports consistent with the census data. Since 1999, NBS conducted sample survey for the major animal husbandry products, such as hogs, cattle, sheep and goats and fowls, and the data from sample surveys are used as national finalized data. Those products, which are not covered by the sample survey, are still reported by statistical agencies level by level.

Number of Livestock or Poultry in Stock at Beginning (or End) refers to the total number of large animals, pigs, sheep, fowls, etc. raised by rural cooperative organizations, state farms, rural individuals, government agencies, schools, industrial and mining enterprises, army, and urban residents at the beginning (or end) of the reference period. Data reporting system and data adjustment are the same as that in the output of pork, beef and mutton.

Number of Livestock Slaughtered refers to the total number of animals for butchering by farming, forestry, animal husbandry and fishery, including parts of selling to country and markets.

Regularly Cultivated Land refers to farmland among the total land resources, which is exclusively used for farming and is under regular cultivation with harvest in normal years. Included are currently cultivated land, land that has been abandoned or put in idle for less than 3 years and could be re-used for cultivation at any time, and new-claimed land that has been put into cultivation for more than 3 years. According to statistical coverage, it includes the gouges, dykes, roads and ridges of field with 1 meter wide in Southern areas and 2 meters wide in Northern areas. Excluded under this category are steep slope land over 25 degrees under temporary cultivation, land (large or small plots) that is claimed along river bends, lake sides or banks of reservoirs, as well as land that has been designated under the “Green for Grain” programme of the state and provincial governments but is still temporarily under cultivation. The regularly cultivated land is the key protection land of the nation, an important indicator reflecting the comprehensive productivity of agriculture of China.

Sown Area of Crops refers to area of land sown or transplanted with crops regardless of being in cultivated area or non-cultivated area. Area of land re-sown due to natural disasters is also included. This is an important indicator that can reflect the utilization condition of the cultivated land in China. At present, the sown area of crops mainly include the following 9 categories of crops: grain, cotton, oil-bearing crops, sugar crops, fiber crops, Tobacco, Vegetables and melons, medicinal materials and other farm crops.

附录一 全国及各省市区主要统计调查指标

APPENDIX I Main Statistical Survey Indicators by Province, Municipality and Autonomous Region

附录1-1　全国及各省市区城镇居民人均收入与支出

Per Capita Income and Expenditure of Urban Households by Provinces and Regions

单位：元　　　　（yuan）

地　区	Region	城镇居民人均可支配收入 Per Capita Disposable Income of Urban Households		城镇居民人均消费支出 Per Capita Consumption Expenditure of Urban Households	
		2015	2016	2015	2016
全　国	National	31195	33616	21392	23079
北　京	Beijing	52859	57275	36642	38256
天　津	Tianjin	34101	37110	26230	28345
河　北	Hebei	26152	28249	17587	19106
山　西	Shanxi	25828	27352	15819	16993
内 蒙 古	Inner Mongolia	30594	32975	21876	22744
辽　宁	Liaoning	31126	32876	21557	24996
吉　林	Jilin	24901	26530	17973	19166
黑 龙 江	Heilongjiang	24203	25736	17152	18145
上　海	Shanghai	52962	57692	36946	39857
江　苏	Jiangsu	37173	40152	24966	26433
浙　江	Zhejiang	43714	47237	28661	30068
安　徽	Anhui	26936	29156	17234	19606
福　建	Fujian	33275	36014	23520	25006
江　西	Jiangxi	26500	28673	16732	17696
山　东	Shandong	31545	34012	19854	21495
河　南	Henan	25576	27233	17154	18088
湖　北	Hubei	27051	29386	18192	20040
湖　南	Hunan	28838	31284	19501	21420
广　东	Guangdong	34757	37684	25673	28613
广　西	Guangxi	26416	28324	16321	17268
海　南	Hainan	26356	28453	18448	19015
重　庆	Chongqing	27239	29610	19742	21031
四　川	Sichuan	26205	28335	19277	20660
贵　州	Guizhou	24580	26743	16914	19202
云　南	Yunnan	26373	28611	17675	18622
西　藏	Tibet	25457	27802	17022	19440
陕　西	Shaanxi	26420	28440	18464	19369
甘　肃	Gansu	23767	25693	17451	19539
青　海	Qinghai	24542	26757	19201	20853
宁　夏	Ningxia	25186	27153	18984	20364
新　疆	Xinjiang	26275	28463	19415	21229

附录1-2 全国及各省市区农村居民人均收入与支出

Per Capita Income and Expenditure of Rural Households by Provinces and Regions

单位：元 （yuan）

地 区	Region	农村居民人均可支配收入 Per Capita Disposable Income of Rural Households		农村居民人均消费支出 Per Capita Consumption Expenditure of Rural Households	
		2015	2016	2015	2016
全 国	National	11422	12363	9223	10130
北 京	Beijing	20569	22310	15811	17329
天 津	Tianjin	18482	20076	14739	15912
河 北	Hebei	11051	11919	9023	9798
山 西	Shanxi	9454	10082	7421	8029
内蒙古	Inner Mongolia	10776	11609	10637	11463
辽 宁	Liaoning	12057	12881	8873	9953
吉 林	Jilin	11326	12123	8783	9521
黑龙江	Heilongjiang	11095	11832	8391	9424
上 海	Shanghai	23205	25520	16152	17071
江 苏	Jiangsu	16257	17606	12883	14428
浙 江	Zhejiang	21125	22866	16108	17359
安 徽	Anhui	10821	11720	8975	10287
福 建	Fujian	13793	14999	11961	12911
江 西	Jiangxi	11139	12138	8486	9128
山 东	Shandong	12930	13954	8748	9519
河 南	Henan	10853	11697	7887	8587
湖 北	Hubei	11844	12725	9803	10938
湖 南	Hunan	10993	11930	9691	10630
广 东	Guangdong	13360	14512	11103	12415
广 西	Guangxi	9467	10359	7582	8351
海 南	Hainan	10858	11843	8210	8921
重 庆	Chongqing	10505	11549	8938	9954
四 川	Sichuan	10247	11203	9251	10192
贵 州	Guizhou	7387	8090	6645	7533
云 南	Yunnan	8242	9020	6830	7331
西 藏	Tibet	8244	9094	5580	6070
陕 西	Shaanxi	8689	9396	7901	8568
甘 肃	Gansu	6936	7457	6830	7487
青 海	Qinghai	7933	8664	8566	9222
宁 夏	Ningxia	9119	9852	8415	9138
新 疆	Xinjiang	9425	10183	7698	8277

附录1–3　广西与全国居民消费价格主要分类指数（2016年）

Consumer Price Indices by Category in Country and Guangxi（2016）

（上年=100）　　　　(preceding year=100)

指　标	Item	全国平均 National Average	广西 Guangxi
居民消费价格指数	**Consumer Price Index**	**102.0**	**101.6**
食品烟酒	Food, Tobacco and Liquor	103.8	103.4
粮食	Grain	100.5	101.0
鲜菜	Fresh Vegetables	111.7	110.0
畜肉	Livestock Meat	111.0	111.4
水产品	Aquatic Products	104.6	102.8
蛋	Eggs	96.8	98.6
鲜果	Fresh Fruits	97.4	99.4
衣着	Clothing	101.4	101.3
居住	Residence	101.6	100.3
生活用品及服务	Household Facilities Articles and Services	100.5	99.9
交通和通信	Transportation and Communication	98.7	98.8
教育文化和服务	Education Culture and Services	101.6	101.6
医疗保健	Health Care and Medical Services	103.8	103.7
其他用品和服务	Other Supplies and Services	102.8	101.9
商品零售价格指数	**Retail Price Index**	**100.7**	**100.4**
食品	Food	103.9	103.9
饮料、烟酒	Beverages, Tobacco and Liquor	101.2	100.8
服装、鞋帽	Garments, Shoes and Hats	101.3	102.1
纺织品	Textiles	100.5	101.3
家用电器及音像器材	Household Appliances, Music and Video Equipment	98.2	98.1
文化办公用品	Cultural and Office Appliances	98.9	99.8
日用品	Articles for Daily Use	100.2	99.5
体育娱乐用品	Sports and Recreation Articles	100.4	100.8
交通、通信用品	Transportation and Communication Appliances	97.8	97.4
家具	Furniture	100.7	99.8
化妆品	Cosmetics	101.1	100.3
金银珠宝	Gold, Silver and Jewelry	106.8	105.8
中西药品及医疗保健用品	Traditional Chinese and Western Medicines and Health Care Articles	104.1	103.6
书报杂志及电子出版物	Books, Newspapers, Magazines and Electronic Publications	101.3	100.4
燃料	Fuels	97.0	92.8
建筑材料及五金电料	Building Materials and Hardware	100.3	100.3
农业生产资料价格指数	**Price Index of Means of Agricultural Production**	**100.1**	**100.7**

附录1–4 全国及各省市区居民消费价格指数

Consumer Price Indices by Provinces and Regions

（上年=100） (preceding year=100)

地区	Region	2012		2013		2014		2015		2016	
		指数 Index	排位 Rank	指数 Index	排位 Rank	指数 Index	排位 Rank	指数 Index	排位 Rank	指数 Index	排位 Rank
全国平均	National Average	102.6		102.6		102.0		101.4		102.0	
北京	Beijing	103.3	3	103.3	5	101.6	28	101.8	5	101.4	25
天津	Tianjin	102.7	16	103.1	9	101.9	21	101.7	9	102.1	7
河北	Hebei	102.6	19	103.0	12	101.7	23	100.9	29	101.5	22
山西	Shanxi	102.5	24	103.1	10	101.7	25	100.6	30	101.1	31
内蒙古	Inner Mongolia	103.1	7	103.2	6	101.6	30	101.1	25	101.2	30
辽宁	Liaoning	102.8	10	102.4	24	101.7	24	101.4	19	101.6	20
吉林	Jilin	102.5	25	102.9	13	102.0	15	101.7	10	101.6	18
黑龙江	Heilongjiang	103.2	6	102.2	29	101.5	31	101.1	26	101.5	23
上海	Shanghai	102.8	11	102.3	27	102.7	3	102.4	2	103.2	1
江苏	Jiangsu	102.6	21	102.3	26	102.2	9	101.7	8	102.3	5
浙江	Zhejiang	102.2	28	102.3	28	102.1	13	101.4	17	101.9	11
安徽	Anhui	102.3	27	102.4	25	101.6	27	101.3	21	101.8	16
福建	Fujian	102.4	26	102.5	22	102.0	14	101.7	7	101.7	17
江西	Jiangxi	102.7	14	102.5	21	102.3	7	101.5	15	102.0	9
山东	Shandong	102.1	29	102.2	30	101.9	17	101.2	23	102.1	8
河南	Henan	102.5	22	102.9	14	101.9	18	101.3	20	101.9	10
湖北	Hubei	102.9	9	102.8	15	102.0	16	101.5	13	102.2	6
湖南	Hunan	102.0	31	102.5	19	101.9	19	101.4	18	101.9	13
广东	Guangdong	102.8	12	102.5	23	102.3	8	101.5	12	102.3	4
广西	Guangxi	103.2	4	102.2	31	102.1	12	101.5	14	101.6	19
海南	Hainan	103.2	5	102.8	17	102.4	6	101.0	27	102.8	2
重庆	Chongqing	102.6	20	102.7	18	101.8	22	101.3	22	101.8	15
四川	Sichuan	102.5	23	102.8	16	101.6	29	101.5	16	101.9	12
贵州	Guizhou	102.7	17	102.5	20	102.4	4	101.8	6	101.4	27
云南	Yunnan	102.7	15	103.1	8	102.4	5	101.9	4	101.5	21
西藏	Tibet	103.5	2	103.6	3	102.9	1	102.0	3	102.5	3
陕西	Shaanxi	102.8	13	103.0	11	101.6	26	101.0	28	101.3	29
甘肃	Gansu	102.7	18	103.2	7	102.1	10	101.6	11	101.3	28
青海	Qinghai	103.1	8	103.9	1	102.8	2	102.6	1	101.8	14
宁夏	Ningxia	102.0	30	103.4	4	101.9	20	101.1	24	101.5	24
新疆	Xinjiang	103.8	1	103.9	2	102.1	11	100.6	31	101.4	26

附录1-5　全国及各省市区商品零售价格指数

Retail Price Indices by Provinces and Regions

（上年=100）　　(preceding year=100)

地区	Region	2012		2013		2014		2015		2016	
		指数 Index	排位 Rank	指数 Index	排位 Rank	指数 Index	排位 Rank	指数 Index	排位 Rank	指数 Index	排位 Rank
全国平均	National Average	102.0		101.4		101.0		100.1		100.7	
北京	Beijing	100.6	31	99.8	31	99.1	31	98.5	31	98.1	31
天津	Tianjin	103.0	2	101.7	15	100.9	22	100.3	11	100.5	23
河北	Hebei	102.2	15	102.2	8	101.0	16	100.2	14	101.2	5
山西	Shanxi	101.8	22	101.8	10	100.6	28	99.3	30	100.5	25
内蒙古	Inner Mongolia	102.5	7	102.6	4	100.7	26	100.5	9	100.6	21
辽宁	Liaoning	102.2	13	101.6	18	101.0	18	100.5	10	101.0	10
吉林	Jilin	101.7	25	101.6	17	101.2	12	99.8	23	101.3	2
黑龙江	Heilongjiang	102.2	12	101.1	27	100.8	25	100.1	16	101.1	6
上海	Shanghai	101.2	29	100.2	30	100.9	24	101.1	2	100.8	15
江苏	Jiangsu	102.1	18	101.4	23	101.6	5	100.6	6	100.8	14
浙江	Zhejiang	101.9	21	101.0	28	100.9	19	99.9	21	101.0	7
安徽	Anhui	102.1	19	101.3	24	100.4	30	99.7	27	100.8	12
福建	Fujian	101.8	23	101.1	26	101.1	14	99.9	20	100.7	18
江西	Jiangxi	102.1	16	101.5	21	101.2	10	100.5	8	100.6	22
山东	Shandong	101.6	26	101.4	22	101.0	15	100.2	13	101.3	3
河南	Henan	102.3	10	101.9	9	101.0	17	99.8	26	100.3	29
湖北	Hubei	102.6	6	101.8	11	100.9	21	100.5	7	100.8	17
湖南	Hunan	101.7	24	101.7	14	101.2	11	99.9	22	101.0	9
广东	Guangdong	102.2	14	101.0	29	101.4	7	99.6	28	100.8	16
广西	Guangxi	102.3	9	101.2	25	101.4	8	100.1	18	100.4	26
海南	Hainan	102.7	4	101.5	19	101.2	9	99.8	25	101.0	8
重庆	Chongqing	101.6	28	101.8	13	100.9	23	100.2	15	101.3	4
四川	Sichuan	101.6	27	101.7	16	100.6	29	100.2	12	100.8	13
贵州	Guizhou	102.0	20	101.5	20	101.2	13	100.1	17	100.2	30
云南	Yunnan	102.4	8	102.6	5	101.6	4	100.8	5	100.7	19
西藏	Tibet	102.9	3	103.0	2	102.2	1	101.4	1	102.1	1
陕西	Shaanxi	102.3	11	101.8	12	100.7	27	99.8	24	100.3	28
甘肃	Gansu	102.6	5	102.6	6	101.7	2	101.0	3	100.9	11
青海	Qinghai	102.1	17	102.7	3	101.5	6	101.0	4	100.4	27
宁夏	Ningxia	101.0	30	102.4	7	100.9	20	100.1	19	100.7	20
新疆	Xinjiang	103.3	1	103.3	1	101.7	3	99.6	29	100.5	24

附录1-6　全国和36个大中城市居民消费价格指数

Price Indices of Consumer in China and 36 Large and Medium-sized Cities

（上年=100）　　(preceding year=100)

地　区	Region	2012		2013		2014		2015		2016	
		指　数 Index	排　位 Rank	指　数 Index	排　位 Rank	指　数 Index	排　位 Rank	指　数 Index	排　位 Rank	指　数 Index	排　位 Rank
全国平均	National Average	102.6		102.7		102.1		101.7		102.2	
北　京	Beijing	103.3	4	103.3	8	101.6	33	101.8	10	101.4	31
天　津	Tianjin	102.7	19	103.1	12	101.9	29	101.7	16	102.1	17
石家庄	Shijiazhuang	102.8	15	102.9	14	102.0	25	101.0	33	101.6	27
太　原	Taiyuan	102.1	34	103.1	10	102.2	15	100.4	36	101.2	33
呼和浩特	Hohhot	103.1	7	103.8	3	101.2	36	101.8	11	101.4	30
沈　阳	Shenyang	103.0	11	102.5	28	102.2	14	101.2	29	101.7	25
大　连	Dalian	103.4	2	102.5	27	102.0	26	101.6	17	101.9	19
长　春	Changchun	102.3	31	103.0	13	102.2	17	101.3	25	101.4	32
哈尔滨	Harbin	103.2	5	102.1	35	102.0	22	101.4	22	101.8	22
上　海	Shanghai	102.8	14	102.3	31	102.7	7	102.4	3	103.2	1
南　京	Nanjing	102.7	23	102.7	20	102.6	9	102.0	7	102.7	5
杭　州	Hangzhou	102.5	27	102.5	26	102.0	24	101.8	12	102.6	8
宁　波	Ningbo	101.7	36	102.2	34	101.9	28	101.8	13	102.1	18
合　肥	Hefei	102.2	32	102.7	22	102.0	20	101.6	20	102.6	6
福　州	Fuzhou	102.0	35	102.6	24	101.7	31	101.4	21	102.5	9
厦　门	Xiamen	102.1	33	102.3	33	102.2	12	101.7	14	101.7	23
南　昌	Nanchang	102.9	13	102.3	32	102.5	10	101.6	19	102.1	15
济　南	Jinan	102.4	28	102.8	18	102.2	13	101.9	9	102.7	4
青　岛	Qingdao	102.7	21	102.5	29	102.6	8	101.2	27	102.5	10
郑　州	Zhengzhou	102.7	22	102.8	17	102.0	21	101.1	31	102.3	13
武　汉	Wuhan	102.8	16	102.4	30	101.9	27	101.4	23	102.4	12
长　沙	Changsha	102.3	30	102.8	16	102.7	6	101.1	32	101.9	20
广　州	Guangzhou	103.0	9	102.6	25	102.3	11	101.7	15	102.7	3
深　圳	Shenzhen	102.8	17	102.7	19	102.0	23	102.2	5	102.4	11
南　宁	Nanning	102.9	12	102.1	36	101.6	32	101.9	8	101.4	29
海　口	Haikou	103.3	3	102.9	15	102.2	16	101.2	28	103.0	2
重　庆	Chongqing	102.6	25	102.7	23	101.8	30	101.3	26	101.8	21
成　都	Chengdu	103.0	10	103.1	11	101.3	35	101.1	30	102.2	14
贵　阳	Guiyang	102.6	24	103.2	9	102.7	5	102.3	4	101.1	34
昆　明	Kunming	103.1	8	103.9	1	103.1	1	102.4	2	101.7	24
拉　萨	Lasa	103.2	6	103.4	7	103.0	2	102.2	6	102.6	7
西　安	Xi'an	102.8	18	102.7	21	101.4	34	100.7	34	100.9	35
兰　州	Lanzhou	102.4	29	103.5	5	102.2	18	101.3	24	100.8	36
西　宁	Xining	102.7	20	103.8	2	102.8	3	102.5	1	102.1	16
银　川	Yinchuan	102.6	26	103.5	6	102.1	19	101.6	18	101.7	26
乌鲁木齐	Urumqi	103.4	1	103.5	4	102.8	4	100.7	35	101.5	28

附录1-7 全国和36个大中城市商品零售价格指数

Price Indices of Retail in China and 36 Large and Medium-sized Cities

（上年=100） (preceding year=100)

地区	Region	2012		2013		2014		2015		2016	
		指数 Index	排位 Rank	指数 Index	排位 Rank	指数 Index	排位 Rank	指数 Index	排位 Rank	指数 Index	排位 Rank
全国平均	National Average	102.0		101.0		100.8		99.8		100.7	
北京	Beijing	100.6	36	101.3	20	99.1	35	98.5	36	98.1	36
天津	Tianjin	103.0	1	101.5	16	100.9	21	100.3	10	100.5	27
石家庄	Shijiazhuang	101.9	18	101.2	23	101.2	14	100.2	16	101.7	5
太原	Taiyuan	101.2	33	100.2	35	100.7	26	98.6	35	100.8	19
呼和浩特	Hohhot	101.5	29	102.1	7	98.6	36	99.5	29	101.1	12
沈阳	Shenyang	102.4	11	101.7	12	101.3	10	100.0	20	100.6	26
大连	Dalian	102.5	6	101.8	10	101.0	20	99.5	28	102.0	2
长春	Changchun	101.8	21	101.0	27	101.2	16	99.1	33	101.2	11
哈尔滨	Harbin	102.5	5	102.3	6	101.5	8	100.2	14	101.6	6
上海	Shanghai	101.2	32	103.5	2	100.9	23	101.1	2	100.8	18
南京	Nanjing	101.4	30	101.4	18	102.0	4	100.6	5	100.5	28
杭州	Hangzhou	101.9	19	101.6	15	100.8	24	100.2	15	101.5	7
宁波	Ningbo	101.8	23	102.5	4	100.3	33	100.4	8	101.8	4
合肥	Hefei	101.9	17	101.2	25	100.3	34	99.5	27	100.8	15
福州	Fuzhou	101.1	34	100.7	32	100.6	30	99.4	30	100.7	23
厦门	Xiamen	101.6	27	102.7	3	100.7	29	100.0	18	100.0	33
南昌	Nanchang	102.4	9	101.7	13	101.1	17	100.5	6	100.4	29
济南	Jinan	101.8	22	101.3	21	101.2	15	100.3	9	100.8	17
青岛	Qingdao	101.7	25	101.9	9	102.3	2	100.0	21	102.0	3
郑州	Zhengzhou	102.4	10	101.3	22	101.1	18	99.0	34	100.2	31
武汉	Wuhan	102.3	12	102.5	5	100.5	31	100.0	19	101.3	9
长沙	Changsha	101.5	28	100.4	34	101.7	7	99.6	25	100.9	13
广州	Guangzhou	101.9	20	100.8	31	101.5	9	99.1	32	101.2	10
深圳	Shenzhen	102.4	7	101.4	17	101.0	19	99.7	23	100.3	30
南宁	Nanning	101.7	24	103.5	1	100.7	28	100.4	7	99.8	34
海口	Haikou	102.8	4	101.0	28	101.2	12	100.2	17	100.9	14
重庆	Chongqing	101.6	26	100.5	33	100.9	22	100.2	13	101.3	8
成都	Chengdu	101.4	31	101.2	24	100.4	32	99.5	26	100.8	16
贵阳	Guiyang	102.0	16	101.2	26	101.2	11	99.7	22	99.5	35
昆明	Kunming	102.0	15	99.8	36	101.8	6	100.7	3	100.8	21
拉萨	Lasa	102.9	3	101.0	29	102.3	3	101.5	1	102.4	1
西安	Xi'an	102.3	14	100.9	30	100.7	27	99.7	24	100.1	32
兰州	Lanzhou	102.4	8	101.9	8	101.8	5	100.6	4	100.7	22
西宁	Xining	102.3	13	101.7	11	101.2	13	100.2	12	100.6	24
银川	Yinchuan	100.6	35	101.6	14	100.8	25	100.2	11	100.8	20
乌鲁木齐	Urumqi	102.9	2	101.3	19	102.4	1	99.4	31	100.6	25

附录1-8　全国及各省市区工业生产者出厂价格指数（2016年）

（上年同期=100）

地　区	Region	全　年 Annual Year	1 月 January	2 月 February	3 月 March	4 月 April
全　国	National	98.6	94.7	95.1	95.7	96.6
北　京	Beijing	98.1	96.7	96.6	96.6	97.0
天　津	Tianjin	97.9	92.0	92.2	93.4	95.0
河　北	Hebei	99.9	89.3	90.6	92.8	97.1
山　西	Shanxi	96.8	83.9	84.4	86.2	89.6
内蒙古	Inner Mongolia	98.9	92.6	92.5	94.1	95.0
辽　宁	Liaoning	98.8	94.1	94.3	95.2	96.6
吉　林	Jilin	98.4	95.1	95.9	96.2	96.7
黑龙江	Heilongjiang	95.1	88.4	90.6	90.0	91.2
上　海	Shanghai	98.8	96.7	97.0	97.1	97.3
江　苏	Jiangsu	98.1	95.0	95.4	95.8	96.5
浙　江	Zhejiang	98.3	96.1	96.3	96.6	97.1
安　徽	Anhui	98.5	93.2	93.9	94.8	96.0
福　建	Fujian	99.1	96.7	97.2	97.3	97.7
江　西	Jiangxi	98.6	93.6	94.7	95.4	96.3
山　东	Shandong	98.5	95.1	95.1	95.8	96.5
河　南	Henan	99.0	94.6	94.9	95.6	96.4
湖　北	Hubei	99.0	96.9	96.8	97.0	97.6
湖　南	Hunan	98.9	95.5	96.1	96.4	97.0
广　东	Guangdong	99.4	97.5	97.6	97.7	98.0
广　西	Guangxi	99.1	95.4	95.8	96.1	96.9
海　南	Hainan	96.0	94.4	95.5	92.8	94.9
重　庆	Chongqing	98.6	96.4	96.3	96.8	97.2
四　川	Sichuan	98.9	96.5	96.6	97.1	97.7
贵　州	Guizhou	97.9	94.2	94.0	94.3	94.5
云　南	Yunnan	97.6	92.9	93.3	94.2	95.1
西　藏	Tibet	102.9	97.8	97.4	96.8	98.5
陕　西	Shaanxi	97.6	90.2	90.7	90.9	93.4
甘　肃	Gansu	94.9	85.9	87.4	87.8	91.4
青　海	Qinghai	98.5	91.5	91.6	92.7	93.3
宁　夏	Ningxia	99.1	94.5	94.3	94.9	95.8
新　疆	Xinjiang	94.5	83.9	87.1	87.6	89.8

Producer Price Indices for Industrial Products by Provinces and Regions（2016）

（preceding year=100）

5 月 May	6 月 June	7 月 July	8 月 August	9 月 September	10 月 October	11 月 November	12 月 December
97.2	97.4	98.3	99.2	100.1	101.2	103.3	105.5
97.2	97.7	98.2	98.6	98.9	99.1	99.8	100.7
95.8	95.9	97.2	98.6	100.5	102.3	104.7	108.6
98.1	97.1	99.4	101.6	104.0	105.7	110.3	116.3
92.2	92.9	94.4	97.3	101.8	107.7	117.4	120.9
96.5	96.4	97.5	99.4	101.5	104.1	108.2	110.8
97.4	97.8	98.4	99.8	100.9	101.8	103.4	106.2
97.7	97.9	98.0	98.7	99.5	100.7	101.3	103.6
92.3	92.7	93.9	94.4	99.0	101.2	102.4	106.4
97.5	97.9	98.4	99.3	99.8	100.7	101.8	102.8
96.9	97.0	97.7	98.6	99.3	100.0	101.6	103.9
97.1	97.2	98.0	98.8	99.0	99.7	100.9	103.1
96.6	96.9	97.7	99.1	100.1	102.0	105.0	107.8
98.0	98.3	99.1	99.8	100.1	100.6	101.7	103.3
96.7	97.1	98.6	99.8	100.2	100.8	104.2	107.0
97.0	97.2	98.1	99.0	99.8	100.8	103.1	104.8
97.6	98.1	98.9	99.9	100.6	101.8	104.4	106.3
98.0	98.2	98.8	99.3	99.8	100.5	101.6	103.3
97.3	97.6	98.7	99.4	100.0	100.9	102.9	105.1
98.4	98.7	99.4	100.0	100.3	100.7	101.8	103.0
97.1	97.4	98.3	99.0	100.3	101.6	104.4	107.6
92.9	92.6	93.5	95.6	96.9	98.2	100.9	104.2
97.6	98.2	98.7	99.0	99.4	100.2	101.1	102.4
98.3	98.5	98.5	99.0	99.5	100.2	102.0	103.6
95.8	96.6	97.4	98.1	99.3	100.6	103.8	107.3
96.5	97.1	97.8	98.8	99.5	100.4	102.6	104.2
99.2	100.0	102.4	103.6	105.0	107.1	111.8	116.2
94.4	96.2	97.1	97.9	99.5	103.3	108.6	111.1
91.2	91.7	94.0	96.4	98.8	101.0	105.5	111.4
95.6	96.4	97.9	99.0	99.7	103.8	108.8	113.7
96.2	96.3	97.2	98.5	100.1	103.9	108.2	110.0
91.5	92.1	94.6	96.1	99.8	101.8	104.6	108.7

附录1-9 全国及各省市区工业生产者购进价格指数（2016年）

（上年同期=100）

地区	Region	全年 Annual Year	1月 January	2月 February	3月 March	4月 April
全国	National	98.0	93.7	94.2	94.8	95.6
北京	Beijing	98.5	95.7	96.8	96.5	97.2
天津	Tianjin	98.3	92.0	93.2	93.6	95.3
河北	Hebei	98.3	90.2	90.6	91.7	93.5
山西	Shanxi	98.1	91.3	91.0	91.8	93.2
内蒙古	Inner Mongolia	97.4	95.3	95.1	95.3	95.6
辽宁	Liaoning	97.9	93.4	93.1	94.2	95.1
吉林	Jilin	97.8	96.2	96.7	96.5	96.8
黑龙江	Heilongjiang	96.0	89.7	90.6	91.0	92.4
上海	Shanghai	97.7	91.4	91.8	92.7	94.6
江苏	Jiangsu	98.0	92.4	93.1	94.2	95.6
浙江	Zhejiang	97.8	93.3	93.4	94.1	95.2
安徽	Anhui	98.4	92.9	93.9	94.9	95.5
福建	Fujian	98.0	94.1	95.1	95.1	95.8
江西	Jiangxi	97.7	94.3	94.9	95.1	95.4
山东	Shandong	98.0	94.4	94.7	95.0	95.6
河南	Henan	99.2	94.9	95.9	97.1	97.4
湖北	Hubei	98.3	94.6	94.7	95.4	96.4
湖南	Hunan	98.0	93.9	94.4	95.1	95.6
广东	Guangdong	98.0	95.3	95.6	95.8	96.1
广西	Guangxi	98.3	95.0	95.1	95.9	96.4
海南	Hainan	94.8	91.1	90.5	87.8	89.9
重庆	Chongqing	98.4	96.3	96.2	96.7	97.0
四川	Sichuan	98.8	96.2	96.4	96.2	96.8
贵州	Guizhou	98.5	96.0	95.8	96.0	96.5
云南	Yunnan	95.9	92.0	93.0	93.4	93.4
西藏	Tibet					
陕西	Shaanxi	95.9	94.4	93.9	93.7	93.8
甘肃	Gansu	94.6	85.3	88.1	89.1	88.8
青海	Qinghai	96.2	92.4	91.4	92.9	93.4
宁夏	Ningxia	96.9	90.8	90.7	91.3	92.8
新疆	Xinjiang	95.5	86.9	88.6	90.8	92.0

Pruchasing Price Indices for Industrial Producers by Provinces and Regions（2016）

(preceding year=100)

5 月 May	6 月 June	7 月 July	8 月 August	9 月 September	10 月 October	11 月 November	12 月 December
96.2	96.6	97.4	98.3	99.4	100.9	103.5	106.3
97.4	97.5	97.5	98.3	99.6	100.3	102.4	103.7
95.9	96.4	97.9	99.4	100.9	102.3	105.2	108.9
95.2	95.9	97.1	98.4	100.7	104.3	109.7	113.9
94.5	95.4	96.2	97.6	99.7	104.3	110.3	114.2
95.5	95.9	96.4	96.7	98.3	99.9	101.9	103.8
96.1	96.8	98.0	98.7	99.7	101.1	103.3	105.7
96.9	96.9	97.3	97.6	98.3	99.2	100.3	101.5
94.5	94.9	95.7	95.8	98.6	100.6	102.4	106.5
94.9	96.0	98.4	99.5	100.0	101.0	105.5	108.2
96.0	96.1	97.3	98.6	99.9	101.3	104.5	108.2
95.8	96.3	97.3	98.4	99.5	100.8	103.4	106.9
95.9	96.5	97.7	98.8	100.1	101.7	105.4	108.6
96.8	97.1	97.8	98.4	99.4	100.3	102.1	103.9
96.0	96.2	97.2	98.5	98.5	99.7	102.4	105.1
96.0	96.6	97.3	98.3	99.3	100.8	103.0	105.5
97.9	98.1	98.2	98.8	99.9	101.8	104.4	106.7
96.8	96.8	97.2	98.1	99.3	101.1	103.6	106.5
96.1	96.3	97.2	98.2	99.4	100.7	103.3	106.0
96.4	96.8	97.5	98.2	98.9	100.2	102.0	103.6
96.6	97.1	97.8	98.6	99.6	100.9	102.7	104.5
89.6	93.9	97.6	96.9	95.5	98.9	100.6	106.2
97.4	97.9	98.2	98.6	98.9	99.7	100.9	102.5
97.2	97.6	98.0	98.6	99.4	100.8	102.9	105.9
96.7	97.5	97.4	97.6	98.1	100.2	103.4	107.2
93.8	93.6	94.8	96.1	96.8	98.2	101.4	105.4
94.6	94.6	94.9	94.9	96.2	97.8	99.8	102.1
91.5	93.0	93.8	95.8	99.3	101.7	103.3	108.4
94.4	95.8	96.3	95.9	96.7	98.8	101.1	105.8
94.0	94.4	95.9	96.1	97.9	101.6	107.3	112.1
93.4	94.9	95.6	96.3	98.4	101.4	103.3	106.3

附录1-10　全国70个大中城市住宅销售价格指数（2016年）

（上年同期=100）

地　区	Region	新建住宅价格指数				
		1 月 January	2 月 February	3 月 March	4 月 April	5 月 May
北　京	Beijing	110.3	112.9	116.0	118.3	119.5
天　津	Tianjin	103.9	104.7	106.8	109.5	111.9
石家庄	Shijiazhuang	102.1	103.0	103.2	103.8	104.7
太　原	Taiyuan	101.7	102.1	102.2	102.0	101.8
呼和浩特	Hohhto	97.7	98.7	99.2	99.9	100.2
沈　阳	Shenyang	99.5	99.6	100.1	101.0	101.8
大　连	Dalian	98.9	98.9	99.4	100.1	100.6
长　春	Changchun	98.2	98.8	99.5	100.3	101.0
哈尔滨	Harbin	100.1	100.5	101.4	101.1	101.5
上　海	Shanghai	117.5	120.6	125.0	128.0	127.7
南　京	Nanjing	110.2	113.3	116.8	121.3	125.6
杭　州	Hangzhou	107.0	108.8	111.8	114.7	116.9
宁　波	Ningbo	104.6	105.5	107.2	108.2	108.8
合　肥	Hefei	103.2	106.0	111.2	117.5	123.2
福　州	Fuzhou	103.3	105.5	107.7	111.0	112.8
厦　门	Xiamen	108.6	110.1	115.7	121.5	128.0
南　昌	Nanchang	101.8	103.7	105.4	107.0	108.4
济　南	Jinan	101.5	102.2	103.3	104.3	105.1
青　岛	Qingdao	98.6	99.5	101.1	102.6	103.6
郑　州	Zhengzhou	103.4	103.9	105.2	106.7	108.1
武　汉	Wuhan	105.3	106.2	107.3	109.1	111.3
长　沙	Changsha	100.4	101.2	101.8	103.4	104.3
广　州	Guangzhou	109.9	111.8	115.2	117.4	118.9
深　圳	Shenzhen	151.9	156.9	161.6	162.4	153.2
南　宁	Nanning	102.4	103.3	103.8	104.6	105.5
海　口	Haikou	99.6	100.4	100.6	101.4	102.3
重　庆	Chongqing	100.3	101.3	102.2	102.9	103.5
成　都	Chengdu	101.1	101.5	102.3	103.0	103.2
贵　阳	Guiyang	99.6	100.3	100.5	101.5	102.2
昆　明	Kunming	97.7	98.2	98.2	99.3	100.0
西　安	Xi'an	100.2	100.6	100.9	101.6	102.2
兰　州	Lanzhou	99.2	99.7	100.2	101.1	101.8
西　宁	Xining	97.1	97.4	97.7	98.4	99.0
银　川	Yinchuan	96.4	96.9	97.7	98.8	99.9
乌鲁木齐	Urumqi	98.0	97.7	98.1	98.5	99.1

Residential Sales Price Index in 70 Large-scale and Medium-scale Cities（2016）

（preceding year=100）

New Housing Price Index						
6 月 June	7 月 July	8 月 August	9 月 September	10 月 October	11 月 November	12 月 December
120.3	120.7	123.5	127.8	127.5	126.4	125.9
113.8	116.2	119.9	124.1	125.3	125.3	124.1
105.6	108.0	111.3	115.8	118.1	118.6	118.6
102.2	101.9	102.0	102.2	102.3	102.3	102.5
100.4	100.5	100.7	100.4	101.3	101.1	101.1
101.5	101.4	101.2	101.6	102.4	102.6	103.3
100.5	99.7	100.0	100.4	101.7	102.4	102.6
101.2	101.2	101.2	101.9	102.8	103.5	103.9
101.7	101.3	101.8	101.6	101.6	101.6	102.1
127.7	127.3	131.2	132.7	131.1	129.0	126.5
129.7	133.0	136.7	140.6	142.0	140.5	138.8
117.2	119.0	122.0	128.0	131.3	129.9	128.4
108.8	108.9	109.5	111.2	112.4	112.4	112.0
129.0	133.8	140.3	146.8	148.4	147.4	146.3
113.8	115.4	120.2	126.0	128.8	128.9	127.3
133.6	139.2	143.8	146.5	145.5	143.4	141.5
109.4	111.3	112.8	114.9	115.6	115.4	114.2
105.8	106.9	110.0	115.5	119.0	120.0	119.4
104.0	104.4	106.5	111.6	113.2	113.6	113.1
109.2	111.0	116.5	124.5	128.1	128.5	128.0
113.1	115.0	117.7	121.3	124.4	125.5	124.2
104.8	105.6	107.2	111.6	116.5	118.2	117.8
119.2	119.4	121.1	123.0	123.6	124.0	124.1
146.7	140.9	136.8	134.1	131.7	127.9	123.5
105.7	106.4	107.0	109.0	110.1	109.6	110.1
102.6	103.4	103.4	104.1	104.9	105.8	106.2
103.3	103.2	103.4	104.4	105.1	106.5	107.2
103.6	104.0	104.7	107.2	106.3	105.9	105.5
102.0	102.3	102.4	103.0	103.9	104.5	105.1
100.1	100.8	101.5	102.1	103.2	103.9	104.2
102.7	102.9	103.2	103.3	104.6	106.1	106.6
102.4	102.9	103.8	103.8	103.7	103.6	103.1
99.6	100.2	100.9	101.2	101.9	101.9	102.4
100.0	100.7	101.0	101.1	101.3	101.5	102.1
99.0	99.0	98.9	98.7	98.5	98.3	98.7

附录1-10　续表 1

（上年同期=100）

地区	Region	新建住宅价格指数				
		1月 January	2月 February	3月 March	4月 April	5月 May
唐　山	Tangshan	98.0	98.4	98.6	98.8	99.7
秦皇岛	Qinhuangdao	97.1	97.8	98.4	99.4	99.8
包　头	Baotou	97.2	97.9	98.1	98.6	98.8
丹　东	Dandong	96.2	96.1	96.2	96.9	97.5
锦　州	Jinzhou	96.5	97.2	96.9	96.8	96.8
吉　林	Jilin	97.5	98.4	98.8	99.6	100.0
牡丹江	Mudanjiang	98.4	98.3	98.2	98.5	98.1
无　锡	Wuxi	99.6	100.2	102.4	105.3	106.9
扬　州	Yangzhou	99.8	100.4	101.0	101.5	102.3
徐　州	Xuzhou	99.9	100.6	101.1	101.9	102.7
温　州	Wenzhou	102.7	103.4	104.1	103.7	103.6
金　华	Jinhua	102.0	102.5	103.2	103.1	103.1
蚌　埠	Bengbu	96.0	96.5	98.2	99.2	100.2
安　庆	Anqing	99.3	99.2	100.0	100.7	101.0
泉　州	Quanzhou	99.0	100.0	100.7	101.8	101.8
九　江	Jiujiang	98.8	99.5	100.3	101.5	102.1
赣　州	Ganzhou	99.4	99.4	100.5	101.8	102.7
烟　台	Yantai	99.0	99.6	100.2	100.8	101.5
济　宁	Jining	96.7	97.3	97.9	98.3	98.7
洛　阳	Luoyang	97.7	98.3	98.7	99.7	100.1
平顶山	Pingdingshan	99.8	100.1	100.6	100.9	101.3
宜　昌	Yichang	98.6	99.0	99.5	100.2	100.7
襄　阳	Xiangyang	96.2	97.3	97.5	98.1	98.8
岳　阳	Yueyang	96.8	97.4	97.8	98.5	98.8
常　德	Changde	97.2	98.1	98.1	98.9	99.0
惠　州	Huizhou	98.9	100.4	102.3	106.4	110.2
湛　江	Zhangjiang	95.1	96.4	97.2	98.1	99.1
韶　关	Shaoguan	96.6	98.3	99.6	101.0	102.0
桂　林	Guilin	97.3	98.1	98.5	99.2	99.5
北　海	The North Sea	99.1	99.7	100.3	101.1	101.3
三　亚	Sanya	99.7	99.9	99.9	100.0	100.7
泸　州	Luzhou	99.5	98.9	99.4	100.5	101.3
南　充	Nanchong	96.7	96.8	98.0	98.8	99.7
遵　义	Zunyi	98.0	98.5	99.1	99.5	99.8
大　理	Dali	98.2	98.7	98.2	98.9	99.7

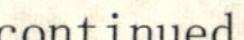

continued

(preceding year=100)

New Housing Price Index						
6 月 June	7 月 July	8 月 August	9 月 September	10 月 October	11 月 November	12 月 December
99.3	99.8	100.2	100.6	101.2	102.3	102.9
100.3	100.7	101.4	102.1	104.5	105.9	106.1
98.8	98.8	98.8	99.2	99.3	99.7	99.5
98.0	97.6	97.9	97.8	98.3	98.8	99.3
96.5	96.2	96.2	96.2	96.1	96.7	97.1
100.4	100.2	100.5	101.1	101.6	101.7	102.6
97.8	97.4	98.3	98.8	98.5	98.4	98.9
109.7	112.8	118.4	127.9	134.3	135.1	135.5
102.8	103.7	104.3	105.5	107.0	109.2	109.7
103.1	103.7	104.1	105.1	106.8	108.4	109.1
103.2	103.2	103.2	104.5	105.0	104.7	104.6
103.1	103.1	103.4	105.1	105.6	106.8	106.5
100.7	102.2	103.7	105.7	106.7	108.2	109.2
101.6	101.9	103.4	104.4	105.2	106.7	107.6
101.8	102.5	103.7	105.3	106.1	108.3	108.9
103.0	103.9	105.3	107.4	109.8	110.7	111.2
103.1	103.8	104.5	108.1	112.0	113.3	113.4
102.1	102.7	103.4	103.9	104.9	105.2	105.4
98.9	99.1	99.8	99.9	100.7	101.2	101.6
100.3	100.6	100.9	101.6	102.0	103.7	104.5
101.6	101.5	101.7	102.3	102.8	103.3	103.7
101.5	102.1	102.5	102.9	103.7	104.1	105.1
99.0	99.5	100.4	100.9	101.7	102.4	102.7
99.4	100.0	100.6	102.2	104.3	104.6	105.1
99.3	99.7	100.0	101.5	102.1	102.5	102.9
113.5	115.4	116.4	120.3	122.9	124.4	124.9
100.9	102.4	102.9	104.2	105.9	107.2	108.3
102.3	101.6	101.5	104.1	105.4	106.8	107.4
99.8	99.8	100.3	102.2	103.2	103.1	103.2
101.2	101.4	101.1	101.7	102.7	103.6	103.9
100.5	100.1	100.5	101.7	102.7	103.8	104.5
101.9	102.4	102.8	103.0	102.5	103.3	103.7
100.4	100.5	101.3	101.5	101.2	101.5	101.7
100.2	100.2	100.8	100.6	100.9	101.4	101.7
100.4	100.8	101.3	101.4	102.1	102.6	103.1

附录1-10　续表 2

（上年同期=100）

地　区	Region	新建商品住宅价格指数				
		1 月 January	2 月 February	3 月 March	4 月 April	5 月 May
北　京	Beijing	111.3	114.2	117.6	120.2	121.4
天　津	Tianjin	104.1	105.0	107.2	110.0	112.5
石家庄	Shijiazhuang	102.1	103.1	103.2	103.8	104.8
太　原	Taiyuan	101.8	102.2	102.3	102.1	101.8
呼和浩特	Hohhto	97.7	98.7	99.2	99.9	100.2
沈　阳	Shenyang	99.5	99.6	100.1	101.0	101.8
大　连	Dalian	98.9	98.9	99.4	100.1	100.6
长　春	Changchun	98.2	98.8	99.5	100.3	101.0
哈尔滨	Harbin	100.1	100.5	101.4	101.1	101.5
上　海	Shanghai	121.4	125.1	130.5	134.2	133.8
南　京	Nanjing	110.8	114.1	117.8	122.6	127.1
杭　州	Hangzhou	107.1	108.9	111.9	114.8	117.0
宁　波	Ningbo	104.6	105.5	107.2	108.3	108.9
合　肥	Hefei	103.3	106.0	111.2	117.6	123.3
福　州	Fuzhou	103.3	105.5	107.7	111.1	112.9
厦　门	Xiamen	108.7	110.2	115.9	121.7	128.3
南　昌	Nanchang	101.8	103.7	105.5	107.1	108.5
济　南	Jinan	101.5	102.2	103.3	104.3	105.1
青　岛	Qingdao	98.6	99.5	101.2	102.7	103.7
郑　州	Zhengzhou	103.4	104.0	105.3	106.8	108.2
武　汉	Wuhan	105.6	106.5	107.7	109.6	111.9
长　沙	Changsha	100.4	101.2	101.8	103.5	104.4
广　州	Guangzhou	110.0	111.9	115.3	117.6	119.0
深　圳	Shenzhen	152.7	157.8	162.5	163.4	154.0
南　宁	Nanning	102.7	103.6	104.2	105.2	106.1
海　口	Haikou	99.6	100.4	100.6	101.4	102.3
重　庆	Chongqing	100.3	101.4	102.3	102.9	103.5
成　都	Chengdu	101.1	101.5	102.4	103.0	103.3
贵　阳	Guiyang	99.6	100.3	100.5	101.5	102.2
昆　明	Kunming	97.7	98.1	98.2	99.3	100.0
西　安	Xi'an	100.2	100.6	100.9	101.8	102.4
兰　州	Lanzhou	99.2	99.7	100.2	101.1	101.9
西　宁	Xining	96.9	97.2	97.6	98.3	98.9
银　川	Yinchuan	96.4	96.9	97.7	98.8	99.9
乌鲁木齐	Urumqi	97.8	97.5	97.9	98.3	99.0

continued

(preceding year=100)

New Commercial Housing Price Index						
6 月 June	7 月 July	8 月 August	9 月 September	10 月 October	11 月 November	12 月 December
122.3	122.7	125.8	130.4	130.2	128.9	128.4
114.6	117.0	121.0	125.4	126.6	126.6	125.4
105.8	108.1	111.6	116.2	118.5	118.9	119.0
102.3	101.9	102.1	102.3	102.4	102.3	102.6
100.4	100.5	100.7	100.4	101.3	101.1	101.1
101.5	101.4	101.2	101.6	102.4	102.6	103.3
100.5	99.7	100.0	100.4	101.7	102.4	102.6
101.3	101.2	101.2	101.9	102.9	103.5	103.9
101.7	101.3	101.8	101.6	101.6	101.6	102.2
133.7	133.1	137.8	139.5	137.4	134.8	131.7
131.5	134.9	138.8	143.0	144.4	142.8	141.0
117.4	119.1	122.2	128.2	131.5	130.1	128.6
108.9	109.0	109.6	111.3	112.5	112.6	112.2
129.1	134.0	140.5	147.0	148.6	147.6	146.5
113.9	115.5	120.4	126.2	129.1	129.2	127.6
134.0	139.6	144.3	147.0	145.9	143.9	141.9
109.6	111.5	113.0	115.1	115.9	115.7	114.4
105.8	106.9	110.0	115.5	119.0	120.0	119.4
104.1	104.5	106.6	111.8	113.5	113.8	113.4
109.4	111.2	116.7	124.9	128.6	129.0	128.4
113.8	115.8	118.6	122.5	125.7	126.8	125.5
104.9	105.7	107.4	112.0	116.9	118.7	118.2
119.4	119.5	121.2	123.2	123.8	124.2	124.3
147.4	141.4	137.3	134.5	132.1	128.2	123.8
106.3	107.1	107.8	110.0	111.1	110.7	111.2
102.6	103.4	103.5	104.1	105.0	105.8	106.2
103.4	103.3	103.4	104.5	105.1	106.5	107.2
103.7	104.2	104.8	107.4	106.5	106.1	105.6
102.0	102.4	102.4	103.0	104.0	104.5	105.2
100.1	100.8	101.5	102.1	103.2	103.9	104.2
103.0	103.1	103.5	103.6	105.0	106.6	107.2
102.5	103.0	103.9	103.9	103.8	103.7	103.2
99.5	100.2	101.0	101.3	102.1	102.1	102.5
100.0	100.7	101.0	101.1	101.4	101.5	102.1
98.9	98.9	98.8	98.5	98.4	98.1	98.6

附录1-10　续表 2

（上年同期=100）

地　区	Region	新建商品住宅价格指数				
		1 月 January	2 月 February	3 月 March	4 月 April	5 月 May
唐　山	Tangshan	97.9	98.3	98.6	98.7	99.7
秦皇岛	Qinhuangdao	96.9	97.7	98.3	99.3	99.8
包　头	Baotou	97.1	97.8	98.0	98.5	98.7
丹　东	Dandong	96.2	96.1	96.2	96.9	97.5
锦　州	Jinzhou	96.5	97.2	96.9	96.8	96.8
吉　林	Jilin	97.5	98.4	98.8	99.6	100.0
牡丹江	Mudanjiang	98.3	98.1	98.0	98.4	98.0
无　锡	Wuxi	99.6	100.2	102.4	105.3	106.9
扬　州	Yangzhou	99.8	100.4	101.0	101.5	102.3
徐　州	Xuzhou	99.9	100.7	101.2	102.0	102.9
温　州	Wenzhou	102.8	103.5	104.2	103.7	103.6
金　华	Jinhua	102.0	102.6	103.2	103.1	103.1
蚌　埠	Bengbu	96.0	96.5	98.2	99.2	100.2
安　庆	Anqing	99.3	99.2	100.0	100.7	101.0
泉　州	Quanzhou	99.0	100.0	100.7	101.9	101.9
九　江	Jiujiang	98.8	99.5	100.3	101.6	102.1
赣　州	Ganzhou	99.4	99.4	100.5	101.8	102.7
烟　台	Yantai	99.0	99.6	100.2	100.8	101.5
济　宁	Jining	96.7	97.2	97.9	98.3	98.7
洛　阳	Luoyang	97.6	98.2	98.7	99.7	100.1
平顶山	Pingdingshan	99.8	100.1	100.6	100.9	101.3
宜　昌	Yichang	98.6	98.9	99.4	100.2	100.7
襄　阳	Xiangyang	96.2	97.2	97.5	98.1	98.8
岳　阳	Yueyang	96.5	97.3	97.7	98.4	98.8
常　德	Changde	97.1	98.1	98.0	98.8	99.0
惠　州	Huizhou	98.9	100.4	102.3	106.4	110.2
湛　江	Zhangjiang	95.1	96.4	97.2	98.1	99.1
韶　关	Shaoguan	96.6	98.3	99.6	101.0	102.0
桂　林	Guilin	97.3	98.1	98.5	99.2	99.5
北　海	The North Sea	99.1	99.7	100.3	101.1	101.3
三　亚	Sanya	99.7	99.9	99.9	100.0	100.7
泸　州	Luzhou	99.5	98.9	99.3	100.5	101.3
南　充	Nanchong	96.6	96.7	97.9	98.8	99.7
遵　义	Zunyi	97.8	98.4	99.0	99.5	99.8
大　理	Dali	98.2	98.7	98.2	98.9	99.7

continued

(preceding year=100)

New Commercial Housing Price Index						
6 月 June	7 月 July	8 月 August	9 月 September	10 月 October	11 月 November	12 月 December
99.3	99.7	100.2	100.6	101.3	102.4	103.0
100.4	100.7	101.5	102.3	104.8	106.2	106.5
98.8	98.7	98.7	99.2	99.2	99.7	99.4
98.0	97.6	97.9	97.8	98.3	98.8	99.3
96.5	96.2	96.2	96.2	96.1	96.7	97.1
100.4	100.2	100.5	101.1	101.6	101.8	102.6
97.6	97.2	98.2	98.7	98.4	98.2	98.8
109.7	112.9	118.5	128.1	134.5	135.3	135.7
102.8	103.7	104.3	105.5	107.1	109.2	109.7
103.3	104.0	104.3	105.4	107.2	108.9	109.6
103.2	103.2	103.2	104.6	105.0	104.7	104.7
103.1	103.1	103.5	105.1	105.6	106.8	106.6
100.7	102.2	103.7	105.8	106.8	108.3	109.2
101.6	101.9	103.4	104.4	105.2	106.7	107.6
101.8	102.5	103.8	105.4	106.2	108.4	109.1
103.0	104.0	105.3	107.4	109.9	110.8	111.3
103.1	103.8	104.5	108.2	112.0	113.4	113.5
102.1	102.7	103.4	103.9	104.9	105.2	105.4
98.9	99.1	99.8	99.9	100.7	101.2	101.7
100.3	100.6	101.0	101.7	102.1	103.8	104.7
101.6	101.6	101.8	102.3	102.9	103.4	103.7
101.5	102.1	102.6	103.0	103.8	104.1	105.1
99.0	99.5	100.4	100.9	101.7	102.4	102.7
99.3	100.0	100.6	102.4	104.6	104.9	105.4
99.3	99.7	100.0	101.5	102.2	102.5	103.0
113.5	115.5	116.4	120.3	122.9	124.4	125.0
100.9	102.4	102.9	104.2	105.9	107.2	108.3
102.3	101.6	101.5	104.1	105.4	106.8	107.4
99.8	99.8	100.3	102.2	103.2	103.1	103.2
101.2	101.5	101.2	101.8	102.7	103.7	103.9
100.5	100.1	100.5	101.8	102.7	103.8	104.5
102.0	102.4	102.8	103.0	102.6	103.4	103.7
100.4	100.5	101.4	101.5	101.2	101.5	101.8
100.2	100.1	100.8	100.6	100.9	101.5	101.7
100.4	100.8	101.3	101.4	102.1	102.6	103.1

附录1-10 续表 3

（上年同期=100）

地 区	Region	二手住宅价格指数				
		1 月 January	2 月 February	3 月 March	4 月 April	5 月 May
北 京	Beijing	123.7	127.7	135.1	137.2	134.5
天 津	Tianjin	104.3	106.1	108.6	111.2	112.8
石家庄	Shijiazhuang	101.0	101.2	103.1	105.5	107.4
太 原	Taiyuan	101.8	101.9	102.3	102.3	101.9
呼和浩特	Hohhto	99.8	100.0	100.0	100.1	100.1
沈 阳	Shenyang	101.3	101.3	101.4	101.9	101.6
大 连	Dalian	99.9	99.9	100.1	100.4	100.2
长 春	Changchun	100.2	100.0	100.5	100.8	100.8
哈尔滨	Harbin	101.3	101.8	102.8	103.3	103.2
上 海	Shanghai	114.4	120.3	127.8	130.2	129.2
南 京	Nanjing	107.7	109.2	112.0	115.3	118.3
杭 州	Hangzhou	104.4	105.9	108.2	109.9	111.1
宁 波	Ningbo	103.6	104.4	105.0	105.7	106.2
合 肥	Hefei	105.6	113.2	123.6	130.4	135.9
福 州	Fuzhou	103.5	104.8	105.8	107.3	107.5
厦 门	Xiamen	105.2	108.1	113.9	118.4	125.5
南 昌	Nanchang	102.5	103.7	104.9	105.4	106.5
济 南	Jinan	101.5	102.0	103.0	103.4	103.8
青 岛	Qingdao	100.4	101.1	101.5	101.8	101.8
郑 州	Zhengzhou	103.3	104.2	105.5	106.6	107.9
武 汉	Wuhan	104.4	105.0	106.3	107.4	108.6
长 沙	Changsha	100.9	101.2	101.7	102.7	102.6
广 州	Guangzhou	113.1	114.7	118.5	120.3	120.0
深 圳	Shenzhen	149.7	154.2	160.5	156.1	146.8
南 宁	Nanning	104.5	105.1	104.1	104.5	103.6
海 口	Haikou	96.6	97.5	98.7	99.4	100.4
重 庆	Chongqing	103.0	103.3	103.5	103.8	104.0
成 都	Chengdu	100.5	101.5	101.9	102.3	103.2
贵 阳	Guiyang	100.7	101.0	101.3	101.4	101.5
昆 明	Kunming	99.9	101.0	101.3	102.3	102.7
西 安	Xi'an	95.5	96.0	96.3	96.5	96.4
兰 州	Lanzhou	99.6	99.8	99.8	100.2	100.2
西 宁	Xining	100.7	100.4	99.7	99.8	99.7
银 川	Yinchuan	98.2	98.5	99.1	99.3	99.5
乌鲁木齐	Urumqi	102.5	101.8	101.2	100.7	99.9

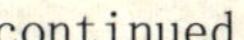

continued

(preceding year=100)

Second-hand Housing Price Index						
6 月 June	7 月 July	8 月 August	9 月 September	10 月 October	11 月 November	12 月 December
133.4	132.2	134.8	140.5	140.4	138.7	136.7
113.2	115.0	118.7	123.0	124.1	124.2	124.0
109.4	111.4	115.4	120.3	119.9	118.8	117.6
102.1	102.5	102.8	103.0	103.7	104.0	103.9
99.7	99.7	99.4	99.5	99.2	98.9	98.9
101.2	101.2	101.2	101.0	101.0	100.9	100.7
100.1	99.9	100.1	100.3	100.6	100.9	101.4
100.1	99.4	99.5	99.6	100.0	100.3	100.2
102.2	101.0	100.7	101.0	100.9	100.4	100.3
130.5	131.0	134.4	137.4	136.7	135.1	132.8
119.8	122.6	126.4	129.4	131.6	132.8	133.7
111.7	113.6	116.2	121.0	123.9	123.1	121.7
106.1	106.2	106.5	108.2	108.8	108.4	108.0
139.7	144.1	146.9	150.1	151.9	150.4	148.9
107.6	108.2	111.2	115.6	116.9	116.5	116.6
130.6	133.2	135.4	137.0	135.9	133.9	132.4
107.6	108.5	109.5	111.7	112.4	112.0	112.1
104.1	104.1	106.2	111.6	114.4	115.3	115.5
101.7	101.7	102.6	107.6	108.8	109.4	109.7
109.2	110.3	115.3	123.5	126.7	126.9	127.4
110.2	111.9	113.8	117.6	120.1	121.9	122.1
102.9	102.8	103.5	107.2	109.6	111.0	112.3
119.7	119.9	122.1	124.7	125.4	125.5	125.9
138.5	133.9	130.8	128.8	126.8	123.5	119.3
102.9	102.4	102.8	103.6	104.6	104.5	105.0
101.1	101.5	101.9	102.3	102.8	103.2	103.5
103.7	103.6	103.6	104.0	104.4	104.8	105.5
103.2	103.1	103.3	104.8	105.4	105.2	105.7
101.5	101.5	101.6	101.8	102.0	101.9	101.9
101.3	101.9	102.0	102.0	102.3	101.8	101.4
96.7	97.0	97.4	97.4	97.8	97.9	98.5
100.4	100.7	101.2	101.2	101.1	101.3	101.3
99.5	99.1	99.0	99.1	99.1	98.9	98.9
99.5	99.7	99.8	99.9	99.9	100.1	100.2
98.9	98.1	97.9	97.7	97.2	96.5	96.3

附录1-10　续表 3

（上年同期=100）

地　区	Region	二手住宅价格指数				
		1 月 January	2 月 February	3 月 March	4 月 April	5 月 May
唐　山	Tangshan	98.8	99.1	99.6	99.8	100.0
秦皇岛	Qinhuangdao	97.3	97.4	97.9	98.3	99.2
包　头	Baotou	97.8	98.1	98.2	97.9	97.2
丹　东	Dandong	97.7	97.9	98.0	98.2	98.2
锦　州	Jinzhou	91.9	92.6	92.7	92.8	93.5
吉　林	Jilin	99.4	99.9	100.1	100.4	100.4
牡丹江	Mudanjiang	100.1	100.5	101.0	99.7	100.5
无　锡	Wuxi	99.4	99.4	100.9	102.2	102.3
扬　州	Yangzhou	100.2	100.5	100.6	100.5	100.7
徐　州	Xuzhou	99.4	99.8	100.3	100.9	101.2
温　州	Wenzhou	102.4	103.6	104.6	104.5	104.0
金　华	Jinhua	100.7	101.2	101.7	102.1	102.2
蚌　埠	Bengbu	97.2	98.0	98.6	99.3	99.8
安　庆	Anqing	98.8	99.1	99.1	99.6	100.2
泉　州	Quanzhou	99.2	99.2	99.1	99.5	99.5
九　江	Jiujiang	101.9	101.9	102.4	103.0	102.5
赣　州	Ganzhou	100.7	100.7	100.7	101.5	102.1
烟　台	Yantai	98.9	99.1	99.6	100.0	100.3
济　宁	Jining	98.6	99.2	99.6	99.8	99.9
洛　阳	Luoyang	98.2	98.5	98.9	99.3	99.7
平顶山	Pingdingshan	98.8	99.3	99.7	99.8	99.9
宜　昌	Yichang	101.1	101.4	102.1	102.2	102.3
襄　阳	Xiangyang	99.4	99.9	99.7	99.8	99.4
岳　阳	Yueyang	98.9	99.3	99.6	99.9	100.0
常　德	Changde	100.0	100.0	100.1	100.4	100.4
惠　州	Huizhou	99.7	100.8	102.2	103.6	105.7
湛　江	Zhangjiang	96.1	96.8	97.1	97.5	97.9
韶　关	Shaoguan	100.1	101.2	101.6	101.1	101.2
桂　林	Guilin	96.9	97.6	98.1	98.3	98.3
北　海	The North Sea	103.1	103.4	103.5	103.0	103.1
三　亚	Sanya	100.7	100.9	101.5	101.5	101.4
泸　州	Luzhou	103.3	102.9	103.0	103.2	103.1
南　充	Nanchong	100.4	100.4	100.7	100.9	101.1
遵　义	Zunyi	97.4	97.6	98.0	98.1	98.3
大　理	Dali	96.4	97.3	98.2	99.3	99.8

continued

(preceding year=100)

Second-hand Housing Price Index						
6 月 June	7 月 July	8 月 August	9 月 September	10 月 October	11 月 November	12 月 December
99.9	99.8	99.9	100.0	100.4	101.1	101.4
99.7	99.8	100.0	100.3	101.5	102.9	103.5
97.0	96.9	96.6	96.2	96.5	97.4	98.2
98.1	98.2	98.2	98.5	98.6	98.4	98.5
94.1	94.7	95.6	96.2	96.4	96.9	97.4
100.5	100.6	100.6	100.6	100.8	101.0	101.4
100.4	100.2	99.9	99.7	99.5	99.4	99.8
103.1	103.9	108.0	117.0	119.6	119.2	119.2
100.5	101.0	101.1	101.9	103.1	104.6	105.6
101.3	101.4	102.4	103.1	104.0	104.8	104.9
103.5	103.4	102.9	103.4	103.5	103.2	103.1
102.1	102.0	102.5	103.5	103.8	104.3	104.7
100.1	100.9	101.7	102.9	103.5	104.3	105.6
100.8	101.5	102.1	103.4	103.9	105.0	106.6
99.4	99.7	100.1	101.6	102.4	104.5	105.8
103.6	104.3	105.4	105.9	106.7	106.5	107.9
102.3	102.6	102.8	105.9	108.6	109.7	109.7
100.5	100.6	101.2	101.4	101.7	102.0	102.3
100.0	100.2	100.3	100.5	100.8	101.0	100.9
100.1	100.3	100.7	100.9	101.2	102.1	102.5
100.0	100.1	100.3	100.9	100.9	100.9	100.7
102.1	102.0	102.1	101.9	102.4	102.9	103.0
99.2	99.7	100.3	100.2	100.5	100.6	100.5
100.1	100.4	100.7	101.1	101.7	101.8	102.2
100.7	101.1	101.0	101.9	102.2	102.3	102.1
106.6	107.7	108.5	112.2	113.0	114.4	114.4
98.4	99.1	99.6	100.3	100.7	101.1	102.2
100.3	99.6	99.0	100.2	100.4	100.4	101.3
98.4	98.4	98.5	98.6	98.4	98.2	98.3
102.6	102.2	102.1	101.7	101.6	101.5	101.7
101.5	101.3	100.9	101.1	100.9	101.3	102.0
102.9	102.7	102.5	102.8	102.8	102.8	102.9
101.3	101.7	102.0	102.5	102.4	102.6	102.8
98.5	98.4	98.8	99.3	100.6	101.3	102.0
99.8	100.1	99.8	100.3	100.2	100.7	100.3

附录1-11　全国及各省市区固定资产投资价格指数（2016年）

Price Indices of Investment in Fixed Assets by Provinces and Regions（2016）

（上年＝100）　　(preceding year=100)

地　区	Region	固定资产投资 Investment in Fixed Assets	建筑安装工程 Construction and Installation	设备、工器具 Purchase of Equipment, Tools and Instruments	其他费用 Others
全　国	National	99.4	99.4	98.9	100.5
北　京	Beijing	99.7	98.8	99.0	100.7
天　津	Tianjin	99.4	98.9	98.8	101.2
河　北	Hebei	99.4	99.4	98.7	100.8
山　西	Shanxi	100.0	100.5	98.9	99.9
内蒙古	Inner Mongolia	99.5	99.6	98.9	100.6
辽　宁	Liaoning	99.2	99.1	98.8	100.9
吉　林	Jilin	98.7	98.6	98.7	100.0
黑龙江	Heilongjiang	99.4	99.4	99.0	100.7
上　海	Shanghai	99.6	99.3	99.7	100.2
江　苏	Jiangsu	98.8	98.3	98.7	102.1
浙　江	Zhejiang	99.5	99.3	98.9	100.5
安　徽	Anhui	99.2	99.3	98.5	100.2
福　建	Fujian	100.0	99.8	100.0	100.7
江　西	Jiangxi	100.0	100.3	98.7	100.5
山　东	Shandong	99.1	99.1	98.7	100.0
河　南	Henan	99.2	99.1	98.6	100.7
湖　北	Hubei	100.1	100.2	99.1	100.7
湖　南	Hunan	100.4	100.7	99.4	100.7
广　东	Guangdong	100.3	100.4	99.3	100.7
广　西	Guangxi	99.5	99.4	99.4	100.0
海　南	Hainan	100.1	100.4	98.9	99.6
重　庆	Chongqing	98.9	98.5	98.8	100.6
四　川	Sichuan	99.8	100.1	98.9	99.8
贵　州	Guizhou	98.6	98.3	99.2	100.9
云　南	Yunnan	100.1	100.1	98.6	101.0
西　藏	Tibet				
陕　西	Shaanxi	99.9	99.8	98.9	101.3
甘　肃	Gansu	98.7	98.5	99.4	100.4
青　海	Qinghai	99.6	99.6	99.1	101.0
宁　夏	Ningxia	99.6	99.5	99.0	100.8
新　疆	Xinjiang	99.9	99.9	99.3	101.7

附录1-12 全国及各省市区工业生产者出厂价格指数

Producer Price Indices for Industrial Products by Provinces and Regions

（上年＝100） (preceding year=100)

地 区	Region	2011	2012	2013	2014	2015
全 国	National	106.0	98.3	98.1	98.1	94.8
北 京	Beijing	102.3	98.4	97.4	99.1	96.9
天 津	Tianjin	103.8	97.0	97.0	96.3	90.3
河 北	Hebei	107.7	94.7	96.6	95.2	89.1
山 西	Shanxi	107.5	94.5	90.7	91.4	87.7
内蒙古	Inner Mongolia	107.8	100.2	97.0	97.3	94.0
辽 宁	Liaoning	106.5	99.9	99.0	98.2	93.9
吉 林	Jilin	105.4	99.1	98.7	99.1	95.3
黑龙江	Heilongjiang	112.0	100.0	98.0	97.1	86.0
上 海	Shanghai	102.9	98.4	98.2	98.9	96.1
江 苏	Jiangsu	106.2	97.1	98.0	98.3	95.3
浙 江	Zhejiang	105.0	97.3	98.2	98.8	96.4
安 徽	Anhui	108.3	98.3	98.2	97.4	93.9
福 建	Fujian	103.9	98.7	98.4	98.6	97.0
江 西	Jiangxi	111.3	96.5	98.5	97.8	93.7
山 东	Shandong	106.0	98.4	98.4	98.4	95.2
河 南	Henan	107.2	99.4	98.5	98.1	95.4
湖 北	Hubei	106.6	100.3	99.2	98.4	96.7
湖 南	Hunan	108.5	99.1	98.5	98.4	96.3
广 东	Guangdong	103.7	99.5	98.8	98.9	96.8
广 西	Guangxi	108.5	97.8	98.2	98.4	97.0
海 南	Hainan	108.8	100.8	99.5	97.6	89.8
重 庆	Chongqing	103.8	99.9	98.0	98.3	96.4
四 川	Sichuan	107.3	98.6	98.7	98.7	96.1
贵 州	Guizhou	105.4	101.0	97.4	98.3	94.9
云 南	Yunnan	104.7	97.9	97.5	97.8	93.2
西 藏	Tibet	104.3	99.7	99.8	99.0	97.2
陕 西	Shaanxi	107.2	100.7	97.3	97.1	90.8
甘 肃	Gansu	111.0	96.8	96.9	96.7	87.0
青 海	Qinghai	107.4	96.9	97.0	96.1	93.1
宁 夏	Ningxia	109.5	97.4	96.0	96.3	93.7
新 疆	Xinjiang	114.8	96.9	96.5	96.2	82.4

附录1-13　全国及各省市区固定资产投资价格指数

Price Indices of Investment in Fixed Assets by Provinces and Regions

（上年＝100）　　(preceding year=100)

地　区	Region	2011	2012	2013	2014	2015
全　国	National	106.6	101.1	98.0	100.5	98.2
北　京	Beijing	105.7	101.3	97.8	100.0	97.6
天　津	Tianjin	105.7	100.0	97.4	100.5	99.9
河　北	Hebei	105.5	100.3	97.6	100.2	98.0
山　西	Shanxi	105.5	101.2	95.5	99.6	98.2
内蒙古	Inner Mongolia	106.3	101.6	99.3	99.8	98.0
辽　宁	Liaoning	106.6	101.0	98.5	99.7	97.9
吉　林	Jilin	105.6	100.4	99.4	100.2	97.6
黑龙江	Heilongjiang	107.5	100.8	98.7	100.0	99.0
上　海	Shanghai	106.5	99.4	96.5	100.5	97.0
江　苏	Jiangsu	106.8	98.6	97.1	101.1	96.2
浙　江	Zhejiang	107.5	99.2	97.7	100.6	97.4
安　徽	Anhui	108.1	101.0	96.9	100.3	96.9
福　建	Fujian	106.2	100.3	98.4	100.4	98.3
江　西	Jiangxi	108.4	101.0	98.4	100.1	96.8
山　东	Shandong	106.8	100.8	98.4	100.3	97.7
河　南	Henan	107.4	101.0	99.3	100.0	97.6
湖　北	Hubei	107.3	101.8	98.2	101.0	99.4
湖　南	Hunan	107.2	101.7	98.4	101.5	100.4
广　东	Guangdong	105.5	101.5	98.2	101.5	99.0
广　西	Guangxi	106.2	100.6	98.9	101.6	98.8
海　南	Hainan	106.4	102.0	97.0	100.6	99.4
重　庆	Chongqing	105.9	101.8	97.6	100.3	98.2
四　川	Sichuan	105.2	101.0	99.2	100.5	97.9
贵　州	Guizhou	105.4	101.5	96.4	101.1	98.4
云　南	Yunnan	104.6	101.4	98.8	101.0	99.1
西　藏	Tibet					
陕　西	Shaanxi	105.9	102.6	99.3	101.1	98.8
甘　肃	Gansu	104.7	102.1	97.8	100.1	97.7
青　海	Qinghai	106.5	102.2	98.8	100.9	98.2
宁　夏	Ningxia	107.5	101.5	97.0	100.8	97.5
新　疆	Xinjiang	107.1	100.6	97.8	100.3	98.3

附录1-14 全国粮食作物播种面积（1980—2016年）

Sown Area of Grain Crops by Nationwide（1980—2016）

单位：千公顷 （1 000 hectares）

年 份 Year	粮食作物播种面积 Sown Area of Grain Crops	稻 谷 Rice	小 麦 Wheat	玉 米 Corn	大 豆 Soybean	薯 类 Tubers
1980	117234	33878	28844	20087	7226	10153
1981	114958	33295	28307	19425	8024	9620
1982	113462	33071	27955	18543	8419	9370
1983	114047	33136	29050	18824	7567	9402
1984	112884	33178	29576	18537	7286	8988
1985	108845	32070	29218	17694	7718	8572
1986	110933	32266	29616	19124	8295	8685
1987	111268	32193	28798	20212	8445	8868
1988	110123	31987	28785	19692	8120	9054
1989	112205	32700	29841	20353	8057	9097
1990	113466	33064	30753	21401	7560	9121
1991	112314	32590	30948	21574	7041	9078
1992	110560	32090	30496	21044	7221	9057
1993	110509	30355	30235	20694	9454	9220
1994	109544	30171	28981	21152	9222	9270
1995	110060	30744	28860	22776	8127	9519
1996	112548	31406	29611	24498	7471	9797
1997	112912	31765	30057	23775	8346	9785
1998	113787	31214	29774	25239	8500	10000
1999	113161	31283	28855	25904	7962	10355
2000	108463	29962	26653	23056	9307	10538
2001	106080	28812	24664	24282	9482	10217
2002	103891	28202	23908	24634	8720	9881
2003	99410	26508	21997	24068	9313	9702
2004	101606	28379	21626	25446	9589	9457
2005	104278	28847	22793	26358	9591	9503
2006	105068	28938	23723	28463	9304	7877
2007	105748	28919	23831	29478	8754	8082
2008	106793	29241	23617	29864	9127	8427
2009	108986	29627	24291	31183	9190	8636
2010	109876	29873	24257	32500	8516	8750
2011	110573	30057	24270	33542	7889	8906
2012	111205	30137	24268	35030	7172	8881
2013	111956	30312	24117	36318	6791	8963
2014	112723	30310	24069	37123	6800	8940
2015	113343	30216	24141	38119	6506	8839
2016	113035	30178	24187	36768	7202	8941

附录1-15　全国粮食作物总产量（1980—2016年）

Total Output of Grain Crops by Nationwide（1980—2016）

单位：万吨　　(10 000 tons)

年　份 Year	粮食作物总产量 Total Output of Grain Crops	稻　谷 Rice	小　麦 Wheat	玉　米 Corn	大　豆 Soybean	薯　类 Tubers
1980	32056	13991	5521	6260	794	2873
1981	32502	14396	5964	5921	933	2597
1982	35450	16160	6847	6056	903	2705
1983	38728	16887	8139	6821	976	2925
1984	40731	17826	8782	7341	970	2848
1985	37911	16857	8581	6383	1050	2604
1986	39151	17222	9004	7086	1161	2534
1987	40298	17426	8590	7924	1247	2821
1988	39408	16911	8543	7735	1165	2697
1989	40755	18013	9081	7893	1023	2730
1990	44624	18933	9823	9682	1100	2743
1991	43529	18381	9595	9877	971	2716
1992	44266	18622	10159	9538	1030	2844
1993	45649	17751	10639	10270	1531	3181
1994	44510	17593	9930	9928	1600	3025
1995	46662	18523	10221	11199	1350	3263
1996	50454	19510	11057	12747	1322	3536
1997	49417	20073	12329	10431	1473	3192
1998	51230	19871	10973	13295	1515	3604
1999	50839	19849	11388	12809	1425	3641
2000	46218	18791	9964	10600	1541	3685
2001	45264	17758	9387	11409	1541	3563
2002	45706	17454	9029	12131	1651	3666
2003	43070	16066	8649	11583	1539	3513
2004	46947	17909	9195	13029	1740	3558
2005	48402	18059	9745	13937	1635	3469
2006	49804	18172	10847	15160	1508	2701
2007	50160	18603	10930	15230	1273	2808
2008	52871	19190	11246	16591	1554	2980
2009	53082	19510	11512	16397	1498	2995
2010	54648	19576	11518	17725	1508	3114
2011	57121	20100	11740	19278	1449	3273
2012	58958	20424	12102	20561	1302	3279
2013	60194	20361	12193	21849	1195	3329
2014	60703	20651	12621	21565	1215	3336
2015	62144	20823	13019	22463	1179	3326
2016	61625	20708	12885	21955	1294	3356

附录1-16 全国及各省市区粮食作物播种面积

Sown Area of Grain Crops by Provinces and Regions

单位：千公顷 (1 000 hectares)

地 区	Region	2012	2013	2014	2015	2016	2016年比2015年增长 Increase Rate in 2016 over 2015	
							绝对数 Value	%
全 国	National	111204.6	111955.6	112722.6	113342.9	113034.5	-308.4	-0.27
北 京	Beijing	193.9	158.9	120.2	104.5	87.3	-17.1	-19.61
天 津	Tianjin	322.9	332.8	345.8	350.0	357.3	7.2	2.02
河 北	Hebei	6302.4	6315.9	6332.0	6392.5	6327.4	-65.1	-1.03
山 西	Shanxi	3291.5	3274.3	3286.4	3287.2	3241.4	-45.8	-1.41
内蒙古	Inner Mongolia	5589.4	5617.3	5651.0	5726.7	5784.8	58.1	1.00
辽 宁	Liaoning	3217.3	3226.4	3235.1	3297.4	3231.4	-66.0	-2.04
吉 林	Jilin	4610.3	4789.9	5000.7	5078.0	5021.7	-56.3	-1.12
黑龙江	Heilongjiang	11519.5	11564.4	11696.4	11765.2	11804.7	39.5	0.33
上 海	Shanghai	187.6	168.5	164.9	161.9	140.1	-21.9	-15.62
江 苏	Jiangsu	5336.6	5360.8	5376.1	5424.6	5432.7	8.1	0.15
浙 江	Zhejiang	1251.6	1253.7	1266.8	1277.8	1255.4	-22.4	-1.79
安 徽	Anhui	6622.0	6625.3	6628.9	6632.9	6644.5	11.6	0.17
福 建	Fujian	1201.1	1202.1	1197.7	1193.2	1176.7	-16.5	-1.40
江 西	Jiangxi	3675.9	3690.9	3697.3	3705.6	3686.2	-19.4	-0.53
山 东	Shandong	7202.3	7294.6	7440.0	7492.1	7511.5	19.3	0.26
河 南	Henan	9985.2	10081.8	10209.8	10267.2	10286.2	19.0	0.18
湖 北	Hubei	4180.1	4258.4	4370.4	4466.0	4436.9	-29.2	-0.66
湖 南	Hunan	4908.0	4936.6	4975.1	4944.7	4890.6	-54.0	-1.11
广 东	Guangdong	2540.2	2507.6	2507.0	2505.8	2509.3	3.5	0.14
广 西	Guangxi	3069.1	3076.0	3067.7	3059.3	3023.6	-35.7	-1.18
海 南	Hainan	438.6	421.8	394.0	375.6	360.4	-15.3	-4.23
重 庆	Chongqing	2259.6	2253.9	2242.5	2234.0	2250.1	16.1	0.72
四 川	Sichuan	6468.2	6469.9	6467.4	6453.9	6453.9		
贵 州	Guizhou	3054.3	3118.4	3138.4	3114.9	3113.3	-1.7	-0.05
云 南	Yunnan	4399.6	4499.4	4508.2	4487.3	4481.2	-6.1	-0.14
西 藏	Tibet	170.9	175.9	176.4	178.9	182.9	4.0	2.26
陕 西	Shaanxi	3127.5	3105.1	3076.5	3073.5	3068.7	-4.8	-0.16
甘 肃	Gansu	2839.4	2858.7	2842.5	2849.6	2814.0	-35.7	-1.25
青 海	Qinghai	280.2	280.0	280.1	277.1	281.1	4.0	1.44
宁 夏	Ningxia	828.3	801.6	771.3	770.4	778.3	7.9	1.03
新 疆	Xinjiang	2131.2	2234.8	2255.9	2395.0	2401.1	6.1	0.26
广西居全国位次	**Order of Precedence of Guangxi in the Country**	**17**	**18**	**18**	**18**	**18**		

附录1-17　全国及各省市区粮食作物总产量

Total Output of Grain Crops by Provinces and Regions

单位：万吨　　　　(10 000 tons)

地　区	Region	2012	2013	2014	2015	2016	2016年比2015年增长 Increase Rate in 2016 over 2015	
							绝对数 Value	%
全　国	National	58958.0	60193.8	60702.6	62143.9	61625.0	-518.9	-0.84
北　京	Beijing	113.8	96.1	63.9	62.6	53.7	-8.9	-16.66
天　津	Tianjin	161.8	174.7	176.0	181.7	196.4	14.6	7.45
河　北	Hebei	3246.6	3365.0	3360.2	3363.8	3460.2	96.4	2.79
山　西	Shanxi	1274.1	1312.8	1330.8	1259.6	1318.5	58.9	4.47
内蒙古	Inner Mongolia	2528.5	2773.0	2753.0	2827.0	2780.3	-46.8	-1.68
辽　宁	Liaoning	2070.5	2195.6	1753.9	2002.5	2100.6	98.1	4.67
吉　林	Jilin	3343.0	3551.0	3532.8	3647.0	3717.2	70.2	1.89
黑龙江	Heilongjiang	5761.5	6004.1	6242.2	6324.0	6058.5	-265.5	-4.38
上　海	Shanghai	122.4	114.2	112.5	112.1	99.2	-12.9	-13.03
江　苏	Jiangsu	3372.5	3423.0	3490.6	3561.3	3466.0	-95.3	-2.75
浙　江	Zhejiang	769.8	734.0	757.4	752.2	752.2		
安　徽	Anhui	3289.1	3279.6	3415.8	3538.1	3417.4	-120.7	-3.53
福　建	Fujian	659.3	664.4	667.0	661.1	650.9	-10.2	-1.57
江　西	Jiangxi	2084.8	2116.1	2143.5	2148.7	2138.1	-10.6	-0.50
山　东	Shandong	4511.4	4528.2	4596.6	4712.7	4700.7	-12.0	-0.25
河　南	Henan	5638.6	5713.7	5772.3	6067.1	5946.6	-120.5	-2.03
湖　北	Hubei	2441.8	2501.3	2584.2	2703.3	2554.1	-149.2	-5.84
湖　南	Hunan	3006.5	2925.7	3001.3	3002.9	2953.2	-49.7	-1.68
广　东	Guangdong	1396.3	1315.9	1357.3	1358.1	1360.2	2.1	0.15
广　西	Guangxi	1484.9	1521.8	1534.4	1524.8	1521.3	-3.5	-0.23
海　南	Hainan	199.5	190.9	186.6	184.0	177.9	-6.1	-3.45
重　庆	Chongqing	1138.5	1148.1	1144.5	1154.9	1166.0	11.1	0.95
四　川	Sichuan	3315.0	3387.1	3374.9	3442.8	3483.5	40.7	1.17
贵　州	Guizhou	1079.5	1030.0	1138.5	1180.0	1192.4	12.4	1.04
云　南	Yunnan	1749.1	1824.0	1860.7	1876.4	1902.9	26.5	1.39
西　藏	Tibet	94.9	96.2	98.0	100.6	101.9	1.3	1.26
陕　西	Shaanxi	1245.1	1215.8	1197.8	1226.8	1228.3	1.5	0.12
甘　肃	Gansu	1109.7	1138.9	1158.7	1171.1	1140.6	-30.5	-2.68
青　海	Qinghai	101.5	102.4	104.8	102.7	103.5	0.7	0.71
宁　夏	Ningxia	375.0	373.4	377.9	372.6	370.6	-2.0	-0.54
新　疆	Xinjiang	1273.0	1377.0	1414.5	1521.3	1512.3	-9.0	-0.59
广西居全国位次	**Order of Precedence of Guangxi in the Country**	**15**	**15**	**15**	**15**	**15**		

附录1-18　全国及各省市区稻谷播种面积

Sown Area of Rice by Provinces and Regions

单位：千公顷　　　　(1 000 hectares)

地　区	Region	2012	2013	2014	2015	2016	2016年比2015年增长 Increase Rate in 2016 over 2015	
							绝对数 Value	%
全　国	National	30137.1	30311.7	30309.9	30215.7	30178.2	-37.5	-0.12
北　京	Beijing	0.2	0.2	0.2	0.2	0.2		-15.87
天　津	Tianjin	14.6	16.8	16.4	15.4	17.7	2.3	12.98
河　北	Hebei	85.9	86.8	84.8	84.8	81.5	-3.3	-4.01
山　西	Shanxi	1.0	1.0	0.9	0.7	0.7		
内蒙古	Inner Mongolia	89.3	75.9	78.1	78.9	98.4	19.5	19.84
辽　宁	Liaoning	661.8	649.2	562.1	544.9	562.5	17.6	3.13
吉　林	Jilin	701.2	726.7	747.1	761.7	780.7	19.0	2.43
黑龙江	Heilongjiang	3069.8	3175.6	3205.5	3147.8	3203.3	55.5	1.73
上　海	Shanghai	105.1	101.9	98.4	97.8	95.1	-2.7	-2.82
江　苏	Jiangsu	2254.2	2265.7	2271.7	2291.6	2294.8	3.2	0.14
浙　江	Zhejiang	832.6	828.7	824.2	822.5	818.3	-4.1	-0.50
安　徽	Anhui	2215.1	2214.1	2217.3	2234.9	2265.5	30.6	1.35
福　建	Fujian	827.6	817.5	804.5	789.0	769.4	-19.6	-2.54
江　西	Jiangxi	3328.3	3338.0	3339.5	3342.4	3316.3	-26.1	-0.79
山　东	Shandong	123.9	123.1	122.4	116.3	105.8	-10.5	-9.95
河　南	Henan	648.2	641.3	649.7	656.0	655.0	-1.0	-0.15
湖　北	Hubei	2017.9	2101.2	2144.0	2188.5	2131.0	-57.5	-2.70
湖　南	Hunan	4095.1	4085.0	4120.7	4114.1	4085.5	-28.6	-0.70
广　东	Guangdong	1949.4	1908.8	1893.3	1887.3	1888.6	1.3	0.07
广　西	Guangxi	2057.6	2046.6	2026.2	1983.9	1959.8	-24.1	-1.23
海　南	Hainan	324.4	311.9	312.2	299.3	289.1	-10.2	-3.53
重　庆	Chongqing	687.0	688.7	689.7	688.3	692.1	3.7	0.54
四　川	Sichuan	1997.8	1990.7	1991.8	1990.8	1990.0	-0.8	-0.04
贵　州	Guizhou	683.0	684.5	682.0	675.1	674.3	-0.9	-0.13
云　南	Yunnan	1082.9	1152.7	1144.7	1134.8	1130.0	-4.8	-0.42
西　藏	Tibet	1.0	1.0	1.0	0.9	1.0	0.1	8.20
陕　西	Shaanxi	123.3	123.7	123.4	122.8	122.7	-0.1	-0.07
甘　肃	Gansu	5.6	5.3	5.1	4.5	4.7	0.2	3.87
青　海	Qinghai							
宁　夏	Ningxia	84.3	82.1	78.1	74.3	75.1	0.7	0.95
新　疆	Xinjiang	69.2	67.3	75.1	66.2	69.2	3.0	4.35
广西居全国位次	**Order of Precedence of Guangxi in the Country**	**6**	**7**	**7**	**8**	**8**		

附录1-19 全国及各省市区稻谷产量

Output of Rice by Provinces and Regions

单位：万吨　　　　(10 000 tons)

地区	Region	2012	2013	2014	2015	2016	2016年比2015年增长 Increase Rate in 2016 over 2015	
							绝对数 Value	%
全　国	National	20423.6	20361.2	20650.7	20822.5	20707.5	-115.0	-0.56
北　京	Beijing	0.1	0.1	0.1	0.1	0.1		-20.18
天　津	Tianjin	11.2	12.9	12.1	11.3	13.4	2.0	15.04
河　北	Hebei	49.8	58.8	54.2	54.5	54.7	0.2	0.35
山　西	Shanxi	0.6	0.7	0.6	0.5	0.5		4.08
内蒙古	Inner Mongolia	73.3	56.0	52.4	53.2	63.2	10.0	15.83
辽　宁	Liaoning	507.8	506.9	451.5	467.7	484.6	16.9	3.49
吉　林	Jilin	532.0	563.3	587.6	630.1	654.1	24.0	3.67
黑龙江	Heilongjiang	2171.2	2220.6	2251.0	2199.7	2255.3	55.6	2.47
上　海	Shanghai	89.1	86.8	84.1	84.1	81.8	-2.3	-2.80
江　苏	Jiangsu	1900.1	1922.3	1912.0	1952.5	1931.4	-21.1	-1.09
浙　江	Zhejiang	608.3	580.2	590.1	578.1	593.8	15.7	2.64
安　徽	Anhui	1393.5	1362.3	1394.6	1459.3	1401.8	-57.5	-4.10
福　建	Fujian	503.8	502.0	497.1	485.0	471.5	-13.6	-2.88
江　西	Jiangxi	1976.0	2004.0	2025.2	2027.2	2012.6	-14.6	-0.73
山　东	Shandong	103.4	103.6	101.0	95.1	88.1	-7.0	-7.97
河　南	Henan	492.6	485.8	528.6	531.5	542.2	10.6	1.96
湖　北	Hubei	1651.4	1676.6	1729.5	1810.7	1693.5	-117.2	-6.92
湖　南	Hunan	2631.6	2561.5	2634.0	2644.8	2602.3	-42.5	-1.63
广　东	Guangdong	1126.6	1045.0	1091.6	1088.4	1087.1	-1.4	-0.13
广　西	Guangxi	1142.0	1156.2	1166.1	1137.8	1137.3	-0.6	-0.05
海　南	Hainan	155.8	149.8	155.4	153.3	149.1	-4.2	-2.79
重　庆	Chongqing	498.0	503.1	503.2	506.4	510.6	4.2	0.82
四　川	Sichuan	1536.1	1549.5	1526.5	1552.6	1558.2	5.6	0.36
贵　州	Guizhou	402.4	361.3	403.2	417.5	430.5	12.9	3.01
云　南	Yunnan	644.6	667.9	666.1	659.7	671.9	12.2	1.82
西　藏	Tibet	0.5	0.6	0.5	0.5	0.5	0.1	10.97
陕　西	Shaanxi	87.4	91.0	90.9	91.9	91.9	0.1	0.09
甘　肃	Gansu	3.9	3.8	3.5	3.1	3.1		
青　海	Qinghai							
宁　夏	Ningxia	71.3	68.9	61.8	60.8	63.0	2.3	3.57
新　疆	Xinjiang	59.4	59.8	76.2	65.1	59.7	-5.4	-9.05
广西居全国位次	**Order of Precedence of Guangxi in the Country**	**8**	**8**	**8**	**8**	**8**		

附录1-20　全国及各省市区小麦播种面积

Sown Area of Wheat by Provinces and Regions

单位：千公顷　　　　（1 000 hectares）

地　区	Region	2012	2013	2014	2015	2016	2016年比2015年增长 Increase Rate in 2016 over 2015	
							绝对数 Value	%
全　国	National	24268.3	24117.3	24069.4	24141.4	24186.8	45.4	0.19
北　京	Beijing	52.2	36.2	23.6	20.8	15.9	-4.9	-30.66
天　津	Tianjin	113.1	110.4	110.7	109.2	110.9	1.7	1.56
河　北	Hebei	2410.0	2377.7	2342.7	2318.9	2313.9	-5.0	-0.21
山　西	Shanxi	689.0	677.5	673.9	675.1	672.9	-2.1	-0.32
内蒙古	Inner Mongolia	609.6	571.2	563.5	564.1	593.4	29.3	4.94
辽　宁	Liaoning	6.8	5.6	5.8	5.6	5.8	0.3	4.31
吉　林	Jilin			0.4	0.3	0.3		3.70
黑龙江	Heilongjiang	210.1	133.0	145.7	71.1	79.7	8.7	10.88
上　海	Shanghai	56.6	44.4	43.9	45.5	32.6	-12.9	-39.53
江　苏	Jiangsu	2132.6	2146.9	2159.9	2178.8	2189.9	11.0	0.50
浙　江	Zhejiang	74.5	75.5	82.1	89.8	76.6	-13.2	-17.25
安　徽	Anhui	2415.5	2432.9	2434.5	2457.0	2446.9	-10.1	-0.41
福　建	Fujian	2.5	2.3	2.3	2.1	1.9	-0.1	-7.29
江　西	Jiangxi	11.9	11.8	12.0	12.2	12.3	0.1	0.81
山　东	Shandong	3625.9	3673.3	3740.2	3799.8	3830.3	30.4	0.79
河　南	Henan	5340.0	5366.7	5406.7	5425.7	5465.7	40.0	0.73
湖　北	Hubei	1065.5	1094.8	1074.3	1093.4	1108.3	14.8	1.34
湖　南	Hunan	35.3	32.3	30.6	29.4	19.2	-10.2	-53.07
广　东	Guangdong	0.9	0.9	0.9	0.9	0.9		
广　西	Guangxi	1.5	1.8	1.4	5.1	6.4	1.3	19.84
海　南	Hainan							
重　庆	Chongqing	125.4	107.6	87.0	69.7	59.8	-9.9	-16.50
四　川	Sichuan	1234.1	1216.0	1170.7	1119.0	1088.0	-31.0	-2.85
贵　州	Guizhou	259.8	251.8	251.5	248.7	241.7	-7.0	-2.89
云　南	Yunnan	442.2	437.3	434.4	432.7	430.3	-2.4	-0.56
西　藏	Tibet	37.7	37.8	36.9	36.3	36.6	0.2	0.61
陕　西	Shaanxi	1127.6	1094.8	1082.9	1085.6	1082.6	-3.0	-0.28
甘　肃	Gansu	833.9	811.7	792.5	794.8	762.3	-32.5	-4.26
青　海	Qinghai	94.2	95.4	88.6	88.2	86.3	-1.9	-2.25
宁　夏	Ningxia	179.0	148.8	127.5	122.5	126.2	3.7	2.96
新　疆	Xinjiang	1081.0	1121.0	1142.4	1239.3	1289.4	50.1	3.88
广西居全国位次	**Order of Precedence of Guangxi in the Country**	**28**	**28**	**28**	**27**	**26**		

附录1-21 全国及各省市区小麦产量

Output of Wheat by Provinces and Regions

单位：万吨 （10 000 tons）

地区	Region	2012	2013	2014	2015	2016	2016年比2015年增长 Increase Rate in 2016 over 2015	
							绝对数 Value	%
全国	National	12102.3	12192.6	12620.8	13018.5	12884.5	-134.0	-1.04
北京	Beijing	27.4	18.7	12.2	11.1	8.5	-2.6	-30.14
天津	Tianjin	55.8	57.3	58.6	59.8	60.9	1.1	1.75
河北	Hebei	1337.7	1387.2	1429.9	1435.0	1433.3	-1.8	-0.12
山西	Shanxi	259.2	230.7	259.1	271.4	273.4	2.0	0.72
内蒙古	Inner Mongolia	188.4	180.4	153.9	158.3	169.9	11.6	6.85
辽宁	Liaoning	3.2	2.7	2.8	2.7	2.2	-0.5	-21.82
吉林	Jilin			0.1	0.1	0.1		-4.79
黑龙江	Heilongjiang	70.0	38.9	46.6	21.8	29.0	7.2	24.94
上海	Shanghai	22.6	17.6	18.6	19.9	12.1	-7.8	-64.76
江苏	Jiangsu	1048.8	1101.3	1160.4	1174.0	1119.6	-54.5	-4.87
浙江	Zhejiang	27.1	27.8	31.0	35.1	25.4	-9.7	-38.36
安徽	Anhui	1294.0	1332.0	1393.6	1411.0	1385.9	-25.1	-1.81
福建	Fujian	0.7	0.7	0.7	0.6	0.6	-0.1	-10.79
江西	Jiangxi	2.3	2.5	2.6	2.6	2.6		-0.77
山东	Shandong	2179.5	2218.8	2263.8	2346.6	2344.6	-2.0	-0.09
河南	Henan	3177.4	3226.4	3329.0	3501.0	3466.0	-35.0	-1.01
湖北	Hubei	370.8	416.8	421.6	420.9	428.2	7.3	1.70
湖南	Hunan	8.6	11.0	10.3	9.4	5.9	-3.5	-58.64
广东	Guangdong	0.3	0.3	0.3	0.3	0.3		
广西	Guangxi	0.2	0.3	0.2	0.9	1.1	0.2	16.19
海南	Hainan							
重庆	Chongqing	38.5	33.7	27.0	22.9	19.6	-3.2	-16.36
四川	Sichuan	437.0	421.3	423.2	426.3	413.4	-12.9	-3.12
贵州	Guizhou	52.4	51.5	61.5	61.7	59.7	-1.9	-3.23
云南	Yunnan	88.3	80.5	83.6	90.6	89.4	-1.2	-1.34
西藏	Tibet	24.6	24.1	23.7	23.4	23.1	-0.3	-1.46
陕西	Shaanxi	435.5	389.8	417.2	458.1	445.0	-13.1	-2.94
甘肃	Gansu	278.5	235.9	271.6	281.0	267.8	-13.2	-4.94
青海	Qinghai	35.2	36.0	34.9	34.1	33.1	-1.1	-3.21
宁夏	Ningxia	62.0	46.3	40.6	39.6	40.9	1.3	3.06
新疆	Xinjiang	576.5	602.1	642.3	698.3	723.1	24.8	3.43
广西居全国位次	**Order of Precedence of Guangxi in the Country**	**29**	**29**	**29**	**27**	**27**		

附录1-22 全国及各省市区玉米播种面积

Sown Area of Corn by Provinces and Regions

单位：千公顷　　　　(1 000 hectares)

地　区	Region	2012	2013	2014	2015	2016	2016年比2015年增长 Increase Rate in 2016 over 2015	
							绝对数 Value	%
全　国	National	35029.8	36318.4	37123.4	38119.3	36767.7	-1351.6	-3.68
北　京	Beijing	132.0	114.5	88.6	76.3	65.2	-11.1	-16.94
天　津	Tianjin	179.3	191.7	202.8	214.7	218.4	3.7	1.69
河　北	Hebei	3049.1	3108.8	3170.9	3248.1	3191.1	-57.0	-1.79
山　西	Shanxi	1669.0	1670.0	1676.5	1676.9	1624.8	-52.1	-3.21
内蒙古	Inner Mongolia	2833.7	3170.6	3372.2	3407.2	3208.8	-198.4	-6.18
辽　宁	Liaoning	2206.7	2245.6	2330.1	2416.8	2258.9	-157.9	-6.99
吉　林	Jilin	3284.3	3499.1	3696.6	3800.0	3656.9	-143.1	-3.91
黑龙江	Heilongjiang	5190.6	5447.5	5440.2	5821.1	5217.4	-603.8	-11.57
上　海	Shanghai	3.8	3.6	4.0	3.4	3.1	-0.4	-12.30
江　苏	Jiangsu	418.9	426.4	436.1	451.7	444.2	-7.5	-1.68
浙　江	Zhejiang	62.0	63.4	66.5	69.5	69.5		-0.03
安　徽	Anhui	822.5	845.1	852.4	881.6	876.2	-5.4	-0.61
福　建	Fujian	45.4	47.9	49.5	51.5	52.0	0.6	1.09
江　西	Jiangxi	28.1	29.5	29.9	30.3	30.3		0.07
山　东	Shandong	3018.1	3060.7	3126.5	3173.8	3206.9	33.1	1.03
河　南	Henan	3100.0	3203.3	3283.9	3343.9	3316.9	-27.0	-0.81
湖　北	Hubei	593.3	573.5	642.4	687.8	661.7	-26.1	-3.95
湖　南	Hunan	342.0	344.2	345.7	348.4	349.5	1.1	0.33
广　东	Guangdong	172.5	176.7	177.2	179.0	180.9	2.0	1.09
广　西	Guangxi	580.5	587.6	584.0	622.6	609.3	-13.3	-2.18
海　南	Hainan	27.5	27.7					
重　庆	Chongqing	468.4	466.7	467.9	470.8	475.3	4.4	0.93
四　川	Sichuan	1371.1	1378.0	1381.2	1402.0	1399.0	-3.0	-0.21
贵　州	Guizhou	775.2	778.4	787.5	763.2	740.3	-22.9	-3.09
云　南	Yunnan	1456.9	1505.1	1525.7	1517.3	1513.2	-4.1	-0.27
西　藏	Tibet	4.4	4.3	4.2	4.5	4.7	0.2	3.72
陕　西	Shaanxi	1167.4	1166.2	1153.7	1151.7	1150.2	-1.5	-0.13
甘　肃	Gansu	902.7	976.1	1000.9	1014.2	1000.8	-13.3	-1.33
青　海	Qinghai	22.9	23.3	27.0	27.5	26.6	-0.9	-3.31
宁　夏	Ningxia	245.9	262.0	288.8	301.8	296.9	-4.9	-1.64
新　疆	Xinjiang	855.7	920.8	910.8	961.9	918.7	-43.2	-4.70
广西居全国位次	**Order of Precedence of Guangxi in the Country**	**17**	**16**	**17**	**17**	**17**		

附录1-23　全国及各省市区玉米产量

Output of Corn by Provinces and Regions

单位：万吨　　　　(10 000 tons)

地　区	Region	2012	2013	2014	2015	2016	2016年比2015年增长 Increase Rate in 2016 over 2015	
							绝对数 Value	%
全　国	National	20561.4	21848.9	21564.6	22463.2	21955.2	-508.0	-2.31
北　京	Beijing	83.6	75.2	50.0	49.4	43.2	-6.3	-14.49
天　津	Tianjin	92.5	102.1	101.4	107.3	118.1	10.8	9.11
河　北	Hebei	1649.5	1703.9	1670.7	1670.4	1753.6	83.3	4.75
山　西	Shanxi	903.9	955.5	938.1	862.7	888.9	26.2	2.94
内蒙古	Inner Mongolia	1784.4	2069.7	2186.1	2250.8	2139.8	-111.0	-5.19
辽　宁	Liaoning	1423.5	1563.2	1170.5	1403.5	1465.6	62.1	4.24
吉　林	Jilin	2578.8	2775.7	2733.5	2805.7	2833.0	27.3	0.96
黑龙江	Heilongjiang	2887.9	3216.4	3343.4	3544.1	3127.4	-416.7	-13.33
上　海	Shanghai	2.5	2.5	2.6	2.1	2.1		-0.40
江　苏	Jiangsu	230.2	216.4	239.0	252.2	233.9	-18.3	-7.81
浙　江	Zhejiang	29.1	26.8	30.1	31.1	30.5	-0.6	-2.04
安　徽	Anhui	427.5	426.0	465.5	496.3	462.0	-34.3	-7.42
福　建	Fujian	18.0	19.3	20.3	21.5	21.8	0.3	1.41
江　西	Jiangxi	12.6	12.0	12.3	12.8	13.0	0.2	1.54
山　东	Shandong	1994.5	1967.1	1988.3	2050.9	2065.0	14.0	0.68
河　南	Henan	1747.8	1796.5	1732.1	1853.7	1745.9	-107.7	-6.17
湖　北	Hubei	282.6	270.8	293.7	332.9	296.6	-36.3	-12.23
湖　南	Hunan	197.3	185.0	188.6	188.8	188.7	-0.1	-0.07
广　东	Guangdong	79.7	81.6	76.9	77.9	81.0	3.1	3.84
广　西	Guangxi	250.6	266.0	266.4	280.7	278.6	-2.1	-0.76
海　南	Hainan	11.3	12.1					
重　庆	Chongqing	256.3	258.1	256.0	259.7	264.7	5.0	1.87
四　川	Sichuan	701.3	762.4	751.9	765.7	793.2	27.5	3.47
贵　州	Guizhou	342.3	298.0	313.8	324.1	324.4	0.3	0.09
云　南	Yunnan	700.0	734.2	743.3	747.3	756.5	9.2	1.22
西　藏	Tibet	2.6	2.5	2.4	0.8	2.7	1.9	69.45
陕　西	Shaanxi	566.9	586.7	539.6	543.1	545.4	2.3	0.42
甘　肃	Gansu	504.1	571.5	564.5	577.2	560.6	-16.6	-2.96
青　海	Qinghai	17.0	16.4	18.7	18.6	18.1	-0.6	-3.10
宁　夏	Ningxia	191.2	206.2	224.1	226.9	216.2	-10.7	-4.96
新　疆	Xinjiang	592.1	669.0	641.1	705.1	684.9	-20.2	-2.95
广西居全国位次	**Order of Precedence of Guangxi in the Country**	**18**	**17**	**17**	**17**	**17**		

附录1-24　全国及各省市区粮食作物单位面积产量

Output of Grain Crops Per Hectare by Provinces and Regions

单位：公斤/公顷　　(kg/hectare)

地　区	Region	2012	2013	2014	2015	2016	2016年为2015年百分比（%）Per Centum in 2016 over 2015（%）
全　国	National	5302	5377	5385	5483	5452	99.43
北　京	Beijing	5868	6049	5320	5997	6148	102.53
天　津	Tianjin	5009	5250	5088	5192	5497	105.86
河　北	Hebei	5151	5328	5307	5262	5469	103.92
山　西	Shanxi	3871	4009	4049	3832	4068	106.16
内蒙古	Inner Mongolia	4524	4937	4872	4937	4806	97.36
辽　宁	Liaoning	6435	6805	5421	6073	6501	107.04
吉　林	Jilin	7251	7414	7065	7182	7402	103.07
黑龙江	Heilongjiang	5001	5192	5337	5375	5132	95.48
上　海	Shanghai	6524	6774	6826	6921	7079	102.29
江　苏	Jiangsu	6320	6385	6493	6565	6380	97.18
浙　江	Zhejiang	6151	5854	5979	5887	5992	101.78
安　徽	Anhui	4967	4950	5153	5334	5143	96.42
福　建	Fujian	5489	5527	5569	5540	5531	99.83
江　西	Jiangxi	5671	5733	5797	5799	5800	100.03
山　东	Shandong	6264	6208	6178	6290	6258	99.49
河　南	Henan	5647	5667	5654	5909	5781	97.83
湖　北	Hubei	5842	5874	5913	6053	5757	95.10
湖　南	Hunan	6126	5927	6033	6073	6039	99.43
广　东	Guangdong	5497	5248	5414	5420	5421	100.01
广　西	Guangxi	4838	4947	5002	4984	5031	100.95
海　南	Hainan	4548	4526	4736	4898	4936	100.76
重　庆	Chongqing	5039	5094	5104	5170	5182	100.24
四　川	Sichuan	5125	5235	5218	5334	5398	101.18
贵　州	Guizhou	3534	3303	3628	3788	3830	101.10
云　南	Yunnan	3976	4054	4127	4181	4246	101.55
西　藏	Tibet	5554	5467	5554	5625	5571	99.03
陕　西	Shaanxi	3981	3915	3893	3991	4003	100.28
甘　肃	Gansu	3908	3984	4076	4110	4053	98.63
青　海	Qinghai	3623	3656	3742	3708	3681	99.28
宁　夏	Ningxia	4527	4658	4899	4836	4762	98.45
新　疆	Xinjiang	5973	6162	6270	6352	6298	99.16
广西居全国位次	**Order of Precedence of Guangxi in the Country**	**22**	**22**	**22**	**22**	**22**	

附录1-25 全国及各省市区稻谷单位面积产量

Output of Rice Per Hectare by Provinces and Regions

单位：公斤/公顷 (kg/hectare)

地区	Region	2012	2013	2014	2015	2016	2016年为2015年百分比（%） Per Centum in 2016 over 2015（%）
全国	National	6777	6717	6813	6891	6862	99.58
北京	Beijing	6444	6912	6943	6971	6721	96.41
天津	Tianjin	7658	7686	7414	7378	7557	102.42
河北	Hebei	5798	6768	6383	6431	6712	104.38
山西	Shanxi	5941	6837	6889	6714	7000	104.26
内蒙古	Inner Mongolia	8201	7381	6704	6737	6415	95.23
辽宁	Liaoning	7673	7808	8032	8583	8615	100.37
吉林	Jilin	7587	7751	7866	8272	8379	101.29
黑龙江	Heilongjiang	7073	6993	7023	6988	7040	100.75
上海	Shanghai	8481	8521	8544	8598	8600	100.02
江苏	Jiangsu	8429	8484	8417	8520	8416	98.78
浙江	Zhejiang	7306	7001	7160	7029	7256	103.22
安徽	Anhui	6291	6153	6289	6530	6188	94.76
福建	Fujian	6087	6141	6179	6148	6128	99.68
江西	Jiangxi	5937	6004	6064	6065	6069	100.06
山东	Shandong	8346	8416	8252	8179	8328	101.83
河南	Henan	7599	7575	8136	8102	8277	102.16
湖北	Hubei	8184	7980	8067	8274	7947	96.05
湖南	Hunan	6426	6271	6392	6429	6370	99.08
广东	Guangdong	5779	5475	5766	5767	5756	99.81
广西	Guangxi	5550	5649	5755	5735	5803	101.18
海南	Hainan	4802	4804	4979	5121	5158	100.72
重庆	Chongqing	7249	7305	7296	7356	7377	100.28
四川	Sichuan	7689	7784	7664	7799	7830	100.40
贵州	Guizhou	5893	5279	5913	6184	6384	103.23
云南	Yunnan	5953	5794	5819	5813	5946	102.28
西藏	Tibet	5567	5789	4747	4787	4936	103.11
陕西	Shaanxi	7082	7351	7363	7480	7491	100.15
甘肃	Gansu	7020	7243	6887	6980	6710	96.13
青海	Qinghai						
宁夏	Ningxia	8458	8387	7923	8172	8394	102.72
新疆	Xinjiang	8574	8890	10148	9835	8627	87.71
广西居全国位次	**Order of Precedence of Guangxi in the Country**	**29**	**27**	**28**	**27**	**27**	

附录1-26　全国及各省市区小麦单位面积产量

Output of Wheat Per Hectare by Provinces and Regions

单位：公斤/公顷　　　　(kg/hectare)

地　区	Region	2012	2013	2014	2015	2016	2016年为2015年百分比（%）Per Centum in 2016 over 2015（%）
全　国	National	4987	5056	5244	5393	5327	98.78
北　京	Beijing	5258	5172	5177	5353	5374	100.39
天　津	Tianjin	4929	5189	5297	5480	5490	100.19
河　北	Hebei	5551	5834	6104	6188	6194	100.09
山　西	Shanxi	3762	3406	3845	4021	4063	101.05
内蒙古	Inner Mongolia	3091	3158	2731	2806	2863	102.05
辽　宁	Liaoning	4706	4857	4828	4829	3793	78.55
吉　林	Jilin			4005	4030	3704	91.90
黑龙江	Heilongjiang	3333	2923	3199	3065	3639	118.73
上　海	Shanghai	3984	3976	4244	4381	3710	84.69
江　苏	Jiangsu	4918	5130	5372	5388	5112	94.88
浙　江	Zhejiang	3638	3685	3769	3912	3315	84.74
安　徽	Anhui	5357	5475	5724	5743	5664	98.63
福　建	Fujian	2874	2940	2931	2919	2827	96.85
江　西	Jiangxi	1924	2114	2133	2148	2114	98.43
山　东	Shandong	6011	6040	6053	6176	6121	99.12
河　南	Henan	5950	6012	6157	6453	6341	98.28
湖　北	Hubei	3480	3807	3924	3850	3864	100.37
湖　南	Hunan	2428	3396	3376	3185	3073	96.49
广　东	Guangdong	3226	3441	3226	3297	3297	100.00
广　西	Guangxi	1333	1453	1399	1729	1654	95.64
海　南	Hainan						
重　庆	Chongqing	3066	3132	3099	3279	3283	100.12
四　川	Sichuan	3541	3465	3615	3810	3800	99.74
贵　州	Guizhou	2017	2046	2445	2480	2472	99.67
云　南	Yunnan	1997	1842	1924	2094	2078	99.23
西　藏	Tibet	6512	6366	6427	6438	6307	97.96
陕　西	Shaanxi	3862	3560	3853	4220	4111	97.42
甘　肃	Gansu	3340	2906	3427	3535	3513	99.35
青　海	Qinghai	3736	3769	3935	3868	3832	99.07
宁　夏	Ningxia	3464	3112	3181	3237	3240	100.10
新　疆	Xinjiang	5333	5371	5622	5634	5608	99.53
广西居全国位次	**Order of Precedence of Guangxi in the Country**	**29**	**29**	**30**	**30**	**30**	

附录1-27 全国及各省市区玉米单位面积产量

Output of Corn Per Hectare by Provinces and Regions

单位：公斤/公顷 (kg/hectare)

地 区	Region	2012	2013	2014	2015	2016	2016年为2015年百分比（%）Per Centum in 2016 over 2015（%）
全 国	National	5870	6016	5809	5893	5971	101.45
北 京	Beijing	6331	6567	5646	6482	6621	114.79
天 津	Tianjin	5155	5329	5000	4998	5406	99.97
河 北	Hebei	5410	5481	5269	5143	5495	97.60
山 西	Shanxi	5416	5721	5596	5145	5471	91.95
内 蒙 古	Inner Mongolia	6297	6528	6483	6606	6669	101.90
辽 宁	Liaoning	6451	6961	5023	5807	6488	115.60
吉 林	Jilin	7852	7933	7395	7384	7747	99.85
黑 龙 江	Heilongjiang	5564	5904	6146	6088	5994	99.07
上 海	Shanghai	6597	6997	6633	6118	6843	92.23
江 苏	Jiangsu	5495	5076	5480	5583	5266	101.89
浙 江	Zhejiang	4701	4221	4523	4470	4382	98.82
安 徽	Anhui	5197	5041	5461	5630	5273	103.08
福 建	Fujian	3971	4017	4103	4170	4183	101.62
江 西	Jiangxi	4485	4054	4101	4227	4290	103.07
山 东	Shandong	6609	6427	6360	6462	6439	101.61
河 南	Henan	5638	5608	5274	5543	5264	105.10
湖 北	Hubei	4762	4721	4571	4840	4483	105.87
湖 南	Hunan	5768	5374	5456	5421	5399	99.34
广 东	Guangdong	4620	4620	4338	4350	4475	100.28
广 西	Guangxi	4317	4526	4562	4508	4572	98.83
海 南	Hainan	4121	4362				
重 庆	Chongqing	5471	5530	5471	5516	5569	100.83
四 川	Sichuan	5115	5533	5444	5461	5670	100.32
贵 州	Guizhou	4415	3829	3985	4246	4382	106.55
云 南	Yunnan	4805	4878	4872	4925	4999	101.09
西 藏	Tibet	6023	5764	5745	1854	5843	32.28
陕 西	Shaanxi	4856	5031	4677	4716	4742	100.83
甘 肃	Gansu	5585	5855	5640	5691	5601	100.91
青 海	Qinghai	7411	7055	6907	6775	6788	98.08
宁 夏	Ningxia	7776	7871	7760	7518	7281	96.88
新 疆	Xinjiang	6919	7266	7039	7330	7455	104.14
广西居全国位次	**Order of Precedence of Guangxi in the Country**	**29**	**26**	**25**	**24**	**24**	

附录二 中国与东盟国家及世界主要国家和地区经济、社会统计指标

APPENDIX II Main Social and Economic Indicators of China-ASEAN Countries and World Major Countries and Regions

附录2-1　国土面积与人口密度（2014—2016年）

Country Area and Population Density（2014—2016）

资料来源：世界银行WDI数据库。
Source:World Bank WDI Database.

国家或地区	Country or Area	国土面积（万平方公里）Country Area（10 000 sq.km）	人口密度（人/平方公里）Population Density（persons/sq.km）		
			2014	2015	2016
世　界	**World**	**13432.5**	**56.0**	**56.7**	**57.4**
中　国	China	956.3	145.3	146.1	146.9
文　莱	Brunei Darussalam	0.6	78.1	79.2	80.3
柬埔寨	Cambodia	18.1	86.5	87.9	89.3
印度尼西亚	Indonesia	191.1	140.8	142.5	144.1
老　挝	Laos	23.7	28.5	28.9	29.3
马来西亚	Malaysia	33.1	92.0	93.5	94.9
缅　甸	Myanmar	67.7	79.5	80.2	81.0
菲律宾	Philippines	30.0	335.7	341.1	346.5
新加坡	Singapore	0.1	7714.7	7806.8	7908.7
泰　国	Thailand	51.3	133.9	134.4	134.8
越　南	Viet Nam	33.1	292.6	295.8	299.0
中国香港	Hong Kong,China	0.1	6896.9	6957.8	6996.9
日　本	Japan	37.8	349.1	348.8	348.4
韩　国	Korea,Rep.	10.0	520.6	523.3	525.7
印　度	India	298.0	435.2	440.3	445.4
巴　西	Brazil	851.6	24.4	24.6	24.8
俄罗斯	Russia	1709.8	8.8	8.8	8.8
加拿大	Canada	998.5	3.9	3.9	4.0
墨西哥	Mexico	196.4	63.9	64.8	65.6
美　国	United States	983.2	34.8	35.1	35.3
法　国	France	54.9	121.1	121.7	122.2
德　国	Germany	35.7	232.1	234.1	236.9
意大利	Italy	30.1	206.7	206.5	206.0
英　国	United Kingdom	24.4	267.1	269.2	271.3
澳大利亚	Australia	774.1	3.1	3.1	3.1
新西兰	New Zealand	26.8	17.1	17.5	17.8

附录2-2 土地利用（2016年）

Land Utilization（2016）

资料来源：世界银行WDI数据库。
Source:World Bank WDI Database.

单位：万公顷 （10 000 hectares）

国家或地区	Country or Area	陆地面积 Land Area	耕地面积① Arable Area ①	多年生作物面积② Permanent Crop Area ②	森林面积 Forest Area
世　界	**World**	**1297364**	**140784**	**16528**	**399913**
中　国	China	93882	10570	1600	20832
文　莱	Brunei Darussalam	53	1	1	38
柬埔寨	Cambodia	1765	380	16	946
印度尼西亚	Indonesia	18116	2350	2250	9101
老　挝	Laos	2308	153	17	1876
马来西亚	Malaysia	3286	95	660	2220
缅　甸	Myanmar	6531	1079	151	2904
菲律宾	Philippines	2982	559	535	804
新加坡	Singapore	7	…	…	2
泰　国	Thailand	5109	1681	450	1640
越　南	Viet Nam	3101	641	382	1477
中国香港	Hong Kong,China	11	…	…	
日　本	Japan	3646	422	30	2496
韩　国	Korea,Rep.	975	148	22	618
印　度	India	29732	15636	1300	7068
巴　西	Brazil	83581	8002	680	49354
俄罗斯	Russia	163769	12312	160	81493
加拿大	Canada	90935	4602	474	34707
墨西哥	Mexico	19440	2299	269	6604
美　国	United States	91474	15460	260	31010
法　国	France	5476	1833	100	1699
德　国	Germany	3485	1187	20	1142
意大利	Italy	2941	673	226	930
英　国	United Kingdom	2419	623	5	314
澳大利亚	Australia	76823	4696	39	12475
新西兰	New Zealand	2633	59	7	1015

注：①2014年数据。②2013年数据。
Note:①Data refer to 2014.②Data refer to 2013.

附录2-3　国内生产总值

Gross Domestic Product

资料来源：世界银行WDI数据库。
Source:World Bank WDI Database.

单位：亿美元　　(100 million USD)

国家或地区	Country or Area	2012	2013	2014	2015	2016
世　界	**World**	**748023**	**769247**	**789725**	**746064**	**756416**
中　国	China	85605	96072	104824	110647	111991
文　莱	Brunei Darussalam	190	181	171	129	114
柬埔寨	Cambodia	140	155	168	181	200
印度尼西亚	Indonesia	9179	9125	8908	8613	9323
老　挝	Laos	102	119	133	144	159
马来西亚	Malaysia	3144	3233	3381	2963	2964
缅　甸	Myanmar	597	601	656	626	674
菲律宾	Philippines	2501	2718	2846	2928	3049
新加坡	Singapore	2892	3025	3081	2968	2970
泰　国	Thailand	3976	4205	4065	3992	4068
越　南	Viet Nam	1558	1712	1862	1932	2026
中国香港	Hong Kong,China	2626	2757	2915	3094	3209
日　本	Japan	62032	51557	48487	43831	49394
韩　国	Korea,Rep.	12228	13056	14113	13828	14112
印　度	India	18276	18567	20354	21118	22635
巴　西	Brazil	24652	24728	24560	18037	17962
俄罗斯	Russia	21701	22306	20637	13659	12832
加拿大	Canada	18243	18426	17929	15528	15298
墨西哥	Mexico	11866	12620	12984	11510	10460
美　国	United States	161553	166915	173931	180366	185691
法　国	France	26814	28085	28493	24336	24655
德　国	Germany	35440	37525	38793	33636	34668
意大利	Italy	20728	21305	21517	18249	18500
英　国	United Kingdom	26460	27195	29988	28611	26189
澳大利亚	Australia	15382	15672	14596	13454	12046
新西兰	New Zealand	1762	1905	2007	1756	1850

附录2-4　人均国内生产总值

GDP Per Capita

资料来源：世界银行WDI数据库。
Source:World Bank WDI Database.
单位：美元　　(USD)

国家或地区	Country or Area	2012	2013	2014	2015	2016
世　界	**World**	**10539**	**10709**	**10864**	**10143**	**10164**
中　国	China	6338	7078	7684	8069	8123
文　莱	Brunei Darussalam	47651	44597	41591	30968	26939
柬埔寨	Cambodia	950	1028	1099	1163	1270
印度尼西亚	Indonesia	3688	3621	3492	3336	3570
老　挝	Laos	1589	1839	2018	2159	2353
马来西亚	Malaysia	10780	10882	11184	9644	9503
缅　甸	Myanmar	1172	1169	1263	1195	1275
菲律宾	Philippines	2582	2760	2843	2878	2951
新加坡	Singapore	54431	56029	56336	53630	52961
泰　国	Thailand	5860	6171	5942	5815	5908
越　南	Viet Nam	1755	1908	2052	2107	2186
中国香港	Hong Kong,China	36708	38358	40247	42351	43681
日　本	Japan	48603	40454	38096	34474	38894
韩　国	Korea,Rep.	24359	25890	27811	27105	27539
印　度	India	1447	1452	1573	1613	1709
巴　西	Brazil	12291	12217	12027	8757	8650
俄罗斯	Russia	15154	15544	14126	9329	8748
加拿大	Canada	52497	52414	50440	43316	42158
墨西哥	Mexico	9821	10299	10452	9143	8201
美　国	United States	51450	52787	54599	56207	57467
法　国	France	40838	42554	42955	36527	36855
德　国	Germany	44065	46531	47903	41177	41936
意大利	Italy	34814	35370	35397	30049	30527
英　国	United Kingdom	41538	42407	46412	43930	39899
澳大利亚	Australia	67678	67792	62215	56554	49928
新西兰	New Zealand	39970	42890	44503	38202	39427

附录2-5　国内生产总值增长率

Growth Rate of GDP

资料来源：世界银行WDI数据库。
Source:World Bank WDI Database.

单位：%　　(%)

国家或地区	Country or Area	2012	2013	2014	2015	2016
世　界	**World**	**2.4**	**2.6**	**2.8**	**2.7**	**2.4**
中　国	China	7.9	7.8	7.3	6.9	6.7
文　莱	Brunei Darussalam	0.9	-2.1	-2.4	-0.6	-2.5
柬埔寨	Cambodia	7.3	7.4	7.1	7.0	6.9
印度尼西亚	Indonesia	6.0	5.6	5.0	4.9	5.0
老　挝	Laos	8.0	8.0	7.6	7.3	7.0
马来西亚	Malaysia	5.5	4.7	6.0	5.0	4.2
缅　甸	Myanmar	7.3	8.4	8.0	7.3	6.5
菲律宾	Philippines	6.7	7.1	6.2	6.1	6.9
新加坡	Singapore	3.9	5.0	3.6	1.9	2.0
泰　国	Thailand	7.2	2.7	0.9	2.9	3.2
越　南	Viet Nam	5.3	5.4	6.0	6.7	6.2
中国香港	Hong Kong,China	1.7	3.1	2.8	2.4	2.1
日　本	Japan	1.5	2.0	0.3	1.2	1.0
韩　国	Korea,Rep.	2.3	2.9	3.3	2.8	2.8
印　度	India	5.5	6.4	7.5	8.0	7.1
巴　西	Brazil	1.9	3.0	0.5	-3.8	-3.6
俄罗斯	Russia	3.5	1.3	0.7	-2.8	-0.2
加拿大	Canada	1.8	2.5	2.6	0.9	1.5
墨西哥	Mexico	4.0	1.4	2.3	2.6	2.3
美　国	United States	2.2	1.7	2.4	2.6	1.6
法　国	France	0.2	0.6	1.0	1.1	1.2
德　国	Germany	0.5	0.5	1.6	1.7	1.9
意大利	Italy	-2.8	-1.7	0.1	0.8	0.9
英　国	United Kingdom	1.3	1.9	3.1	2.2	1.8
澳大利亚	Australia	3.6	2.6	2.6	2.4	2.8
新西兰	New Zealand	2.3	2.5	3.4	2.4	4.0

附录2-6 人均国内生产总值增长率

Growth Rate of GDP per Capita

资料来源：世界银行WDI数据库。
Source:World Bank WDI Database.

单位：% (%)

国家或地区	Country or Area	2012	2013	2014	2015	2016
世　界	**World**	**1.2**	**1.4**	**1.6**	**1.5**	**1.2**
中　国	China	7.3	7.2	6.8	6.4	6.1
文　莱	Brunei Darussalam	-0.5	-3.6	-3.8	-2.0	-3.8
柬埔寨	Cambodia	5.6	5.7	5.3	5.3	5.2
印度尼西亚	Indonesia	4.7	4.2	3.7	3.7	3.8
老　挝	Laos	6.7	6.7	6.3	5.9	5.5
马来西亚	Malaysia	3.5	2.8	4.2	3.3	2.7
缅　甸	Myanmar	6.4	7.5	7.0	6.3	5.5
菲律宾	Philippines	4.9	5.3	4.4	4.4	5.3
新加坡	Singapore	1.4	3.3	2.2	0.7	0.7
泰　国	Thailand	6.8	2.3	0.5	2.6	2.9
越　南	Viet Nam	4.1	4.3	4.9	5.5	5.1
中国香港	Hong Kong,China	0.5	2.6	2.0	1.5	1.5
日　本	Japan	1.7	2.2	0.5	1.3	1.1
韩　国	Korea,Rep.	1.8	2.4	2.7	2.3	2.4
印　度	India	4.1	5.1	6.2	6.8	5.9
巴　西	Brazil	1.0	2.1	-0.4	-4.6	-4.4
俄罗斯	Russia	3.3	1.1	-1.1	-3.0	-0.4
加拿大	Canada	0.6	1.3	1.4	0.1	0.2
墨西哥	Mexico	2.5	-0.1	0.9	1.3	1.0
美　国	United States	1.5	1.0	1.6	1.9	0.9
法　国	France	-0.3	0.1	0.4	0.6	0.8
德　国	Germany	0.3	0.2	1.2	0.8	0.7
意大利	Italy	-3.1	-2.9	-0.8	0.9	1.1
英　国	United Kingdom	0.6	1.2	2.3	1.4	1.0
澳大利亚	Australia	1.9	0.8	1.1	1.0	1.3
新西兰	New Zealand	1.7	1.7	1.9	0.5	1.8

附录2-7 资本形成率

Capital Formation Rate

资料来源：世界银行WDI数据库。
Source:World Bank WDI Database.

单位：% (%)

国家或地区	Country or Area	2012	2013	2014	2015	2016
世　界	**World**	**24.3**	**24.1**	**24.3**	**24.2**	
中　国	China	47.2	47.4	47.0	45.4	
文　莱	Brunei Darussalam	32.9	39.6	27.4	35.2	34.6
柬埔寨	Cambodia	18.5	19.7	22.0	22.5	22.7
印度尼西亚	Indonesia	35.1	33.8	34.6	34.2	34.3
老　挝	Laos	29.0	27.3	26.4	28.2	26.4
马来西亚	Malaysia	25.7	25.9	25.0	25.1	26.1
缅　甸	Myanmar					
菲律宾	Philippines	18.2	20.0	20.6	21.2	24.3
新加坡	Singapore	29.8	30.5	28.6	26.8	25.3
泰　国	Thailand	28.0	27.4	24.0	22.2	22.0
越　南	Viet Nam	27.2	26.7	26.8	27.7	26.6
中国香港	Hong Kong,China	25.2	24.0	23.8	21.5	21.7
日　本	Japan	22.7	23.2	23.9	23.9	
韩　国	Korea,Rep.	31.0	20.1	29.3	28.9	29.2
印　度	India	38.3	34.0	34.6	32.9	30.4
巴　西	Brazil	21.4	21.7	20.5	17.6	15.4
俄罗斯	Russia	22.9	21.1	22.2	22.4	23.4
加拿大	Canada	24.9	25.0	24.2	23.8	22.9
墨西哥	Mexico	23.1	21.7	21.6	22.9	23.3
美　国	United States	19.4	19.8	20.0	20.3	
法　国	France	22.6	22.3	22.4	22.2	22.8
德　国	Germany	19.3	19.5	19.8	19.2	19.1
意大利	Italy	17.9	17.0	16.3	17.3	17.0
英　国	United Kingdom	16.1	16.7	17.4	17.2	17.0
澳大利亚	Australia	28.3	28.4	27.2	26.7	25.5
新西兰	New Zealand	21.0	22.0	22.6	22.8	

附录2-8 居民消费率

Household Final Consumption Rate

资料来源：世界银行WDI数据库。
Source:World Bank WDI Database.

单位：% (%)

国家或地区	Country or Area	2012	2013	2014	2015	2016
世　界	**World**	**58.1**	**58.2**	**58.2**	**58.0**	
中　国	China	36.6	36.6	37.2	37.1	
文　莱	Brunei Darussalam	14.0	15.1	13.2	20.2	30.5
柬埔寨	Cambodia	80.5	79.9	76.9	76.6	76.5
印度尼西亚	Indonesia	56.1	57.4	56.8	55.6	55.5
老　挝	Laos	72.0	73.6	75.4	72.7	71.4
马来西亚	Malaysia	49.7	51.8	52.4	54.1	55.0
缅　甸	Myanmar					
菲律宾	Philippines	74.2	73.4	72.5	73.8	73.6
新加坡	Singapore	37.5	37.1	36.8	36.7	37.5
泰　国	Thailand	54.6	53.3	52.3	48.9	46.2
越　南	Viet Nam	63.3	65.0	63.6	65.2	64.4
中国香港	Hong Kong,China	64.6	66.1	66.5	66.4	66.2
日　本	Japan	58.6	59.0	58.4	56.6	
韩　国	Korea,Rep.	51.4	50.9	50.4	49.1	48.8
印　度	India	57.7	58.7	58.0	59.1	59.4
巴　西	Brazil	61.4	61.7	63.0	63.8	64.0
俄罗斯	Russia	51.6	53.5	53.4	52.1	53.4
加拿大	Canada	55.9	55.9	55.9	57.5	58.3
墨西哥	Mexico	66.2	67.0	67.3	66.6	66.3
美　国	United States	68.4	68.1	68.2	68.1	
法　国	France	55.7	55.6	55.5	55.4	55.2
德　国	Germany	55.8	55.4	54.5	53.9	53.6
意大利	Italy	61.6	61.1	61.4	60.8	60.6
英　国	United Kingdom	65.4	65.5	64.9	65.0	66.0
澳大利亚	Australia	53.7	54.7	55.3	56.6	57.8
新西兰	New Zealand	59.1	57.8	58.0	57.8	

附录2-9 国内生产总值产业构成

Composition of Gross Domestic Product by Industries

资料来源：世界银行WDI数据库。
Source:World Bank WDI Database.

单位：% (%)

国家或地区	Country or Area	农业增加值占国内生产总值比重 Primary Industry as Percentage of GDP		工业增加值占国内生产总值比重 Secondary Industry as Percentage of GDP		服务业增加值占国内生产总值比重 Tertiary Industry as Percentage of GDP	
		2015	2016	2015	2016	2015	2016
世　界	**World**	**3.8**		**27.1**		**69.1**	
中　国	China	8.8	8.6	40.9	39.8	50.2	51.6
文　莱	Brunei Darussalam	1.1	1.2	61.4	57.3	37.5	41.5
柬埔寨	Cambodia	28.6	26.7	29.8	31.7	41.6	41.6
印度尼西亚	Indonesia	13.5	13.5	40.0	39.3	43.3	43.7
老　挝	Laos	19.7	19.5	31.0	32.5	49.4	48.0
马来西亚	Malaysia	8.5	8.7	36.4	35.7	55.1	55.7
缅　甸	Myanmar	26.8	28.2	34.6	29.5	38.7	42.3
菲律宾	Philippines	10.3	9.7	30.9	30.8	58.8	59.5
新加坡	Singapore			26.2	26.2	73.8	73.8
泰　国	Thailand	8.7	8.3	36.4	35.8	54.9	55.8
越　南	Viet Nam	18.9	18.1	37.0	36.4	44.2	45.5
中国香港	Hong Kong,China	0.1		7.3		92.7	
日　本	Japan	1.1		28.9		70.0	
韩　国	Korea,Rep.	2.3	2.2	38.3	38.6	59.4	59.2
印　度	India	17.5	17.4	29.6	28.9	52.9	53.8
巴　西	Brazil	5.0	5.5	22.4	21.2	72.7	73.3
俄罗斯	Russia	4.6	4.7	32.8	32.4	62.7	62.8
加拿大	Canada						
墨西哥	Mexico	3.6	3.9	32.7	32.7	63.7	63.5
美　国	United States	1.1		20.0		78.9	
法　国	France	1.7	1.5	19.5	19.4	78.8	79.2
德　国	Germany	0.6	0.6	30.5	30.5	68.9	68.9
意大利	Italy	2.3	2.1	23.7	24.1	74.0	73.8
英　国	United Kingdom	0.7	0.6	19.4	19.2	79.9	80.2
澳大利亚	Australia	2.6	2.6	25.4	24.3	72.1	73.1
新西兰①	New Zealand①	6.8		21.8		71.4	

注：①2014年数据。
Note:①Data refer to 2014.

附录2-10 年中人口

Mid-year Population

资料来源：世界银行WDI数据库。
Source:World Bank WDI Database.

国家或地区	Country or Area	人口（万人） Mid-year Population（10 000 persons）				2016年增长率（%） Growth Rate in 2016（%）
		2013	2014	2015	2016	
世界	**World**	**718286.0**	**726898.6**	**735522.0**	**744213.6**	**1.2**
中国	China	135738.0	136427.0	137122.0	137866.5	0.5
文莱	Brunei Darussalam	40.6	41.2	41.8	42.3	1.4
柬埔寨	Cambodia	1502.3	1527.1	1551.8	1576.2	1.6
印度尼西亚	Indonesia	25203.2	25513.1	25816.2	26111.6	1.1
老挝	Laos	649.5	657.6	666.4	675.8	1.4
马来西亚	Malaysia	2970.7	3022.8	3072.3	3118.7	1.5
缅甸	Myanmar	5144.8	5192.4	5240.4	5288.5	0.9
菲律宾	Philippines	9848.1	10010.2	10171.6	10332.0	1.6
新加坡	Singapore	539.9	547.0	553.5	560.7	1.3
泰国	Thailand	6814.3	6841.7	6865.8	6886.4	0.3
越南	Viet Nam	8976.0	9072.9	9171.3	9270.1	1.1
中国香港	Hong Kong,China	718.8	724.2	730.6	734.7	0.6
日本	Japan	12744.5	12727.6	12714.1	12699.5	-0.1
韩国	Korea,Rep.	5042.9	5074.7	5101.5	5124.6	0.5
印度	India	127856.2	129385.9	130905.4	132417.1	1.2
巴西	Brazil	20240.9	20421.3	20596.2	20765.3	0.8
俄罗斯	Russia	14350.7	14382.0	14409.7	14434.2	0.2
加拿大	Canada	3515.6	3554.5	3584.9	3628.6	1.2
墨西哥	Mexico	12253.6	12422.2	12589.1	12754.0	1.3
美国	United States	31620.5	31856.4	32089.7	32312.8	0.7
法国	France	6599.9	6633.2	6662.4	6689.6	0.4
德国	Germany	8064.6	8098.3	8168.7	8266.8	1.2
意大利	Italy	6023.4	6078.9	6073.1	6060.1	-0.2
英国	United Kingdom	6412.8	6461.3	6512.9	6563.7	0.8
澳大利亚	Australia	2311.7	2346.1	2378.9	2412.7	1.4
新西兰	New Zealand	444.2	451.0	459.6	469.3	2.1

附录2-11 城市人口比重

Urban Population Percentage of Total

资料来源：世界银行WDI数据库。
Source:World Bank WDI Database.

单位：% (%)

国家或地区	Country or Area	2012	2013	2014	2015	2016
世　界	**World**	**52.4**	**52.9**	**53.4**	**53.8**	**54.3**
中　国	China	51.9	53.2	54.4	55.6	56.8
文　莱	Brunei Darussalam	76.2	76.6	76.9	77.2	77.5
柬埔寨	Cambodia	20.1	20.3	20.5	20.7	21.0
印度尼西亚	Indonesia	51.5	52.3	53.0	53.7	54.5
老　挝	Laos	35.4	36.5	37.6	38.6	39.7
马来西亚	Malaysia	72.5	73.3	74.0	74.7	75.4
缅　甸	Myanmar	32.5	33.0	33.6	34.1	34.7
菲律宾	Philippines	44.8	44.6	44.5	44.4	44.3
新加坡	Singapore	100.0	100.0	100.0	100.0	100.0
泰　国	Thailand	46.7	47.9	49.2	50.4	51.5
越　南	Viet Nam	31.7	32.3	33.0	33.6	34.2
中国香港	Hong Kong,China	100.0	100.0	100.0	100.0	100.0
日　本	Japan	91.9	92.5	93.0	93.5	93.9
韩　国	Korea,Rep.	82.1	82.3	82.4	82.5	82.6
印　度	India	31.6	32.0	32.4	32.8	33.1
巴　西	Brazil	84.9	85.2	85.4	85.7	85.9
俄罗斯	Russia	73.8	73.9	73.9	74.0	74.1
加拿大	Canada	81.3	81.5	81.7	81.8	82.0
墨西哥	Mexico	78.4	78.7	79.0	79.3	79.5
美　国	United States	81.1	81.3	81.5	81.6	81.8
法　国	France	78.8	79.1	79.3	79.5	79.8
德　国	Germany	74.7	74.9	75.1	75.3	75.5
意大利	Italy	68.6	68.7	68.8	69.0	69.1
英　国	United Kingdom	81.8	82.1	82.4	82.6	82.8
澳大利亚	Australia	89.0	89.2	89.3	89.4	89.6
新西兰	New Zealand	86.2	86.2	86.3	86.3	86.3

附录2-12　劳动参与率

Labor Force Participation Rate

资料来源：世界银行WDI数据库。
Source:World Bank WDI Database.

国家或地区	Country or Area	劳动力人口（万人） Total Labor Force （10 000 persons）		劳动参与率（%） Labor Force Participation Rate （%）		女性劳动参与率（%） Female Labor Force Participation Rate （%）	
		2015	2016	2015	2016	2015	2016
世　界	**World**	**339596.5**	**342203.5**	**62.9**	**62.8**	**49.6**	**49.5**
中　国	China	80477.2	80646.0	70.9	70.8	63.6	63.4
文　莱	Brunei Darussalam	20.7	21.0	63.5	63.4	51.0	50.8
柬埔寨	Cambodia	861.8	879.0	80.9	81.0	75.5	75.6
印度尼西亚	Indonesia	12545.8	12715.0	67.4	67.3	50.9	50.9
老　挝	Laos	343.4	352.1	77.4	77.6	77.7	77.8
马来西亚	Malaysia	1439.8		63.3	63.4	49.3	49.3
缅　甸	Myanmar	3045.5	3088.9	78.0	77.8	75.1	74.9
菲律宾	Philippines	4431.0	4521.0	64.7	64.7	50.5	50.6
新加坡	Singapore	313.9	318.9	67.2	67.0	58.2	58.0
泰　国	Thailand	3991.0	4007.0	71.4	71.2	63.1①	62.8
越　南	Viet Nam	5526.2	5592.0	78.3	78.4	73.6①	73.9
中国香港	Hong Kong,China	388.1	387.1	60.4	60.0	53.4	53.0
日　本	Japan	6557.7	6523.3	59.3	59.1	49.1	49.0
韩　国	Korea,Rep.	2646.0	2666.1	60.8	60.8	50.0	50.1
印　度	India	50160.8	51106.7	53.7	53.8	26.8	26.9
巴　西	Brazil	10736.8	10856.4	67.1	67.0	56.3	56.2
俄罗斯	Russia	7615.1	7556.9	63.5	63.4	56.6	56.5
加拿大	Canada	1974.9	1988.4	65.6	65.4	61.0	60.9
墨西哥	Mexico	5718.1	5828.5	62.2	62.2	45.4	45.5
美　国	United States	16182.6	16284.6	62.1	62.0	56.1①	55.9
法　国	France	2991.8	2992.1	55.2	54.9	50.7	50.5
德　国	Germany	4293.5	4286.7	60.3	60.3	54.5	54.5
意大利	Italy	2535.3	2532.3	48.4	48.3	39.3	39.3
英　国	United Kingdom	3356.8	3374.7	62.7	62.7	56.9①	57.0
澳大利亚	Australia	1251.4	1265.4	64.7	64.6	58.6	58.5
新西兰	New Zealand	247.8	249.7	67.6	67.4	62.4	62.3

注：①2014年数据。
Note:①Data refer to 2014.

附录2-13 就业人数

Employment

资料来源：国际货币基金组织IFS数据库。
Source: IMF IFS Database.

单位：万人 (10 000 persons)

国家或地区	Country or Area	2012	2013	2014	2015	2016
世 界	**World**					
中 国	China	76704.0	76977.0	77253.0	77451.0	77603.0
文 莱	Brunei Darussalam			19.0		
柬 埔 寨	Cambodia	789.1	770.6			
印度尼西亚	Indonesia	11180.6	11241.3	11640.0	11783.3	11953.0
老 挝	Laos					
马来西亚	Malaysia	1254.5	1335.2	1359.9	1414.3	1422.9
缅 甸	Myanmar			2179.1		
菲 律 宾	Philippines	3760.0	3811.8	3865.1	3914.3	4083.4
新 加 坡	Singapore	330.4	343.9	357.0	362.9	
泰 国	Thailand	3894.1	3821.7	3807.7	3801.6	3769.3
越 南	Viet Nam	5162.4	5224.5	5285.4	5290.6	
中国香港	Hong Kong,China	366.8	374.2	376.4	379.8	378.7
日 本	Japan	6270.0	6311.0	6351.0	6376.0	6440.2
韩 国	Korea,Rep.	2468.1	2506.6	2559.9	2593.6	2623.5
印 度	India					
巴 西	Brazil	2295.7	2311.6	2308.7	2318.6	8950.5
俄 罗 斯	Russia	7154.2	7139.2	7154.2	7231.7	7239.2
加 拿 大	Canada	1743.8	1769.1	1780.2	1794.7	1808.0
墨 西 哥	Mexico	4870.7	4922.7	4941.5	5061.1	5159.5
美 国	United States	14246.9	14392.9	14630.5	14883.3	15143.6
法 国	France	2580.0	2576.4	2612.9	2642.4	2658.7
德 国	Germany	3832.1	3864.0	3890.8	3917.6	4136.7
意 大 利	Italy	2214.9	2175.5	2181.0	2197.3	2250.9
英 国	United Kingdom	2916.9	2891.7	2956.0	3002.8	3172.1
澳大利亚	Australia	1134.7	1145.1	1153.2	1175.1	1194.0
新 西 兰	New Zealand	218.4	222.7	230.5	236.9	250.0

附录2-14　按产业类型划分的就业构成

Composition of Employment by Type of Industry

资料来源：世界银行WDI数据库。
Source:World Bank WDI Database.

单位：%　　(%)

国家或地区	Country or Area	第一产业 Primary Industry		第二产业 Secondary Industry		第三产业 Tertiary Industry	
		2015	2016	2015	2016	2015	2016
世　界	**World**						
中　国	China	29.5	28.3	29.9	29.3	40.6	42.4
文　莱	Brunei Darussalam	0.6		18.7		80.8	
柬埔寨①	Cambodia①	51.0		18.6		30.4	
印度尼西亚	Indonesia	34.0	32.9	21.2	22.2	44.8	44.9
老　挝	Laos						
马来西亚	Malaysia	12.3	12.5	27.5	27.5	60.2	60.0
缅　甸	Myanmar						
菲律宾	Philippines	30.5	29.2	16.0	16.2	53.5	54.7
新加坡	Singapore			16.5	16.3	82.3	82.7
泰　国	Thailand	35.2	32.3	22.7	23.7	41.9	43.9
越　南	Viet Nam	46.3	43.6	21.4	23.1	32.2	33.3
中国香港	Hong Kong,China			11.7	11.4	79.4	79.4
日　本	Japan	3.6	3.6	24.8	25.5	70.0	69.4
韩　国	Korea,Rep.	5.7	5.2	24.6	25.1	69.7	69.7
印　度②	India②	49.7		21.5		28.7	
巴　西	Brazil	14.6	10.3	22.9	22.2	76.6	77.3
俄罗斯	Russia	6.7	6.7	27.5	27.2	65.8	66.1
加拿大	Canada	1.7	1.6	20.2	19.9	78.1	78.4
墨西哥	Mexico	10.3	13.5	25.6	24.9	63.6	61.1
美　国	United States	1.5	1.6	18.6	18.5	79.9	79.9
法　国	France	2.8	2.7	20.4	20.1	75.8	75.9
德　国	Germany	1.4	1.4	28.1	27.7	70.5	70.9
意大利	Italy	3.6	3.8	26.9	26.6	69.5	69.7
英　国	United Kingdom	1.2	1.1	18.8	18.5	79.1	79.7
澳大利亚	Australia	2.8	2.7	20.4	19.5	76.9	78.0
新西兰	New Zealand	6.2	6.1	20.7	21.9	72.5	71.5

注：①2012年数据。②2013年数据。
Note:①Data refer to 2012.②Data refer to 2013.

附录2-15　失业人数

Unemployment

资料来源：国际货币基金组织IFS数据库。
Source:IMF IFS Database.

单位：万人　　(10 000 persons)

国家或地区	Country or Area	2012	2013	2014	2015	2016
世　　界	**World**					
中　　国①	China①	917.0	926.0	952.0	958.0	
文　　莱	Brunei Darussalam	0.2		1.4	1.3	
柬 埔 寨	Cambodia	1.2	2.4	1.5		
印度尼西亚	Indonesia	743.0	728.0	719.6	750.8	702.8
老　　挝	Laos	388.7				
马来西亚	Malaysia	39.3	43.3	40.5	46.6	51.0
缅　　甸	Myanmar	128.0	129.0		85.5	
菲 律 宾	Philippines	282.6	290.5	272.8	262.0	236.6
新 加 坡	Singapore	6.0	6.0	6.1	6.3	
泰　　国	Thailand	25.9	28.2	32.3	34.1	37.8
越　　南	Viet Nam	92.5	102.3	97.1	115.9	
中国香港	Hong Kong,China	12.5	13.1	12.5	12.9	13.3
日　　本	Japan	284.8	265.3	236.1	222.0	207.8
韩　　国	Korea,Rep.	82.0	80.7	93.7	97.6	101.2
印　　度	India					
巴　　西	Brazil	691.1	679.6	656.4	843.2	1167.7
俄 罗 斯	Russia	413.3	414.2	389.2	426.7	423.3
加 拿 大	Canada	137.2	134.7	132.2	133.1	136.1
墨 西 哥	Mexico	252.2	256.0	250.9	229.4	208.5
美　　国	United States	1250.6	1146.0	961.7	829.6	775.1
法　　国	France	285.5	302.3	303.5	305.4	297.0
德　　国	Germany	289.7	295.0	289.9	195.0	177.5
意 大 利	Italy	269.1	306.9	323.0	303.2	301.3
英　　国	United Kingdom	257.7	246.6	202.9	177.6	163.7
澳大利亚	Australia	62.5	68.7	74.6	75.8	72.5
新 西 兰	New Zealand	15.0	13.7	13.1	13.3	13.3

注：①城镇登记失业人数。
Note:①Urban Registered Unemployment.

附录2-16 失业率

Unemployment Rate

资料来源：国际货币基金组织IFS数据库。
Source:IMF IFS Database.

单位：% (%)

国家或地区	Country or Area	2012	2013	2014	2015	2016
世　界	**World**					
中　国①	China①	4.1	4.1	4.1	4.1	4.0
文　莱	Brunei Darussalam	1.7		6.9		
柬埔寨	Cambodia	0.2	0.3			
印度尼西亚	Indonesia	6.3	6.0	5.8	6.0	
老　挝	Laos					
马来西亚	Malaysia	3.0	3.1	2.9	3.2	3.5
缅　甸	Myanmar	4.0	4.0	4.0		
菲律宾	Philippines	7.0	7.1	6.6	6.3	5.5
新加坡	Singapore	1.8	1.7	1.7	1.7	
泰　国	Thailand	0.7	0.7	0.8	0.9	1.0
越　南	Viet Nam	1.8	1.9	1.8	2.1	
中国香港	Hong Kong,China	3.3	3.4	3.2	3.3	3.4
日　本	Japan	4.3	4.1	3.6	3.4	3.1
韩　国	Korea,Rep.	3.2	3.1	3.5	3.6	3.7
印　度	India					
巴　西	Brazil	5.5	5.4	4.9	6.8	11.5
俄罗斯	Russia	5.5	5.5	5.2	5.6	5.5
加拿大	Canada	7.3	7.1	6.9	6.9	7.0
墨西哥	Mexico	4.9	4.9	4.8	4.3	3.9
美　国	United States	8.1	7.4	6.2	5.3	4.9
法　国	France	9.8	10.3	10.3	10.4	10.1
德　国	Germany	6.8	6.9	6.7	4.6	4.1
意大利	Italy	10.6	12.1	12.7	11.9	11.7
英　国	United Kingdom	8.0	7.6	6.2	5.4	4.9
澳大利亚	Australia	5.2	5.7	6.1	6.1	5.7
新西兰	New Zealand	6.4	5.8	5.4	5.3	5.0

注：①城镇登记失业率。
Note:①Urban Registered Unemployment Rate.

附录2-17 企业开业成本

Cost of Business Start-up

资料来源：世界银行《全球营商环境报告》。
Source:World Bank Doing Business.

国家或地区	Country or Area	企业开业所要办理的手续数（个）Start-up Procedures to Register a Business（unit）		企业办理开业手续所需时间（天）Time Required to Start a Business（days）		企业登记注册费占人均GNI比重（%）Cost Business Start-up Procedures as Percentage of GNI Per Capita（%）	
		2015	2016	2015	2016	2015	2016
世　界	**World**						
中　国	China	11.0	9.0	31.4	28.9	0.7	0.7
文　莱	Brunei Darussalam	7.5	7.5	14.5	14.5	1.3	1.6
柬埔寨	Cambodia	8.0	9.0	87.0	99.0	60.7	57.2
印度尼西亚	Indonesia	12.0	11.2	47.8	24.9	19.9	19.4
老　挝	Laos	8.0	8.0	87.0	67.0	4.9	4.6
马来西亚	Malaysia	6.5	8.5	7.5	18.5	6.7	6.2
缅　甸	Myanmar	13.0	11.0	15.0	13.0	97.1	40.4
菲律宾	Philippines	16.0	16.0	29.0	28.0	16.1	15.8
新加坡	Singapore	3.0	3.0	2.5	2.5	0.6	0.6
泰　国	Thailand	6.0	5.0	27.5	25.5	6.7	6.6
越　南	Viet Nam	9.0	9.0	20.0	24.0	4.9	4.6
中国香港	Hong Kong,China	2.0	2.0	1.5	1.5	1.2	0.6
日　本	Japan	8.0	8.0	11.2	11.2	7.5	7.5
韩　国	Korea,Rep.	3.0		4.0		14.5	
印　度	India	12.9	12.9	28.0	26.0	14.3	13.8
巴　西	Brazil	11.0	11.0	83.0	79.5	4.8	5.2
俄罗斯	Russia	4.4	3.7	10.5	9.8	1.1	1.0
加拿大	Canada	2.0	2.0	1.5	1.5	0.4	0.4
墨西哥	Mexico	7.0	7.8	8.4	8.4	18.1	17.8
美　国	United States	6.0	6.0	5.6	5.6	1.1	1.1
法　国	France	5.0	5.0	4.0	3.5	0.8	0.7
德　国	Germany	9.0	9.0	10.5	10.5	2.0	1.9
意大利	Italy	6.0	6.0	6.5	6.5	14.0	13.9
英　国	United Kingdom	4.0	4.0	4.5	4.5	0.1	0.1
澳大利亚	Australia	3.0	3.0	2.5	2.5	0.7	0.7
新西兰	New Zealand	1.0	1.0	0.5	0.5	0.3	0.3

附录2-18　私人部门贷款占国内生产总值比重

Domestic Credit to Private Sector as Percentage of GDP

资料来源：世界银行WDI数据库。
Source:World Bank WDI Database.

单位：%　　(%)

国家或地区	Country or Area	2012	2013	2014	2015	2016
世　界	**World**	**118.5**	**121.5**	**123.3**	**127.4**	**131.4**
中　国	China	128.5	133.8	140.1	152.6	156.7
文　莱	Brunei Darussalam	28.0	31.2	33.2	41.4	44.3
柬埔寨	Cambodia	38.8	44.7	54.1	63.1	69.7
印度尼西亚	Indonesia	33.4	36.1	36.4	39.1	39.4
老　挝	Laos					
马来西亚	Malaysia	114.1	119.9	120.6	125.2	124.1
缅　甸	Myanmar	9.3	12.8	15.5	18.1	20.7
菲律宾	Philippines	33.4	35.9	39.2	41.8	44.7
新加坡	Singapore	115.3	126.1	130.9	127.0	132.9
泰　国	Thailand	136.2	142.3	146.2	149.8	147.4
越　南	Viet Nam	94.8	96.8	100.3	111.9	
中国香港	Hong Kong,China	198.5	218.2	233.2	207.9	
日　本	Japan	175.1	180.2	180.5	181.6	
韩　国	Korea,Rep.	136.7	134.9	138.4	140.1	143.3
印　度	India	51.9	52.4	52.0	52.2	
巴　西	Brazil	62.5	64.2	66.0	66.8	62.2
俄罗斯	Russia	44.7	49.4	53.5	54.7	
加拿大	Canada					
墨西哥	Mexico	26.4	29.3	29.6	32.5	35.0
美　国	United States	179.1	192.5	194.6	189.1	192.7
法　国	France	96.6	96.1	94.2	95.3	97.6
德　国	Germany	83.4	81.7	79.4	78.0	77.5
意大利	Italy	94.4	91.3	88.9	87.9	86.1
英　国	United Kingdom	164.5	153.1	138.5	133.9	135.9
澳大利亚	Australia	121.9	125.5	129.2	137.0	142.9
新西兰	New Zealand					

附录2-19　原油探明储量

Crude Oil Proved Reserves

资料来源：美国能源信息署。
Source:U.S. Energy Information Administration（EIA）.

单位：亿桶　　(100 million barrels)

国家或地区	Country or Area	2012	2013	2014	2015	2016
世　界	**World**	**15283.6**	**16488.6**	**16555.6**		
中　国	China	203.5	237.2	243.8	246.5	251.3
文　莱	Brunei Darussalam	11.0	11.0	11.0	11.0	11.0
柬埔寨	Cambodia					
印度尼西亚	Indonesia	38.9	40.3	37.4	36.9	36.9
老　挝	Laos					
马来西亚	Malaysia	40.0	40.0	40.0	40.0	36.0
缅　甸	Myanmar					
菲律宾	Philippines	1.4	1.4	1.4	1.4	1.4
新加坡	Singapore					
泰　国	Thailand	4.4	4.5	4.5	4.6	4.0
越　南	Viet Nam	44.0	44.0	44.0	44.0	44.0
中国香港	Hong Kong,China					
日　本	Japan	0.4	0.4	0.4	0.4	0.4
韩　国	Korea,Rep.					
印　度	India	56.1	54.8	56.4	56.8	47.3
巴　西	Brazil	139.9	131.5	150.5	153.1	161.8
俄罗斯	Russia	600.0	800.0	800.0	800.0	800.0
加拿大	Canada	1736.3	1731.1	1732.0	1724.8	1708.6
墨西哥	Mexico	103.6	102.6	100.7	98.1	97.1
美　国	United States	289.5	334.0	365.2	399.3	352.3
法　国	France	0.9	0.9	0.9	0.8	0.8
德　国	Germany	2.8	2.5	2.3	2.3	1.3
意大利	Italy	5.2	5.2	5.6	5.5	5.8
英　国	United Kingdom	28.3	31.2	29.8	29.8	27.5
澳大利亚	Australia	14.3	14.3	14.3	11.9	11.9
新西兰	New Zealand	1.0	0.8	0.8	0.7	0.6

附录2-20 天然气探明储量

Proved Reserves of Natural Gas

资料来源：美国能源信息署。
Source:U.S. Energy Information Administration（EIA）.

单位：亿立方米 （100 million cu.m）

国家或地区	Country or Area	2012	2013	2014	2015	2016
世 界	**World**	**1927020.6**	**1937183.7**	**1973222.6**		
中 国	China	30281.0	39975.5	43973.1	46400.4	49554.4
文 莱	Brunei Darussalam	3905.4	3905.4	3905.4	3905.4	3114.9
柬埔寨	Cambodia					
印度尼西亚	Indonesia	39920.0	30677.2	29632.9	29248.1	28883.1
老 挝	Laos					
马来西亚	Malaysia	23489.0	23489.0	23489.0	23489.0	11893.1
缅 甸	Myanmar					
菲律宾	Philippines	984.8	984.8	984.8	984.8	991.1
新加坡	Singapore					
泰 国	Thailand	2996.7	2847.0	2558.0	2381.4	2208.7
越 南	Viet Nam	6990.1	6990.1	6990.1	6990.1	7079.2
中国香港	Hong Kong,China					
日 本	Japan	208.9	208.9	208.9	208.9	198.2
韩 国	Korea,Rep.	70.8	52.6	57.5	70.8	85.0
印 度	India	11530.8	12402.5	13539.3	14262.6	12459.4
巴 西	Brazil	4167.2	3952.7	4591.1	4589.1	4813.9
俄罗斯	Russia	475440.0	477704.0	477704.0	477768.5	477988.4
加拿大	Canada	17264.1	19291.0	18882.0	20317.7	19821.8
墨西哥	Mexico	4900.4	4874.4	4832.2	4683.4	4247.5
美 国	United States	94541.0	87174.2	95728.7		87215.9
法 国	France	55.2	107.0	96.5	88.9	85.0
德 国	Germany	1754.6	1249.2	1159.2	969.3	481.4
意大利	Italy	659.7	623.2	594.0	561.8	538.0
英 国	United Kingdom	2528.3	2458.4	2438.3	2406.1	2067.1
澳大利亚	Australia	7881.6	12179.5	12179.5	8603.2	8495.1
新西兰	New Zealand	276.2	294.0	283.3	385.2	368.1

附录2-21 石油消费量

Total Petroleum Consumption

资料来源：美国能源信息署。
Source:U.S. Energy Information Administration（EIA）.

单位：万桶/天 （10 000 barrels per day）

国家或地区	Country or Area	2011	2012	2013	2014	2015
世　界	**World**	**8912.7**	**9039.2**	**9125.3**	**9125.3**	
中　国	China	950.4	1017.5	1048.0	1111.8	
文　莱	Brunei Darussalam	1.8	1.8	1.8	1.8	
柬埔寨	Cambodia	2.9	2.9	2.8	3.6	
印度尼西亚	Indonesia	157.5	169.8	171.8	168.8	
老　挝	Laos	0.3	0.3	0.3	0.4	
马来西亚	Malaysia	67.5	67.0	68.0	74.5	
缅　甸	Myanmar					
菲律宾	Philippines	30.1	31.0	31.4	32.9	
新加坡	Singapore	121.6	122.5	124.0	129.2	
泰　国	Thailand	111.0	115.2	117.1	122.1	
越　南	Viet Nam	42.8	45.3	47.1	39.2	
中国香港	Hong Kong,China	38.4	35.4	36.0	35.3	
日　本	Japan	443.9	469.7	455.7	426.7	412.0
韩　国	Korea,Rep.	225.9	232.2	232.8	234.8	240.7
印　度	India	346.1	361.8	366.0	373.5	
巴　西	Brazil	277.7	292.3	300.3	314.4	
俄罗斯	Russia	342.2	344.5	349.3	369.3	
加拿大	Canada	235.7	240.3	237.4	240.7	240.6
墨西哥	Mexico	211.3	210.1	209.0	204.0	200.7
美　国	United States	1888.2	1849.0	1896.1	1910.6	1939.5
法　国	France	178.0	173.9	171.3	169.2	169.1
德　国	Germany	239.2	238.9	243.5	237.4	237.2
意大利	Italy	149.4	137.0	126.0	126.6	126.6
英　国	United Kingdom	157.7	152.7	150.2	152.0	154.5
澳大利亚	Australia	105.6	107.4	108.0	111.1	111.6
新西兰	New Zealand	15.3	15.2	15.4	15.7	16.1

附录2-22　能源平衡表（2015年）

Energy Balance Sheet（2015）

资料来源：国际能源机构。
Source:International Energy Agency.

单位：万吨标准油　（10 000 TOE）

国家或地区	Country or Area	能源生产量 Energy Production				进口 Imports	
		总计 Total	煤和煤制品 Coal & Coal Products	原油，凝析油和给料 Crude, NGL and Feedstocks	天然气 Nature Gas	总计 Total	煤和煤制品 Coal & Coal Products
世　界	**World**		**384342.1**	**443832.4**	**297592.2**		**79346.4**
中　国	China		183251.2	21483.8	11205.1		10872.5
文　莱	Brunei Darussalam			635.4	1044.2		
柬埔寨	Cambodia						74.1
印度尼西亚	Indonesia		26180.2	4020.1	6344.1		202.6
老　挝	Laos						
马来西亚	Malaysia		161.4	3364.6	5799.6		1538.7
缅　甸	Myanmar		34.2	72.4	1354.3		3.3
菲律宾	Philippines		374.3	84.9	290.4		984.0
新加坡	Singapore						47.9
泰　国	Thailand		388.2	1979.7	2741.3		1450.0
越　南	Viet Nam		2082.9	2013.0	933.2		333.3
中国香港	Hong Kong,China						
日　本	Japan	3043.0		47.7	259.1	43444.0	12051.0
韩　国	Korea,Rep.	5123.3	78.5	66.7	16.9	30227.8	8202.2
印　度	India		26793.1	4182.7	2654.1		11975.3
巴　西	Brazil		305.2	13205.1	2062.7		1325.9
俄罗斯	Russia		19829.0	53570.3	52405.4		1551.8
加拿大	Canada	47007.2	3027.1	22570.8	13705.5	8154.8	528.7
墨西哥	Mexico	19607.0	796.3	13467.0	3496.1	7017.7	524.9
美　国	United States	202280.8	42394.1	59549.9	63236.8	55414.1	619.2
法　国	France	13732.0	1.1	97.0	1.9	14782.1	879.3
德　国	Germany	12037.1	4301.9	320.9	657.6	25964.6	3796.2
意大利	Italy	3554.2	4.6	564.5	554.4	15063.0	1259.3
英　国	United Kingdom	11767.6	498.7	4709.3	3566.6	14410.3	1672.1
澳大利亚	Australia	37899.7	29631.9	1828.8	5574.3	5039.6	16.7
新西兰	New Zealand	1644.8	193.5	215.4	406.0	781.6	21.9

附录2-22　续表 1　continued

单位：万吨标准油　　（10 000 TOE）

国家或地区	Country or Area	进　口 Imports			出　口 Exports		
		原油，凝析油和给料 Crude, NGL and Feedstocks	天 然 气 Nature Gas	电 Electricity	总　计 Total	煤和煤制品 Coal & Coal Products	原油，凝析油和给料 Crude, NGL and Feedstocks
世　界	**World**		**86214.6**			**-82129.1**	
中　国	China		4857.7			-321.4	
文　莱	Brunei Darussalam						
柬 埔 寨	Cambodia						
印度尼西亚	Indonesia					-21484.9	
老　挝	Laos						
马来西亚	Malaysia		789.5			-12.2	
缅　甸	Myanmar						
菲 律 宾	Philippines					-161.8	
新 加 坡	Singapore		932.3				
泰　国	Thailand		1137.3				
越　南	Viet Nam					-98.3	
中国香港	Hong Kong,China						
日　本	Japan	17106.0	9876.6		-1884.3	-55.0	
韩　国	Korea,Rep.	14384.2	3893.3		-6237.3		-34.3
印　度	India		1583.1			-28.4	
巴　西	Brazil		1532.9				
俄 罗 斯	Russia		722.9			-9791.9	
加 拿 大	Canada	4599.7	1629.3	75.0	-27788.6	-1819.9	-16384.2
墨 西 哥	Mexico	41.8	3003.2	21.0	-7632.4	-0.2	-6556.7
美　国	United States	40740.7	6287.8	650.2	-30494.2	-4339.4	-7168.9
法　国	France	5750.0	3943.9	85.8	-3286.5	-12.1	-72.5
德　国	Germany	9313.4	8634.5	318.3	-5796.5	-133.8	-34.0
意 大 利	Italy	6874.7	5011.0	437.3	-2913.1	-26.3	-126.4
英　国	United Kingdom	5238.7	3758.1	195.4	-7089.4	-43.3	-3497.8
澳大利亚	Australia	1973.1	548.2		-29758.1	-25384.9	-1268.7
新 西 兰	New Zealand	544.2			-304.4	-97.4	-181.1

附录2-22 续表 2 continued

单位：万吨标准油 （10 000 TOE）

国家或地区	Country or Area	出口 Exports 天然气 Nature Gas	出口 Exports 电 Electricity	国际运输燃料 Bunkers 海运 Sea	国际运输燃料 Bunkers 空运 Air	库存变化 Changes in Stocks	一次能源供应量 TPES
世　界	**World**	**-87821.0**					
中　国	China	-218.3					
文　莱	Brunei Darussalam	-714.2					
柬埔寨	Cambodia						
印度尼西亚	Indonesia	-2868.0					
老　挝	Laos						
马来西亚	Malaysia	-2926.6					
缅　甸	Myanmar	-1268.3					
菲律宾	Philippines						
新加坡	Singapore						
泰　国	Thailand						
越　南	Viet Nam						
中国香港	Hong Kong,China						
日　本	Japan			-396.9	-642.3	27.5	43591.0
韩　国	Korea,Rep.			-946.3	-462.2	-89.0	27616.2
印　度	India						
巴　西	Brazil						
俄罗斯	Russia	-16490.9					
加拿大	Canada	-6558.5	-588.5	-39.1	-75.3	-13.0	27246.1
墨西哥	Mexico	-9.6	-78.8	-85.0	-343.8	169.3	18732.8
美　国	United States	-4069.4	-78.7	-1490.7	-2332.1	-5147.2	218230.7
法　国	France	-486.4	-636.6	-162.5	-565.0	69.6	24569.7
德　国	Germany	-2540.3	-733.5	-239.1	-806.3	24.6	31184.3
意大利	Italy	-18.1	-38.4	-217.6	-327.4	-87.3	15071.8
英　国	United Kingdom	-1197.4	-15.3	-226.8	-1064.3	204.1	18001.5
澳大利亚	Australia	-2917.5		-75.0	-389.9	343.9	13060.3
新西兰	New Zealand			-32.9	-84.7	38.3	2042.7

附录2-23 万美元国内生产总值能耗

Energy Consumption Per Ten Thousand USD of GDP

资料来源：世界银行WDI数据库。
Source:World Bank WDI Database.

单位：吨标准油/万美元（购买力平价法，2011年不变价） （TOE per 10 000 USD,Constant 2011 PPP）

国家或地区	Country or Area	2011	2012	2013	2014	2015
世　界	**World**	**1.35**	**1.33**	**1.30**	**1.27**	
中　国	China	2.01	1.93	1.85	1.75	
文　莱	Brunei Darussalam	1.19	1.17	0.95	1.13	
柬埔寨	Cambodia	1.43	1.39	1.34	1.33	
印度尼西亚	Indonesia	0.94	0.92	0.89	0.88	
老　挝	Laos					
马来西亚	Malaysia	1.22	1.18	1.27	1.23	
缅　甸	Myanmar	0.73	0.74	0.72	0.78	
菲律宾	Philippines	0.75	0.75	0.72	0.72	
新加坡	Singapore	0.68	0.64	0.62	0.64	
泰　国	Thailand	1.29	1.29	1.35	1.33	
越　南	Viet Nam	1.42	1.37	1.30		
中国香港	Hong Kong,China	0.42	0.40	0.38	0.37	
日　本	Japan	1.01	0.97	0.96	0.93	0.91
韩　国	Korea,Rep.	1.67	1.65	1.61	1.58	1.58
印　度	India	1.25	1.24	1.20	1.18	
巴　西	Brazil	0.91	0.93	0.94	0.97	
俄罗斯	Russia	2.10	2.08	2.02	1.96	
加拿大	Canada	1.90	1.85	1.83	1.83	1.77
墨西哥	Mexico	0.97	0.97	0.96	0.92	0.89
美　国	United States	1.41	1.36	1.35	1.34	1.29
法　国	France	1.03	1.03	1.03	0.97	0.98
德　国	Germany	0.91	0.91	0.92	0.87	0.87
意大利	Italy	0.78	0.77	0.75	0.71	0.72
英　国	United Kingdom	0.82	0.83	0.80	0.73	0.72
澳大利亚	Australia	1.38	1.31	1.27	1.23	1.25
新西兰	New Zealand	1.28	1.31	1.29	1.32	1.28

附录2-24　电力装机容量（2014年）

Electricity Installed Capacity by Type（2014）

资料来源：美国能源信息署。
Source:U.S. Energy Information Administration（EIA）.

单位：万千瓦　　（10 000 kilowatts）

国家或地区	Country or Area	总装机容量 Total	核电 Nuclear	化石燃料 Fossil Fuels	抽水蓄能水电 Hydroelectric Pumped Storage	可再生能源 Renewables
世界	**World**	**603816.2**	**37614.6**	**381703.5**	**14323.5**	**170000.0**
中国	China	139951.4	1900.7	92363.0	2282.0	43405.7
文莱	Brunei Darussalam	82.6		82.5		
柬埔寨	Cambodia	142.9		47.2		95.7
印度尼西亚	Indonesia	5476.8		4638.5		838.3
老挝	Laos	337.0				332.0
马来西亚	Malaysia	3023.2		2505.2		518.0
缅甸	Myanmar	429.2		114.1		315.1
菲律宾	Philippines	1856.4		1204.6	68.5	583.3
新加坡	Singapore	1304.3		1288.2		16.1
泰国	Thailand	4010.4		3121.9	103.1	785.4
越南	Viet Nam	3928.0		2340.0		1588.0
中国香港	Hong Kong,China	1262.5		1262.5		
日本	Japan	31344.2	4238.8	19335.6	2734.9	5034.9
韩国	Korea,Rep.	9983.1	2071.7	6853.9	470.0	587.5
印度	India	31076.5	530.8	22502.0	478.5	7565.2
巴西	Brazil	13503.6	188.4	2543.4		10771.8
俄罗斯	Russia	24757.3	2465.4	17240.0	120.0	4931.9
加拿大	Canada	13681.1	1350.0	3455.7	17.4	8858.0
墨西哥	Mexico	6616.9	133.0	4822.7		1661.2
美国	United States	107464.2	9856.9	77429.4	2248.5	17929.4
法国	France	12906.9	6313.0	2281.1	716.5	3596.3
德国	Germany	19841.6	1207.4	8739.3	681.0	9213.9
意大利	Italy	12176.2		6748.3	759.2	4668.7
英国	United Kingdom	9644.5	937.3	5978.8	274.4	2454.0
澳大利亚	Australia	6655.8		4988.0	74.0	1593.8
新西兰	New Zealand	970.4		262.0		708.4

附录2-24 续表 continued

单位：万千瓦 (10 000 kilowatts)

国家或地区	Country or Area	可再生能源 Renewables				
		水电 Hydroelctric	地热 Geothermal	太阳、潮汐 Solar, Tide & Wave	风电 Wind	生物质和废物 Biomass and Waste
世界	**World**	**103678.4**	**1112.4**	**17592.5**	**37325.8**	**9848.6**
中国	China	28303.0		2650.0	11500.0	950.0
文莱	Brunei Darussalam					
柬埔寨	Cambodia	93.0				
印度尼西亚	Indonesia	522.9	140.4			174.0
老挝	Laos	329.0				
马来西亚	Malaysia	394.0		16.0		108.0
缅甸	Myanmar	315.1				
菲律宾	Philippines	354.3	191.8		22.0	13.0
新加坡	Singapore					12.8
泰国	Thailand	350.0		130.4	22.0	283.0
越南	Viet Nam	1570.0				13.0
中国香港	Hong Kong,China					
日本	Japan	2224.8	50.8	2333.9	275.3	150.1
韩国	Korea,Rep.	176.7		291.3	61.2	58.3
印度	India	4472.4		326.3	2246.5	520.0
巴西	Brazil	8919.3			596.0	1255.0
俄罗斯	Russia	4880.0		40.7		
加拿大	Canada	7536.3		186.3	969.4	166.0
墨西哥	Mexico	1246.4	81.3		256.9	66.7
美国	United States	7967.7	251.4	1654.4	6423.2	1632.7
法国	France	1812.9		716.4	906.8	160.0
德国	Germany	442.4		3868.8	3919.3	981.0
意大利	Italy	1450.6	76.8	1894.1	868.3	378.9
英国	United Kingdom	172.3		538.0	1298.7	445.0
澳大利亚	Australia	730.8		400.8	379.7	82.4
新西兰	New Zealand	526.3	97.9		68.3	12.1

附录2-25 发电量（2014年）

Electricity Generation（2014）

资料来源：美国能源信息署。
Source:U.S. Energy Information Administration（EIA）.

单位：亿千瓦时 （100 million kwh）

国家或地区	Country or Area	发电量 Electricity Generation					
		总计 Total	化石燃料 Fossil Fuels	水电 Hydro	核电 Nuclear	风电 Wind	太阳能和潮汐 Solar, Tide and Wave
世界	**World**	**226570.5**	**149412.4**	**38586.7**	**24089.3**	**7138.3**	**2003.5**
中国	China	53881.7	39850.0	8900.0	1238.1	1560.8	292.4
文莱	Brunei Darussalam	42.4	42.3				
柬埔寨	Cambodia	29.7	11.2				
印度尼西亚	Indonesia	2162.6	1902.6	155.1			
老挝	Laos	164.0	4.0				
马来西亚	Malaysia	1392.8	1251.6	91.7			1.6
缅甸	Myanmar	137.5	50.1				
菲律宾	Philippines	737.3	540.1	95.4		1.5	
新加坡	Singapore	465.0	450.5				
泰国	Thailand	1641.1	1483.9	55.3		3.1	13.9
越南	Viet Nam	1354.0	772.9	535.2			
中国香港	Hong Kong,China	375.1	374.2				
日本	Japan	9798.4	8329.3	767.6		50.4	245.1
韩国	Korea,Rep.	5133.0	3565.9	42.5	1492.0	11.5	30.5
印度	India	12177.1	9890.2	1305.4	332.3	371.6	49.1
巴西	Brazil	5770.9	1346.6	3870.8	144.6	122.1	
俄罗斯	Russia	10055.5	6603.5	1779.1	1690.7	1.0	
加拿大	Canada	6328.0	1260.0	3874.9	985.9	225.4	17.8
墨西哥	Mexico	2864.1	2245.2	276.8	93.1	64.3	2.2
美国	United States	41031.4	27505.7	2691.4	7971.7	1816.6	272.3
法国	France	5335.7	249.7	706.0	4180.0	172.5	63.9
德国	Germany	5910.6	3316.7	197.9	917.8	573.6	360.6
意大利	Italy	2670.0	1450.7	509.6		151.8	223.1
英国	United Kingdom	3169.0	1920.9	46.7	579.2	320.2	40.5
澳大利亚	Australia	2353.8	1985.8	179.1		102.5	48.6
新西兰	New Zealand	427.3	85.2	225.9		22.1	

附录2-26 能源净进口占能源消费比重

Net Energy Imports as Percentage of Energy Use

资料来源：世界银行WDI数据库。
Source:World Bank WDI Database.

单位：% (%)

国家或地区	Country or Area	2011	2012	2013	2014	2015
世　界	**World**	**-3.1**	**-2.7**	**-3.1**	**-2.5**	
中　国	China	11.9	14.4	14.8	15.0	
文　莱	Brunei Darussalam	-382.7	-383.5	-458.4	-357.4	
柬埔寨	Cambodia	31.6	31.9	31.6	33.1	
印度尼西亚	Indonesia	-106.7	-107.2	-112.3	-103.1	
老　挝	Laos					
马来西亚	Malaysia	-14.7	-11.9	-5.8	-5.5	
缅　甸	Myanmar	-58.3	-46.3	-39.8	-33.0	
菲律宾	Philippines	40.9	41.8	45.3	45.8	
新加坡	Singapore	97.7	97.6	97.6	97.7	
泰　国	Thailand	41.7	40.2	42.5	41.6	
越　南	Viet Nam	-16.0	-15.7	-15.1		
中国香港	Hong Kong,China	99.2	99.3	99.2	98.7	
日　本	Japan	88.9	93.8	93.9	94.0	93.0
韩　国	Korea,Rep.	82.0	82.5	83.5	81.7	81.5
印　度	India	29.4	31.5	32.5	34.3	
巴　西	Brazil	7.7	10.6	13.9	11.9	
俄罗斯	Russia	-80.0	-77.9	-83.8	-83.7	
加拿大	Canada	-53.0	-59.1	-64.4	-67.9	-72.5
墨西哥	Mexico	-18.0	-14.0	-12.7	-10.8	-4.7
美　国	United States	18.6	15.7	13.9	9.2	7.3
法　国	France	46.1	46.8	46.4	43.5	44.1
德　国	Germany	60.6	60.7	62.1	60.9	61.4
意大利	Italy	81.0	78.3	76.3	75.0	76.4
英　国	United Kingdom	30.8	39.2	42.3	39.7	34.6
澳大利亚	Australia	-143.7	-153.2	-172.4	-192.0	-190.2
新西兰	New Zealand	12.0	16.5	16.4	17.1	19.5

附录2-27 中央政府财政收入占国内生产总值比重

Central Government Revenue as Percentage of GDP

资料来源：世界银行WDI数据库。
Source:World Bank WDI Database.

单位：% (%)

国家或地区	Country or Area	2011	2012	2013	2013	2015
世　界	**World**	**22.5**	**22.7**	**23.4**	**24.3**	**25.2**
中　国	China	11.2	11.1	10.9	15.8	
文　莱	Brunei Darussalam					
柬埔寨	Cambodia	11.6	12.7	13.6	16.5	15.9
印度尼西亚	Indonesia	15.4	15.5	15.0	14.6	13.0
老　挝	Laos	15.1	15.2	15.8	16.7	15.8
马来西亚	Malaysia	20.3	21.4	21.0	19.9	18.9
缅　甸	Myanmar					
菲律宾	Philippines	14.0	14.5	14.9	15.1	15.4
新加坡	Singapore	17.3	17.8	17.5	18.4	18.7
泰　国	Thailand	19.8	18.9	20.7	19.6	20.7
越　南	Viet Nam	23.6	20.9	21.5		
中国香港	Hong Kong,China					
日　本	Japan	10.4	10.8	11.5	12.5	12.7
韩　国	Korea,Rep.	21.6	27.9	27.4	26.3	26.3
印　度	India	11.5	12.6	12.6		
巴　西	Brazil	28.9	29.1	28.2	26.9	28.8
俄罗斯	Russia	29.4	27.7	27.3	27.1	25.0
加拿大	Canada	17.0	17.0	17.0	17.0	17.4
墨西哥	Mexico					
美　国	United States	16.7	16.9	19.0	19.1	19.3
法　国	France	43.0	44.0	44.9	45.1	44.9
德　国	Germany	28.2	28.4	28.4	28.6	28.5
意大利	Italy	37.6	39.1	39.4	39.2	39.4
英　国	United Kingdom	35.4	34.8	35.7	34.6	35.1
澳大利亚	Australia	22.8	23.7	24.6	24.5	24.6
新西兰	New Zealand	35.7	35.1	32.6	32.4	33.0

附录2-28 货币供应量

Money Supply

资料来源：世界银行 WDI 数据库。
Source:World Bank WDI Database.

国家或地区	Country or Area	广义货币（亿本币） Broad Money (100 million local currency units)			广义货币增长率（%） Growth Rate of Broad Money (%)		
		2014	2015	2016	2014	2015	2016
世　界	**World**						
中　国	China	1228374.8	1392278.1	1550066.7	11.0	13.3	11.3
文　莱	Brunei Darussalam	146.2	143.7	145.8	3.2	-1.8	1.5
柬埔寨	Cambodia	426526.0	490970.7	586339.9	29.6	15.1	19.4
印度尼西亚	Indonesia	41733266.1	45488003.9	50049767.9	11.9	9.0	10.0
老　挝	Laos						
马来西亚	Malaysia	15169.6	15631.3	16050.6	6.3	3.0	2.7
缅　甸	Myanmar	258043.7	337193.2	396029.6	21.0	30.7	17.4
菲律宾	Philippines	90559.5	98887.2	112065.1	12.4	9.2	13.3
新加坡	Singapore	5124.3	5202.4	5620.9	3.3	1.5	8.0
泰　国	Thailand	168104.0	175528.1	182905.6	4.7	4.4	4.2
越　南	Viet Nam	50226393.3	57714364.9		19.7	14.9	
中国香港	Hong Kong,China	81663.2	87029.3		8.9	6.6	
日　本	Japan	12196900.0	12558615.0		3.0	3.0	
韩　国	Korea,Rep.	20772340.3	22473750.4	24074590.7	8.1	8.2	7.1
印　度	India	971246.0	1074370.2		10.6	10.6	
巴　西	Brazil	50703.5	56181.8	62817.7	13.9	10.8	11.8
俄罗斯	Russia	429096.0	513703.0	509034.0	14.8	19.7	-0.9
加拿大	Canada						
墨西哥	Mexico	89106.3	96485.1	107518.8	12.9	8.3	11.4
美　国	United States	156711.7	162052.3	168145.6	5.1	3.4	3.8
法　国	France	19151.3			3.2		
德　国	Germany	26130.5			4.3		
意大利	Italy	14488.8			2.7		
英　国	United Kingdom	25200.3	25697.9	27937.9	-2.5	2.0	8.7
澳大利亚	Australia	17351.4	18389.7	19659.2	7.0	6.0	6.9
新西兰	New Zealand						

附录2-29　年平均存款利率和贷款利率

Annual Average Deposit Rates and Lending Rates

资料来源：世界银行WDI数据库。
Source:World Bank WDI Database.

单位：%　　(%)

国家或地区	Country or Area	存款利率 Deposit Rates			贷款利率 Lending Rates		
		2014	2015	2016	2014	2015	2016
世　界	**World**						
中　国	China	2.75	1.50	1.50	5.60	4.35	4.35
文　莱	Brunei Darussalam	0.30	0.34	0.33	5.50	5.50	5.50
柬埔寨	Cambodia	1.42	1.42	1.44			
印度尼西亚	Indonesia	8.75	8.34	7.17	12.61	12.66	11.89
老　挝	Laos						
马来西亚	Malaysia	3.05	3.13	3.03	4.59	4.59	4.54
缅　甸	Myanmar	8.00	8.00	8.00	13.00	13.00	13.00
菲律宾	Philippines	1.23	1.59	1.60	5.53	5.58	5.64
新加坡	Singapore	0.14	0.17	0.19	5.35	5.35	5.35
泰　国	Thailand	1.96	1.42	1.35	6.77	6.56	6.31
越　南	Viet Nam	5.76	4.75	5.04	8.66	7.12	6.96
中国香港	Hong Kong,China	0.01	0.01	0.01	5.00	5.00	5.00
日　本	Japan	0.42	0.41	0.30	1.22	1.14	1.05
韩　国	Korea,Rep.	2.54	1.81	1.56	4.26	3.53	3.37
印　度	India				10.25	10.01	9.68
巴　西	Brazil	10.02	12.62	12.45	32.01	43.96	52.10
俄罗斯	Russia	6.04	9.20	6.97	11.14	15.72	12.60
加拿大	Canada	0.55	0.08	0.10	3.00	2.78	2.70
墨西哥	Mexico	0.84	0.59	1.29	3.55	3.42	4.72
美　国	United States				3.25	3.26	3.51
法　国	France	1.15	0.90	0.76	6.07	6.05	5.51
德　国	Germany	0.58	0.37	0.31	4.95	5.08	5.85
意大利	Italy	1.61	1.20	1.10	4.87	4.13	3.50
英　国	United Kingdom				0.50		
澳大利亚	Australia	2.90	2.30	2.14	5.95	5.58	5.42
新西兰	New Zealand	4.01	3.73	3.23	5.80	5.76	5.02

附录2-30 国内生产总值缩减指数

Gross Domestic Product Deflator

资料来源：国际货币基金组织IFS数据库。
Source:IMF IFS Database.

2010年＝100 （2010＝100）

国家或地区	Country or Area	2012	2013	2014	2015	2016
世　界	**World**					
中　国	China	108.3	110.5	103.5	103.6	104.8
文　莱	Brunei Darussalam	135.2	130.8	128.2	105.8	96.1
柬埔寨	Cambodia	104.9	105.7	108.5		
印度尼西亚	Indonesia	111.5	117.0	123.4	128.4	131.5
老　挝	Laos	114.2	118.9	124.7		
马来西亚	Malaysia	106.5	106.7	109.3	108.9	111.0
缅　甸	Myanmar					
菲律宾	Philippines	106.1	108.2	111.7	111.0	112.8
新加坡	Singapore	101.6	101.4	100.9	103.5	102.0
泰　国	Thailand	113.1	115.0	116.2	116.5	119.3
越　南	Viet Nam	134.5	140.9	146.1	145.8	
中国香港	Hong Kong,China	107.6	109.5	112.7	116.8	118.8
日　本	Japan	97.2	96.7			
韩　国	Korea,Rep.	102.6	103.5	104.1	106.6	108.6
印　度	India	113.3	120.1	124.3	125.1	129.5
巴　西	Brazil					
俄罗斯	Russia	124.8	131.2	139.9		
加拿大	Canada	106.8	108.3	111.2		
墨西哥	Mexico	108.8	110.5	115.5		
美　国	United States	103.9	104.8	106.6		
法　国	France	101.9	103.0	103.4		
德　国	Germany	102.7	104.8	106.6		
意大利	Italy	102.2	103.9	105.0		
英　国	United Kingdom	103.8	105.7	107.5		
澳大利亚	Australia	104.0	105.2	105.7		
新西兰	New Zealand	101.5	105.8	106.4		

附录2-31 生产者价格指数

Producer Price Indices

资料来源：联合国统计月报数据库。
Source:UN Monthly Bulletin of Statistics Database.

2010年＝100 （2010＝100）

国家或地区	Country or Area	2012	2013	2014	2015	2016
世　界	**World**					
中　国	China					
文　莱	Brunei Darussalam					
柬埔寨	Cambodia					
印度尼西亚	Indonesia	111.4	115.7	123.3	134.6	137.7
老　挝	Laos					
马来西亚	Malaysia					
缅　甸	Myanmar					
菲律宾	Philippines	100.4	92.8	91.8	85.8	
新加坡	Singapore					
泰　国	Thailand					
越　南	Viet Nam					
中国香港	Hong Kong,China	108.4	105.0	103.3	100.4	101.6
日　本	Japan	98.9	99.4	102.3	100.0	97.0
韩　国	Korea,Rep.	108.6	105.3	103.1	96.2	
印　度	India	113.5	117.2	121.0	119.9	121.8
巴　西	Brazil					
俄罗斯	Russia	125.7	127.2	135.1	153.6	160.2
加拿大	Canada	108.1	108.6	111.3	110.3	110.1
墨西哥	Mexico	109.5	109.4	111.9	118.6	128.1
美　国	United States	108.1	108.6	109.3	101.0	98.7
法　国	France	108.2	108.6	107.1	104.8	102.4
德　国	Germany	107.0	106.9	105.9	103.9	102.1
意大利	Italy	109.5	108.1	106.2	102.6	100.3
英　国	United Kingdom	107.0	108.4	108.4	106.6	107.0
澳大利亚	Australia	102.9	103.9	107.2	107.4	106.8
新西兰	New Zealand	103.5	106.7	107.4	103.1	100.5

附录2-32　消费者价格指数

Consumer Price Indices

资料来源：联合国ILO数据库。
Source:UN ILO Database.

2010年＝100　　（2010＝100）

国家或地区	Country or Area	2012	2013	2014	2015	2016
世　界	**World**					
中　国	China	94.2	96.7	98.6	100.0	102.0
文　莱	Brunei Darussalam	102.5	102.9	102.7	102.3	101.5
柬埔寨	Cambodia	108.6	111.8	116.1	117.5	121.0
印度尼西亚	Indonesia	109.9	116.9	124.4	132.3	137.0
老　挝	Laos	112.2	119.3	124.2	125.8	127.7
马来西亚	Malaysia	104.9	107.1	110.5	112.8	115.2
缅　甸	Myanmar	106.6	112.5	118.6	129.9	138.9
菲律宾	Philippines	108.0	111.2	115.8	117.4	119.5
新加坡	Singapore	110.0	112.6	113.8	113.2	112.6
泰　国	Thailand	107.0	109.3	111.4	110.4	110.6
越　南	Viet Nam	129.5	138.0	143.6	144.9	149.6
中国香港	Hong Kong,China	109.5	114.3	119.4	123.0	125.9
日　本	Japan	99.7	100.0	102.8	103.6	103.5
韩　国	Korea,Rep.	106.3	107.7	109.1	109.8	110.9
印　度	India	119.0	132.0	140.8	147.7	155.0
巴　西	Brazil	112.4	119.4	126.9	138.4	150.5
俄罗斯	Russia	113.9	121.6	131.2	151.5	162.2
加拿大	Canada	104.5	105.5	107.5	108.7	110.2
墨西哥	Mexico	107.7	111.8	116.3	119.4	122.8
美　国	United States	105.3	106.8	108.6	108.7	110.1
法　国	France	104.1	105.0	105.6	105.6	105.8
德　国	Germany	104.1	105.7	106.7	106.9	107.4
意大利	Italy	105.9	107.2	107.4	107.5	107.3
英　国	United Kingdom	107.4	110.2	111.8	111.8	112.6
澳大利亚	Australia	105.1	107.7	110.4	112.2	114.3
新西兰	New Zealand	105.4	106.7	107.7	108.1	109.2

附录2-33 食品消费价格指数

Food Consumption Price Indices

资料来源：联合国ILO数据库。
Source:UN ILO Database.

2010年＝100 （2010＝100）

国家或地区	Country or Area	2012	2013	2014	2015	2016
世　界	**World**					
中　国	China	117.2	122.7	126.5	129.4	104.6
文　莱	Brunei Darussalam					
柬埔寨①	Cambodia①	114.2	118.7			
印度尼西亚②	Indonesia②	157.3	176.1	119.5	128.0	
老　挝③	Laos③	168.5				
马来西亚	Malaysia	107.6	111.5	115.2	119.4	124.0
缅　甸	Myanmar	102.4	108.6	114.9		
菲律宾	Philippines	107.9	111.1	118.5	121.5	124.5
新加坡	Singapore	106.1	108.6	111.8	113.9	116.3
泰　国	Thailand	113.1	117.0	121.6	123.0	124.9
越　南③	Viet Nam③	266.5				
中国香港	Hong Kong,China	113.2	118.2	123.1	127.9	132.2
日　本	Japan	93.6	93.4	97.0	100.0	101.7
韩　国	Korea,Rep.	112.4	113.4	113.7	115.6	
印　度④	India④	227.9	259.6	276.8		
巴　西	Brazil	117.7	130.8	140.7	154.4	173.6
俄罗斯	Russia	114.5	121.5	133.6	161.7	171.0
加拿大	Canada	106.3	107.6	110.1	114.2	115.9
墨西哥	Mexico	113.1	119.0	125.0	129.9	135.2
美　国	United States	107.4	108.4	110.9	112.2	110.8
法　国	France	104.9	106.1	105.3	105.7	106.3
德　国	Germany	106.3	110.4	111.5	112.3	113.2
意大利	Italy	105.0	107.5	107.6	108.8	100.2⑤
英　国	United Kingdom	108.8	112.9	112.7	109.8	107.2
澳大利亚	Australia	103.2	104.0	106.6	107.6	108.4
新西兰	New Zealand	104.8	105.3	105.9	106.0	

注：①2008年=100。②2012年至2013年数据以2007年=100，2014到2015年数据以2010年=100。③2005年=100。④2000年=100。⑤2015年=100。
Note:①2008=100.②2007=100 for data from 2012 to 2013,2010=100 for data of 2014 to 2016.③2005=100.④2000=100.⑤2015=100.

附录2-34　居民最终消费支出

Household Final Consumption Expenditure

资料来源：世界银行WDI数据库。
Source: World Bank WDI Database.

单位：亿美元　　(100 million USD)

国家或地区	Country or Area	2012	2013	2014	2015	2016
世　界	**World**	**426924.8**	**439474.3**	**450653.3**	**427727.7**	
中　国	China	31452.4	35469.6	39479.7	42710.6	
文　莱	Brunei Darussalam	26.2	27.6	26.7	25.6	24.1
柬埔寨	Cambodia	112.6	119.8	129.5	138.6	152.4
印度尼西亚	Indonesia	5175.8	5185.8	5090.0	4935.6	5375.6
老　挝	Laos	73.3	87.9	100.0	104.5	113.5
马来西亚	Malaysia	1561.2	1674.9	1771.8	1603.5	1628.7
缅　甸	Myanmar					
菲律宾	Philippines	1856.1	1994.0	2064.2	2159.4	2242.9
新加坡	Singapore	1062.4	1109.1	1132.1	1093.0	1084.5
泰　国	Thailand	2105.3	2195.8	2137.2	2051.2	2062.2
越　南	Viet Nam	1005.0	1120.8	1225.3	1313.3	1388.8
中国香港	Hong Kong,China	1695.3	1821.9	1938.0	2055.3	2123.2
日　本	Japan	36375.5	30398.1	28327.7	24791.1	
韩　国	Korea,Rep.	6281.7	6647.5	7105.7	6818.1	6880.9
印　度	India	10319.0	10703.2	11829.2	12243.1	13308.0
巴　西	Brazil	15139.2	15261.0	15462.8	11515.2	11497.6
俄罗斯	Russia	11213.1	12038.0	11022.8	7146.8	6602.4
加拿大	Canada	10214.3	10305.3	10038.1	8941.8	8904.5
墨西哥	Mexico	7980.6	8651.3	8821.0	7854.6	7150.4
美　国	United States	110506.3	113611.7	118633.7	122836.8	
法　国	France	14926.6	15608.8	15723.9	13325.9	13560.9
德　国	Germany	19761.6	20787.9	21152.9	18144.0	18574.0
意大利	Italy	12768.0	13023.5	13081.5	11101.9	11217.7
英　国	United Kingdom	17309.4	17799.2	19464.3	18557.7	17091.8
澳大利亚	Australia	8261.3	8572.3	8064.1	7610.1	6943.3
新西兰	New Zealand	1042.0	1100.2	1155.1	1006.2	

附录2-35 人均居民最终消费支出

Household Final Consumption Expenditure Per Capita

资料来源：世界银行WDI数据库。
Source: World Bank WDI Database.

单位：2010年价格，美元 (constant 2010 USD)

国家或地区	Country or Area	2012	2013	2014	2015	2016
世　界	**World**	**5622.5**	**5690.2**	**5766.2**	**5833.0**	
中　国	China	1944.8	2075.2	2234.7	2401.7	2585.7
文　莱	Brunei Darussalam	5779.2	6037.7	5764.6	5940.4	5785.9
柬埔寨	Cambodia	714.6	743.4	764.1	796.5	837.1
印度尼西亚	Indonesia	1890.7	1969.4	2048.3	2122.3	2204.1
老　挝	Laos					
马来西亚	Malaysia	4866.4	5125.2	5388.3	5619.8	5878.1
缅　甸	Myanmar					
菲律宾	Philippines	1659.9	1724.5	1790.8	1874.0	1973.1
新加坡	Singapore	17087.1	17375.1	17558.4	18147.9	18016.3
泰　国	Thailand	2850.8	2864.9	2878.7	2931.0	3011.9
越　南	Viet Nam	948.6	987.2	1036.4	1121.0	1190.0
中国香港	Hong Kong,China	22132.0	23048.5	23640.0	24550.6	24856.0
日　本	Japan	26213.8	26873.5	26680.0	26599.3	
韩　国	Korea,Rep.	11506.7	11670.0	11799.6	11996.2	12237.8
印　度	India	834.0	884.1	927.9	973.0	1045.5
巴　西	Brazil	7195.5	7377.3	7476.7	7121.0	6763.0
俄罗斯	Russia	6280.6	6539.3	6551.0	5901.0	5624.8
加拿大	Canada	27558.8	27944.8	28378.4	28678.1	28952.4
墨西哥	Mexico	6411.0	6457.0	6484.0	6542.3	6637.9
美　国	United States	33711.5	33965.4	34682.2	35525.7	
法　国	France	22690.2	22685.2	22728.2	22979.2	23327.0
德　国	Germany	24462.2	24576.0	24686.7	24971.0	25163.6
意大利	Italy	20913.3	20164.3	20032.1	20365.7	20685.4
英　国	United Kingdom	25183.3	25405.4	25759.3	26162.9	26733.2
澳大利亚	Australia	29669.3	29617.4	29964.3	30325.8	30762.2
新西兰	New Zealand	20393.5	20956.3	21274.1	21460.9	

附录2-36 居民收入分配

Personal Income Distribution

资料来源：世界银行WDI数据库。
Source:World Bank WDI Database.

国家或地区	Country or Area	年份 Year	基尼系数 GINI Index	各组占全部收入或消费的比重（%） As Percentage of Total Income or Consumption（%）				
				最低的20% Lowest 20%	第二个20% Second 20%	第三个20% Third 20%	第四个20% Fourth 20%	最高的20% Highest 20%
世　界	**World**							
中　国	China	2012	42.16	5.23	9.76	14.85	22.25	47.90
文　莱	Brunei Darussalam							
柬埔寨	Cambodia	2012	30.76	9.05	12.66	16.30	21.78	40.21
印度尼西亚	Indonesia	2013	39.47	7.23	10.41	14.26	20.71	47.38
老　挝	Laos	2012	37.89	7.25	11.13	15.00	20.77	45.86
马来西亚	Malaysia	2009	46.26	4.56	8.64	13.67	21.75	51.38
缅　甸	Myanmar							
菲律宾	Philippines	2012	43.04	5.92	9.45	13.80	21.18	49.64
新加坡	Singapore	1998	42.48	5.04	9.42	14.55	22.02	48.97
泰　国	Thailand	2013	37.85	6.93	10.79	15.09	22.07	45.12
越　南	Viet Nam	2014	37.59	6.59	11.18	15.59	22.03	44.61
中国香港	Hong Kong,China	1996	43.44	5.26	9.39	13.85	20.75	50.75
日　本	Japan	2008	32.11	7.37	12.88	17.32	22.72	39.72
韩　国	Korea,Rep.	1998	31.59	7.91	13.56	17.95	23.13	37.45
印　度	India	2011	35.15	8.28	11.87	15.31	20.58	43.97
巴　西	Brazil	2014	51.48	3.62	7.90	12.64	19.58	56.25
俄罗斯	Russia	2012	41.59	5.90	10.08	14.46	21.24	48.33
加拿大	Canada	2010	33.68	7.10	12.39	16.79	22.75	40.97
墨西哥	Mexico	2014	48.21	5.07	8.83	12.67	18.91	54.53
美　国	United States	2013	41.06	5.10	10.29	15.44	22.71	46.44
法　国	France	2012	33.10	7.80	12.62	16.52	21.82	41.23
德　国	Germany	2011	30.13	8.37	13.12	17.23	22.65	38.64
意大利	Italy	2012	35.16	6.23	12.28	16.97	22.84	41.68
英　国	United Kingdom	2012	32.57	7.51	12.29	17.04	23.10	40.07
澳大利亚	Australia	2010	34.94	7.09	11.83	16.14	22.79	42.16
新西兰	New Zealand	1997	36.17	6.45	11.37	15.81	22.61	43.76

附录2-37　农业生产指数

Agriculture Production Indices

资料来源：联合国FAO数据库。
Source:UN FAO Database.

2004－2006年＝100　　(2004-2006＝100)

国家或地区	Country or Area	农业 Agriculture			食品 Food		
		2011	2012	2013	2011	2012	2013
世　界	**World**	**116.9**	**118.2**	**121.9**	**117.2**	**118.4**	**122.4**
中　国	China	124.2	128.7	130.9	124.6	129.2	131.6
文　莱	Brunei Darussalam	148.1	153.3	166.6	148.6	153.8	167.2
柬埔寨	Cambodia	170.2	174.7	177.2	170.3	174.8	177.4
印度尼西亚	Indonesia	127.1	135.4	136.9	127.5	136.2	137.6
老　挝	Laos	138.0	155.0	156.4	136.2	151.5	152.9
马来西亚	Malaysia	119.7	119.3	121.4	124.4	124.8	128.1
缅　甸	Myanmar	133.0	129.7	132.1	131.7	128.8	131.3
菲律宾	Philippines	114.8	118.9	119.5	115.0	119.3	120.0
新加坡	Singapore	101.1	105.1	112.1	101.1	105.1	112.1
泰　国	Thailand	120.7	129.0	128.8	122.3	130.7	129.2
越　南	Viet Nam	125.4	134.4	135.9	123.6	131.5	133.3
中国香港	Hong Kong,China	56.9	58.7	59.7	56.9	58.7	59.7
日　本	Japan	95.8	98.2	97.9	96.0	98.5	98.2
韩　国	Korea,Rep.	99.2	101.0	104.0	99.3	101.1	104.1
印　度	India	132.4	135.0	139.7	131.1	133.9	138.7
巴　西	Brazil	128.0	126.5	134.6	128.4	126.9	136.1
俄罗斯	Russia	116.0	108.3	117.3	115.8	108.1	117.1
加拿大	Canada	101.8	105.0	115.0	102.4	105.6	115.4
墨西哥	Mexico	107.8	113.1	115.1	107.6	113.0	115.4
美　国	United States	104.1	103.3	108.2	105.4	104.2	109.9
法　国	France	99.4	98.3	96.9	99.5	98.4	97.0
德　国	Germany	104.0	104.7	105.3	104.0	104.7	105.4
意大利	Italy	95.5	88.4	90.3	95.7	88.6	90.6
英　国	United Kingdom	104.0	98.1	99.5	103.9	98.0	99.5
澳大利亚	Australia	107.9	117.2	115.6	107.3	116.6	115.3
新西兰	New Zealand	104.5	109.8	108.2	105.8	111.3	109.6

附录2-38 主要农作物收获面积（2014年）

Harvest Areas of Major Farm Crops（2014）

资料来源：联合国FAO数据库。
Source:UN FAO Database.

单位：千公顷 （1 000 hectares）

国家或地区	Country or Area	谷物总计 Cereals, Total	稻谷 Rice, Paddy	小麦 Wheat	玉米 Maize	大豆 Soybeans
世界	**World**	**720669.4**	**163246.7**	**221615.9**	**183319.7**	**117718.6**
中国	China	94694.0	30600.0	25000.0	35954.0	6730.0
文莱	Brunei Darussalam	2.3	2.3			
柬埔寨	Cambodia	3260.0	3100.0		160.0	102.0
印度尼西亚	Indonesia	17634.3	13797.3		3837.0	615.0
老挝	Laos	1201.2	957.8		243.4	11.0
马来西亚	Malaysia	699.5	689.7		9.7	
缅甸	Myanmar	7763.3	6790.0	97.6	398.8	151.0
菲律宾	Philippines	7351.2	4739.7		2611.4	0.4
新加坡	Singapore					
泰国	Thailand	12194.0	10834.5	1.2	1131.7	29.9
越南	Viet Nam	8996.7	7816.5		1178.6	109.4
中国香港	Hong Kong,China					
日本	Japan	1908.3	1575.0	212.6	0.1	131.6
韩国	Korea,Rep.	884.1	815.5	7.2	15.8	74.7
印度	India	98618.0	43400.0	31188.0	8600.0	10908.0
巴西	Brazil	21850.7	2340.9	2834.9	15431.7	30273.8
俄罗斯	Russia	42221.3	195.6	23907.8	2599.5	1915.9
加拿大	Canada	13980.5		9461.9	1226.6	2235.1
墨西哥	Mexico	10197.9	40.6	706.6	7060.3	205.6
美国	United States	57995.5	1181.3	18818.0	33644.3	33614.0
法国	France	9633.1	16.7	5296.7	1848.1	75.8
德国	Germany	6460.7		3219.7	481.3	9.0
意大利	Italy	3392.5	219.5	1874.2	869.9	232.9
英国	United Kingdom	3179.5		1936.0		
澳大利亚	Australia	17973.1	75.0	12613.0	52.0	37.0
新西兰	New Zealand	137.1		47.9	21.6	

附录2-38 续表 1 continued

单位：千公顷 (1 000 hectares)

国家或地区	Country or Area	根茎类作物 Roots and Tubers	花 生 Groundnuts in Shell	油菜籽 Rapeseed	芝 麻 Sesame Seed	纤维植物 Fibres, Crops Primary
世 界	**World**	**60625.3**	**25670.3**	**35785.2**	**33534.9**	**33715.6**
中 国	China	9398.8	4500.0	6550.0	500.0	4220.0
文 莱	Brunei Darussalam	0.2				
柬埔寨	Cambodia	370.1	18.0		42.0	0.2
印度尼西亚	Indonesia	1236.1	499.1			162.5
老 挝	Laos	68.1	25.3		12.1	3.0
马来西亚	Malaysia	7.1	0.1			
缅 甸	Myanmar	85.2	484.0	105.0	1073.2	234.4
菲律宾	Philippines	331.9	25.2			
新加坡	Singapore					
泰 国	Thailand	1364.5	23.7		42.5	38.2
越 南	Viet Nam	706.1	208.1		43.0	2.8
中国香港	Hong Kong,China					
日 本	Japan	138.7	6.8	1.5		
韩 国	Korea,Rep.	42.0	4.6	1.0	28.4	
印 度	India	2358.2	5200.0	7200.0	2000.0	11800.0
巴 西	Brazil	1765.1	143.0	47.0	10.0	1149.3
俄罗斯	Russia	2101.5		1061.6		
加拿大	Canada	138.9		8074.6		
墨西哥	Mexico	65.4	59.0	2.0	96.3	183.6
美 国	United States	480.2	536.2	630.4		3782.6
法 国	France	168.0		1503.0		
德 国	Germany	244.8		1394.2		
意大利	Italy	52.7		16.6	0.2	
英 国	United Kingdom	140.0		675.0		
澳大利亚	Australia	31.3	12.0	2721.0		450.0
新西兰	New Zealand	10.5		2.3		

附录2-38 续表 2 continued

单位：千公顷 (1 000 hectares)

国家或地区	Country or Area	籽 棉 Seed Cotton	黄麻及麻类纤维 Jute & Jute like Fibres	甘 蔗 Sugar Cane	甜 菜 Sugar Beets	茶 叶 Tea	水果（不包括瓜类） Fruit Excluding Melons
世 界	**World**	**33534.9**		**27181.6**	**4476.9**		
中 国	China	4220.0	20.0	1738.1	171.9	1750.0	15183.8②
文 莱	Brunei Darussalam						1.5
柬埔寨	Cambodia	0.2	0.6	28.9			62.6①
印度尼西亚	Indonesia	12.0	2.2	472.7		122.4	
老 挝	Laos	3.0		34.1		2.7	42.7①
马来西亚	Malaysia			0.2		2.7	99.2③
缅 甸	Myanmar	234.4	17.4	176.4		79.9	435.8②
菲律宾	Philippines			432.0			1234.2③
新加坡	Singapore						
泰 国	Thailand	8.0	3.2	1353.0		21.5	
越 南	Viet Nam	2.8	1.3	305.0		121.6	
中国香港	Hong Kong,China						0.4
日 本	Japan			22.9	57.4	45.4	191.9①
韩 国	Korea,Rep.					2.5	167.1①
印 度	India	11800.0	892.0	5012.0		564.0	
巴 西	Brazil	1149.3	7.4	10437.6		0.4	2329.9①
俄罗斯	Russia		13.2		905.4	0.5	461.5③
加拿大	Canada				8.1		81.0①
墨西哥	Mexico	183.6		761.8	0.1		
美 国	United States	3782.6		352.2	464.3		
法 国	France				407.1		881.5①
德 国	Germany				372.5		178.8①
意大利	Italy				52.0		1148.8②
英 国	United Kingdom				116.0		
澳大利亚	Australia	450.0		375.0			276.1①
新西兰	New Zealand						

注：①2012年数据。②2013年数据。③2011年数据。
Note:①Data refer to 2012.②Data refer to 2013.③Data refer to 2011.

附录2-39 主要农产品产量（2014年）

Production of Major Farm Crops（2014）

资料来源：联合国粮农组织数据库。
Source:UN FAO Database.

单位：万吨 （10 000 tons）

国家或地区	Country or Area	谷物总计 Cereals, Total	稻谷 Rice, Paddy	小麦 Wheat	玉米 Maize	大豆 Soybeans
世界	**World**	**280066.5**	**74095.6**	**72896.7**	**102161.6**	**30843.6**
中国	China	55931.3	20824.0	12621.3	21581.2	1220.1
文莱	Brunei Darussalam	0.2	0.2			
柬埔寨	Cambodia	987.4	932.4		55.0	16.2
印度尼西亚	Indonesia	8985.5	7084.6		1900.8	95.4
老挝	Laos	541.5	400.2		141.2	1.7
马来西亚	Malaysia	273.2	264.5		8.7	
缅甸	Myanmar	2877.5	2642.3	18.5	169.3	15.7
菲律宾	Philippines	2673.9	1896.8		777.1	0.1
新加坡	Singapore					
泰国	Thailand	3783.7	3262.0	0.1	480.5	18.7
越南	Viet Nam	5017.9	4497.4		520.3	15.7
中国香港	Hong Kong,China					
日本	Japan	1160.3	1054.9	85.2		23.2
韩国	Korea,Rep.	585.2	563.8	2.3	8.2	13.9
印度	India	29399.3	15720.0	9448.3	2367.0	1052.8
巴西	Brazil	10139.8	1217.6	626.2	7987.8	8676.1
俄罗斯	Russia	10315.4	104.9	5971.1	1133.2	259.7
加拿大	Canada	5130.1		2928.1	1148.7	604.9
墨西哥	Mexico	3652.7	23.2	367.0	2327.3	38.7
美国	United States	44293.3	1002.6	5539.5	36109.1	10801.4
法国	France	5615.1	8.3	3896.7	185.4	22.7
德国	Germany	5201.0		2778.5	514.2	1.8
意大利	Italy	1936.8	138.6	714.2	924.0	93.3
英国	United Kingdom	2450.5		1662.1		
澳大利亚	Australia	3841.2	81.9	2530.3	39.0	8.0
新西兰	New Zealand	110.4		41.3	23.7	

附录2-39 续表 1 continued

单位：万吨 (10 000 tons)

国家或地区	Country or Area	根茎类作物 Roots and Tubers	花 生 Groundnuts in Shell	油 菜 籽 Rapeseed	芝 麻 Sesame Seed	纤维植物① Fibres, Crops Primay①
世 界	**World**	**83851.1**	**4231.6**	**7095.4**	**546.9**	**2951.1**
中 国	China	17330.7	1578.3	1160.0	61.2	653.7
文 莱	Brunei Darussalam	0.3				
柬埔寨	Cambodia	889.1	2.6		2.9	0.4
印度尼西亚	Indonesia	2713.5	110.0			7.8
老 挝	Laos	174.1	5.9		1.5	0.4
马来西亚	Malaysia	11.4	0.1			
缅 甸	Myanmar	108.0	86.6	9.1	51.9	15.3
菲律宾	Philippines	330.8	2.9			7.2
新加坡	Singapore					
泰 国	Thailand	3021.8	3.9		2.9	4.2
越 南	Viet Nam	1193.3	45.3		3.5	8.9
中国香港	Hong Kong,China					
日 本	Japan	366.9	1.6	0.2		
韩 国	Korea,Rep.	91.3	1.2	0.1	1.2	
印 度	India	5562.2	655.7	787.7	81.1	810.4
巴 西	Brazil	2770.5	40.3	7.2	0.7	137.9
俄罗斯	Russia	3150.1		146.4		9.2
加拿大	Canada	458.9		1555.5		3.0
墨西哥	Mexico	174.8	9.6	0.4	6.5	19.0
美 国	United States	2140.0	236.3	114.0		284.2
法 国	France	805.5		552.3		8.4
德 国	Germany	1160.7		624.7		
意大利	Italy	137.2		4.2	0.4	0.5
英 国	United Kingdom	421.3		246.0		1.4
澳大利亚	Australia	121.5	2.3	383.2		89.8
新西兰	New Zealand	45.4		0.2		0.3

注：①2013年数据。
Note:①Data refer to 2013.

附录2-39　续表 2　continued

单位：万吨　　　　（10 000 tons）

国家或地区	Country or Area	籽　棉 Seed Cotton	黄麻及麻类纤维① Jute & Jute like Fibres①	甘　蔗 Sugar Cane	甜　菜 Sugar Beets	茶　叶 Tea	水果（不包括瓜类）① Fruit Excluding Melons①
世　界	**World**	**7305.3**		**191118.0**	**24652.2**	**534.6**	**67667.0**
中　国	China	1893.0	6.1	12873.5	926.0	194.0	15183.8
文　莱	Brunei Darussalam						0.7
柬埔寨	Cambodia			60.0			38.1
印度尼西亚	Indonesia	0.4	0.3	2840.0		14.8	1600.3
老　挝	Laos	0.6		86.5		0.1	60.2
马来西亚	Malaysia			4.9		1.8	93.9
缅　甸	Myanmar	46.9	1.8	1030.7		3.2	230.9
菲律宾	Philippines			3187.4			1588.7
新加坡	Singapore						
泰　国	Thailand	0.8	0.4	10009.6		7.5	1109.6
越　南	Viet Nam	0.3	0.1	2013.1		21.4	712.7
中国香港	Hong Kong,China						0.5
日　本	Japan			119.1	343.5	8.5	298.5
韩　国	Korea,Rep.					0.3	275.2
印　度	India	1891.3	205.2	34120.0		120.9	8263.2
巴　西	Brazil	341.7	1.0	76809.0		0.1	3777.4
俄罗斯	Russia		5.1		3932.1		336.8
加拿大	Canada				59.9		81.6
墨西哥	Mexico	58.7		6118.2	0.1		1755.3
美　国	United States	762.6		2790.6	2974.6		2698.6
法　国	France				3361.4		818.3
德　国	Germany				2282.9		233.4
意大利	Italy				215.9		1637.1
英　国	United Kingdom				843.0		39.2
澳大利亚	Australia	267.6		2713.6			338.2
新西兰	New Zealand						133.4

注：①2013年数据。
Note:①Data refer to 2013.

附录2-40　牲畜饲养量（2014年）

Number of Livestock（2014）

资料来源：联合国FAO数据库。
Source:UN FAO Database.

单位：万头（只）　　　　　　　　　　　　　　　　　　　　　　（10 000 heads）

国家或地区	Country or Area	牛 Cattle	马 Horses	山　羊 Goats	绵　羊 Sheep	猪 Pigs
世　界	**World**	**148214.4**	**5891.4**	**100678.6**	**120990.8**	**98664.9**
中　国	China	11726.3	602.7	18786.9	20215.6	47411.0
文　莱	Brunei Darussalam	0.1		0.7	0.4	0.1
柬埔寨	Cambodia	287.5	3.0			217.0
印度尼西亚	Indonesia	1518.6	45.5	1921.6	1571.6	787.3
老　挝	Laos	176.6	3.3	48.1		312.2
马来西亚	Malaysia	76.1	0.4	45.6	14.0	182.8
缅　甸	Myanmar	1554.3	11.7	578.2	116.3	1393.2
菲律宾	Philippines	250.5	24.0	369.1	3.0	1179.8
新加坡	Singapore			0.1		27.0
泰　国	Thailand	489.9	0.6	44.8	4.4	759.2
越　南	Viet Nam	523.4	6.7	160.0		2676.2
中国香港	Hong Kong,China	0.2	0.2	0.1		17.7
日　本	Japan	396.2	1.6	1.7	1.3	953.7
韩　国	Korea,Rep.	319.0	2.9	26.5	0.3	1009.0
印　度	India	18700.0	63.0	13300.0	6300.0	1000.0
巴　西	Brazil	21234.4	545.1	885.2	1761.5	3792.9
俄罗斯	Russia	1956.4	137.5	209.1	2224.7	1908.1
加拿大	Canada	1222.0	40.8	3.0	87.5	1305.5
墨西哥	Mexico	3294.0	635.5	868.8	857.6	1609.9
美　国	United States	8852.6	1026.0	261.1	524.5	6772.6
法　国	France	1924.8	41.0	128.3	720.8	1332.3
德　国	Germany	1274.2	37.2	11.7	160.1	2833.9
意大利	Italy	612.5	39.1	93.7	716.6	867.6
英　国	United Kingdom	983.7	40.0	9.0	3374.3	481.5
澳大利亚	Australia	2910.3	27.0	357.0	7261.2	230.8
新西兰	New Zealand	1036.8	5.2	9.7	2980.3	28.7

附录2-41　畜产品产量（2013年）

Output of Livestock Products（2013）

资料来源：联合国FAO数据库。
Source:UN FAO Database.

单位：万吨　　(10 000 tons)

国家或地区	Country or Area	肉类总产量 Meat, Total	牛　肉 Beef and Buffalo Meat	羊　肉 Sheep and Goat Meat	猪　肉 Pig Meat	禽　肉 Poultry Meat
世　界	**World**	**31038.0**	**6770.6**	**1396.2**	**11303.5**	**10866.9**
中　国	China	8346.2	673.0	408.1	5273.3	1826.5
文　莱	Brunei Darussalam	2.8	0.1			2.7
柬埔寨	Cambodia	19.8	7.3		9.9	2.7
印度尼西亚	Indonesia	331.7	58.6	11.3	74.3	187.2
老　挝	Laos	13.9	4.8	0.2	6.4	2.5
马来西亚	Malaysia	162.4	3.1	0.2	23.1	136.0
缅　甸	Myanmar	212.6	26.2	4.8	62.1	119.6
菲律宾	Philippines	312.8	29.7	5.5	168.1	107.9
新加坡	Singapore	11.7			2.0	9.7
泰　国	Thailand	263.4	19.5	0.2	96.7	147.0
越　南	Viet Nam	426.5	37.9	0.8	321.8	63.3
中国香港	Hong Kong,China	16.7	0.8		12.4	2.8
日　本	Japan	327.6	50.8		130.9	145.0
韩　国	Korea,Rep.	203.6	33.6	0.1	100.7	68.6
印　度	India	621.5	257.7	74.7	35.4	235.8
巴　西	Brazil	2601.1	967.5	11.6	328.0	1291.5
俄罗斯	Russia	854.4	163.3	19.0	281.6	346.3
加拿大	Canada	433.4	105.6	1.7	197.7	125.4
墨西哥	Mexico	612.2	180.7	9.8	128.4	284.6
美　国	United States	4264.2	1169.8	7.3	1051.0	2008.5
法　国	France	556.0	140.0	12.3	212.1	174.3
德　国	Germany	820.1	110.6	3.5	549.4	145.7
意大利	Italy	405.3	85.4	3.5	162.5	123.3
英　国	United Kingdom	364.2	84.7	28.9	83.3	166.2
澳大利亚	Australia	448.9	231.8	68.6	36.1	109.8
新西兰	New Zealand	125.5	56.4	45.1	3.9	17.1

附录2-41 续表 continued

单位：万吨 (10 000 tons)

国家或地区	Country or Area	蛋类 Eggs Primary	鸡蛋 Hen Eggs	奶类总产量 Milk, Total	牛奶 Cow Milk	羊毛 Wool, Greasy	蜂蜜 Honey
世界	**World**	**7385.5**	**6826.2**	**76864.1**	**63557.6**	**212.7**	**166.4**
中国	China	2876.0	2444.6	4019.3	3531.0	47.1	45.0
文莱	Brunei Darussalam	0.7	0.7				
柬埔寨	Cambodia	2.3	1.9	2.3	2.3		
印度尼西亚	Indonesia	150.4	122.4	138.8	98.2	3.1	
老挝	Laos	1.7	1.7	0.7	0.7		
马来西亚	Malaysia	67.8	66.4	8.8	7.9		
缅甸	Myanmar	42.5	38.2	170.8	138.0	0.1	0.2
菲律宾	Philippines	46.9	42.8	2.0	2.0		
新加坡	Singapore	2.7	2.6				
泰国	Thailand	106.3	66.8	109.5	109.5		0.9
越南	Viet Nam	37.8	37.8	48.7	45.6		1.3
中国香港	Hong Kong,China						
日本	Japan	252.2	252.2	750.8	750.8		0.3
韩国	Korea,Rep.	64.7	61.5	209.7	209.3		2.5
印度	India	383.5	383.5	13560.0	6060.0	4.7	6.1
巴西	Brazil	237.7	217.2	3440.8	3425.5	1.2	3.5
俄罗斯	Russia	231.7	228.4	3052.3	3028.6	5.5	6.8
加拿大	Canada	44.3	44.3	839.4	839.4	0.1	3.5
墨西哥	Mexico	251.6	251.6	1111.8	1096.6	0.5	5.7
美国	United States	563.6	563.6	9127.1	9127.1	1.4	6.8
法国	France	94.4	94.4	2455.4	2371.4	1.4	1.1
德国	Germany	89.3	89.3	3114.3	3112.2	1.4	1.6
意大利	Italy	77.5	77.5	1100.4	1039.7	0.8	1.0
英国	United Kingdom	68.6	67.2	1394.1	1394.1	6.8	0.6
澳大利亚	Australia	24.1	24.1	952.2	952.2	36.1	1.1
新西兰	New Zealand	5.7	5.4	1888.3	1888.3	16.5	1.8

附录2-42 鱼类产量

Output of Total Fishes

资料来源：联合国FAO数据库。
Source:UN FAO Database.

单位：万吨 (10 000 tons)

国家或地区	Country or Area	鱼类总产量 Total		海 域 Ocean Area		内陆水域 Land Area	
		2013	2014	2013	2014	2013	2014
世 界	**World**						
中 国	China	3739.8	3912.4	1091.9	1142.1	2647.9	2770.3
文 莱	Brunei Darussalam	0.3	0.3	0.3	0.3		
柬埔寨	Cambodia	70.2	71.6	8.8	9.6	61.4	62.0
印度尼西亚	Indonesia	874.3	921.5	578.3	596.6	296.0	324.9
老 挝	Laos	14.8	15.1			14.8	15.1
马来西亚	Malaysia	143.8	141.0	130.1	129.8	13.8	11.2
缅 甸	Myanmar	460.5	492.9	243.3	264.6	217.2	228.3
菲律宾	Philippines	282.6	282.7	237.9	238.3	44.7	44.4
新加坡	Singapore	0.5	0.5	0.5	0.5	0.1	0.1
泰 国	Thailand	191.9	189.9	129.7	128.9	62.2	60.9
越 南	Viet Nam	461.3	483.2	206.4	218.3	254.9	264.9
中国香港	Hong Kong,China	15.8	15.0	15.6	14.8	0.2	0.2
日 本	Japan	313.8	316.2	308.5	311.1	5.3	5.1
韩 国	Korea,Rep.	119.0	124.2	116.9	121.8	2.1	2.4
印 度	India	826.5	857.7	293.6	293.5	532.9	564.2
巴 西	Brazil	108.4	116.7	45.8	46.2	62.6	70.4
俄罗斯	Russia	432.4	416.7	393.5	380.8	38.9	36.0
加拿大	Canada	53.7	50.7	49.9	47.1	3.7	3.6
墨西哥	Mexico	140.2	127.4	125.0	107.0	15.2	20.4
美 国	United States	435.4	422.4	414.7	403.0	20.7	19.5
法 国	France	45.6	49.2	41.3	44.7	4.2	4.5
德 国	Germany	23.8	24.7	20.2	21.0	3.6	3.6
意大利	Italy	17.0	17.6	12.7	13.3	4.3	4.3
英 国	United Kingdom	65.3	79.0	64.0	77.6	1.3	1.4
澳大利亚	Australia	16.2	15.7	16.1	15.5	0.2	0.2
新西兰	New Zealand	42.0	42.9	41.9	42.7	0.2	0.2

附录2-43 工业生产指数

Index of Industrial Production

资料来源：联合国统计月报数据库。
Source:UN Monthly Bulletin of Statistics Database.

2010年=100 （2010=100）

国家或地区	Country or Area	2011	2012	2013	2014	2015
世　界	**World**					
中　国	China					
文　莱	Brunei Darussalam	103.2	100.8	94.0	90.7	90.5
柬埔寨	Cambodia					
印度尼西亚	Indonesia					
老　挝	Laos					
马来西亚	Malaysia	102.4	106.7	110.3	116.0	121.2
缅　甸	Myanmar					
菲律宾	Philippines					
新加坡	Singapore					
泰　国	Thailand					
越　南	Viet Nam		111.3	119.1	127.5	147.0
中国香港	Hong Kong,China					
日　本	Japan	97.1	97.7	96.9	98.7	97.4
韩　国	Korea,Rep.	106.0	107.4	108.2	108.4	107.7
印　度	India	102.9	104.1	104.0	106.9	
巴　西	Brazil	100.4	98.1	100.1	97.1	89.0
俄罗斯	Russia	105.0	108.6	109.0	110.9	107.1
加拿大	Canada	105.0	105.0	106.7	110.8	110.1
墨西哥	Mexico	103.3	106.4	107.2	110.3	110.8
美　国	United States	103.2	106.3	108.5	111.8	112.3
法　国	France	102.6	100.3	99.6	98.8	100.8
德　国	Germany	107.0	106.2	106.1	107.5	109.1
意大利	Italy	100.4	94.4	91.5	90.5	92.1
英　国	United Kingdom	99.4	96.7	95.9	97.2	98.2
澳大利亚	Australia	101.3	104.8	107.3	111.0	114.0
新西兰	New Zealand	101.0	98.9	100.3	102.4	104.6

附录2-44 主要工业产品产量

Output of Major Industrial Products

资料来源：联合国统计月报数据库、联合国粮农组织数据库、世界汽车工业协会。
Source:UN MBS Database. UN FAO Database. OICA Database.

国家或地区	Country or Area	粗 钢（万吨）Crude Steel（10 000 tons）		煤（万吨）Coal（10 000 tons）		原 油（万吨）Crude Petroleum（10 000 tons）	
		2015	2016	2014	2015	2014	2015
世 界	**World**						
中 国	China	80383	80837			21143	21456
文 莱	Brunei Darussalam					546	551
柬 埔 寨	Cambodia						
印度尼西亚	Indonesia					3911	3905
老 挝	Laos						
马来西亚	Malaysia						
缅 甸	Myanmar					76	
菲 律 宾	Philippines					74	
新 加 坡	Singapore						
泰 国	Thailand			1799		1162	1223
越 南	Viet Nam			4234			
中国香港	Hong Kong,China						
日 本	Japan	10516	10478			55	51
韩 国	Korea,Rep.	6967	6857			3	2
印 度	India	8936	9562	64714	67624	3754	3724
巴 西	Brazil	3326	3127			11491	12418
俄 罗 斯	Russia	6937	6964	35584	37204	50048	50186
加 拿 大	Canada	1247	1265	6775		17521	17861
墨 西 哥	Mexico	1823	1880	1255	1216	12627	11785
美 国	United States	7885	7848	90686	81278	59120	64064
法 国	France	1499	1441	30		76	83
德 国	Germany	4267	4208	18614	18430	489	516
意 大 利	Italy	2202	2338			568	535
英 国	United Kingdom	1078	776	1165	853	3747	4283
澳大利亚	Australia	492	526	57133	53885	1815	1646
新 西 兰	New Zealand					175	186

附录2-44　续表 1　continued

国家或地区	Country or Area	发电量（亿千瓦小时）Electricity（100 million kwh）		水泥（万吨）Cement（10 000 tons）		化肥（万吨）Chemical Fertilizer（10 000 tons）	
		2015	2016	2015	2016	2013	2014
世　界	**World**					**20064**	**20798**
中　国	China	58146	61425	234797	240295	6325	6772
文　莱	Brunei Darussalam						
柬埔寨	Cambodia						
印度尼西亚	Indonesia					425	427
老　挝	Laos						
马来西亚	Malaysia					61	66
缅　甸	Myanmar					7	8
菲律宾	Philippines					9	9
新加坡	Singapore						
泰　国	Thailand			4368	4278	9	9
越　南	Viet Nam					117	129
中国香港	Hong Kong,China	379	382				
日　本	Japan	9757	8653	5483	5326	82	76
韩　国	Korea,Rep.			5621	6155	74	73
印　度	India					1633	1643
巴　西	Brazil					341	317
俄罗斯	Russia	10634	10871	6210	5504	1652	1768
加拿大	Canada	5928	6234	1217	1187	1314	1343
墨西哥	Mexico			4482	4615	107	99
美　国	United States	40776	40787	8192	8269	2337	2220
法　国	France	5135	5285			134	135
德　国	Germany	4344	4324			405	300
意大利	Italy	2820	2864			89	96
英　国	United Kingdom					74	62
澳大利亚	Australia	2360	2455			61	67
新西兰	New Zealand	426	424			35	40

附录2-44 续表 2 continued

国家或地区	Country or Area	天然气（万亿焦耳）Natural Gas（terajoule）		汽车（万辆）Motor Vehicles（10 000 vehicles）		新闻纸（万吨）Newsprint（10 000 tons）	
		2015	2016	2014	2015	2015	2016
世　界	**World**			**8978**	**9078**		
中　国	China	4926900	5319432	2373	2450	350	292
文　莱	Brunei Darussalam	531660	517692				
柬埔寨	Cambodia						
印度尼西亚	Indonesia	3119328		130	110		
老　挝	Laos						
马来西亚	Malaysia			60	61		
缅　甸	Myanmar						
菲律宾	Philippines	133308	151968	11	11		
新加坡	Singapore						
泰　国	Thailand	1189920	1193400	188	192		
越　南	Viet Nam			5	5		
中国香港	Hong Kong,China						
日　本	Japan	112164	112980	977	928	298	291
韩　国	Korea,Rep.	7860		452	456	136	141
印　度	India	1226532		384	413		
巴　西	Brazil			315	243		
俄罗斯	Russia	21348360	21549516	189	138	149	147
加拿大	Canada	5748240	6161112	239	228		
墨西哥	Mexico	2927964	2649264	337	357	13	
美　国	United States	29394732	28744356	1166	1210		
法　国	France	1056	1440				
德　国	Germany	284472	267204	592	603	220	219
意大利	Italy	258108	220332	70	101		
英　国	United Kingdom	1656960	1716276	160	168		
澳大利亚	Australia	2625744	3386844	18	17		
新西兰	New Zealand	187692	197136				

附录2-45　铁路运输

Railway Traffic

资料来源：世界银行WDI数据库。
Source:World Bank WDI Database.

国家或地区	Country or Area	铁路总长度（公里）Rail Lines Total（km）		铁路货运周转量（亿吨公里）Goods Transported Hauled（100 million ton-km）		铁路客运周转量（亿人公里）Passengers Carried（100 million passenger-km）	
		2014	2015	2014	2015	2014	2015
世　界	**World**	**1055264**	**1051839**				
中　国	China	66989	67212	23086.7	19800.6	8070.7	7230.1
文　莱	Brunei Darussalam						
柬埔寨	Cambodia						
印度尼西亚	Indonesia	4684		71.7		202.8	
老　挝	Laos						
马来西亚	Malaysia	2250		30.7		32.9	
缅　甸	Myanmar						
菲律宾	Philippines						
新加坡	Singapore						
泰　国	Thailand	5327		24.6		75.0	
越　南	Viet Nam	3186	3186	42.5	41.3	42.5	42.3
中国香港	Hong Kong,China						
日　本	Japan	16703	16704	202.6		2558.8	2067.2
韩　国	Korea,Rep.	3668	3909	95.6	94.8	230.7	234.5
印　度	India	65808	66030	6658.1	6817.0	11404.1	11471.9
巴　西	Brazil	29817		2677.0		159.0	158.8
俄罗斯	Russia	85266	85262	22985.6	23047.6	2234.2	2065.1
加拿大	Canada	52131		3525.4		13.0	13.2
墨西哥	Mexico	26704		787.7		4.8	
美　国	United States	228218		27027.4	25472.5	107.4	105.2
法　国	France	30013		246.0	331.2	839.1	846.8
德　国	Germany	33426	33332	748.2	729.1	793.4	792.6
意大利	Italy	16723	16724	103.4	102.7	386.1	392.9
英　国	United Kingdom	16530	16132			623.0	
澳大利亚	Australia			596.5			
新西兰	New Zealand						

附录2-46 国际海运装货量和卸货量

International Maritime Freight Loaded and Unloaded

资料来源：联合国统计月报数据库。
Source:UN Monthly Bulletin of Statistics Database.

单位：万吨 (10 000 tons)

国家或地区	Country or Area	国际海运装货量 International Maritime Freight Loaded			国际海运卸货量 International Maritime Freight Unloaded		
		2005	2010	2015	2005	2010	2015
世　界	**World**						
中　国	China						
文　莱	Brunei Darussalam	8.4			168.0		
柬埔寨	Cambodia						
印度尼西亚	Indonesia	27372.0	50118.0		8479.2	11253.6	
老　挝	Laos		466.8				
马来西亚	Malaysia	7940.4	11240.4	13252.8②	10390.8	13682.4	15770.4②
缅　甸	Myanmar		361.2①	472.8③		614.4①	1039.2③
菲律宾	Philippines						
新加坡	Singapore	42266.4	47145.6①				
泰　国	Thailand						
越　南	Viet Nam	3309.6	4500.0①				
中国香港	Hong Kong,China	8918.4	11346.0	10375.2	14095.2	15428.4	15280.8
日　本	Japan						
韩　国	Korea,Rep.	24249.6	28602.0④		51244.8	57650.4④	
印　度	India						
巴　西	Brazil						
俄罗斯	Russia	909.6	20151.6		74.4	2353.2	
加拿大	Canada	20175.6	18574.8		12915.6	11412.0	
墨西哥	Mexico						
美　国	United States	40533.6			94160.4		
法　国	France	10065.6	9986.4	10770.0	22710.0	19930.8	18718.8
德　国	Germany	10832.4	10230.0	11794.8	16866.0	17070.0	16966.8
意大利	Italy						
英　国	United Kingdom						
澳大利亚	Australia	62401.2	88736.4	136933.2	6988.8	8895.6	9880.8
新西兰	New Zealand	2167.2	3039.6	3614.4	1844.4	1797.6	2118.0

注：①2009年数据。②2013年数据。③2012年数据。④2007年数据。
Note:①Data refer to 2009.②Data refer to 2013.③Data refer to 2012.④Data refer to 2007.

附录2-47 空运货物周转量和客运量

Freight and Passengers Carried by Air

资料来源：世界银行WDI数据库。
Source:World Bank WDI Database.

国家或地区	Country or Area	空运货物周转量（万吨公里）Air Transport,Freight（100 million ton-km）			航空客运量（万人）Air Transport,Passengers Carried（10 000 persons）		
		2014	2015	2016	2014	2015	2016
世　界	**World**	**18483111**	**18761558**	**19516218**	**322729**	**346385**	**369618**
中　国	China	1782258	1980563	2130459	39088	43618	48796
文　莱	Brunei Darussalam	11539	11515	12426	106	115	117
柬埔寨	Cambodia	175	230	144	107	110	105
印度尼西亚	Indonesia	90212	75871	93128	8522	9010	9653
老　挝	Laos	137	136	150	131	118	122
马来西亚	Malaysia	219330	200598	114988	4967	5035	5382
缅　甸	Myanmar	390	339	507	193	210	260
菲律宾	Philippines	57748	60451	64600	3490	3702	4005
新加坡	Singapore	605174	615437	642317	3364	3359	3497
泰　国	Thailand	252465	213673	216007	4655	5544	6046
越　南	Viet Nam	45022	38447	45898	2383	2994	3794
中国香港	Hong Kong,China	1082612	1129427	1140912	3793	4187	4345
日　本	Japan	866176	866176	936089	11055	11413	11771
韩　国	Korea,Rep.	1112473	1129380	1148488	5829	6548	7713
印　度	India	185133	183385	189388	8272	9893	11958
巴　西	Brazil	159677	149394	151383	10040	10204	9414
俄罗斯	Russia	441356	476105	586320	7219	7685	7746
加拿大	Canada	208432	207483	224623	7553	8023	8541
墨西哥	Mexico	61753	71400	76085	3957	4697	5331
美　国	United States	3822520	3721924	3788961	76271	79822	82295
法　国	France	415129	409831	415541	6343	6504	6536
德　国	Germany	718415	698641	698566	11235	11811	12474
意大利	Italy	98918	95979	109216	2719	2808	2886
英　国	United Kingdom	597483	546674	560410	12490	13151	14512
澳大利亚	Australia	192577	190705	190208	6812	6978	7260
新西兰	New Zealand	99931	115667	123265	1362	1433	1524

附录2-48 港口集装箱吞吐量

Container Port Traffic

资料来源：世界银行WDI数据库。
Source:World Bank WDI Database.

单位：万标准集装箱 （10 000 TEUs）

国家或地区	Country or Area	2010	2011	2012	2013	2014
世　界	**World**	**54224.8**	**58748.4**	**62231.4**	**64945.4**	**67926.5**
中　国	China	13029.0	14464.2	16131.9	17085.9	18163.5
文　莱	Brunei Darussalam	9.9	10.5	11.3	12.2	12.8
柬埔寨	Cambodia	22.4	23.7	25.5	27.5	28.9
印度尼西亚	Indonesia	848.3	896.6	963.9	1127.4	1190.1
老　挝	Laos					
马来西亚	Malaysia	1826.8	2013.9	2087.4	2116.9	2271.9
缅　甸	Myanmar	19.0	20.1	21.6	23.3	24.5
菲律宾	Philippines	494.7	528.9	568.6	586.0	586.9
新加坡	Singapore	2917.9	3072.8	3249.9	3351.6	3483.2
泰　国	Thailand	664.9	717.1	746.9	770.3	828.4
越　南	Viet Nam	598.4	693.0	754.8	913.7	953.1
中国香港	Hong Kong,China	2369.9	2438.4	2311.7	2235.2	2230.0
日　本	Japan	1809.8	1942.2	2011.6	2048.6	2074.5
韩　国	Korea,Rep.	1854.3	2083.4	2161.0	2258.8	2379.7
印　度	India	975.3	1028.5	1027.9	1088.3	1165.6
巴　西	Brazil	813.9	871.4	932.3	1017.7	1067.9
俄罗斯	Russia	320.0	395.5	393.1	396.8	390.3
加拿大	Canada	483.0	490.8	530.4	538.3	557.8
墨西哥	Mexico	369.4	422.9	479.9	490.0	527.4
美　国	United States	4233.8	4291.6	4429.6	4427.2	4648.9
法　国	France	556.0	558.8	593.9	636.8	664.6
德　国	Germany	1482.2	1721.9	1865.9	1904.6	1968.5
意大利	Italy	978.7	1053.1	1028.7	1101.8	1131.3
英　国	United Kingdom	859.0	892.1	816.3	850.5	934.8
澳大利亚	Australia	666.8	701.2	715.5	731.3	752.4
新西兰	New Zealand	246.3	251.7	286.7	309.3	325.1

附录2-49　货物出口总额

Merchandise Export

资料来源：世界贸易组织数据库。
Source:WTO Database.

单位：亿美元　(100 million USD)

国家或地区	Country or Area	2012	2013	2014	2015	2016
世　界	**World**	**184960.0**	**189520.0**	**190050.0**	**164890.0**	**159550.0**
中　国	China	20487.1	22090.1	23422.9	22734.7	20981.6
文　莱	Brunei Darussalam	130.0	114.5	105.1	63.5	49.6
柬埔寨	Cambodia	78.4	66.7	68.5	85.4	100.4
印度尼西亚	Indonesia	1900.3	1825.5	1762.9	1503.7	1444.9
老　挝	Laos	22.7	22.6	26.6	27.7	30.2
马来西亚	Malaysia	2275.4	2283.3	2339.3	1991.6	1894.1
缅　甸	Myanmar	88.8	112.3	114.5	114.3	110.0
菲律宾	Philippines	521.0	567.0	621.0	588.3	563.1
新加坡	Singapore	4083.9	4102.5	4093.0	3466.4	3297.7
泰　国	Thailand	2291.1	2285.0	2275.2	2143.5	2153.3
越　南	Viet Nam	1145.3	1320.3	1502.2	1621.1	1767.8
中国香港	Hong Kong,China	4929.1	5351.9	5240.6	5105.3	5167.3
日　本	Japan	7985.7	7151.0	6902.0	6247.9	6449.3
韩　国	Korea,Rep.	5478.7	5596.3	5726.6	5267.6	4954.3
印　度	India	2968.3	3148.5	3226.9	2674.4	2640.2
巴　西	Brazil	2425.8	2420.3	2251.0	1911.3	1852.8
俄罗斯	Russia	5292.6	5218.4	4968.1	3414.7	2818.3
加拿大	Canada	4555.9	4583.2	4763.0	4099.5	3901.2
墨西哥	Mexico	3707.7	3800.2	3969.1	3806.2	3739.3
美　国	United States	15457.0	15795.9	16205.3	15025.7	14546.1
法　国	France	5687.1	5809.6	5804.7	5057.8	5012.6
德　国	Germany	14011.1	14450.7	14946.1	13267.6	13396.5
意大利	Italy	5013.1	5182.7	5299.0	4574.4	4615.2
英　国	United Kingdom	4727.9	5406.2	5052.0	4601.5	4094.0
澳大利亚	Australia	2566.8	2529.8	2412.4	1877.1	1902.7
新西兰	New Zealand	373.0	394.4	416.2	343.5	337.0

附录2-50 货物进口总额

Merchandise Import

资料来源：世界贸易组织数据库。
Source:WTO Database.

单位：亿美元 (100 million USD)

国家或地区	Country or Area	2012	2013	2014	2015	2016
世　界	**World**	**187050.0**	**190180.0**	**191010.0**	**167430.0**	**162250.0**
中　国	China	18184.1	19499.9	19592.3	16795.7	15874.3
文　莱	Brunei Darussalam	35.7	36.1	36.0	32.3	30.9
柬埔寨	Cambodia	113.5	106.9	118.7	126.2	126.0
印度尼西亚	Indonesia	1916.9	1866.3	1781.8	1427.0	1356.5
老　挝	Laos	30.6	30.8	42.7	52.3	47.2
马来西亚	Malaysia	1963.9	2059.0	2088.5	1760.1	1683.9
缅　甸	Myanmar	92.0	120.4	162.3	168.9	166.0
菲律宾	Philippines	653.5	657.1	677.2	701.5	862.9
新加坡	Singapore	3797.2	3730.2	3662.5	2967.5	2829.3
泰　国	Thailand	2491.2	2504.1	2277.5	2026.5	1946.7
越　南	Viet Nam	1137.8	1320.3	1478.5	1661.0	1742.3
中国香港	Hong Kong,China	5534.9	6214.2	6006.1	5592.8	5473.4
日　本	Japan	8858.4	8331.7	8122.1	6479.8	6069.3
韩　国	Korea,Rep.	5195.9	5155.8	5255.1	4365.0	4061.9
印　度	India	4896.9	4654.0	4629.1	3928.7	3590.7
巴　西	Brazil	2334.0	2505.6	2391.6	1788.3	1434.7
俄罗斯	Russia	3354.5	3412.7	3078.8	1929.5	1914.1
加拿大	Canada	4763.0	4757.8	4799.9	4363.2	4166.0
墨西哥	Mexico	3804.8	3909.7	4115.8	4052.8	3975.2
美　国	United States	23365.2	23290.6	24125.5	23153.0	22513.5
法　国	France	6744.2	6814.7	6766.0	5734.0	5730.2
德　国	Germany	11548.5	11812.3	12070.4	10513.9	10548.9
意大利	Italy	4886.0	4794.5	4741.9	4110.5	4044.5
英　国	United Kingdom	6952.2	6600.3	6904.7	6263.7	6357.6
澳大利亚	Australia	2609.4	2421.4	2369.3	2086.8	1961.5
新西兰	New Zealand	382.5	396.4	425.2	365.5	360.7

附录2-51　出口货物构成（2016年）

Exports by Commodity Groups（2016）

资料来源：世界银行WDI数据库。
Source:World Bank WDI Database.

单位：%　　　　(%)

国家或地区	Country or Area	农业原材料 Agricultural Raw Materials	食　品 Food	燃　料 Fuel	矿物和金属 Ores and Metals	制成品 Manufactures	其　他 Others
世　界	**World**	**1.5**	**9.1**	**12.7**	**4.4**	**68.9**	**3.4**
中　国	China	0.4	2.8	1.2	1.2	94.3	0.1
文　莱	Brunei Darussalam		0.1	93.0	0.2	6.6	0.1
柬埔寨	Cambodia	2.1	4.8		0.1	92.9	0.1
印度尼西亚	Indonesia	4.9	21.7	23.2	5.5	44.7	
老　挝	Laos						
马来西亚	Malaysia	1.8	10.9	16.1	3.9	66.9	0.4
缅　甸	Myanmar						
菲律宾	Philippines	1.0	7.8	1.3	5.1	84.8	
新加坡	Singapore	0.4	2.9	12.6	1.3	77.0	5.8
泰　国	Thailand	3.7	13.8	3.6	1.2	77.8	-0.1
越　南①	Viet Nam①	1.7	14.8	6.2	0.7	76.3	0.3
中国香港	Hong Kong,China	2.8	16.0	4.0	10.7	65.7	0.8
日　本	Japan	0.8	0.8	1.8	2.5	88.0	6.1
韩　国	Korea,Rep.	0.8	1.2	6.2	2.0	89.6	0.2
印　度	India	1.5	11.6	12.1	3.3	70.6	0.9
巴　西	Brazil	4.7	37.6	7.3	10.8	38.1	1.5
俄罗斯	Russia	2.2	4.7	63.0	6.1	20.5	3.5
加拿大	Canada	4.6	12.7	21.3	7.3	52.4	1.7
墨西哥	Mexico	0.3	6.9	6.1	2.6	82.8	1.3
美　国	United States	2.3	10.1	8.2	2.9	64.2	12.3
法　国	France	0.9	12.6	3.0	2.1	78.8	2.6
德　国	Germany	0.7	5.5	2.2	2.5	84.1	5.0
意大利	Italy	0.7	8.7	3.3	2.0	83.3	2.0
英　国	United Kingdom	0.6	6.7	7.7	3.8	78.0	3.2
澳大利亚	Australia	2.7	17.2	26.9	31.4	17.7	4.1
新西兰	New Zealand	11.9	60.6	1.9	3.2	19.3	3.1

注：①2014年数据。
Note:①Data refer to 2014.

附录2-52　进口货物构成（2016年）

Imports by Commodity Groups（2016）

资料来源：世界银行WDI数据库。
Source:World Bank WDI Database.

单位：%　　　　(%)

国家或地区	Country or Area	农业原材料 Agricultural Raw Materials	食　品 Food	燃　料 Fuel	矿物和金属 Ores and Metals	制 成 品 Manufactures	其　他 Others
世　界①	**World①**	**1.5**	**8.1**	**11.8**	**4.0**	**72.0**	**2.6**
中　国①	China①	3.6	6.7	12.7	10.2	61.7	5.1
文　莱①	Brunei Darussalam①	0.2	15.7	6.1	1.6	76.1	0.3
柬 埔 寨①	Cambodia①	2.0	8.4	0.9	1.6	87.0	0.1
印度尼西亚①	Indonesia①	2.9	10.0	17.7	3.3	65.5	0.6
老　挝	Laos						
马来西亚①	Malaysia①	1.8	8.9	12.3	5.7	70.9	0.4
缅　甸	Myanmar						
菲 律 宾	Philippines	0.7	11.6	9.7	1.9	75.9	0.2
新 加 坡①	Singapore①	0.5	4.1	22.0	1.7	70.1	1.6
泰　国①	Thailand①	1.7	6.6	15.6	3.9	72.2	
越　南②	Viet Nam②	3.5	8.6	7.0	3.8	76.6	0.5
中国香港	Hong Kong,China	0.2	5.3	1.9	1.0	91.6	
日　本	Japan	1.5	10.3	18.3	5.9	62.3	1.7
韩　国①	Korea,Rep.①	1.6	5.9	23.5	6.9	62.1	
印　度	India	2.2	6.5	26.8	5.5	55.8	3.2
巴　西	Brazil	1.2	7.4	11.0	3.2	77.1	0.1
俄 罗 斯①	Russia①	1.2	13.9	1.8	1.7	80.9	0.5
加 拿 大	Canada	0.9	8.6	6.5	2.6	79.2	2.2
墨 西 哥	Mexico	1.0	6.1	6.6	2.3	80.7	3.3
美　国	United States	1.0	6.2	7.3	1.9	79.6	4.0
法　国	France	1.1	9.8	8.4	2.2	78.3	0.2
德　国	Germany	1.3	8.0	7.2	3.7	73.0	6.8
意 大 利	Italy	2.2	11.1	10.4	4.5	70.3	1.5
英　国	United Kingdom	1.3	10.2	6.9	2.8	77.0	1.8
澳大利亚	Australia	0.7	7.3	9.6	1.7	79.4	1.3
新 西 兰	New Zealand	0.8	11.4	8.8	1.3	76.8	0.9

注：①2015年数据。②2014年数据。
Note:①Data refer to 2015.②Data refer to 2014.

附录2-53 农产品进出口额

Imports and Exports of Agriculture Products

资料来源：世界贸易组织数据库。
Source:WTO Database.

单位：亿美元 (100 million USD)

国家或地区	Country or Area	出口额 Exports			进口额 Imports		
		2013	2014	2015	2013	2014	2015
世界	**World**	**17372.1**	**17654.1**		**18447.6**	**18730.7**	
中国	China	701.9	745.0	725.3	1654.8	1701.1	1597.3
文莱	Brunei Darussalam	0.2	0.4	0.1	5.5	5.6	5.1
柬埔寨	Cambodia	6.5	6.2	5.9	6.4	8.5	10.5
印度尼西亚	Indonesia	426.3	440.9	397.7	215.1	222.2	183.6
老挝	Laos						
马来西亚	Malaysia	300.4	301.3	253.9	199.6	201.6	184.7
缅甸	Myanmar	29.9	29.2		9.2	8.3	7.9
菲律宾	Philippines	64.7	69.5	50.9	71.6	86.7	86.6
新加坡	Singapore	108.8	118.9	116.6	143.1	146.2	135.3
泰国	Thailand	403.6	397.4	364.7	166.5	162.5	159.3
越南	Viet Nam	232.9	257.6	246.1	152.5	179.2	186.5
中国香港	Hong Kong,China	102.0	105.5	107.0	278.2	292.0	274.7
日本	Japan	107.7	105.8	103.1	853.3	813.2	734.4
韩国	Korea,Rep.	118.1	118.6	108.4	333.9	349.9	330.4
印度	India	446.9	434.7	353.8	244.2	273.2	277.2
巴西	Brazil	908.4	879.3	800.0	141.7	135.3	106.4
俄罗斯	Russia	288.8	336.0	271.6	447.3	412.2	275.2
加拿大	Canada	656.8	681.3	635.9	387.8	401.5	382.2
墨西哥	Mexico	250.9	263.8	272.5	292.0	300.3	276.6
美国	United States	1757.3	1822.0	1608.0	1465.0	1569.3	1566.3
法国	France	832.1	806.4	689.3	699.3	702.6	612.2
德国	Germany	988.2	1001.1	864.4	1168.3	1183.1	1044.6
意大利	Italy	461.5	474.9	425.4	615.8	630.8	537.6
英国	United Kingdom	342.6	358.9	320.0	718.9	758.4	704.4
澳大利亚	Australia	376.0	386.3	359.8	146.1	156.3	145.6
新西兰	New Zealand	268.9	289.9	235.8	45.1	49.2	44.9

附录2-54 服务出口总额

Commercial Service Exports

资料来源：世界贸易组织数据库。
Source:WTO Database.

单位：亿美元 (100 million USD)

国家或地区	Country or Area	2012	2013	2014	2015	2016
世　界	**World**	**44512.7**	**47430.9**	**50781.4**	**47896.5**	**48076.9**
中　国	China	2005.9	2057.8	2180.8	2164.9	2072.8
文　莱	Brunei Darussalam	4.8	4.9	5.6	6.4	4.8
柬埔寨	Cambodia	30.5	33.5	37.1	37.8	38.5
印度尼西亚	Indonesia	230.7	223.3	229.2	215.9	234.7
老　挝	Laos	5.5	7.6	7.5	7.9	
马来西亚	Malaysia	405.0	420.1	419.7	345.8	338.4
缅　甸	Myanmar	11.8	26.8	31.0	38.0	
菲律宾	Philippines	204.3	233.2	254.8	290.5	313.4
新加坡	Singapore	1270.8	1393.8	1531.1	1483.2	1493.6
泰　国	Thailand	493.9	583.9	551.8	614.0	661.3
越　南	Viet Nam	95.1	105.9	109.1	111.1	122.4
中国香港	Hong Kong,China	984.3	1046.9	1068.4	1042.6	983.4
日　本	Japan	1338.4	1326.5	1593.4	1583.4	1687.3
韩　国	Korea,Rep.	1023.0	1025.3	1109.6	966.8	918.0
印　度	India	1450.3	1487.0	1566.1	1557.2	1612.5
巴　西	Brazil	373.9	364.4	390.5	329.9	325.7
俄罗斯	Russia	614.7	691.1	648.2	508.9	496.8
加拿大	Canada	877.7	890.2	871.1	787.5	797.5
墨西哥	Mexico	161.5	201.9	210.9	228.9	241.0
美　国	United States	6335.8	6786.4	7229.3	7305.9	7325.5
法　国	France	2337.0	2530.1	2735.5	2407.7	2356.3
德　国	Germany	2474.1	2661.3	2860.8	2595.6	2678.2
意大利	Italy	1070.7	1110.1	1131.3	974.0	1005.6
英　国	United Kingdom	3081.8	3317.7	3575.4	3404.9	3236.6
澳大利亚	Australia	530.0	525.6	533.5	489.4	531.8
新西兰	New Zealand	129.6	132.9	142.4	141.8	147.2

附录2-55　服务进口总额

Commercial Service Imports

资料来源：世界贸易组织数据库。
Source:WTO Database.

单位：亿美元 (100 million USD)

国家或地区	Country or Area	2012	2013	2014	2015	2016
世　界	**World**	**43219.3**	**45865.7**	**49391.6**	**46423.8**	**46940.9**
中　国	China	2802.6	3294.2	4308.0	4332.9	4498.3
文　莱	Brunei Darussalam	22.4	24.2	16.7	12.4	16.3
柬埔寨	Cambodia	15.0	17.4	18.5	18.8	19.4
印度尼西亚	Indonesia	336.4	344.3	330.8	307.6	305.9
老　挝	Laos	3.3	5.2	4.8	5.5	
马来西亚	Malaysia	431.3	449.7	451.3	397.6	390.9
缅　甸	Myanmar	14.3	21.6	22.6	24.4	
菲律宾	Philippines	139.6	160.6	206.1	233.6	238.8
新加坡	Singapore	1306.8	1468.3	1591.9	1543.0	1553.6
泰　国	Thailand	454.5	471.1	449.3	422.1	418.8
越　南	Viet Nam	108.8	136.4	148.1	163.0	183.0
中国香港	Hong Kong,China	764.7	750.5	738.1	739.3	743.0
日　本	Japan	1828.3	1690.4	1904.7	1766.5	1826.9
韩　国	Korea,Rep.	1077.9	1091.6	1147.4	1113.1	1090.5
印　度	India	1292.2	1258.2	1274.0	1226.9	1330.3
巴　西	Brazil	758.3	810.5	859.2	688.6	614.5
俄罗斯	Russia	1067.2	1257.4	1189.1	870.8	728.7
加拿大	Canada	1106.2	1117.7	1092.5	981.7	964.7
墨西哥	Mexico	262.0	283.6	303.4	294.9	295.0
美　国	United States	4241.5	4357.5	4570.3	4671.4	4819.6
法　国	France	2022.3	2275.8	2518.8	2317.4	2356.6
德　国	Germany	2935.1	3276.1	3370.1	2976.3	3106.1
意大利	Italy	1064.2	1090.2	1132.2	984.3	1019.8
英　国	United Kingdom	1901.4	2019.2	2080.1	2064.1	1945.7
澳大利亚	Australia	657.1	669.7	624.1	563.5	554.9
新西兰	New Zealand	122.9	125.2	130.2	115.8	118.3

附录2-56　货物和服务出口占国内生产总值比重

Exports of Goods and Services as Percentage of GDP

资料来源：世界银行WDI数据库。
Source:World Bank WDI Database.

单位：%　　(%)

国家或地区	Country or Area	2011	2012	2013	2014	2015
世　　界	**World**	**30.5**	**30.5**	**30.4**	**30.2**	**29.4**
中　　国	China	26.5	25.4	24.5	24.1	22.0
文　　莱	Brunei Darussalam	69.5	70.2	68.0	68.6	52.2
柬 埔 寨	Cambodia	54.1	58.0	61.5	62.3	61.7
印度尼西亚	Indonesia	26.3	24.6	23.9	23.7	21.2
老　　挝	Laos	37.4	35.7	34.8	35.7	31.0
马来西亚	Malaysia	85.3	79.3	75.6	73.8	70.9
缅　　甸	Myanmar	0.1	11.5	19.6	20.1	20.8
菲 律 宾	Philippines	32.0	30.8	28.0	28.9	28.4
新 加 坡	Singapore	203.3	197.2	194.2	193.4	177.9
泰　　国	Thailand	70.9	69.8	68.1	69.4	69.1
越　　南	Viet Nam	79.4	80.0	83.6	86.4	89.8
中国香港	Hong Kong,China	212.9	215.9	221.6	213.1	195.9
日　　本	Japan	14.9	14.6	15.9	17.6	17.6
韩　　国	Korea,Rep.	55.8	56.3	53.9	50.3	45.3
印　　度	India	24.5	24.5	25.4	23.0	19.9
巴　　西	Brazil	11.5	11.7	11.6	11.0	12.9
俄 罗 斯	Russia	28.3	27.4	26.6	27.1	28.7
加 拿 大	Canada	30.6	30.2	30.2	31.6	31.6
墨 西 哥	Mexico	31.3	32.7	31.8	32.3	35.1
美　　国	United States	13.6	13.6	13.6	13.7	12.6
法　　国	France	27.8	28.5	28.6	28.8	29.9
德　　国	Germany	44.8	46.0	45.5	45.7	46.8
意 大 利	Italy	27.0	28.6	28.9	29.3	30.0
英　　国	United Kingdom	30.5	29.8	29.8	28.1	27.6
澳大利亚	Australia	21.1	21.3	19.8	20.8	19.7
新 西 兰	New Zealand	30.4	28.9	28.8	27.9	27.9

附录2-57　货物和服务进口占国内生产总值比重

Imports of Goods and Services as Percentage of GDP

资料来源：世界银行WDI数据库。
Source:World Bank WDI Database.

单位：%　　(%)

国家或地区	Country or Area	2011	2012	2013	2014	2015
世　界	**World**	**30.1**	**30.1**	**29.8**	**29.7**	**28.7**
中　国	China	24.1	22.7	22.1	21.6	18.5
文　莱	Brunei Darussalam	30.0	35.5	42.9	30.6	32.7
柬埔寨	Cambodia	59.5	62.8	66.7	66.7	66.1
印度尼西亚	Indonesia	23.9	25.0	24.7	24.4	20.7
老　挝	Laos	43.2	47.4	49.3	49.8	43.8
马来西亚	Malaysia	69.7	68.5	67.1	64.5	63.3
缅　甸	Myanmar	0.1	10.9	18.9	22.2	26.5
菲律宾	Philippines	35.7	34.1	32.2	32.6	34.3
新加坡	Singapore	176.3	173.8	171.8	168.9	152.0
泰　国	Thailand	68.8	68.7	65.3	62.6	57.5
越　南	Viet Nam	83.5	76.5	81.5	83.1	89.0
中国香港	Hong Kong,China	209.0	214.7	221.0	212.9	193.5
日　本	Japan	15.5	16.1	18.2	20.0	18.0
韩　国	Korea,Rep.	51.3	53.5	48.9	45.0	38.4
印　度	India	31.1	31.3	28.4	26.0	22.3
巴　西	Brazil	12.2	13.1	13.9	13.7	14.1
俄罗斯	Russia	20.1	20.6	21.0	20.6	20.6
加拿大	Canada	31.8	32.2	31.8	32.6	34.0
墨西哥	Mexico	32.5	33.8	32.7	33.4	37.1
美　国	United States	17.3	17.1	16.6	16.6	15.4
法　国	France	30.4	30.7	30.5	30.8	31.2
德　国	Germany	39.9	39.9	39.5	39.1	39.2
意大利	Italy	28.6	27.6	26.6	26.5	27.1
英　国	United Kingdom	32.2	32.0	32.0	30.1	29.2
澳大利亚	Australia	20.1	21.4	20.9	21.1	21.1
新西兰	New Zealand	28.8	28.2	27.3	27.2	27.2

附录2-58 外商直接投资

Foreign Direct Investment

资料来源：联合国贸发会议FDI数据库。
Source:UNCTAD FDI Database.

单位：亿美元 (100 million USD)

国家或地区	Country or Area	外商直接投资 FDI Inflows			对外直接投资 FDI Outflows		
		2013	2014	2015	2013	2014	2015
世　界	**World**	**14271.8**	**12770.0**	**17621.6**	**13994.8**	**12531.6**	**15943.2**
中　国	China	1239.1	1285.0	1356.1	1078.4	1231.2	1275.6
文　莱	Brunei Darussalam	7.8	5.7	1.7	8.6	3.8	5.1
柬埔寨	Cambodia	18.7	17.2	17.0	0.5	0.4	0.5
印度尼西亚	Indonesia	188.2	218.7	155.1	66.5	70.8	62.5
老　挝	Laos	4.3	7.2	12.2			
马来西亚	Malaysia	121.2	108.8	111.2	141.1	163.7	99.0
缅　甸	Myanmar	5.8	9.5	28.2			
菲律宾	Philippines	24.3	68.1	52.3	36.5	67.5	56.0
新加坡	Singapore	660.7	685.0	652.6	395.9	391.3	354.9
泰　国	Thailand	166.5	35.4	108.5	119.3	44.1	77.8
越　南	Viet Nam	89.0	92.0	118.0	19.6	11.5	11.0
中国香港	Hong Kong,China	745.5	1140.6	1748.9	810.3	1251.1	551.4
日　本	Japan	23.0	20.9	-22.5	1357.5	1136.0	1286.5
韩　国	Korea,Rep.	127.7	92.7	50.4	283.6	280.4	276.4
印　度	India	282.0	345.8	442.1	16.8	117.8	75.0
巴　西	Brazil	530.6	730.9	646.5	-11.8	22.3	30.7
俄罗斯	Russia	534.0	291.5	98.3	706.9	642.0	265.6
加拿大	Canada	717.5	585.1	486.4	548.8	556.9	671.8
墨西哥	Mexico	458.6	256.8	302.9	131.4	83.0	80.7
美　国	United States	2115.0	1066.1	3798.9	3079.3	3165.5	2999.7
法　国	France	428.9	151.9	428.8	250.0	428.7	350.7
德　国	Germany	116.7	8.8	317.2	403.6	1062.5	943.1
意大利	Italy	242.7	232.2	202.8	251.3	265.4	276.1
英　国	United Kingdom	475.9	524.5	395.3	-187.7	-818.1	-614.4
澳大利亚	Australia	569.8	396.2	222.6	15.8		-167.4
新西兰	New Zealand	18.3	25.0	-9.9	5.3	0.7	2.1

附录2-59　货币汇率（年平均价）

Exchange Rate（Period Average）

资料来源：世界银行WDI数据库。
Source:World Bank WDI Database.

单位：1美元合本币数　　(local currency unit per US dollar)

国家或地区	Country or Area	2012	2013	2014	2015	2016
世　界	**World**					
中　国	China	6.31	6.20	6.14	6.23	6.64
文　莱	Brunei Darussalam	1.25	1.25	1.27	1.38	1.38
柬埔寨	Cambodia	4033.00	4027.25	4037.50	4067.75	4058.70
印度尼西亚	Indonesia	9386.63	10461.24	11865.21	13389.41	13308.33
老　挝	Laos	8007.76	7860.14	8048.96	8147.91	8129.06
马来西亚	Malaysia	3.09	3.15	3.27	3.91	4.15
缅　甸	Myanmar	640.65	933.57	984.35	1162.62	1234.87
菲律宾	Philippines	42.23	42.45	44.40	45.50	47.49
新加坡	Singapore	1.25	1.25	1.27	1.38	1.38
泰　国	Thailand	31.08	30.73	32.48	34.25	35.30
越　南	Viet Nam	20828.00	20933.42	21148.00	21697.57	21935.00
中国香港	Hong Kong,China	7.76	7.76	7.75	7.75	7.76
日　本	Japan	79.79	97.60	105.95	121.04	108.79
韩　国	Korea,Rep.	1126.47	1094.85	1052.96	1131.16	1160.27
印　度	India	53.44	58.60	61.03	64.15	67.19
巴　西	Brazil	1.95	2.16	2.35	3.33	3.49
俄罗斯	Russia	30.84	31.84	38.38	60.94	67.06
加拿大	Canada	1.00	1.03	1.11	1.28	1.33
墨西哥	Mexico	13.17	12.77	13.29	15.85	18.66
美　国	United States	1.00	1.00	1.00	1.00	1.00
法　国	France	0.78	0.75	0.75	0.90	
德　国	Germany	0.78	0.75	0.75	0.90	
意大利	Italy	0.78	0.75	0.75	0.90	
英　国	United Kingdom	0.63	0.64	0.61	0.66	0.74
澳大利亚	Australia	0.97	1.04	1.11	1.33	1.35
新西兰	New Zealand	1.23	1.22	1.21	1.43	1.44

主要统计指标解释

人口密度 指由年中人口除以国土面积得来。国土面积是指一个国家包括内陆水域和沿海水域在内的总面积。

陆地面积 是指土地的总面积，不包括内陆水域的面积。“内陆水域”的定义一般包括主要的河流与湖泊。

耕地面积 是指种植短期作物的土地面积（种植两季作物的土地面积只计算一次），供割草或放牧的短期性草场，供应市场的菜园和自用菜园，以及暂时休闲的土地（少于5年）。而转换耕作方式而休闲的土地不包括在此类。

永久性作物面积 是指有长期生长的作物而在每次收获后不需要再种植的土地面积，如可可、咖啡和橡胶；它包括生长灌木、果树、坚果树和藤本植物的土地，但不包括用材林所占的土地。

永久性牧场面积 是指有长期生长的作物而在每次收获后不需要再种植的牧场面积。

探明储量 指已探明可开采的原煤、原油、天然气的储量。

已探明可开采的储量 是将来在现有和可承受的经济条件下，已探明的可开采的吨数。

二氧化碳排放量 是指矿物燃料燃烧以及水泥制造等过程中排放的二氧化碳，包括使用固体、液体、气体燃料以及煤气时产生的二氧化碳。

国内生产总值 指生产活动总成果，等于所有常住单位创造的增加值的总和（包括产出价值中未包括的产品税，不包括各项产品补贴）。等于按购买者价格计算的货物和服务最终使用价值（不包括中间消费）减去进口的货物和服务价值，或等于常住生产单位初次收入分配的总和。

国民总收入 指国内生产总值减去生产税和进口税净额，减去支付给国外的雇员报酬和财产收入，加来自国外的雇员报酬和财产收入（即国内生产总值减去支付给非常住单位的初次收入，加上收到的非常住单位的初次收入）。按市场价格计算国民总收入的另一种方法是各部门所有初次收入的总和（注意，国民总收入即国民生产总值，后者是以往国民核算中使用的概念）。

就业人员 为一定年龄以上，在特定短期（一周或一天）内，属于下列类型的所有人：

（1）有酬从业人员，包括两类：①正在工作的人，指在参考期内做某些工作以得到现金或实物形式工资或薪金的人员；②有工作岗位但目前不工作的人，指现在有工作，却在短期内暂时不上班，但同时与工作单位有正式联系的人。这种正式联系，可以按照如下的一项或多项标准，根据各国的不同情况，予以判断：1）持续领到工资或薪金；2）保证在暂时的不上班状态终止后返回该岗位，或对返回的时间有协议；3）在不工作的这段时间里，该从业者能得到补偿而无须接受其他工作。

（2）自营就业者，包括两类：①正在工作，指在短期时间内以利润或家庭收入为目的，从事某些工作得到现金或实物的人；②拥有企业而不工作的人，指自己拥有企业（如商业企业，农场，服务性企业），在一定时期内因特殊原因暂不工作的人。

失业人员 在调查期内，适龄劳动人口中的失业者分为：

（1）没有工作，即没有得到有报酬的工作，又没有自营就业的人；

（2）目前有工作能力，即在调查期内可从事有酬工作和自营就业的人；

（3）正在寻找工作，在最近特定时期已采取具体步骤寻求有酬工作或自营就业的人。这些具体步骤包括：在公共或私人职业介绍所登记；向雇主提出就业申请；在工地、农场、工厂大门外、市场或其他聚集地寻找工作；通过报纸刊登广告或应聘；寻求亲友帮助就业；自己开业寻找土地、厂房、机器或设备；筹集资金；许可证和执照等。

失业率 反映了失业的严重程度。失业率是参考期内（一般是特定的一天或一周）特定分组的失业人数和同一时间该组就业、失业人数之和相比得出的。

货币供应量 货币（Money）指流通中现金和除中央政府以外的常住机构活期存款构成；准货币

（Quasi-Money）指除中央政府以外的外汇现汇与期汇存款和外汇现汇储蓄与期汇存款之和，即由常住居民的现汇、储蓄、与外汇存款构成。货币（Money）通称为M_1，而货币和准货币之和通称为广义货币，相当于M_2。

一次能源生产量　固体能源指硬煤、褐煤、泥炭和油岩；液体能源指原油和液化天然气；气体能源指天然气；电能指水电、核电、地热发电、潮汐发电和太阳能发电。

库存变化、进口和出口　包括所有的一次能源和商业能源。

国际运输燃料　指供给国际运输的飞机或轮船的燃料，空运燃料包括航空汽油和喷气发动机燃料，海运燃料,包括硬煤、柴油等。

能源消费量　固体能源消费量指一次形式的固体燃料消费、二次形式的燃料的净进口和库存变化；液体能源消费量指各种形式的液体能源的消费；气体能源消费量指天然气的消费、煤气的净进口和库存变化。电能消费指一次形式的电能的消费和电能的净进口。

消费量＝产量＋进口－出口－国际运输燃料－库存变化

平衡差额　在“能源平衡表”中的“平衡差额”一项是为了使能源的生产和消费总量平衡，它一般是由于排除非能源用石油和无法取得的库存数据引起的。

货物出口额　是指按美元计价的本国向世界其他国家和地区提供的以离岸价格（F.O.B）计算的货物价值总和。

货物进口额　是指按美元计价的世界其他国家和地区向本国提供的以到岸价格（C.I.F）计算的货物价值总和。

Explanatory Notes on Main Statistical Indicators

Population Density comes from population in mid-year divided by area of country soil is the total area including inland water area and marginal sea area.

Land Area（in Hectares） is a country total area, excluding area under inland water bodies, national claims to continental shelf, and exclusive economic zones. In most cases the definition of inland water bodies includes major rivers and lakes.

Arable Land includes land defined by the FAO as land under temporary crops（double-cropped areas are counted once）, temporary meadows for mowing or for pasture, land under market or kitchen gardens, and land temporarily fallow. Land abandoned as a result of shifting cultivation is excluded.

Permanent Cropland is land cultivated with crops that occupy the land for long periods and need not be replanted after each harvest, such as cocoa, coffee, and rubber. This category includes land under flowering shrubs, fruit trees, nut trees, and vines, but excludes land under trees grown for wood or timber.

Permanent Pastures is land used permanently （five years or more） for herbaceous forage crops, either cultivated or growing wild（wild prairie or grazing land）.

Proved Amount in Place is the tonnage of crude coal, crude petroleum, nature gas that has been both carefully measured and assessed.

Proved Recoverable Reserves are the tonnage of the proved amount in place that can be recovered under present and expected local economic conditions with existing available technology.

Carbon Dioxide Emissions are those stemming from the burning of fossil fuels and the manufacture of cement. They include contributions to the carbon dioxide produced during consumption of solid, liquid, and gas fuels and gas flaring.

Gross Domestic Product An aggregate measure of production equal to the sum of the gross values added of all resident institutional units engaged in production （plus any taxes, and minus any subsidies, on products not included in the value of their outputs）. The sum of the final uses of goods and services（all uses except intermediate consumption）measured in purchasers' prices, less the value of imports of goods and services, or the sum of primary incomes distributed by resident producer units.

Gross National Income is GDP less net taxes on production and imports, less compensation of employees and property income payable to the rest of the world plus the corresponding items receivable from the rest of the world （in other words, GDP less primary incomes payable to non- resident units plus primary incomes receivable from non-resident units）. An alternative approach to measuring GNI at market prices is as the aggregate value of the balances of gross primary incomes for all sectors; （note that gross national income is identical to gross national product （GNP） as previously used in national accounts generally）.

Employment comprise all persons above a specific age who during a specified brief period, either one week or one day, were in the following categories:

（1） paid employment:①at work: persons who during the reference period performed some work for wage or salary, in cash or in kind; ②with a job but not at work: persons who, having already worked in their present job, were temporarily not at work during the reference period and had a formal attachment to their job. This formal job attachment should be determined in the light of national circumstance, according to one or more of the following criteria: 1） the continued receipt of wage or salary; 2） an assurance of return to work following the end of the contingency, or an agreement as to the data of return; 3） the elapsed duration of absence from the job which, wherever relevant, may be that duration for which workers can receive compensation benefits without obligations to accept other jobs.

（2） self-employment: ①at work: person who during the reference period performed some work for profit or family gain, in cash or in kind; ②with an enterprise but not at work: persons with an enterprise, which may be a business enterprise, a farm or a service undertaking ,who were temporarily not at work during the reference period for any specific reason.

Unemployment comprise all persons above a specified age who during the reference period were: （1） Without works were not in paid employment or

self-employment; （2）Currently available for work were available for paid employment or self-employment during the reference period; （3）Seeking work had taken specific steps in a specified reference period to seek paid employment or self-employment. The specific steps may include registration at a public or private employment exchange; application to employers; checking at worksites, farms, factory gates, market or other assembly places; placing or answering newspaper advertisement; seeking assistance of friends or relatives; looking for land, building, machinery or equipment to establish own enterprise; arranging for financial resources; applying for permits and licences, etc.

Unemployment Rate illustrate the relative severity of unemployment. These rates are calculated by relating the number of persons in the given group who are unemployed during the reference period （usually a particular day or a given week） to the total of employed and unemployed persons in the group at the same date.

Money Supply equals the sum of currency outside deposit money banks and demand deposits other than those of the central government. Quasi-Money equals the sum of time & foreign currency outside banks and time, savings & foreign currency deposit,comprising time,savings, and foreign currency deposits of resident sectors other than central government. The data of Money is commonly called M_1,while the sum of Money and Quasi-Money gives a broader measure of money which is commonly called M_2.

Primary Energy Production Including in the production of commercial primary energy for solids are hard coal, lignite, peat and oil shale; liquids are comprised of crude petroleum and natural gas liquids; gas comprises natural gas and natural gas liquids; electricity is comprised of primary electricity generation from hydro, nuclear, geothermal, wind, tide wave and solar sources.

Changes in Stocks, Imports and Exports refer to all primary and secondary forms of commercial energy.

Bunkers Airs bunkers refer to bunkers of aviation gasoline and jet fuel. Sea bunkers refer to bunkers of hard coal, gas-diesel oil and residual fuel oil.

Energy Consumption Including in the consumption of commercial energy for solids are consumption of primary forms of solid fuels, net imports and changes in stocks of secondary fuels; liquids are comprised of consumption of energy petroleum products including feed stocks, natural gasolene, condensate, refinery gas and input of crude petroleum to thermal power plants; gases including the consumption of natural gas, net imports and changes in stocks of gasworks and coke-oven gas; and Electricity is comprised of production of primary electricity and net imports of electricity.

Consumption=Production+Imports-Exports-Bunkers-Changes in stocks

Balance An unallocated has been created in order to balance out the difference between the results of the above formula for consumption and the total consumption. This inequality occurs primarily because of the exclusion of non-energy petroleum products as well as inadequate or unavailable stock data.

Merchandize Exports Goods which are generally reported on f.o.b. （free-on-board） basis, represent the value of all goods provided to the rest of the world. Data are usually in US$.

Merchandize Imports Goods which are generally reported on c.i.f. （cost, insurance, freight） basis, represent the value of all goods received from the rest of the world. Data are usually in US$.